好爸爸
胜过好老师

姜军　主编

西安电子科技大学出版社

U0653050

图书在版编目（CIP）数据

好爸爸胜过好老师／姜军主编. 一西安：西安电子科技大学出版社，2015.7

ISBN 978－7－5606－3736－5

Ⅰ.①好…　Ⅱ.①姜…　Ⅲ.①家庭教育

Ⅳ.①G78

中国版本图书馆 CIP 数据核字（2015）第 119807 号

敬启

　　本书在编写过程中，参阅和使用了一些报刊、著述和图片。由于联系上的困难，我们未能和部分作品的作者（或译者）取得联系，对此谨致深深的歉意。敬请原作者（或译者）见到本书后，及时与我们联系相关事宜。联系电话：010－84853028 联系人：松雪

总　策　划　杨建峰

策划编辑　高维岳

责任编辑　雷鸿俊

出版发行　西安电子科技大学出版社（西安市科技路 41 号）

电　　话　(029)88242885　88201467　　　邮　　编　710071

网　　址　www. xduph. com　　　　　　电子邮箱　xdupfxb001@163.com

经　　销　新华书店

印刷单位　北京德富泰印务有限公司

版　　次　2015 年 7 月第 1 版　2015 年 7 月第 1 次印刷

开　　本　889 毫米×1194 毫米　1/16　　　印　　张　27.5

字　　数　700 千字

印　　数　1～5000 册

定　　价　59. 00

ISBN 978－7－5606－3736－5

XDUP 402800

如有印装问题可调换

前　言

　　"繁忙"充斥在这个世界的每一个角落,上下班来回奔波的人,为了生计在外面走南闯北的人,为了理想没日没夜工作的人……在这些忙碌的身影中,大多数成年男性还同时承担着另一个重要的角色——爸爸。

　　爸爸,是一个男人最艰巨的任务和最甜蜜的责任。但是,当一个合格的好爸爸却并不是一件轻而易举的事情。

　　随着生活节奏的日益加快,人们变得越来越忙碌。作为家庭的主要支柱,爸爸群体尤其变得越来越忙,他们忙于工作、忙于奔波、忙于应酬……其实,对于爸爸群体来说,事业固然重要,但是更重要的是对孩子的教育。然而,很多爸爸却没有意识到这一点。

　　在孩子丰富而单纯的感情世界里,爸爸就像广阔的天、高大的树、不倒的脊梁,他们希望爸爸雄赳赳、气昂昂地到学校去接他,带着他从小朋友的身边走过;他们渴望得到爸爸一个微笑、一句鼓励、一个亲吻;他们盼望爸爸有休息的一天可以领着他逛公园、玩游戏……可是,现实中许多爸爸的爱总会让孩子觉得太远了,孩子见了父亲也如同见了陌生人。

　　大量资料表明,目前家庭教育普遍存在一个非常严重的问题:父爱教育的缺失。在这种情况下,爸爸在家庭教育中的作用逐渐淡化,孩子也就会逐渐远离爸爸,更为亲近妈妈。但心理学家调查发现,没有得到足够父爱的孩子情感障碍会十分突出,普遍出现孤独、焦虑、任性、多动、依赖、自尊心低下、自制力弱、攻击性强等行为缺陷。

　　所以,当一个男人成为爸爸时,就要努力扮演好自己的角色,承担起相应的责任。千万不要因为种种原因让孩子缺失父爱,那样对孩子是不公平的。儿童心理学家认为,孩子在孕育、出生和成长的每个环节,都需要父亲亲身参与,做游戏、交谈、倾听、辅导、指引等都有利于开发孩子的智能。也只有这样,家庭才是完整的、平衡的、稳固的、幸福的。

　　本书总结了很多"父教"研究的体会和成功教子的经验,将崭新的"父亲教育理念"与现代教育理论有效融合,文字深入浅出,事例生动活泼,具有很强的实用性和可操作性。

　　蒙田说过:"教育孩子是世上最难也是最重要的事。"为了培养出好孩子,首先我们必须做个好爸爸。那么,怎样才算一个好爸爸呢?事实证明,好爸爸和钱、权、物没有关系,一个能够给予孩子乐观、自信、希望的爸爸就会是一个好爸爸。当然,好爸爸也没有统一标准。但是,在孩子需要你的时候,你能够帮助他;在孩子失落的时候,你能够鼓励他;在孩子犯错误的时候,你能够和他耐心地沟通;在孩子迷茫的时候,你能够引导他、帮助他;在孩子做对的时候,你能够赞赏他、认可他;在孩子获得成功的时候,你能够与他分享……这样才是一个好爸爸。

　　大量事实证明,一个合格的爸爸胜过一百个优秀的老师。愿天下所有的爸爸和妈妈共同为孩子创造一个健康成长的生活环境。

目　录

学习篇：好爸爸应教孩子掌握科学的学习方法

第一章　好爸爸能使孩子开心地学

第二章　好爸爸要做孩子的好老师

第三章　培养孩子良好的学习习惯

第四章　帮助孩子学习是爸爸的天职

第五章　好爸爸能帮孩子克服学习瓶颈

能力篇:好爸爸懂得培养孩子的生存能力

第一章　思考能力:培养孩子正确的观念

第二章 交际能力：教孩子怎么与人相处

第三章 独立能力：教孩子学会自立自强

第四章 理财能力:对孩子实施金钱教育

第五章 抗挫折能力:丰富孩子的人生经历

第六章 自我保护能力:教孩子远离危险

人格篇：好爸爸要关心孩子的心理与品质

第一章　做孩子心理素质的启蒙

第二章　优秀品格和个性才能成就好孩子

第三章　爸爸是孩子最好的心理医生

情感篇：好爸爸懂得怎么爱孩子

第一章　好爸爸会给孩子爱的教育

第二章 好爸爸能做孩子的好哥们儿

第三章 不要让爸爸的坏脾气影响孩子一生

第四章　好爸爸注意教育孩子的方式

成长篇:好爸爸要帮孩子面对成长的烦恼

第一章　坚决改掉孩子身上的坏习惯

第二章　好爸爸跟孩子一起面对难堪的情况

沟通篇

好爸爸懂得
怎么跟孩子交流

第一章　一句话的威力
——沟通要有技巧

减少唠叨

家长大都喜欢唠叨,通过重复、夸大显而易见的事实来对孩子进行说教。当他们这么做时,孩子就会在心里大喊:"够了!"有人说母亲是出了名的爱唠叨,其实父亲的唠叨也不容小视,因为父亲一旦唠叨起来,影响力比母亲的唠叨大多了。

四年级时,夏林因期中考试成绩"不理想",爸爸从晚上6点一直讲到了次日凌晨1点。在一次问卷调查中,在"父母最大的毛病"一栏里,夏林毫不犹豫地在"唠叨"上打钩。

夏林说,那次他的数学考了89分,语文考了88分,在班里排名第11。开完家长会,爸爸走出教室时的脸色不太好,夏林感觉不太妙。

下午放学回家,"火山"就爆发了!那时才6点多一点。爸爸把夏林叫到他的房间,一个劲儿地说夏林没有考到前10名,说家长会上老师说夏林成绩退步了,他的脸都被夏林丢完了。爸爸问夏林怎么那么不争气,这段时间干什么去了,为什么成绩会退步……

两个小时过去了,爸爸翻来覆去地说。夏林终于听不下去了,开始反驳:"你天天就知道忙,还对我这么严,不就是没考进前10名吗?不就是两门课没有达到90分吗?你干吗这么计较?我下次努力就是了。"

爸爸见自己口水都说干了,儿子竟然没听进去,又劈头盖脸地说起来。说来说去还是那些大道理,什么"我都是为你好,我不工作谁赚钱,我对你不严点怎么行呢"之类的话。夏林一直沉默不语,就那么坐着,缩着头听。

晚上10点妈妈回来了,爸爸说累了,就让妈妈来"换岗"。当爸爸发令说"去睡觉"时,夏林走出房间,一看表,已经次日凌晨1点多了。

生活中,有些爸爸知道不能打孩子,因为怕失手将孩子打伤,但是他们丝毫不担心说教给孩子造成的伤害。孩子对父亲唠叨的反感,犹如孙悟空对唐僧紧箍咒的厌恶。当孩子犯错时,急于解决问题的父亲,总是采取这种看似行之有效而实际却毫无用处的办法:反复地唠叨。父亲们忽略了孩子对问题的陌生、无助、恐惧,没有站在孩子的立场上去理解孩子,这样的说教,如何能起到立竿见影的效果?若想和孩子进行有效的沟通,最好和孩子一起分析、解决问题,才能使孩子很快树立信心,迎难而上。

父亲该如何减少唠叨呢?

1. 抓大放小

孩子的成长离不开大人的关心,但是有些事情是无关紧要的,它们没有家长想象的那么严重,所以家长完全可以睁一只眼闭一只眼。爸爸在教育孩子时不要整天紧张兮兮的,可以让自己放松一点。关于孩子生活中的琐碎小事,爸爸应该学会放得下来。毕竟孩子每天都在成长,许多道理会慢慢明白,许多事情他们慢慢会做,因此不需要爸爸千叮咛万嘱咐。否则再三地提醒他,他当然会觉得厌烦。

爸爸应该学会把最主要的精力放在那些重要的事情上,应当学会关心孩子最核心的需求,比如孩子的人生态度、价值观念、未来理想、生活习惯、学习方法等等,这样一来,爸爸们轻松了许多,孩子也会与你更亲近,你说的话对孩子自然有效得多。

2. 学会等待

有的爸爸往往有这样一种心理:自己说一句,孩子就必须马上言听计从;给孩子提出一个目标,孩子就应该马上达到。这种想法忽视了孩子的特殊情况,孩子毕竟是孩子。他们的心智和能力还没有发展到那么成熟的地步,有些事情可能还没有理解,有些事情可能还不知道怎么去做,有些事情可能还会常常出错。因此,做爸爸的必须学会等待,要克制自己急躁的情绪,给孩子充分的时间去改变,要允许孩子有所反复。孩子的成长需要一个过程,比如生活自理能力的提高、良好习惯的养成、文化知识的积累……都需要长时间的历练,这不是唠叨能改变的。

3. 只说一遍

如果爸爸想让孩子做什么事,想让孩子怎么做,应该先选择好恰当的时机,和孩子坐下来好好谈谈。为了引起孩子的注意,爸爸可以清楚明白地告诉孩子:"你听好了,这话爸爸只说一遍。"在对孩子说的时候,要重点突出,挑选有分量的话讲一两遍就可以,不要对孩子反反复复地唠叨个没完。如果担心孩子没有理解,可以再给他解释一下其中的要点。

另外,纠正孩子的错误时,爸爸也要点到即止,只要孩子能够认错并愿意改正就可以了,要知道,唠叨在大多数时候是不动听的,说多了只会让孩子更烦。

4. 就事论事

当孩子犯错的时候,有的爸爸喜欢翻孩子的旧账,把许多年前的陈芝麻烂谷子都拿出来说,把孩子的种种"恶行"全部数落一遍,每次都是越说越激动,越激动越来气,越说越多。其实,在生活中孩子犯一些错是正常的事,犯错误是孩子的权利,孩子就是在犯错误的过程中成长起来的。对于孩子犯的错误,爸爸应当就事论事,一事一议,犯了什么错就说什么错,不要加以引申。

教子心得

有人说:"如果你想知道谁在孩子心中有威信、说话有分量,你就看看家人中谁说话少。"这里的"少"是指不会对孩子的大事小事过多地唠叨,发言时能切中要害,一针见血地指出问题,并且能点到即止,使问题一目了然,给孩子反思的空间,让孩子心服口服。

做孩子的朋友

爸爸要向孩子表露真实的自己,敞开心扉与孩子分享自己的喜怒哀乐,真诚地跟孩子交流,取得孩子的信任,那么,孩子就会毫无保留地把他的想法告诉你。

孩子的一切都会牵引着家长的心,孩子取得成绩时欣喜若狂,遇到挫折失败时沮丧焦虑。家长总是迫不及待地想知道孩子的所思所想,好像唯有如此,才会感到踏实安心。然而常常事与愿违,许多家长在与孩子沟通的问题上感到力不从心,束手无策。现在的孩子和父母似乎无话可说,家长一开口他们就觉得厌烦和啰唆。

这样的烦恼相信很多爸爸都有过,我们的建议是,在处理怎样与孩子沟通的问题时,最重要的是把孩子作为朋友。

其实每个孩子都渴望朋友,然而很多家长却很难成为孩子的朋友。原因很多,最重要的一点就是,很多家长没有把孩子当作一个独立的个体去看待,不是一味溺爱孩子,便是在孩子面前饰演"严父"的角色,而不注重与孩子进行思想交流。时间一长,父母和子女之间形成了隔阂,在一起常感到无话可说,严重的甚至导致孩子对家庭产生厌恶感。

所以,如果爸爸能够与孩子成为朋友,那么在教育孩子的道路上便扫平了最大的障碍。这一点并不是所有的爸爸都能够做到的。因为祖祖辈辈的爸爸们习惯了板起脸来和孩子说话,这样又如何能与孩子成为朋友呢?

其实与孩子交友说起来也很简单,那就是放下家长的架子,多和孩子进行思想上的交流,多和孩子谈话。语气要亲切自然,要让孩子无拘无束,感到你是他的朋友,那么他就会把心里话告诉你。如果你经常在孩子面前摆出一副冷峻严肃的态度,动不动就批评孩子,使他对你敬而远之,即使你想和他谈谈心,他也只是表面敷衍你,不会讲出心里话。

除了态度以外,与孩子交朋友还要根据孩子的年龄、性格、性别等不同特点,采取不同的方式。从年龄来说,小孩子思想单纯,大人只要用一些生动、形象的语言,用比喻、讲故事的方法和他们谈心,孩子是很容易接受的。而进入青春期的孩子,他们不再事事依赖父母,开始有了要独立的愿望。这时,同孩子谈心,就不能唠唠叨叨,而应充分理解和尊重他们,遇事要多鼓励、少指责。从性格上来说,性格内向的孩子往往寡言少语,不愿与别人来往,他们的思想感情比较敏感且易受伤。爸爸和这样的孩子谈心,要在他们心情愉快、情绪高涨时进行,且应注意多鼓励、少批评。这样的孩子都比较细腻,所以平时要多细心观察他们的心情变化,要及时和他们沟通,成绩好了要及时表扬,遇到挫折则应及时给予帮助。批评不能语气过重,要尽量委婉,切不可挖苦、讽刺。对待性格外向的孩子,爸爸可以直截了当地批评和要求,同这样的孩子谈心要态度明确,语言简练,更重要的是要允许他们提出自己的不同见解。所以说,和孩子成为朋友不是一天两天就可以办成的事,爸爸要以一颗尊重、平等的心时刻关注孩子的成长,相信孩子会很乐意接受你这个朋友的。

除此之外,和谐的家庭、融洽的家庭氛围也很重要。在家庭生活中,要跟孩子平等地相处,家庭的计划、愿望或目标应该告诉孩子,孩子有权利共同参与家庭的建设与发展。征求孩子的意见,会让孩子感觉到父母对他的尊重,这是非常重要的。下面我们先来看看,一个合格的爸爸是如何让孩子行使自己家庭成员的权利的。

> 一次很好的机会,小李可以有机会调到北京工作,但是孩子还小,小李考虑到孩子正处在生理和心理变化最快的时期,怕影响他的成绩和成长,犹豫不决。最后小李决定对儿子说出实际情况,分析工作调动的利弊和自己的担忧,并征求他的意见,想不到儿子人小志大:"爸爸,人往高处走,你去吧,至于我你就放心吧,我一定会让你们满意的。而且,我也会照顾好妈妈的。"

小李一家人不但经常一起分享开心喜悦,而且遇到问题及时沟通商量,增加了家庭的凝聚力,孩子也耳濡目染,所以孩子比较有主见,遇到问题苦恼也会主动跟家长诉说,很乐意把爸爸作为自己最知心的朋友。

跟孩子沟通,小李还有自己的诀窍,那就是要了解孩子的喜好,从孩子感兴趣的话题着手,参与到孩子的活动中。

> 小李的儿子从小就喜欢足球、篮球、赛车等体育活动,特别对英超联赛、NBA感兴趣。

因为平时学习比较紧张，没有余暇时间来欣赏精彩的比赛，小李就利用吃饭时间，给儿子讲一些比赛的趣事、赛况。有时小李还会问："这星期学校有什么好玩的事情发生？让爸爸感受一下你们年轻人的朝气。"有时还会跟孩子讨论时下流行的话题，发表自己的观点。

小李把孩子当作真正的朋友对待，不仅关心儿子的学习、身体健康，还关心儿子是否有一颗快乐的心。试想，这样的爸爸哪个孩子会拒绝呢！

最后，爸爸要成为孩子的朋友就要跟得上孩子成长的脚步，不断地学习和成长，每一个孩子都希望家长的思想、生活品位跟得上时代发展。很难想象一个随地吐痰、乱闯红灯、素质低下的父母能教育出讲究卫生、遵守公共秩序的孩子。

教子心得

要求孩子的时候要先看看自己，只有自己先以身作则，自己的话才更有说服力。孩子都喜欢跟高素质的父母在一起，因为这样他们才会觉得有面子，才愿意与父母交流沟通，才会尊重父母。

赞美是最有效的激励

每个人都喜欢赞美，这不仅是大人的精神需求；同样也是孩子的精神需求。因此，在教育、管理孩子时，千万不能忘记对孩子进行赞美。要知道——赞美是最有效的激励。

每个人都喜欢赞美，孩子尤其喜欢听好话。日本教育家铃木镇一认为，对于孩子的教育，父母首先要以爱心和热情去努力培养他各方面的能力，要鼓励和赏识他，而不是一味地用责备和打击逼迫他去"听话"，因为在威逼和恐惧中长大的孩子只能变得更加怯懦和虚伪！

我们所熟悉的著名歌唱家帕瓦罗蒂还是个孩子时，他的父亲常把他抱在膝上对他说："你将会成为一个了不起的人物，你将来一定会成名的。"不过，长大后的帕瓦罗蒂却只当了一名小学老师，而且只是偶尔唱唱歌。但他的父亲不断地激励他，并说他唱歌很有潜力。帕瓦罗蒂终于在二十二岁那年下定决心弃教从事保险业，因为这样，可以争取到比较充裕的时间发展唱歌的天赋。后来成名后的帕瓦罗蒂说："如果不是父亲鼓励的话，我现在可能还是一位小学老师。"

在教育孩子的过程中，最重要的方法就是激励孩子的进取心。通过激励可以培养孩子的自信心、自尊心和上进心。很多家长习惯用金钱作为对孩子的激励元素，这样是不对的。其实，孩子最需要的是精神需求，精神需求就是心理需求。这种心理需求主要是孩子对进步和成功的需求，是被家长、老师和同学积极评价、认可的需求。比如：有的家长很苦恼，因为孩子对学校的小红花不感兴趣了。其实，孩子对老师奖励的小红花不重视的原因往往是因为家长对孩子的荣誉不重视。如果孩子在学校取得了好成绩或受了表扬，得了小红花，回家告诉爸爸，爸爸却无动于衷，不能及时给予孩子充分的肯定、表扬，久而久之，孩子对荣誉也就无所谓了。

我们都知道激励在孩子成长过程中的重要意义，但是，并不是所有家长的激励都能够取得预期的效果，激励能否产生预期的效果，在很大程度上取决于激励是否到位，方法是否恰当，态度是否热诚，以及激励的语言是否巧妙。

激励在家庭教育中十分重要，相信许多爸爸可能都曾用过此法。不过，并不见得都取得了好的效果。激励孩子要结合孩子的心理特点并采取恰当的方式。比如，有的家长总是一味地用美言来激励孩子,但孩子却是毫无兴趣;有的家长喜欢以拔高目标的方式来激励孩子,结果却常常使孩子望尘莫及、心灰意冷;还有的家长总是在充满火药味的氛围中激励孩子,最终往往闹得双方"反目"……所以,激励孩子要讲究艺术和方法。

那么,作为爸爸,要如何做到有效激励孩子呢?

心理激励是一把挖潜启智、培养孩子正常发展、使孩子快速成长的金钥匙。对孩子的激励爸爸可以从以下几个方面着手:

1. 理想、目标激励法

爸爸要根据孩子的自身特点设计奋斗的大目标,在为目标努力的过程中,爸爸要即时鼓励,不断为孩子增加前进的动力。当然,理想激励中尤其要注重世界观、人生观的形成教育,克服名利思想的影响。确立了大目标,还要帮助孩子树立恰当的小目标,循序渐进,以帮助孩子实现大目标。

2. 关怀、表扬激励法

爸爸对孩子的关心,不仅是生活上的,更是精神上、心理上的;不仅关心其智力因素的培养发展,更要关心其非智力因素方面的形成激励。要让孩子明白,爸爸的严格要求正是对他的未来负责,是对他真正的爱。在家庭教育中,对孩子的每一点进步应及时肯定,给予表扬激励。特别当孩子受到挫折时,要从正面说服,帮助其分析失败的原因,树立新的起点。

3. 动机、兴趣激励法

爸爸要鼓励孩子积极参加一些有益的社会活动,积极为孩子创造条件,特别要注重智力投资。爸爸还要从孩子自身特点出发,培养孩子的兴趣,因为兴趣的培养也是学习成功的另一重要因素。要从学习条件、环境、心理因素等多方面激发孩子的学习兴趣,使"源头活水天天来,水到渠成步步高",尤其是对特长的培养,更要注意兴趣激励,才会产生较强的动力。

4. 行为、榜样激励法

俗话说"身教胜于言教",爸爸要用自己的模范行为影响孩子,用正面的教诲开导激励孩子,用满腔的爱心去关怀、体贴孩子。另外,爸爸还可以用一些古今中外名人的事迹教育激励孩子,让孩子从中汲取营养,也可把邻里品学兼优的孩子作为自己孩子学习的榜样,鼓励孩子向他们看齐。

教子心得

心理学研究表明,对人们的良好思想行为作出肯定和赞许的评价能使其产生愉悦的情感体验,受到鼓舞,焕发更大的积极性。因此我们说,激励是教育活动中经常使用的、行之有效的正面的教育方法。

不要粗暴地批评孩子

"良言一句三冬暖,恶语伤人六月寒。"爸爸在教育孩子的时候要讲究语言艺术,特别是当孩子犯错的时候,千万不要简单粗暴地批评孩子或者打骂孩子,否则只会让孩子离你的期望越来越远。

冯军正在读小学,数学成绩一直不好,爸爸很着急。每次看完冯军的试卷,爸爸都发现同样一个问题——粗心,于是斥责儿子:"你怎么每次考试都这么粗心? 长眼睛干什么的?"面对爸爸的斥责,冯军只是沉默地低着头。

可是下一次，冯军的数学成绩还是不见起色，而爸爸渐渐发现试卷中除了因粗心而犯的错，还经常有不会做的题目直接空在那里。爸爸很生气，说："这么简单的题你都不会做？你上课干什么去了？"

无论在学习中，还是日常生活中，当冯军犯错时，爸爸不仅批评他，有时还会打他。渐渐地，冯军不爱上学，不爱说话，还变得爱逃学。有一次期末考试，冯军的成绩在班里排名倒数第一，他非常害怕，在隔壁单元的楼道里躲了一夜……

很多爸爸的脑子里还有传统家长主义的残余思想，认为孩子是自己的，爱怎么骂就怎么骂，想打就打。通常他们以个人心情的好坏为转移，心情好时对孩子格外关心和亲切，心情不好时则不理不睬，甚至拿孩子当出气筒、替罪羊。孩子常常因为一点小错招来"暴风骤雨"，事后孩子甚至不知道原因何在，更谈不上吸取教训了。这种简单粗暴的教育方法，会使孩子整日生活在惊慌不安之中，个性也会受到压抑。

另外，简单粗暴地指出孩子的错误，会丧失父亲的威信。每个父亲都是爱孩子的，但是当孩子犯错或不听话的时候，父亲通常会觉得自己的权威受到了挑战，心想：你才几岁，竟然不听话，竟然犯这种错，现在不治治你，将来还不得了！于是对孩子进行粗暴的教育。

孩子有了"错误"，不是心平气和地进行教育，告诉他错在哪儿，以后遇到类似的事情该怎么办，而是不分青红皂白，对孩子斥责打骂，甚至体罚孩子，这样只会让孩子口服心不服，头脑里只留下痛苦的体验，对父亲产生怨恨或恐惧感。这如何让孩子去信任父亲、敬重父亲呢？

父亲如何批评孩子才是正确的呢？

1. 避一避

孩子犯错后，爸爸要学会避一避。一方面的原因是给孩子一个反思的空间；另一方面的原因是防止因为冲动而言辞过激，使孩子受到伤害；或者爸爸可以假装不理睬，以一种"冷处理"的方式，使孩子感受到无声的惩罚，从而反省自己的过失。

2. 选一选

指出孩子的错误需要选择合适的时间和地点，这种充分考虑孩子感受的做法有利于孩子积极改正错误。私下里面对面地和孩子交谈，孩子能够轻松接受爸爸的批评，并认真思考、改正。

3. 绕一绕

孩子犯错了，爸爸可以尝试着给孩子讲一些寓言、故事、童话等，然后加以引申、发挥，含蓄委婉地指出孩子的错，让孩子从寓言、故事、童话中受到启迪，这样往往会收到意想不到的教育效果。

4. 笑一笑

用幽默的语言作为批评的手段能避免孩子产生逆反心理，使其在笑声中受到教育。

5. 变一变

爸爸应该改变说话的方式，不应该对孩子说："叫你不要到处乱扔垃圾，你长耳朵没有？"而应该改变一下，这样说："孩子，如果每个人都像你这么把垃圾到处扔，那我们生活的地方会多么脏啊。"爸爸不应该说："那些东西家里又不是没有，你还去跟小孩子抢，丢不丢脸啊？"应该改变一下，这样说："跟别人借来玩一下可以，但是不可以去抢呀。"

─────────────── **教子心得** ───────────────

真正的教育是充满温情和关爱的，作为父亲，也许你不善言辞，也许你一贯严肃、沉默，但是当孩子犯错时，你应该放下严肃的表情，抛弃沉默的作风，学会与孩子进行心与心的沟通。指出孩子的错误，告诉孩子下次应注意什么，然后宽容孩子，给孩子改正的机会。

与孩子沟通很重要

曾听过这样一件事：

某公司老板每天公务繁忙，应酬多多，家里的事情一概交予妻子打理，包括女儿的所有事情，也都是妻子一个人操心。

这天，这位老板难得在家休息，家里的电话铃声响起。妻子带着女儿逛街去了，他只好接起电话。电话里一个女孩子找他的女儿，当得知他女儿不在家的时候，这个女孩子委托他转告他的女儿一些事情。这位先生很认真地拿过纸和笔，把对方的话一一记了下来。

晚上，妻子带着女儿回来了。这位先生拿过记录的纸条，不敢有一点遗漏地向女儿转达电话内容。女儿最开始还一脸严肃地听着，然后就怪模怪样地冲妈妈笑，最后和妈妈两个人一起哈哈大笑起来。父亲吓了一跳，很不理解女儿笑什么，甚至有些不高兴：我对你的事情这么重视，你还这么笑，什么意思嘛。

结果女儿说，那个电话是她打的，她和妈妈打赌，想看看父亲能否听出自己女儿的声音。

结果，女儿赢了。

父亲听了后，半天没有说话。

这是一位忙得忘了自己是父亲的父亲。

由此我们可以断定，这位爸爸很少与女儿沟通，自然也很难与孩子成为朋友。虽然他很关心女儿，很重视女儿的事，但他却不是一个好爸爸。因为好爸爸一定要是孩子的好朋友。

什么是朋友？

其实简单地说，朋友就是能和自己谈得来的人。

如何谈得来？

多一些沟通，多一些交流，制造多一些的共同语言，"谈得来"自然水到渠成。

沟通是思想与情感的交流，是信息与意见的交换。很多孩子都不想把自己的心里话告诉父母，跟爸爸说了，怕自己哪句话说得不对，爸爸会火冒三丈地训斥一番；跟妈妈说了呢，还怕妈妈既严厉又絮叨的批评。于是孩子更加不想把自己的想法告诉家长，如此恶性循环，形成僵局，造成代沟。

如何培养好自己的孩子，如何才能与自己的孩子畅通无阻地沟通交流，是每个家庭、每位家长所热心关注的问题，而这也是现今社会环境下一个很棘手的问题。家长在与孩子沟通时，首先需要调整自己的心理，应该暗示自己：我有这样一个可爱的孩子，我们要一起成长，我们要一起面对很多问题，我们会比别人生活得更幸福，更有乐趣。

所以，无论怎么忙，作为爸爸，都不要忘了与孩子的沟通。

1. 尊重、信任孩子，是与孩子有效沟通的前提

我们应该明白：爱孩子，首先要尊重信任孩子。尊重和信任，是现代教育的第一原则。尊重、信任孩子，意味着爱护他们善良美好的心灵，意味着一种涵养和宽容待人的品格。尊重信任孩子，就要尊重孩子对学习时间的安排，不要过多地干涉；就要尊重孩子的隐私权，孩子的随笔、日记、信件未经孩子允许不随便翻看；就要尊重孩子的兴趣，并积极鼓励孩子发展个性特长；就要尊重孩子的正当交往需要，包括与异性同学交往的需要。

与此同时,家长还应摆正自己的位置。教育可以划分为三个时代:第一是先喻时代,即知识的传授是长辈传给晚辈,师傅传给徒弟;第二是并喻时代,即长辈、晚辈相互学习;第三是后喻时代,即晚辈向长辈传授知识。目前教育处于"并喻时代"向"后喻时代"进化的阶段。

在信息化社会中,学生获得知识的途径是多种多样的,因此孩子们虽然年少,却已蕴含着影响成人世界的潜能。这表明成人单方面控制孩子成长的时代即将结束。现代社会正朝着两代人共同进步的社会迈进。这就要求家长摆正自己的位置,千万不能唯我独尊,不能要求孩子唯命是从,更多的应是"不当裁判当顾问,多提建议少命令"。

2. 身教重于言教,是与孩子有效沟通的基础

托尔斯泰说:"在一个家庭里,只有父亲能自己教育自己时,才能有孩子的自我教育。没有父亲的先锋榜样,一切有关孩子进行自我教育的谈话都将变成空谈。"家长孝敬老人,孩子才可能孝敬你;自己下岗择业时充满自信,孩子才可能面对挫折不断追求。榜样的作用是无穷的,家长的人格力量是最重要的教育因素。

新世纪,孩子的成长环境发生了巨大的变化。在新环境中长大的孩子,其观念、情感和行为层面的发展与上一代孩子有着很大的差异,这使父母在教育孩子方面产生了种种困惑,而首先的困惑是不了解今天孩子心理的变化。于是,在孩子的心目中,父母的威信越来越低。在这样的教育下,孩子的心理问题越来越多,离家出走屡见不鲜,违法犯罪比例直线上升,自杀现象此起彼伏。要解决以上的困惑、问题,首要的要有一个沟通的平台。

3. 善于倾听发现,是与孩子有效沟通的桥梁

大人都有这样的体会:碰到开心的事情,找几个朋友聚一聚,庆贺一下,会觉得更加快乐;不顺心时,找个知心朋友聊一聊,或许这位朋友并没有给我们提出有效的建议,只是静静地听,偶尔点点头,我们讲完了,心里也舒坦了。这说明一个道理:人都有倾诉的愿望。这个道理同样可以运用到爸爸与孩子之间。注意倾听孩子讲话,即使是自己不感兴趣的话题也要耐心听。相反,如果爸爸对孩子的倾诉心不在焉,孩子就会觉得跟你讲也是白讲,久而久之,孩子心灵的大门就可能对爸爸永远关闭了。

善于倾听,不但要努力听进去,而且要思考,注重发现孩子讲话中的闪光点或者孩子的困惑、烦恼。闪光点要及时肯定、强化;困惑和烦恼就要积极引导,及时化解。

4. 学会欣赏激励,是与孩子有效沟通的润滑剂

每个人都渴望成功,渴望得到别人的承认与肯定,没有哪个孩子愿意生活在一个充满否定的世界里。这就要求家长要会欣赏、会鼓励。正如美国心理学家丝蕾所说:"称赞和鼓励对人类而言,就像阳光一样,没有它,我们就无法成长开花。"

与赏识相反的是贬损。爸爸绝对不能对孩子说这样的话:"你还不如某某家的孩子。"因为这将对孩子的自尊心造成极大的伤害。孩子会觉得:"连我最亲近的父亲都瞧不起我,我还有什么希望!"概括为一句话:赏识才能成功,抱怨导致失败!

5. 寻找共同语言,是与孩子有效沟通的催化剂

先看一对父女之间的对话。

父:"孩子,爸爸觉得你们这一代人有时很不好理解。"
女:"不好理解就不要理解,除非你和我们一样大。"

别小看这几句普通的对话,里面蕴含着一个深刻的道理:爸爸要想理解孩子,在年龄距离无法改变的情况下,应该努力缩短两代人之间的心灵距离。途径之一就是与孩子共同学习,共同活动,培养共同的兴趣爱好。如果把父亲和孩子比作两个"集合"的话,就是要积极扩大两个

"集合"的"交集",这样两代人之间才会有更多的共同语言,沟通就会变得更加顺畅有效。

有鉴于此,各位爸爸应提高对这一问题的认识,妥善安排自己的工作和生活,抽出更多的时间与孩子在一起:可以和孩子一起参加体育锻炼;陪孩子逛逛书店,帮助孩子挑选有益的书籍;和孩子一起欣赏经典影片或有益的电视节目;共同学习相关的知识……在共同的活动中引出共同的话题,进行讨论交流。

教子心得

每一个孩子都希望跟自己的父母和睦相处,希望能和家长做知心朋友。在自己遇到困难时,最希望得到的就是父母所给予的帮助。所以爸爸要和孩子沟通多一些,与他们交流多一些。

对孩子"言传"的技巧

家长一般都是听着大道理长大的,他们长大后,本能地要把这些大道理讲给自己的孩子。孩子的成长不能离开父母的言传身教,抛开身教,就提言传,就得给孩子讲些为人处世之道、是非曲直之理。道理必须要讲,但要讲究方法和技巧。把握好这个度,就有"事半功倍"之效,否则,就会得"事倍功半"之果。

所以,大道理对孩子要小讲,要巧讲。

现在大部分孩子都养成了有问题问老师或家长的习惯,因为在他们心里老师和家长都是大人,大人们说的肯定对。虽然有的时候家长讲的道理,孩子不是很明白,但仍然会去听。家长也习惯了遇到事情就给孩子分析其中的道理,许多老师和家长都有给孩子讲道理的经历,有时总感到孩子不能理解或者不能接受他们的观点。是不是讲的道理不正确呢? 不是。是不是孩子不可理喻呢? 也不是。那问题出在哪里? 方式方法上。

现在有很多父亲对怎么给孩子讲道理充满了困惑,认为跟孩子讲道理是非常难的一件事。父亲说得天花乱坠,孩子这耳朵进,那耳朵出;一不留神,孩子还逮着个错反击父亲。有些父亲能与孩子说得眉飞色舞、热火朝天,有些父亲却很少与孩子讨论什么。他们与孩子说话,往往说不上三五句,孩子不耐烦,父亲也没词了。孩子"听话"与否,与家长对孩子讲道理的方式、技巧有很大的关系。

爸爸们在与孩子沟通时,"言传"的技巧如下:

1. 建议的态度

孩子不肯听爸爸的话,很多时候是因为爸爸在讲道理的时候没有扮演好自己的角色,往往过于刻板和严厉,无意中把自己置于孩子的对立面。爸爸在给孩子讲道理时,不妨多些宽容的态度,以建议的方式与孩子协商,使孩子觉得家长并无强迫和限制自己的意思,从而消除戒备和抵制心理。

比如给孩子买东西,一定要先征求孩子的意见,款式颜色要尽可能让孩子自己挑选,但是关于价钱,则要家长说了算。

有一次我和妻子带依依去买鞋,事先跟依依说好了,凉鞋买 100 元以下的,旅游鞋则以 150 元为上限。来到商场后,望着琳琅满目的各种牌子的鞋,依依先是兴奋了一阵,但看到标价后,脸色暗淡了下来,因为按我们给她规定的价钱,只能买她不太喜欢的样子的鞋。发现这个情况后我同妻子商量了一下,仍然告诉女儿说我们不能给她买太高档的鞋。

因为她还小,正处在长身体时期,如果买贵的鞋子,明年不能穿了就太可惜了。况且,爸爸妈妈买的鞋子也只不过200元左右。经过我们夫妇做工作,最后依依高高兴兴地挑了一双80元的凉鞋和一双154元的旅游鞋。

2. 迂回的策略

迂回可以说是说理的一种必要策略。下面介绍几种常用的说理方法。

(1)故事法

3~4岁的孩子正处于爱听故事的年龄,爸爸不妨自己也当一回童话作家、寓言大师,"编造"一个故事劝说孩子。这样既可以分散其注意力,避免僵持局面,又可以起到教育作用,还可以在孩子专心听故事和提问的同时,帮助他不知不觉地完成某件他原本不愿意做的事情(如吃饭、穿衣等)。

(2)逆向法

故意顺着孩子的意愿去做某事并加以夸张,使其最终明白其中的害处。例如孩子在冬天洗完澡后,只穿一件内衣就在床上跳来跳去地玩耍,无论怎么跟他讲不穿衣服会着凉,他都不听。于是,索性让他脱下内衣。孩子冷得不行,于是自己就要求穿衣服了。

(3)情景法

与孩子一起看儿童节目,可以让孩子指出电视节目中小朋友不正确的行为,表扬做得正确的小朋友。你会发现孩子的是非标准其实很分明,辨别好坏根本不成问题。如,多次对孩子说,小朋友不讲卫生,病菌就会钻进肚子里与细胞打仗,人就会生病、发烧。可孩子始终不当回事,后来看到一部讲述人体免疫系统与感冒病毒对抗的科教片,叫孩子过来观看。看完片子后,孩子在洗脸洗手方面大有进步。

(4)换位法

与孩子一起做游戏时,可以与之互换角色。如,让孩子扮演医生为爸爸打针,爸爸则模仿孩子在医院里哭闹、手脚乱动,以及向父母提出诸多要求的情景。结果孩子就像家长一样,严肃地批评爸爸不能乱哭乱叫,手不可乱动。

3. 自尊心的激发

孩子的自尊心和荣誉感都很强。如果爸爸能细致地发掘孩子身上的优点并及时加以肯定,就会激发他们的荣誉感与自豪感,并使好的行为得以巩固和趋于自觉化。例如,孩子喜欢听自己小时候的故事,于是家长虚构一些他小时候的优点,经常告诉儿子:"宝宝小时候可乖了,他最讲卫生,吃饭也很乖……"儿子总是很自豪。这时再要求他照小时候那样去做,他往往很乐意。

4. 言传与身教的结合

要使教育深入到孩子的心中,必须靠父母的实际行动和人格魅力去影响他。孩子的模仿能力是很强的,家长的言谈举止、行为方式都对孩子起着举足轻重的示范作用。因此爸爸要想培养孩子良好的习惯,首先要从加强自身的修养做起。

> 有一位父亲跟我讲起他的儿子:孩子喜欢把自来水开得很大来玩。昨天,他又这样。我就对他说:"你知道吗? 你把水开得这么大,可是这世界上还有很多小孩没水喝呢,比如在非洲,而且这个水是爷爷奶奶辛苦赚钱买来的。"结果他马上把水关小了。等到他爸爸洗手的时候,他大声说:"爸爸把水开小点,爷爷奶奶赚钱买来的。"

在儿子的意识中,爷爷奶奶当然比非洲的孩子要紧,但他至少知道了一个该把水关小的道理。而随着他年龄的增长,他会知道另一个道理的。

其实,只要把道理讲得通俗易懂,相信孩子都会听的。很多讲不通的,多半是因为爸爸们没有耐心,认为很简单的事情为什么孩子就是不理解呢?此时如果孩子没听懂,他会很直接地告诉你他没明白,这个时候你就需要有更多的耐心去给他讲解,直到他听懂为止。如果讲一次孩子就听懂了,那他就会非常高兴地去接受你的建议,然后把道理牢记在心。

所以要记住,爸爸给孩子讲道理时一定要有耐心,要把大道理讲小,注重"言传"的技巧,便于孩子接受。

教子心得

孩子毕竟是孩子,分析问题能力有限,当孩子听不懂大人说什么时,做爸爸的就应该慢慢地把道理讲清楚,然后轻轻地问孩子听懂了没。

学会理解孩子

一天,九岁的薛峰兴奋地对爸爸说:"爸爸,刚才我路过一家玩具店,发现了一款新喜羊羊的玩具,很精致,我很喜欢。"

爸爸以为薛峰想买这款玩具,于是说:"爸爸昨天不是刚给你买了个灰太狼的玩具吗?你怎么又想买喜羊羊了?"

孩子生气地回答:"你又不是我,你怎么知道我要买?我只是说喜欢,并没有说买。难道喜欢就必须买吗?"

正是"你又不是我"这句话,说出了孩子们的心声。其实,每一个孩子都希望得到爸爸的理解与疼爱,然而很多爸爸疼爱孩子的方式却存在诸多问题。现实生活中,很多爸爸都是站在自己的立场去考虑孩子的问题,以自己的人生观和价值观去看待孩子对事情的想法和处理方式,忽略了孩子的心理需求与感受,给孩子造成极为不利的影响。

1. 站在孩子的立场考虑问题

美国教育专家塞勒·赛维若曾说过:"每个人观察、认识问题,都会有其自己的视角和立足点。身份、地位不同,所得出的结论就不同。父母与子女间的年龄悬殊、身份各异是影响互相沟通的重要原因。若父母能站在孩子的立场上考虑问题,一切将迎刃而解。"

俗话说:"要想好,打个颠倒。"在教育孩子的问题上,爸爸若能换位思考,站在孩子的立场去考虑问题,才能跟孩子产生一种心灵上的共鸣,才能深入了解孩子的某种想法和心理需求,才能有效消除父子(女)之间的隔阂与矛盾,使教育得到一种质的升华。

2. 学会跟孩子换位思考

大人有大人的世界,孩子也有自己的世界。正所谓从不同的角度看风景厂会得到不同的收获。因此,爸爸要学会跟孩子换位思考,以避免和孩子之间造成沟通障碍。

一天,七岁的蔡斌对爸爸说:"爸爸,我想买一双新球鞋。"

爸爸反驳道:"买什么买,不买!等你把这双球鞋穿破了,我再给你买。"

上述案例中,爸爸就是典型的用大人的眼光来看待孩子,忽略了孩子的感受。若爸爸跟孩子换位思考一下,如想一想"孩子买球鞋是不是为了参加什么比赛"等,可能也就不会对孩子造成伤害了。

3.理解孩子的心理感受

美国家庭治疗大师萨提亚曾指出:"当孩子确实有错误需要纠正时,充满慈爱的父母通常会采取很坦诚的办法,询问原因,倾听孩子的心声,给予关爱和理解,同时体会孩子的感受。最后,才利用恰当的时机,趁孩子自然地想倾听时才给他们讲道理。"

儿童心理学研究表明:当孩子受到某种不公平的待遇或情绪上发生了较为明显的变化时,他们最需要得到父母的安慰与理解。

> 一天,十岁的杨志一回到家,就向爸爸诉苦:"我要跟陆建绝交。真是气死我了,他居然把我的电动汽车给弄坏了。哼,以后他休想再碰我的玩具。"
>
> 爸爸听后说:"噢,原来是这样呀。我想,你一定很难过,很生气。"
>
> 杨志说:"是的。爸爸,你不记得了?这个电动汽车是你上次去日本旅游时给我买的,很有纪念意义的。"
>
> 爸爸安慰杨志:"爸爸很理解你现在的感受。换作是我,我也会像你一样难过的。不过,孩子,你也不要太难过了,我想陆建也不是故意的。再说,玩具坏了,还可以修理,要是修不了,爸爸也可以给你买一个新的。但是,如果你跟陆建的友谊出现了裂痕,是很难修复的。为了一个玩具而跟陆建绝交,你觉得值得吗?"
>
> 杨志想了想,说:"爸爸,谢谢你!我知道自己该怎么做了。"

在这个案例中,当杨志感到受到委屈时,爸爸首先认同与理解他的感受,并从他的立场考虑问题,获得杨志的认可,使他听取了爸爸的意见,有效地化解了这一矛盾。

不可否认,杨志爸爸的做法值得我们去学习。如果爸爸只是站在自己的立场,说:"你就为这点小事,发这么大脾气,真是给我丢人。"那么,杨志不仅会听不进去,还会产生抵触与逆反情绪,使本来就很简单的问题变得更为复杂,处理起来也就更棘手。

4.善于倾听孩子的弦外之音

有时候,孩子不会直截了当地说出自己的想法,爸爸要善于倾听孩子的"弦外之音",了解孩子的真实想法,这样,才能使你与孩子的交流更顺畅。

> 放学后,九岁的孙逊对爸爸说:"爸爸,我今天的英语测试考了89分。"
>
> 爸爸说:"嗯,很好!希望你下次继续努力,争取突破90分。"
>
> 孙逊继续说:"但是我的同桌考了95分,他说他有一个家庭老师辅导他……"
>
> 爸爸听出了他的意思:他也想请一位家教老师。于是爸爸说:"孩子,请家教老师并不是很重要的,最重要的是要自己努力,这才是最根本的。如果你不爱学习,就算爸爸给你请了十位家教老师也是起不到作用的。这样,你先努力学习,如果确实需要一位家教老师帮助你,爸爸就给你请一个,好吗?"
>
> 孙逊欣然答应了,通过自己的努力,最后,他的成绩超过了同桌。

所以,当孩子向爸爸说出自己的想法时,爸爸不仅要站在孩子的立场思考问题,还要善于倾听和分析他的弦外之音。比如,当孩子说:"爸爸,你的衣服真漂亮。"这句话可能隐含的潜在意思就是:爸爸,可以给我买一件新衣服吗?如果爸爸没有听出来这个潜在的意思,而只是简单地回复"嗯",就会在无形之中给孩子造成伤害。

———— 教子心得 ————

爸爸要想站在孩子的立场考虑问题,首先就要做到理解孩子的心理感受,从孩子的角度出发,加以正确的引导与教育,方能达到良好的效果。

要对孩子有信心

有些爸爸总是容易走极端路线,要不就把孩子捧上天,要不就将孩子贬到地。不是孩子样样都好,就是孩子做什么都不行。请你相信,聪明的孩子都是被骂笨的。孩子本来自信满满地拿着语文书,说是能一字不错地把一篇课文读下来。爸爸在旁边凉凉一笑,说:"就你?算了吧?"孩子的自信心马上就像遭遇了消灭器,一下子消失了。也许,孩子会接着读下去,但是肯定会错误百出。之后,对于孩子的表现,爸爸心想,"看吧,我并没有说错,我就知道会这样。"孩子心想,"原来真如爸爸说的,我不行!"于是,这种心理阴影就在孩子身上留下了。其实,当初爸爸没有说那样的一句话,也许孩子是真的可以一字不错地念下一篇课文。孩子就像一棵小树,爸爸想让他枝繁叶茂,但是,枝权向左长,爸爸说你不行,向右长,爸爸还是说你不行。结果,小树不敢再抽枝。后来小树长成了大树,虽然也高了,叶子也绿了,但是却明显不如在信心鼓励下长成的树那样朝气蓬勃。更可悲的是,在对自信的不断打压下,这棵小树,不敢望贤思齐,因为那些"就你?算了吧""你不行"的话语,已经在他的心里烙上了深深的印记。

> 女儿婷婷想去参加省里儿童画画比赛,但是爸爸却持反对意见。
>
> 女儿很不高兴,嘬着嘴问:"爸爸,我为什么不能参加?"
>
> "你没学几天画,逞什么能?"爸爸不耐烦地说。
>
> "可是老师说我画得很好,又有想象力。"女儿委屈地说。
>
> 恰好妈妈端着水果盘进来听到了女儿的话,就接了过去,说:"那是老师不好意思说你画得不好,你还真相信了?"妈妈数落着。
>
> "可是,可是,老师还说,我的画都可以参加国家的儿童比赛呢。"女儿争辩着。
>
> "就你?算了吧。孩子,你要看清事实,有多少小朋友比你厉害啊,你刚画那么几天怎么和人家比,听爸爸的,别去丢那人了。"爸爸头也不抬地说。
>
> 女儿迟疑了,喃喃地说:"是这样吗?"

孩子的自信心被否定的声音打压下去了,从此,本来很喜欢画画的孩子却意外地对它失去了兴趣。难道,家长不应该反思吗?这只是一个小例子,让我们细心地数一数,作为爸爸的你,把孩子的自信心打压过多少次?

情景一:

> 孩子:"爸爸,明天的数学考试,我要争取考第一名!"
>
> 爸爸:"就你?算了吧。别不及格我就谢天谢地了。"

情景二:

> 孩子:"爸爸,我明天想要参加班长的竞选。你看怎么样?"
>
> 爸爸:"就你?算了吧。老师还能让你当班长管别人?你自己都不怎么样呢。"

情景三:

> 孩子:"爸爸,我觉得我可以考上重本,你看我报'某某'学校怎么样?"
>
> 爸爸:"就你?算了吧!你考个二本,太阳就打西边出来了。"

爸爸不要把"怀疑"挂在嘴边，就算孩子的能力你很清楚是真的不行，也不要打击了他们的自信心与积极性。要知道，人最大的心理障碍就是自己，如果你的一句简单的话，就让孩子完全否定了自己可以进步的可能，这对孩子有什么好处呢？爸爸要做的是鼓励，"你能行"的力量往往可以创造奇迹。

教子心得

没有一个人生下来就什么都行、什么都会。所以，爸爸既无需要求孩子样样完美，也不要认为孩子样样不行。鼓励有的时候是一种爱，也许，孩子真的无法做到，但是，爸爸一定要把孩子冒头的这份信心留下来，把孩子的优点、长处扩大，让孩子体味信任、品尝自信的滋味。这才是一个好爸爸应该做的。

告诉孩子"你能行"

孩子的成就感始于他们敢去做。起初他们胆子很小，做一件事的时候不能确定自己是不是可以做好，自己有没有这样的本领，他们犹豫着，停住步子不敢迈出。这时候，作为爸爸，要做的并不是观望，而是要对孩子说"你能行！"有了爸爸的鼓励，孩子就敢于相信自己，从而迈出成功的第一步。"你能行！"这种向上的力量，会让孩子渐渐体会到自己的本领，当他们做好很多事情之后，自信心就会满满地鼓起来，从而让他们向更具有难度的高峰继续进军。

学校要开运动会了，上四年级的军军显得兴奋却又焦虑不安。爸爸看到儿子这样就主动和他交谈。

"怎么了，儿子？看你好像有心事。开运动会是件好事啊？"爸爸亲切地问。

"爸爸，你不知道，老师让我跑800米，我完了，我觉得倒数第一就是我的了，这回要丢人啦！"儿子的小脸皱到了一起。

"可是，我听说，上次你们学校考试长跑，我的儿子可跑了第一名啊，这次怎么这么没有信心呢？"爸爸奇怪地问。

"那是因为没人看，运动会那么多人，我是跑不好的！"儿子埋怨道。

"哦，我听明白了，你是因为怕紧张而发挥不好啊！"爸爸说。

儿子马上点头接着说："嗯，我可能不行！"

"儿子，你为什么不觉得自己有了同学们的鼓励会跑得更好呢？你要相信自己。"爸爸认真地说。

儿子显然有些动摇了："可是……可是我要是跑不好，老师和同学会笑话我的。"

"爸爸觉得你能行！男子汉哪有仗没打就跑了的啊。就算是结果真的跑了最后一名，没跑之前也要对自己充满信心，这样才是好样的。"爸爸说。

"爸爸，你觉得我能行吗？"

"你能行！爸爸相信你！"

儿子得到了爸爸的鼓励，信心百倍地去参加运动会了。成绩如何暂且不谈，爸爸的这一举动已经让孩子迈出了向上的步子，相信儿子即使在运动会上没有取得名次，也再不会把信心丢掉了。

孩子在年龄小的时候，会产生很多的困惑，因为没有经历过所以在困难面前难免表现出犹豫不定的样子。这时候，爸爸是教导他们的关键人物，在孩子的自信心没有完全形成之前，爸爸要做好铺路的工作，因为在生活中，成功能使孩子的信心倍增；反之则可能失败连连，会把孩子本来就没有成形的自信心打击得七零八落。所以，爸爸不能忽视孩子内心世界的成长。如果孩子屡受挫折，爸爸要想办法让他们体会成功的滋味，比如说，一个挂在高处的东西，爸爸可以鼓励孩子踩上小板凳把它拿下来赞上一句"你真棒"，如果孩子不敢上去，你鼓励一句"你能行！"自信心都是在生活中一点一滴的积累而成的，孩子越不自信，事情就越做不好。所以，爸爸要常常把"你能行！"放嘴边，鼓励孩子跳出不自信的恶性循环。

教子心得

爸爸要对没有自信的孩子格外关心，有意识地安排一些容易做的小事情，用"你能行！"这句话去鼓励孩子为之。孩子做到后要给予表扬，只有这样，孩子才会渐渐找回失去的自信心，从而变得阳光、快乐。

跟孩子平等地交流

墨墨今年十岁了，他的爸爸是一个企业的老板。从前，爸爸对墨墨很严厉，不是大吼大叫，就是经常板着脸。结果爸爸一回家，墨墨就刻意躲着他，根本不愿意跟他说话，渐渐地，墨墨与爸爸的关系也就变得疏远了。

爸爸发现这种教育方式存在很大问题，于是就改变了对孩子的态度。他经常陪孩子聊天，节假日还带墨墨去郊游、看电影、逛街、跑步……虽然一开始，墨墨对爸爸有很强的抵触情绪，但是久而久之，墨墨就开始愿意跟爸爸交流和玩耍了。

后来，爸爸与墨墨的关系就像朋友一样"亲密"。有时候，墨墨会很随意地把手搭在爸爸的肩膀上，两个人在一起聊天时也是天马行空，无话不谈。夏天，爸爸会带墨墨游泳；冬天，爸爸会跟墨墨一起堆雪人、打雪仗……

每天晚上，爸爸会给墨墨讲故事，谈谈当天所发生一些事情，一起玩游戏，直到墨墨进入甜蜜的梦乡。

爸爸与孩子之间的摩擦在很多家庭中都屡见不鲜。之所以会发生这样那样的冲突与不合，主要是由于双方的心理差异所致。

任何一位爸爸都想在孩子心中确立一个良好的形象，并且极力维护作为爸爸不可侵犯的威严；而与此形成鲜明对比的是，孩子希望爸爸不要轻视自己、贬低自己，希望可以与爸爸成为朋友，得到爸爸的认同与肯定。

正是由于这两种心理的较量与冲突，导致爸爸与孩子的关系变得很僵，甚至势同水火。

在这种背景下，由于爸爸的态度严厉和对孩子的不理解，使孩子认为爸爸是一个"暴君"，一点也不讲理，也就更不愿意主动与爸爸沟通与互动。如果这种心态愈演愈烈，孩子就会做出一些出格、叛逆的事情来发泄心中的不满与抱怨。此时，爸爸要想跟孩子保持一种和谐、良好的关系，也就变得异常艰难了。

1. 理解孩子，做孩子的朋友

知心姐姐卢勤曾经说过："没有朋友的童年是不幸的。对于这一代独生子女来说，他们孤独的心理比任何一代人都强烈，他们求友的欲望比任何一代人都迫切。"

据一项调查显示：孩子心目中的好爸爸要能经常跟孩子沟通；能与孩子成为朋友，无话不谈；当孩子面对问题与困难时，爸爸能帮助他解决问题；甚至能成为孩子同甘共苦、患难与共的朋友。

一位记者对一位北京的爸爸采访时，这位爸爸说："其实，爸爸并不是孩子的'老师'，从某种意义上来说，爸爸与孩子的年龄是一样的。因为只有当孩子出生时，他才有机会成为爸爸。此时，孩子是一岁，而爸爸也只是一岁。爸爸唯有与孩子共同成长，共享喜悦与忧愁，共同感受幸福与痛楚，两个人才能一起发掘崭新的自我。"

事实上，当爸爸与孩子接触时会发现，自己也仿佛年轻了许多，仿佛回到了无忧无虑的孩提时代。的确，在孩子的身上，你发现的不是升职、加薪、股票与基金，而看到的是天真、幼稚、可爱、童心的喜悦。

要想得到孩子的信任与认可，使孩子愿意主动与自己交流，最有效的办法就是做孩子的"朋友"。对此，很多爸爸会认为，自己已经到了而立之年，或是将近不惑之年，年龄相差太悬殊，要想做孩子的朋友是不现实的。

其实，做孩子的朋友不是年龄的问题，而是态度的问题。只要爸爸能保持一颗童心，表现出足够的诚意，尊重与重视孩子，像"朋友"一样跟孩子交流，就会突破孩子的心理防线，得到孩子的认同与欢迎。

2. 与孩子分享快乐与忧愁

朋友之间，就是互相信任，推心置腹，有福同享，有难同当。所以，爸爸要想成为孩子推心置腹的朋友，就要学会跟孩子无话不谈。而在现实生活中，大部分爸爸都会有这样的心理：他们更愿意跟孩子分享自己的喜悦，却不愿意跟孩子分担忧愁。原因很简单：大人的事，孩子不懂。

傍晚，荣荣看到爸爸有些不高兴，于是问爸爸："爸爸，您有什么不开心的事吗？您可以告诉我，让我帮您分担一点。这样，说不定您就会开心一些了。"

爸爸严厉地回答："不用你管！大人的事，你这个小屁孩少问！"

荣荣心想："哼！少拿大人来压我！我替你分担忧愁难道错了吗？不说算了，我还不想听呢，以后我有什么事，也别想让我告诉你。"

所以，爸爸不但要把快乐的事情告诉孩子，让他与你一起分享，也要把一些烦恼、不开心的事说给孩子听听，让他体会到大人的一些烦恼与忧愁，学会理解他人。如果你做到了这两点，那么孩子也会更积极地告诉他自己对事物的理解和感受，如此一来，你就能走进孩子极为敏感的内心世界，也就能更有针对性地引导与教育他。

3. 谈孩子感兴趣的话题

很多爸爸往往不注意与孩子沟通时语言的使用，经常想说什么就说什么，毫无禁忌。其实这种做法是十分不明智的。孩子虽然还不成熟，但也是一个独立的个人，具有自己的人生观和价值观。

林华的爸爸属于80后，他经常对六岁的林华说："你知道吗？我们80后看的动画片都很好看。像《忍者神龟》《金刚葫芦娃》《黑猫警长》等等，都是很经典的动画片……"

林华对爸爸所谈的话题根本不感兴趣，打断爸爸说："爸爸，你说的这些动画片，我一个都没看过。你能不能跟我说一些我比较感兴趣的话题。我想，你应该先看一下《喜羊羊与灰太狼》，因为我更喜欢看这个动画片。"

从这个案例中,我们不难看出:如果爸爸只是用自己所喜欢的话题跟孩子沟通,不考虑孩子的感受,很容易引起孩子的反感与烦躁的情绪,更不用说成为孩子的朋友了。

教子心得

爸爸要跟孩子谈他所喜欢的话题,如孩子喜欢的动画片,孩子崇拜的明星,最新流行的音乐等。这样,就会吸引孩子的注意力,引发他的好奇心,他也就更愿意与你交流。

谈话时不要居高临下

在你的家里,爸爸在和孩子谈话或讨论时,还只是"爸爸在说、孩子在听"的模式吗?如果你回答"是",你就要有所改变了。交流不是训话,如果想顺利地得知孩子心里在想什么,下一步要做什么,爸爸就要抱以平等的思想,用温和的口气来与孩子进行交谈。有些爸爸觉得自己的孩子像一头小犟驴,什么话都听不进去。那么,你是否意识到,在和孩子谈话时,你的表情随和吗?你的语调适中吗?还有,你真的是用心地在和孩子说话吗?在交谈的过程中爸爸很容易表现得言不由衷,直到孩子怯生生地问"爸爸,你是在生气吗?"此时,爸爸才惊觉原来自己的脸色已经表现得如此明显。察言观色是孩子在很小的时候就拥有的一种技能,所以,训话、诱哄还是用心交谈,孩子的分辨总是很准确。所以,爸爸首先要端正自己的态度,应当尊重孩子,以平等的方式与孩子进行思想上的交流。

随着孩子的长大,爸爸一定会碰到这样的问题,当你关心地问孩子最近学校生活怎么样,孩子总会回答"最近没什么特别的事发生"。你又兴趣不减地问孩子学习怎么样等等,孩子总会不温不冷地回答"还行"。于是,爸爸与孩子的交谈就会变得越来越少。

"儿子,爸爸能和你谈谈吗?"爸爸问。

"谈什么,你说吧。"儿子带着点勉强应着。

于是,爸爸就主动把公司里和同事发生的事情讲给儿子听,并且表现出十分苦恼的样子,希望儿子能够帮忙想办法。起初,儿子十分不喜欢听,但是渐渐地却被爸爸的话所吸引了。儿子没有想到,爸爸居然能把大人的事情讲给他听,这让他觉得心里很舒坦。

"谢谢儿子,爸爸明天就试试你的建议。"爸爸认真地说。

"爸爸,谁都有难事,你不要担心,都会过去的。"儿子说。

爸爸心里一喜,没想到平时看似冷漠的儿子,居然也会关心人,不如趁热打铁……

"听你这么说,难道我儿子也有闹心的事?"爸爸试探地问。

"当然有了……"儿子犹豫了一下,看了眼爸爸接着说,"唉,爸爸啊,我最近心很烦啊。"

"为什么?"

"不瞒您说,我们班有一个女生给我写了一封信,就是那种类似情书的东西。"儿子偷看了一眼爸爸,见爸爸的脸色没有变,壮起胆子接着说:"可是,被老师发现了。当众批评了她。爸爸,虽然我不喜欢她,可是她的信是写给我的。她因为老师的批评这几天情绪都很不好,我心里觉得很难过,不知道怎么做才是对的。爸爸,你能帮帮我吗?"儿子难过地说。

爸爸心里一惊,为意外的收获捏了一把汗,他想了想说:"首先,我为自己的儿子感到骄傲。因为一个能够顾及别人感受的孩子才是真正的好孩子。爸爸认为你不妨这样做……"

"谢谢你爸爸,我今天才觉得爸爸像是我的好朋友一样。"儿子乐了。

想一想,如果文中的爸爸知道"情书"事件之后暴跳如雷的话,恐怕以后就很难再让儿子对他敞开心扉了。爸爸总是希望向孩子灌输道理,虽然运用的态度也很平和,但是内容包含的强制性,再加上与孩子心理的距离太远而往往失去其效果。爸爸与孩子的交流没有"大人"与"孩子"的区别,只有朋友与朋友的尊重。相信用这种态度去面对你的孩子,你一定会交到一个最知心的小朋友。

教子心得

爸爸与孩子最难跨越的就是心与心的距离。好爸爸要给孩子一个和自己平等谈话的权利,尊重孩子的想法,只有爸爸在态度上软下来,孩子才敢说出心里的话。爸爸的权威性是存在的,但是这并不意味着要把它供起来,高高地瞻仰着,而是要给孩子机会,用他们的真实想法去挑战你的权威。理解万岁,你理解了孩子,自然会得到他们对你的理解。

平等地与孩子谈话

如果爸爸以平等的、像与朋友谈话的口气来与孩子交谈,而不是对他们训话,多数情况下爸爸都能顺利地与自己的孩子交流思想。

常有一些爸爸在家教咨询中询问:"为什么我无法和孩子沟通呢?""孩子怎么越来越气人呢?""为什么孩子上了中学后,我说啥他都听不进去了呢?"

语言,是沟通家长与孩子情感的纽带和桥梁;是家长控制和调整孩子行为的媒介。难怪一些父母苦恼、焦急,试想父母的话如果不再被孩子所接受,我们又怎么来教育他们呢?又何以履行父母的职责呢?

伴随孩子的成长,父母与孩子之间谈话的内容及交流方式,都在发生着变化,从中可以看到两代人之间心理距离的变化。

中国的爸爸一般很少向孩子透露自己的内心世界,只习惯于做一本正经的训导,但反过来却要求孩子向自己袒露一切。这种不平等的要求,当然不可能取得好的效果。

爸爸有没有注意到自己在同孩子交谈时所用的语调?孩子有时会问:"您是不是生气了?"你绷着脸说:"没有。"然而你脸上的表情和语调却表示出你在生气、愤怒。孩子是非常敏感的,他们能很快地分辨出,你在讲话中所要传达的真正意思和态度。而成年人却往往并不敏感,没有意识到自己在同孩子讲话时运用了不同的腔调,更没有考虑这种语调对孩子的行为所起的独特的作用。

作为爸爸应当尊重孩子,与他们平等交流而不是训导。不能以教训的口气、哄人的口气、引诱的口气来赢得他们的"合作"。

爸爸总是希望能利用一切机会向孩子灌输道理,有时态度可以说是友好的,但因为灌输的内容与孩子的思想有差距,孩子并没有听进去。与孩子的交流应从幼年开始。如果在孩子还小的时候,爸爸就有意识地培养与孩子间的一种和谐的交流关系,这种交流的大门会敞开的。这个交流取决于爸爸是不是尊重自己的孩子,即使在与他的意见不统一的时候。孩子有自己的思想,而从小由于某些原因没有和父母在一起相处,或者没有那种经常交流的习惯,那么今后这扇大门有可能永远关闭。

医学研究认为,人的聪明程度,主要取决于人脑神经网络的发育程度。人出生后,来自家庭生活环境的物品、气味、声音以及最为重要的语言交流,对大脑的发育起着至关重要的作用。有一个实验,对不同家庭文化背景的孩子,从出生至两岁半,每月用一个小时记录孩子听到的词汇及同父母的交流,结果显示,单位时间平均听到词汇最多的孩子得分最高。

由此可见,爸爸不仅要对孩子的生活精心呵护,更要营造良好的家庭语言交流环境。孩子在这里,虽不能全部理解那丰富多彩的语言含义,但大脑的神经细胞发育强大起来了。爸爸与孩子能否沟通取决于爸爸的态度。有些爸爸往往不能以平等的方式与孩子相处,动辄教训,造成孩子有畏惧感。在与孩子交谈之初,可以问一些跟双方都无关系的中性问题,使孩子感到轻松而乐意参与。切忌问一些抽象、难以理解的问题,或对孩子来说敏感而不愿立刻面对的问题,使孩子在谈话的开始就感到紧张和焦虑,而产生对立情绪。这不仅影响谈话质量,而且孩子以后也不乐意与你讨论问题。

爸爸要做孩子最佳的交流伙伴。因为口语交际是听与说双方的互动过程,可以说双向互动性是口语交际的一个重要特征。所以,作为爸爸在倾听孩子说的同时,更要参与交流,从而和孩子形成听与说的互动。

为什么要强调和孩子"平等"交流呢?因为不平等的交流会让孩子畏缩,让孩子自卑,让孩子逆反,让孩子孤独……因为你面对的是一颗稚嫩而天真的心灵,是一片需要用心开发和播种的土地,稍有偏差,不仅会使孩子的语言表达能力受到挫败,而且会给孩子的心理健康带来伤害。

结合孩子的心理特点,以及多年来和依依交流的体会,现总结出几点和孩子交流时须注意的事项。

1. 蹲下来和孩子说话

如果身高 1.60 米的人和一个 1.85 米的人交流,会有什么感受?很多人的回答是一致的:有压迫感。那么身高 1.70 米的爸爸和一个身高 1 米多一点的孩子交流又会怎样呢?

所以,把自己也变成一个孩子,和宝宝一样大的孩子,走进他的内心世界,蹲下来用一颗孩子般的心和他进行交流。处在发展时期的孩子是很不成熟的,受到认识水平、心理水平的局限,他们会有许多幼稚,甚至在成人眼里可笑或者错误的行为,但这并不表明孩子就没有对生活认真地探索。在孩子自己的内心世界中,有着与成人同样深刻、真切,而常常又是属于他们自己的欢喜和痛苦,同时还会比成人更多一点无奈和恐惧。因此,父母要"蹲下身来",用心去体会孩子在某一情境中,会怎样思考、行事,要多一些宽容和体谅。

这样,成人便能比较多地理解孩子各种行为背后的真正原因,与孩子沟通起来才会多一些共同的语言。这样,当孩子说出在成人看来很幼稚可笑的话时,你才不会嘲笑他、讥讽他,也不会轻易击碎孩子一些奇异的想法,更不会用长辈的尊严压制孩子表达的欲望,伤害孩子的自尊心。

2. 要坚持每天和孩子交流

不要说自己很忙,不要说自己心情不好,不要说孩子有人陪着不需要自己,因为任何人都代替不了你——孩子的爸爸。每天哪怕拿出 10 分钟的时间和孩子说说话,对于孩子来说,收获已经很大。

3. 和孩子说话要注意语言表述

要多用鼓励性和积极性的语言,避免命令式的、禁止性的和讥讽性的语言。很多时候我们忽视了对孩子说话的语气和方式,很自然地以家长的身份和口吻对孩子说话,言谈间充满了命令和权威,比如把"不准""不要"挂在嘴边,或者很生硬地对孩子说:"你应该……"这样的沟通会让孩子觉得不舒服,时间久了孩子会对与爸爸交流产生抗拒心理,产生了代沟,想要和孩子融洽地沟通会越来越难。

在和孩子交流的过程中,尽量不要自顾自地说,要注意孩子的反应和态度,还要调动孩子表达的欲望。如果只是自己滔滔不绝、高谈阔论,孩子没有插话的机会,一来孩子的语言表达能力得不到锻炼,二来孩子会产生厌倦心理,在交流中难免不专心。

4. 要给孩子和自己平等争论的权利

随着孩子的成长,越来越要求爸爸能同他们平等对话。爸爸要尊重孩子的这一需求,用平等的态度、商讨的语气同孩子交谈。在家中可多给孩子一些"参政议政"的权利和机会,听听他们的意见。平等的交往方式,还有助于培养孩子的家庭责任感。

爸爸和子女之间在人格上是平等的,孩子不是我们的附属品,而是独立的个体。况且,爸爸不可能什么都正确,孩子的想法和观点也有值得我们借鉴的地方。所以,不要把自己的想法和观念强加给孩子,当和孩子的想法有了分歧,可以通过平等争论的方式来消除分歧。即便孩子的想法是错误的,也要用商量的口吻、柔和的态度来引导和教育孩子,而不可居高临下、生硬训斥。

5. 用未来的目光看孩子

要看到孩子的成长和发展,即便有些孩子眼下可能不尽如人意,但爸爸要能接受孩子的现状,应对孩子的未来充满信心;要用平和的心态与孩子进行沟通和交流,要提高每次谈话的质量,多给孩子有益而可操作的建议,允许他们做出自己的选择;要肯定孩子的点滴进步,并不断给予积极良好又恰当的期待。

每个人都渴望爱,渴望被人关心,被人信任,孩子更是如此。他渴望生活在一个温暖、幸福的家庭里,渴望拥有理解他、信任他、爱他、像朋友一般的爸爸。让孩子感受父爱时,不仅要靠有声、有形的语言和动作,更多是来自无声的心灵交流。大人的眼睛是孩子的一面镜子,孩子通过这面镜子来决定自己的行动,决定是否与家长沟通和交流。家长应充分利用这面镜子,让孩子既看到鼓励、关注、爱心,同时也要让他看到批评、指导和教育。

爸爸若能以一种温和、平等的方式与孩子进行眼神接触,再搭配适当的语言,便可以将爱与教育完美地结合在一起,让孩子在父母的视线里逐渐变得快乐、自信,进而健康地成长。

教子心得

和孩子交流,是一件开心的事情,但更是一件需要用心去做的事情。我们是孩子在这个世界上最亲近的人,如果能再成为孩子最亲近的交流伙伴,那无论是对孩子还是对我们,都将是无比幸福的事情。

第二章 先赞美后批评
——保护孩子的自尊心

尽量少批评孩子

不管孩子是否优秀,做父亲的都应该以平常心对待孩子。只有把孩子当作一个平凡的人,当发现孩子的优点和长处时,你才可能发自内心地去赏识他,当发现孩子的缺点和错误时,才能抱着理解的态度给孩子尽可能少的批评。

建强是个好动的孩子,前几天,他又在客厅里踢球。为这事,妈妈多次与他发生过争执,可是建强依然我行我素,想踢就踢。这一天,爸爸下班回来,发现儿子在客厅里踢球,就说:"儿子,你的球技又有长进了,真棒!"建强听了这话高兴得不得了,踢得更认真了。

爸爸放下包,见儿子还在认真地踢球,就说:"你这样踢下去会把地板弄糟的,妈妈会很难过的,她现在忙着做饭,等一下还要忙着拖地板,多辛苦啊!"建强听了爸爸这番话后,感觉到了妈妈的不容易,觉得自己的做法对不起妈妈。于是,他不好意思地收起了球,说:"爸爸,我要现在就帮妈妈把地板拖干净。"

这时爸爸站了起来,和儿子一起拖地,还高兴地说:"儿子长大了,真懂事。"建强得到了爸爸的表扬很开心,他感受到自己身上对家庭的责任。他说:"爸爸,以后我不会在客厅踢球了。"

每个爸爸发现孩子不正确的行为时,心里都不舒服。如果你直截了当地对孩子不正确的行为进行批评,孩子会感到很沮丧。因为有时候孩子做出错误的行为并不是有意的,或许他们根本没有意识到自己的错,所以你的批评会伤害孩子。相反,如果你说出对孩子的期望,换个角度对孩子进行赞扬,会使孩子很受鼓舞,他自然会很听话地改正不正确的行为。

爸爸在批评孩子时,要特别注意保护孩子的自尊心,孩子做错事时,爸爸在批评、教育他们时可参考以下几点:

1. 变指责为期望

如果孩子不讲卫生,爸爸与其指责孩子脏,不如对孩子说:"大家都喜欢和讲卫生的孩子玩。"让孩子明白,你希望他讲究卫生。这样,你就维护了孩子的自尊心,孩子也会自觉地朝大家心目中的好孩子的方向努力。如果你指责孩子,孩子会认为自己是个坏孩子,是不讨人喜欢的,这样他的自尊心就受到了伤害,他很可能采取对抗的态度应对你的指责,结果会使孩子的问题越来越糟糕。

2. 不急于纠正孩子的"出格"

当孩子做出一些"出格"的行为时,爸爸应该首先去欣赏孩子的出格,而不是立即纠正孩子。比如你让孩子画太阳,孩子却花了一个蓝色的太阳。这时候你应该表现出惊讶的表情,说:"哦,太棒了,真是与众不同。"接着,你再问孩子:"为什么要把太阳画成蓝色的呢?"这时候,孩子可能骄傲地告诉你："我从海水里看到的太阳是蓝色的，所以我就画了个蓝色的太阳。"听了这些话，你还会纠正孩子的"出格"吗？不会的，你会为孩子的观察力和创造力感到骄傲，并继续给孩子赞赏。

相反，如果你看到孩子的"出格"行为时首先就打击孩子："这是什么？你搞什么呀？哪有蓝色的太阳？"这样你就伤害了孩子，孩子会觉得很委屈，因为他确实见过蓝色的太阳。所以，爸爸们不能急着纠正孩子的"出格"，而要用欣赏的眼光看待孩子的"出格"。

3. 误解孩子后要及时道歉

人无完人，爸爸们有时候会受到情绪或其他一些因素的影响，没有正确理解孩子的意思，结果批评了孩子，给孩子造成了伤害。当爸爸认识到自己的错误后，要及时向孩子道歉，请求孩子的原谅。要知道，亡羊补牢为时不晚。你真诚的道歉能够化解恶言恶语对孩子的伤害。

4. 孩子做错事时，直接指出其错误，但是不要用批评的语气

孩子总是会做错事的，这时爸爸直接说出孩子错在哪里就可以了，没有必要添油加醋，甚至翻旧账，对孩子进行喋喋不休的说教。爸爸也没有必要带着情绪处理孩子的错误，尤其是爸爸的语气要保持平和，这样才是对事不对人的表现，让孩子明白你是针对他的错误，而不是针对他本人。

教子心得

只要有可能，爸爸在语言表达上要尽可能用正面的积极的语言，发自内心地赞美孩子，客观公正地指出孩子的错误。尽量给孩子少一点指责和批评，多给孩子一些赞扬。

给"良药"放点糖

"哪个爸爸不骂人，哪个孩子不挨骂。"这可谓是所有家庭都发生过的事情，这里说的骂，更多的是指批评。在孩子成长的过程中，爸爸批评孩子是少不了的，但关键是怎样批评。有人说："最妙的是给批评穿上表扬的外衣，用表扬来完成批评所到达的目的。"

致远爱玩游戏机，每到周末就玩得忘记了时间，打完一局又一局，有时甚至是把一个很长的游戏从头到尾打下来。爸爸通常和他约定只能玩一小时，可是致远总是以"还差一点"为借口一拖再拖。爸爸决定"表扬"他一下。

一个周末，爸爸的老同学带着孩子来访。爸爸和老同学聊天叙旧，致远陪着小客人在他房间里玩，听歌曲、看连环画。最后，致远和小客人跑到客厅说想要打游戏机。

爸爸说"可以"，但老同学说"不要"。原来老同学的儿子打游戏上瘾，连学习都顾不上，气得他把游戏机、电脑全锁了起来。看着小客人尴尬的样子，看着致远有点紧张的表情，爸爸笑着说："是吗？让他们打一会儿吧，我家儿子能管住自己，说一小时就一小时，他把打游戏当作一种放松。"

"谢谢，走喽！"两个孩子惊喜地说，然后回小屋去打游戏了。

"儿子，记着时间。打一小时就行了！"爸爸没有忘记嘱咐。"知道了！"致远痛快地回答。大概是有客人在，致远不想毁了自己的形象，所以，很准时地结束了游戏。

送走客人，爸爸表扬儿子："今天你真守信，如果你每次都能这样玩游戏，爸爸妈妈就不会埋怨你了。"

致远略显不好意思地说:"那我以后一定注意。"

教育孩子需要良苦用心,批评孩子不是随意地责骂,而是要花心思的。人们都说良药苦口,忠言逆耳,如果爸爸在批评孩子的时候,能够给良药放点糖,把忠言说得顺耳一点,相信教育效果会更加显著。

对于孩子的缺点和不良习惯,爸爸没有必要板着面孔说教,给批评穿上表扬的外衣,照顾好孩子的自尊心和感受,从正面进行引导,使孩子自觉地修正自己的不足,不断前进。这无疑是一种巧妙的批评方式。

父亲在批评孩子时可采用以下方法:

1. 给孩子贴上好孩子的标签

原本孩子不听话,不爱学习,爸爸对此很生气,打算批评孩子一顿,但是你没有这么做,转而给孩子贴上乖孩子、爱学习的标签,孩子会因为你对他的积极评价而高兴,进而为了保全自己的名誉而努力做个好孩子,这就使表扬达到了批评孩子的目的。这种批评教育的方式,既让孩子听得进去、听得舒服,也乐于做出改变,而爸爸也不多动怒,实在是家庭教育的高招。这对于那些"响鼓不用重锤"的孩子,特别有效果。

2. 在众人面前对孩子表示信任

多数孩子的自控力不是那么好,当孩子向你提出要玩游戏时,如果别人都不相信孩子会控制好时间,而你用坚定的口气答应了孩子的要求,相信孩子会控制好自己,那么孩子一定不会让你失望。这就是说,如果你信任孩子,孩子会表现得更优秀,哪怕一个坏孩子因为得到了别人的信任也可能发生一百八十度的转变。

3. 该批评时不手软,批评不等于不尊重

对于一些固执、死不悔改的孩子,如果你对他越宽容,他可能越过分。这时候该批评就得毫不留情地批评,批评并不等于不尊重孩子,因此要注意保护孩子的自尊心。爸爸们千万不要把"对孩子的尊重"和"管教孩子"这两件事简单地对立起来,好像保护孩子的尊严,就要放弃最基本的管教和批评。

正确的做法是,根据孩子的承受能力,进行适当的批评。并且,在孩子做错事时,明确地告诉他"这件事你做得不对"是非常必要的,不能因为担心伤害,就不批评、不管教。

教子心得

给批评穿上表扬的外衣,用表扬的语气对孩子进行暗示,让孩子没有理由不按爸爸表扬的那样做,这就像给孩子戴了一顶高帽子,给孩子人为地树立了一个"好孩子"的形象,使孩子不忍心破坏自己在父母、众人眼中的光辉形象。

指导孩子最重要

当孩子做了错事时,最重要的不是批评或教训孩子,而应该首先处理事情。然而,在许多家庭中,爸爸很难做到这点。一旦孩子说错了什么或是做错了什么,爸爸立刻摆出一副严厉的样子对孩子指手画脚,同时带有无礼甚至是侮辱性的批评语言,结果不但没有让孩子心服口服地接受批评,反而引起孩子的反感和顶撞。

吃早餐的时候,七岁的罗文在玩一个空杯子,正在餐厅看报纸的爸爸对罗文说:"你会

打碎它的，不要玩了，不知道你打碎了多少东西了。"

罗文自信地说："放心吧，这次不会打碎的，我保证。"罗文刚说完，杯子就从手掌间滑落在地，摔得支离破碎。

父亲生气地说："哦，我的天啊，你怎么又把杯子摔碎了，屋里的东西快要被你摔光了。"

罗文笑嘻嘻地说："你太夸张了，而且我记得你曾经也打碎了妈妈最好的盘子。"

父亲一听这话，气得从座位上跳起来："你在说什么？犯错了还表现出这种态度，你太不像话了。"

罗文看着父亲生气的样子，跑出了家门。

或许，这件事情让罗文得到了教训，他以后再也不玩杯子了。但是父亲也应该吸取教训，那就是应该用善意的语气指导孩子，而不是给孩子无情的指责和批评。

其实，在孩子玩杯子的时候，父亲完全可以提醒儿子"小心摔了杯子，割伤了手"，然后对儿子说："玩皮球是个不错的选择。"或者当杯子打碎时，父亲可以帮助儿子处理玻璃碎片，顺带说"杯子很容易打碎，以后注意点"。这种和气的话很可能让罗文为自己的过错感到惭愧，继而会因为自己闯了祸而产生歉意。在没有斥责，没有巴掌的情况下，他甚至可能会在心里思考，并自己得出结论：杯子不是用来玩的。

当孩子出现错误时，爸爸的批评对孩子是没有益处的，它只能导致怨恨和反感。而更糟的是，如果孩子经常受到批评，他就学会了谴责自己和别人，他就学会怀疑自己的价值，轻视别人的价值，学会怀疑别人，导致人格缺陷。所以，爸爸应该给孩子更多的指导而不是批评。

1. 孩子犯错之后，指导孩子正确处理问题

当孩子不小心碰翻了果汁、打破了杯子时，爸爸首先要做的不是批评孩子的错误，而是指导孩子怎样处理错误导致的问题，爸爸应该告诉孩子应该如何清理破碎的玻璃杯，如何把地板拖干净。

如果爸爸真的能做到克制愤怒的情绪，给孩子提供建设性的意见，孩子也会抓住机会，认真地打扫现场，并为自己的过错深感惭愧。因为爸爸没有批评他，而是指导他，这在孩子看来是爸爸给他改错的机会，孩子会倍加珍惜。

2. 杜绝辱骂，那是会伤害孩子的

无论孩子犯了怎样的错，你都不能辱骂孩子，如果你经常在孩子犯错后辱骂孩子，孩子就会朝你所骂的方向发展，假如你骂孩子是个坏孩子，他会慢慢变成真正的坏孩子；假如你骂孩子是个笨蛋，孩子真的会变成笨蛋。所以，如果你真的想让孩子在犯错之后改过自新，就要杜绝辱骂孩子，你只需实事求是地指出孩子的错误，告诉孩子怎么做就可以了。

3. 了解孩子犯错的原因

孩子犯错了，爸爸可能还不清楚原因。那么爸爸需要和孩子进行交流，让孩子告诉你他是怎样犯错的，这便于你针对孩子的错误提供指导性的意见，最终帮助孩子改正错误。爸爸可以对孩子说："现在没有必要惩罚你，而要搞清楚你是这怎么犯错的，这样你才不会犯相同的错误。"让孩子明白，你并没有惩罚他的意思，他才可能放下心理包袱，和你进行交流。

教子心得

每个人都希望得到指导而不是批评，孩子同样有这样的心理。这就要求爸爸在教育孩子的时候，多用善意的指导和关爱代替批评和责骂，这样孩子才会虚心地接受爸爸的教育和引导。

学着让孩子欢迎你

虽然孩子和爸爸在家庭中的角色不同,但是在人格上应该是平等的,爸爸要学会尊重孩子,因为只有尊重孩子的爸爸才会赢得孩子的尊重,才会受到孩子的欢迎。

吴祥的爸爸妈妈离婚了,他判给了爸爸。爸爸靠干苦力活挣取吴祥的生活费和学费,所以他对吴祥寄予厚望,希望他将来可以出人头地。

平时,爸爸对吴祥的生活和学习都很关心,总是教育他要把所有的心思用在学习上。吴祥也很争气。最近吴祥喜欢上了周杰伦,省吃俭用地买了周杰伦的专辑。

爸爸发现后立即火冒三丈,觉得吴祥让他很失望,将专辑扔了,还用难听的话侮辱了他的偶像。这给吴祥的心理造成很大的创伤。他认为爸爸一点也不尊重他。

爸爸的性格以及在家庭中的权威地位使得他们有这样的想法:孩子是我的,我可以用我喜欢的方式来教育他。这是错误的教子思想,在这种错误思想指导下的教育方式,缺乏对孩子的尊重,除了影响爸爸在孩子心目中的形象之外,还会影响孩子心理的健康发展。

随着孩子年龄的增长,他们内心会产生被爸爸理解和尊重的需求,如果爸爸忽视孩子的心理需求,缺乏对孩子的基本尊重,会伤害孩子的心灵,严重的还会影响孩子的人生观和价值观。

不懂得尊重孩子的爸爸也不会受到孩子的欢迎,而在孩子心目中没有威信,也就不是一个成功的爸爸。孩子的自尊意识很强,如果得不到爸爸应有的尊重,很容易造成行为上的偏差,做出极端的行为,不利于身心健康发展。

因此,教育孩子首先要学会尊重孩子。爸爸要学会尊重孩子的意见,让孩子选择自己喜欢的成长方式;要尊重孩子的想法,不要将自己的想法强加到孩子身上;要尊重孩子的隐私,不干涉孩子的正常交友等。

爸爸尊重孩子才可得到孩子的尊重。做到了这点,孩子就会将爸爸看作自己的朋友。

爸爸可以从以下方面入手做一个受欢迎的爸爸:

1. 尊重孩子的人格

孩子的自尊心很容易被爸爸忽略、压抑,爸爸往往会无视孩子的需要,有时甚至自己侮辱了孩子的人格还浑然不知。孩子虽小,但是也有自己的人格,孩子和爸爸在人格上是平等的,所以爸爸要尊重孩子的人格。

李刚的爸爸是个很要强的人,对孩子的要求也高,总是希望自己的孩子比别人强。五岁的时候,爸爸就教李刚背古诗,他背不下来,爸爸就会批评他,说他太笨了。

慢慢地,李刚变得不自信,每次爸爸批评他,他也是低着头不说话。一天,爸爸的同事去他家玩,爸爸让李刚给大家背首诗,他只背了两句就忘了下面的了。李刚自己在那低着头,小声地说:"我太笨了。"

爸爸生气地说:"我怎么生了你这么笨的孩子,要是件东西,我早就扔掉了。"

孩子犯了错误,爸爸不应用语言侮辱孩子,也不应在外人面前指责孩子,要给孩子留些面子,尊重孩子的人格。正确的做法应该是询问孩子做错的原因,在此基础上再对孩子进行教育。

2. 尊重孩子的兴趣

尊重孩子的兴趣是爸爸教育孩子所必须具备的理念,兴趣是孩子成长和发展的催化剂,也是孩子前进的动力。爸爸不要将自己的梦想强加到孩子身上,要让孩子在兴趣的基础上发展自己的特长。

许多爸爸都希望孩子有一技之长,所以常会在没得到孩子许可的情况下为孩子报很多辅导班,这样做会引起孩子的逆反心理。如果爸爸尊重孩子的兴趣,让孩子发挥自己的特长,孩子会得到来自爸爸的理解和尊重,也会回报给爸爸信赖和感激。这样有利于孩子和父母的沟通,也有利于孩子自身的发展。

3. 尊重孩子的选择

孩子的自主性一般体现在孩子的选择上,但是很多爸爸怕孩子的选择不正确,不给孩子选择权,而是按照自己的经验来为孩子做选择。这是父母不懂得尊重孩子的表现,这样做的后果是:孩子永远学不会选择。

爸爸要舍得放手让孩子自己选择,在孩子选择的过程中,爸爸可以给孩子分析各方面的情况,让孩子充分了解到自己选择的利弊,让孩子在了解了情况之后再做决定,而不是简单地替孩子做决定。孩子在认真考虑之后做出的决定,父母就更应该尊重,千万不要轻易否决。

4. 尊重孩子的隐私

随着孩子年龄的增长,他们会选择用写日记或是书信的方式来表达自己的情感和情绪。有些爸爸难以找到和孩子合适的沟通方式,就会选择偷窥孩子隐私的方式来了解孩子。这是不尊重孩子的表现。

周静今年上初二了,最近学习情况不太好,老师反映她上课精力也不集中了。爸爸也觉得女儿的表现有点反常,经常发现放学后她一个人躲在屋子里写东西。

这天等周静上学后,爸爸悄悄打开了她的抽屉,发现了她和笔友的信件往来。周静回家后,爸爸严肃地批评了她,还把她的信件销毁了。周静很伤心,觉得爸爸对她不尊重。

教子心得

孩子有自己的隐私是成长道路上所必须要经历的阶段和过程,父亲应该尊重孩子的隐私,加强和孩子沟通,帮助孩子安全顺利地成长。

小心呵护孩子的心灵

孩子越小,心灵越不设防,越容易受伤害。我们就更需要给予小心呵护。

许多家长在对待孩子上,犹如一副对联所言:"我说你行你就行,不行也行;我说不行你就不行,行也不行。"于是:"妈妈说了不准就是不准!""爸爸叫你怎样你就怎样!"

孩子一遇到这种情况就不敢再有自己的主意了。当然爸爸不允许孩子做的事,大都是有道理有理由的,但是爸爸用粗暴的、蛮横式的语言和态度只会伤害孩子的自尊心,爸爸若能在童年保护、培养孩子的自尊心,那将使孩子一生受益无穷。一个有自尊心的人会尊重别人,也会爱护自己,一个自尊自爱的人会对社会有益,对别人有爱心。

有很多爸爸都这样认为,孩子什么也不懂,怎么讲道理也是白搭,不如命令干脆、明确。也许孩子在三岁以前的确难于明白事理,但是家长们完全可以通过相应的表情、手势、语气语调,使孩子从父母的表情中察觉到怎么做是对的,怎么做是不对的。三岁以后的孩子就容易明白是非了,到时只需把道理讲清楚即可。也有些爸爸认为小孩子的心思简单,即使挨批评了,就像跟小朋友们打架似的,过一会儿就都忘了。

其实则不然，孩子的心思既很敏感又很脆弱，且极易受到伤害，他很清楚内外之别。小朋友之间一般不会计较，但对爸爸的言行举动却很在意。假若爸爸一味不尊重孩子，动辄恶语指责，而不说明道理，或者明知自己无理，孩子有理，也决不向孩子低头道歉，反而执意要孩子按自己的想法去做。重压之下的孩子口服心不服，长此以往，孩子或者会产生强烈的逆反心理，你说什么他都不爱听，不愿做，脾气倔强；或者被吓得畏畏缩缩，服服帖帖，凡事没有主见，唯爸爸的马首是瞻，这样的孩子永远只会是爸爸的孩子，没有个性，没有前途。

不同的孩子是有差异的，有的孩子美，有的孩子丑；有的孩子高，有的孩子矮；有的孩子灵活，有的孩子迟钝等等。让我们每个人对自身的一切都能如愿实在很困难，更何况孩子呢？孩子很容易感受外界给他的评语，所以爸爸的育儿工作之一便是维护和培养孩子的自尊。

维护孩子的自尊，要从细微处下功夫，尤其是在公共场合，更要细心呵护，因为孩子的心灵是非常脆弱而敏锐的，若把他看成不懂事的孩子任意去批评、指责，刺伤他的自尊心，那孩子就容易产生自卑、退缩、紧张甚至憎恨、敌对情绪。爸爸要多关心孩子内心的冷暖，多给他一些微笑和关怀的眼神，多给他一些理解和支持，多用身体动作（如摸摸头、拍拍肩等）关心他们。多给孩子留面子，不要当着别人的面训斥、指责孩子，不要当着别人的面唠叨孩子曾经说过的话和做过的事，使他感到难堪。让孩子失去自尊很容易，但重建自尊却是一个缓慢而困难的过程。

一天，九岁的娜娜突然有了写诗的雅兴。从来没有写过诗，更不知道如何写诗的她，在晚饭后顾不上看自己喜欢的动画片，趴在桌子上冥思苦想后写下人生第一首诗《太阳》：

太阳，如果一旦失去你

就没有天上飞的鸟，地上跑的兽

太阳，你和所有的生物的生命都密切相关

如果失去了你，花儿枯萎，鸟儿遭殃，人类也无法生存

太阳，你为人类做出了贡献，人类永远也忘不了你

当她兴致勃勃地把这首毫无章法的诗拿给爸爸看，爸爸没有像有的家长那样随便夸几句敷衍了事，而是大声朗读了一遍，然后大声称赞她："我的女儿第一次写诗，就写得这么好，真棒，相信你以后一定会写出更好的诗来！"

第二天，爸爸把这首诗一个字未改地贴到了为娜娜制作的网页上，让登陆她网址的人都能看到娜娜的第一首诗。爸爸还对娜娜说："这是你真实的成长记录，谁也不是天生就会写诗，那些大诗人生平的第一首诗，说不定还赶不上你写的呢。"

娜娜听了很开心："呵呵，爸爸喜欢我写的诗，我的诗都可以贴到网上展览了……"

后来娜娜陆续又写了好几首，每次爸爸都要加以评价，当然表扬得多，赞赏得多，纠正、引导的工作尽量做到"无痕"。

娜娜说，每当自己完成一篇作文，得到爸爸的赞赏，心里总是美滋滋的，会觉得写作文真是一件快乐、开心又轻松的事情，自己真的是很棒！

假想一下，如果娜娜把她写的第一首诗递给爸爸的时候，爸爸皱着眉头说："这是什么破诗啊，这也叫诗，不会写就别瞎写！"这样下去即使孩子有兴趣再写第二首诗，她也绝对没有兴趣再给爸爸欣赏了。

赞赏就如肥料，撒在孩子的心田里，孩子的自尊心和自信心才得以茁壮成长。

1. 不要捉弄孩子

"小宝贝，你闻起来太臭了，赶快去洗澡吧！"也许家长开这样的玩笑只是希望孩子感到羞

愧,以求他的改进;但是,孩子很容易信以为真,使他自身感觉不好意思,甚至认为自己是一个"臭"孩子,由此心生自卑。

2.重视与孩子相处时的礼貌

命令、怒骂、责怪式的家庭语言,使孩子感到成人对他的轻视,故而没有自我观念。如果爸爸常对孩子保持应有的礼貌交流,使用"请""对不起""谢谢""不客气"等礼貌语言,孩子便能感受到家长对他的尊重。

3.允许孩子失败

孩子的成长过程当中,要经历无数次失败,家长要允许孩子失败,并且给予安慰和鼓励。爸爸在孩子失败时需要给他心灵的支持与爱护,让孩子真正体会到家长对他的理解和信任。

4.强调孩子的优点比批评缺点更有效

孩子哪怕是微小的优点,也要及时肯定和鼓励。"爸爸,明天我得早点去学校,因为明天是我们小组值日。""好的,爸爸一定提前送你到学校。""您放心,我们能把教室整理得干干净净。"

对孩子表现好的要及时给予肯定,对孩子错误的地方,应尽量施以正面的引导,避免否定、嘲弄的言语或表情,让孩子知道他在你心里是个好孩子。

5.勇于向孩子承认错误

人都会犯错或有不足的方面,如果爸爸犯了错,要及时向孩子表达歉意。比如:"小刚,爸爸真对不起你,我没能买到你考试用的圆珠笔,你还是用你手边的那支吧!""小玫,爸爸来得晚了,你在学校等急了吧?以后我一定按时来接你。"

让孩子知道父母也是人,也会犯错误。孩子最恨成年人的虚伪,老老实实向孩子说一声"对不起,我错了,请原谅",孩子会从中得到教益,学会认真做人,也学会宽恕别人。

教子心得

维护孩子的自尊,尊重孩子的人格非常重要。如果爸爸们不注意教育方式,经常使孩子出丑,将会使孩子变得不以为耻、习以为常,无形中对不良行为起了加深作用。只有做一个尊重孩子的爸爸,才能培养出自尊、自信、快乐、健康的孩子。

别让孩子失去自尊

一天,老师把小阳的爸爸叫到了学校,对他说:"最近,你的孩子学习成绩明显下滑了,并且平时的表现也不是很好,经常和同学闹矛盾,和老师作对,上课不听讲。"

爸爸一听,怒火就不打一处来,冲着孩子喊道:"你怎么这么不听话!我平时是怎么教育你的?你说,我哪点对不起你了?我怎么说什么你都不听呢?"

孩子恳求爸爸说:"爸爸,有什么话,我们回家说,好吗?"

爸爸大声喊道:"为什么回家说?你也知道害羞呀?你也有自尊呀?你自己做得不对,害怕别人知道吗?我偏要在这里说,当着众位老师的面,当着同学的面说!你要是真有自尊,就应该把它用在学习上……"

老师制止住了小阳的爸爸:"先生,请问您平时都是这样教育孩子的吗?"

爸爸回答:"是的!不这样,他不会长记性的。"

老师说:"我想,我知道你的孩子成绩下滑的原因了。就是因为你经常当着别人的面教育孩子,伤害了孩子的自尊,使孩子越来越自卑、自暴自弃。先生,你应该改变一下教育方式,尊重孩子的自尊,我想,这样效果会更好。"

爸爸听了之后,感到很有道理,于是就按照老师的说法去做,结果孩子的成绩果然有所进步,并且很少与同学闹矛盾,也懂得尊重老师了。

在教育孩子的问题上,很多爸爸存在着一个很大的误区:他们遵守"人前教子"的古训,并认为只有这样做,才能让孩子长记性,以后也就不敢再犯同样的错误了。

这种做法虽然有其一定的效果,孩子会暂时在爸爸的威严下表现出屈服。但是却弊大于利,因为这种做法只能让孩子"口服",并不能让孩子"心服";并且严重伤害了孩子的自尊心,孩子逐渐形成的尊严被无情地扼杀在摇篮之中,很容易使他产生自卑、消极的心理。

其实,很多做法都会伤害孩子的自尊,如翻旧账,对孩子过高的希望,对孩子过于严格要求,轻易否定孩子,等等。而一旦爸爸伤害了孩子的自尊心,要想弥补却是一个漫长而艰难的过程。

美国的詹姆斯·杜布森博士对儿童有其独特的研究,他说过这样一句话:"有千百种方法可以让孩子失去自尊心,但重建自尊却是一个缓慢而困难的过程。"

所以,在平时的生活中,爸爸要时刻尊重孩子,用心呵护孩子的自尊心,给他一个健康和充满信心与力量的童年。

1. 女孩脆弱,男孩也很脆弱

说到自尊心,大部分爸爸会认为:女孩的心灵往往比较脆弱,自尊心较强,需要用心呵护;而男孩就不同了,男孩脸皮比较厚,心理抗压力比较强,不需要用心去呵护。

然而事实上,男孩的自尊心也很脆弱,只是受社会环境因素和个人性格特征的影响与制约,他们不愿意把自己脆弱的一面表现出来。

英国精神病专家瑟巴斯汀·克莱默在《脆弱的男人》一文中指出:"男胎在母体里更容易死亡或受到损害……男孩在婴幼儿时期,面临着更多的心理问题,因而他们需要特别的关照。"

另外,克莱默还提出:"人们看不惯男子汉的软弱,男人在任何时候都不能表现出脆弱的一面。所以,小男孩的压力也不小,他们更加敏感,在两岁以前,他们的很多天性和本能就被压制住了。"

由此可见,男孩的心灵也很脆弱,也很容易受到伤害。所以,爸爸应该摒弃世俗的观点和陈旧而错误的教育观念,不论是男孩还是女孩,爸爸都需要理解和支持他们,用心呵护他们的自尊,保护他们脆弱的一面,使孩子变得更加出色和优秀。

2. 不要总是拿别人的孩子与自己的孩子作比较

金涛今年上小学五年级了,成绩一直处于班级的中等水平。期末考试后,爸爸说:"这次,你考得怎么样?把你的成绩单拿给我看看。"爸爸一看,金涛的每科成绩平均都是70分左右,顿时很气愤地说:"你的学习成绩怎么这么差?你看看邻居家的张国刚,他每科都考了90分,你再看看我同事家的孩子,也总是考95分……再看看你,你就是不如别人。"

爸爸经常拿别人跟自己比,每次听到爸爸说的这些话,金涛都会感到特别委屈和伤心。

现实生活中,很多爸爸都会有意无意地拿孩子跟别人比较,如"你看看邻居家的孩子,就是比你懂事""你看看你们班的班长,就是比你学习好""你看看我同事家的孩子,人家还会拉小提琴呢,你会什么?真是不争气"。其实,这种胡乱拿孩子跟别人比较的做法,不仅起不到很好的教育效果,还严重伤害了孩子的自尊心,挫伤了他上进的积极性,时间长了,孩子就会表现出自卑、消极、抑郁等不良情绪。

每一个孩子都有自己的优点与缺点,也都有自己的长处与不足。所以,爸爸不能总是拿自己的孩子跟他人比较,而是要对孩子有一个正确的认识,允许孩子的差异性,进而使孩子充分发挥出自身的潜能与特长。

3. 尊重不等于盲目地迁就

尊重孩子，呵护孩子的自尊心是对孩子的一种理解、认同与重视；而盲目地迁就孩子则是对孩子的一种错误引导，两者有着本质的区别。

> 在玩具专卖店，七岁的钱进对爸爸说："爸爸，我想要这个玩具。"
>
> 爸爸看了看这款玩具的标签，说："孩子，爸爸知道你很想买这个玩具，也很尊重你的意愿。但是这款玩具太贵了，爸爸承受不了。这样，爸爸给你买一款其他的玩具，可以吗？"
>
> 孩子一边挠着头，一边说："好吧。那等你有钱了，再给我买吧。"

教子心得

当孩子的想法和意愿正确时，爸爸需要表现出尊重与赞赏；而当孩子的某种想法和要求不合理时，爸爸要在尊重孩子的前提下，动之以情，晓之以理，对他进行合理的劝说与引导，以得到孩子的认同和理解。如果不论孩子的要求是否合理，爸爸都是一味地肯定或否定，那么孩子就会桀骜不驯或是自卑、缺乏自信，无论哪种结果，都很不利于孩子的身心健康。

批评也是有方式的

有人说，在教育孩子的过程中，表扬要占2/3左右，批评要占1/3左右。可见，在孩子成长的过程中，批评是不可缺少的，表扬虽然能够起到激励的作用，但一味的表扬也不利于孩子的健康成长。

当然，批评和表扬相比，我们国家的家长更倾向于前者，尤其是爸爸。然而，批评的结果却并不是总能令人满意。下面我们先来看看这些爸爸通常是怎么做的：

> 一天下午，全校老师开会，所以学校决定提前放学，这可乐坏了小杰。小杰叫来几个同学到家里玩。小杰拿出象棋与同学比试高低。正当他们玩得高兴时，小杰的爸爸回来了。爸爸虽然没说什么，但一脸阴云，小杰赶快草草地结束了"战斗"，同学们也知趣地走了。
>
> 爸爸送走了小杰的同学后，对小杰大声说："我和你说过多少遍了。你就要中考了，不要再找同学下棋了，你怎么就是不听！"
>
> 小杰解释道："今天考了一上午，感觉很累，想休息一下，就和同学下了几盘棋。"
>
> "别找理由了，我看你就是爱下棋，不爱学习。"爸爸越说越生气。
>
> "下棋又怎么了？"小杰也急了。
>
> "中考考下象棋吗？上大学考下象棋吗？"
>
> "不考就不能玩一玩吗？"小杰理直气壮地反问了一句。
>
> "不行，你现在的任务就是学习，别的什么都不行。"
>
> "我也不能一天到晚总是学习呀，我下象棋也不是什么不良的嗜好。"
>
> 爸爸听到这里似乎没了词，便突然厉声说道："你现在越来越不像话，说你一句你有十句在那儿等着，我是你爸，我说话你听着就是了，哪来那么多废话？"

这样的事情在许多家庭都发生过，甚至是家常便饭。于是孩子抱怨："家长一点也不理解我们，和他们没法沟通。"家长的日子也不好过，他们也会有这样的抱怨："孩子学会顶嘴了，你批评他,他不听,你教育他,他跟你顶嘴。你说一句他有十句等着你,想说服孩子还真难。"

下面我们帮家长们先分析一下孩子顶嘴现象产生的原因。

(1)借机发泄。孩子也有烦心的时候,如果这时恰逢父母的批评、指责,于是就把自己心中的怨气、怒气一齐抛向了父母,一般情况下,这种顶嘴是一种宣泄,雷阵雨似的,一会儿就过去了。

(2)解释。有时候,父母批评孩子往往是从自己的角度出发,而没有考虑到孩子的感受,于是,孩子认为父母的批评是片面的,指责是错误的,他是为自己的行为讲明理由,以证实自己的正确性。

(3)无理辩三分。这种孩子很倔强,往往是明知自己错了,就是不愿承认,没理由找理由,说些歪理来为自己的不良行为诡辩。

上面是孩子的原因,下面我们再来看看家长的原因:

(1)对立型父母:孩子与父母本身就存在着对立情绪,如果这时家长再态度生硬,要求苛刻,孩子更难以接受,对立情绪加深。

(2)威胁型父母:在批评教育中,有些父母图省事,既不调查,也不了解,靠威胁、恐吓来解决问题。

(3)辱骂型父母:有的父母在感情冲动,对孩子的行为又无计可施时,常常出言不逊,刺伤孩子。

(4)体罚型父母:有的父母为显示自己的威严,动不动就体罚孩子。

(5)冷落型父母:有时孩子犯的错误并不大,但是父母为了让孩子"忏悔"自己的过失,孩子即使已经承认了错误,父母还是冷若冰霜地对他说:"我不是你爸!"等等。

针对家庭教育中存在的上述问题,在与孩子沟通的过程中,爸爸应该如何正确处理好对孩子的批评教育呢?下面有几点建议,可供爸爸们参考。

1. 批评时不要带着强烈的感情色彩

孩子淘气,不要动不动就恼火,大发雷霆,结果孩子都不知道为什么受到批评,这种感情冲动地批评孩子是不可取的。不要忘记,批评不是目的,目的是让孩子知错改错。批评和发火是两码事。

2. 批评要及时

对于幼小的孩子来说,如果不当场加以批评,就不会有效果。因为早上发生的事情等到晚上再去批评,孩子早就忘在脑后了。所以,孩子做错了事情,就应该让他及时知道,并加以改正。

3. 批评时,全家人意见要统一,态度要一致

孩子撒野、淘气,如果家里的人有的批评,有的放任不管,有的甚至埋怨不该批评孩子,这样是不可能教育好孩子的。但是,在批评孩子时如果大家七嘴八舌一块训,那效果也不好。要由一个人做代表,其他的人可以采取赞同的态度。

4. 即使是批评也应该先认可孩子好的方面

不要一上来就不分青红皂白地猛训一通,可以先表扬一下孩子好的一面,然后再批评做错的地方。

5. 管教孩子要采取始终如一的态度

同样是孩子淘气,由于客人在场,或者是身体劳累,事情太忙等原因,时而批评,时而不管,那是管教不好孩子的。不要制造例外,始终如一的批评方法是很重要的。

6. 批评不要带着厌恶的情绪,应该带着怜爱

不要抱着怨恨的情绪来批评孩子。只有以疼爱的心情和诚意同孩子接触,和孩子进行亲密的交流,批评才会收到好的效果,给孩子的人格以好的影响。即使训过了头,也会取得孩子的谅解。

7. 批评孩子不要动手打,要用语言批评

为了教育两三岁的孩子,象征性地进行一些惩罚,例如罚站也是需要的。但是,孩子到了五六岁时,要多用语言批评来教育他。批评时应耐心地指出这样做为什么不好,错误有多严重,打孩子并不能解决问题。

8. 批评要适量,不要无休止地批评

批评孩子要直截了当,干净利索。如果批评起来没完没了,有时孩子就搞不清楚为什么遭到批评,甚至产生逆反心理。这时候,家长的批评是起不到作用的。

教子心得

最新的教育科学研究表明,批评教育是一种赏识教育不可替代的教育方式,正确地运用批评教育将会达到事半功倍的效果。

第三章　用心倾听
——让孩子更勇敢地表达自己

允许孩子解释

在现实生活中,这种情况经常发生,当孩子犯了一个小错时,爸爸总是单凭自己的主观臆断,对孩子的行为做出一些不中肯的评价和指责,当孩子想要申辩和解释的时候,爸爸通常会更加生气,认为孩子是在狡辩,对孩子说得最多的也是"不用解释!"

赵先生的儿子很懂事,自从姥姥来了以后,他怕姥姥觉得闷,就每天带姥姥出去散步,还用自己的零花钱给姥姥买鲜花,把姥姥高兴坏了。姥姥乐呵呵地说:"我活了60多岁了,还是头一次收到别人送的花呢!"

有一天,赵先生下班回家,一进门就听到房间里有"嘎嘎嘎"的叫声,一看,原来是几只活蹦乱跳的小鸭子正在房间里乱窜。看到家里乱七八糟的样子,加上上班的劳累,赵先生顿时心烦意乱,张口就训斥孩子:"马上就要期末考试了,玩这些干吗? 看你把家弄得成什么样子了!"

孩子张嘴正要向他解释,他却不由分说地呵斥道:"住口! 给我把这些东西都扔出去! 我不想听你说什么,你也不用解释!"说完就要去抓那几只小鸭子。这时,孩子的眼泪哗哗地流了出来,委屈地看了爸爸几眼,然后转身回到自己的房间,重重地关上了门。

赵先生一看更气了,刚想追过去再教训儿子,这时孩子的姥姥拦住了他:"你就别骂孩子了,这是孩子给我买的,他说怕我在家寂寞,就买了几只小鸭子来陪我。孩子这都是出于一片好心,你要真觉得不喜欢,可以好好和孩子说,把这些小东西送给别人就得了,干吗骂孩子呢?"

赵先生知道原委后很后悔,但是给孩子的伤害已经造成。

如果孩子经常被喝令"住口",渐渐地就会放弃为自己辩解的权利,而他们背负的委屈也会越来越多。总是这样一个人默默承受,背负着沉重的思想负担,就有可能造成严重的心理问题。

因此,当孩子犯错时,爸爸们一定要冷静地对待孩子的过错,因为一件看似非常简单的事情,它的背后却往往没那么简单。也许孩子做错事的初衷是好的,也许孩子做错的事的确情有可原。所以,应当尽可能给孩子申辩的机会,以便了解事情的真相,只有这样,孩子才能心悦诚服地接受我们的教育。

1. 给孩子辩解的权利

所谓"真理面前,人人平等",爸爸没有理由堵住孩子的嘴巴,不给孩子辩解的机会。既然孩子要辩解,说明孩子对爸爸的话有不认同的地方,那么让孩子把想说的说出来,爸爸才能了解事实的真相。否则,轻易给孩子下结论,只会误解孩子,使孩子受委屈。

给孩子辩解的权利,是尊重孩子的最起码的表现。爸爸应该明白,辩解并非强词夺理,而是让孩子把事情讲清楚,讲明白。给孩子辩解的权利,孩子才会更加理解你所讲的道理,使教育收到良好的效果。

2. 若是在公共场合,要给孩子"台阶"下

多数孩子都很爱面子,如果在公共场合,爸爸当着其他孩子的面批评、责罚孩子,会让孩子

觉得很没面子,这样孩子就容易产生对立情绪,即使他知道错了,也会"宁死不屈",强词夺理,甚至与爸爸对着干。所以,在公共场合教育孩子,爸爸要讲究艺术,注意给孩子"台阶"下。

3. 坚信"没有调查就没有发言权"

没有经过调查就乱扣帽子,是许多爸爸家长主义思想在作怪,他们想当然地认为、主观臆断,使孩子经常被误解。当孩子准备辩解时,又被他们打压,结果孩子觉得非常冤。爸爸们应该坚持"没有调查就没有发言权"的思想,在没有了解事实真相之前,不要对孩子轻易下结论。如果想了解事实真相,就必须充分了解当事者——孩子的意见,这就需要给孩子解释的机会。

教子心得

在没有了解事实之前,爸爸要学会克制自己的情绪,然后给孩子申辩的机会,这是尊重孩子发言权的表现,也是尊重事实的表现,这样才能避免无端地误解孩子,给孩子造成伤害。

了解孩子出了什么问题

在许多家庭中,爸爸和孩子之间的激烈争吵有一个规律的、可预见的顺序。孩子做错了什么事,或者说错了什么话,爸爸会对此做出无礼、侮辱的反应,孩子则以更糟糕的言行来回击爸爸。爸爸再反击,高声恐吓,或者横暴地处罚,结果,事情越搞越糟。

寒假的一天,张琦和几个好朋友外出聚会,由于玩得尽兴,他忘记了时间,回到家时天已经黑了。父亲刚吃完晚饭,还喝了酒。见儿子回来,父亲趁着酒兴厉声说:"来,吃饭!"张琦说自己吃过了,不饿,没想到父亲依然纠缠道:"你给我坐下。"

张琦历来不喜欢爸爸醉酒的样子,因此表现得非常不悦,这在父亲看来是对自己的挑衅,于是父亲说:"你今天回来这么晚,叫你坐下你还不高兴了,长大了,翅膀硬了,是吗?"这时张琦内心非常恼火,虽然他没回答父亲,但是倔强的脸上流露出相当不满的表情。父亲见儿子不回答,火气更大,借着酒兴把饭桌上的一个杯子摔碎在地上。

张琦再也忍不住了,对父亲的行为做出了"反击",于是父子二人吵了起来。见无法"驯服"儿子,父亲气愤地冲到厨房,对张琦的母亲大喊大叫起来……

在这位父亲的身上,我们看到了传统的家长主义思想,看到了他对孩子的强迫行为,看到了他对孩子及妻子的不尊重。或许回来晚了是孩子的错,但是不尊重孩子的意愿,硬是要求孩子坐下来吃饭,恐怕是很没道理的。

当孩子做出了不恰当的事情时,带有传统家长主义思想的父亲喜欢训斥孩子,说粗话、狠话,殊不知,这种做法根本不能让孩子心悦诚服,反而让孩子生厌。如此下去,只会使孩子渐渐远离父亲,减少与父亲的沟通,这样代沟就会越来越深,到最后会无法跨越。

1. 孩子出了问题,要积极回应孩子

孩子出了问题,需要的是爸爸的回应,积极而充满关爱的回应,询问原因、了解情况,而不是不分青红皂白地大发雷霆,轻则动怒、重则出手打人。比如,孩子不小心把文具盒落在了学校,爸爸要问孩子文具盒里是否有贵重东西,文具盒落在了抽屉里还是桌子上,等等,总之要向孩子了解具体的概况。

2. 可以适当做出反应,但是要把握好度

生活中,有些爸爸因为孩子犯了小错,而对孩子指指点点、喋喋不休。有些爸爸对孩子打碎了一个鸡蛋的反应,就像是孩子打断了他一条腿那样;对孩子打碎玻璃的反应,就像是孩子敲碎

了他的心那样。反应过于激烈,给孩子的留下的将是伤痕。

孩子犯错了,爸爸对孩子做出回应之后,可以适当做出反应,让孩子知道自己的行为是爸爸不愿意看到的。这有助于孩子今后严格要求自己。比如孩子丢了一只手套,爸爸完全可以跟孩子说:"你把手套弄丢了,这很不好。还好,这不是什么大灾难,只是一个小意外。"小意外,通常蕴藏着大价值,如果爸爸懂得这个道理,平常地看待这些小意外,那么就可以借此机会,教给孩子更多的处事道理。

3. 指出事实,给孩子改错的机会

生活中常有这样的事:孩子贪玩忘了爸爸交代给他的事情或孩子不认真做好自己该做的事情,比如爸爸让孩子拖地,孩子贪玩把这事忘了,孩子没有认真做作业,而是敷衍了事。爸爸发现问题之后,如果指出事实,让孩子重做一遍,而不是批评孩子,相信孩子更愿意按照爸爸的要求重做。试想,爸爸对孩子说:"地好像没拖干净,你再拖一遍吧!"孩子当然会暗自庆幸,珍惜爸爸给自己改错的机会。

教子心得

孩子有贪玩的念头、自制力不强、健忘等特点,他们难免犯错。作为爸爸,面对孩子犯下的错,做出强烈的反应不如给出平淡的回应,如此才能更好地指导孩子改正过错。

别让孩子的情感受伤

在孩子的成长过程中,他们难免有被同学欺负的时候,被老师批评的时候,做错事情被别人责骂的时候,他们也有自卑的时候,也有痛苦的时候,他们还有抱怨的时候,有诉苦的时候,这些时候,孩子在忍受着情感上的创伤,孩子需要父母的帮助,而作为爸爸,应该积极地担当起医治孩子情感创伤的责任。

伊林在某次考试后成绩非常糟糕,他被老师责骂,被同学嘲笑,他感到深深的自卑。回到家里,他和父亲进行了一段对话:

伊林:我很笨。

父亲(认真地):你真的那么觉得吗? 你不觉得自己很聪明吗?

伊林:不觉得。

父亲:想必你心里很难过?

伊林:嗯。

父亲:上课的时候,你一定希望时间过得快一点;考试的时候,你担心不及格,担心分数低;老师叫你回答问题时,你会很慌张,你害怕自己答错了,即使自己知道答案,也没有勇气肯定地说出来,你怕你的话听起来很愚蠢,因此老师会批评你,同学会笑话你。所以,很多时候,你宁愿沉默不语。我想你应该记得被人笑话的情景,这让你觉得自己很无能,同时也觉得受到了伤害,很生气。

接下来,伊林向父亲讲述了白天发生的事情……

父亲:看,儿子! 在我眼里,你是优秀的,只是你自己有不同的看法。

糟糕的成绩、老师的批评、同学的嘲笑,无疑会给年幼的孩子无情的打击,会给孩子造成情感创伤。父亲就应该努力为孩子疗伤,而不是在孩子的伤口上撒盐。或许伊林的父亲的话并不能使伊林改变对自己的看法,但是可能会让伊林动摇,他心里可能会想:如果爸爸理解我,认为我是一个优秀的人,那么可能我并不是那么没用。这段谈话会给伊林带来动力,使伊林用自己

的努力去回报父亲的信任，最终他会找到自己的优点。

1. 理解万岁，做孩子最好的倾听者

孩子情感受到创伤之后，极其渴望父母的理解。作为父亲，当孩子向你倾诉受伤的经历时，你首先要做一个合格的倾听者，面露同情和理解的神态，顺着孩子的心思引述话题，让孩子尽可能把心里的烦闷诉说出来。当孩子说出愚蠢的想法时，不要和孩子争辩，更不要嘲笑孩子，而应该始终如一地对孩子表示理解。

2. 了解孩子受伤的原因，给出建议

如果你用心倾听了孩子的话，那么了解孩子受伤的原因并不难。然后你可以简单地分析一下，给孩子提出简短的建议。值得注意的是，这时候孩子的情绪还处在低谷，你不必和孩子说得太多，而应该简洁明了一些，给孩子一些思想上的点拨，以便孩子有更多思考的空间。

3. 经常和孩子保持沟通，疏通孩子的情绪障碍

平日里，爸爸要尽可能抽出时间和孩子保持交流，每天和孩子谈点轻松的话题，能让孩子保持快乐的心境。其实只要你和孩子面对面聊几句，就能感知孩子的心情究竟怎样，让孩子说出自己的想法，及时疏导孩子的不良心理，孩子的不良情绪就不容易积压在心头。这样孩子也不容易出现心理问题，即使偶尔受到感情创伤，也会很快恢复过来。

4. 给孩子营造一个轻松愉快的家庭环境

家庭环境对孩子的健康成长有很大的影响，如果想让孩子保持健康快乐的心境，就应该尽力创造一个轻松愉快的家庭环境。这就要求爸爸们不要过分保护孩子，不要过分干涉孩子，不要对孩子有过分的期待，不要对孩子过多地许愿。

因为过分保护孩子，孩子就失去了面对挫折和失败的机会，得不到锻炼，一旦独自面对困难，就容易产生心理压力，影响正常生活。这反而使孩子更容易受伤；过分干涉孩子，孩子就是去了自由活动的机会，这样会让孩子很压抑，长期如此，孩子的心理容易出现问题，更容易导致心理创伤和情感创伤；对孩子给予过高的期望，超出了孩子的实际水平，这样容易伤害孩子的自信心和自尊心；对孩子过多地许愿，给孩子一些物质奖励来刺激孩子，反而会使孩子活得很累，因为孩子会把获得奖励当作目的，而不是把快乐学习、快乐成长、学到知识当作目标。

教子心得

每个孩子的情感都有受伤的时候，如果孩子有了情感创伤之后，爸爸能及时帮助孩子缓解创伤带来的痛苦，通过关爱和宽慰来医治孩子的创伤，那么孩子会变得越来越成熟。

先听孩子怎么说

一天，九岁的小紫高兴地对爸爸说："爸爸，今天我们学校组织了爱心捐献活动。您早晨不是给了我20块钱嘛，我当时就准备把20块钱捐出去……"

爸爸一听就火了，打断小紫的话，怒斥道："什么？你把20块钱都捐了？咱们家里的条件又不是很好，这你是知道的！这个星期你就别指望给你零花钱了！"

"不是的……"

"住口！不是什么？你还敢狡辩，还反了你了！"

小紫不再说话了，哭着跑回了自己的房间。

其实，小紫只是想说出事情的原委。他当时确实是想把20块钱都捐出去，但是班主任

告诉他，要量力而行，就算只捐1毛钱，也能表明自己对地震灾区小朋友的一种爱心。最后，小紫捐出了2块钱。

事实上，当孩子出现问题或犯错时，很多爸爸总是凭借自己对事情的片面了解，就对孩子的想法或行为妄下结论或斥责。而只要孩子一解释，爸爸就会感到自己的尊严受到了侵犯，怒气骤升，有时甚至会使用更为粗暴的举动来制止孩子，使孩子有苦难言。

如果爸爸经常不给孩子解释和辩驳的权利，孩子就会逐渐放弃这种权利，独自默默承受着由此所产生的委屈与痛苦，长此以往，就会对孩子造成极为不利的影响。

1. 给孩子说清事情原委的机会

据一所教育咨询机构对两千名学生的一次问卷调查显示：在孩子最不情愿听到父母所说的话中，"住口"是其中之一。

所以，爸爸要尊重、维护孩子为自己解释和申辩的权利，让孩子说清事情的原委，这样，你才能了解到事情的真相，对孩子有一个全面深入的认识，进而对孩子做出正确的评价。

> 林克莱特是美国的一位著名主持人。在一次对孩子的采访中，他问："你的理想是什么？"
>
> 孩子说："我的理想是当一名飞机驾驶员！因为我酷爱飞机。"
>
> 林克莱特接着问："如果你的飞机飞在海洋上空，突然没油了，你会怎么办？"
>
> 孩子思考了一会儿，回答："我会让乘客都系好安全带，然后我带上降落伞，独自跳下去。"
>
> 现场的观众顿时笑得前仰后合。
>
> 而林克莱特没有笑，依然注视着这个孩子。此时，孩子天真的双眼中流出的两行泪水打动了林克莱特。
>
> 于是，林克莱特继续问道："你为什么要独自跳下去？"
>
> 孩子说出了自己的想法："我独自跳下去，是为了拿燃料。我还要回来！我还要回来！"

如果只让这个孩子说一半，当孩子说到"独自跳下去"时就制止住他，不给他说清事情原委的机会，那么，林克莱特很可能也会像现场的观众一样，曲解了孩子的真实想法，把孩子本来要舍己救人的行为，曲解为自私自利的行为。

因此，不论孩子的想法与做法是对还是错，你都要让他说清楚事情的原委。如果孩子是正确的，你要及时认同与赞赏他；即使孩子是错的，你也要让孩子把话说完，深入了解孩子的真实想法，认真、耐心地给他做出全面、系统的评价与教育。

2. 引导孩子说出真实的想法

很多时候，孩子是不会主动向爸爸说出事情的整个过程的，而如果爸爸不知道事情的起因和经过，仅凭自己的主观臆断，就会很容易误解孩子，伤害他的心灵。此时，你不妨层层引导，让他说出自己的真实想法，这样，就能更有针对性和目的性地帮他解决问题。

> 在一次家长会上，老师对肖林的爸爸说："你的孩子最近学习很不认真，英语才考了30分，你需要引起重视。"
>
> 回到家，肖林正在等着爸爸的怒斥，但是爸爸却不紧不慢地说："孩子，你知道你的英语成绩吗？"
>
> 肖林说："知道，我考了30分。"
>
> 爸爸问："那你为什么只考了30分呢？"
>
> 肖林说："上课不注意听讲。"
>
> 爸爸继续问："那你为什么不注意听讲呢？"
>
> 肖林噘起了嘴："因为我不喜欢英语老师！她太偏心了，上次的全校英语口语比赛，他就是没让我参加，却只让王威参加了。"

爸爸说:"噢,我知道王威! 他是你们班里学习最好的学生。我想,老师这么做,肯定经过深思熟虑了。他的成绩确实比你优秀,并且他不是已经获得了全校口语比赛的冠军吗? 如果你去,你能保证获胜吗? 我很高兴你能对我说出你的真实想法。不过,你要学会换位思考,因为老师不仅要考虑你个人的因素,还需要考虑到班级荣誉等其他因素,你说是吗?"

肖林沉吟了一会儿,回答道:"爸爸,我想是我错了! 我不会再对英语老师心存偏见了。您放心,我会更努力地学习英语的。"

有时候,孩子会有某种令爸爸十分不解的举动,究其原因,主要因为孩子有其特别的想法与思想。如果你能像肖林的爸爸一样,抽丝剥茧,积极引导孩子说出自己的真实想法,再加以纠正和教育,问题也就迎刃而解了。

3. 要孩子明白:辩护是他的一种权利

暑假,小玉的表妹到她家来玩。小玉的爸爸回到家,发现自己刚买的西服被弄脏了,很生气地问道:"是谁把我的西服弄脏了?"

表妹说:"是小玉。"

小玉没有说话。

小玉的爸爸严厉地骂了她。

事后,爸爸感到不对劲,于是问小玉:"孩子,你如实地告诉爸爸,是你把我的西服弄脏的吗?"

小玉摇摇头。

爸爸好奇地问:"那你为什么不为自己辩护呢?"

小玉天真地说:"爸爸,你只教我要照顾妹妹,关心妹妹,并没有告诉我,要为自己辩护呀!"

爸爸的心紧抽了一下,心想:"是我自己的疏忽,是我没有教育她如何行使为自己辩护的权利。如果她不懂得如何使用这一权利,以后无论遇到什么事,她很可能都不会为自己辩护,说出事情真实一面,那么,后果真是不堪设想……"

所以,爸爸要让孩子明白:为自己辩护是自己的一项权利。不仅如此,爸爸更要教育孩子如何行使与维护这一权利。只有当孩子对自己的权利有一个科学而深入的认识时,他才会勇敢而坦率地使用自己的权利,在未来的生活中,才能勇于正视逆境,直面人生。

教子心得

爸爸须谨记:辩护不是狡辩,并非强词夺理,凭空捏造,扭曲事实,而是要说出事情真实的一面,这是每个人都拥有的权利。

注意倾听孩子的心声

小孩子就一定是无忧无虑的吗? 在成长过程中,孩子随时都有可能碰到让他们不顺心的事情。麻雀虽小,五脏俱全,孩子的内心世界也一样,并不是像大人想得那样简单。他们一样会经历困惑、无奈,甚至是情感的纠葛。孩子尚小的心灵有的时候还无法消化这些,这时就需要家长从旁引导或鼓励,帮助孩子走出困境。但是,需要家长的参与并不是让你去评论、去做决定,而是让你以一个耐心倾听者的角色走进孩子的内心世界。

孩子的幸福感源于家庭,源于家长。爸爸们要想让孩子成为你最好的朋友,首先你要学做一个高明的听者。倾听，是一门艺术、一门学问。只有专心地倾听孩子讲话，才会了解孩子真正的想法；只有做到倾听，孩子才会觉得爸爸是尊重他的，与他站在同一方的，从而更愿意袒露心声。不要让爸爸的高音调、坏脾气把孩子想对你说的话牢牢地拒之门外，那样的话，你就是一个失败的爸爸了。

这天放学后，儿子没有像往常一样安静地脱鞋，然后和家人打招呼，而是怒气冲冲地推门而入。一进屋，就拿着书包好像要说些什么，可是一看到爸爸正在看书，而妈妈在厨房里做饭，都没有理他的意思，便把书包重重地摔在了地上，自己跑进房间去了。爸爸心想：这个小鬼头肯定碰到什么事了。果不其然，不一会儿子就折了回来，先到厨房对妈妈说："妈妈，我烦，想和你说件事。"妈妈忙活着锅里的菜，随口应道："儿子，过一会儿，妈妈现在给你做你最爱吃的大虾呢。有什么事，先找爸爸去。"

于是儿子无精打采地来到爸爸身边。

"爸爸。"儿子叫了一声。

"好儿子，你怎么了？爸爸觉得今天的儿子特别没有精神，是不是发生什么事了，能和爸爸说说吗？"爸爸亲切地问。

"爸爸，你说我是不是很差劲啊？"儿子可怜巴巴地想在爸爸的眼里寻找答案。

"为什么要这么说呢？"爸爸奇怪地问。

"爸爸，今天讨论入团的名单，我又被淘汰了。老师和同学都说我不爱集体，还说我自私，他们说的是真的吗？"儿子的问话里带了几丝哭腔。

"儿子啊，爸爸知道你是个上进的好孩子，这次失利了，你要好好想一想，是不是自己哪里做得不好，才会让老师和同学那样认为的。只要你找到不足，改正了，入团只是迟早的事。"爸爸认真地说。

儿子略有所思地点点头，长长地出了一口气。

妈妈的饭做好了，全家人坐在桌上吃饭，儿子的情绪已经恢复了正常，手里拿着妈妈做的大虾直说好吃。

沟通是打开孩子心结的最好的方法，像例子中的爸爸一样，静下心来听一听孩子的诉说，给予孩子说话的权利，才能了解孩子情绪变化的原因，从而及时地帮助孩子解决问题。爸爸不要认为孩子不知愁滋味，今天不高兴了，睡上一觉，明天就会好了。实际上，孩子的心里也有一本经，如果这些让他不愉快的事不能得以解决，就会越积越多，形成孩子这样那样的毛病。到时候，让爸爸头疼的就不光是孩子的情绪了。另外，爸爸在听孩子吐露心事的时候，首先要注意自己脸部的表情，哪怕你正在为孩子的语气而生气，也请你松松肩膀，尽量放轻松，并且不要抿嘴；其次，你要面对孩子。无论你正在忙什么，都要暂停一下，真诚地与孩子面对面做好聆听的准备。尤其是不要交叉手臂，看起来居高临下，让孩子欲言又止。

孩子也是会看"色"行事的，他们只愿意把心里的话告诉专注倾听、想去理解他们的父母。所以，你工作再忙，时间再少，也要给自己和孩子留下一个沟通的时间。这样，一方面有助于增强孩子对你的信赖；另一方面也有助于孩子养成与人交往时，愿意并有耐心地倾听他人讲话的好习惯。

教子心得

爸爸不要把"一直忙"的形象印在孩子的脑海里。如果孩子要向你倾诉时，你也不要以"忙"为借口，不顾及孩子的情感予以打断。这样的爸爸在孩子的心里自然失了"风度"，会让他们眼里的偶像爸爸自动打折。爸爸不要认为，自己不让孩子缺衣少食就是尽到责任了，教育的道路是任重而道远的，而"爸爸"就是一辈子的职业。

学习篇

好爸爸应教孩子
掌握科学的学习方法

第一章
好爸爸能使孩子开心地学

激发孩子的求知欲

爸爸的任务在于帮助孩子学习,无论这种学习是认知、情感或技能方面,爸爸必须先唤起孩子对学习的求知欲和好奇心,才能产生持久的学习活动。

当孩子睁着一双明亮的眼睛打量这个世界,他对这个世界充满了好奇,同时也对这个世界充满了渴求。随着年龄的增长,他的问题会越来越多。每个孩子的天性都是好学好问的,对周围的事物都感到新鲜有趣,上至云电风雨、日月星辰,下至海洋生物、河流山川,他们什么都想知道,并且认为爸爸什么都知道。

于是,从会说话起,孩子就不管爸爸有事没事,缠着提些稀奇古怪或被爸爸看来根本就不值一提的问题。爸爸对孩子提出的这些问题一定要正确对待,切莫等闲视之,甚至批评不该提这些有时连大人也说不清道不明的问题。实际上这种好奇好问的天性,说到底就是一种渴求知识欲望的"幼芽",且这株幼芽是十分娇嫩和脆弱的。如果爸爸能精心保护、耐心教育、科学地为之"施肥浇水""除草灭虫",它就会呈现出勃勃生机;如果保护不当,就会使之遭到摧残,甚至被扼杀。

求知欲,是来源于儿童内心的积极要求。激发孩子的求知欲望就是使孩子把"要我学"变成"我要学"的心理要求。

激发孩子的求知欲,爸爸可以从多方面去启发诱导,比如给孩子讲名人、伟人刻苦学习、奋发向上的故事,通过讲故事,使孩子在思想感情上受到陶冶;或者帮助孩子确立正确的学习目的,让孩子明白为什么要上学读书。

爸爸对孩子进行学习目的性教育,可以多角度来着眼,比如说语文的学习,帮助孩子明确学习语文是为了掌握语言文字的交流工具,培养识字、看书、作文的能力,为学好各门功课打下基础。只有让孩子真正知道学好语文有多么重要,他们才能产生对语文的爱好并努力学好它。其他功课也是同样的道理。

孩子到了 5～6 岁,求知欲就更强了,这个时候爸爸一定要满足其求知欲,因为这样可以促进孩子智力的发展,让您的乖宝宝越来越聪明。

1. 要孩子学会独立解决问题

未来社会竞争的焦点是创造力的竞争,要让孩子立于不败之地,不仅仅是拥有足够丰富的知识就可以了,更重要的是要具备创新精神,具备自己动脑思索问题、解决问题的能力。所以,让孩子学会思考,学会独立解决问题是必要的。做爸爸的,不仅要鼓励孩子汲取知识,更应该鼓励孩子自己去寻找知识的答案。

2. 要向孩子展示生活中的各种现象

孩子们对实际生活中现象的记忆,比任何教科书或电视教育片上看到的要深刻得多。比如:让孩子在显微镜下看着他们的手指甲,他们就会懂得为什么要坚持饭前洗手;与其向孩子解释什么是霉,不如让孩子看看面包上长的霉点;如果能带孩子到博物馆或科技馆去,不要规定参观路线，而是让孩子带路，这样就知道他们最感兴趣的是什么。

有计划有目的地引导孩子多走走、多看看，多感受变幻莫测的自然风光、五光十色的艺术品、扑朔迷离的社会生活，这样才可以满足孩子的好奇心及求知欲。

还可以在游戏中激发孩子的多元智能，如玩扑克牌和文字接龙，玩扑克牌可以从"找同伴""接龙"到相对来说较为复杂的"二十四点"，既锻炼了记忆力，又学会了简单的数字。文字接龙可以从一句话、一个词语开始，如"今天天气真好"接"好棒"到"棒子"等，既锻炼了语言能力、反应能力，又学会了许多新的词汇。

3. 要常常向孩子说出他的优点

每个人都有着与众不同的长处和优点，问题在于要善于发掘这些"珍珠"，并有机地把它们连缀起来。一次，有位教师笼统地说一位学生心理素质不好，使他心里产生了阴影。但孩子的爸爸经过耐心细致的分析认为，儿子的心理素质没有什么大的问题，并指出其许多方面的心理素质是良好的，当然，同时也提出了一些尚待改进与提高的地方，消除了儿子的疑虑。

在教育孩子的过程中，应经常为孩子提供或创造获得成功的机会。诸如提些简单的问题让孩子思考，安排些力所能及的活动让孩子操作，使孩子从中尝到成功的欢乐，满足孩子在知识、能力、判断力方面的自尊心。不要说孩子是"傻子"，也不要说"你不懂，听我来告诉你"之类的话，要在孩子面前表现出自己的谦逊："我想，这个问题你是了解的，请谈一谈你的看法。"这样一来，由于他的自尊心得到爱护，他就会努力思考，积极查找资料，力求解决问题。

4. 反问有助于增强孩子的求知欲

爸爸们对孩子充满好奇的提问，回答大致可分为两种情况：一是不予理睬，或者简单应付，甚至流露出不耐烦："爸爸忙着呢，一边玩去。""去去，长大就知道了。"爸爸讨厌孩子问问题，这是大错特错的，绝不能压抑孩子的求知欲望，孩子问什么，就应答什么、教什么，绝不能嫌麻烦，敷衍搪塞，应付了事。二是知无不言，言无不尽，只要孩子问，就不厌其烦地详细解答，认为这样才能满足孩子的好奇心，增加孩子的见识和知识。

第一种表现当然是不该提倡的，孩子提问题表明孩子在主动地思考，孩子有主动求知的欲望，做爸爸的应该感到高兴，并给孩子以支持和鼓励。粗暴地拒绝回答或者肤浅地应付，会不同程度地扼杀孩子探索世界的好奇心。第二种表现看起来该是一种很称职的做法，这样做的爸爸懂得满足孩子的求知欲望，懂得利用孩子的提问，向孩子灌输知识。可是，这种"有问必答"的做法也不值得提倡，因为这种做法只是丰富了孩子的知识，却忽略了培养孩子的思考能力。当孩子急于知道一个问题的答案的时候，你轻易把答案说了出来，而且说得很全面和细致，长此以往孩子很难生出主动思考的积极性，自然思考能力也得不到锻炼。他已经习惯于"吃现成"的了。

面对孩子的提问，科学的做法是，不要直接回答，而是利用反问，启发孩子对自己提出的问题进行思考，或者鼓励孩子自己动手去求索答案。也不要随意说"说得好"或"很好"，因为过快过早赞扬，可能传递讨论已经结束的信息，应该说"真有趣""我从来没这样想过"，以使孩子们的探索如滚雪球一样越滚越大。

爸爸如果碰到不懂或无法回答的问题，就应该告诉孩子书是一个奇妙的世界，可以到书中去找答案。有时，明明知道的，爸爸也要故作不知，久而久之，孩子碰到问题，就会主动去书中寻找答案，因此也养成了爱读书的习惯。

―――――――――― 教子心得 ――――――――――

孩子是否聪明，不在掌握多少知识，而在于是否会思考。所以，给孩子思考的机会，孩子才会真正变得聪明。

让孩子喜欢读书

古人云："读万卷书，行万里路。"哲人也说："书籍是人类进步的阶梯。"当孩子爱上阅读，他将同时学会爱的方式和爱本身，他会懂得爱自己爱他人爱生命爱世界……阅读能令孩子无所不能。

有人曾经对被评选为"全国十佳少年"的孩子进行调查，发现这些孩子在阅读方面的能力都高于普通孩子；也有人曾经对一些成功人士进行采访，发现这些人在总结成功经验的时候都提到，读书让他们受益匪浅……

一个人不读书要受到命运的惩罚，一个民族不读书要受到历史的惩罚。读书，不仅仅要成为一个人生活中一项重要的活动，更要成为一个人的生活方式。

一个人想学有所成，一个重要的法宝就是让读书学习成为习惯。从小培养孩子爱读书、读好书的习惯，将使孩子受益终身。世界经济组织曾进行过一次全球青少年阅读能力的调查，调查报告指出，十五岁的青少年不可能在学校里学习到成人以后所需的一切知识和技能，因此，学校教育必须为终身学习奠定稳固的知识基础，而阅读能力是一个人终身学习的基础和最大的本钱。

可是怎么做才能让孩子喜欢读书，并进而让书融入自己的生活，提高阅读能力，让阅读成为生活方式呢？谈到这个问题，总是令很多家长头疼。因为生活中我们常常看到很多孩子不愿读书、讨厌读书。在他们看来，读书是一件很枯燥的事情，有一点空闲时间，他们都用来看电视、玩电子游戏了。要看书，实在是静不下心来，也坐不住。

所以，要培养孩子读书的兴趣，是一项长期的工程，不是一朝一夕能够做得到的，需要耐心和信心。可以从以下几个方面入手：

1.读书要趁早

培养孩子的读书兴趣，越早开始效果越好。在犹太人家族，他们爱书如命。在每个犹太人家里，当孩子稍微懂事时，母亲就会在《圣经》上滴几滴蜂蜜，然后叫小孩去吻《圣经》上的蜂蜜。这种仪式的意思不言而喻：书本是甜的；让孩子从小就懂得：读书是一件甜蜜而快乐的事情，以此唤起孩子对书、对文字的兴趣。

2.保证读书时间

读书贵在坚持，让阅读成为生活方式，是一个长期的过程，不能松一天紧一天读一天歇一天的。如果每天都给孩子一段读书的时间，哪怕一天只有 10 分钟，日积月累也是一个惊人的数字。

3.营造读书氛围

读书需要有一个良好的氛围，如此才能保证孩子心情愉悦、注意力集中地读书。所谓书香门第多才子，一个最重要的原因就是他们的家庭读书氛围好。如果父母是知识分子，本身都有阅读习惯，言传身教，自然能给孩子良好的影响。

"氛围"包括两个方面：第一，硬件设施。也就是家里要有书可读，在经济条件允许的情况下，尽可能多地购书，而且品种要涉及百科知识、文学类、历史类、地理类等等方面；也不要忽视准备一些工具书，使孩子在阅读的过程中也便于查找资料。另外要有读书的地方，比如一个安静、宁和的房间，一张书桌，一盏台灯……试想，如果家里连张书桌都没有，要让孩子在哪里安心读书呢？

第二，则是软件指标。家里首先要有读书需要的安静环境，不能要孩子读书，家长却把电视开到最大声，或者吆五喝六在家里喝酒划拳打麻将；还有家里人最好都有读书的习惯，每天都有在一起看书的时间，和一起讨论读书内容的时间。孩子的心会很容易随之沉浸于书海中。孩子的可塑性强，极易受周围环境的影响，想让孩子爱读书，首先家长自己要爱读书。

4. 多带孩子去书店

这是一个让孩子零距离接触图书的最好途径。除此还有图书馆、书市等地方，这些地方浓厚的读书气氛就像气功的"场"，孩子去的次数多了也就产生了"场效应"。一来，孩子感受到了浓浓的读书气氛；二来懂得世界上的书是读不完的，好书是源源不断出现的；三来品味手抚新书、鼻嗅墨香的欣喜感觉，以培养对书的感情。

5. 感受到读书的乐趣

孩子之所以喜欢玩游戏，是因为游戏让孩子感到快乐。那么要想让孩子喜欢读书，也要让孩子感受到读书的快乐。首先要给予孩子鼓励，尤其在孩子向我们谈及读书的一些感受的时候，一定要不失时机地给孩子以鼓励。其次要给孩子感受读书快乐的机会，比如带孩子参加读书活动比赛，在孩子有一些收获的时候，及时给孩子肯定等等。还有，当孩子在认真看书的时候，爸爸或妈妈不要去打搅他，更不要根据自己的兴趣对孩子提出一些要求，因为这个时候孩子正沉浸在享受读书的乐趣中，你要做的是分享这种乐趣，而不是破坏孩子的心境。

另外，当孩子向爸爸讲述自己阅读的快乐和收获的时候，爸爸一定要表现出和他一样的开心，分享孩子的读书成果，这会让孩子更有成就感，并对读书产生更浓厚的兴趣。

6. 不断更新观念

在引导孩子读书的同时，做父母的也不能忘了不断给自己充电。这样做不仅可以以身作则，起到"润物细无声"的作用，而且可以和孩子共同成长，不断更新自己的观念，从而在阅读方面给孩子及时而科学的引导和帮助。不少家长也支持孩子读书，可是由于观念陈旧，不接受新的事物，限制孩子只读与课本有关的课外书，或者文学名著，而对自己不了解的书则一律禁止。这势必限制孩子的视野，使得孩子的阅读范围变得狭窄，从而造成知识、能力的欠缺。爸爸应该站在要孩子全面发展的高度，引导孩子博览群书，在广阔的书的海洋中遨游，孩子才能获得更加丰富的营养，而不至于出现"偏食"现象。

总之，那种"两耳不闻窗外事，一心只读圣贤书"的时代早已经成为历史，"课本之外，别有洞天"，让孩子对阅读产生兴趣，让孩子把阅读当作生活方式，那么就等于给了孩子打开知识宝库大门的钥匙，给了孩子翱翔广阔天空的翅膀……

其实，亲子共读是培养孩子阅读兴趣的一个重要手段。培养孩子读书的兴趣，和孩子一起读书，是家庭教育中一项重要的活动，它既引领孩子学习了知识，培养了阅读兴趣，而且使爸爸可以走进孩子的心灵世界，增加和孩子交流的共同语言，促进孩子的成长。

教子心得

读书可以影响一个人的人生，可以改变一个人的命运。

让孩子在玩耍中成长

玩耍，对于孩子的成长，就像维生素一样必不可少，它是孩子众多活动中最喜欢的活动，是适合孩子人格健全发展的活动。

苏联教育家马卡连柯曾说过："玩耍在儿童的生活中具有极重要的意义，具有与成人活动、工作和劳动同样重要的意义。"

孩子出生以后,在没有学会说话和走路的时候,就学会了玩耍。孩子是伴随着玩耍成长起来的。玩耍使孩子学会了许多技能,活跃并发展了孩子的思维,锻炼了孩子的动手能力和协作能力。孩子在不断玩新东西、新花样的过程中,增长了知识,培养了创新能力。

玩耍对孩子的成长有着十分重要的作用。玩不仅有利于孩子的身心发展,还有利于孩子的学习。孩子就是从玩中获得知识,培养才能的。

我们随处可以发现,孩子在玩耍时很投入,很快乐。虽然是在玩耍,但却像认真地做事。对于孩子来说,玩耍并非是成人眼里的随意玩耍,而是一种"严肃的工作"。

1. 玩耍能促进孩子体能的发展

当今社会家长们不惜重金为子女购买各种高档玩具:声控、电控、电子等技术玩具,在这种电子玩具的世界里,孩子虽然获得了广泛的信息,但更多的是给孩子们带来的负面效应:①孩子的想象力、创造力发展受到限制;②孩子的积极主动性不能充分发挥;③缺少了在多维的人际关系中成长的环境;④缺乏锻炼,身体素质越来越差。

而孩子恰恰需要一个健康的体魄,因为他们长大后面临的是激烈的社会竞争,工作、学习、精神压力都很重,没有一个强健的体魄怎么来融入社会、参与竞争呢?

带孩子到户外玩耍,有助于增强孩子的身体素质。阳光、空气是自然环境中不可缺少的因素,新鲜空气中有充足的氧和负离子,能促进新陈代谢,使孩子的呼吸系统和心血管的功能得以提高,孩子们感冒咳嗽的少了,免疫力增强了。由于孩子受年龄、性别、兴趣爱好不同的限制,其喜欢的玩耍也各不相同。我们可利用绿茵茵的草地,平整的户外活动场地,环境优美、空气新鲜、阳光充足的自然资源进行户外玩耍。

2. 玩耍能促进孩子各项智能的发展

(1)通过玩耍来发展孩子的认知和感知能力

孩子从诞生那一天起,就开始在玩耍中认识和感知世界,可以说,玩耍是孩子理解人生的开始。

感知能力包括看的能力、听的能力、闻的能力、尝的能力和摸的能力。感知能力是认识事物必须具备的能力,幼儿可以通过运用他的视觉、听觉、嗅觉、味觉和触觉去辨别一些物体的相同点和不同点,如区别物体的形状、颜色、大小。

孩子对事物的认识是从感知开始的,没有任何其他活动能比他们在玩耍中获得的感知更深刻的了。在玩耍中,幼儿通过眼看、耳听、口尝、手摸等各种感官的参与,来了解各类事物的性质,经过这样实践所感知的事物印象就深,记得也牢。如:花、草、石子、木头、苹果、土豆等等。

(2)通过玩耍发挥孩子的想象能力和创造能力

想象是创造开拓型人才必须具备的很重要的一种能力。玩耍特别是角色玩耍,是发展想象的极好方式。如:玩"过家家"时,一般男孩子都喜欢当爸爸或孩子,女孩子则喜欢当"妈妈",给娃娃"喂饭""换尿布"等。当孩子玩这些游戏时,如出现一些不妥的行为时,家长千万不能讥笑或制止,因为这样会抑制孩子的想象力的发展。家长应当为孩子发挥想象力提供物质和安全条件,尽可能地激发孩子去模仿、去想象、去创造。

还有,玩耍能提高孩子的实践能力、解决问题的能力、模仿能力、思维能力,甚至还可以开发智力,促进大脑发育,提高注意力、观察力、想象力、协调能力等等。

3. 玩耍能促进孩子社会交往能力的发展

我们经常会见到,有些孩子性格比较内向,性情比较孤僻,见到陌生面孔就显得很腼腆,很难跟不熟悉的小朋友相处和玩耍,而玩耍是孩子通向真实世界的桥梁。家长可以通过鼓励孩子同其他小朋友玩耍,来改变孩子的这种状态,在玩耍中让孩子共同商定主题,制定规则,互相影响,互相监督,这样,不但加强了孩子与同伴之间的交往,还有利于培养合作精神,从而培养幼儿良好的社会交往能力。

随着孩子的成长,他们所接触的生活面、知识面越来越宽,好奇心越来越大,随之就会提出一连串的问题,产生一系列的幻想,幻想另一个世界是什么样,自己在那里做什么等等,这就是玩耍的世界。因此,爸爸要根据孩子不同的年龄特点,来创造机会让孩子们玩耍,以便更好地发挥玩耍的积极作用,促进孩子各方面能力的提高,使其身心健康、和谐地发展。

玩耍可以给孩子快乐、经验、学识、思想、健康……

教子心得

玩耍中很多游戏需要和他人配合才能获胜,在游戏的过程中,孩子会懂得合作的重要性,会学会如何和别人合作;但凡游戏都有规则,不遵守规则游戏就无法顺利进行下去。在游戏的过程中,孩子养成了遵守规则的习惯,日后生活中就有了遵守社会规则的意识。

重视游戏对孩子的重要性

一提到教育孩子,大部分爸爸的话题都是围绕如何提高孩子的成绩,或者是如何培养出优秀的孩子。而很多爸爸很少把游戏与学习结合起来,他们认为游戏和学习是两个完全不相关甚至相对立的概念,学习就是要刻苦,而游戏却是浪费时间,会严重影响孩子的学习。

十岁的小岚对爸爸说:"爸爸,跟我玩游戏吧!"

爸爸严肃地斥责道:"玩什么玩? 你成天就知道玩,游戏有什么好的? 玩游戏能提高成绩吗? 你要是把玩游戏的时间和精力放在学习上,你的成绩就不会这么差了。赶紧回房间写作业去!"

小岚悻悻地回到自己的房间。

很多爸爸之所以这样做,主要是由于以下几点原因:

(1)自古以来,我国就有"头悬梁,锥刺股"和"凿壁偷光"的学习精神。所以,很多爸爸认为:学习本来就应该刻苦,不能投机取巧。

(2)玩又玩不出来成绩。现在社会竞争日益激烈,如果不时刻学习,居安思危,很容易落后。

(3)如果玩游戏已经养成一种习惯,玩物丧志,岂不是严重影响学习?

1.游戏让孩子的思维更活跃

其实,游戏和学习并不是完全对立的关系,而是辩证统一的关系。玩有益的游戏就是学习的一种形式,正确、科学的玩也是一种学习。

游戏虽然是一种带有娱乐性的实践活动,但却具有很强的教育意义,主要包括以下几点:

(1)游戏可以提高孩子对事物的认知能力。游戏是孩子认知与理解的开端。因为孩子从呱呱落地开始,就是在玩耍中感受世界,并在游戏中学会了与他人沟通与交往的能力。

(2)游戏可以提高孩子的处事能力。凡是游戏,就必有其特定的规则。在玩耍的过程中,孩子只有遵守规则,学会与别人合作,才能最终获胜。在这个过程中,孩子的实践能力、独立自主能力、观察力和协调能力等,就会在不知不觉中有所提高。

（3）游戏可以开发孩子的思维。在游戏中，可以开发孩子的逻辑思维和创造性思维、想象力等。

对于孩子来说，游戏是最轻松愉快的事情了；而对于爸爸来说，游戏也是教育孩子非常有效的方式。所以，如何在游戏中开拓孩子的思维，也就成了爸爸的一门必修课。

2. 通过益智游戏发散孩子的思维

目前，中考和高考试卷中出现了很多开放式问答题，也就是说，这类题的答案不是固定的，具有很强的开放性，借以培养学生的逻辑思维能力和创造性思维能力。

所以，爸爸可以借鉴一些高考试卷的经验，通过一些开放性的问答游戏来发散孩子的思维。

例如，当你问孩子"大象和兔子哪个重"时，孩子肯定会不假思索地回答"大象"。因为这个问题很简单，并且答案只有一个：大象。

而如果你换一种问法，即"大象比哪些动物重"，孩子就会一边思索一边回答："兔子、山鸡、燕子、老虎、狮子……"

如此一来，孩子就会在你所提出的问题中，寻找不同的答案，他的思维方式也就会更加活跃。

3. 通过脑筋急转弯开拓孩子的逆向思维

孩子是否聪明，在很大程度上取决于他是否具有创造性思维，而无数事实证明，创造性思维往往产生于逆向思维。

逆向思维也被称为求异思维，它是通过一些非常规的思维方式去考虑问题，以达到出奇制胜的奇效。

例如，常规的思维模式是"救人离水"，而司马光在伙伴掉落水缸的危难时刻，突发奇想，打破了常规的思维模式，采用"砸缸救人"的办法，使水离人，救伙伴于危难之中。在"司马光砸缸"这个典故中，司马光正是采用了逆向思维。

对此，很多爸爸会有所疑问：如何才能培养孩子的逆向思维呢？其实，培养孩子的逆向思维并不难，脑筋急转弯就是一个不错的方式。

如，小芳用的是蓝笔，但为什么能写出红字呢？答案是：小芳写的就是一个"红"字。

从小学到大学，最快可以多长时间念完？答案是：3秒钟（就是读"从小学到大学"几个字的时间）。

在孩子回答脑筋急转弯问题的过程中，就会在潜移默化之中锻炼他的逆向思维。因为孩子知道：用常规思维是不能找到答案的，只有另辟蹊径，才能找到答案。这样，孩子就会在轻松幽默的氛围中养成突破常规、采用逆向思维思考问题的良好习惯。

教子心得

很多爸爸在教育孩子的过程中，并不重视游戏，更不会把游戏视为重要课程来引导孩子，这种做法是不正确的。

第二章
好爸爸要做孩子的好老师

做好孩子的第一任老师

"扶我学走路,教我学说话。"这是人之初,天下父母共同的责任。人的一生,总会有这样或那样的前辈在指引着自己的道路,可几乎每个人最初的人生启蒙老师都是父母。是他们在教自己的孩子走路、说话、生活及做人。在孩子第一次摔倒的时候,是父母告诉他们,自己摔倒了就必须自己爬起来;在孩子第一次哭泣的时候,是父母告诉他们哭是一种发自内心真正的情感,只是要学会控制这种情感;在孩子第一次笑的时候,是父母让他们明白生活是多么有意义的事情;在孩子第一次感觉到无助的时候,是父母让他们学会如何去坚强面对。

家庭是生命的摇篮,是人出生后接受教育的第一个场所,即人生的第一个课堂;父母是儿童的第一任教师,即启蒙之师。这两个"第一"是任何东西都无法替代的。古语云:"孔子家儿不知骂,曾子家儿不知怒,所以然者,生而善教也。"所以,爸爸对孩子所施教育的第一个特点是具有早期性、启蒙性。

孩子从婴儿期步入幼儿期,随着年龄的增长,终将由家庭这个小环境步入大社会,接触家庭外的人群、事物。社会中那些真善美、假恶丑不时地进入孩子的视野,大人采取隔离手法是行不通的,因为家庭中的电视、互联网也会从不同角度不断地反映着当今社会的现实,影响既有正面的,也有负面的。儿童特别是幼儿缺乏理性的辨别是非能力,但有着比成人敏锐的感受能力。

如果家长在日常生活中能针对孩子年幼接受能力不太强的特点,抓住具体的日常琐事,帮助孩子认识辨别社会中发生的是是非非,让他们具体地感受到真善美光明的一面,也体会到丑恶的卑鄙的阴暗的一面,可以帮助孩子增强扬善除邪的正义感,从而抵制丑陋阴暗面对孩子心灵的侵蚀。

一般来说,3~6岁是学龄前期,也就是人们常说的早期教育阶段,这是人的身心发展的重要时期,所以家长要履行好"启蒙之师"的职责。我国古谚有:"染于苍则苍,染于黄则黄。"幼儿期是人生熏陶染化的开始,人的许多基本能力是这个年龄阶段形成的,如语言表达、基本动作以及某些生活习惯等等,性格也在逐步形成。美国心理学家布鲁姆认为,一个人的智力发展如果把他本人17岁达到的水平算作100%,那么4岁时就达到了50%。4~8岁又增加了30%,8~17岁又获得了20%。可见幼儿在5岁以前是智力发展最迅速的时期,也是进行早期智力开发的最佳时期,而家长在这个时期所实施的家庭教育,则是孩子早期智力发展的关键。

古往今来,许多仁人志士在幼年时期受到的卓有成效的家庭教育,是他们日后成才的一个重要原因。如德国大诗人、剧作家歌德的成才,就得益于家庭的早期教育。歌德2~3岁时,爸爸就抱着他到郊外野游,观察自然,培养他的观察能力。3~4岁时,爸爸教他唱歌、背歌谣、讲童话故事,并有意让他在众人面前讲演,培养他的表达能力。这些有意识的教育,使歌德从小乐于思索、善于学习。歌德8岁时能用法、德、英、意大利、拉丁、希腊语阅读各种书籍,十四岁写剧本，二十五岁用一个月的时间写成了闻名遐迩的小说《少年维特之烦恼》。

反之，人的幼年时期得不到良好的家庭教育，而影响智力正常发展的事例也是不少的。如印度"狼孩"卡玛拉，从小被狼叼去，八岁时被人发现，但其生活习惯已与人完全不同，而与狼几乎一样，四肢爬行，吃生肉，昼伏夜行，后来经过人为的训练，两年后才能站立，6年后才得以像人一样行走，4年内只学会了6个单词。在他十七岁时，智力水平仅达到三岁孩子的水平。

据《中国妇女报》报道，江苏省南京市一姓马的工人因患有精神性心理疾病，生怕孩子受人迫害，将自己的三个子女从小锁在家中，不让他们与外界接触，长达十几年，致使这些孩子智力低下，反应迟缓，与同龄人相比，智力及生活能力发展严重滞后，近于白痴。所以，我们不可忽视对孩子进行早期启蒙教育的作用。

但并不是启蒙教育越早越好，孩子的启蒙教育，是一个科学的过程。过早或过晚，对孩子智力的发育和思维意识的培育都是不利的。正如"揠苗助长"的寓言故事所描述的那样，如果家长一味地将教育提前，孩子的心智发育不到位就不能吸收，这样非但没有效果，更会让孩子对学习知识的过程产生厌倦感、恐惧感，后患无穷。不少家长为了让孩子早点起步，希望孩子在幼儿时期就多认字、做算术，这其实是过早地给予孩子压力，可能会造成孩子的厌学情绪。

启蒙教育可谓无处不在，尤其是爸爸对孩子。

曾看过这样一段文字：

在车水马龙的路上，一位出租车司机在一个堵车的路口，指着旁边的一个建筑说："儿子，看！这是南山医院，你就是在这出生的。"

旁边的两三岁的儿子看着医院，愣愣地说："南山医院？"

"嗯，是啊，你就是从这里来到世界的。"

"世界？"

"哦，你还小，以后大了，爸爸再给你讲……"

这一幕在我们看来，是最为平凡不过的了。无论在路上、车上、船上……父母对孩子的教育无处不在。指路牌、看电视、认地点，各式各样的启蒙方式让人眼花缭乱。然而这个父亲的特别之处在于，他是一个出租车司机。路上堵得水泄不通，在停下来等候的时刻，爸爸开始了对他儿子的启蒙教育。并不是每一个父母都家财万贯、学富五车，大多数人，都在默默地用自己的力量，做出这些微小的付出，然而正是这些微小的事情，一点一滴积累起来，才铸造了一条平稳安全的路，供孩子们茁壮成长。那个司机的小孩，在接受了正式教育，腹中诗书渐富之后，不知道还会不会记得在某个温暖的午后，自己的爸爸在工作的时候，曾经告诉他那个地方的名字？希望他记得。因为能够接受这些微小的付出，是一件多么温暖幸福的事啊。

爸爸的启蒙教育，是一种微小的付出，是天下父母心的体现，一种义无反顾的爱。这种爱在每一个人身上都有所体现。

孩子出生后，从小到大，大多数时间生活在家庭之中，朝朝暮暮，都在接受着家长的教育。这种教育是在有意和无意、计划和无计划、自觉和不自觉之中进行的，不管是以什么方式、在什么时间进行教育，都是家长以其自身的言行随时随地地影响着子女。这种教育对孩子的生活习惯、道德品行、谈吐举止等都在不停地给予影响和示范，其潜移默化的作用相当大，伴随着人的一生，可以说是活到老学到老。

1. 作为"启蒙之师"的爸爸要有权威性

权威性，就是在孩子身上所体现出的权力和威力。家庭的存在，确定了父母子女间的血缘关系、抚养关系、情感关系，子女在伦理道德和物质生活的需求方面，对父母有很大的依赖性，加上家庭成员的根本利益的一致性,这些都决定了父母对子女有较大的制约作用,父母的教育易于被孩子接受和服从。家长合理地使用这一点,对孩子良好品德和行为习惯的形成是很有益处的,对于幼儿来说,尤其是在与其他小朋友们玩耍的过程中,当出现争执时,往往引用父母的话来证实自己的言语行为的合理性,如:他们喜欢说"我爸爸是这样说的"或"我妈妈是那样做的"等等。

爸爸在孩子幼年时代始终扮演着双重角色,既是孩子安全生存的保护者,又是孩子人生启蒙的向导。爸爸教育的效果如何,就看爸爸权威树立的程度。爸爸权威的树立必须建立在尊重孩子人格的基础上,而不是封建的家长制上。明智的爸爸很懂得权威树立的重要性,更懂得权威的树立不是靠压制、强求、主观臆断,而是采用刚柔相济的方法。

2."启蒙之师"还应具有感染性

父母与孩子之间的血缘关系和亲缘关系的天然性和密切性,使父母的喜怒哀乐对孩子有强烈的感染作用。孩子对父母的言行举止往往能心领神会,以情通情。在处理发生在周围的人与事的关系和问题时,孩子对家长所持的态度很容易引起共鸣。在家长高兴时,孩子也会心情愉快,在家长表现出烦躁不安或闷闷不乐时,孩子的情绪也容易受影响,即使是幼儿也是如此。

如果父母亲缺乏理智而感情用事,脾气暴躁,会使孩子不自觉地吸收其弱点。爸爸在处理一些突发事件时,表现出惊恐不安、措手不及,对子女的影响也不好。如果爸爸处变不惊、沉稳坚定,也会使子女遇事沉着冷静,这样能对孩子心理品质的培养起到积极的作用。

3."启蒙之师"对启蒙教育具有及时性

启蒙教育的过程是父母在家庭中对孩子进行的个别教育行为,比幼儿园、学校教育要及时。常言道:知子莫若父,知女莫若母。家长与孩子朝夕相处,对他们的情况可以说是了如指掌,孩子身上稍有什么变化,即使是一个眼神、一个微笑都能使父母心领神会,故此,父母通过孩子的一举一动、一言一行能及时掌握此时此刻他们的心理状态,发现孩子身上存在的问题,及时教育,及时纠偏,不让问题过夜,使不良情绪和行为习惯消灭在萌芽状态之中。

正如印度电影《流浪者》中的经典台词一样:贼的儿子不一定是贼,法官的儿子也不一定是法官。所以,无论你是轰轰烈烈的一代天骄,还是默默无闻的凡夫俗子,你都是孩子的启蒙之师,你是谁不重要,重要的是你让你的孩子是谁。很多"一代天骄"都是"凡夫俗子"教育而成的。

教子心得

生活就是教育,教育蕴于点滴之中,启蒙教育更是如此,唯有合格的"启蒙之师",才能教育出优秀的孩子。

放手让孩子做喜欢做的事

看到这个题目,有些家长可能要问:为什么要放手让孩子做喜欢做的事,哪些事又是孩子喜欢做的呢?

因为做自己喜欢的事情使人快乐。孩子喜欢做的事当然就是能让他产生快乐的事情了。比如走进美丽的大自然。

大自然是那样地神奇和美丽,它蕴含了无穷无尽的知识,可以说世界上再没有比大自然更好的老师了。我们不该让孩子远离它。周末,带上孩子去尽情地亲近自然、拥抱自然。在孩子投身大自然,感受其中的神奇美妙时,孩子的观察力会越来越敏锐,想象力会越来越丰富,对大自然的认识、对各种生物的了解也会越来越细致,而且对美的欣赏能力也会越来越高的。

1. 满足孩子的快乐感和成就感

幼儿的生活是多姿多彩的,在他们的生活中充满着惊喜,充满着乐趣。

稍微留意,爸爸会在幼儿的一言一行中发现他们关注的焦点。当幼儿在户外散步时,他们会数着彩砖跳格子,往往数着数着就乱了套,最后哈哈笑成一团从头再数;他们会歪歪扭扭、乐此不疲地走在彩色的车轮上转圈。也许对于成人来说这是无聊的事,可是看着幼儿的笑脸,就明白他们乐此不疲的原因了。

有时在草地上,他们会惊奇地发现:这里有一只大虫子。于是草地下还有什么就成了最新的话题。大家趴在草地上,有的用手,有的拿着捡到的树枝,一个劲儿地在草地下找呀找:"哈哈,快来看,我找到了一个东西啦。"仔细擦干净泥土一看:哎呀,原来是一块小石头,一下子就泄了气。"没关系,我再找。"在经过一场草地寻宝之后,他们可有自己的战利品了:几个坏积木、几个蜗牛壳,还有一些死掉干了的小虫子,连草根都被拔了几根……也许这些真的不是什么有意义的东西,但是在孩子的脸上、眼里,我们看到了两个字:快乐。

这就是放手让孩子做喜欢做的事的第一个好处:满足孩子的快乐感和成就感。

2. 分享孩子的快乐

著名文学家朱自清说:"要让孩子在正路上闯,不能老让他们像小鸡似的在老母鸡的翅膀底下,那是一辈子没出息的。"要放手让孩子做喜欢做的事,家长的包办代替是孩子形成软弱性格的重要原因之一。一些家长不让孩子做任何事情,舒适、平静、安稳的生活,剥夺了孩子自我表现的机会;衣来伸手、饭来张口的生活方式,导致了孩子独立生活能力的萎缩。可见,要培养孩子成为强者,父母首先要鼓励孩子做力所能及的事情,让孩子学会自己生活,把握自己。

3. 给孩子属于自己的快乐

孩子在成长的过程中,玩耍不可缺少。所以,不仅要让孩子快乐地玩,而且要从家里玩到外面更广阔的世界去。

教子心得

在钢筋水泥构筑的都市里,生活在鸽子笼一样的居室里,人们室外活动的欲望越来越弱,孩子们的室外活动自然也越来越被忽视甚至受到限制。所以,爸爸们要注意培养孩子的探索欲和求知欲,多带他们外出或陪他们一起玩耍。

保护孩子的好奇心

从培养一个孩子的角度看,一身脏衣服、一个被摔坏的玩具,和孩子一生的发展相比,又算得了什么呢?

好奇心是孩子学习兴趣的源泉。好奇、好问、好动,渴望通过自己的探索来了解世界,是孩子的天性。

心理学家将好奇心定义为:个体对新异刺激的探究反应。对新鲜的事物和现象,人有着去了解和探索的本能。对于初涉人世的孩子来说,身边的世界是那么陌生、新鲜和神秘,在他的心灵中充满了探索、求知的欲望,这宝贵的好奇心正是他智慧的火花,更是促使他学习的原动力。研究证明,一个富有好奇心的人能够保持旺盛的求知欲,在获得知识的过程中体验乐趣,这种乐趣又会激励他不知疲倦地去探究未知的领域,促进其智力的发展。好奇心就像性能优良的赛车引擎,保证赛车勇往直前,在激烈的竞争中遥遥领先。

经常和孩子在一起,爸爸一定会发现他们似乎有问不完的问题,闯不完的"祸",如果爸爸静下心来,便会从中看出,那是因为他们对大千世界充满了好奇。

许多家长为了避免孩子出意外,怕孩子破坏东西,当孩子爬上爬下,不停地触摸,不停地翻动他所能够得到的物体的时候,总喜欢说:"别动,脏!""别摸,危险!""你来做什么,又没你什么事!"

孩子好奇的天性,决定了他对第一次见到的东西总是很感兴趣,孩子"调皮"也正符合他的发育特点,这时家长就应该因势利导,在安全得到保障的前提下,充分解放孩子的手脚,否则很可能使一个小发明家的探究精神在萌芽状态给扼杀了。

孩子处于鲜活的年龄,他们有太多的精力,对世界也充满了好奇,过分约束他们,只会消减他们的创造力和探索能力。

孩子常常会指着那些新奇的东西,问这是什么,那又是什么,为什么会这样……这些让他们表现出极大兴趣的新奇事物,很有可能是大人习以为常的东西。可不能小看孩子们的这些奇思异想,这中间往往蕴藏着不可预测的潜能。所有的动力都是对知识的新鲜感,即好奇心,好奇心是人获得智慧的关键。呵护孩子的好奇心,就是呵护孩子的未来幸福。

1. 保护孩子的好奇心

陈先生就经常给女儿讲故事,总是陈先生边讲女儿边问,走出家门也是,这孩子几乎是走哪儿问哪儿,见啥问啥,陈先生不仅不斥责她,而且还耐心地保护和引导女儿这难得的好奇心。这一结果就是,女儿独立制作出了很多超乎想象的手工作品,什么印第安人笔筒、三条腿的凳子、五条腿的桌子等奇异作品。其间,女儿的创造性思维和探索精神得到了很好的发展。

2. 鼓励孩子积极探索

好奇、好问、好动是孩子的天性,爸爸应加以爱护,并给他们充分的自由,允许他们大胆地去想象。即使产生了一些稀奇古怪的想法,也不能盲目否定,而应采取他们能理解的方式,耐心解答,共同讨论,或提出问题引导他们继续思索。

当孩子把奶瓶翻转,并且试着从奶瓶的底部来吸奶的时候,当孩子将停下了的玩具火车又推又拉又打,想使它再次跑动起来的时候;当孩子在公园里专心地看着被风吹得摇摇摆摆的花草的时候,这些都是他们在好奇心的驱使下,探索这个陌生世界的表现。对孩子来说,一切都是新鲜的、值得探索的。此时,大人不要忽视和否定孩子的学习和探索行为,而应该精心地呵护孩子的好奇心,努力用孩子的眼光去观察这个世界,跟孩子一起去惊异,去提问,去讨论,去共同得出结论。

然而随着年龄的增长,人的好奇心在慢慢消退,人们开始对周围的事物漠不关心,没有了探索和求知的兴趣。对于孩子的"淘气"成人不能理解,一般都会以为他是在作对,或者是不懂事的表现,于是或严厉斥责,或置之不理。殊不知,孩子正是通过他的淘气行为在探索、检验自己的一些异想天开的想法呢!这些想法和行为就是孩子好奇心的表现。而爸爸的粗暴、忽视、干涉和误解会在很大程度上伤害孩子,长此以往,有可能使孩子失去探索周围事物的兴趣,变得麻木不仁,没有强烈的求知欲望。这样的结果是为人父母者都不愿意看到的,也是违背我们教育孩子的初衷的。

3. 为孩子提供动脑、动手的机会

根据孩子模仿性强、爱动的特点,可以让他们利用手边的工具,充分运用各种感官,自己观察,自己动手操作,让孩子体验到一种成就感和乐趣。他们对于自己动脑筋想出来、自己动手做

出来的东西,有一种偏爱和特殊的兴趣,因而类似活动有利于激发起他们强烈的好奇心和求知欲,从而逐渐培养起学习兴趣。

有这样一个故事:

> 世界上第一架飞机的发明者莱特兄弟,小时候是一对富有好奇心的孩子。有一次,兄弟俩在大树底下玩,两人产生了爬上树去摘月亮的想法。结果不仅没有摘到月亮,反而把衣服都刮破了。他们的爸爸见此情景,并没有责骂他们,而是耐心地开导他们。在爸爸的引导下,兄弟俩日夜为制作能骑上天的"大鸟"而努力。这期间,爸爸不失时机地买了一架酷似直升机的玩具送给他俩,这更加激发了他们对制造升空装置的浓厚兴趣。他俩不断地学习升空技术方面的知识,翻阅了大量有关飞行的资料。在爸爸的鼓励下,经过多次试验,兄弟俩终于发明了世界上第一架飞机。

孩子由于好奇自然会提出些问题,可是有些爸爸会对孩子说:"问这么多,烦不烦?"也许,孩子的好奇心就在爸爸的不断呵斥声中被毁灭了。其实,我们也可以像莱特爸爸那样,注意倾听孩子的问题,积极地引导孩子的好奇心,培养孩子独立思考能力,为孩子提供动脑、动手的机会。这样,孩子就能在不断的动手和思考中增强创新能力。

4. 引导孩子积极思考

如今的孩子接触面广,在现代信息高速发展的社会,接受新鲜事物快,好奇心强,喜欢独立思索,敢于发问,这是一件好事。如果孩子们对什么事情感兴趣,就应因势利导,启发他们去积极思考,培养孩子们的好奇心与探究精神。如:"你想想,这是为什么?"

当孩子带着问题去问爸爸的时候,爸爸不应该简单地将结论告诉孩子。告诉孩子问题的答案,远不如让孩子自己思考"为什么"来得重要。例如,当孩子问"鸟儿晚上睡在哪里"时,你不必直接回答,你可以与孩子一起探讨鸟儿在晚上的可能去处;当孩子问"黄色和蓝色颜料混合后会变成什么颜色"时,你不要简单地告知"会变成绿色",你可以说:"是啊,那究竟会变成什么颜色呢?"以此来引导孩子去试验,去思考,让孩子自己去得出结论。同时,你还可以通过一些开放式的问题,激发孩子对事物的好奇心与探索的欲望。

作为爸爸,应好好地回答他们的问题,而不要随随便便地搪塞一些答案。这样不但会使孩子幼小的心灵受到伤害,也很可能会使他失去再提问题的兴趣。相反,如果爸爸的回答既生动又活泼,无形之中就能帮助孩子建立对生命、未来的好奇。

5. 不能挫伤孩子好问的积极性

作为爸爸,在与孩子接触时,不要认为孩子有点"傻呵呵"的,更不要说"你还小,等你长大后就会明白了"。其实,孩子们的提问,正是由于他们知识、经验的不足,而好奇心促使他们提出各种各样的问题,处理不当,孩子们求知欲望的火花就会因此而灭。爸爸要尊重孩子们在知识、能力、判断方面的自尊心,学会在孩子的面前表现出自己的谦逊,让孩子有一个独立思考的空间。

孩子的个性尽管千差万别,但是有好奇心却是孩子的共性。好奇心是孩子求知欲的最直接反映,越是聪明的孩子,好奇心越强。保护孩子的好奇心不是一句空话,当爸爸的要理解孩子。如果孩子看到新鲜好奇的东西,做爸爸的表现出漠然的样子,就会冷了孩子的心。孩子的好奇心有时会冲破父母的知识范围,这是很正常的。爸爸对孩子的发问一时答不上来,可以通过翻书或向人请教,有了正确的答案,事后再告诉孩子,千万不能不耐烦地说:"就你能!""就你话多!"或者饭桌上爸爸回答不了孩子的问题时,就用"吃饭吧"来加以搪塞敷衍。有的家长甚至面对孩子提出的问题不经意地说"怎么连这也不懂啊",这也是不对的。即使孩子因好奇而惹了麻烦或做错了事,家长也要正确引导。

儿童时期的好奇心、求知欲,是奠定他们未来事业成功的重要基础之一。学龄早期是儿童由形象思维向抽象的逻辑思维发展的一个重要时期。它不仅要求儿童在观察力、想象力、记忆力、注意力及语言表达能力等方面有一个质的飞跃,而且更需要具备良好的思维品质,如观察的敏锐性、记忆的持久性、注意力的广度及深度等。儿童思维发展成熟的速度,不是按孩子年龄增长而递增,而是在日常的学习中培养和造就的。

教子心得

好奇心是孩子们的天性,也是他们敢于探索新知,敢于创新的动力。创造精神就像是一双巨大的翅膀,能带领孩子在知识的天空里展翅高飞。爸爸可从保护孩子的好奇心开始,培养他们的创造精神。强烈的好奇心能使孩子产生学习的兴趣。孩子只有对学习产生了兴趣,才能从学习中体验到快乐,才会热爱学习,并主动学习。

有兴趣什么都能学

当爸爸的,最头疼的事情莫过于孩子不喜欢学习。对那些学习不上心的孩子,家长们常常要费尽心思,摆道理举例子,让他们明白学习的重要性;或冲孩子发火,用高压手段、惩罚性手段等逼迫他们学习。可是,软硬兼施效果却常常并不理想。好多孩子要么厌学要么磨蹭,导致学习效率低下;要么干脆任你打骂,就是学不进去……对这样的孩子,家长经常生气上火。其实孩子本身也并不快乐,因为在他们看来,学习是一件痛苦的事情,要他们学习,显然是要他们承受痛苦的折磨。

要变"痛苦"为"快乐",一个根本的办法就是培养他们的学习兴趣。兴趣的作用家长们可不能小觑。

1. 兴趣可以激发孩子学习文化知识的积极性

对于孩子来说,对一门课程感兴趣,会促使他刻苦钻研,并且进行创造性的思维。这不仅会使他的学习成绩大大提高,而且还会大大地改善学习方法,提高学习效率。如此,使"我要学"的意识逐渐增强。渐渐地,孩子的被动学习就会转变为主动求知,厌学情绪就会转变为乐学欲望。

2. 因为有兴趣,学习就有动力

在学习的过程中,孩子的心理活动会处于激活状态,从而思维活跃、注意力集中、情绪饱满,感受到的是轻松和快乐,哪怕长时间高强度地学习,也不会感到疲惫。

3. 在兴趣的推动下,孩子的智力会得到有效开发,眼界也会更加开阔,知识自然会日益丰富

因为孩子只有对学习感兴趣,才能把心理活动指向和集中在学习的对象上,使感知觉活跃,观察敏锐,记忆持久而准确,思维敏锐而丰富,激发和强化学习的内在动力,从而最大效能地开发智力,开阔眼界。

总之,当学习成为一件富有情趣的事情,它就会变得轻松愉快。所以,要让孩子带着快乐的情绪投入学习,爸爸一定要不遗余力地培养孩子的学习兴趣。

对于爸爸来说,重要的任务不是给孩子灌输多少知识,而是要把培养孩子的学习能力和学习兴趣放在第一位,给他"点石成金"的能力,给他如饥似渴想要探求知识奥秘的欲念,那么他可以终生都沉浸在学习的快乐中。

所以,爸爸每天做的,不能只是灌输知识,而是要想办法激发孩子的学习兴趣,善于启发和激活孩子的思维,引导孩子以极大的热情投入学习中。

教子心得

小学期间,尤其对刚入学的孩子,一定要及时发现培养他的学习积极性,让他们对学习产生兴趣。如果此间打下好的基础,那么上中学、大学就是顺理成章的事了。

让孩子主动学习

良好的方法可以使孩子发挥天赋和才能,而拙劣的方法可能阻碍其才能的发挥。学生在学习过程中,要形成适合自己特点的最佳学习方法并不是一件容易的事情,它不仅依赖于孩子自身的探索、老师的辅导,也需要家长的参与。因为父母比任何人都了解孩子的兴趣与个性,更有可能参与到孩子的学习过程中来。爸爸要通过培养孩子良好的学习方法,来提高孩子的学习成绩。

一个人会学习本身也是一种能力,这种能力需要有科学的方法,有需要遵循的规律。按照正确的方法学习,学习效率就高,学得轻松,思维也变得灵活流畅,能够很好地驾驭知识,真正成为知识的主人。

曾读过这样一个故事:

老师想测试一下自己的两个学生,就拿来一箩筐花生,问他们如何能得出每个花生都有一层薄皮的结论。两个孩子开始行动了。一个孩子将所有的花生都剥开来一一验证后,告诉老师:每个花生都有一层薄皮;而另外一个孩子则将这些花生按大小和胖瘦等进行分类,每类剥开几个,也得出同样的结论。

得出一个相同的结论,第一个孩子用了几个小时,第二个孩子用了一刻钟。可见,一种正确的学习方法和一个正确的行为习惯,对一个孩子来说是多么重要。孩子的创造性思维在这件事上得到了充分的发挥和展现。如此学习,怎会没有快乐而言?

教子心得

所以,在引领孩子进行学习的过程中,好爸爸做的第一件事,不是教孩子记住多少东西,而是教给孩子科学的学习方法,要重视对孩子学习兴趣、学习动力、学习能力的培养,变"要我学"为"我要学"。然后,把学会了的知识和技能应用到工作和生活中。所以说,善于学习比拿高分更重要。

引领孩子走上学习之路

如果有人问,学习是谁的事? 一定有很多人回答:学习是学生的事。在这些人心里,人生分为两个阶段:学习——受教育的阶段,工作——生活的阶段。也就是说,学习只是初级阶段里需要做的事情。

在我国,大部分人还持老观念:在工作中疏远学习。作为家庭教育者,身为孩子的爸爸该有终身学习的观念,并在对孩子进行教育的过程中,向孩子灌输这种观念。学校教育是为孩子们学会终身学习打基础的教育,不仅要培养孩子对学习的热爱,更要培养孩子对学习的持久热情,让孩子确立"学习是一个人一辈子的需要"的思想。

在引领孩子进行学习的过程中，好爸爸做的第一件事，不是教孩子记住多少东西，而是应该教给孩子科学的学习方法、学习的金钥匙。也就是说，不仅仅"授之以鱼"，更要"授之以渔"。

1. 帮助孩子确立正确的学习目标

要让孩子明白，学习的目的不是应付考试，而是为了拥有知识，为了自我发展。在这个基础上，引导孩子进行有目标的学习，学习才会充满动力。有人拿终日绕着磨盘转的驴子和走万里路取经的马对比，驴子和马走的路程大抵相等，因为两者每天都没有停止过频率相同的脚步。但是马因为有明确的目标，每天按照如一的方向前进，所以走出了广阔的世界；而驴子终日围着磨盘打转，永远也走不出那个狭隘的天地。为了考试而学习，就如同被蒙上眼睛绕着磨盘转圈的驴子，而为了获取知识和自我发展而学习，就是那匹取得真经的马！

2. 培养孩子科学的学习习惯

有人曾采访过几位诺贝尔奖获得者，当问他们："获得诺贝尔奖，您首先要感谢什么人？"大家都认为他们一定会说出他们导师的大名，可是几位获奖者一致认为，应该感谢幼儿园的老师和自己的父母。因为是作为启蒙老师的父母和幼儿园老师，培养了他们诸多的良好习惯……这些习惯是他们一生中最大的财富。没有这些习惯，他们是不可能走向成功之巅的。

可见，一些好的习惯对于一个人的成才作用非同一般。学习亦是如此。好的学习习惯，可以使学习事半功倍。举个最简单的例子：

> 小华初做小学生的时候，爸爸告诉她，每天晚上睡觉前要整理一下书包，把要用的课本和练习本按照第二天上课的课程表顺序排放好，装进书包，最后再检查一下，有没有忘记装的东西。做好这一切之后，再去休息。小华每天坚持睡前整理书包，逐渐就养成了习惯。有一次小华边装书包，边感慨："爸爸教我的这个做法真好，每天上学后，总会听到有同学在那喊：'哎呀，我忘记带作业本了！''哎呀，我的数学书放哪了？'还有啊，上完一堂课，我只需要探手到书包里固定的位置抽出下节课需要用的书和本子，摆放在课桌上就可以了。好多同学却要把书包翻个底朝天，才能找到想找的东西。"

这只是一个小小的习惯，但小华从中受益匪浅。爸爸还引导依依养成了每天写日记的习惯，每天晚上睡觉前读30分钟书的习惯，还有制订学习计划的习惯，及时归纳整理学习笔记的习惯……

3. 给孩子提供在实践中学习的机会

有人想成为演讲家，于是乎买来一摞子一摞子的理论书籍，潜心研究如何演讲，结果理论知识、"要领""须知"掌握了一大堆，可是从未张嘴演讲过，这样的人永远也成不了演讲家。

学习亦然。在实践中摸索获得的经验和技能，才会真正成为自己的经验和技能，才会真正运用于工作中、自我发展中。因为知识不仅仅是"知道"和"牢记"，更重要的是要运用，要化作生产力。

> 发明家爱迪生，如果从文凭和学历来说，他不是"高级知识分子"，但是他所掌握的知识是有效、灵活的知识。一次，爱迪生把一个电灯泡的玻璃壳交给他的助手，要他计算电灯泡的体积。由于电灯泡是不规则的圆形，这位助手算了一个上午也没有算出来。爱迪生从外面回来时，看见助手仍然在一大堆公式和数据中苦苦思索。助手见到爱迪生后，表示抱歉，并解释由于电灯泡不规则而没有完成任务。爱迪生笑了笑，什么也没有说，接过助手手里的电灯泡壳，往里面注满了水，然后倒入一个形状很规则的玻璃杯中，结果出来了，助手恍然大悟。

由此可以看出，知识不是公式、定理和书本现成的答案，而是我们如何运用它的能力。

教子心得

好爸爸要让孩子尝试着用所学知识解决各种问题，并在实践中收获更多知识。

遵从孩子的兴趣

一天,爸爸发现小军蹲在地上,不知道在干什么。

走近一看,爸爸发现,原来小军正把一只毛毛虫捧在手心,饶有兴趣地注视着它。

爸爸二话不说就给了小军一巴掌。"快把这个恶心的毛毛虫扔了!真是气死我了!我花了很多钱给你买的钢琴你不弹,偏偏要在这里玩这个该死的毛毛虫……"

小军哭着跑回了自己的房间。

每一位爸爸都有"望子成龙""望女成凤"的心理。所以,只要条件允许,他们会不惜一切代价为孩子投资。如花巨资给孩子买昂贵的钢琴,重金聘请著名美术老师教孩子画画……

然而事与愿违。对于爸爸的这些付出,大部分孩子根本不领情,依然做自己喜欢的事情,按自己的兴趣和爱好行事。

其实,之所以会出现这样的冲突与矛盾,究其原因,就是因为这些爸爸总是把自己的想法与意愿强加在孩子身上。孩子虽然小,但也有自己的兴趣和爱好,如果爸爸强硬地把自己的意愿强加在孩子身上,让他做自己不情愿做的事情,孩子即便屈服了,也很难有大作为。

就像上面这个案例一样,小军即使每天练习钢琴,将来也只能是一个蹩脚的钢琴师,因为他根本不喜欢弹钢琴;而如果爸爸顺应他的兴趣,让他关注、保护毛毛虫,那么他很有可能成为一位著名的昆虫学家。法布尔就是因为对昆虫拥有浓厚的兴趣,最终成了世界著名的昆虫学家,被世人称为"昆虫界的荷马,昆虫界的维吉尔"。

1. 顺应孩子的兴趣才是最佳教育方法

著名心理学家皮亚杰说:"强迫工作是违反心理学原则的,而且一切有成效的活动,都必须以某种兴趣为先决条件。"

我国童话大王郑渊洁也指出:"不要在孩子不感兴趣,还没有能力理解的时候,让他做任何不感兴趣的事情。"

由此可见,尊重与顺应孩子的兴趣是多少重要!身为爸爸,你要记住:生活是丰富多彩的,一个人只有具备一定的兴趣和特长,才能更好地适应社会,更好地生活,也只有这样,他的生活才会有意义。

《三国志·管宁传》中有这样一句话:"人各有志,出处异趣。"

所以,爸爸在教育孩子的过程中,首先考虑的并不是自己的希望和要求是什么,期望孩子学习到什么特长,而更应该尊重孩子的天性,多多考虑孩子的兴趣与喜好是什么,如何才能真正地顺应孩子的兴趣,这样,孩子的潜能才能得到充分有效的开发。

2. 善于发现孩子的兴趣

每一个孩子都是一个独立的个体,具有明显的差异性,不同的孩子对事物的兴趣也是不同的。例如,有的孩子喜欢美术;有的孩子喜欢书法;有的孩子喜欢音乐;有的孩子喜欢舞蹈;有的孩子对植物感兴趣;而有的孩子却对动物感兴趣……

一位爸爸发现,他的孩子对音乐有着特别的天赋。只要一听到音乐,他就会眼睛一亮,异常兴奋;经常哼吟着一些旋律与歌曲,并且无论多难的乐谱,他都用不了多久就能倒背如流。

不久,爸爸就给他报了一个音乐培训班。经过老师的精心培养,一年后,这个孩子荣获了全市小提琴比赛的冠军。

在与孩子接触的过程中，爸爸要时刻留意孩子的某种兴趣，或对某一种事物所具有的特别天赋。当然只是善于发现孩子的兴趣还不够，爸爸还需要重视孩子的兴趣，因材施教，适时引导，以深度挖掘孩子的潜能。

3. 鼓励孩子的个人兴趣

一位爸爸在花园除草，他的儿子在院子里玩耍。一会儿，爸爸听到孩子玩耍的声音，就好奇地问："你在干什么呢？"

孩子说："爸爸，我正准备跳上月球去呢。"

这位爸爸没有像其他爸爸一样，以为孩子的想法很荒谬，不可理喻，而是微笑着说："噢！好的。不过，你可不要忘记回家哦。"

1969 年，这个孩子真的"跳"上了月球。他就是世界上第一位登上月球的人——阿姆斯特朗。

如果孩子的个人兴趣是正确的，爸爸就需要及时表现出支持与鼓励；而如果孩子的兴趣确实欠妥，爸爸更需要及时加以纠正，让他的兴趣朝着充满光明与希望的方向发展。而如果你只是一味地否定孩子的兴趣，说："你是不是大脑缺氧了？居然有这么不现实的幻想，真是没事找事！"就会无情地折断孩子理想的翅膀。

教子心得

的确，我们不知道孩子的人生价值会用什么样的方式得以实现，也不知道他将会何时、通过哪种途径获得某种成功。但是，我们可以很容易地做到支持与鼓励孩子的兴趣。

让孩子爱上运动

"爸爸，你知道吗？我这一次又跑最后一棒喔！"

"真的啊，可是，为什么你喜欢跑最后一棒呢？"

"可以绑红色布条啊！"超爱运动的妮妮，对红色布条有着一股执着的迷恋。

"那压力会很大哩！"

"我才不觉得呢，我反而觉得那是一种荣耀！"

后来，在她小学五年级的时候，换了新老师，那位老师并没有让她跑最后一棒，而是安排她跑第二棒。

"爸爸，我不想跑第二棒！"她非常不开心地跟爸爸说。

"那能怎么办？老师都已经这么安排了。"

"我三四年级的时候都是跑最后一棒，为什么现在我要跑第二棒？"她很委屈地说。

"那好吧！你就自己去跟老师说，自己去争取。"

后来，她真的自己去处理，而且表现得真的很棒，她先去征求跑最后一棒同学的同意，然后妮妮再去跟老师商量，请老师让她换到最后一棒。老师也很尊重孩子的选择，达到皆大欢喜的目的。

运动会那天的接力赛更是精彩，妮妮他们班从一开始就一直维持第二名的名次，不过一直保持着领先的那个班级，最后一棒居然在赛跑的过程中脚抽筋了，所以在最后的 1/4

圈时,妮妮从外圈的一个转弯,十分戏剧性地超越了隔壁班的同学,为班上赢得了第一名。妮妮班上的同学顿时欢声雷动,每个孩子都又叫又跳的,还把妮妮举起来欢呼呢!

这种只有在电影里才会出现的画面,让爸爸当场感动得热泪盈眶,在那个当下,爸爸才明白原来女儿一直坚持绑的红布条,对她来说,其实是一种无可取代的荣耀和骄傲!

"爸爸,为什么在公园,都可以看到外国人在运动呢?"娜娜在公园骑脚踏车或是放风筝的时候,常常会看见外国人。

"可能是他们有运动习惯吧!"

"那我们没有吗?"

"娜娜为什么会这么说?"

娜娜想了一下,回答着:"因为我都没看见好多叔叔、阿姨来运动啊!"

其实,娜娜的问题,也让爸爸思索了许久。小时候的我们也曾那么热爱运动,但为什么到后来,我们全都不再热衷了呢?

为什么我们不能像外国人一样,运动时就会感到非常快乐,甚至一天不运动,就会浑身不对劲儿?

抛开上学之后的体育课不谈,其实在我们还没有上学前的运动记忆,应该对每个人来说,都是美好的。

不论是跟同年龄的邻居或者朋友,在巷子口一起打羽毛球、一起骑脚踏车、一起玩躲避球,甚至是几张椅子就可以玩得不亦乐乎的大风吹,每一个运动,带着游戏的心情,以及朋友的情谊,一起陪伴着我们长大。

运动对我们来说,是生活里的乐趣,也是一份记忆里最美丽的印记。

长大之后,来自各方面的压力,不论是学业上的,还是工作上的,压得我们喘不过气来,只要一天不必上班、不必上课,就会只想着赖在床上好好地休息,哪还会有心思想要去运动呢?

教子心得

会运动的人,有大半是为了减重或是为了健康,真正会为了乐趣去运动的人,我想那真的是少之又少的吧!

不要"谈网色变"

现在,谈及网络游戏,几乎所有的家长都为之色变:可不敢让孩子玩那玩意儿!仿佛网络游戏是毒品,孩子一沾上就从此堕落和毁灭了。因此,为了不让孩子玩网络游戏,家长要么不买电脑,要么买了电脑不连接网络,再要么连接了网络坚决不让孩子动一下电脑或者看着孩子上网。

前两年我的一个朋友,因为工作关系,家里的电脑必须上网,可是又担心上初中的儿子上网成瘾,想来想去,只能偷偷用电话拨号上网,而且只能在深夜里等儿子睡着了以后才连接网络。用完了,再把上网用的调制解调器卸下来藏起来。日日如此,把自己搞成了"地下工作者"。

像我朋友这样把自己搞得很累的家长还有很多,每天监视的,不时唠叨的……总之目的只有一个:不能让孩子上网,更不能上网玩游戏。

很多孩子上网成瘾的确是一个不争的事实，网络游戏也让太多的孩子沉迷其中，给自身成长带来了太多负面的影响。可是，为此不让孩子上网，其方法未免过于简单粗暴。

大禹治水不在堵，而在疏。堵的结果是暗潮更凶，而疏导得利，网络之于孩子，就是学习的工具，了解世界的窗口，以及适当游戏的娱乐工具。

其实，孩子上网成瘾，不是孩子的错，也不是网络的错，而是爸爸的错。

如果爸爸能够拿出时间来陪孩子，并且在给予孩子物质满足的同时，更关心孩子的内心世界，多和孩子交流沟通，和孩子做朋友；如果爸爸能够给孩子玩的权利，不限制孩子适当的游戏行为，多给孩子创造玩的条件和空间，而不是眼睛只盯着孩子的学习成绩；如果爸爸能给孩子创造与人交流的机会，增加孩子和同龄伙伴交往的时间，鼓励孩子多参加集体活动，多与人交往；如果爸爸能有学习的意识，不断提高自身的教育能力，并对网络有一个正确的认识，能及时调整自己的教育方式，改善亲子关系……

那么，问问孩子们，他们会那么容易对网络游戏上瘾吗？

网络游戏对于孩子来说，只是普通游戏的一种。学会了玩网络游戏，只是为他们增加了一种玩法而已。更重要的是，通过玩网络游戏，孩子和网络的距离越来越近，他们越来越多地懂得如何利用网络，如何成为网络的主人……

教子心得

玩网络游戏可以启迪孩子的心智，爸爸应因势利导，和孩子一起玩或告诉他们玩游戏的害处和益处，让孩子自己分清利弊，提高自控能力。

利用网络进行学习

进入新世纪，迎来了一个崭新的互联网时代。

现代社会，信息技术的发展突飞猛进，已经渗入社会及人们生活的各个方面。网络的建设，给人类带来了诸多便利，如：买东西可以不用去逛商场；看书可以不用去书店占位置；上学可以不用去学校；网上办公，电子商务往来等等，不少中小学生也在网上冲浪中获得无穷的乐趣……

计算机网络的作用早已不局限于单纯的储存信息和传播信息。毫无疑问，今天个人获取信息和处理信息的能力，对于自己能否融入社会，将是个决定性的因素。在西方发达国家，很多学校已经开始实行无纸化上课、学习的模式。在中国，让每一个人学习和掌握现代信息技术，学会使用计算机以及计算机网络，也已经被教育部门当作重要工作来抓。

随着社会的发展，那些没有机会了解、学习和掌握信息技术的人将很难获得就业机会，很容易被社会所抛弃。很多城市已做出明确规定：所有初中学生必须学会使用电脑。可见，让孩子远离网络，等于逼孩子与社会脱离，等于让孩子将来被社会淘汰。难道只是因为担心孩子受网络之害，就让孩子彻底与网络隔离，从而被时代淘汰吗？

如何引导孩子在上网时趋利避害就成为现实问题。爸爸有时间要多和孩子一起上网冲浪，与孩子分享网络带来的快乐。爸爸要帮助孩子，以免他们受到网络带来的危害，引导孩子有方向性地汲取网上的知识。不能因为网络存在文化垃圾就不让孩子上网，关键在于正确引导。

首先，应该搞清楚网络不是个坏东西。网络虽然是个虚拟世界，但网上资料随时可以查阅，网上论坛使我们可以随时与名师、专家、网友进行沟通，网络强大的交互功能使每一个网友都迅速地成长起来，这确实又是最现实的世界。既然益处多多，上网，何乐而不为？

其次,我们应该明白,随着现代信息技术的发展,人们生活、工作环境的变化越来越快,需要面对不断出现的新知识、新技术。因此,我们应该认识到,终身学习将伴随我们的一生。

爸爸要让孩子知道,网络的最大作用就是可以通过它来获取有益的资源,要有意识地引导孩子在网络上搜索自己需要的信息,并积极地应用到学习生活当中去。但要要求孩子文明上网,孩子浏览的网站内容一定要健康。为什么国外青少年上网成瘾的现象没有我们严重呢?因为国外都是父母首先自己学会了健康地运用电脑和网络,孩子是看着父母用电脑长大的。

所以说,文明上网应以引导为主,预防为辅,家长不要把电脑视为洪水猛兽。网络是不能抗拒的发展方向,我们要主动迎接这一挑战。只有做父母的自己首先学会正确运用和使用电脑,学会科学上网,才能引导孩子健康上网。

爸爸要多与孩子交流对网络上一些信息的看法,比如:网上有什么新闻、你怎么看待这件事等,要以平等的态度和孩子交流,从而知道他们的真实想法,同时也说说自己的看法,借以引导孩子。

教子心得

现在,人类社会已经进入网络信息时代,不会使用电脑、利用网络的人,将成为新时代的文盲。所以,"计算机扫盲"应从孩子开始,它可以激发孩子对计算机的喜爱之情,可以消除孩子对计算机和网络的陌生感,由此走上运用网络的学习之路……

激发孩子的学习动力

在爸爸的强迫下,孩子才肯坐在书桌前;

在爸爸的怒斥下,孩子才肯看会儿书;

只有爸爸在身边,孩子才会写作业,爸爸刚一转身,孩子就会玩转笔、玩其他的东西;

……

这是现在很多孩子的普遍表现,也是令爸爸头疼的问题。孩子不愿意学习,爸爸也不敢硬来:怕骂得厉害了,伤害孩子的自尊;打得严重了,让孩子更厌学;不管吧,孩子就不会主动学习……

其实,孩子之所以不喜欢学习,在某种程度上,是因为爸爸不会引导孩子学习。

任冰考入了世界名牌学府哈佛大学,他的爸爸就是非常重视对他的引导,使他在学习内驱力下学习。

对此,他爸爸说出了自己的心得:"我从不强迫孩子,只是在适当的时候,给他以启发和引导,让他顺其自然地发展,自动自发地学习。"

所以,爸爸要在适当的时候启发和引导孩子,激发孩子学习的内驱力,让孩子充满动力与活力地去学习。

1. 通过理想激发孩子学习的动力

八岁的小鑫学习很不认真,成绩一次不如一次。一天爸爸对他说:"小鑫,你知道奶奶是怎么去世的吗?"

小鑫说:"知道,奶奶是因为得了癌症才去世的。"

爸爸说:"那你还记得,你当初说过什么话吗?"

小鑫想了一会儿,说:"我说我长大要当一名医生,研制出治愈各种癌症的药物,帮助那些需要帮助的病人。"

爸爸说:"那你怎么才能当成一名优秀的医生呢?你现在不好好学习,是不能当上医生的。所以,你要好好学习,将来报考医学专业,这样,才能实现你的理想。"

小鑫说:"爸爸,我知道啦。我会好好学习,将来当一名出色的医生。"

理想是一个人对人生追求的最高远的目标,它对一个人的成长与发展具有异常重要的意义。一个具有远大理想的孩子会朝着自己的目标不懈努力,进而取得某种成功;而一个没有理想的孩子,就会丧失前进的动力。

俄国伟大的作家列夫·托尔斯泰曾说过:"理想是指路明灯。没有理想,就没有坚定的方向;而没有方向,就没有生活。"

2. 通过环境因素激发孩子学习的动力

小音今年八岁了,他的家庭条件很好,他平时很不注重学习,并且认为学习没什么用,反正家里有的是钱。

爸爸发现小音对待学习很消极,需要激发他上进。暑假,爸爸把他送到了大伯家。大伯家在农村,因为小时候家里穷,所以大伯就主动辍学,让爸爸上学。

小音在大伯家中生活了一个月,等回到家,就对爸爸说:"爸爸,我在大伯家生活很苦。每天吃得不好,睡得也不好。大伯告诉我:他小时候就是因为家里穷,没机会上学,才在家里种地的。到现在我才明白这个道理:知识可以改变命运。以后,我会珍惜学习的机会,努力学习,通过学习来改变命运。"

环境因素能对孩子产生深远的影响。如果孩子生活在富裕的家庭中,过着衣食无忧的生活,他的学习激情就很匮乏,因为他会认为,即使不学习,也可以过着很幸福的日子,那还要学习干什么呢?相反,如果孩子生活在经济条件不是很理想的家庭中,就会对学习充满幻想与激情,因为他相信,知识可以改变自己的命运,可以实现自己的人生价值。

所以,爸爸可以在适当的时候,让孩子体会一下"贫穷"。例如,可以让他适当感受一下乡村生活;让他感受一些穷困孩子是如何刻苦学习的。这样,孩子就会深刻地感受到学习的重要性,提高自我内驱力,进而更积极地投入到学习中去。

3. 引导孩子进行自我激励

美国哈佛大学的威廉·詹姆斯教授经过调查发现:一个没有受到激励的人,仅仅能发挥出其自身能力的 20% ~ 30%;而一个受到激励的人,却能发挥出其自身能力的 80% ~ 90%。

所以,爸爸要引导孩子进行自我激励,充分爆发出他强大的动力,使他不断进步。如,当孩子考试成绩不理想时,爸爸可以让孩子对自己进行积极的暗示:"我能行""我下次一定能考出好成绩";当孩子没有看到自己的进步而感到灰心时,爸爸可以提醒孩子,要重视自己的每一次努力和进步,使他看到自身蕴藏的巨大潜力。

教子心得

每一个孩子都有自己的理想,但是在有些时候,孩子对于理想和学习的关系还没有一个明确的认识。此时,爸爸就需要让他有一个正确的认识:通过不断学习,实现自己的理想。这样,就会唤醒孩子学习的内在动力,这种动力就会在孩子的心里变成一种激励,时刻激发孩子进取、上进。

第三章
培养孩子良好的学习习惯

让孩子学会自主学习

江新上小学时学习兴趣挺浓,升入初一后,却突然对学习失去了兴趣,不肯再自觉主动地学习了。江新的父母感到很奇怪,就问儿子怎么回事。江新认为学校里老师太严厉,要求很严格,动不动就训人、罚站,老师讲课满堂灌,课后布置一大堆作业。他觉得上学一点儿意思也没有,所以就不想学,对学习提不起劲,成绩也因此直线下降。江新的爸爸对于儿子的这种想法很惊讶,与江新的老师联系,反映江新的想法。即使这样,江新还是不想学习,把学习当成苦事累事,总要家长督促,才能勉强完成作业。

江新不自觉主动学习的问题,实质上就是学习兴趣的问题。从上述例子看来,江新还是一个很有主见的学生,知道学习的问题所在,那么为什么不能在找到问题的基础上,再进一步解决问题呢?江新的父母要做的,就是这一点。

所谓"兴趣",是指一个经常倾向于认识、掌握某种事物,并力求参与该种活动的心理倾向。有了学习兴趣,孩子才能主动要求学习,想去学习。

在成长阶段,学习是孩子的主要任务。同时,孩子又是极具塑造性的,需要家长耐心地帮助孩子,启发孩子,让孩子充分发现学习原来是一件如此有意思的事。兴趣是孩子学习的动力,孩子对学习失去了兴趣,也就不可能去认真刻苦地学习,这种状况若持续下去是很危险的。

孩子不肯自觉主动地学习,其原因是多种多样的,虽然江新失去学习兴趣的关键在于没有发现新的学习乐趣,但更多的孩子确是因在学习中受到了某种打击或挫折,或是长期以来在家长和老师的压力下,不堪重负,从而对学习失去信心和兴趣,也就不愿意主动学习了。

英国儿童心理学家博茨勒指出了帮助促进孩子自觉主动学习的九种方法:

第一,要想让孩子想去学,首先要使他尝到学习成功的滋味。即使孩子的学习进步是微不足道的,家长也应该及时发现,及时表扬。孩子就会在这种愉快的环境中愉快地学习,渐渐的,就会形成习惯了。

第二,欲速则不达,不能强迫孩子学习,逼得太紧的话,孩子会变得焦躁、不耐烦,潜意识产生反抗情绪,变得善忘,一下子把刚学过的全部遗忘,使事情反而变得更糟。

第三,不要吝啬赞美之词,因为称赞会起很大的鼓励作用;不要过于批评他的错误,因为这样会令他情绪低落,而犯更多错误。

第四,不要拿别人和他比较,孩子会产生反抗心理,不自觉地放弃进取。

第五,做功课的时间不可过长,中间一定要有数分钟的休息,让他舒展筋骨,如果功课做得好的话,给他以小的奖励。

第六,要不断刺激孩子的好奇心和求知欲,有空就带他们去博物馆、动物园和图书馆之类。

第七,做功课的时候,不要让孩子依靠父母的帮助解决困难,让他从经验中吸取教训。有困难的时候,要采取积极的态度去鼓励他独立思考,不要养成孩子的依赖性,因为做功课是他的责任。

第八，如果环境许可的话，空出一个房间来用作孩子的书房，那里他可以不受干扰，安心地做功课。

第九，父母是孩子的榜样，如果要孩子对学习发生兴趣，首先要让他知道父母很喜欢看书，求知欲很强，并且不断学习。

博茨勒的九条方法很全面，也很中肯，家长们只要持之以恒，定可见效。

教子心得

孩子的心理还不十分稳定，要让孩子自觉主动地学习，首先要让孩子明白学习是自己的事情，并能够引导孩子发现学习的乐趣，从而提高孩子的学习兴趣。其中让孩子自己想学最为明智的办法，是选择激发孩子学习兴趣的突破口。

让孩子自己完成作业

红红今年已经十五岁了，可是每次做功课还是要父母在身边陪着，一遇到难题就爱问父母，否则就不做，弄得家长经常没时间做家务。有一次，爸爸生病住院，妈妈去医院照顾，红红竟然连着三天没做作业。直到老师告诉了家长，红红的父母才知道事情已严重到了这个地步。父母反复教育红红，而红红没有家长陪同就是不肯用心做作业，弄得家长也十分无奈，又为孩子缺乏独立精神而着急。

红红的情况是一种长期养成的习惯，红红的爸爸应当好好想想，在红红年幼时，你有没有有意培养过她独立自主的能力。

习惯不是一天养成的，孩子会有这种现象，家长要负最大的责任。孩子做功课会有依赖性，在日常生活或其他方面一定也会有倚赖的倾向。

孩子不能独立的实际原因是因为"爸爸觉得孩子自己不能独立"，所以"爸爸不让孩子自己独立"。为了怕孩子迟到，每天当"妈妈钟"帮他穿衣服、系鞋带；喂他吃饭，看到孩子动作太慢了就恨不得替孩子吃；时时不忘提醒孩子做这做那，事事为孩子设想周到，为他拟定各种计划，今天学这明天念那的，全然不管孩子的想法、意愿如何，结果是大人精疲力竭，孩子叫苦连天。

事实上，孩子也有自己的思想，他也想依照自己的方式行事。这种独立倾向通常是从小学三年级开始萌芽，小学四年级的孩子大抵已具备独立的雏形；虽然还是非常幼稚，大部分脱离不了父母为他设定的模式，但他并不完全喜欢这个模式，有时也会照自己的喜好行事。所以，如果你觉得孩子自己还不能独立而处处加以保护，孩子能力所及的分内事也都替他做过的话，这样，只会阻碍孩子独立地发展，让孩子丧失处理事情、解决问题的机会与能力，造成孩子的依赖心理和处处以自我为中心的任性脾气，以致无法适应社会的群体生活。

教育孩子独立，需要按部就班，循序渐进。就像婴儿在断奶之后，先喂食稀饭，而后干饭，最后则由孩子自己拿着筷子吃饭。"孩子自己能做的事，让孩子自己做"，不要担心他做不好或动作慢而"越俎代庖"。认清孩子在成长独立的过程中，依照各阶段的体力与智力发展的不同，给予适当的援手，然后慢慢地减少帮助的程度。

第一，先沟通。首先，爸爸对孩子的需求非常了解，而后让孩子了解每个人都有他应该做和想做的事，爸爸也有很多事需要时间去做，就像孩子需要时间做功课一样。

第二，共同制定"合约"。习惯的养成是需要时间的，爸爸不可能要一个依赖惯了的孩子在一夜之间就变成一个独立自主的孩子，因此，必须一步一步慢慢地引导，慢慢地放手。爸爸和孩子沟通之后，就可以以讨论的方式，制定一个共同遵守的约定。比如，爸爸可以说："以后我每天陪你读书30分钟,别的时间你就要自己做功课,我也可以利用这段时间做些别的事,如果你能做到的话,星期天我就带你去看电影。"陪读的时间可以慢慢缩短,直到孩子最后不再需要陪伴也可以做功课为止。交换的条件可以和孩子讨论。同样的,这种有条件式的要求要逐渐减少,直到不需任何附带的条件,孩子都愿意自己做功课。

第三,坚持原则。一旦约定达成之后,爸爸一定要坚持约定上的决定,执行到底。

第四,奖励原则。除了约定上物质的酬赏外,爸爸每天只要感觉到孩子在努力独立自习,就要给予口头上的赞美、支持与鼓励。

教子心得

爸爸在指导孩子形成良好的学习习惯方面起着举足轻重的作用,不要认为自己很忙而不陪伴孩子,无论多忙、多累,爸爸都要抽出时间来纠正孩子的不良学习习惯,培养其科学的学习习惯。

预习可以提高学习效率

北京某中学初三(2)班同学樊伟红连续几年被评为区级优秀学生,在经验报告会上,他的发言尤为引人注意:"在小学,我是个'尖子',是北京市的三好学生。可是万万没想到,在考区重点北京十中时,我落榜了,这给我的打击很大。作家魏巍曾经说:'生活是一场长途赛跑,只有意志坚强的人,才能成为最后的胜利者。'我想:不上区重点照样能行。就这样,我迎来了中学生活,我更加严格要求自己,埋头学习,但期中考试时,我并没达到预定目标,只考了班级第三名。对此我并没有气馁,而是冷静思考成绩不理想的原因。我发现,平时学习不重视预习是个很重要的原因。我根本没有预习的习惯,作业多一点儿,就不预习了;或者预习也是应付差事,走马观花,达不到预习的效果。这以后,我每天放学后坚持预习,并制订计划,认真完成。功夫不负有心人,期末考试我终于获得了全班第一名,而且被评为区级优秀学生。我成功了!"可见,课前预习的重要性。但是许多家长并没有认识到这一点,认为孩子做完功课就算完成任务了,这种想法是不正确的。

预习,即课前的自学,指在教师讲课之前,自己先独立地阅读新课内容。初步理解内容,是上新课时做好接受知识的准备过程。如果没有预习,只好老师讲什么就听什么,老师叫干什么就干什么,显得被动,缺乏学习的积极性和主动性。但也要避免预习时走马观花,不动脑,不分析,不动笔。这种预习虽耗了时间,却达不到学习的效果,等于是在浪费时间。预习得好,而且形成习惯,等于是培养了自己的自学能力,是可以终身受益的。从樊伟红同学的亲身经历中,我们就可以很清楚地看到预习的重要性。

那么,预习到底有哪些益处呢? 爸爸要从以下三方面告诉孩子预习的重要性:

1. 预习是一个发现问题的过程

"学起于思,思起于疑",课前预习的过程就是寻"疑"的过程。发现疑问,并带着问题听课,会更加积极地思考问题,更加自觉地掌握知识。坚持预习不仅为听新课做好了思想、知识上的准备,而且获得了上新课的主动权。

2. 预习是对课堂学习的补充

对文章的整体感悟,单纯依靠课堂几十分钟的讲授是远远不够的。想想看,预习需要做的事情其实很多,而且也非常有意思。一篇文章、一个人物、一位作家……如果仅仅局限于教师的几句简短介绍,让手边的相关书籍和电脑赋闲,那么就很难真正起到预习的效果。

3.预习是个选择性的学习过程

事实上并不是所有的内容都需要预习，一个人的精力是有限的，所以，找到个人的着力点，感兴趣的内容、薄弱的环节和复杂的内容都比较适合于预习。前者是个人喜欢的东西，自然会着力学习，而对后两者来说，更有预习的必要。

知道了预习的好处，爸爸就要尽力帮助孩子养成预习的好习惯了。

爸爸怎样帮助孩子养成预习的好习惯呢？

1.让孩子尽量自己解决学习中的疑难

有的爸爸生怕学习上的疑难难住了孩子，只要孩子一提出，而自己又能帮忙的话，马上就会为其代劳。这样一来，孩子原本经过思考、费点力就能解决的问题，却要依靠家长解决了，久而久之，形成依赖习惯，学习上就难以养成自己努力克服困难，解决疑难的习惯了。这对孩子的预习和自学是十分不利的。爸爸们应当鼓励孩子尽量靠自己努力去解决学习中的疑难。

2.坚持对孩子的预习做定时检查

最好是每天或每次孩子完成作业后，提醒孩子做新课预习，并且，对孩子预习的结果进行检查。这就要求爸爸自己首先得付出一点时间，真正了解孩子的课程，知道他们现在该做什么，明天该学什么，让督促和检查能有的放矢，这也是对孩子学习的一种帮助。

教子心得

培养孩子课前预习的习惯不可能一蹴而就，爸爸应拥有持久的耐心，认真陪伴孩子，定期检查，以便让孩子逐渐养成课前预习的良好习惯。

告诉孩子一定要专心听讲

孙磊是个活泼外向、开朗爱笑的小孩，今年上小学五年级。本来，爸爸很喜欢他爱动爱闹的性子，觉得这样才是孩子的可爱之处。但后来，爸爸发现出了一点问题，孙磊活泼的性子延伸到了课堂上，总爱找同学说话，要不就是东望望西望望，反正就是不能专心听讲。孙磊的老师也因为这个问题，多次找孙磊谈话。但孙磊虽表示有心改过，却不见成效。爸爸和老师都很头疼。

孙磊的问题是太过活泼，没能正确区分什么时间是可以闹的，什么时间不行。一旦养成了这样的习惯，要纠正就比较困难了。还好孙磊自己和他的爸爸、老师都有心解决这个问题，在思想上有很端正的态度。既然孙磊对上课没什么兴趣，那么就有要使他认识到上课的必要性，并尽可能地根据孙磊的个性，帮助他选择合理的学习方式。

有一项调查研究曾表明，学习成绩好的同学90%以上都是上课认真专心听讲的同学。可见，专心听讲是多么重要。

课堂是一个传道、授业、解惑的地方，同学聚集在一起，由老师把难懂的课文变成生动活泼的语言教授给大家。先不说课堂教学的重要性，单看课堂学习占据了学生一天大半的时间，如果孩子不专心听讲，那么浪费了他们多少时间呢？而且，在课堂上众人安静，听老师一人讲话的气氛中，很容易让人静下心来，沉浸在学习的海洋里，如果孩子不认真学习，就等于浪费了一个良好的学习环境。老师的心血融入了课堂，很多地方课本是不足的，这份不足就由老师帮孩子补上，如果孩子不听，那么就等于浪费了老师的时间。而最终，浪费的是孩子的人生。家长们，应该把这些道理好好地讲给孩子听。

孩子上课好动，注意力集中不起来，是多方面原因造成的。其中一个重要原因是孩子在上课时缺乏自控力。而缺乏自控力与孩子没有树立正确的学习目标、缺乏学习毅力等有关。爸爸可以找出原因,对症下药。纠正之法,常用的有以下几种:

第一,要引导和教育孩子向既有正确的学习目的,又有坚强毅力的人学习。如下面这个学生的事例,就是一篇很好的教材。

这是一双残损的手,内生的软骨瘤在两只手的各个部位不规则地滋生,稍重的负荷和摩擦就会产生剧烈疼痛。可就是这双手,却握着智慧之笔,写出了一份又一份让老师拍案叫绝的优秀答卷:全国华罗庚金杯赛二等奖,全国中学生物理竞赛三等奖,全国文化杯师生作文赛三等奖……今年又以总分628分的高分摘取南京市中考第一名的桂冠。他就是南京优秀残疾中学生,金陵中学高一年级学生姜涛。

姜涛的命运比起同龄孩子实在有太多的不幸。五岁那年,父亲发现发育正常的小姜涛出现了生长迟缓,并在全身不规则地出现一个个突起的瘤子。而每新生一个瘤子都让小姜涛疼痛难忍。父母心急如焚,从此开始在全国寻访专家求医问药,结果许多大医院都难下结论。最后,经上海一家医院手术取瘤切片检查,被诊断为"全身性骨骼内生软骨瘤",将会随着身体的生长继续增生,并影响正常的生长发育。

残酷的事实没有让姜涛父母气馁,他们一边带着他奔走求医,一边对他进行开发智力的种种尝试。在姜涛幼小的心灵中,父母那"要自立自强,不被社会淘汰"的语言早已在他脑子里根深蒂固。与同龄孩子相比,他显得特别懂事,勤学好问、功课全优,课外读物更为他插上了双翅,也使他的意志更为坚强,毅力更为刚强。在读小学至初中的九年中,由于软骨瘤继续增生,他的双腿和双臂严重弯曲畸形。一次次的矫形手术和一次次的骨折治疗,令姜涛疼痛无比。每当这时,他总是拿出他心爱的书看,从中汲取力量。

看,又是一个新的张海迪,他多么坚强!姜涛的誓言是"要自立自强,不被社会淘汰"。大多数的学生很难做到他那样,所以家长更要注意培养孩子专心学习的态度。

第二,除了在认识上要解决孩子的思想以外,还要研究克服注意力不集中的办法。在这方面,日本有比较好的经验,现在介绍如下:

这个方法叫作"三分钟超觉静思法"。"三分钟超觉静思法"是日本京都大学教授、日本生居医学研究所所长川爱义博士经过50多年的研究所创造的一种健脑方法。

"三分钟超觉静思法"可以使人精力集中,只要一做这个操,哪怕几百个学生的教室,也能立即安静下来。这种方法被实验后得出结论:可以提高学生的学习成绩。

这个方法,在课堂中进行过试验,效果也是比较好的。

"超觉静思"分三个阶段:静坐、调整呼吸(调息)、默念关键字(真言)。三个阶段共三分钟。

第一阶段——静坐,即安安静静、稳稳当当地坐。

具体要求是:

上身——脊梁要直;颈部——不要用力,下颌稍微内收;面部——面向正前方。

上肢——从两肩沿身体自然下垂,双肘稍弯曲,两手放在大腿中间,手指并拢,手腕放松,手指对手指成球形;双目——微微闭合。坐在床上或椅子上做均可。这一阶段不计算时间。

第二阶段——调整呼吸(两分钟)。

具体要求是:

双目微合——不闭则受外界干扰,闭太紧则会浮想联翩。

腹式呼吸——肚子鼓起来时吸气,瘪下去时呼气。深深地吸一大口气,鼓起肚子,然后慢慢地瘪下肚子把气吐出来。一开始一分钟做十几次,习惯以后,可减少到一分钟5~6次;默记次数——1~100次为止。前后过程是两分钟。

第三阶段——默念关键字(真言)(一分钟)。

真言是日本用语，是代表一个人的愿望、信念或能够促使其获得成功的座右铭。

具体要求是：真言的念法，不出声反复默念。

真言的选择，应该尽量选择包含着自己愿望并能使自己产生信心的句子。

如：做则成功，弃则失败！成功！成功！

能成！能成！肯定能成！集中精力！集中精力！

"三分钟超觉静思法"每天早晚各一次，贵在坚持。如不能坚持，则无效果。

教子心得

爸爸在孩子的成长过程中还充当着"导师"的角色，当孩子的学习出现问题，爸爸应找出问题的原因，对症下药，帮助孩子找到合适的学习方法。

告诉孩子回答问题要积极

欣欣以前上过很长时间的学前班。学前班边学边玩的授课方式，给了她一个宽松的环境，让她觉得上课不举手也没什么关系。这就使得她在学校上课的时候，觉得没有必要去回答老师的问题。

今年，她已经上二年级了。平时的她，是一个乖乖女。在班里如果不特意找她，来没来上学任科老师都不会发现。她学习比较努力，但是成绩却一般。上课的时候，她很少举手回答问题。即使老师提出的是一个非常简单的问题，她也丝毫没有想要回答的意识，只是很平静地看着老师，好像老师的提问和她没有任何关系一样。

一次上语文课，老师提问了一个很简单的问题，请同学用"丰"组词。别的同学都踊跃地举手，但为了给她一次机会，老师等了又等，还鼓励地说："我想请这节课没有回答过问题的同学来给大家用这个字组词。说错了也没有关系，老师不会批评他的。"她看着老师，还是没有举手。当老师请她来回答这个问题时，她却回答老师："我没有举手啊！"

"没关系，试着组一个词，咱们的课文中有的也可以。"

"丰收。"她低着头小声说。

很明显，上课时老师提出的问题，她并不是全都不会回答，只是不愿意举手。

虽然欣欣在学习上比较努力，但是因为她并没有重视课堂上和老师的呼应，在上课的时候，比较容易出现走神的现象，所以成绩并不是太好。成绩一般，让她更不愿意在同学和老师面前回答问题，即使是很简单的问题，也害怕会说错。

有的时候，即使自己能想出答案，也不敢在课上说，怕回答错了，受到同学的嘲笑。正是因为她不爱回答问题，有时候老师并不能确定她是不是听懂了，总是要多问一下她是不是听懂了。这样一来，更让她觉得自己是班里最差的，对自己更没有信心，导致恶性循环，更不愿意举手回答问题了。

另外，我们还可以看出，这个孩子性格过于内向，胆子太小，不敢在他人面前展示自己。

在发现了孩子的这个问题后，爸爸应该积极与老师沟通，并采取有效的办法来帮助孩子养成在课堂上积极回答问题的好习惯。

为了让孩子在课堂上能够积极回答问题，爸爸可以这么做：

（1）要想让孩子在课堂上能够主动举手回答问题，就要培养他回答问题的兴趣。在家里，爸爸可以对孩子进行提问，根据学过的知识，由浅入深，让孩子在回答的过程中发现乐趣，逐渐变得愿意回答问题。

（2）父母与孩子一起做游戏，在这些游戏中，父母要特意输几回，让孩子赢，在与孩子游戏过程中，父母要不断与孩子交流。当孩子赢了，告诉孩子："你真棒！老师同学一定喜欢你这时的样子。"当孩子输了，告诉孩子："谁也不可能永远赢，输了以后更要努力"等道理。

（3）当孩子回答错误的时候，爸爸不要正面否认他的回答，如果立即否认，孩子会更加没有自信，觉得自己什么都回答不好。这时，可以让他再继续想想，从侧面提醒他，引导他说出正确的答案并给予鼓励。有的时候，爸爸认为，既然都是学过的知识，就应该全部掌握，在回答的时候也是一点问题都不应该有的。但孩子的年龄毕竟比较小，很多时候会出现遗忘现象，即使是没有遗忘，也需要一段时间的反应，才能回答出来。

（4）有的孩子成绩不太理想，当老师提问的时候，会更害怕被别人注意，害怕自己在同学面前因为回答错误而受到嘲笑。这就需要爸爸和老师共同配合。爸爸要帮助孩子树立信心，可以提前帮孩子进行预习和复习的工作。这样在回答问题时，孩子就更有底气了。

（5）爸爸还可以给孩子制作一个小表格，请他在上面记录自己每天发言的次数，每周进行总结。发现孩子的进步时，就鼓励他继续努力。让孩子逐渐变得希望争取到更多回答问题的机会。

教子心得

在人生道路上，爸爸是孩子的灯塔。如果孩子出现害怕回答问题、课堂上总是沉默的现象，爸爸就应该反思是不是自己的某些行为影响了孩子，如果是，就要积极改正，并且要帮助孩子克服胆小、羞怯等不良心理。

记日记好处多

军军最怕写日记了，可老师又要求学生天天写。军军只得每天痛苦地记着自己的流水账，今天又上了什么课，又吃了什么东西等等。好不容易，昨天和同学春游，有写的了，可军军"大笔一挥"，写出来的还是流水账。

"今天学校组织春游，早上七点钟同学们在操场上集合出发，不到两个小时就到了山脚下。上午大家爬山，很好玩；中午大家聚到一起开始吃午餐；下午大家看到守山林的老爷爷，并且和他留下了合影；在下午五点半同学们回到了学校。这一天虽然非常累，可我很开心。"

军军为此很苦恼，常常拿着日记本发呆。

的确，军军的日记很像流水账。为什么会这样呢？原因可能很多，也许军军只是写日记，而没有将自己的经历描述出来；也许军军的写作技巧有待加强，也许军军从内心里就很反感写日记，尤其是老师强行规定的。

很多孩子都像军军一样，并不喜欢写日记，但迫于老师的压力，不得不把日记当作家庭作业来完成，完全辜负了老师的好意。

其实，写日记的好处很多：

第一，可以让孩子总结自己一天的学习生活，做对了什么，收获了什么经验；做错了什么，得到了什么教训。孩子在不断地总结思考中会受益良多。

第二，可以以此为契机，培养孩子观察生活、分析思考问题的能力，让孩子发现生活中的真善美，学会辨别生活中的丑陋和阴暗面。

第三，天天写日记，可以训练孩子的写作技巧，提高孩子的写作能力。

当然，我们也得看到，现在的孩子生活比较单调，这也是孩子不爱写日记的原因，因为真的没什么可说的。

当孩子进入中年级以后，爸爸应对孩子进行作文训练指导，督促和帮助孩子写好日记。

对于刚学写日记的孩子，爸爸一定要注意如何引导孩子入门。爸爸最好能从以下几点经验入手，辅导孩子写日记：

1. 让孩子写一些"观察日记"与"成长日记"

要想写好日记，一定要勤于观察、善于分析。所谓"观察日记"，就是把用眼睛观察的人、事、物等以日记的形式记下来。而上中年级的孩子，应该侧重于观察景物，包括生活中的景物和一些自然现象。如：可观察一下家里的电视、闹表，学校里的教室、桌子，路上的过街桥，以及自然景象，雪、雨、雷、电等。所谓"成长日记"，则是把印象最深的事记下，把成长体会记下。如：我今天学会了洗衣服，我今天知道了关心他人……

2. 让孩子多读一些好书

为孩子专门设立一个书架，买一些好书。让孩子有一个良好的读书环境，引导孩子随笔记下自己的读书感想、从书上摘抄下佳句，以丰富孩子的知识。

3. 要对孩子多鼓励、勤与孩子交流

当孩子刚刚学习如何写日记的时候，爸爸一定要在旁边多鼓励，对孩子身上的优点多加肯定。爸爸应常和孩子交流感想，让孩子大胆地把他的各种想法说出来，爸爸要经常询问孩子是不是有什么困难。爸爸的鼓励与指导对孩子坚持每天写日记无疑是最好的"强心剂"。

教子心得

要培养孩子记日记的好习惯，爸爸一定要多陪孩子外出、共同玩耍，让孩子有切实的感悟和体会。并且，要和孩子多交流，引导他们表达对事物的看法或真情实感。

考前让孩子放松下来

小虹下个月就要参加高考了，这使她成了全家的重点关注对象：爸妈围着她忙前忙后，生怕女儿营养不好，休息不好。亲戚朋友也常来家里看她，给她带来各种营养品、补品，说一些鼓励的话。可是越是有这么多人的关怀，小虹越是觉得心里没底。按说自己成绩一直不错，学校的几次"摸底"考试也都很稳定，但是随着正式高考的日益临近，她却感到越来越紧张，担心自己发挥不好，心理压力很大。终于有一天她"病倒了"，吃不下饭，睡不好觉，感觉全身没力气。这下小虹的父母可慌神了，急忙带女儿去医院看医生。经过检查，医生告诉他们，小虹没有什么疾病，感觉不舒服的原因是压力过大，造成了高考前的焦虑，可以说是一种"考试病"。

随着中考、高考的临近，一些学生出现了心悸、失眠、烦躁、喘息、口干、无食欲等现象，有的甚至出现恶心、呕吐、腹泻、手指震颤、难以持笔等。这些在考试前和考试中出现的反应，我们姑且称之为"考试病"。

对学生来说，"考试病"是一种机体的应激反应，它会使孩子产生紧张、焦虑的不良情绪，也会使人体的肌肉、神经系统、腺体分泌等产生一些变化，从而导致一些生理上异常情况的出现，产生"病态"。"考试病"使学生十分痛苦，想学学不进，不学不放心，整天如坐针毡，严重影响了学生的学习和身心健康。

有趣的是，研究表明"考试病"其实很大程度上受家长情绪影响。与学生相比，家长更深刻地意识到高考的"意义"。许多家长最大的愿望就是培养孩子上大学。为了这个，他们甘愿节衣缩食，付出许多代价，这既是对孩子的关心，又无形中给了考生压力，让他们产生感恩图报的心理，生

怕"万一考不好,对不起父母",人为造成考前的心理紧张。有过激行为的家长临考前甚至采取"理解的要执行,不理解的也要执行"的方式督促孩子学习,"无理"地限制了孩子的自由空间。

"考试病"对孩子无疑具有一定的负面影响,往往妨碍他们正常的临场发挥,所以这个时候作为考生的家长,应该学会正确关心孩子,使他们的身心在大考前得以放松,避免"考试病"的出现。

家长在防治孩子"考试病"的问题上能起到很大的作用。那么,家长应该怎么做呢?

1. 淡化考试意识,告诉孩子别拿大考当回事

面临考试的焦虑情绪大多是对即将出现的结果存在预期性的担忧。有的孩子怕考不好,让父母失望,难以向父母交代;有的孩子怕考糟了,在竞争对手面前丢脸;有的甚至觉得如果考不好,一切都完了……背着这些沉重的包袱,怎能不感到累,怎能轻松下来呢?爸爸不妨跟孩子讲,假如你站在离地几十米高的木板上行走,越怕走不稳就越会摔下来。越临近考试,越要淡化考试意识。否则,心理负担过重,反而"欲速则不达"。放轻松些,大胆往"考"中走!

2. 让孩子保持良好的信心

面临考试,学生往往心理矛盾:有对成功的渴望,有对失败的惶恐。如果能树立信心,处变不惊,保持良好的心态,就会正常发挥,应考自如,要做到这一点,爸爸可以教孩子尝试一些"精神锻炼":当孩子信心动摇时,让孩子尽量去想自己从前成功的地方,想自己的长处和取得的"胜利",来点儿"阿Q精神";当孩子复习太累了,让孩子不妨听听振奋人心、昂扬斗志的歌,如《男儿当自强》《真心英雄》等;当孩子遇到一时解不了的难题,可以让孩子默念:我难人亦难,我易人亦易,我能沉住气,唯有我胜利。

3. 让孩子保持充足的睡眠

考前切忌"急时抱佛脚",拼命开夜车。须保证每天的睡眠时间不少于6～8小时。因为睡眠对恢复脑力、促进记忆是非常重要的。脑力得到恢复,有了精力,学习效果好,内容记得牢。人脑都有周期性兴奋期。教会孩子善于发现自己的"规律",早起时精神振奋,可以先"啃硬骨头",到了疲劳感时再换一门课程,交叉复习,有张有弛,最大限度地开发大脑潜能。有了"考试病"的症状,则要以休息为主,彻底放松一下。

4. 保证营养,保持旺盛精力

给考生加强营养自然不必多说,这里要补充的一点是,许多科学研究表明神经冲动需要神经递质,已知的神经递质主要由乙酰胆碱、去甲肾上腺素等。乙酰胆碱主要源于卵磷脂,富含卵磷脂的食物有大豆、蛋黄、动物脑,此外,肝脏、牛奶、核桃仁、花生等也含有少量的卵磷脂。去甲肾上腺素的前体是酪氨酸,酪氨酸在香蕉等新鲜水果中含量较高。

教子心得

面临大考时,爸爸首先要沉住气,在言行举止中要注意不要给孩子太大的压力,同时,也要多多鼓励孩子,帮孩子树立信心,不要过于担忧考试成绩。

预习也不能忘了复习

明明放学回家,对母亲诉说肚子饿,母亲边炒菜边叮嘱儿子:"饭还没做好,还得半个小时,快去复习功课!"明明嗫着嘴巴,无奈地走进他自己的房间。

明明吃罢饭,活络活络筋骨,顺手取过沙发上的一本漫画书浏览。爸爸却从孩子手里抢过书:"去,去,抓紧时间做作业!书多看几遍,都快期末考试了,好好复习!"

明明很不情愿地说道:"一会儿动画片就开始啦!"

爸爸不满地唠叨道:"平常你就不复习,快考试了,还不复习,你就不怕不及格呀!"明明虽然一百八十个不愿意,但看到情形不利,也只好闷着头去复习了。

这位父亲,对孩子的学习时刻挂在心上,分秒必争地督促孩子复习功课,这种心情可以理解,这种精神令人"钦佩";然而,他却不明白人的身心规律,饭前空肚,饥肠辘辘,身体能源濒临枯竭,哪有心思复习功课?饭后肚满,机体的活动能量都集中在消化器官,头脑活动相对迟缓,复习功课、做作业哪来效率?饭前饭后,应让孩子适当休息,不应叮嘱,更不应强迫孩子进行艰苦的智力活动。殊不知,一张一弛,文武之道,无弛哪来张?休息,即储蓄能量,为即将进行的活动备足能源,从效率上看是必要的,是必需的。

复习功课是很重要的,因为孩子白天接受了整整一天的教育,时间紧,任务重,很多知识都还来不及好好消化。所以,孩子很需要复习,通过复习,可以找到上课时没有留意的,可以弄明白不懂的地方,可以进一步深入理解问题并进行必要的拓展。但如果复习的时间安排不恰当,也达不到复习的效果。

功课的复习要讲究效率,要求得效率就要讲究时间的合理性,即适时。只有适时地进行复习,才能够事半功倍地达到好好学习的目的。孩子对于复习,很多都不太情愿,宁愿晚上看看电视、上上网来打发时间。作为家长,应督促孩子进行课后的复习,并教导孩子"适时"这样一个道理,最终形成适时复习的好习惯。

那么,孩子什么时间复习好呢?

1. 睡前

为什么睡眠之前记忆效果好呢?因为学习之后立即入睡,没有什么干扰,所以遗忘就少;相反,在学习之后照样进行日常活动,这些活动明显地干扰着刚学习的知识,所以遗忘就较多。另外,睡眠本身是对清醒时学习的知识进行筛选,把重要的信息储存起来,对记忆过程起着巩固作用。因此,每天临睡前,把每天学习的内容进行复习,是最好的复习。

2. 醒后(即早自习)

心理学研究表明,要记忆的知识,须于识记后 8~9 小时内再度复习,才会记牢。因此,前一天晚上所学的功课,在第二天早晨花上 10 分钟左右的时间再次复习,像过电影一般在脑中再过一遍,十分重要。有人说"早晨 10 分钟,等于平时半天功",此话有理。

因此,在早晨上学之前,让孩子面对书桌片刻,可以使前一天晚上所学的东西深深地记存在孩子的头脑里。养成这个习惯很重要。

正确的复习一定要遵循客观规律,而且要及时,等到知识全忘了,再去复习就会事倍功半。比如说,对当天所讲的课,都应该在做完作业后进行复习,三天后再复习,七天后对一周所学习的内容进行小结复习,一个月或三个月做一次总复习,这样就能牢固掌握新知识了。另外,爸爸应指导孩子学会尝试回忆,复习时不要一遍一遍地背,在复习材料还没完全掌握之前,就积极地尝试回忆能使大脑积极活动,使人集中精力去掌握不能回忆的部分或改正回忆中的错误。复习要针对学科特点,比如复习语文、外语要做到大声朗读课文,务必记住当天的生词、读写方法和语句的意义,外语要重视语音、时态句型、语法等知识的复习。复习数学要做到背熟公式、定理,适量做练习。复习历史、地理、生物要做到细读教材,深入理解学习过的基本原理,找出前后知识的联系,在理解基础上背熟基本概念、人名、地点、历史年号、大事件等。

教子心得

如果孩子大部分的复习时间是在家里,所以爸爸应该对孩子正确引导,使之掌握科学、正确的复习方法。

好爸爸要培养孩子认真写字的好习惯

林强是一名初三的学生,学习成绩还不错,可是就是有一个问题——字写得太潦草。对于马上要参加升学考试的学生来说,字迹不工整是很吃亏的。林强也吃足了苦头,每次考试成绩都比他的实际水平要低得多,因为有些字迹太潦草,往往让老师看不清楚。老师、家长反复教育他,他也有心改正,但一到考场上,在那种紧张严肃的气氛中,林强不知不觉中又写得太快了,到发现时,悔之已晚。

根据一份调查报告的统计,在中小学生中能写好毛笔字、钢笔字、铅笔字的只占5%,所以,学生的字写得不好,是一个普遍存在的问题。像林强这种情况,算是比较严重的了。

学生为什么会写不好字呢?原因很多,如:不重视写字,认为写字好不好无所谓,认为现在是电脑时代,早就不时兴写字了。同时,也有很多家长对于孩子的字写得好不好,并不太关心重视,只要写的字不会影响学习成绩就行。

写字真的就这么简单吗?

其实,写字绝对不仅仅是为了考试。当然,换句话来说,如果孩子能写一手漂亮的好字,在考试中会获得阅卷老师的好感,在日常生活中,也会赢得他人的尊重,何乐而不为呢?同时,写出的字也能反映出一个人的人生态度,反映一个人的精神状况,反映一个人的综合品质。

所以爸爸要端正孩子的写字态度,就像应该踏实做人一样,也应该认真写字。

爸爸如果能帮孩子做到下面两点,那么,对孩子写好字会有很大帮助的。

1. 写字的姿势要端正

湖南省平江县长庆乡西桥小学有个姓李的小学生,就谈到了这方面的体会。他说:

"以前,我写的字东倒西歪,小的像蚊子,大的像苍蝇,爸爸说是画鸡爪子。

"我下决心练习写字,开始劲头挺足,但收效不大。后来我找到了毛病:是写字姿势不端正,眼睛离桌面太近,歪着头,斜着眼,写出来的字就歪歪斜斜,后来,我改正了这个毛病,再经过练习,字就写好了。"

由此可见,写字的姿势十分重要。姿势不对,距离不对,怎么能写好字呢?

我国古代书法家就十分注意练字的姿势。比如唐代的著名书法家颜真卿就是这样。为了悬空握笔,他就加强臂力的练习。据《唐语林》一书记载:颜真卿在七十五岁高龄时,还能双手握在两把藤椅背上,上下活动数百下,他这样大的臂力,在写字时当然不会东倒西歪,写字也不会无力了。

2. 只有勤练才能把字写好

在这方面我国古代就有许多趣闻轶事。

比如,以"书名雄天下"的文征明,是我国著名的书法家,也是著名的画家。据说他的字画,在当时刚一传出,就有人"千临百摹",以至"家藏市售",真伪莫辨,可见其影响之大了。

可是,文征明在小时候,并不特别聪明,就是青年时,字也写得不好。在参加生员考试的时候,因为字写得不够格而落选。但他并没有灰心丧气,而是勤学苦练,决心把字写好,并规定自己每天专心临摹智永(晋代一大书法家王羲之的七直孙,书法家)的《千字文》小楷一遍,从不间断,以至养成了习惯。就是后来他成了著名的书法大师,也还是每天写一遍,到老不休。

在我国文学史上,被誉为诗、书、画"三绝"的唐代著名学者郑虔,是一个博学多才而又勤奋好学的人。

由于他每天练字,需要大量的纸,但家境贫困,买不起纸,他就想别的法子来解决。这时,他听说长安城南的慈恩寺里,储存有几屋柿叶,便搬到那里去住。每天取出些柿叶,写了正面,又写反面。长年累月,差不多把柿叶写完了。由于他的勤学苦练,书法大进,受到了当时学者的称赞。

后来,他画了一幅画,并题了诗献给唐玄宗,唐玄宗看了以后拍案叫绝,亲笔写了"郑虔三绝"四个字。唐代诗人杜甫非常器重他,和他结成很要好的朋友。

晋代大书法家王羲之的儿子王献之,也是我国古代著名的书法家。

王献之小时候看到父亲写得一手好字,心里非常羡慕,也很想学好书法,便向他父亲请教写好字的"秘诀"。王羲之听了以后,郑重其事地对他说:"你想知道写字的'秘诀'吗?就在我们家里那十八缸水里面。你把那十八缸水写完了,'秘诀'就出来了。"

王献之听了父亲的话以后,知道写字和其他的工作一样,不是可以侥幸成功的,而是要付出艰巨的劳动的。从此,他勤学苦练,坚持不懈,终于成了有名的书法家。

以上事例说明,要把字写好,就要向这些古人学习、要勤学苦练。

教子心得

爸爸千万不要忽视了对孩子练字的督促,孩子能写得一手好字,会使他受益终生。

阅读一定要认真

李林爱好读书,本是一件好事,但他有个不太好的习惯。李林的阅读速度很快,读起书来习惯一目十行,读完后收获却不多。而李林的好奇心又特别重,什么都想去了解,阅读范围极广,看了很多,结果自然也是不求甚解。

父亲为此有点着急,要求李林慢慢读,同时做一个阅读笔记,这可难坏了李林。结果李林在不知不觉间又哗哗地翻完了书,可阅读笔记上没有几个字。

阅读是件很美好的事情。它给人带来的乐趣和功用,是由文字带来的。从这个意义上说,文字只是载体,识字只是手段,而阅读才是我们真正的目的。

课堂学习和课外阅读,是一个人学习和掌握知识的两条基本途径。实际上,阅读本身就是听讲,是听不在面前的那位老师给学生讲课。所以,阅读时就要像听讲时一样,一边读一边思考。由于阅读时学生可以根据自己的基础和理解能力,随时调整阅读速度,不受老师讲课速度的影响,因而可以使学习更加有效。掌握了阅读方法,就基本上掌握了自学的方法。养成了阅读的习惯,不仅可以使孩子提高学习成绩,而且将使孩子受益终生。

有很多知识都是教科书上所没有的,而要扩大孩子的知识面,增长见识,只有靠平时多读多看。课外阅读是青少年涉猎各种知识的肥沃土壤,是能终生受益的知识银行。一位成功的家长,应很重视孩子的智力开发,教会孩子阅读是智力开发的第一步。孩子的思维来自于知识,孩子的知识来自于读书,孩子的读书常常需要父亲的引导和示范。

像李林这样,爱好读书是一件值得表扬的事,但很显然,他读书的方法有问题。试想,作者的心血融入书中,每本书都有每本书的精华所在,如果只是匆匆读过,这样的阅读没有意义。李林的父亲应教给他一些有效的读书方法,培养他认真阅读的好习惯。

为了培养孩子认真阅读的好习惯,爸爸可以指导孩子掌握下面这些有效的读书方法。

1. 预测读书法

对于尚没有养成读书习惯的孩子来说，阅读与电视、电脑相比是枯燥无味的。为此确有必要设法增加孩子的阅读兴趣。"预测阅读法"就是这样一个能增加阅读兴趣的好方法。所谓"预测阅读法"，就是对所学的课文不要忙着看到底，看过题目或开头之后，闭目静思一下，设想这个题目由自己来写，准备怎样组织篇章结构，准备怎样论述，将自己的设想写下来。然后，再拿它与原文对照，看哪些地方不谋而合，哪些地方不同，相比之下，作者的写法有什么好处，或自己的见解有何独特之处。这种阅读法既能印象较深地学到语文知识，又能锻炼学生的创造力，有益智力的开发。

实践表明，"预测阅读法"的确是启发学生智力，训练阅读能力的一种好方法。据说著名科学家华罗庚先生年轻时看书就爱先看看书名，然后闭耳静思这个题目到了自己手里应如何写。旅美学者李政道先生看书也爱先看开头和结尾，然后认真思考中间应如何写。他说，只有这样读书，才能消化"别人"，读出"自己"。

2. 五遍读书法

高分考取北京大学的谭曙光同学创立了一种自己的读书方法"读书五遍法"，从而在学习上游刃有余，轻松到达成功的彼岸。"读书五遍法"具体如下：

第一遍：在课前对老师将要讲解的课文粗粗地看一遍，大致了解一下知识内容，不必逐字逐句地理解课文。

第二遍：课后，对老师讲过的内容翻书复习一遍。这一次不同之前，要认认真真地看，力求在听课的基础上把内容吃透，掌握概念定理的推理运用。

第三遍：当课本的一个单元或章节讲完之后，从头到尾仔仔细细地看一遍，加深对概念定义的理解和掌握。注意，不要因为对知识已经有一定的了解而对自己打马虎眼，匆匆而过。这样的结果往往是没有达到预期目的，不清楚的地方还是不清楚。

第四遍：当一本书全部学完后，还要把整本书连起来读一遍。主要目的是整理各章知识，找到它们之间的相互关系，理出头绪，对全书有一个整体性的了解。

最后一遍：在考试前几天，抽时间把书略略地翻一遍，配合笔记本，看看所学内容的重点、难点，及一些概念性的东西和自己容易忽视的东西。

3. 厚薄读书法

这是一种读与删相结合的阅读方法，华罗庚很重视这种阅读方法。厚薄读书法一般分为两步走：第一步先把书"由薄读厚"。"由薄到厚"是学习、接受和记忆的过程，也是知识不断丰富、不断积累的过程。初读一本书，首先应该慢慢地、一点一点地读，不懂的地方要下工夫。比如每个生字都要查字典，每个不懂的句子都要进行仔细分析，不懂的环节都要加上自己的注解，还要看一些参考书和有关资料。这样，所读的书就"由薄变厚"了。华罗庚说："切不要以为'会背会默，滚瓜烂熟'便是读懂书了。如果不逐步提高，不深入领会，那又与和尚念经有何差异呢！"

第二步是把书"由厚读薄"。"由厚读薄"指在对读物深入理解的基础上，经过自己的思考，把它加以归纳、综合、概括，抓住书中提纲挈领的精要和最本质的东西，使书本知识真正为自己所有。华罗庚认为：如果读书的时候，做不到"由厚到薄"，那么书读得越多越不好，因为那样的话很可能会坠入书海之中，不能自拔，那就变成书呆子或"书橱"了。

厚薄读书法的优点就在于在阅读过程中把求全与求精有机结合起来，既重视知识量的增加，又利于知识质的提炼、深化，无疑对阅读学习有着非常重要的指导意义。

4. 记账读书法

读书是慢功，容易产生焦虑心情，看不到成绩而坚持不下去，记记读书账，是克服急躁心理的一个良方。简单地讲,"记账读书法"就是把读过的每一本书都像家庭记财务账一样一本本地记下来。江苏省的张明老师,就是这一方法的受益者。

他喜欢读书,他的业余时间有 60% 花在读书上。他可以自豪地说,他现在已是读书"亿字户"——这是他的"读书账"告诉他的。

张明老师读书有个习惯——记账。这账目分:读毕日期、书名、作者国籍或朝代、字数等几个栏目。读完一本书,就记下一笔账。随着时间的推移,他的小账本已显得越来越珍贵了,每当感到无聊之时,翻开小账本儿玩玩,心中会产生一种说不出的愉悦。

张明老师的"记账"法,是每本书记录"读毕日期""书名""作者"和"字数"等几个项目。其实,也可以多设几个本,一个本记教科书,一个本记课外书。再进一步,可以如中国古代的"题跋体"一样,将买书的心情、阅读的感想等也可简单注上一笔,这样慢慢地不就由"记账"变成一篇篇读书笔记了吗?

教子心得

父亲在孩子的学习、阅读过程中,要根据孩子的个性特点给予恰当的指导。

让孩子学会提问题

娟娟今年上小学六年级了,学习很用功,成绩也还不错,但娟娟有个不好的毛病——不爱问问题,思维不活跃,只是靠老老实实地多做题目来取得较好的学习成绩。虽然参加了各种类型的奥赛班,但都没能获奖。娟娟的爸爸有点担心,找到老师,了解娟娟的情况。老师也提到娟娟的学习方法比较死板,创新思维不足。爸爸不知道怎么改变娟娟形成已久的学习方法。

做过教师的人都会知道,凡是能够积极踊跃地提出问题和解答问题的学生往往比那些不善提问的学生思路更开阔,其想象力和创造力也更丰富,进而取得优异成绩的几率也更大。而那些不善提问的学生,即便刚开始成绩不错,但由于不善发现问题和提出问题,久而久之也会从主动学习变为机械地接受,这样势必影响其学习的效果。可能有的家长认为只要学习好就行了,会不会提问没有什么关系。其实,这种观点是错误的,学问,学问,要学也要问。很多东西问了才能长进,有的问题自己苦思冥想不得其解,可有时经别人轻轻地一点拨往往就豁然开朗了。

有问题才会产生求知的欲望。但是,长期以来,受应试教育的束缚,教学中常常忽视学生的这种学习潜能,教师不能发挥他们参与学习的主动性,有意或无意地在压抑学生好问的天性,致使学生产生了各种心理障碍。

以往学校传统的教学方法是老师讲,学生听、记,课堂上对孩子们主动参与教学的要求不高,这种教学方法实际上对孩子们的发展是不利的,使孩子养成了不爱动脑筋的习惯,只要死记硬背,依葫芦画瓢就行了。目前,教育界已经认识到了这一点,正在进行教育改革,课堂上积极引导孩子提出问题,然后再找出解决问题的方法。从提出问题到解决问题的过程,充分调动了孩子的积极性,能使其更好地掌握知识,开动脑筋。

有的孩子不善于提问是因为学习没有系统性,没有打好基础,跟不上班级教学的进度。他们可能什么都不懂,不知从何问起,理不出头绪,想提问,又不知道问什么;还有些孩子是因为不求甚解,不爱动脑筋,心想这些问题反正别的同学都会问到,只要注意听就行了,懒得提问;也有的同学因为胆小,不敢在同学们面前表达自己的思想,生怕自己提出的问题被老师和同学笑话,怕别人都懂就自己不明白,让别人觉得自己很笨;还有极少部分孩子讨厌学习,热情不高,干劲不足,上课如坐针毡,巴不得早点下课,根本不会考虑提问题。

爸爸该如何帮助孩子养成善于提问题的好习惯呢?

1. 教育孩子认真听取别人发言

在学习中,鼓励孩子想想哪些是自己的疑问,哪些是自己没有发现的问题,哪些问题自己能够解决,哪些同学的问题或见解能引起自己更深层次的思考。特别是在同学们提不出问题时,老师是怎样指点思维方向的,从而从不同角度来学习质疑。

2. 鼓励孩子独立解决问题

质疑的目的是为了解决问题,质疑必须解疑。孩子在开始学习质疑时,提的问题比较简单、浅显。爸爸在保护孩子积极性的同时,要帮助孩子进行分类,看看哪些问题能够通过认真思考、查阅资料或请教别人就能解决。

3. 父母要以身作则,为孩子树立榜样

当和孩子在一起时,父亲要为孩子树立一个好榜样,勇敢地提问,提出一些让别人看起来十分明显的问题。如果谈话中你一点也不明白别人在说些什么,当你不知道发生了什么事而很想知道时,坦率地问他人。这样你便给孩子树立了一个榜样,当他在课堂讨论中遇到类似的情况时也会照着你那样去做。

教子心得

在对待不敢提问、不会提问的孩子时,爸爸要多一些耐心,细心观察孩子的表现,体会他们的心理,然后给予适当地鼓励和引导,帮助孩子养成良好的提问习惯。

让孩子做完作业要检查

凡凡是一个一年级的小学生,这些天凡凡的爸爸正在发愁一件事:凡凡的作业天天都错得一塌糊涂,一问,不是自己不会做,而是没有认真做、没有认真检查。爸爸没办法,只好帮他检查,一下子凡凡的作业成绩马上就提高了,凡凡和爸爸都挺高兴。

可是,问题又来了,每天凡凡一写完作业就往爸爸手里一放:"爸爸,检查吧!"

爸爸说:"凡凡,你都是小学生了,应该培养自己学习的好习惯。"

"我查过了,没错。"

爸爸看过之后,非常生气,凡凡的作业还是有许多错。

凡凡爸爸很苦恼,帮孩子检查作业吧,怕他依赖父母,无法养成自主学习的习惯;不帮他检查作业吧,又怕他在学习上掉队,跟不上大家,影响他今后学习的自信心。

孩子刚刚上学的时候,一切对他们来说都是崭新的、陌生的,他们的确什么都不会,如果你让他好好听讲,他一定会反问你:"什么叫好好听讲?"如果你让他检查作业,他也一定会说:"什么是检查作业?"在他看来,把答案填在本上不就完成了吗?小孩子有许多不会、不懂的问题,他不检查是他不懂得什么是检查、怎样检查。现在看来,凡凡就是这样的情况。

孩子刚刚上学,对不会不懂的问题爸爸需要慢慢教他,这样才能养成良好的学习习惯。而检查作业的习惯是低年级学生需要养成的必要的好习惯,父亲帮助孩子养成检查作业的好习惯也是有方法的。

1. 让孩子知道检查是写作业中的一项

在孩子一入学需要写作业的时候,父亲就要告诉孩子检查也是写作业的一部分,只是把答案填在本上，不叫完成作业。让孩子知道写作业时必须检查，不查不叫完成。

2．让孩子习惯于写完就查

孩子刚上学做作业，父亲就陪伴在他身边，帮他读读题（孩子小，有些字他不认识）。注意在他写作业的过程中，父亲即使发现了错误，也不要立即加以纠正。最重要的是，当他一写完就及时监督他检查。一开始，他没有检查的方法，那没关系，就算是一道题一道题地看一遍，也得查，在检查时就可以纠正孩子的错误了。

3．要教给孩子检查作业的方法

第一遍：先简单查，查有没有没做的空题。

第二遍：一道题一道题地细查，可以用铅笔、尺子挡住答案部分，心算一遍，看看与先前写的是否一致；也可以把答案放入题目中，看算式是否成立……在这一遍检查中，可以适当多检查几次。

第三遍：简单查，查书写是否整洁。

4．逐渐放手，让孩子学会自己查作业

孩子是有差异的，每个孩子的实际情况都不同，由于学前各方面能力的大小不同，每个父母放手的时间也就有所区别。比如：自控能力强的孩子，他们能够很快接受信息，并且调控自己的行为，而有些能力较差的孩子，则需要父母和老师给予更多时间、更多精力的关注。

父母的放手也要注意孩子的反复，可以从天天"陪读"过渡到天天"监控"（让孩子自己写作业，父母干自己的事，但是别影响他，而且还要时时关注一下），再由天天"监控"过渡到学生自己独立完成，父母不检查，再过渡到一周一"监控"，慢慢地就可以完全放手了（当然，不定期的了解还是很重要的，这是了解孩子学习情况的重要途径之一）。这个周期一般的孩子大约需要一年至两年。

教子心得

对于孩子写完作业检查的习惯，爸爸要多多关注。因为孩子的自控能力比较差，认识不到检查作业的重要性，这时父亲就要针对实际情况，给予孩子恰当的引导。

让孩子学会利用时间

"少年易老学难成，一寸光阴不可轻。未觉池塘春草梦，阶前梧叶已秋声。"这是南宋著名理学家朱熹的名句。这句话的意思是，青春的日子容易逝去，学问却很难成功，所以每一寸光阴都要珍惜，不能轻易放过。没等池塘生春草的美梦醒来，台阶前的梧桐树叶就已经在秋风里沙沙作响了。

鲁迅说："时间，每天得到的都是二十四小时，可是一天的时间给勤勉的人带来智慧和力量，给懒散的人只留下一片悔恨。"

时间是生命的核心因素，伴随着一个人的一生。虽然我们无法阻止时间的飞逝，但是我们却有办法可以高效地利用时间。

学习离不开时间，高效地利用时间可以使学习事半功倍。纵观历史上所有学有所成的人，无疑都是懂得高效利用时间的人。所以，爸爸需要教给孩子一些高效利用时间的方法，以提高他的学习效率，让他的学习事半功倍。

1. 帮孩子树立正确的时间观念

爸爸可以给孩子讲一些名人珍惜时间的故事,或是通过一些计时性的活动来帮孩子树立正确的时间观念。如通过计时阅读文章和报纸;计时算出数学题的结果;计时写作业,等等。当孩子用最短的时间做出高效的事情时,爸爸要及时对他提出表扬和鼓励,这样就会激发孩子的积极性把事情做得更完美。

2. 让孩子充分利用好黄金时间

九岁的蓝蓝一回到家就学习,经常学到11点才睡觉。但是他的成绩却不理想,总是排在班里的后面。爸爸很疑惑,就向老师了解情况,老师说:"我想,他的成绩之所以不好,就是因为没有充分利用好学习的黄金时间。据我了解,他上课前,很少预习;课堂上不认真听讲,也不主动回答问题;课后也不及时复习;每天都爱睡懒觉,不利用早晨的黄金时间……"

后来,爸爸根据老师的指导,帮助蓝蓝充分利用好黄金时间,不久,他的成绩就有了很大进步。

在看电视时,我们经常可以看到某某电视剧在黄金时间播出,为什么说是"黄金时间"？就是因为这段时间的收视率最高。同样的道理,在黄金时间学习,就能有效地提高学习效率。所以,爸爸要教孩子充分利用好每一段黄金时间,以达到事半功倍的效果。

以下是一名清华学生高考时的时间安排,爸爸们可以参考:

6点~8点——这个阶段人的头脑最清醒,适合于复习功课。

8点~9点——此时人的耐力最佳,可攻克难题。

9点~11点——此时短期的记忆效果最佳,适用于考试前的短暂记忆。

13点~14点——饭后很容易困乏,此时以休息为佳。可以适当听一些比较舒缓的音乐,休息时间以30~60分钟为佳。

15点~16点——此时长期的记忆效果最好,可记忆英语单词、中文词汇、数学公式,等等。

17点~18点——此时是做复杂计算的最佳时间,适合做难度较大的数学题。

当然,除了这些时间,还有很多黄金时间,如课堂时间,孩子心情愉悦的时候,等等。此外,爸爸还须根据孩子的具体情况,帮助他摸索出属于自己的学习方法,以提高学习效率。

3. 教孩子充分利用零散时间

鲁迅说:"时间就像海绵里的水,只要愿挤总还是有的。"现实生活中,在很多时候,同样的时间可以做更多的事情,如利用等火车的时间,看一些报纸和杂志,等等。但是由于孩子的时间观念还不太成熟,往往只是每次做一件事情,导致浪费了很多零散的时间。

所以,爸爸要教给孩子一些充分利用零散时间的办法,使得时间的宝藏得到充分地发掘。例如,爸爸让孩子把一些英语单词和数学公式写在一些小卡片上,利用等公交车的时间,背诵这些单词和公式;让孩子把一些不太懂得的问题写在纸上,放在床头,在睡觉前再思考一下,等等。

━━━━━━ 教 子 心 得 ━━━━━━

一个人学习知识的黄金时间是6~25岁,如果把年数化成为天数,就只有7300天,谁能高效利用这些时间,谁就掌握了成功的秘诀。要想提高孩子的学习效率,就需要让他树立正确的时间观念。爸爸要让孩子明白时光飞逝,若不紧抓住时间,就是对人生最大的浪费。

第四章
帮助孩子学习是爸爸的天职

能力比成绩更重要

"打工皇帝"唐骏说过:"花5个月学一本书考90分,不如花3天考60分,学习能力比分数更重要。"与其花很长时间在书本上,不如让孩子好好研究研究学习方法。当然,唐骏这样说并不是鼓励孩子用突击学习应付考试,而是希望家长培养孩子的学习能力和习惯,以使孩子将来能更好地适应工作岗位的要求。所以,爸爸应该把眼光放远一点,不能斤斤计较孩子的考试分数,而要重视孩子学习能力的培养。

小学二年级时,刘辉的学习成绩优异。可是到了三年级时,考试成绩却不稳定,成绩只居班级中上水平。每次只要刘辉没考好,爸爸就会满脸不悦地说:"要好好学习,否则这样下去你将来是考不上重点大学的。"这样的话让刘辉觉得很委屈,因为他并不是没有努力学习,只是因为如今的功课多了,学起来显得吃力,加上考试粗心的毛病,刘辉没有把实力发挥出来。

不过有时候刘辉也考得不错,有一次,刘辉的语文考了94分,爸爸觉得这个成绩挺不错的,但当他得知最高分是100分时,马上说:"这个分数低了些,下次还要继续努力。"后来有一次,刘辉数学考了96分,当爸爸得知这是班里的第一名时,非常高兴,说:"这才是我儿子应有的水平。"

这位父亲明显地过分看重了孩子的分数,而没在意孩子是否学到了实实在在的知识。虽说分数是检测孩子学习能力的手段,但不是唯一的。对于一个平时学习不错的孩子来说,家长没有必要在意孩子的每次考试成绩,更不能因为孩子偶尔发挥不好而对孩子横加指责,否则很容易打击孩子的学习积极性和自尊心。

一位如今在职场中成就显赫的人士说,他在高中的时候,尽管考试成绩不太稳定,但大体来说还可以,于是跌跌撞撞地考上了大学。但是走进社会后,他才知道过去的分数根本不能代表什么,很多人变成"有文凭但没水平,有职称但不称职"的角色。

在英国,据说有65%的大学生在毕业后所从事的工作与自己所学的专业知识无关。著名的未来学家托夫勒在20世纪90年代早期预言:"未来的文盲不再是不识字的人,而是没有学会学习的人。"可见,学习能力对孩子的重要意义。

父亲在帮助孩子学习的时候,应做到以下几点:

1. 言传身教,给孩子灌输"能力高于分数"的观念

从孩子出生起,家长就要做好言传身教的工作。平时一言一行中,千万不要流露出对考试分数的崇拜,而应重视培养孩子的学习兴趣。比如和孩子一起看书,讲故事给孩子听,给孩子讲一些成功人士的故事,让孩子知道很多人成功了并不是因为上学的时候成绩好,而是因为自身素质高、综合能力强以及具备良好的品质。

需要注意的是,给孩子选择图书的时候应该征求孩子的意见,尽量少买那些辅导书,因为这样做就等于是在告诉孩子:考试成绩很重要!

2. 培养孩子的兴趣要因材施教

每个孩子都有自己的兴趣爱好,爸爸们千万不要给孩子报一些他们不感兴趣的特长班,那样只会让孩子厌烦,并且阻碍孩子兴趣的发展。比如,孩子对弹钢琴没兴趣,爸爸却要求孩子上钢琴班,说什么练钢琴考级可以在高考时加分,这就在向孩子宣扬了一种功利色彩,是过分重视考试分数的表现。正确的做法是根据孩子的兴趣来培养孩子,不要刻意去改变孩子的兴趣。

3. 陪孩子学习,和孩子一起感受学习的快乐

有空就陪孩子学习,和孩子玩文字游戏、数字游戏也是有效的亲子沟通方式。爸爸看报纸,妈妈看书,孩子做作业,三口子围坐在书桌旁,大家聚精会神的学习态度会互相感染,孩子从父母的身上感受到了学习是快乐的事情,父母也可以感受到幸福温馨的家庭氛围。

4. 给孩子充足的娱乐时间,鼓励孩子玩

孩子每天除了短时间的学习,主要应该在娱乐、玩耍中度过。有位父亲说,如果孩子每天有4个小时的时间,他在家学习的时间不会超过1个小时,平均在20分钟到45分钟之内,有时老师不留作业,回家后孩子就一个任务——玩。

爸爸们要鼓励孩子玩,有空陪孩子玩,鼓励孩子玩。画画,看图书,看动画片,玩游戏机,玩电脑,上网玩游戏等等,这些玩乐内容应该由爸爸和孩子一起来完成。其实对于孩子而言,玩和学习根本不发生冲突,它们是有机的整体。玩是孩子最喜欢做的事,爸爸给孩子充足的玩的时间,孩子心情自然会好,第二天学习状态也就好。

教子心得

学习能力比考试分数更重要,作为父亲,只需做一些监督工作,引导孩子去做他该做的,应做的事情,具体怎么做,应该放手让孩子自己去做。相信自己的孩子,赞赏自己的孩子,要常对孩子说:你一定会是最棒的!

勤奋对孩子很重要

聪明和勤奋铸就了天才,那么到底是"聪明"重要,还是"勤奋"重要呢?对于这个问题,很多爸爸还不是很清楚,但是如果你听说了爱迪生的一句名言:"所谓天才,是百分之一的聪明加百分之九十九的勤奋!"就明白了答案是什么。当你了解了丁俊晖的成功之路后,你会更加明确勤奋对于孩子的重要性。

台球神童丁俊晖,出生于一个普通的家庭。他在台球方面的天赋是人们公认的,但是丁俊晖的父亲知道,儿子的成功并不是单单依赖聪明和天赋,而是勤奋和努力。

小学时,丁俊晖就迷恋台球,父亲不但没有反对儿子,反而支持儿子打台球。为了让儿子打好台球,圆自己打败当时世界台球第一人亨德利的梦,丁俊晖十岁就基本远离学堂。1998年,丁俊晖父子搬到广东时,每人每顿吃的是2元钱的快餐,这段时间是最艰苦的日子,但是这对父子从未放弃。

此时的丁俊晖小学还未毕业,到广东后学习了几年,2001年,丁俊晖初一还未读完时,就彻底辍学了,因为他需要更多的时间进行台球训练和比赛。通过刻苦训练,丁俊晖最终走向了成功。

丁俊晖成名后，很多媒体把丁俊晖称为"中国神童"，但在丁俊晖父亲的眼里，台球领域，勤奋远比天赋来得重要，就像昆明"丁俊晖台球俱乐部"墙上的那句话——"平凡中的坚持！成功。"

在教育孩子的过程中，经常听到家长夸孩子聪明，其实这不是一个十分明智的做法。因为聪明属于先天的特质，长期肯定孩子聪明，会使孩子产生良好的自我感觉，使孩子对自己的认识和评价与自己的实际能力发生偏离。孩子会想：我这么聪明，肯定会成功。于是孩子就放弃了努力，结果遭到了失败的打击。

在这方面，古代的方仲永算是一个典型。当然，方仲永最终沦为平庸并不是他自己不想学习，而是父亲高看了儿子的聪明和天赋，没有给儿子勤奋学习的机会。可见，即使再聪明的孩子，如果缺少勤奋努力，那么他也不可能成为优秀的人才。所以，爸爸们应该让孩子明白，勤奋远远比起聪明更重要。

1. 帮助孩子树立勤奋铸就成功的观念

生活中，某个人获得了成功，爸爸可以和孩子一起分析他成功的原因有哪些，把勤奋这个关键词挖掘出来，让孩子明白，成功离不开勤奋。爸爸还可以找出身边一些聪明的"失败者"，告诉孩子："他们很聪明，但是没有成功，这是因为他们缺少勤奋。"通过这样的对比，孩子很容易树立勤奋铸就成功的观念。

2. 严格要求孩子

孩子的自制力差，做事总是有始无终，培养勤奋的习惯也一样，孩子可能在某些日子比较勤奋，但是有时候却很懒惰。这就需要父亲给予监督和教育。侯耀文是我国著名的相声演员，他成功登上相声舞台，并取得不朽的成就，与其父亲侯宝林对他的严格要求是分不开的。爸爸们应该严格要求孩子。当孩子偷懒时，进行提醒和引导，有利于孩子养成勤奋的习惯。

3. 对孩子循循善诱

孩子的意志和毅力总是不如成人，为了让孩子养成勤奋的习惯，父亲不妨采用循循善诱的办法——有步骤地引导孩子去学习。循循善诱要注意几个问题：一是培养孩子在学习方面的基本功，比如一定的基础知识；二是适时教育，引导孩子在有学习欲望的时候勤奋学习；三要注意适量，孩子毕竟是孩子，不要以成人的标准去要求孩子，不要让孩子承受过大的学习负担；四是家长态度要平和，引导孩子养成勤奋的习惯要有一颗平常心，不要急于求成，否则效果会适得其反。

4. 通过劳动促使孩子勤奋

勤奋不仅表现在学习，更表现在工作和劳动上。因此，父亲要有意识地通过劳动来培养孩子勤奋的好习惯。这就要求父亲给孩子做好榜样，要勤奋工作，勤于做家务，千万不要成为懒人；父亲还可以给孩子设立劳动奖励标准，比如拖地1角、收拾自己的房间5角、洗碗1元等。同时，告诉孩子要零花钱就得通过自己的劳动去挣，如果孩子想要更多的零花钱，他就得通过自己勤劳的双手去干活。这样就能让还懂得只有勤奋劳动才能有收获，懒惰的人是什么也得不到的。

───── 教子心得 ─────

对孩子而言，聪明只是一件华丽的外衣，如果没有勤奋的品质充实其内在，孩子终归是个华而不实的空壳，没有什么价值。父亲要让孩子明白，聪明与否并不重要，重要的是勤奋。平时多赞扬孩子"勤奋"而不是"聪明"，会让孩子懂得勤奋比聪明更重要。

学习环境很重要

要想让家成为一个适宜孩子学习的环境，家长不但要给家庭创造民主的氛围，还应创造良好舒适的室内环境，保持良好的学习和生活习惯，给孩子做出好的示范。当孩子学习的时候，父母应该尽量不要打扰孩子，说话小声点，尽量降低电视、音响的音调。

王先生和妻子有共同的兴趣爱好——看书。为了让家庭的学习气氛更加浓厚，王先生和妻子对改造环境以及选购图书投入了巨大的资本。在装修新房时，他们特意选择了一间房间作为书房，并设置了多个书柜和书桌。搬入新居后，他们又购买了几千册有利于孩子成长的书籍，社科类、文学类、词典类、生活类图书都有。每年王先生总要订阅几种报纸杂志，并经常借助网络查找新知识，借以扩大自己的知识面，更新知识。

在儿子很小的时候，他们就注重对他进行教育，时常给他讲童话故事，念儿歌，为儿子的智力发展打下了良好的基础。他们知道，玩是孩子的天性，但如果一味放任让孩子疯玩，便会助长懒惰的习惯。平时他们总是积极引导孩子看书，让孩子充分利用书房里的藏书充实自己。

去过王先生家的朋友表示，王先生的居室环境非常典雅，徜徉其中感觉非常舒适，而是有一种宁静的感觉，在其中看书学习，可谓是一种莫大的享受。儿子小的时候，并没有在意这些，但是随着儿子学习压力逐渐增大，儿子开始留恋家里的学习环境。每天放学回家后，就到书房里学习，做作业、看书、看报、练字、画画等，学习效果很好。

创造和谐的家庭氛围，使家成为一个适宜学习的环境，能够塑造出孩子美好的心灵，充分挖掘孩子对知识的热爱。另外，父母热爱学习无疑会给孩子树立榜样，良好的学习习惯和生活习惯也会成为孩子效仿的标本。这就是父母对孩子的影响，这就是家庭环境对孩子成长的意义，教育孩子在无声无息中进行，孩子受到了知识的熏陶和感染，对学习会产生特别的感情。

为了营造良好的学习环境，爸爸可从以下方面着手：

1. 创造学习环境和氛围，爸爸要从自身做起

在家里，留出一间房子作为全家人学习的地方，置办一些桌椅、购买一些图书、笔墨纸砚等学习用具，墙上贴上励志名言，就能营造一个典雅的学习氛围。

爸爸每天抽点时间和孩子同处一室学习，孩子写作业，家长就可以看书，孩子上网，家长练练字，也可以和孩子一起上网，学习时还可以和孩子进行简单的交流。家长上网的时候，尽量不要发出声响，不打电子游戏，不搞不健康的网络活动，给孩子树立榜样。

当孩子需要的时候，要随时帮助他听写、检查默写情况等。这样陪着孩子，给孩子创造了一个安静的学习环境，能够使孩子养成专注学习的习惯。

2. 父母要处理好与家庭各成员之间的关系

在有些家庭，夫妻不和，或是婆媳不和，隔三差五地吵几句嘴，这种不和谐的现象很容易影响孩子的学习的心情，特别是夫妻不和给孩子的打击更大。因为孩子总是担心父母吵架，内心的紧张情绪会堆积下来，孩子学习时难以做到集中精力。

3. 和孩子一起游戏、玩闹

学习不只是指在书本上学习，还要让孩子与父母沟通交流，一起游戏。爸爸要尽量多抽时间陪孩子，以朋友的角色出现在孩子面前，和孩子一起在玩中成长，让孩子在玩中学习。这就是家庭的和谐,建立在平等基石上的和谐,才能真正使家成为孩子快乐成长的天堂和开心学习的乐园。

教子心得

在不同的环境里学习,孩子的心情是不一样的,如果家庭环境嘈杂、乱糟糟的,孩子就容易烦躁;如果家庭环境宁静,孩子就容易静下心来,保持高度的注意力,专注地学习。所以,爸爸们要让家成为一个适宜学习的环境。

别扼杀了孩子的创造力

孩子的想法总是让家长捉摸不透,很多时候孩子的新奇想法往往被家长认为是胡思乱想,不着边际,没有什么意义。殊不知,孩子的新奇想法体现了孩子的创造性思维能力,如果爸爸对孩子的"怪想法"表现出不认同,甚至是批评孩子的胡思乱想,就等于在无形中给孩子的思维套上了枷锁。

夏日的一天,晚饭之后,爸爸和儿子在院子里纳凉,爸爸问八岁的儿子:"儿子,你知道人体哪些部位是对称的吗?"

儿子想都没想便说:"眼睛、耳朵、鼻孔、手、脚、腿都是对称的。"

说完这些,儿子停顿了一下,爸爸问:"还有吗?"

儿子抓抓脑袋,说:"爸爸,我的两个小蛋蛋是对称的。"

爸爸大惊失色,急忙制止了儿子,并严肃地说:"谁叫你胡说八道的。"

还有一次,爸爸带着儿子到郊外游玩,路上爸爸触景生情地说:"春天是美好的,因为春天有和风细雨、花红柳绿。"

儿子接过话题,说:"春天真有那么好吗? 春天细菌繁殖旺盛,春天容易患感冒,春天雨淅淅沥沥下个不停,烦死人;春天忽冷忽热,搞得我不知道穿几件衣服。"

结果,爸爸呵斥儿子"不准胡言乱语",并给儿子讲了许多赞美春天的文章以及春天的寓意。

虽然孩子的想法很怪异,很离奇,很幼稚,但是孩子童真的想法是全新的,有时候会让成人感到不可思议。孩子的大脑和思维就像一张洁白的纸张,随时可以绘出看似杂乱无章的图画。只要爸爸细细品味,就会发现孩子的"怪想法"并不荒谬。

要知道,正是喜欢"异想天开"的孩子,才是最有创造潜力,最具发展前途的人。许多伟大的发明家在小时候热衷于奇思妙想,正是因为有独特的思维,习惯于漫无边际地想象,才能得出与众不同的"怪想法"。所以,父母不能嘲笑孩子的"怪想法",而应该给孩子更多的认可和赏识,并试着请孩子解释一下他的"怪想法"。相信这一定是一件非常有趣的事情,并且充满快乐。

教子心得

当爸爸们打破传统的思维模式的框框,解开套在自己头上的枷锁,才能真正"蹲"下身体,放下"权威",和孩子一起探讨想法。也才能避免用自己的管用思维,否定孩子的新奇想法,孩子才会敢想敢说,勇于创新。

孩子需要鼓励

九岁的翼翼很想当一名文学家,但是老师却挖苦他:"你不可能成为一个文学家,因为你连最基本的遣词造句都不会。"孩子感到很失望。

等回到家,他把这个愿望告诉了爸爸。爸爸并没有讽刺他,而是对他说:"孩子,你不会遣词造句,是因为你的思维太活跃了,想象力太丰富了。爸爸相信,你一定能成为一个出色的文学家的。"

听完爸爸的话,翼翼感到浑身充满了活力与动力。后来,他的作文获得了全年级第一名,并且他还在不懈努力,向着自己的理想迈着坚定的步伐。

在家庭教育中,父母的鼓励往往比一些枯燥的大道理更有效。而由于爸爸的性格、能力等因素,孩子在潜意识里会认为爸爸就是"至尊"和"能者",所以,他们更渴望得到爸爸的支持与鼓励,爸爸的鼓励就是孩子前进的无限动力。

1. 鼓励是一种巨大的推动力量

在心理学中,有一种心理学效应——"罗森塔尔效应"。美国著名心理学家罗森塔尔曾做过这样的实验:

一天,他来到了一所中学,随意从每个班级抽出 3 名同学,一共 18 名同学。他把这个名单交给了校长,并说这些孩子的智商很高。过了一段时间,他又来到了这所学校,发现这些孩子的成绩都很优秀。

罗森塔尔效应表明:积极的暗示是一种能量,它能改变一个人的行为。当一个人获得另一个人的鼓励和赞美时,他就会增强自身价值,获得一种积极向上的推动力,并尽力达到对方的期待,避免让对方失望,进而维持这种支持的连续性。

前苏联教育家苏霍姆林斯基说:"时刻都不要忘记自己也曾是个孩子。"的确,请爸爸试想一下,你是否也曾希望得到别人的鼓励和赞美,并从他人的鼓励中得到一种前进的力量呢? 答案是肯定的。所以,在教育孩子的问题上,爸爸不要吝惜对孩子的赞美和鼓励。

如果爸爸经常挖苦、讽刺孩子,孩子就会变得消极、自卑;而如果爸爸经常鼓励孩子,孩子就会更加自尊、自爱、自信,并向好的、积极的方向发展,以不辜负爸爸的期待。

2. 鼓励孩子的每一次小进步

十岁的辉辉各科成绩每次都在 70 分左右。对此,爸爸经常责备他,但却起不到很明显的作用。后来,爸爸心想:是不是我的教育方法有问题? 是不是他缺少一种前进的动力呢? 于是,爸爸改变了教育方法。

这次,爸爸并没有责备他,而是对他说:"嗯,很好,上次的各科平均分是 70 分,这次却是 72 分,已经有明显的进步了。爸爸为你感到高兴! 不过,爸爸希望你更加努力,争取考出更好的成绩。"

期末考试时,辉辉各科平均分达到 79 分,爸爸又说:"很好! 辛苦了,孩子。这次你居然平均分在 79 分,离 80 分就差一点点了,你只要再稍微加一把劲,就能突破 80 分了。"

就这样,辉辉的成绩从 70 分变成了 80 分、85 分、90 分……

每一个孩子都希望达到爸爸的预期希望值,但是孩子的进步是需要一个过程的,并不是一蹴而就。所以,爸爸要重视孩子的每一个"小进步",哪怕只是多考了 1 分,多读了一篇文章,多背了一个单词,爸爸都要及时鼓励孩子。如此一来,孩子就会获得一种强烈的自豪感和满足感,进而增强自信心,获得积极进取的巨大动力。而如果爸爸对孩子的每一次小进步都置之不理,孩子也就看不到自己的进步,久而久之,也就丧失了积极向上的动力。

3. 越具体的鼓励越有力度

对于孩子来说,他们更喜欢也更愿意接受一些客观、具体的事物,不喜欢那些空泛而乏力抽象的概念。

乐乐的学习成绩不是很理想,爸爸鼓励乐乐:"孩子,虽然你的成绩不是很理想,但是爸爸相信你是一个优秀的孩子!"乐乐心想:我哪儿优秀了? 一看就是敷衍我,简直太假了。哼! 你什么时候真正关心过我?

而如果爸爸对乐乐说:"孩子,虽然你的成绩不好,但是爸爸相信你已经认真学习了。爸爸相信,你一定很注意听讲,你只是对老师讲课的内容不感兴趣;爸爸也相信,你很仔细地写作业,只是没有完全消化老师课堂上的授课内容。爸爸更相信,你会克服这些困难的,是吗?"

如此一来,乐乐不仅感受到了爸爸的鼓励与激励,更知道自己到底在哪里做错了。这样,他就会有目的、有目标地改正这些错误。所以,爸爸对孩子的鼓励要更具体、形象、直接,这样,才会给他一个清晰、明确的引导,效果也就会更明显。

4. 用欣赏的眼光看待孩子

一天,九岁的元元写了一篇作文,不知道写得好不好,就让爸爸先看看。

爸爸看后说:"这是你自己写的作文吗? 你没有抄袭其他的作文?"

元元说:"没有,是我自己写的。"

此时,爸爸兴奋地说:"你写得太好了,太感人了,把爸爸深深地打动了。你真是一个文学天才。我想,爸爸以后不用再买什么杂志了,只要每天读一篇你的作文,就是最大的幸福了。"

元元怦然心动了,说:"爸爸,是真的吗? 我写的作文真有这么好吗?"

爸爸真诚地说:"是的。"

元元说:"谢谢您的欣赏! 我想,我应该把作文写得更好。这样,我把一些语言再仔细推敲推敲吧。"

所以,爸爸要想培养出一流的孩子,仅仅靠发脾气是不可取的,最有效、快捷的办法就是做孩子的支持者,用欣赏的眼光看待他。

教子心得

用欣赏的眼光看待孩子,是爸爸给孩子最好的礼物。这样,孩子就会从你的欣赏中,实现自我升值,获得巨大的前进动力,为了不让你失望,进而更积极地不断自己完善,使自己更优秀、出色。

不要让孩子超负荷学习

胜胜今年上小学五年级了,爸爸对他的学习抓得非常紧,几乎没有给孩子充足的业余时间。周一到周五,胜胜不是上学,就是跟家教老师学习;周末,还有一大堆各种补习班在等着他。

有一天,老师给胜胜的爸爸打电话,说胜胜上课经常打瞌睡,注意力根本集中不了,每次老师课还没讲到一半,他就已经在说梦话了。爸爸很担心,于是就带着胜胜去医院检查身体。经过诊断，医生对爸爸说："他是因为脑负担过重，以至于出现了疲劳综合征。你不应该管孩子太严，应给他充分的业余时间，让他劳逸结合，否则只会加重孩子的病情。"

孩子的学习是爸爸们最敏感的神经，大部分爸爸都把孩子的学习看得异常重要，所以就对孩子管得非常严格。通常，这些爸爸是出于这样的心理：现在竞争这么激烈，我不能耽误了孩子，不能让他输在起跑线上。所以，他们就给孩子请家教、留额外的作业、报各种补习班和兴趣班……

孩子的时间都被学习、家教和辅导班占满了，这些超负荷的工作量即使大人都难以承受。很明显，在这种高强度的学习下，孩子不仅不能更好地汲取知识，还会严重影响孩子身心健康的发展。所以，爸爸要明白，这种一味地占有孩子所有时间的做法是不可取的，而在不影响孩子学习的情况下，给孩子充足的业余时间才是明智之举。

1. 制定合理的学习时间表

很多爸爸总是怕孩子耽误时间，浪费青春。只要孩子一回家，爸爸就会让孩子去写作业；等孩子写完作业，爸爸又会让他去背单词；周末，爸爸不是叫孩子去学小提琴，就是叫他去画画，生怕浪费了一分一秒。其实，爸爸们的这种做法是错误的。这样，就扼杀了孩子的独立意识和学习积极性，使孩子成为了一个"木偶"，时间长了，孩子就会表现得很消极、懒散。

所以，爸爸要给孩子制定一个合理的学习时间表。爸爸可以先让孩子自己制定一个学习时间表，如果孩子安排的休息或玩耍的时间过长，爸爸就需要及时加以改正，这样，在爸爸与孩子的共同努力下，就能更合理地分配孩子的学习时间和休息时间。

当然，制定合理的学习时间表的最终目的是为了执行，否则就是一纸空文。爸爸要不断提醒、督促孩子，使他严格遵守时间表里的各种规定。

2. 不要"扔了西瓜，捡芝麻"

娜娜今年上初一了，爸爸给她报了各种辅导班和兴趣班，如舞蹈培训班、英语辅导班、钢琴培训班。结果，娜娜把大部分的时间都放在这些辅导班和兴趣班上，经常不听老师讲课，成绩直线下降。

毫无疑问，过多的兴趣班或辅导班会增加孩子的负担，使孩子把很多的精力都放在这些兴趣班上，而严重影响了学业，导致捡起了"芝麻"，却丢了"西瓜"的情况发生。

所以，爸爸需要理性地为孩子选择各种辅导班，也就是说，在不影响孩子正常学习的前提下，为孩子选择适当的辅导班和培训班。例如，当孩子放暑假或是寒假时，如果孩子的数学成绩比较差，爸爸就可以给孩子报数学辅导班；如果孩子英语不太好，爸爸就可以给孩子报一些英语培训班，等等。

3. 支持孩子参加各种社会实践活动

2010年1月8日的《齐鲁晚报》上有这样一则报道：从2009年12月开始，山东省潍坊市的一所小学在周末不再布置任何书面形式的家庭作业，而是鼓励孩子们亲近自然、走向社会，以培养与提高他们动手与动脑的能力。

事实证明，这一措施不仅没有影响孩子们的学习，反而还提高了他们的学习积极性。

通过各种社会实践活动，可以让孩子更多地认知世界，活跃孩子的思维，提高孩子的动手与动脑的能力。这对于现在只活动于"学校—家庭"两点之间的孩子来说，是十分必要的。

爸爸要鼓励与支持孩子多多参加各种实践活动。如可以参加小区里帮助老人的活动；爸爸带孩子去自己的公司体会一下工作的辛苦与乐趣，等等。

4.告诉孩子：业余时间不只是单纯的玩

由于孩子的年龄比较小，导致对事物的看法也比较简单、直接。例如，他们认为学习的时间就是学习；业余时间就是单纯的玩。所以，很多孩子一到休息的时间，就像一匹脱缰的小野马一样，玩得近乎疯狂，甚至在外面玩一整天。

爸爸要告诉孩子，学习的时间不只是机械的学习，如果学习累了，可以适当地休息一下；业余时间也不只是单纯的玩，还有其他很多休息的方式，如可以让孩子浇浇花、练练书法、做一些体育运动等。

教子心得

此外，爸爸还须让孩子意识到，玩并不仅是单纯的玩，而是通过玩耍陶冶自己的情操，提高自己的知识水平与某种能力。如，爸爸可以告诉孩子，玩游戏机要遵守游戏规则，学习也要遵守学校的规定，以逐渐培养孩子的自我管理能力。

培养孩子正确的竞争意识

物竞天择，适者生存。

对于孩子来说，从小培养他的竞争意识是十分必要的。因为现在的社会竞争日益激烈，如果孩子没有竞争的意识和实力是很难在社会上立足的，也很容易被社会所淘汰。

所以，爸爸要从小培养孩子的竞争意识，让他凭借自己的实力以正当的方式与他人竞争，让孩子在竞争中使自己不断强大、优秀。

由于孩子的生理和心理都还不太成熟，爸爸在对孩子进行竞争意识教育时，不能只是采取单纯讲道理的方式，这样，孩子很难对竞争有正确的认识。应该首先让孩子对竞争有一个正确的了解，然后帮他找一个合格的竞争者，让孩子在正确的竞争过程中，对竞争有一个全面而科学的认识。

1.培养孩子正确的竞争意识

这天，九岁的典典一回到家，把书包往沙发上一摔，就对爸爸抱怨道："爸爸，今天我们班级组织了数学测试。我考了91分，而我的同桌却考了满分。平时我的成绩都比他好，但他这次却比我高出了9分。哼！他一定是作弊了。我明天就告诉老师。"

爸爸其实也听出来了，典典明显是在嫉妒同桌，于是就对他说："孩子，你这样做是不对的。既然你的同桌考了满分，就说明他平时学习认真、努力。你应该向他请教学习的方法，然后通过自己的努力来超过他。不能因为嫉妒同桌，就诬陷他作弊。你懂得跟同学竞争固然是好事，这说明你有积极进取的精神。不过，你应该采取正当的方式来与同桌竞争，你说是吗？"

孩子听后说："爸爸，我知道错了。我明天就向同桌请教学习的方法，并且我以后学习要比他还认真、刻苦。"

当典典因为嫉妒同桌，而说同桌作弊时，爸爸并没有直接对他发脾气，而是对他晓之以理，让他明白竞争不等于嫉妒，使他对竞争有了一个正确的认识。

其实，很多孩子对于竞争和嫉妒这两个概念没有明确的认识，经常混淆，而若不及时加以纠正，孩子就很容易产生自私、狭隘的心理。所以，当发现孩子把竞争和嫉妒混为一谈时，爸爸就需要及时加以纠正和正确引导,逐渐培养孩子正确的竞争意识。

2. 给孩子找一个合理的竞争者

十岁的畅畅学习成绩属于中等水平,班里有50人,他总是排在25名左右。每次看到畅畅的成绩,爸爸总是说:"你怎么总是排在25名左右? 跟你一起玩的王晓不是总考第一吗? 一样的学习,你怎么就是不如他呢? 下次,你必须给我考第一!"

结果,畅畅不仅没有考上第一名,反而却下滑到了第35名。

俗话说:"不想当元帅的士兵不是好士兵。"这句话就是提醒我们要不断积极进取。但是爸爸以这种观念来教育孩子,不管孩子的成绩好坏,都让他考全班第一、年级第一,这是不切实际的。

所以,爸爸要改变观念,以孩子自身的客观情况为依据,认清孩子所处的位置,给他找一个合理的竞争者。例如,如果孩子的成绩排名是第30名,爸爸就可以让他向25名学习,通过自己的努力超越他;如果孩子成绩排名是第5名,爸爸就可以让他向第二名或第一名学习,等等。

3. 让孩子战胜自我

竞争主要分为两种:横向竞争和纵向竞争。其中,横向竞争是指与他人的竞争,力求超越他人;纵向竞争是与自己竞争,让今天的自己战胜昨天的自己,力求战胜自我,超越自己,使自己不断进步。

众所周知,一个人最大的"竞争者"不是别人,而是自己,唯有克服心魔,不断战胜自己才是最大的胜利。所以,爸爸要教育孩子敢于挑战自己,战胜自我,使自己的潜能得到充分的发掘,逐步实现自我升值。例如,孩子今天背会了3个英语单词,爸爸可以让孩子明天背4个或5个;孩子今天用一种方法算出了习题,爸爸可以让他明天用另一种方法找到答案,等等。

教子心得

在培养孩子的竞争意识方面,爸爸要以身作则,为孩子树立榜样,不要在孩子面前抱怨同事或领导,以便引导孩子正视自身,从自身努力做起。

好奇心激发求知欲

好奇心是孩子的天性,对于他们比较感兴趣的东西,他们都想问一问,摸一摸,其实这是孩子对外界事物的一种探索欲与求知欲的表现形式。

1. 好奇心是求知欲的原动力

从心理学角度来看,好奇心是个体遇到新奇事物,或处在新的外界条件下所产生的注意、操作、提问的心理倾向。

英国文艺复兴时期伟大的哲学家培根说:"知识是一种快乐,而好奇则是知识的萌芽。"

前苏联教育家苏霍姆林斯基说:"求知欲,好奇心——这是人的永恒的、不可改变的特性。哪里没有求知欲,哪里便没有学校。"

据研究表明:一个富有好奇心的人能够保持旺盛的求知欲,在获得知识的过程中体验乐趣,这种乐趣又会激励他不知疲倦地去探索未知的领域,促使其智力的发展。

所以,爸爸要用心呵护孩子的好奇心,并善于用好奇心"钓"出他的求知欲,支持与鼓励他去探索和学习更多的文化知识,为他的人生积累丰厚的精神财富。

2. 最大化拓展孩子的好奇心

正所谓"站得更高,看得更远"。要想引发孩子更多的好奇心,进而去探索世界,光靠书本里的知识是不够的,爸爸需要开拓孩子的视野。例如,爸爸可以带孩子去旅游,体会山脉的雄伟壮阔和流水的清波荡漾,让他真实地感受到大自然的无限魅力;带孩子去参观历史文物的展览,让他学习到世界与中国的历史文化;带孩子参加最新的科学技术展览会,让他学习到更多的科学知识……这样,就能最大化地拓展孩子的好奇心,进而激发他对世界更强烈的探索欲望。

3. 巧妙引导孩子去探索答案

通常,孩子的好奇心是通过提问的方式表现出来的,此时,爸爸要做的不是直接给出孩子答案。因为这样,就打消了孩子主动去探索答案的积极性,而应巧妙地引导孩子,让他自己去探索答案,逐渐培养他独立思考问题的能力。

例如,当孩子问:"爸爸,鸟儿为什么会飞,而我为什么不会呢?"爸爸可以说:"因为鸟儿有翅膀。不过,即使把小鸟的翅膀插在你身上,你也是不会飞的。这其中有很多原因,你可以多查查这方面的资料。"

而如果孩子所提出的问题很深奥,爸爸不知道答案时,你可以这样说:"这个问题太深奥了,爸爸也不太清楚到底是为什么。这样,爸爸跟你一起去查资料,共同来探索问题的答案,好吗?"这样,不仅不会打消孩子的积极性,孩子还会更认真地与你一起去寻找答案。

教子心得

身为爸爸,你要认真对待孩子的每一个问题,不能敷衍孩子,否则,无疑是对孩子好奇心的一种伤害,打消他再次提出问题的积极性。

教孩子学会科学用脑

不得不说,孩子真累。"少年不知愁滋味",这句话已经不适用于现在的孩子们了。我们常常可以发现孩子身上会出现一种奇怪的现象。有一部分学生学习特别刻苦努力,起早贪黑,生怕落在别人后面,但是无论怎么学成绩却上不去。不仅如此,这些孩子还会常常觉得乏力、头昏脑涨、记忆力下降,这一切表现就是"学习疲劳症"。还有一部分孩子,爱玩,爱闹,平时生龙活虎,好像不太用功的样子,但是成绩却是十分出色。这是怎么回事呢?让我们先来了解一下什么叫作"学习疲劳症"。它是青少年学生中常见的一种厌学症状,其中包括生理上的疲劳和心理上的疲劳两个方面。之所以有上述两种不同类型的孩子,并不是因为后者比前者聪明了多少,而是与人体的大脑结构有着密不可分的关系。心理学认为,记忆是依靠大脑活动来实现的。大脑神经系统的活动表现为两种,一种是兴奋过程,一种是抑制过程。在大脑抑制过程中就会出现记忆疲劳现象。脑神经细胞之间互相联结,构成一张复杂网络。每一种外在信息刺激,都会在这张网中形成一个兴奋点,并通过网络接受、储存、加工、传递、发放。每个兴奋点不是独立的,而是互相影响、互相作用的,从而使人们能够举一反三、触类旁通,所以后者只是把"玩"中得到的知识技能迁移到学习中罢了。深奥的东西说白了往往很简单。一句话,大脑也是需要休息的。

高静是个品学兼优的好孩子,爸爸妈妈对她期望极高。高静也很争气,学习十分刻苦。特别是这学期,当升上高三之后,以前每晚在10点睡觉的她,给自己加了码把学习时间延至12点。爸爸看到女儿的这种做法,虽然很心疼,但心里却又暗暗高兴。"吃得苦中苦,方为人上人"这句话,是爸爸常用来教导女儿的一句话。可是,意想不到的事情发生了。离高考还有四个月的时候,高静变得自闭起来。爸爸发现,女儿的笑声不见了。高静自己也发现,她以前对学习产生的兴趣好像长着腿跑了。她开始讨厌做习题,但是为了自己的前程,也为了父母的希望,却又无法不把自己终日锁在题海中。不仅如此,曾经高静引以为傲的记忆力,好像此时失了灵,对于老师讲过的东西她变得总也记不住。高静的心也变得着急了。碰到不会的题,她恨不得要把书撕掉。爸爸不明白,女儿到底是怎么了,人们不都常说脑袋越用越好使吗?难道自家的孩子就和别人不一样吗?

列宁曾经说过:"不会休息的人就不会工作。"像高静那种学习方法早已经让她的大脑超了负荷。起早贪黑、埋头苦学,让大脑超过了它本来能承受的限度,使人出现注意力不集中、头昏脑涨、反应迟钝等现象。这个时候,实际上是大脑在对你说:"我累了!"也许你会问,"大脑也会累吗?"当然,不仅大脑会累,它还是人体最容易疲劳的组织,它既有巨大的学习潜力,也十分容易受到损伤。如果你不用心爱护它,它就会给你带来一系列的恶果,比如说,注意力不集中、记忆力下降、思维迟缓、忧虑、厌烦等现象。所以,爸爸要认识到保护好大脑是一件非常重要的事情。

1. 别给孩子再"加负"

爸爸要科学合理地安排孩子除了上学之外的闲余时间。不要因为见到别的孩子学这学那就盲目安排自己的孩子也去学。你要想一想,孩子是否有足够的时间和精力。另外,现在的孩子学习负担都很重,爸爸不要给孩了在学校留的功课以外加大作业量。特别是那些自觉努力的孩子,爸爸更要放权,让他们自己安排自己的学习时间。

2. 培养孩子良好的学习习惯

一个好的方法是解开难题的关键。学习就怕没有头绪,死记硬背。爸爸要监督孩子,让孩子做到向短时间要效率。坚决杜绝孩子磨蹭、学习时间过长等事情的发生。爸爸要给予适当的提点,防止孩子脑疲劳现象的发生。

3. 别让题海战术误了兴趣这趟车

与上文中提到的高静一样,本来对学习很有兴趣。可是因为不分轻重,没有条理地猛攻题海战术从而对学习产生了厌倦的情绪。所以,爸爸要让孩子在学习中得到适当的休息以防止兴趣的消失。比如说,孩子学一段时间以后,让他到外面玩一会儿或是看一会儿电视等。

4. 切莫忽略了营养

现在大多数家庭都不存在温饱的问题。所以,爸爸要想让孩子的大脑保持最佳的状态,一定不要忽略脑营养不足这一问题。一方面是防止氧供应不足,在孩子学习中途休息的时候,爸爸最好让孩子离开书桌,不要让孩子趴在桌子上休息,因为如果趴在桌子上时间过长,呼吸就会变得短浅,从而使大脑得不到该有的氧气,导致大脑疲劳;另一方面是食物上的营养也不可忽略,要保证高蛋白、维生素的吸收,这些都可以起到保护大脑的作用。

教子心得

学习不可急于求成,疲劳战术更是学习方法中的败笔。爸爸要让孩子的学习生活变得劳逸结合、张弛有道,只有这样才能保证孩子最好的学习状态。特别是对那些自主、刻苦型的孩子,爸爸不妨向他们提出适当的建议。比如说,适当缩短学习时间,保证睡眠,或是鼓励他们学习一段时间后到室外活动一下等。

第五章
好爸爸能帮孩子克服学习瓶颈

孩子厌学不可怕

小明今年十五岁了，读初中二年级，他本是全家的骄傲，因为他听话，成绩又好。可是，爸爸最近却发现他有厌学现象。

老师多次找上门来向家长反映他的厌学劣迹。小明不仅自己不学，还拉着班里其他一些爱玩的同学一起抵触老师，不听课，不写作业。为此，爸爸教训过他好多次，每次小明都保证不再这样做，却总是重蹈覆辙，继续过着他逍遥的生活，弄得全家都很是担忧，却又不知如何是好。最后学校决定让小明退学。

现在，有相当一部分中小学生都不同程度地存在着厌学情绪，小明的情况比较严重，因为他还拉上其他同学，带坏班风，造成极恶劣的影响。从心理的角度讲，厌学是腐蚀学生心灵的蛀虫。一个学生如果长期缺乏学习热情，没完没了地感到精神疲倦，最终会使他对一切学习活动兴味索然，从而出现逃学或其他一些问题。

中小学阶段正是学习的黄金时期，为什么有的学生会出现厌学情绪呢？这需要从外部和内在两个方面去分析原因。

1. 外部原因

其一，学习活动的重复、单调和乏味。心理学研究表明，单调、重复、乏味的刺激易引起人们的疲劳和厌烦感。缺乏生机、灵活和变通的学习生活，某些学校片面追求升学率以及某些教师的教学无方，常导致此种情况的产生。

其二，受社会上不良风气的影响。不求进取、读不读书无所谓的不健康思想还在腐蚀着部分中学生和他们的家长。这与提高全民教育水平，提高国民素质的时代要求是不相吻合的，必须坚决摒弃。

2. 内在原因

厌学情绪最主要是由内在原因引起的。这些内在原因有：

其一，缺乏求知欲望。如果一个人时时刻刻对知识有所期待、有所希望、有所追求的话，他就会经常处于精神振奋的状态，对学习就不至于有厌烦情绪。在知识的餐桌面前，求学心切的人，总是如饥似渴，百吃不厌；反之，对学习无所期待、无所追求的人，才会把学习当作负担。

其二，缺乏动力。自以为上大学无望，混张初中毕业证或高中毕业证就行了。这样的学生在学习上明显缺乏动力，满足于做一天和尚撞一天钟。因此，无论学什么都无精打采，难以激发兴趣。

其三，学习方法欠妥。由于学法不当，虽刻苦学习，却收效甚微。例如，不注意用脑卫生，学习上长期"单打一"，缺乏理解基础上的记忆等，自然不会感觉到学习的乐趣。

其四，学习上缺乏成就感。大凡厌学的同学，学习成绩都不理想，每次所得到的学习结果的反馈都是消极的。长期得不到嘉奖或同学、老师、家长的肯定与赞赏,就会产生厌学情绪。

那么,爸爸怎样矫正孩子的厌学情绪呢?

1. 对学习提出规律化的明确要求

有规律地学习,有助于孩子养成良好的学习习惯。因此爸爸应对孩子的学习提出明确要求。例如,要按时休息,使每天的学习活动有条不紊;要养成提前预习的好习惯,努力提高课堂听讲的效率;要针对学习中的疑难问题及时向老师和同学请教。

2. 加强对孩子学习情况的检查和督促

爸爸对孩子的学习提出明确要求后,要经常进行检查督促。对孩子学习习惯上的进步,要予以及时的鼓励,对孩子说明这是坚持良好学习习惯的结果,以增强孩子的自信心。

3. 帮助孩子树立必胜的信心

信心是前进的源泉,进取是成功的根本。在学习上,气可鼓而不可泄,家庭教育的技巧就在于如何创设成功机会,满足孩子高层次需要。在孩子每一次作业、考试或是成长经历中表现有进步时,家长应该有意识地表扬,使他们看到希望,树立信心。

4. 父母要创设一个宽松的家庭环境

父母可以针对孩子的学习兴趣、学习能力和孩子一块儿制定一份既适合又有针对性的学习作息时间表,但不必完全改变家庭日常生活规律。另外,家长不要在孩子面前为孩子的学习和对家庭教育意见的分歧争吵,不要一天到晚千叮咛、万嘱咐,让子女感到唠叨个没完。要尽量减少或避免人情往来的应酬,嘈杂的家庭环境会让孩子心绪不宁,烦躁不安,不能静心学习。

教子心得

每个孩子都会不同程度的厌学,具体原因复杂多样,如有的孩子可能是因为在学校与同学关系不好,有的是因为做错事怕受到惩罚,有的孩子是因为学习成绩不理想等原因。这时,爸爸要根据具体原因采取正确的措施帮助孩子克服厌学情绪。

让孩子对学习充满信心

张扬是个小心谨慎的孩子,和他的名字正好相反,他的性格一点也不张扬。

张扬唯一在意的就是学习,也可以说是缘自父母的加倍关注,张扬倒对自己的学习极没信心。平时,张扬做家庭作业都要检查三遍,而且这种习惯也延伸到了张扬的生活中,出门锁门都要多次确认才放心。到了考试,一下考场就忙着和同学对答案,一旦有出错的地方,就整个人都泄气了似的。长此以往,他的精神受到了极大的压力,学习成绩也下降了不少。他对学习再没有一丁点儿信心,认为自己肯定学不好,从一个极端走向了另一个极端。

针对张扬的问题,我们先来看一个现实生活中成功的例子。

安徽省高考状元,现是清华大学生的戴洁在介绍她的学习经验时说道:

"我的母校是安徽省太和县一中,在外地几乎无人知晓,但在县内却是名副其实的'高等学府'。1993 年中考后,与往常一样,多少学生削尖了脑袋想钻进一中。为了照顾本校初中毕业生,学校高中部增加了 5 个录取名额。这样有一个女孩如愿进入了一中——她是我高中三年级最好的朋友,一个对我进入清华给予了巨大帮助的朋友。一进高中,第一次考试，她名列全班倒数第二名，一年之后她跻身于班级前100名；两年以后，她已经位居全班前10名，年级前30名；最后一次模拟考试，她以全班第三名的成绩让所有人震惊。而我，清清楚楚地知道她曾是一中的'编外人员'，曾是倒数第二名。她说过：'我不信我会永远垫底，我相信别人能做到的，我一定能做到，我不着急，终究有一天我会摆脱困境。'她说得多好啊！她现在已是一所著名院校国际金融系的学生。"

"我之所以多次介绍她的事迹，就是想告诉千千万万的同学们，相信你们自己的力量，相信你也可以创造辉煌。正如一场体育比赛，如果你赛前就已经弃权了，那么你无疑是输家，因为连你自己都不相信自己，你输定了！如果你给自己一搏的机会，人的潜能是无限的，你会得到意想不到的好成绩。"

如果张扬小朋友看到戴洁介绍的她同学的故事，一定能感悟到相信自己是很必要的。现在的小朋友多是独生子女，骄纵任性，受不得一点挫折，最大的敌人就是他们自己。所以说，要相信自己一定能行，不要还未上场，就已经弃权。

要想提高孩子的成绩，培养和提高学习能力，树立孩子的学习信心十分重要。一个孩子如果对学习失去了信心，他就不可能再努力学习，不努力学习，成绩当然不可能提高，学习能力的提高也无从谈起。

那么，怎样才能帮孩子树立信心呢？做到这一点，爸爸关键要认识到：人的潜力是无穷的，人类远远没有把自己的潜力挖掘出来。

大家知道美国国会图书馆藏书有1500多万册，但它的信息量只有一个人大脑可记忆知识的1/50。还有人估计，人脑记忆的可能容量相当于全世界图书馆藏书的信息总量。前苏联的一家杂志说："如果我们能迫使我们的大脑达到其一半的工作能力，我们就可以轻而易举地学会40种语言，将一本苏联大百科全书背得滚瓜烂熟，还能够学完数十所大学的课程。"

美国心理学家奥托认为："在正常情况下，一个人所能发挥出来的能力，只占他全部能力的4%。"可知，一个人的潜力有多大！

而一些孩子的成绩差，学习能力也差，并不是真正的差，只是他们不知道自己有潜力可挖，是他们没有认真读书而已。如果他们知道自己有潜力可挖，如果他们能认真读书，他们的成绩肯定可以很快提高起来。根据脑科学的研究，一般人的大脑是没有什么区别的。爱因斯坦大脑左右半球的顶下叶区比常人大15%，那仅是个别现象，全世界到目前为止，还只有一个爱因斯坦。由此说明，一个孩子成绩差，只要他努力，成绩完全是可以提高的。那种认为自己脑子笨，由此丧失提高成绩的信心，这种看法是完全错误的。

爸爸在让孩子明白了自己的潜能之后，可以具体从以下几方面来树立孩子学习的自信心：

第一，给孩子提供一个温馨且可依赖的家庭环境，让孩子感受到父母和他是站在一起的，使孩子在遇到失败和挫折时有一个精神上的寄托和依靠。

第二，与孩子谈论将来，让孩子对未来充满美好的向往和憧憬。

第三，多发现孩子的优点和长处，孩子在学习、做事或生活自理方面即使有了微小的进步，也要慷慨地给予承认和表扬。

第四，认真分析孩子对自己的评价，如果孩子的自我评价太低，对自己的消极评价较多，那么，爸爸平时要多讲孩子的优点——对老师讲，当着亲戚朋友的面来夸奖，打电话时故意大声地说孩子的聪明可爱之处，让旁边的孩子能够听到——这其实是给予孩子积极的心理暗示，使孩子觉得："我行！爸爸妈妈常说我行！"另一方面，爸爸千万不要当着别人的面批评指责孩子，说孩子这也不行，那也不行，这也不好，那也不好。如果爸爸经常这样说，就是在给孩子以消极暗示，久而久之，"我不行"的念头便会在孩子的心里扎根，变成孩子的"自我设限"。

第五，对孩子的批评应该立足于帮助孩子认识错误、解决问题、纠正错误，而绝不能变成家长对孩子发泄脾气的过程。批评孩子应该就事论事，就孩子的错误来说明是非曲直，而不能陈年旧账一起算，把孩子骂得一无是处。

第六，引导孩子正确对待挫折和失败，引导孩子把挫折和失败当作学习和反思自己的一部分。采用讲故事的方法向孩子说明挫折和失败对人生的重要意义。

第七，鼓励孩子写日记，尤其要鼓励孩子写下自己平时最开心、最得意、最难忘的事情，这是一种使孩子自我认识和自我表达的良好途径。

第八，告诉孩子：他是最宝贵的、最值得珍惜的、最可爱的、最有发展潜力的人。不要在别人面前说自己的孩子长得不好看，不要强调孩子"挺聪明，就是马虎"。孩子正在说话时，爸爸不要随便打断或否定。当孩子要求爸爸"看我画的，看我做的，看我写的，看我跳的"的时候，是希望得到爸爸的肯定与赞扬，这时，爸爸不要表现出漫不经心、不屑一顾或敷衍了事，甚至不耐烦的态度，更不要吹毛求疵，用成人的眼光净挑毛病、泼冷水；而应该认真欣赏孩子的作品或表演，并给予真诚的赞美和肯定。

第九，注意发现孩子的创造性和独到之处，尊重孩子的独立意愿。比如说，对有些事情，孩子要"自己来、让我来、看我的"等的时候，只要不违背原则，爸爸就应该尊重孩子的要求。

教子心得

孩子对学习的信心需要爸爸的精心培养。

别让孩子偏科

王宾是初中二年级的学生。在老师和同学们的眼里，他是个"怪才"，他的数学成绩在全年级一直名列前茅，但语文成绩却一直不佳。尽管爸爸经常督促他在语文学习上多下些功夫，但效果甚微。

王宾个性很特别，他虽然数学很好，但却经常不交作业；解题过程中经常不按老师的要求写出解题过程，而只给出个答案。他有点儿孤僻，很少与人交往；对自己感兴趣的事，可以达到废寝忘食的程度，不感兴趣的则不加理睬。

在大多数人的眼里，聪明的、有天赋的孩子应该是全面发展的，应该门门功课皆优。在中小学还有一个传统的做法，那就是只有学习成绩好的学生才能当班干部。这似乎表明学习成绩好的学生一定也具有组织和领导才能，而且也只有他们才能管理好班级。这种"全或无"的想法背后潜存着一种假定：人的智力是综合性的，一个高智力的孩子应该各个方面都有天赋，应该是"全才"。然而，在现实生活中，我们却经常见到这种情况：有些孩子在某一领域表现得非常优异，可以用"极具天赋"来形容，但在另一领域却表现平平，有的甚至毫无学习能力。王宾，就是这样一个例子。

心理学家们认为：人类的智力并不是综合性的，而是与特定的领域密切相关的，也就是说，智力是多元的。所谓"全才""通才"，只是人类的美好愿望。

哈佛大学著名心理学家加登纳提出，人类至少存在八种智力：

一是语言智慧：指对语言文字的感受、理解和运用的能力。

二是数理——逻辑思维智慧：数理逻辑、运算和抽象思考的能力。

三是视觉空间智慧：以三维空间的方式进行思考，利用图像表达思维的能力。

四是音乐智慧：对音乐节奏、旋律、音准等的鉴别力，对音乐进行欣赏、创作和表达的能力。

五是身体运动智慧：运用躯体、操作物体的能力。

六是人际沟通智慧：观言察色、善解人意，与人保持良好关系的能力。

七是个人内省智慧：清楚自己的优缺点，能敏锐地觉察自身的感受、情绪等，能利用对自己的了解来指导自己的行为和指定生活目标。

八是认识自然的智慧：对自然界保持浓厚的兴趣，并能敏锐地对自然现象进行归类、理解和解释的能力。

在现实生活中，同时具备以上多种或全部智慧的"全才"极为罕见，普遍的情况是某一特定领域中的天才。

然而，很多学校和家庭都习惯采用一种很"狭隘"的智力观点，他们没有考虑到孩子的智力可以有多种表现形式，没有考虑到孩子能力发展的不平稳属于正常现象。他们在评判一个人是否聪明、有天赋的时候，容易采取"全或无"的绝对标准：要么这个孩子是聪明的，在各个方面都应表现出不同凡响的天赋能力。否则，这个孩子属于没有天赋之列。无疑，这种"全或无"的智力观，无论是对孩子个体的发展，还是对社会资源的有效利用都是有害的。

孩子的智慧潜能可以有多种表现形式。大多数孩子从小就会表现出较明显的能力偏向和兴趣爱好倾向。爸爸应该尽可能为孩子提供丰富多彩的环境，提供多种多样的活动和表现机会，以便孩子的智慧潜能能表现出来。爸爸通过观察孩子在不同环境和活动中的表现，常常可以发现孩子在某个领域是否特别感兴趣，是否表现出某方面卓越的能力等，也能初步明了孩子的智力强项和弱项。

在确定了孩子的智力强项以后，家庭和学校就应该为孩子的智慧潜能提供充分的发挥空间，让孩子的智力强项得到更进一步的开发和发展。

在帮助孩子开发自己的才能方面，爸爸有着相当重要的作用。

爸爸可以为孩子才能的发挥和发展提供好的家庭环境。爸爸可以通过赞扬、鼓励等方式肯定孩子的特殊才能，可以围绕孩子的智力强项领域组织家庭活动，为孩子的潜能的发展提供充足的资源。

爸爸可以让孩子所在的学校和老师意识到自己孩子的才能。在孩子步入新的学校时，爸爸应该将自己对孩子的观察情况向学校反映，让学校老师能很快意识到孩子的智慧强项，同时，爸爸可以和学校配合，共同为孩子提供适合孩子才能的课程和教育。

尽力为孩子提供开发潜能的学习机会。孩子所在的学校如果难以满足孩子才能的学习需要，爸爸可以为孩子在社会上寻找额外的学习机会，如让孩子参加特殊才能培训班，鼓励孩子参加比赛，展示和进一步发展自己的天赋。

在强调要承认孩子的智力具有特殊性的同时，不能忽视孩子的弱项和缺点，更不能放弃对孩子全面发展的要求和培养。

对于在校的学生来说，他们应该能深刻地体会到"全面发展"的重要性。在现行教育制度下，如果不能做到一定程度上的全面发展，最终可能连中学毕业文凭都难拿到！此外，全面发展更是社会的要求。任何一项工作的成功都需要人们运用多种智能方能顺利达到。一个出色的数学家不仅需要高度的数理——逻辑思维能力，还需要一定的人际交往能力，要能与人合作完成任务，能自如地与人交流思想观点，还得有相当的自知能力，清楚自身的特点，能做出正确的人生规划。

既然人的才能领域有强有弱，如何能做到"全面发展"？有效的做法是以孩子的智力强项为突破口,引导孩子将自己从事智力强项活动时所表现出来的智力特点"迁移"到智力弱项领域中。

有一点需要强调:一般来说,孩子并不一定会自发地将自己的智力强项的学习与智力弱项的学习联系起来,并自觉地将智力强项的思维特点"迁移"到智力弱项领域中。因此,家长和老师的引导、示范作用是非常关键的。

对于一些在某个特殊领域确实具有一定天赋的孩子,应该考虑到他们的特殊需要。可以让他们完成不同于其他同学的作业内容,关键是要让他们感到作业具有一定的"智力挑战"性。

教子心得

每个孩子都有自己的智力优势领域,关键在于爸爸能否慧眼识才,能识别出孩子的智力强项和弱项,并针对性地采取培养和教育措施。

使孩子考试不怯场的方法

胡挺已经连续两次高考落榜了,一提起落榜的原因,他就十分苦恼。胡挺平时学习成绩优秀,考上一所重点大学是绝对没有问题的。但胡挺一参加考试就怯场,以致进入考场后,不但浑身冒冷汗,头脑也不灵活,考不出应有的成绩。后来,参加复习班,在复习班内成绩仍居上游且很稳定,但二次进入高考考场仍然怯场,笼罩在一种无形的紧张中,仿佛第一次高考情形的重演,甚至平时做过多遍的相同类型题也变得陌生起来,结果可想而知。

胡挺的例子比较典型,在重要考试中失利无疑是一件很遗憾的事,然而必须承认,我们谁没有考试失败的经历呢?考试是一件让人寝食不安的事情。想一想那种情景吧:当考试结束的铃声响起,这时候我们的心都提到嗓子眼了——因为还有好几道题没做完;或者刚走出考场,突然间我们失魂落魄了——因为记起有一道蛮有把握的题算错了小数点;甚至还在考试中间就心慌了——因为有一道题恰恰包含了没复习到的内容……这样的事我们谁没遇到过?

考试怯场对于学生来说是一个非常危险的隐形杀手。据北京同仁医院临床心理科的一位主任医生介绍:每到三、四月,来进行心理咨询的孩子就特别多,尤其是初三、高三的学生。这些孩子对于考试的畏惧情绪不是一天两天形成的,大多是在临考前半年或一年就产生了,比较普遍的表现有:焦虑、抑郁、自卑、急躁、过度紧张、不能安心复习等。一旦发现有类似的表现,父母就应该带孩子及时进行心理治疗,通常要经过 3~5 个月的治疗,才能保证孩子以良好的心态参加考试。

我们应该明白,人生就是这样,充满了大大小小的考试:做学生时有期中考、期末考、升学考,毕业后会有求职面试,工作当中会有年终考评……任何人都必须全力以赴闯过一道道考试关,才能抵达成功的彼岸。

但不正确认识和对待考试,不但不能促进学生的学习活动,反而会影响孩子的学习和身心健康。《儒林外史》中范进"中举"之后变得疯疯癫癫就是一例。所以,掌握有效的考试方法,对孩子的学习相当重要。

怎样做才能使孩子考试不怯场呢?

第一,爸爸要帮孩子做好减压工作。一方面,爸爸不要在平时给孩子太多的精神压力,不要盲目地给孩子定过高的指标,达不到就如何如何。在临近考试时,尤其不要天天嘴不离口地谈考试的事,因为你说得越多,考试时刺激孩子产生紧张情绪的信号就会越多。另一方面,不宜在孩子考试前和考试期间,为孩子做过多的物质准备和具体服务,如买很多的营养品,像保护大熊猫似的处处服务周到,这些做法会给孩子增压。适当改善一下饮食是可以的,但不能过分。

第二,爸爸要指导孩子正确对待考试,帮助孩子减轻自我压力。孩子的水平是客观的,只要认真复习,认真做好考试准备,能考出自己的实际水平就行了。孩子有时对自己的水平认识不够,自我期望过高,甚至有侥幸心理。有的孩子总担心出错,这样,进考场就紧张,一旦看见了熟悉的题目,紧张情绪加剧,导致一连串的失误。爸爸要在自己少给孩子压力的同时,让孩子正确对待考试。考试,就是考查学习水平,告诉孩子不要给自己定太高的指标,考试遇见不熟悉的题目是正常现象,对每个同学都是可能的。胜败乃兵家常事,努力就是好孩子。

第三,爸爸要指导孩子在考场上运用"转移注意"和"自我暗示"的方法缓解自己的紧张情绪。转移注意就是暂时强迫自己把注意力集中在考试以外的事物上,使紧张程度缓解。比如,当心里过于紧张时,认真听老师讲考试注意事项,观察老师的服饰、表情,想一小会儿最感兴趣的事情等,都会使自己平静下来。自我暗示就是在内心里自己提醒自己:我是很镇定的,呼吸多么平稳,头脑也很清楚……这种反复提醒也有助于缓解紧张情绪。

第四,爸爸要指导孩子事先明确自己答卷的程序和要求,按部就班地去做。基本程序和要求:一是工工整整写上姓名(有时写学号、准考证号),一笔一画地写,有助于使自己平静下来。二是看准题目,审清题意,一个题一个题按顺序往下答。爱紧张的孩子不要先把全部题目看一遍,那样容易造成因为看到一个不熟悉题目而增加紧张感。遇到不会答的题目,认真展开思路想一想,如果没有想通,暂时放下,不可占过多的时间,免得耽误了做其他会做题目的时间。会做的题做完之后,再回过头来做难题。三是仔细检查、避免漏错。大题、难题多花点时间。如时间较少,普通题目看一遍即可,多看一看重点题目。特别要把卷子正反面都查一查,不要有漏答的题目。

这个基本程序和要求,爸爸要让孩子平时小测验和阶段考试中就坚持做到,养成习惯,比较大的考试就会自然地按程序应考了。

第五,爸爸要指导孩子在考前把该准备好的用具准备好,放在比较保险的地方。有的孩子就因为用具准备不齐,临时发现,增加紧张情绪。

此外,在考前让孩子适当参加一些文体活动,放松身心,对防止怯场很有好处。

还可以在考试前和考试中喝一点板蓝根、清热冲剂、菊花茶等清热降火的中药,有利于保持脑子清醒。

教子心得

如果孩子考试怯场过于严重,建议去看看心理医生。

帮助孩子改正粗心的缺点

赵欣现在读五年级,学习还不错,但奇怪的是,他每次考试的成绩都不怎么理想,总是与第一名失之交臂。于是,他的爸爸拿来他的考试卷,与他一起分析错误的原因。分析之后发现,很多错误都是粗心所致,不是漏了一个点,就是多写了一个数。你马上再考他,他还是会,并非不懂不会。可是,无论怎样苦口婆心地教导他不要马虎,要细心答卷,赵欣还是难改粗心的毛病。爸爸很生气,真不知怎样才能纠正孩子的这个坏毛病。

考试粗心是不少孩子常见的毛病。孩子为什么会粗心呢？

形成孩子粗心的因素是多方面的。比如气质因素：有这种因素的孩子对感觉刺激的敏感性较差，注意力又比较容易受到外界的干扰；又如知觉习惯的因素：有这种因素的孩子对知觉对象的反映不完整、分辨不精细；又比如兴趣的因素：这种孩子对感兴趣的事情比较认真仔细，对不感兴趣的事情却马马虎虎等。最令人伤脑筋的是粗心会逐渐变成一种行为方式，最后演变成办什么事情都冒冒失失、粗枝大叶，最终成为一个真正的"马大哈"。

所以，爸爸们必须有效地帮助孩子改掉粗心的坏毛病，而且越早越好。

1. 培养孩子的知觉能力和辨别能力

孩子之所以粗心，就是因为缺乏良好的知觉能力和辨别能力。父亲要提高孩子这方面的能力，就必须采取有效的办法。比如向孩子提供"找相同点"和"找不同点"的图画，让孩子去发现图画中各种细节上的变化，培养他们仔细观察事物和仔细比较事物的能力，并且要求他们把比较的结果用语言大声地讲出来，以便巩固知觉的发现。

2. 训练孩子多角度思考问题

孩子的思维缺乏可逆性，很难从不同的角度思考同一问题，因此需要父亲进行很具体的指导。比如将两根一样长的棒子前后错开放在孩子面前，问他哪一根长。试验表明，有的孩子说上面一根长，有的孩子则认为下面一根长。这时，爸爸可以诱导孩子换一个角度再看这两根棒子。说上面一根长的孩子是因为他只注意到棒子的左端，当让他同时再看看木棒的右端，他的说法可能就会改变了；说下面一根木棒长的情况则相反，孩子只注意到木棒的右端的长短，而忽视了木棒的左端。通过这个例子，要让孩子知道学会从不同角度观察事物。

3. 让孩子学会自我监督

爸爸应主动帮助孩子分析发生错误最关键的地方是什么，在哪里，让孩子抄录自我提醒的"语录"。例如，"坚决消灭错别字""不要忘记复数"等，放在自己桌子的玻璃板下，贴在作业本第一页上或者其他醒目的地方，提醒自己注意，这样有助于孩子克服粗心的毛病。

4. 让孩子在生活中体会细心的好处

如果在爸爸的朋友或亲戚中有人是从事精密、细致的工作的，你不妨与他们联系，带孩子去看看他们工作时的情景，让孩子能受到启发。

教子心得

粗心孩子的突出特点是动作快、脑子慢。这种孩子做事之前一般不会耐心细致地观察和思考问题，因而事情做完之后常常会漏洞百出。这种情况一般会随着孩子认知能力的提高而有所改善，但是对那些已经形成粗心习惯的孩子，如果爸爸不对他们进行耐心细致的指导，改变他们的不良习惯，帮助他们形成新的知觉、思维和行为的模式，那么他们就只好当一辈子"马大哈"了。

避免逃学的孩子再次逃学

许多走上犯罪道路的孩子，差不多都有逃学的经历。

2002年3月19日，武汉市公安局水上分局王家巷派出所在清查滨江公园明星卡拉OK厅时，发现5个混居在包房里的少年。经审查，才发现这是一个多次作案的少年盗窃团伙。让人匪夷所思的是，为首的竟然是两个年仅十三岁的双胞胎少女。她们八岁时因被父母赶出家门，流浪街头，先后作案24起，涉案金额竟达10余万元，真是令人触目惊心。

两姐妹交代说："我们从小学一年级起就逃学，我们确实不想读书，上课听不进去。一想到要做作业就烦，只好逃学。我们每天都在外面玩儿，感觉外面比学校自由得多。"

一位记者不无惋惜地问她们："你们为何不想上学？"

她们回答说："当时小，什么也不懂，很愚蠢！还有就是怎么也读不进去。你们多好啊，有学问，找工作多容易啊。"

记者接着问："你们不上学的时候主要做什么？"

"还能做什么？就是打游戏机，经常玩通宵。累了，就在游戏机室里睡，就是不想回家。"

就这样，姐妹俩越陷越深，最终坠入了犯罪的深渊。

上述例子的情况在青少年犯罪中是很常见的，逃学逃到最后是把自己送进了监狱，多么可悲。

逃学通常是指孩子无故不去学校上学，或者课间离开学校不再回去。孩子逃学可由许多原因造成，包括孩子对学习没有兴趣、成绩差、贪玩、怕辛苦、怕老师惩罚、怕人笑话、受人欺负、同伴诱惑、生病等。孩子有时会在学校受到其他同学的嘲笑，如个人生理缺陷、成绩差、服饰不好、语言能力差等使孩子感到上学不开心，就会出现逃学现象。有些孩子沉溺于别的活动中，例如玩扑克、下象棋等与学习无关的兴趣爱好，结果对正常学习兴趣下降，出现逃学现象。有时孩子逃学是由于父母不许他们随便到外面玩，孩子没有机会进行正常的兴趣爱好和娱乐活动，就采用逃学的途径来满足自己的需要。

另外，父母对孩子的过分溺爱，孩子过分依赖父母，孩子习惯了在父母身边，都可能导致孩子到学校会产生害怕和陌生的感觉。有时孩子在听不懂老师的课、觉得太浅、对教学内容不感兴趣或老师讲课枯燥乏味等情况下，也不愿到学校听课。有些家庭不和，父母争吵，导致孩子情绪不好，产生不安全感，担心父母离异，孩子就不愿离开父母。这些都可能导致逃学。

有些孩子逃学后就在外面流浪，与别的逃学孩子或小流氓一起玩，形成小集体，甚至于干坏事，出现违法行为。孩子受到这种小集体的压力和影响，又会继续逃学，形成恶性循环。

孩子逃学，爸爸当然很生气，有的则大发脾气，甚至打骂孩子，采取强硬措施硬逼着他们去学校，这样只能增加孩子的厌学情绪和逆反心理。因此，如果你的孩子也有逃学的现象，请你一定要克制，在问明原因后，采取下面的办法避免孩子再发生逃学的情况。

1. 首先找出孩子逃学的原因

对于孩子的逃学行为，爸爸首先应该通过与孩子谈心了解孩子不愿上学的动机和原因是什么，有些什么诱因。针对孩子的问题进行诱导，要摆事实说道理，讲明到学校学习的重要性，从而培养孩子遵守规矩、热爱学习的品性。

2. 切忌情绪冲动，不问青红皂白，就对孩子进行教训

这很有可能将孩子原本不高的求学热情扫荡得一无所存，也易使孩子因怕被打骂而撒谎。再者，如果爸爸教训得太重了，就会给那些不良分子以可乘之机，使孩子更快地向那些人靠拢，这样做的后果是不堪设想的。爸爸正确的做法应是来个"冷处理"，先平息自己心中的怒气，然后再积极地去了解孩子逃学的原因，才能对症下药，教育好孩子。

3. 留心提高孩子的学习意愿

当孩子成绩不如意时，爸爸不应在孩子面前唠唠叨叨，说些"谁像你这么愚蠢"之类指责诅咒的话语，而应多安慰、鼓励他继续努力。爸爸也不要拿其他孩子与自己孩子作比较，应自己和自己比，只要今日之我超越了昨日之我，那就是进步。爸爸要让孩子感到学习不再是一种痛苦，帮助孩子明确自己的努力方向和自己的缺失所在。孩子稍有进步，爸爸就应明确表示赞赏，借此提高孩子学习的自信心。

4. 主动给孩子"减压"

爸爸通过对逃学孩子了解和观察,往往可以知道孩子逃学后去干了些什么事情。例如,如果孩子逃学后只是为了玩或者为了兴趣爱好,去钓鱼、游泳、踢球等,爸爸就应该给孩子以休息、娱乐和发展爱好的时间,不要总是对孩子限制得太多,连正常的文娱体育活动都没有。孩子的正常兴趣只要得到一定的满足,就不会再通过逃学的方式来进行了。

5. 注意孩子交友的对象

常言道:"近朱者赤,近墨者黑。"如果与孩子来往的其他伙伴都是一些爱逃学、怕学习的孩子,孩子之间就会互相影响,一起商量着逃学后去干什么,如何向家长撒谎等。所以家长要仔细了解和观察与孩子来往的其他孩子的表现,如果发现孩子与别的孩子一起逃学,就应该与别的家长一起共同纠正孩子们的逃学行为。这时,对带头逃学的孩子的教育是最重要的,正所谓"擒贼要擒王",只要尽力将"王"的逃学行为改变过来,其他孩子就会服从"王"的命令而回到学校来。

6. 多与老师学校沟通

家长应常到学校去,了解孩子在校的表现,和老师取得配合。家长和学校双管齐下,才能更有效地防止孩子的逃学行为。

教子心得

面对孩子逃学,爸爸切忌用粗暴的态度或方式对待,应尽量做到全面了解孩子逃学的原因,然后对症下药,纠正孩子逃学的不良习惯。

帮助孩子克服磨蹭的缺点

武杰现在上初一,他的动作慢是让爸爸最头疼的问题。武杰的慢最突出的表现是在做作业上。每天晚上吃过晚饭之后,不多的作业每次都要做到九、十点钟,等到做完,也就要睡觉了。再要是让他复习、预习功课的话,时间就拖到11点以后了,从而影响到第二天的学习。爸爸也曾经监督过他的学习,在那里监督的时候速度就会快一些,但是如果放他一个人做,就会很慢。上小学的时候,一直是采取这种方法来提高其做作业的速度,但是现在爸爸比较忙,不可能每天晚上都在旁边守着他学习,但是又害怕他这样效率低下地做作业会影响学习成绩,不知道如何让他既不需要监督又能比较快地做作业。

孩子做作业或行为慢,磨磨蹭蹭这种情况,在孩子中还是很常见的。孩子养成磨蹭的坏习惯,是一个渐进的过程。孩子在学习上磨蹭,主要有以下几方面的原因。

第一,孩子学习兴趣不高,学习主动性不强,只是为了应付老师和家长而学。

第二,孩子性子本来很慢,干什么都不急,即使天塌下来也如此。

第三,孩子的时间观念不强,不知道珍惜时间就是珍惜自己的生命。

第四,孩子依赖性强,没有父母的监督,就不知道正常的做事节奏是如何的了。

第五,孩子觉得被忽视了,希望通过这种方式引起父母注意。

虽然磨蹭不是什么大毛病,但一旦养成,又没有得到及时纠正的话,对孩子未来的发展十分不利。时间就是金钱,时间就是生命。在日趋激烈的社会竞争中,不抓住时间,磨磨蹭蹭的人,是会被社会所淘汰的,生活也就得不到保障。现在,孩子的学习任务还不重,磨磨蹭蹭的危害显现不是很大。等孩子上了高中,在强大的升学压力下,功课十分繁重;到了大学,在没人强调如何学习的情况下,要求自主学习。这两个阶段,磨磨蹭蹭的危害就一下子显现出来了。学习磨蹭,降低了学习效率,影响了功课的进度。所以,做爸爸的应该尽快纠正孩子学习磨蹭的坏习惯。

学习磨蹭是孩子常犯的错误,对于这种情况,爸爸可以采取的措施有:

第一,拿走一些可能干扰注意力的东西。比如不要在他的房间里面放水果,加强房间的隔音,不让父母这边的谈话、电视声音去干扰他的注意力。

第二,传授提高注意力的方法。比如,对于喜欢做几分钟玩几分钟的学生,爸爸可以采取奖励法,爸爸估计一下孩子每天做完作业所需要的时间,然后和他约定,如果能在规定的时间内做完的话,可以让他做一些自己喜欢的事情;如果不能做完,可以采取一定的惩罚,比如干某样家务活。这种方式是通过提供外在动机的情况下让孩子按时完成作业。爸爸还可以采取循序渐进的方法,让他在桌上放上闹钟,每专注地学习十分钟,可以休息两分钟,慢慢延长时间,从10分钟到15分钟,到20分钟,半个小时,通过这种方式来逐渐培养孩子注意力集中的时间。

第三,找到孩子的学习兴奋点和疲倦点。只有有效地结合孩子的学习习惯,合理安排孩子的作息计划,找到兴奋点和疲倦点,让孩子的学习有松有弛,才能事半功倍。

第四,兴趣是学习最好的老师,培养孩子的兴趣十分重要。如果孩子不喜欢这门功课,应该带着去发现这门功课的乐趣与神秘所在,尽可能地使孩子产生兴趣。

教子心得

在对待孩子学习磨蹭的问题上,爸爸还要以身作则,首先改掉自己办事拖拉的毛病,凡事立刻行动,久而久之,孩子就会潜移默化地受到影响,凡事能立刻投入行动。

帮助孩子找到学习目标

赵艺现在在某普通高中上高一,父母希望他能在新的学校好好学习,可是他却遇到了一个非常头疼的问题,就是觉得干什么都没劲。赵艺自己的感觉是不知道学了以后干什么,体会不到学习的快乐,也不知道现在所做的一切对于自己的未来是否真的有帮助。而且他从现在的媒体上看到,大学生、研究生都越来越多,认为自己就算考上大学,也未必就能找到好工作,实现爸爸妈妈对自己的一些设想。就这样想来想去觉得很灰心,然后干什么事情也都没劲,一天一天地耽误时间,心里其实很着急,却又打不起精神。

出现这种情况的原因一般是缺乏目标。赵艺同学就是因为没有目标而失去了方向感、无所适从,从而放弃学习。这时候父母、老师的帮助就极为重要。

目标是一个人行走的指南针,就像一个人行走在森林中,没有指南针的话,一定会迷失方向,最后也就缺乏前进的动力,出现了赵艺的所谓干什么事情都没劲的情况。可见,目标是人生的一大动力,只有有了目标,学习和生活也才有了前进的方向,也才能体会到遇到挫折的苦痛和实现目标的激动,生命的热情火花才能绽放。

每个人都会出现人生的迷惘期。有的人发现原来的目标其实根本什么没有意义,一下子懵住了;有的人醒悟到自己一直在自以为是地生活着,跟万千众人一样碌碌无为;有的人完成了现有的目标,突然不知道其后做什么好了。所以迷惘是很正常的,但一直这么迷惘下去,人生也就这么迷惘地过完了。这时候的关键就是如何度过这个时期。

爸爸作为孩子学习、生活的导向,应随时注意孩子的心理状况,以便及时发现问题,解决问题。此时,可以通过以下几个方面帮助孩子确立学习目标,度过迷惘期。

1. 寻找突破口

孩子没有目标一个很大的原因是认为自己所学的未必对未来有帮助,爸爸可以通过谈心的方式询问孩子:你认为今后不论从事什么工作都需要的知识是什么?对此问题孩子一定有所看法,他可能认为不管从事什么工作,外语很重要,或者计算机很重要。可以根据孩子所说的知识为突破口,制订一个有关学习计划。

2. 纠正观点

在孩子执行这个学习计划的同时,爸爸要纠正孩子有关的观点,比如对现实的灰心。爸爸可以用一些事例告诉孩子,只要是学有所成,就一定能够有所成就。爸爸可以指导他看一些名人传记,特别是那些出身平平,却靠自己能力和毅力成功的人的传记;也可以用身边的一些有关求学求职的事例来鼓励孩子,让其明白即使在现在求职越来越困难的情况下,仍然有许多人靠自己的实力找到很好的工作,获得成功。

3. 确立目标

爸爸在改变孩子观点的基础上,逐渐建立起孩子对其他学科的兴趣,慢慢调整学习计划,并建立一个总体的学习目标,比如以后要学习什么专业,考上什么样的大学,从事什么职业,从而改变孩子学习惘然的状态。

教子心得

应该相信,迷惘是可以改变的,同时,爸爸也应该相信,帮助孩子走出迷惘,找到生活的新方向,并不是那么困难的一件事。

能力篇

好爸爸懂得
培养孩子的生存能力

第一章
思考能力:培养孩子正确的观念

独立思考的能力对孩子很重要

九岁的伯平是个很听话的孩子,学习成绩也比较优秀,但他就是缺乏独立思考的能力,干什么事都没有主见,别人说什么他都信。爸爸叫他学习什么,他就学习什么,爸爸叫他怎么学,他就怎么学。不但如此,就连明天上学穿衣服,他都会问爸爸:"爸爸,我明天该穿什么呢?"在学校,他也会问老师:"老师我是参加比赛呢,还是不参加呢?"

对此,爸爸十分担忧:孩子没有一点独立思考的能力,今后如何才能在社会上立足呢?

目前,大部分孩子享受着家庭过多的溺爱,几乎什么事都不用操心,渐渐地,也就失去了独立思考的能力。这样,不仅影响孩子现在的生活和学习,还会影响他将来的命运和前途。

一个具有独立思考能力的人,不仅学业方面优秀,还会在将来的人生中少走很多弯路,才能出类拔萃。

拿破仑·希尔说:"思考能拯救一个人的命运。"

一位名校校长在学生的毕业典礼上这样说道:"在这里,重要的不是你掌握了多少知识,而是你学会了怎样去思考。知识可能在今后的工作中用不到,思维的能力却是你一定会用到的。学校真正教给你的,只有这些。"

英国剑桥大学的迪·博诺教授说:"一个人很聪明或智商很高,只说明他有创造的潜力,不能说明他很会思考。智力和思考的关系,好比一辆汽车和司机驾驶技术的关系,你可能拥有一辆很好的汽车,但如果驾驶技术不好,同样不能把车开好。相反,你尽管开的是一辆旧车,但驾驶技术很好的话,照样可以把车开好。很显然,智商高和会思考之间画上了不等号。"

因此,爸爸在教育孩子的过程中,不是教孩子该如何"听话",而应是逐渐培养他的独立思考能力,让他在学业和事业上更出类拔萃。

1. 从小培养孩子的独立思考能力

一次,爸爸问六岁的儿子:"孩子,如果爸爸出差一天,忘关水龙头了,你想想,咱们家会怎么样?能带来什么样的后果?该如何解决呢?"

儿子想了想,说:"爸爸,我想应该没什么问题,因为水会顺着下水道流下去的。不过,这得看水龙头开得大小了。此外,我觉得还应该在咱家的洗手间和厨房里挂一个'节约用水'的牌子,这样,就可以尽量避免这种情况的发生了。"

爸爸接着又问道:"如果爸爸出差一个星期,如何才能不让花'渴'死呢?"儿子琢磨了一个下午,终于想出了一个办法,高兴地对爸爸说:"爸爸,你可以在花盆上面放一个水盆,然后再用一些细布条的两头分别连接到水盆和花盆,这样,布条就会向花盆渗水,即使你出差半个月,花也不会'渴'死啦。"

在孩子小的时候，爸爸应该多向孩子提出一些简单的问题，有意识地鼓励孩子去独立思考。比如，水能有什么用？电能有什么用？太阳有什么用？喝饮料的瓶子还能干什么？等等。这样，孩子就会逐渐养成独立思考问题的习惯，久而久之，他的独立思考能力就会得到明显的提高。

2. 适当允许孩子的怀疑

晚上，爸爸给九岁的徐正讲《灰姑娘》的故事。听完，徐正说："爸爸，你没有发现什么漏洞吗？"爸爸正想批评他，但是转念一想：说不定，孩子的想法是对的呢，于是就问："你发现什么了？"

徐正说："在这个故事中，深夜12点，所有的东西都变回了原来的样子，但是水晶鞋却没有变回去。王子正是拿着水晶鞋才找到灰姑娘的。"

爸爸说："你的想法很独特，爸爸支持你，你可以自己编童话故事，我想，你的童话故事也会很好听的。"

如果孩子说得有道理，爸爸就需要对他提出表扬和鼓励；而如果孩子说得是错误的或是存在某种误区，爸爸就需要有针对性地对他进行纠正，让他对事物有一个正确的认识。

当然孩子敢于怀疑是很好的，但是怀疑要有度。爸爸要让孩子知道，有些事可以通过怀疑找出破绽，然后把事情做得更好；有些事是不能怀疑的，例如，同学对自己好，孩子就怀疑："同学对我好，是不是要陷害我？"否则，就会扭曲自己的价值观。

3. 通过争论锻炼他的独立思考能力

八岁的李海正在看电视剧。爸爸问他："你喜欢剧情里的谁？"

李海说："我喜欢女主人公，因为她漂亮。"

爸爸说："我可不认为她漂亮。你觉得，除了漂亮，她还有什么优点？"

李海想了想说："她还善良，因为他经常帮助贫困的老百姓；她还勇敢，因为他敢于为民请命，帮助老百姓惩治贪官；她还爱国……"

在与爸爸的争论中，李海通过自己的思考，想出了女主人公的很多优点，并且都会找一些剧情来论证自己的观点。

爸爸与孩子争论，既可以锻炼孩子的独立思考能力，又会让孩子的思维更灵活、敏捷。所以，在平时的生活中，爸爸可以根据家庭的各种情景，来与孩子探讨问题，争论问题。例如，爸爸可以与孩子争论玩游戏机时间长了好不好？玩多长时间最好？看完电视后，爸爸可以与孩子争论，某一个综艺节目好不好？它为什么好看？电视剧里的哪一段剧情比较好？等等。

教子心得

敢于怀疑不仅能体现出孩子独立思考的能力，还体现出孩子敢于展示自我的勇气。所以，当孩子对某种事物或事情产生怀疑时，爸爸不能贸然斥责他，而是要多听听他的想法，看看他是站在什么立场思考问题的。

培养孩子的想象力

深秋的一天，爸爸带七岁的秦明逛公园。秦明看着光秃秃的树说："爸爸，你看，树叶都跑回家去了。"

爸爸马上表示反对："错！树叶不是人，又没长脚，是不能回家的。秋天到了，树叶都掉在了地上,然后又被公园的清洁人员扫走了。明白吗?"

"秋风扫落叶"是一种简单的生活常识,孩子长大以后自然会知道。但是爸爸的回答方式却无情地扼杀了孩子的想象力。

据一项调查显示:在 21 个被调查国家中,中国孩子的计算能力排名第一,创造力排名倒数第五,想象力则位列最后。

现实生活中,一些爸爸总是忽视对孩子想象力的培养,就算是重视,也只是排在了学习后面。实际上,这种教育观念是大错特错的。因为让孩子充分发挥出想象力,不仅能激发孩子的学习激情,更是他人生的一笔财富。

爱因斯坦说:"想象力远比知识更重要,因为知识是有限的,而想象力概括着世界上的一切并推动着进步。想象才是知识进化的源泉。"

因此,爸爸须唤醒孩子的想象力,使孩子的想象力得到自由的发挥,让他的生活更加色彩斑斓。

1. 从幼儿时期培养孩子的想象力

幼儿期是孩子想象力最丰富的时期,爸爸要从小培养孩子的想象力,为孩子未来的成长打下扎实的基础。

> 两岁左右:
> 孩子的想象力比较简单、匮乏,缺乏目的性。爸爸可以通过画画,让孩子熟悉自己身边的事物,并发挥想象力;带孩子逛公园,让孩子接触花草树木、动物和小鸟,为孩子的想象提供更多的资源。
>
> 3~4 岁:
> 孩子经常混淆现实与想象,想象主题不稳定。爸爸可以跟孩子玩一些填图游戏,让他在白纸上涂上自己喜欢的颜色,提高他对事物的理解能力。
>
> 4~6 岁:
> 孩子的创造性想象开始萌芽,想象力有了很大的提高。爸爸可以给孩子讲故事,或是让孩子玩游戏,如搭积木、玩电动玩具,等等,来培养孩子的想象力。

2. 尊重孩子想象的权利

孩子产生一些离奇怪异的想法是好现象,说明他的想象力开始萌芽了。所以爸爸应顺应孩子的天性,尊重孩子的想象力。

> 六岁的金宇正在画画,爸爸看到他画的是一只小花狗和一个孩子,就问:"为什么这样画呢?"
> 金宇说:"画里的孩子是我,我正在和小狗玩捉迷藏呢。"
> 爸爸说:"画得真好!但是除了你和小狗,什么东西都没有,你往哪儿藏呢?"
> 金宇听后,又画了一栋房子和几棵大树。爸爸又说:"爸爸也想跟你一起玩,可以把爸爸也画上吗?"
> 金宇高兴地点点头。

爸爸的做法不仅尊重与保护了金宇的想象力,还使他的想象力得到了提升。所以,当孩子说出自己独特的想法时,爸爸非但不能打击他,而且还要尊重孩子的想象力,给他一个发挥想象力的空间,让他的想象力得到充分的开发。

3. 激发孩子的想象力

> 这天下雨了,八岁的小文说:"爸爸,小雨点'砸'我的头了。"

爸爸笑着说："是的，它像小锤子一样砸了你的头。你想想，它还像什么？"

小文挠了挠头，说："爸爸，它还像小手一样抚摸我的头；它像人一样在我的头顶上跳舞呢；听，很多小雨点正在唱歌呢——它们敲打着地面发出了声音……"

其实，每一个孩子的想象力都是十分丰富的。虽然有时它们的想象很独特，爸爸若用常人的思维是很难理解的。爸爸在与孩子接触的过程中，须抓住每一个机会来激发孩子的想象力。

4. 鼓励孩子去幻想

被誉为"科幻小说之父"的美国小说家凡尔纳在一部小说中写出了自己对未来的幻想：美国的一个州将建立一个火箭发射站，火箭从这里发射，飞往人类向往的月球。此外，他还描绘出了宇航员在飞船中的失重情况。

结果，100年以后，美国真的在那里发射了宇宙飞船，并且宇航员失重的情况和凡尔纳在幻想中描写的相差无几。不仅如此，像雷达、坦克等，都能在凡尔纳的小说中找到雏形。

凡尔纳对未来的幻想，给了我们很大的启迪，这就是幻想的无限魅力。

在幻想的过程中，不仅能提高孩子的想象力，还能锻炼他的思考与处理问题的能力。所以，爸爸应在尊重孩子想象力的基础上，鼓励与引导孩子去幻想。如"你觉得未来的世界是什么样的？""你认为，未来的主要交通工具是什么？"这样，孩子的脑海里就会出现很多新鲜独特的事物以及解决问题的方式，渐渐地，孩子的想象力也就有了很大的提升。

另外，即使孩子的幻想是不太科学或不现实的，爸爸也不能怒斥孩子，而应及时引导与帮助孩子，使他的幻想发挥出更大的价值与意义。

教子心得

幻想是想象的基础，喜欢幻想的孩子往往具有较强的想象力。爸爸应注重培养和激发孩子宝贵的想象力。

让孩子遵守社会公德

孩子总有一天会真正地以个体形式融入社会，那么培养孩子的社会公德就显得尤为重要。有一种奇怪的现象，人们总会抱怨公共厕所脏，大街上垃圾、灰尘多，公共场所脏乱等，却很少有父母重视孩子公德心的教育。孩子是祖国的未来，将来的大环境是要靠他们来维护的，也许父母会认为孩子几乎每天两点一线的生活，不会有什么不良的行为，根本没有必要特意去教育。而且，这些事情在学校都有得教，孩子现在的第一任务是学习，至于遵守社会公德，等他长大了，自然就懂规矩了。孩子，就一定不会做有损社会公德之事吗？未必！

在学校，几乎每张课桌上都有孩子们画的画，写的字。老师多次强调要爱护桌椅，却总是起不到什么实质性的作用。

在家里，有些孩子懒得到楼下去倒垃圾，就会在阳台偷偷地看看楼下有没有人，然后，趁着没有人注意就把垃圾袋从楼上扔下去。

在社区，每年春天，社区里的花坛总会种上各种美丽的花儿，可是用不多久，这些花就被折得差不多了。因为，孩子总会成帮结队地一起来"偷"花，居委会的阿姨，无论如何说教也不起任何作用。

孩子随父母去看电影,一边嗑瓜子,一边观看完全不顾他人的感受。在公园,随地吐痰,随地扔果皮纸屑等。

这些现象都屡见不鲜。实际上,这些现象都是孩子自私自利的具体表现,如果爸爸在孩子小的时候不及时地给予纠正,长大后的孩子将很难在社会上立足。

讲公德的好孩子应该学会遵守公共生活规则。爸爸要做好孩子的监督员,让孩子一步一步地甩掉恶习。

1. 爱护公共财物

教育孩子爱护学校的桌椅板凳,爱护公共设施,爱护一草一木等等。另外,带孩子游玩或参观时,也要告诫孩子,不可乱写乱刻,让他知道爱护公共财物是每一个公民都应该要尽的义务。

2. 遵守公共秩序

告诉孩子在公共场所不要大声喧哗,比如,在图书馆要保持安静,在电影院不要侃侃而谈等。另外,在参观或买票时,不可插队,要有秩序地排队。

3. 保护环境,人人有责

杜绝孩子乱扔东西的习惯,要教导孩子把垃圾扔到它该归位的地方,比如,垃圾筒。另外,也要教育孩子分辨是非的能力,哪些应该做,哪些不该做,都要做到心中有数。绝不能做不文明、不道德的事情。

4. 关爱他人,关心公益事业

教育孩子助人为快乐之本。多带他们去关心那些贫困或受灾的人们,让孩子从小就有一颗爱心,使他们拥有美好的心灵。

培养孩子的公德心,不在于要给他们讲多少道理,让他们背多少条款,我们要从日常生活入手,教育孩子体谅他人,爱惜属于大家的财物。要让孩子知道公德心对我们及社会的重要性,最佳的方法就是让他们亲身去体验欠缺公德心对自己及他人生活所带来的影响。

教子心得

好孩子是教出来的,父母都希望自己的孩子能够成为文明、善良、有高尚公德的人,但是爸爸要明白,这个愿望绝对不是光凭嘴上说说就可以达到的。爸爸要从自身做起,从点点滴滴做起,让孩子早早地融进文明的社会中去,去爱护它,保护它,创造它。

培养孩子独立思考的能力

孩子想的事情太少了?孩子能想的事情太少了?爸爸妈妈的代劳让孩子的思考能力变得懒惰了。因为他们从来不用愁,在学习上有不会的,不用去想,只要说一声,爸爸就会来帮他讲解,告诉他答案;生活中有了什么问题,他们也从来不用去思考,因为妈妈早就帮他们做好了。在爸爸妈妈的爱护下,孩子似乎变得无比弱小,他们遇到不会的、不懂的,从来不会去想一下,只会大呼"爸爸妈妈,你快来!""我不会。""我不懂。"现在的父母都习惯于给孩子指路,事事替孩子包办,所以孩子依赖父母的心态越来越强。如此下去,即使孩子长大了,他们也只能成为一个人云亦云、没有主见的人。这是父母想要看到的吗?

独力思考的能力是人生一大技能之一。孩子只有拥有了这种能力,才会善于发现问题,思考问题,从而想出方法去解决问题。如果一个人的独立思考能力削弱了,那么他就连带着把自己的探索精神也随之丢弃了。因为这两者之间有着密不可分的关系,是相依相存的。因此,爸爸要把这种意识提上来，尽早地着手于培养孩子独立思考的能力，这样不仅有利于他学习能力的提高，也是为培养他以后的探索精神打下基础。

艳艳都上三年级了，却事事都离不开爸爸。有一天，艳艳在房间做暑假作业，突然发现后面有一道题自己从来没有见过。所以，她跑到爸爸的书房把爸爸拉过来，并对他说："爸爸，这道题没见过，我不会做，你快点来帮我的忙。"爸爸看了一下题，然后笑着对她说，实际方法很简单。于是从头到尾给艳艳讲了一遍。而艳艳呢，在爸爸的思路下很快就把这道题做完了。在爸爸的眼里，艳艳是个爱学习的好孩子，爱问，作业哪里不会都会提出来。

可是有一次，爸爸终于认识到事情的严重性了。像以前一样，艳艳又有不会的题了，就又去问爸爸，爸爸当时正在忙着打资料，看了一眼艳艳的题顺嘴就说："艳艳，爸爸现在很忙。这道题和爸爸昨天给你讲过的差不多，你先自己好好去想想昨天爸爸是怎么给你讲的好吗？"

"我不会去想的，反正我不会，那我还是等一会儿，爸爸再给我讲吧。"说完女儿蹦蹦跳跳地跑开了。爸爸愣了一下，他已经发现孩子身上欠缺之处。爸爸的代劳已经让孩子的独立思考能力隐了身。

小美也是三年级的学生。相对于艳艳来说，在学习上脑袋更为灵活，常常可以通过问题举一反三。原来，小美的爸爸有自己的一套方法。如果小美也像艳艳那样提出问题的话，爸爸不会直接给答案的，反而会与孩子一同去查找有关的资料。让孩子去思考，尽力自己去解决问题。如果小美通过自己的思考解出了不止一种答案，爸爸就会对小美及时做出表扬。小美在这种教育模式下，不仅爱思考，勤于思考，还使自己对学习越来越感兴趣了。这不，小美现在被同学们推选为学习委员了。

两个爸爸的两种做法，造就了孩子的两种态度。看来教育就连细节都是不可忽略的。当然，独立思考的能力是需要长时间进行培养的，爸爸要在生活中做孩子的老师，让孩子养成独立思考的好习惯。

1. 让孩子的"脑袋"动起来

爸爸要给孩子留有独立做事的空间，让孩子多做一些他力所能及之事。孩子在动手的过程中自然而然地会引发他动脑的行为。这种方法看似简单，却是培养孩子独立思考能力最有用的一招。

2. 积极引发孩子进行思考

爸爸可以常用"怎么办呢？""接下来要如何做呢？"等句子，让孩子积极主动地投入到思考中来。爸爸也可以常给孩子讲他们爱听的故事，要把开头、情节尽量描述得生动，到了结尾之处可以故意留下悬疑，让孩子通过以上爸爸所讲的，去想象会有一个什么样的结尾，并让他说明为什么会有这样的结尾，为什么不是那种情况等等。当孩子把思考能力发挥得淋漓尽致之时，你再告诉孩子真正的结尾。

教子心得

孩子总会有很多很多的问题，比如"天为什么会是蓝的？""秋天为什么叶子会落？"等等。这个时候，爸爸一定不要表现出不耐烦的样子，也不要打击孩子的积极性，而是要尽可能地利用这些机会，让孩子投入到思考和探索中去。

要给孩子灌输积极的人生观

九岁的肖明超不求上进,学习总是差不多就行了,虽然他的成绩处于中上等,但他已经很满足了。

为了激发孩子上进,爸爸对他说:"孩子,你知道现在最重要的是什么吗?是钱!只要你学习好,你就会有大把大把的钱,就能出人头地。到时候你就可以买名牌跑车、穿名牌衣服、戴名牌手表……你想想,那时候你活得多有意思呀!"

肖明超果然有了上进心——以追求奢侈的物质享受为最终目标。但是后来,他动不动就要钱,比如帮妈妈洗碗,他会要十块钱;帮爸爸擦皮鞋,他要十块钱。不但如此,买文具,他要最贵的;买衣服他也必须要名牌;上学不坐公交车,而是打出租车……

在教育孩子的问题上,一些爸爸总是喜欢用名利来激发孩子上进。通常,主要有以下几种表现形式:

不好好学习,你就只能扫大街——孩子会认为:学习就是为了摆脱平凡的工作。

不好好学习,你长大就是个穷鬼——孩子会认为:学习就是为了赚钱。

不好好学习,你就只能遭人鄙视——孩子会认为:学习就是为了让自己更"风光",更有面子。

……

虽然这种方式有一定的激发孩子的作用,但是却会使孩子的虚荣心膨胀,久而久之,也就完全扭曲了孩子的人生观和价值观,给他的人生留下阴影。

1. 培养孩子积极向上的意识

灵灵今年上小学五年级了,成绩名列前茅,但他还是很认真、刻苦地学习。因为他的爸爸一直在培养他积极向上的意识。

有一年,灵灵连续考了三次第五名,很灰心地对爸爸说:"爸爸,我想我也就只能考第五名了。"

爸爸教导他:"孩子,你要是这么认为,那么你永远就是第五名了!你应该不断积极向上,不甘落后,这样,你才能取得更好的成绩。"

灵灵听爸爸这么说,学习也就更努力了,后来,他终于取得了第一名。

积极进取的意识可以激发孩子上进,使孩子不断充实和提高自己,进而使自己变得更为优秀、强大。

英国哲学家罗素说:"只有积极进取的人,才能够摘得成功的桂冠。"

所以爸爸需要从小培养孩子积极向上的意识,让这种意识成为孩子上进的内在动力。爸爸可以通过鼓励孩子与同学竞争,讲述伟人积极进取的故事,让孩子阅读一些励志类的图书和杂志等方式,来培养孩子积极进取的意识。

2. 打消孩子盲目自大的气焰

有时候,孩子不求上进,是盲目自大的心理在作怪。因为如果孩子存在盲目自大的心理,就会认为自己很出色,别人不会超过自己,也就变得懒散、不思上进了。所以,爸爸要想让孩子不断上进,就要及早打消孩子盲目自大的气焰。

吕征今年上小学六年级了,他的成绩从来都是全班第一,这让他越来越变得骄傲自大。

一天,爸爸叫他去写作业,他说:"爸爸,写不写作业都无所谓,反正也没有人能超过我。这样,我还不如多看会儿电视呢。"

爸爸对他说:"孩子,你知道井底之蛙吗? 它就是因为只看到了一点天空,就说天空只有井口那么大。你现在就像井底之蛙一样。的确,你的成绩是全班第一,但是你有没有想过,除了班级第一,还有年级第一、全校第一、全市第一、全省第一,甚至是全国第一! 正所谓'天外有天,人外有人',你不过是全班第一,又有什么大不了的呢?"

吕征听后,羞愧得无地自容。

古语云:"骄兵必败。"骄傲使人落后,谦虚使人进步。爸爸一定要把孩子盲目自大的心理扼杀在萌芽状态,使他时刻保持积极向上和谦虚谨慎的人生态度,进而不断进步,取得更大的成就。

3. 鼓励孩子参加各种竞赛

学校会组织各种各样的竞赛,如数学竞赛、英语竞赛、体育竞赛等,这些竞赛要求每一位参赛者尽全力发挥出自己的优势和潜力,以取得胜利。孩子在参加这些竞赛的过程中,就会学习如何与他人竞争,如何更好地发挥出自己的优势与特征,如何与同学更好地配合,等等。

爸爸应鼓励孩子去参加各种竞赛,让他勇于表现自己,敢于用自己的实力去争取荣誉,这样不仅会激发孩子上进,还会提高他的组织与协调能力。

此外,大多数孩子在第一次参加竞赛活动时会感觉到紧张、害怕,不敢表现自我,此时就需要爸爸对他进行支持与鼓励。

教子心得

爸爸须改变教育孩子的观念,用正确的人生观来激发孩子上进,帮助孩子树立远大而崇高的人生目标,让他沿着正确的方向迈出前进的步伐,进而取得更有意义的成功。

诚信是一种世界观

诚信是一种世界观,也是一种道德观和价值观。诚信是成功的最大关键,对子孩子和社会都有重要影响。爸爸要教育孩子做到诚信。

宋玉是个很守信用的孩子。这和爸爸的教育是分不开的。一个周末,爸爸准备带孩子去朋友家做客,当时宋玉正在画画,她放下画笔,拉起爸爸的手就要往外走。可是刚迈出门,宋玉就停下了脚步,说:"爸爸,我不能跟你去,我已经和马茜说好了,今天一起去书城的。"

在一旁的妈妈说:"我还以为你有什么重要的事情呢,这好办,以后再去吧。"

爸爸却说道:"不行,说了的话就要兑现,马茜来了扑空多不好啊!"宋玉听从爸爸的话,在家安心等待马茜的到来。

诚信是指待人处事真诚、讲信用,言必行、行必果。以诚待人,以信取人,是中华民族最为优秀的传统之一。诚信是孩子博得他人的信任、和他人友好相处的最基本条件。诚信的品质比其他任何品质更能赢得他人的尊重。

诚信是孩子必须具备的道德素质和品质。孩子如果没有诚信的品德和素质,不仅难以形成内外统一的完备的自我,而且很难发挥自己的潜能。缺失诚信,就会使自我陷入非常难堪的境地,个人也难以对自己的言行做出肯定性的判断和评价。

缺失诚信,不仅自己欺骗自己,而且也欺骗别人,既毁坏了健全的自我,也破坏了和谐的人际关系。

每个爸爸都希望孩子具有诚信的品质,诚信不是与生俱来的,很大程度上是后天在爸爸的教育中逐渐培养起来的。

诚信需要从生活中的点滴细节做起。爸爸要教育孩子在答应他人之前,首先要考虑自己是否有能力做到,对于不能胜任的事情,不能轻易答应,对于已经答应了的,就要守信用。如果在履行诺言过程中有特殊情况而无法兑现诺言时,就要向对方说明情况并表示歉意。

1. 告诉孩子诚信的重要性

爸爸要告诉孩子,诚信是基本的为人处世之道,是进入社会的通行证。在与人交往时,得到他人的信赖是与人合作的最基本要求。要教育孩子不管在什么时候,对自己所说的话都要做到,这样才会在社会上有立足之地。

当今社会,诚信的价值已远远超越了道德的伦理范畴,它的重要性日益彰显。诚信不只是一种品质,更是一种生存技能。它可以给孩子带来许多益处,也会帮助孩子赢得别人的信任和钦佩。要想让孩子具备诚信的品质,爸爸首先要告诉他们诚信的重要性。

2. 给孩子树立诚信的有效榜样

爸爸教育孩子讲诚信,自己必须要讲诚信,做孩子的榜样,这是对孩子最直观和生动的教育。在生活中,爸爸对待孩子一定要做到言行一致,说过的话就要做到。如果父母不履行承诺,孩子会受到不良暗示,跟着模仿。

> 形形是个很固执的女孩,一次爸爸想让形形去帮他买份报纸,她以看电视为由不去。爸爸为了使她听话,便说周末带她去游乐园玩,形形便乐滋滋地帮爸爸买回了报纸。
>
> 转眼到了周末,形形很早就穿戴整齐,等着和爸爸一起出去玩。可是爸爸已经把这件事给忘了,他和朋友约好了去打球。形形很不乐意,爸爸也觉得自己的做法有错,他和孩子解释了原因,并且说下个周末补上这次活动。看到爸爸的真诚态度,形形原谅了爸爸。下个周末爸爸真的陪她去了游乐园,为孩子做了很好的榜样。

3. 培养孩子的时时间观念

诚信的一个很重要的表现是守时。守时是诚信的基础,守时要求孩子有很好的时间观念。爸爸应该从小就让孩子养成在规定的时间做计划好的事,严格遵守时间的好习惯。

孩子能在这些约束中,学会管理自己的行为,时间一长,孩子不论做什么事情都能做到守时守信,并且会使之成为自己的习惯。

4. 适时表扬孩子的诚信行为

爸爸适时地鼓励孩子的诚信行为,会给孩子带来良好的情感体验,让孩子知道诚信是维系和他人之间良好关系的纽带。孩子年龄小,如果讲诚信的行为得不到爸爸的关注和肯定,很容易丧失热情。

孩子渴望自己的行为得到爸爸的认可,但是很多爸爸忽略了孩子的内心需求,无视孩子的表现,在孩子做得好的时候没有适时表扬,在孩子做得不好的时候没有及时给予批评指导,不利于孩子养成诚信的好习惯。因而,聪明的爸爸要适时表扬孩子的诚信行为。

教子心得

很多时候,爸爸为了诱导孩子做某些事情,都会轻易许诺,但是却很少兑现。孩子发现爸爸在欺骗自己之后,就会在自己的思想中树立不守信的意识。因此,爸爸要加强自身的修养,做到诚实守信,给孩子树立诚信的榜样。

第二章
交际能力:教孩子怎么与人相处

孩子要具有分享的美德

分享是一种美德、一种责任,孩子们可以从充满童趣的分享活动中真切感受到分享带来的快乐,这对他们正确理解分享以及将来形成健全的人格都有重要的作用。然而,对于心理发展水平还处于以自我为中心为特征的孩子来说,分享显然不是一件易事。

爸爸给刘强买了一个滑板,第二天刘强就把滑板带到幼儿园去炫耀,小朋友们都很羡慕,想让刘强把滑板给他们玩玩,可是刘强死活不肯,他把滑板抱在胸前或坐在屁股底下,连上厕所都要带着。

下午,爸爸去幼儿园接刘强时,老师说刘强可"小气"了。在回家的路上,爸爸开导儿子:"听老师说你不肯把滑板借给同学玩,是吗?"

刘强说:"是啊,滑板是我的,我为什么要借给他们?如果我借给他们玩,万一他们不还给我怎么办?"

爸爸笑着说:"不会的,你如果把滑板借给同学们玩,他们玩几下就会还给你的,这样大家都体会到了玩滑板的乐趣,大家都高兴了。而且下次小朋友们有好玩的玩具,你去借他们也会借给你的,这样你才会受欢迎。"

通过爸爸一番耐心的解释,刘强明白了分享的道理,知道分享不是失去。

当孩子因为存有"分享就会失去"顾虑而不肯分享时,爸爸要对孩子的担忧表示理解,然后告诉孩子:"分享不是失去,分享是互利,分享是获得。"这样孩子才会消除担忧,大方地与人分享自己的玩具。

对于分享零食,有的孩子可能觉得与人分享就是失去,其实不是这样的。爸爸可以告诉孩子:"这次你有好吃的,分享给小朋友,以后小朋友有好吃的,也会分给你呀,这样你不就没有失去什么吗?"这样孩子就知道分享是互惠互利的行为,而不是失去。

培养孩子乐于与他人分享,父亲可参考以下几点:

1. 利用故事让孩子体验分享的乐趣

孩子常常通过观察和模仿来学习,因此,多给孩子讲述分享的故事,可以让孩子体会分享的乐趣,并就此展开讨论,这对于孩子分享意识和分享行为的形成十分有效。

如故事《金色的房子》中的小姑娘因为自私而失去了朋友,变得很孤独,当她与小动物共享她的漂亮的金色房子时,她又得到了朋友。这个故事就极好地表现了分享的意义,不但能获得朋友,获得快乐,还能得到别人的帮助和尊重。

2. 通过开展角色游戏进行分享练习

在角色游戏中,孩子根据自己的经验和意识进行游戏,以角色的身份要求自己完成游戏,角色游戏可以培养孩子分享和谦让的行为,在家里,爸爸妈妈可以和孩子开展"大家一起玩"的游戏,分别扮演客人和主人,当客人来了时,让孩子和大家一起分享水果。然后,客人(爸爸妈妈)要对主人(孩子)表示感谢,肯定孩子的分享行为。经常开展这类游戏,可以强化孩子的分享行为。

3. 给孩子提供分享的实践机会

分享意识的训练要从幼儿期开始,孩子手中拿个布娃娃,爸爸手里拿辆小汽车,然后把小汽车递给孩子,拿过孩子手中的布娃娃,这样反复训练,体会互惠信任。年龄大的孩子,与小伙伴一起玩玩具获得乐趣时,就会体会到分享的快乐。如再给孩子一点鼓励,孩子会感到这是一种新的玩具享受方法。

4. 为孩子树立分享的榜样

日常生活中,成人关心别人,帮助别人,自然给孩子留下美好的记忆。做了好吃的点心分给邻居尝尝,毫不吝惜地借给别人需用的物品,这些行为都无形地告诉孩子应该分享。

教子心得

分享行为是一种综合性行为,也是与人相处的一个重要方面。爸爸要通过教育和引导培养孩子自发的分享行为,让孩子充分体验给予及被给予带来的快乐和满足,以及人与人之间的温暖和爱。

培养孩子的交际能力

人不能生而无群。

一个不会交朋友的孩子,当他越来越大尤其自我意识越来越强时,由于缺乏周围人群的喜欢和认可,在各个方面都会产生很大的挫折感,易导致自卑、孤独甚至自闭,严重扭曲孩子的人格,影响以后的学习和生活。根据对人才素质的研究,聪明并不是成才的主要因素,待人处世的态度和能力在很大程度上影响着一个人的聪明才智的发挥。

因此,培养孩子交际能力很重要。

人际交往是社会化的核心。社会是由人构成的,孩子在发展过程中必定要与他人发生交往,形成直接的面对面的人际关系。良好的人际关系,不仅能给人生带来快乐,而且能帮助人走向成功。而现代社会,独生子女常常由于缺乏兄弟姐妹和自然交往的伙伴,周围环境的封闭,得不到同龄伙伴的友情和亲密的邻里互助的机会,因而变得孤独、忧郁不安、不善交往。

所以,孩子从小就必须学会交朋友,逐步提高人际交往能力,从而适应社会的需求。幼儿期是交际之始,小学期是巩固和发展阶段,待小学毕业时孩子的交际能力的强弱已经非常明显了。

爸爸要鼓励孩子多与邻居、长辈、亲友、同伴等各个领域不同的人群去主动交往,要让孩子对周围的人感兴趣、不怕生、不退缩。孩子自出生后,就是一个社会实体,社会交往是儿童生活活动的基本形式。因此,家长从小就应该为孩子创造交往的机会,并适当地指导孩子交往的方法。

孩子毕竟是孩子,与小朋友交往中,难免出现各种各样的问题,此时爸爸应该细心观察,给予指导。孩子们之间出现摩擦或者裂痕,爸爸应该了解原因,做出分析,指导孩子们化解矛盾。

有人曾形象地把独生子女比作家中的"小太阳",几代人都围着"太阳"转。因而许多孩子从小就形成了以"自我为中心"的心理特点,他们常常只想到自己的需求和愿望。因此,同伴之间发生矛盾是不可避免的,而只有有了矛盾,他们才会反思和改变自己的交往方式,从而学会协商、轮流、合作等方法。所以爸爸对孩子之间的矛盾要注意多冷静观察,适当提供些建议,但不要过分干涉,尽量帮助孩子克服自我中心。千万不要轻信孩子的一面之词,急于介入纠纷,扩大矛盾。

事实证明，凡是善于处理人际关系的人，走到哪里都会受到大家的欢迎，他们的才能也可以得到充分发挥，他们所在的群体容易产生合作精神、活跃的气氛和热情互助的情境。随着社会的发展、素质教育的推广，爸爸应从小就注重孩子人际交往能力的培养。

大人在单位，如果同事关系不好，就很难愉快地工作，甚至还会把坏心情带回家。孩子大部分的时间在学校，如果和同学、老师关系不好，与人有了矛盾冲突，不知道怎样处理，孩子就很难快乐起来，也很难保持好的学习状态。

爸爸应当教给孩子正确的为人处世原则：在不影响别人的情况下，爱做什么做什么；在不伤害别人的情况下，想说什么说什么。这个原则的前提就是一定要尊重别人。

教子心得

孩子终究会长大，会独自走向社会。他们能否独立生存，能否获得成功，主要看他们能否与人和谐相处。知识使人变得文雅，而交往能力使人变得完善。

告诉孩子怎样选择朋友

小静家里穷，没有多余的钱买零食，一个比她高两年级的大姐姐经常给她好吃的东西，小静感觉她就是自己最好的朋友。因此，当那个大姐姐指使她去偷别人钱的时候，小静一点都没有迟疑，钱到手后她们两人就一起吃、一起花。

小静很高兴，但当她再一次伸手去偷同学的钱时，被同学当场抓住交给了老师。班主任把小静的行为告诉了她的爸爸。小静的爸爸十分生气，问小静是谁指使她去偷别人钱的，小静还想着不连累那个大姐姐，任由爸爸如何审问，就是一声不吭。

随着孩子慢慢长大，与同龄人交朋友的心理日趋强烈，每个孩子都希望与同龄的孩子一起玩耍，聊天，谈理想等。此时，爸爸要鼓励孩子去与人交往，这不仅是为了满足孩子目前与人交往的心理需要，也是为了培养孩子如何与人相处的技能，对孩子将来的发展十分有利。

但是，在孩子与人交往的过程中，爸爸需要让孩子学会择友和交友。因为孩子的思维、行为、语言等最容易受朋友的影响，如果孩子所交的朋友是品德高尚、志同道合、互相勉励、好学上进的朋友，那么孩子将会一生受益，成为一个优秀的人；而孩子若是交一些品质恶劣、不思进取、好吃懒做、偷鸡摸狗的朋友，那么孩子也会深受其害，还有可能因此落一个银铛入狱的结局。这样的情况在现实生活中时有发生，很多孩子本质不坏，但因结交一帮狐朋狗友，受其影响，结果误入歧途，一生的美好前途断送在择友不慎中。

因此，为了孩子的将来着想，爸爸要教孩子慎重选择朋友，尽量选择那些有着美好品质、高远志向、诚实可靠的人交朋友。但是，金无足赤，人无完人，一个人身上不可能聚集所有的优点，所以爸爸还要告诉孩子择友要慎重，但不能太苛求，只要对自己某一方面有促进，就可以主动与之交往。

1. 帮孩子树立正确的交友目的

交朋友的目的一般有两个，一个是满足情感上的需要，互相交流、倾诉，另外一个就是互惠互利。

小阳喜欢美术，班上的刘刚从小学画，绘画的功底很强。小阳每次见到他绘画，都很羡慕，也很崇拜刘刚。有一天，小阳对爸爸说："我想和刘刚做朋友，不知道他愿不愿意。"爸爸问他："为什么要选他做朋友呢？"小阳说："他很会画画，我喜欢美术，希望他能帮我，一同走上学画的道路。"

爸爸点点头说："很好，爸爸支持你，你打听一下，他在哪里学画，爸爸也让你去学。"小阳马上就打听到了，小阳也开始学画后，和刘刚走得越来越近。两人经常一起讨论画画的事，进步都很快。

在正确的交友目的下结交朋友，会帮助孩子取得更大的进步和发展。孩子一生中最温暖的友谊大多是在年幼的时候建立的，友谊会促进孩子身心的健康成长。为此，父母要指导孩子树立正确的交友目的，交到合适的朋友。

2. 教孩子学会选择多层次朋友

因为每个人对友谊的需要都是多层面全方位的，而这些不能集中在一个人身上，因此爸爸要教孩子学会选择多层次的朋友。

小聪回家对爸爸说："班里有一个成绩不好的同学，总爱挑我的缺点、毛病，还总要我改正，真让人讨厌！"爸爸听孩子说完，意味深长地告诉孩子："他有可能是你真正的朋友，他这是在善意地提醒和帮助你，否则他不会指出你的不好之处，更不会要求你改正，你要与他交往下去，并按照他说的去做。"

小聪按照爸爸所说去做了，慢慢地，他的缺点、毛病渐渐减少。此时小聪才意识到爸爸让自己那样做的用意，也与那位同学成了好朋友。

只要对孩子某一方面有促进，爸爸就要鼓励孩子与人交往下去，这样孩子选择多层次的朋友，才会使自己多方面得到改进、发展。

3. 让孩子学着主动去找朋友

两人成为朋友之前，需要双方的主动沟通、了解，如果只是消极坐等，永远都不会拥有朋友。因此，爸爸要鼓励孩子与那些品质优良、好学上进的同学主动交往，增进彼此的了解，才有可能发展为朋友。

4. 引导孩子深入了解对方后再确认友谊

朋友的确定，友谊的建立，是在深入了解之后形成的，如果孩子没有认清别人之前，轻易地与人成为朋友，很可能因此受到伤害。

孙靓玉与一个网友聊得十分投机，两人很快成了无话不谈的朋友，并且都想见到对方。于是，两人确定了见面的时间与地点。孙靓玉按时到了约定的地方，但却迟迟不见那个网上朋友的身影，正当她转身要走时，被一个三十多岁的男人从背后勒住了脖子。

那个男人低声告诉她自己就是那位网友，让她回家给自己拿五千元钱。孙靓玉吓傻了，撒腿跑回家把此事告诉了爸爸。爸爸报了案，她的那个网上朋友被抓走了，孙靓玉一家才免受侵害。

孩子在与人交往时，爸爸要引导孩子在深入了解对方的基础上再确认友谊，不要轻易将自己的所有情况透露给陌生人。否则如果碰上坏人，别人了解孩子越多，孩子的危险性就可能越大。

教子心得

有些朋友能够使孩子学习进步、思想升华，而有些朋友却会导致孩子思想颓废、行为堕落，孩子选择交什么样的朋友对自己的人生十分重要。因此，爸爸要让孩子学会择友和交友，以使孩子受益终生。

教孩子一些社交技巧

爸爸带着军军去公园，军军看见一个与自己差不多大的女孩正在荡秋千，自己也想玩，但因为只有一个秋千，所以他只有等待。过了一会儿，秋千上的那个孩子手里的东西掉了下来，她就停下秋千去捡。军军急忙走上前，坐上了秋千。

那个女孩转身看见军军占了秋千，就与他争抢起来。军军看了爸爸一眼，想起他日常教导自己与人相处的方法，于是停止了争夺，说道："我在下面等很久了，让我玩一下，一会儿我就下来让给你，咱俩轮流玩好吗？"

那个女孩想了一下答应了军军，两人就这样轮流荡起了秋千，相处得很融洽。

孩子与伙伴在一起，才能满足与人交往的心理需要，学会与他人和平交往和相处的技巧，为将来的良好人际关系打下基础。如果孩子不能融洽地与伙伴相处，不但不能满足心理需要，也会影响孩子的发展，对今后的成长很不利。

但是，有很多孩子都不能与同龄伙伴很好相处，往往原因出在家长那里，有些孩子是因为从小家人十分娇惯，要什么给什么，成了家中的小霸王，这样任性的孩子自以为是，唯我独尊，没有一点与人交往的技巧，因此很难融入小伙伴之中；还有一些爸爸，怕孩子与别人玩受到伤害，因此尽量避免让孩子出去，不愿意让孩子单独与别的小朋友交往。这样孩子因为与小伙伴接触得少，没有什么经验，和小伙伴在一起时容易出现矛盾，导致出现与人交往的恐惧心理，因而变得退缩、不愿意与人交往。

因此，爸爸需要经常同孩子一起玩耍，在玩乐中传授给孩子一些社交的技巧，比如让孩子学着使用别人易于接受的方式与小伙伴交往，告诉孩子别人的东西不可侵犯，鼓励孩子与小伙伴一起嬉戏等等。

孩子掌握了与人相处的技巧，再通过与小伙伴一起玩耍的实践，社交能力自然就会提高，从而能够赢得和谐的人际关系。

1.教孩子学会礼貌地与人交往

文明礼貌是孩子与人良好相处的敲门砖，因为任何人都喜欢文明礼貌的孩子，都愿意与这样的孩子交往。所以，爸爸首先要教孩子学会文明礼貌，告诉孩子不要自以为是，不能唯我独尊，与人相处时不能有粗鲁的言语与行为等等，这样孩子才有可能与别人愉快地相处下去。

2.告诉孩子不要侵犯别人的自由

任何人都不希望别人干涉、限制自己的自由，孩子也不例外。

芸芸玩游戏上了瘾，想让胖胖再陪自己玩一遍，但胖胖饿了，要回家吃饭，芸芸不让，坚持要胖胖再陪自己玩一会儿，并且强行把门给关上了。胖胖打不开门，很不情愿地陪着芸芸又玩了一会儿，但自从发生了这件事情之后，胖胖再也不愿意与芸芸一起玩了。

芸芸因此很伤心，爸爸告诉她不能侵犯别人的自由，还指出这种情况下该如何去做。以后，芸芸再也不强行让别人做自己不愿意做的事情了。

爸爸教孩子学着尊重别人的选择，不去侵犯别人的自由，这样能够减少孩子与别人发生矛盾的几率。

3.教孩子不要与别人斤斤计较

每个人做任何事情，都有不如意和不妥当的地方，朋友也一样。如果对朋友的每句话、每件事都要斤斤计较的话,就会影响彼此之间的顺利交往。所以,爸爸要教孩子学着大度、宽容,不要因为朋友偶尔说错一句话就记在心中,也不要因为朋友做错了一件事就断绝往来等等。

爸爸应该告诉孩子谁都有出错的时候,给予别人谅解,不去斤斤计较,才会拥有更多的朋友。

4. 鼓励孩子展露真实的自己

虽然人人从本能上都倾向与各方面都表现完美的人交往,但实际上人无完人,每个人都有自己的缺点、不足,与其在与别人的交往中有意掩饰、隐瞒自己的弱点,不如展现真实的自己,坦然承认自己的不足之处,这反而更有利于彼此的交往。因此,爸爸要鼓励孩子学会在朋友面前展露真实的自己。

5. 让孩子学会表扬、赞美别人

爸爸教孩子多去看别人身上的优点,并且给予诚挚的赞美,这是人与人之间交往融洽的润滑剂,能够加深彼此的友谊。

小双是个爱挑剔的孩子,总喜欢看别人的缺点,因此与别人的关系很一般。后来,爸爸平时有意识地多表扬小双,并且让她说出听到表扬时内心的感受,然后让小双也学着去赞美别人。小双从爸爸的表扬中感觉到了愉快,也试着用此法与别人交往,结果与很多伙伴都成了朋友。

任何人都喜欢得到别人的夸奖、表扬,也会对赞扬的人表示自己的好感,孩子如此做,就会很轻易地获得友谊。

6. 鼓励孩子多与人交往接受锻炼

孩子只有多与别人交往,多与不同的人相处,才会不断地调整自己,以更加适合的方式与别人交往。因此,爸爸要尽可能多地给孩子提供这样的机会,使孩子多与别人交往,让孩子在与别人相处中接受锻炼,这样有利于孩子交际能力的提高。

教子心得

爸爸传授给孩子一些社交技巧,可以帮助孩子更快速地加入陌生人之中,更融洽地与人相片,从而赢得更多的朋友,为孩子获得良好的人际关系打下基础。

教孩子怎样待人接物

宾宾的小姨与表弟到宾宾家走亲戚,宾宾当时正在玩电脑游戏,客人进门时他只回头看了一眼,就转回头继续玩游戏,就像没有看见一样。爸爸喊了宾宾几声,他才极其不情愿地站起身,嘟着小嘴走到爸爸的身边说:"爸爸,你打断了我玩游戏。"爸爸对宾宾说:"快叫小姨,表弟。"

宾宾还没有开口,小姨就走上前拉着宾宾的手说:"快叫小姨看看,宾宾有什么变化?"宾宾却一甩手说:"我要玩游戏去了。"弄得小姨十分尴尬。爸爸看着宾宾这样,十分后悔平时没有教导儿子学着待人接物。

现在有很多孩子不懂文明礼貌,不知道该如何待人接物,比如家里来了客人不知道打招呼,不懂得端茶倒水,客人走时不会起身相送;对长者没有礼貌,见了面不主动说话;不经别人允许翻动别人的东西……

这样的孩子经常被人们说成不懂礼貌、没有教养，走到哪里都不会受人欢迎。而孩子不会待人接物，不仅会给别人留下不佳的印象，影响现在与别人的交往，还容易形成不良的习惯，对孩子将来的发展不利。

孩子之所以如此，主要原因有三：一是爸爸观念上不重视，没有意识到待人接物的重要性，或者自己在这些方面也做得不好；二是有些爸爸知道孩子学会待人接物的重要，但认为孩子现在还小，没有必要如此早学习这方面的东西；三是虽然爸爸明白待人接物的重要，并且把这个观点也传达给了孩子，也想着让孩子尽早学习，但因为没有精力或者疏于教导，对孩子的行为放任自流，没有在日常生活中有意识地训练等等。

因此，为了让孩子学到良好的待人接物之道，将来进入社会能更好地与人相处，爸爸需要从尊重他人、热情待人、真诚做人这三方面教导和训练孩子，让孩子的行为走到哪里都受到欢迎，得到良好的评价。

1. 给孩子做待人接物的好榜样

爸爸平时在生活中，一言一行都要给孩子做好榜样，比如家里来了客人热情招待；不经别人允许，不去翻动他人的物品；认真倾听别人讲话；待人真实诚恳等等。孩子天天看着爸爸这样去做，耳濡目染，自然也就知道了应该如何待人接物。

2. 教孩子认识待人接物的重要性

一些孩子认为待人接物没有必要学，只要自己能力强了，知识多了，就能够发展得很好。他们不知道，无论自己其他方面有多强，如果没学会待人接物，对他人颐指气使或者盛气凌人等等，就得不到别人的支持，也不可能获得更大的成功。

因此，爸爸要教孩子认识到待人接物的这些重要作用，让孩子对它足够重视，这样孩子将来才会有更好的发展。

3. 告诉孩子应该如何去待人接物

待人接物主要体现在三个方面，首先是真诚做人，二是尊重他人，三是热情待人。

> 爸爸正在与客人说话，小素想让爸爸陪自己玩，就走上前打断他们的谈话说："爸爸，我想出去玩了，你带我去吧。"小素的爸爸没想到女儿在此时说出这样的话，虽然有些尴尬，但还是温和地对女儿说："爸爸正在谈事情，你自己先玩吧。"
>
> 小素叫不动爸爸，只好自己玩去了。爸爸谈完事情之后，把小素找回来，告诉她不能随便打断别人谈话，说这是对别人的不尊重，也是不礼貌的行为。小素记在了心里，以后再也没有做过类似的事情。

真诚做人、尊重他人、热情待人，爸爸只要教孩子严格从这三点做起，孩子在待人接物方面一般就不会出现大的问题。

4. 让孩子在日常生活中接受训练

爸爸让孩子在日常生活中接受待人接物的训练，效果会更明显。

> 孙英勇是个调皮捣蛋的孩子，平常什么事情、什么人都不放在眼里，爸爸给他说了很多遍学会待人接物的重要性，但他总是记不住。
>
> 但爸爸没有放任自流，每次家里来了客人，爸爸会叫孙英勇主动去招呼、接待。做得好的地方，爸爸会及时表扬，哪方面做得不妥，或者有损待人接物之道，爸爸就指导他再来一遍。久而久之，孙英勇也就学会了待人接物，并且做得很好。

日常生活中的各种情景，是孩子学着待人接物的最佳现场，爸爸让孩子在日常生活中经常接受这样的训练，以前大大咧咧的毛病就能纠正过来。

5. 让孩子体验会待人接物的好处

爸爸可以经常列举生活中一些待人接物方面的例子讲给孩子听,并设置一些场景,让孩子亲身体验待人接物方式的好坏带给自己的不同感受,让孩子意识到良好的待人接物方式能给周围的人带来愉快感,自己也会受到别人的喜爱。

孩子学会了待人接物,爸爸要及时表扬,让孩子体验到这样做带给自己的愉悦感,明白了待人接物的好处,孩子今后才会愿意学习待人接物之道,并把自己良好的行为继续下去。

教子心得

待人接物看似微不足道,但却十分重要。因此,爸爸在日常生活中要有意识地对孩子进行各方面待人接物的训练,这样孩子才会给别人一个好印象,才能赢得和谐的人际关系。

让孩子多参与有益的集体活动

小海是独生子,家人对他十分娇惯,结果他成了家里的一个小霸王,什么事情说一不二,要什么就得给什么,否则就会大哭不停,直到他的要求得到满足。小海在与小朋友一起玩时,任性的脾气遭到所有孩子的排斥,有一次还因此哭着跑回了家。

爸爸趁此机会教小海学着站在别人的立场考虑问题,学会顾及别人的利益与感受等等,鼓励小海用这样的态度多参加小伙伴们的活动。小海试着用爸爸教自己的方式与小伙伴们玩,几次下来,已经能够很好地融入集体之中。

现在的孩子几乎都是独生子,从小没有兄弟姐妹,很孤独,因此喜欢加入集体活动之中。但因为父母过度宠爱,孩子容易养成任性的脾气,孩子在最初参加集体活动时往往会受挫,不是与伙伴的关系不好,就是受不了集体规则的约束等等,以致一些孩子不愿意再次参加集体活动。

爸爸如果此时放任孩子,或者怕孩子再次受到伤害阻拦孩子参加集体活动,不仅没有帮助到孩子,反而是害了孩子。因为孩子不参加集体活动,缺少玩伴、没有朋友,很可能就会形成孤独、冷漠的性格,不喜欢与人在一起,不愿意与人合作,对孩子将来的发展十分不利。

所以说孩子参加有益的集体活动十分重要,因为集体活动不但满足了孩子交往与感情的心理需要,还能够帮助孩子学会客观地评价自己与他人,从而改掉一些不良的毛病,还能交到很多朋友,获得友谊。

不仅如此,丰富多彩的集体活动还能增长孩子的见识,扩大孩子的视野,可以使孩子在集体活动中,学会调整自己去适应集体活动规则的要求等等。总之,集体活动有益于孩子身心健康的全面发展,为孩子将来走向社会打下良好的基础。

因此,爸爸一定要鼓励孩子多参加各种各样有益的集体活动,让孩子在集体活动中丰富情感,增长知识,提高技能等等,从而使孩子成为一个有社会价值、符合社会要求的新一代接班人。

1. 为孩子创造各种有利的条件

爸爸鼓励孩子参加学校举行的各种集体比赛项目,利用假期带孩子参加社会上举行的集体活动,或者经常带着孩子走亲访友等等。

爸爸还要有意识地使孩子与同龄人有更多接触和玩耍的机会,让孩子尽可能多地参加丰富多样的集体活动,能够避免孩子孤独,提高孩子对集体活动的认识与了解,增强孩子与人交往的技能,为孩子热爱集体活动打下基础。

2. 引导孩子采取积极主动的态度

集体活动虽然有很多好处，但只有孩子愿意去做，并乐于其中，才能从中受益，因此，爸爸要学会引导孩子，使孩子尽可能地以一种积极主动的态度参加集体活动。

> 娇娇胆小怯懦，不愿意参加集体活动，爸爸就在日常生活中有意识地引导她，如帮助她召集小区里的小朋友们进行集体游戏，表扬她的和小伙伴相处的进步，肯定她的长处，并且从她最拿手最感兴趣的项目入手，一步步引导她参与到集体活动中去。
>
> 娇娇从爸爸的鼓励中得到了自信，从自己感兴趣的集体活动中获得了成就感，几次之后，娇娇就主动要求参加集体活动了，胆小怯懦的行为也不见了。

爸爸要想引导孩子主动地参加集体活动，需要了解孩子的心理，知道孩子的兴趣特长，并且经常鼓励表扬孩子，这样孩子才会对集体活动有积极的态度。

3. 启发孩子讨论活动后的感受

孩子每一次参加集体活动之后，爸爸都要启发孩子谈一谈对活动的感受，可以纠正孩子不良的想法，帮助孩子提高认知，取得进步。

> 小标参加学校运动会的四百米接力赛，因为他跑得慢了一些，结果他们这组没有获得第一名，其他三名同学都抱怨他跑得慢，说他集体荣誉感不强等等。小标因此很难受，打算下次就不参加这种集体活动了。
>
> 小标比赛完回家，爸爸看他心情不好，就引导他把比赛的经过说给自己听。小标把自己满心的委屈告诉了爸爸。爸爸及时开导小标说："别的同学这样认为也属正常，你这次跑得比上次快多了，下次加把劲，就会更快了。"
>
> 小标听爸爸如此说，心情好了些，不愿意再参加集体活动的念头也打消了。

因为种种原因，孩子可能在集体活动时有不愉快的体验或者不良的情绪出现，爸爸及时引导孩子讲出，并且尽早开导，可以使孩子从偏激出解脱出来。

4. 指导孩子适应集体活动要求

既然是集体活动，就有一定的规则，爸爸指导孩子去主动适应规则，才能减少孩子在集体活动时遇到挫折的几率。

> 孙宽厚很聪明，脑袋灵活，小动作也多，因此在参加集体活动中容易犯规，常常遭到其他伙伴的排斥。爸爸为了使孩子融入伙伴之中，在每次参加集体活动之前，都与孩子一起，了解活动的规则与要求，并与孩子一起在家里排练。这样一段时间之后，孙宽厚犯规的行为逐渐消失，伙伴们又接纳了他。

每次参加集体活动前，爸爸让孩子了解活动的要求，指导孩子去适应要求，孩子遇到的困难才会减少，成功的喜悦才能更多。

教子心得

有益的集体活动不但能够使孩子合作能力增强，还能促进孩子身心全面健康地发展。因此，爸爸要鼓励孩子多参加集体活动。

教孩子正确处理与别人的矛盾

> 小岩刚出去一会儿，就哭着跑回来向爸爸告状说："爸爸，小妮打我了。"爸爸给小岩擦

了擦眼泪，问他具体是怎么回事。小岩哭着说："我看见小妮正在玩布娃娃，这个布娃娃好可爱哦！我也想玩，就伸手去拿，小妮就打我。"

爸爸听后笑着说："如果你是小妮，有人什么话也不说就来拿你的玩具，你会如何做？"小岩想了一下说："我会生气。""你现在知道应该如何做了吧？"爸爸听了儿子的话后问道。

小岩点了点头，他出去走到小妮面前，恳求道："小妮，你的布娃娃我能玩一下吗？"小妮看了小岩一眼，把布娃娃递给了他。

孩子小时候与伙伴一起玩耍时，常会有矛盾出现；上学后，孩子也可能会与同学发生误会；将来孩子长大参加工作，还将会面临着与同事之间的摩擦等等。总之，人与人之间的矛盾会一直存在，伴随着孩子的一生，而且在什么时间都有可能出现，与什么人之间都可能发生。

如果矛盾总是存在，问题一直解决不了，那么孩子就会一直心存烦恼，朋友也会逐渐减少，影响孩子的心理健康不说，还将使孩子形成一个心理定势，认为自己没有能力独自处理好与别人的冲突。这种状况对孩子的成长不利。

孩子在外面与伙伴发生了冲突，一般都会找爸爸告状，此时爸爸切忌不问青红皂白，对自己孩子一顿批评，这样会使孩子觉得委屈，更加痛苦；同时也不能盲目相信孩子的言词，站在孩子的立场上指责对方，更不能指使孩子用粗暴的方式去处理问题，否则孩子与别人的矛盾就会更深。

在孩子向自己诉说与别人发生的冲突时，爸爸应该首先对孩子表示充分的理解，在情感上支持孩子；其次要弄明白孩子与别人发生矛盾的经过，与孩子一起分析是什么原因引起的冲突。

如果是孩子的错，爸爸就教导孩子主动改正，并向别人勇敢认错，与别人和好如初；是别人的错爸爸就教孩子学会以宽容的态度对待别人，告诉孩子谁都有错误的时候，不必斤斤计较等等。

爸爸尽早帮助孩子学会正确、独立地解决矛盾，有利于孩子身心健康的成长，进入社会后与别人发生冲突时，孩子才能正确地解决。

1. 爸爸要认真倾听孩子的倾诉

当孩子与别人发生矛盾，找爸爸倾诉时，爸爸不管多忙，都要认真听孩子说完，并表示对孩子的理解与同情，以缓解孩子不良的情绪，引导孩子把事情的经过叙述下去。

丹丹放学回家后，情绪很低落，眼中一直含着泪，几次想跟爸爸说，都是欲言又止。爸爸看到后，关切地问丹丹发生了什么事情。丹丹说同桌告诉老师，说她考试抄袭，老师因此批评了自己，所以在学校跟同桌打了一架。

爸爸问丹丹："同桌说的是事实吗？"丹丹点点头，又摇摇头说："我翻书看了，但没有看到。"爸爸听孩子这样说，知道错在孩子，就轻声告诉孩子抄袭是坏毛病，要改掉，并建议她与同桌和好如初。

爸爸只有认真听孩子说，才能从中找到问题所在，才能指导孩子正确独立地解决矛盾。

2. 爸爸与孩子一起分析矛盾所在

人与人之间发生矛盾、冲突，总是有一定的原因，要么是自己对别人产生了误会，要么是错在一方等等。爸爸要认真听孩子叙述，还要从孩子的叙述中发现真伪，以帮助孩子分析冲突发生的真正原因，找到矛盾产生的焦点，才能更好地解决问题。

3. 指导孩子正确处理与别人的矛盾

孩子与别人发生矛盾后，若是孩子的错误，爸爸应引导孩子主动认错，若是别人的错，让孩子学着宽容谅解。

冉冉与伙伴打架了,哭着跑回了家,说别人欺负他了。爸爸给儿子擦了下眼泪,让他把经过讲一遍。冉冉说自己正在外面玩,邻居家的小龙用弹弓打到了自己。爸爸听后问:"小龙是故意打你的吗?"

"不知道,他看打到我了,跟我说了对不起,说他不是故意的。"

冉冉的爸爸引导孩子说:"小龙已经说他不是故意的,又给你道歉了,你应该如何做呢。"

冉冉想了一下,清脆地答道:"我应该原谅他。"爸爸看着冉冉笑了。

孩子给爸爸诉说自己的委屈时,爸爸切忌不问原因,粗暴处理,否则不仅没能帮助解决问题,有可能还会加深孩子与别人的矛盾。

4. 教会孩子减少与人发生冲突的技巧

一些孩子比较任性,不会通过委婉的方式表示自己的意愿、想法,或者行为上霸道等等,这样都容易与别人发生冲突。

孙非凡是个以自我为中心的孩子,不管与谁在一起玩,只要自己想要什么,也不征求别人的同意,从别人手中夺下来就玩,因此很多小伙伴都不喜欢他,尽量躲避他,非凡感到很孤独。爸爸就教孙非凡学会委婉地表达自己的意愿,喜欢别人的东西时要采用恳求的语气商量,孙非凡这样做之后,伙伴们又同他一起玩了。

爸爸教会孩子一些减少与人冲突的技巧,就可以避免不必要的矛盾发生。

―――――― **教子心得** ――――――

人与人交往,矛盾随时都会存在,爸爸教孩子学着独立处理与小伙伴之间的矛盾,将来孩子才能更有效地解决人际交往中遇到的各种问题。

为孩子创造交际的环境

小岚今年已经十五岁了,性格十分内向,平时不喜欢说话,在人多的时候表情就不自然,心理也更紧张。小岚不善于结交朋友,也没什么朋友,只要放学回家就憋在屋子里看书,没有什么同学找她,她也不找别人,成天待在家里,郁郁寡欢的。有时候爸爸看到她学习挺累的,就叫她出去找同学玩会儿,可是她却说:"找谁呀? 没人可找。"看着闷在家中的小岚,爸爸非常着急。

在不鼓励子女进行社会交往和不注意非智力因素培养的家庭中,孩子往往在社交上存在问题,他们显得退缩,不去做和别人沟通的任何尝试与努力,只是被动地等待友谊的到来,结果朋友寥寥无几。小岚的情况就是如此。

从心理学的角度分析,这种自我封闭型的交往方式主要由以下几种情况引起:

1. 由于性格原因造成

这些孩子愿意与他人交往,但性格内向孤僻,比较害羞,不知如何主动与他人相处,只是较为被动地应答他人的行为,内心世界不为他人所了解——虽然他也愿意甚至渴望达到理解。

2. 由于独立意识过强造成

这类孩子认为"事事不求人"或"一两个朋友足矣"。他们觉得靠自己的个人力量足以处理好一切事务,不需他人友谊和援助。

3. 由于过于看重个性所造成

这类孩子认为"如果为了使相互之间的关系融洽而彼此适应对方,就是抹杀了自己的个性"。

4. 由于否定友谊所造成

这类孩子认为"人心难测,朋友难交",怀疑朋友之间不会有真正的友情。

爸爸可以和孩子谈谈,看看他属于哪种情况,然后对症下药。事实上,对于第二种和第三种原因,爸爸不必着急,因为他们不是找不到朋友,而是他们觉得不必要,当他们需要时,他们自然就找到了。第四种原因下的交往封闭,改变起来比较困难,真所谓"一朝被蛇咬,十年怕井绳"。那么只有在第一种原因下,孩子渴望与人交往、沟通,而当没有朋友时,他们便会比较伤心。

由于现在许多家庭都只有一个孩子,生怕孩子累着、绊着、被人欺负,因此,父母几乎把所有的事都揽到自己身上,这样就限制了孩子与人接触的机会,逐渐造成孩子的社交障碍。长此以往,会让孩子逐渐脱离群体,不懂如何与人相处,无法开口说话,甚至还会让孩子被其他孩子孤立起来,无法适应学校与社会的生活。这样,孩子往往会养成刁钻、古怪、孤僻的性格。

爸爸应该多给孩子提供社交的条件,比如,多带孩子外出,让孩子接触到各种各样的人,鼓励孩子主动与邻居、周围的人打招呼,给孩子一个适应的过程,长此以往,孩子就不会因为见到陌生人而感到害怕了;还可以让孩子打打电话,多叫一些同学、朋友来家里聚会,像小主人那样招待来客;去别人家做客时也可以多提供让孩子说话的机会。总之,父母应该为培养孩子与人交往的能力提供条件。

孩子需要有机会与个性不同的孩子交往,互相影响,取长补短,以弥补自己的不足。例如:孤僻的孩子需要交开朗的朋友,过分受到保护的孩子需要交自主性较强的伙伴,胆怯的孩子需要和较勇敢或富于冒险精神的孩子在一起,幼稚的孩子能从和比较成熟的伙伴们的交往中得到益处,霸道的孩子可以由强壮而不好战的玩伴来矫正,等等。从这个意义上说,应当鼓励孩子与人交往。

爸爸应该怎样为孩子创造良好的交际环境呢?下面是一些具体的步骤。

(1)可以先带孩子在人多的地方逗留一段时间,并且引导孩子观察周围的人与事,这可以将孩子从个人小世界里拉出来,置身于他以前不愿、不敢待的环境里。

(2)让孩子自己出去,到家长曾经和他一起去过的地方待一阵,买回一件物品,并且回家后,让孩子说说他的所见所闻。

(3)引导孩子阅读一些有关基本沟通技巧方面的书籍和文章,如怎样和人打招呼,怎样和人开始谈话,谈话的礼貌,等等。

(4)让孩子向陌生人问路,包括向年长的、年轻的和年龄较小的同性和异性问路。特别是要完成一次向年轻英俊漂亮的异性问路和一次向看起来并不和善的人的问路。

(5)让孩子到某家市场询问一种蔬菜或其他物品的价格。

(6)买一种商品,然后让孩子自己去退货。退成退不成无关紧要,重要的是训练孩子敢于并能够向店方陈述理由。

注意:每完成上述一个步骤,都要让孩子写成感想,分析一下自己运用前面所学的沟通技巧的情况,总结自己的长处和不足。对于长处,要让孩子在以后的行动中坚持下来,而对于不足要通过再一次的"补充练习"加以纠正,直至基本克服为止。

(7)让孩子主动向同学请教问题,参与同学们的聊天。爸爸应告诉孩子:刚开始可能不太会说,没关系,只需耐心地倾听就够了。等一段时间后,让孩子也适时发表一下自己的见解。爸爸可以和孩子晚上有准备地看一场球赛,或从报刊上记下一个有趣的新闻,第二天则用它来参与聊天。最后,爸爸还可以动员孩子主动去找同学玩或者主动发起聊天。

通过上面完整的训练计划,孩子一定能够变得乐于和人交往,变得开朗、外向起来。

教子心得

要想让孩子善于交往、乐于交往,爸爸一定要从孩子的角度出发,为孩子创造良好的交际环境,鼓励孩子主动与别人交往。

培养孩子礼貌待客的能力

黄达在小区花园里踢球,邻居小莉抱着金鱼缸来晒太阳。小莉说:"黄达,你可小心点,别踢着我的鱼缸啊。"

黄达说:"那你离我远点,我可控制不好。"

小莉抱着鱼缸走了。

黄达说:"真是小心眼,说一句话就跑了。"

晚上,爸爸请小莉来做客,教黄达数学。黄达马上说:"我不答应,我不学。"

小莉说:"你怎么态度这么差? 我也是好心帮你。"

黄达说:"你的好心我不需要。"

小莉生气地说:"黄达,我可是到你家做客来了,你怎么这么凶呢? 我不敢招惹你了。"说完就转身走了。

黄达气呼呼地说:"爸爸,我态度就是这样,我又没说什么,看她气成那样。"

爸爸说:"看来是我太惯你了,你刚才很不礼貌,把小莉都气走了,一点也不像主人的样子。"

礼貌待客是一门高深的学问,主客之间的礼仪是其中很重要的内容。主客双方都应遵守规则,一旦一方未按规矩办事,另一方便会觉得对方不懂礼数,感觉受到了侮辱。主客矛盾出现,双方常常会不欢而散,正如上例中的黄达和小莉一样。

因此,爸爸应该从小就培养孩子学会待客之道。

如何待客是反映孩子内心世界的一面镜子,爸爸应该给予重视,切莫以为这只是大人的事情。家里来了客人,孩子会做出各种表现。

有的孩子见了陌生的客人站在角落里不声不响,默默地注视着客人的举动,即使客人跟他讲话,他也是笑而不答,或表现得相当紧张;有的甚至躲进厨房,不肯出来见客人,显得胆小、拘谨,对客人的态度冷漠。

有的孩子则相反,看到家里来了客人,便拼命地表现自己,一会儿要喝水,一会儿要吃东西,一会儿翻抽屉,甚至为了一点儿小事大哭大闹,显得不懂礼貌,不能克制自己,以"人来疯"的方式引起别人对自己的关注,表示自己的存在。

还有的孩子在家里来客人时,能主动打招呼,拿出水果招待客人,表现得热情而有礼貌。

孩子在家中来客时的种种表现虽然和他们的个性心理有关,但也和爸爸平时对孩子的教育有关。来客时表现不佳的孩子,爸爸往往缺乏对他们在这方面的培养和训练,在接待客人时,忽视了孩子在家中的地位。那些在家中来客时表现较好的孩子,爸爸往往比较重视在这方面的培养,让孩子和父母一起接待客人,孩子逐渐地消除了对陌生人的紧张心理,学会了一些待人接物

的方法,表现得落落大方。由此可见,让孩子共同参与接待客人的活动至少有以下几个好处:

1. 有利于培养孩子的主人翁感

孩子在参与接待客人的过程中,体会到自己和客人的地位不同,自然会产生一种自豪感和责任感,他会比平时小心十分,殷勤百倍。

2. 有利于培养孩子礼貌待人的好习惯

要接待好客人,让客人满意,孩子就必须在语言行为上都讲究礼貌,接待客人实质上是给孩子提供了礼貌待人的练习机会。

3. 能使孩子学到一些待人接物的方法

最初,孩子是不会接待客人的,这就需要爸爸的帮助和引导。

怎样培养孩子接待客人的能力呢?

1. 让孩子做好心理准备

在客人尚未到来之前,爸爸应告诉孩子,什么时间,谁要来。假如客人是第一次上门,还要告诉孩子,客人与父母、与孩子的关系,该如何称呼,使孩子在心理上做好接待客人的准备。

2. 共同做准备工作

爸爸可以和孩子一起做接待客人的准备工作,如打扫房间、采购水果,和孩子共同创造一个欢迎客人的气氛。

3. 指点孩子接待客人

爸爸除了自己热情招待客人以外,还要指点孩子接待客人,让孩子感到自己是家中的小主人。例如,客人来了,爸爸要指点孩子招呼每一个客人,请客人坐,请客人吃水果。还可以让孩子把自己的玩具拿出来给小客人玩,把自己的相册拿给大家看。

4. 让孩子学着与客人交谈

爸爸应鼓励孩子大方地回答客人的问题,提醒孩子别人在讲话时不随便插嘴。如果孩子在某一方面有特长,可以提议让孩子为客人展示,以制造一种轻松、愉快、热烈的气氛。

5. 根据孩子的特点提要求

在让孩子学习接待客人时,要注意根据孩子的特点对孩子提出要求,不要强求孩子做不愿意做的事。例如,对待胆小怕事的孩子要求简单些,可以让孩子与客人见见面就行,以后再逐步引导,提高要求。对于"人来疯"的孩子,爸爸应先让他离开大家一会儿,等其冷静下来后,再让他和大家在一起。切忌在客人面前大声训斥和指责孩子,以免伤害孩子的自尊心。

6. 评价孩子在客人面前的表现

客人走后,要及时评价孩子的表现,肯定好的地方,指出不足的地方,并要求孩子今后改正,使孩子接待客人的能力逐步提高。例如,以前孩子会表现出"人来疯",可是今天很懂事,爸爸就应及时表扬他的进步,并要求以后客人来时他要和今天一样。让孩子在陌生人面前表现出落落大方,对人有礼貌是每一位家长的共同愿望。但在现实生活中,孩子有害羞而不愿意主动跟他人打招呼、进行交往的表现,只要不过分,也是很正常的。作为家长要求他"有礼貌",但这种"礼貌"在孩子看来有时是难以理解的,越是强求,他越反感。培养孩子有礼貌,有效的手段不在于督促孩子"叫人",而在于平日里家长的态度是否做到尊重、平等、有礼,通过这种点滴的以身作则来影响孩子。

教子心得

爸爸要根据孩子的不同性格、心理特点逐步培养孩子的待客之道。

让孩子学会和老师相处

小敏的学习成绩一直不错，但是初二开了物理课后，她发现自己对物理根本不感兴趣。有一天，在物理课上，老师叫她回答问题，小敏没有回答上来，老师很严厉地批评了她，说她没有好好复习。小敏很委屈，觉得这个老师太严厉，而且在同学面前使她丢了面子。回家以后，小敏和爸爸说："我讨厌我们的物理老师！"说完就伤心大哭。父亲看到小敏那么伤心，就说："明天我去找找你们班主任，让他和你们物理老师谈谈。实在不行，咱们就请一个家教。"小敏害怕这件事给自己带来负面影响结果，拉着父亲不让父亲去。但从此以后，小敏对物理老师是敬而远之，对物理更是一点学习兴趣也没有，物理成绩越来越下降，成为让物理老师最头疼的学生。

孩子不断成长，需要处理形形色色的人际关系：同伴关系、师生关系等，而爸爸在看到孩子在关系中受到委屈时不禁想要为孩子"伸张正义"。但社会是现实的，爸爸也不可能一直陪伴着孩子，所以应当允许孩子有机会接触生活的各种侧面并教会他们如何对付，而不是将他们与真实隔离开来，用爸爸的希望来操纵现实。与社会现实相通的最关键的方面就是让孩子自己与他人打交道，爸爸适当地给予正确指导，帮助他们学习处理各种关系的能力。

青春期的孩子，特别在乎自己在同伴心目中的形象，像小敏这样的孩子所处的阶段有一种奇特的现象——"假想观众"，她会感觉自己的一言一行好像都在舞台上表演，而周围的人都是她的观众，所以当众受到老师的批评会使她羞惭不堪，尤其是一个一贯学习成绩不错的女孩子。另外，小敏的物理薄弱，而对物理老师的逆反，使她有借口逃避困难。而父母的干预——找班主任谈，请家教，只能助长她对物理老师的反抗，使她更理直气壮地不好好学习物理，因此成绩越来越差。

那么，爸爸怎样才能让孩子与老师正常交流呢？

1. 尊重孩子，让孩子发表对学校和老师的看法

当孩子与老师发生矛盾时，爸爸首先要以一种温和的态度与孩子交谈，不要制造压力，而要让孩子在宽松、自由的氛围中发泄对老师的不满，这种发泄还可以起到一种平衡心理的作用。爸爸提供了一双耳朵，认真地倾听，孩子会感觉到自己的烦恼得到了尊重，就会毫不隐瞒地把自己的态度、抵触老师的原因讲出来。爸爸等孩子的情绪稳定下来之后，与孩子一起冷静地分析事情的利弊，客观地看待孩子的抵触情绪。如果问题的主要原因在孩子，就要合理利用孩子争胜好强的心理，因势利导，帮助孩子认识到自己的错误，提高孩子认识自己缺点的能力。

2. 让孩子学会从老师的角度思考问题

作为爸爸，切忌让孩子无条件地服从老师，这样只会加剧孩子对老师的反抗。有的爸爸仅仅站在孩子的角度思考问题，过分溺爱孩子，甚至与孩子一起指责老师，更甚者跑到学校里与老师大吵一番，其结果只可能更糟。孩子的认识有时候有偏激的一面，很容易以自我为中心，仅站在自己的角度看问题。在这点上，爸爸要学会培养孩子的同情心，有的时候也称之为换位思考，与孩子一起站在老师的角度重新审视，必要时还可以创造场景以体会老师的情绪和难处，让孩子学会多体谅别人，为他人着想。这样的话，在家中就可以改善孩子和老师的关系，减轻孩子对老师的抵触情绪。教孩子学会尊重老师的同时还要鼓励孩子有想法，善于提问题，因此，教给孩子一些提意见的策略和技巧也是必不可少的。

3. 爸爸要积极配合老师教育好孩子

有些孩子,在学校里与在家中的表现迥异。在家里非常勤快,又懂事又听话,是一个很乖的孩子;可一到学校,就情绪低落,不爱学习,表现糟糕,经常受到老师的批评,也经常顶撞老师。家庭与学校教育方式的差异导致了孩子的这种反差极大的性格表现。在这种时候,爸爸要主动地、心平气和地与老师沟通,向老师提供孩子在家的一些日常表现状况,让老师也了解孩子行为表现的另一侧面,对孩子的行为有一个全面的评价。爸爸要与老师一起分析双方在教育孩子的方式上存在的差异,求同存异,给孩子一个接近的教育价值观,不至于让孩子无所适从。

4. 教育孩子尊敬老师

柴可夫说:"教师毫无保留地献出自己的精力、才能和知识,以便在对自己学生的教学和教育上,在他们精神成长上取得好的成果。"教师甘做人梯,这种奉献精神是伟大的。每个孩子的成长和每一次进步,都凝聚着老师的汗水和心血。特别是特殊学校里的聋哑学生,他们的每一个手势,发出的每一个音节,无不浸透着老师的心血和艰辛。所以孩子应该尊敬老师,爱戴自己的老师。

5. 教育孩子以主动、热情、诚恳的态度与老师交往

一位教师要面对许多的孩子,他有时可能应接不暇,因此难免对孩子照顾不周,体察不到某个孩子想与老师沟通的需要。如果孩子主动向老师"进攻",把埋在心里头的事情袒露出来,有困难向老师求助,学习上遇到难题向老师请教,主动与老师探讨人生哲理……是能够得到老师的帮助、理解和信任的。切记,千万要争取主动,别错过与老师交谈、探讨及向老师请教的机会!这样孩子才能真正与老师交朋友,才能更快地进步,迅速地成熟起来。

6. 教育孩子要以正确的态度接受教师的善意批评

现在,有些孩子对老师的批评感到反感,甚至有抵触情绪。他们认为老师管得太严,态度苛刻,觉得在学校不自由。严,正是老师爱孩子的表现。没有哪位老师不爱自己的学生、不希望自己的学生成才的。老师要在尊重学生、爱护学生的基础上,通过严格的方法和手段,培养学生一丝不苟的治学精神和实事求是的科学态度。培养学生良好的思想品德和文明的行为习惯,这是培育人才的需要。不严,何以能治学? 不严,何以能育才? 我们应该教育孩子理解老师的苦心,正确对待老师的批评,诚恳接受老师的指导和严格要求,从而确立良好的师生关系。

教子心得

与教师建立良好的交往关系,在于师生双方的共同努力。从家长的角度出发,应该正确教育孩子要打开心灵之门,要用尊重、热情、真诚、理解和爱去架设沟通师生心灵的桥梁。

教孩子正确处理朋友之间的争执

笛笛和萧萧都满七岁了,同上小学一年级。据老师反映,这两个孩子都属于个性比较强、不太听话、坐不住的类型。笛笛的个头虽然矮小,但却十分调皮;萧萧个儿高一些,但要老实点。平时两个人还玩得挺不错的,虽然在一起时总爱小打小闹,但老师也能及时制止。

这一天,放学后,好多小朋友都想在学校中多玩一会儿,来接孩子的父母只好等在旁

边。这时，突然从滑梯上传来吵闹声，正是笛笛和萧萧。

"我要先滑！"笛笛大声叫嚷。

"应该我先滑！"萧萧也没有好声气。

只见两个人嘴里一边嚷着，一边互相推来推去，互不相让。笛笛虽然个头小，却一点不弱，一把将萧萧推到了旁边，自己先向下滑去。萧萧当然也不甘示弱，也紧跟着滑了下来，在笛笛还没有站起来之前，撞了上去。这一撞把笛笛一下就撞到了地上，笛笛一边哭着从地上爬起来，一边就冲向了萧萧。于是，两人扭打在了一块儿。

笛笛的爸爸看到自己的孩子被人欺负，一团火顿时从心中升上来，冲过去一把将萧萧拉开，凶巴巴地对萧萧说："你这孩子怎么这样没教养！把别人撞倒了不说，还要打人。真是的！"

萧萧看见大人显然吓坏了，怯生生地回答说："是笛笛先推我的。"

"你这孩子，小小年纪，打了人还要狡辩。怎么了得！"笛笛的父亲絮叨着。

萧萧的父亲突然看见自己的孩子正被一个大人数落，心里很不是滋味，气愤地冲笛笛的父亲嚷嚷："你这么大个人了，怎么跟小孩子一般见识？冲他嚷什么呀！"

"你眼睛长到哪里去了？没看见是你的孩子在打人吗？"笛笛的父亲横眉冷对。

"那又怎么样？怕被人欺负就不要让他出门啊！没素质！"萧萧的父亲也不甘示弱。

为了孩子间的一点小打小闹，两个大人却在那里吵得天翻地覆的，最后竟然还你推我搡的了，把两个孩子吓得呆呆地站在一边不知怎么办才好。幸好几位老师及时来了，才将事情平息下来。当两个父亲还在生闷气的时候，两个小东西却早已重新爬上滑梯，又高兴地玩起来了。

在处理孩子与孩子间的矛盾上，爸爸一定要注意方法，过于疼爱和过于严厉都是不可取的。因为对孩子的迁就与疼爱而去替他撑腰，很容易助长孩子的攻击性，使孩子养成欺负弱小的习惯。而对孩子太严厉也不能收到很好的效果，因为，孩子也有自己的感受，如果他得不到发泄，很容易造成心理扭曲，这样不仅伤害他们的自尊心，还让孩子没有自我保护的意识，从而变得胆小懦弱，并损伤他的人格，导致他遇事不能自己处理。所以，爸爸一定要注意把握一个度，让孩子的生理与心理都能健康地成长。

怎样教孩子正确处理小朋友之间的争吵和打架呢？

1. 正确诱导孩子的自卫心理

孩子在被人欺负后心里会很不舒服，就想立即讨回自己的损失，从而转化为动手。这是孩子的一种自卫心理，大人要让孩子树立自我保护的意识，但却要教育孩子不能动手打人，更不可主动去攻击别人。在这件事上，笛笛的爸爸就做得欠妥。当他看到儿子被撞后，不是给以安慰而是去责备别人的孩子。如果发生这种事情，可以将自己的孩子拉开，问问他的感受或替他说出感受，让孩子明白父母是知道他的感受的。接着就要做正确的引导了，比如爸爸可以说："他撞了你，你很疼，那你打了他，他不也同样会很疼吗？"孩子从中找到平衡，很快就会将一切丢到脑后，愉快地玩耍了。

2. 让孩子认识到自己的错误，并学会主动道歉

萧萧的爸爸要做的就是要让孩子知道不管是谁先不对，但撞人本来就是不对的。就算是无意的，也应带孩子去向别人道歉，可以对孩子这样说："我知道不是你先动的手，可后来你却把人家撞疼了，这就是你的不对。去跟小朋友道歉，好吗？做好朋友不是更好吗？"孩子是会接受爸爸的建议的。

3. 以平常心对待孩子之间的摩擦

孩子之间是很容易起摩擦的,这不值得大惊小怪。爸爸不要对此斤斤计较,在不是很严重的情况下最好不要插手进去。说不定这样更有助于孩子间的友谊,促进对彼此的了解,从而成为好朋友。如果问题比较严重,爸爸也只宜采取劝阻的方法,不要去添油加醋,从而促进矛盾的进一步恶化。最好能将自己的孩子带走,对他进行安抚以及引导。

教子心得

孩子之间的摩擦、矛盾,甚至纠纷都是他们自己的事,爸爸在对待这些问题时,只要加以疏导就好,相信孩子会自行解决的。

教孩子正确面对朋友的误会

梦云是一所普通初中的学生,平常性格内向。有一天放学走到校门口的时候,被同桌和另外几位同学拦住了,同桌先是开玩笑地说:"梦云,你今天说了什么话了?"

梦云很奇怪地问:"什么话?"

同桌很生气地说:"我昨天对你说的我堂妹(她们两人在同班)的事情今天怎么别人都知道了?害的她今天来找我算账!"

梦云委屈地说:"我确实没有说,你让我不要告诉别人,我当然不会告诉。"

但是同桌不相信,甚至说出了很多有辱人格的话,认为梦云是个小人,不值得相信。她们争执了很长时间没有结果,不欢而散。这件事情让梦云极为恼怒,认为同桌不相信自己,是对自己人格的侮辱,同时对同桌也充满怨恨,认为同桌让自己在同学面前变成了叛徒。梦云回到家后痛哭不止,爸爸觉得不就是没保守秘密嘛,也没什么了不起。梦云哭着说:"你根本就不懂!"

同学之间发生误会是很正常的事情,有一些小误会可能仅仅让别人心情不愉快,过一段时间就忘记了,但是有一些误会则可能给当事人带来很大的伤害。况且处于梦云这个年龄阶段的中学生非常注重友谊。但是这个友谊之间是有一定原则的,比如保密原则,如果谁违背了,就失去了交朋友的资本。所以梦云遇到的这个问题,如果不妥善解决,肯定会对其同学关系和名誉都造成比较大的伤害,但是爸爸肯定没有想到有这么严重的后果,所以梦云才会说:"你根本就不懂!"但是梦云之所以被同学误会,实际上是她的同桌胡乱猜疑的结果,并没有实际的证据。

对于孩子与朋友间的误会,爸爸可以:

1. 劝导孩子心地坦然地面对

因为事情确实不是孩子做的,真相总有澄清的那一天,只是一段时间的问题。所以,误会发生后,爸爸要告诉孩子冷静地面对,因为即使现在极度伤心难过也于事无补,不如自己从事一些活动放松宣泄一下,爸爸也可以陪伴孩子参加一些喜欢的活动,把这件事情暂时放在脑后。

2. 找出原因,做出解决

在坦然面对的基础上,爸爸要告诉孩子冷静思考这件事情的原因,找出解决的办法。因为这个误会发生的原因就是错误的归因,如果能够摆出事实,误会就会烟消云散。梦云可以平心静气地和同桌面谈，讨论一下当天的情况，分析一下是否还有别人知道这些事情，当时两人说的时候是否有别人听见。如果在和平商谈的基础上无法解决问题，可以借助老师的力量来调查这件事情。

教子心得

爸爸应告诉孩子：朋友间闹误会，当事情过去以后，双方冷静下来了，应该勇敢地放下面子，敞开心扉，坐下来好好谈一谈，谈一谈当时自己的想法和冲动，谈一谈自己的寂寞和悔恨，谈一谈你们曾经有过的快乐和忧伤——相信随着话题的扩展，你们对彼此的了解会更加深入，你们的心也会贴得更近的。

让孩子远离损友

小刚今年刚上初中二年级，近来他交了几个朋友，小刚还常把他们带到家里玩。小刚的父亲对他的那几个朋友很烦，因为那几个男孩子让他看不顺眼，他们缺乏教养，吵吵闹闹，口吐秽言，有一次他还发现他们竟在家里抽烟！父亲训斥了小刚几次，小刚虽然不再领朋友到家里了，却又常常出去找他们玩。小刚的父亲很担忧，怕小刚跟别人学坏。

一般的孩子都有一些朋友，有些是良友，另一些则不怎么样。孩子经常带回一些令父母讨厌的朋友，如欺软怕硬的孩子，爱吹牛的孩子，或者令人难以容忍的流鼻涕或爱哭的孩子。一般说来，孩子的道德感主要在十一二岁定下来，这时候，坏伙伴的影响也不能改变孩子已形成的性格，他们基本上已能分清诚实与虚伪，会选择自己的朋友，但也会出现这样的情况：在一定时间内，孩子受顽皮的男孩或轻浮的女孩的影响（也许正是由于他们性格上的不同，才把他们吸引在一起），有时会幼稚地自吹自擂；有时候，他们还会把某些完全不正派的行为，认为是富有个性的表现，他们会试着模仿不同类型的生活方式，但却不可能改变他的性格和道德观。

一旦孩子滥交朋友发展到了令人咒骂、非议或对社会不利时，爸爸就必须采取一些必要的手段，阻止他们的交往，使他们能更快地摆脱那些坏伙伴（至少是些品德不良的孩子）。

对十岁以上的孩子来说，爸爸对其朋友的直接指责，很可能导致孩子的反对；而间接的、巧妙的批评则要有效些。爸爸可以对他说："这孩子常闯祸，你和他在一起可要注意！"

如果孩子继续与那个不讨人喜欢的朋友交往，爸爸可以制订一个严格的作息制度来限制他，并告诉孩子，这是你规定中的一个条款，希望他能严格遵守。

了解孩子的需要。爸爸要及时发现可能使孩子误入歧途的需要（刺激、冒险、名声、感情归属），安排适当的活动和家庭会议来满足孩子的这些需要，以增进父母与孩子间的良好关系。

爸爸要告诉孩子，尽管他有权利和他选择的朋友交往，但绝不能允许他们干违法的事。如果孩子的行为冒犯了他人的权利，那么爸爸就必须干涉，对他的行为负责。爸爸也有权阻止一位不尊重人的孩子出入你的家。

当上述的这些方式都不能阻止孩子的行为时，爸爸就必须采取更强有力的措施——隔离，如让孩子到亲戚家或让孩子转学，等等。严厉的惩罚之后，积极的教育措施要随之跟上，而这一点已是我们长期以来所疏忽的。

在对待孩子滥交朋友的问题上,爸爸要注意方式,不可打骂、讽刺、打击孩子,应循序渐进,在了解孩子为什么喜欢和品行不良的孩子交往后,再采取相应的措施,如告诫孩子交了损友对自己的害处,跟孩子一起阅读有关益友的故事的书籍等。

让孩子注重社交礼仪

张朋的儿子涛涛今年八岁,成绩挺好,平时大家都夸奖他,张朋也觉得脸上很有光。张朋对孩子很爱护,因为就这一个孩子,又学习好,做父亲的总是对涛涛百般照顾,宁肯委屈自己也不会委屈孩子,从小家里"最大、最红的苹果"都是他的。虽然张朋有时候也觉得孩子没礼貌,比如:乘电梯经常横冲直撞,不会说"谢谢",见人不会主动打招呼等,不过又觉得这些都是小事,而且男孩子嘛,大大咧咧点没关系。

前几天张朋带孩子参加一个正式晚宴,才发现儿子站没站相,坐没坐相!别人还没入席,涛涛先一屁股坐到正中位,旁若无人地吆喝服务生要可乐,菜一上桌就伸筷子去夹。等到上龙虾这道菜时,因为是涛涛最爱吃的,他居然整盘端到自己面前,就像在家里一样。虽然大家都说"没关系,没关系",但张朋还是看到了鄙夷的目光,真是如坐针毡,难堪得要命,觉得很丢脸!

这个案例给人一个启示:如果爸爸不肯"委屈"孩子,那么孩子会让爸爸受委屈。案例中的涛涛不讲礼貌的原因其实是父母没有教他社交礼仪。人的成长是一个学习的过程,正式晚宴上发生的事情,正是爸爸进行补偿教育的好时机。爸爸首先要改变"学习好则百好"的观念和"什么事都由着他"的教育态度。一个凡事以自我为中心、做任何事情不考虑他人、不考虑后果的孩子,在社会上很难立足。

作为爸爸,需要充分认识到平时对孩子进行礼仪教育的重要性。所谓"礼仪",是表示礼貌的具体礼节,包括言行举止的诸方面细节。如果只知道"应该"对人尊敬礼貌,而不懂得"如何做"才能体现尊敬有礼貌,弄不好会适得其反,伤害对方,惹人反感。而有些孩子甚至根本不懂得应该讲礼貌,那么说脏话、行为粗鲁无礼是常事。

孩子不讲礼貌大多与家长本身行为的不良有关。作为爸爸,应该成为孩子的礼仪老师,这必须从孩子刚刚懂事就开始注意。因为在日常生活中,礼仪是促进人际关系的"黏合剂"和"润滑油"。培养孩子的礼仪习惯,就是教孩子学习怎样待人,怎样跟人相处,包括尊老爱幼、尊敬师长、讲文明、懂礼貌、守时守信、讲卫生、遵守秩序等多方面的内容。人们在交往中都渴望有一个良好而和谐的人际关系,都想得到别人的喜爱和尊重,且当今社会又是一个充满竞争与合作的时代,良好的人际关系是人生成功的助力器。为此,应该从孩子小的时候就培养孩子良好的礼仪习惯,教孩子一些建立良好人际关系的知识。

那么,如何才能帮助孩子养成礼貌待人的好习惯呢?

在观念改变的基础上,爸爸要以正确的方法给孩子补上礼貌教育这一课。要在和谐氛围中与孩子交谈,表明爸爸对礼貌行为的态度,以正面语言表达在以后类似的情境中,希望孩子做到的是什么样子,并在实际行动中予以辅导与教育:

1. 有意识地训练孩子的礼貌言行

如果孩子和长辈说话时没有使用敬语"您",爸爸便可勒令孩子说上几十遍,直到孩子说正确了为止。这样做的目的是为了让孩子意识到和长辈说话应该讲礼貌,有礼节。当家中来了客人,家长应该要求孩子主动和客人打招呼,客人告辞时,要求孩子把客人送到门口或电梯口。

2. 家长应成为孩子的楷模

孩子的成长和家庭环境密不可分,什么样的家长就会教出什么样的孩子。如果家长自己就不是一个讲文明礼貌的人,即使对孩子的管教特别严,苛求孩子的言行要有礼貌,效果肯定也是不明显的。孩子是在模仿家长的言行中长大的,家长的一言一行都会对孩子产生潜移默化的影响。因此,要想把孩子培养成为一个讲文明礼貌的人,家长就应该成为孩子的楷模。

3. 发现问题就立即解决

培养孩子讲文明有礼貌是一个循序渐进的过程,家长不可能要求孩子在一夜之间就变得彬彬有礼。当发现孩子不习惯用敬语时,爸爸应立即加以矫正,直到孩子养成了说敬语的好习惯为止。爸爸切不要把孩子的许多问题都集中起来试图突击解决,正确的做法应该是发现一个问题就立即解决。

教子心得

爸爸要多带孩子外出做客,或参加一些重要场合的宴会,并在参加之前告诉孩子应当遵守的礼仪规则及待人之道,这样既可以避免孩子的性格过于内向、拘谨,也可以让孩子做好面对陌生人、陌生环境的心理准备。

教孩子学会与父母沟通

李伟的父母都是高级知识分子。爸爸爱子心切,花了数万元把李伟从一所普通中学转到了市重点中学。在爸爸为他选定的重点中学中,因为跟不上学习进度,李伟的成绩一直处于及格边缘,他也因此在学校中情绪很低落,每天过着无精打采的日子。

有一天,刚回到家中,李伟的爸爸就把李伟大骂了一顿,因为老师刚刚打过电话来,说李伟的物理考试不及格,通知家长去学校商量一下提高的办法。面对爸爸的责骂,李伟委屈极啦!李伟扔下书包就跑下楼去,在街心公园痛哭起来。从这以后,李伟更沉默了,什么话也不和爸爸说。李伟的爸爸开始着急起来,甚至给李伟找了一个心理医生,但收效甚微。

李伟的情况在现实生活当中并不特殊。之所以有这样的结果,很大一部分原因是由于孩子与父母缺乏良好的沟通。

天津市杨村一中的心理辅导教师周余波曾对本市初高中阶段的 528 名在校生进行的一次问卷调查显示,只有 9.85% 的学生选择了"当你有烦恼时,找父母谈心"这一栏,而且大部分是女生。这就说明了中学生在心理上对父母产生了距离和不信任感。"知子莫如父"这一传统观念正在受到挑战。

那么,孩子为什么有话不愿同父母讲,为什么不愿向父母敞开心扉呢? 孩子的心里话对谁说呢?

林静在电台工作。近段时间,她以知心姐姐的身份主持了"中学生热线电话"节目。

每逢周六热线通话时间,桌上的电话铃声不断,"耳"不暇接。来电话的中学生朋友所谈的话题牵涉许多方面,从作业负担到早恋苦恼,从升学困惑到人生思考。耐人寻味的是,这些中学生在一吐心曲之余,往往要拖一个尾巴:"我这些心里话,只想让你知道,对父母和老师都是不说的。"

电台专辟"热线电话"节目为中学生释疑解惑,无疑是一件好事。不过,再仔细想想,来电话的中学生的心底秘密,在父母和教师这些尊者面前"讳莫如深",对从未谋面的电台人员,却肯"和盘托出",这是为什么?"热线电话"能获得中学生信任的秘诀之一,便是他们与中学生通话时,并不是简单地提供"标准答卷",而是更注重于和学生做思想上的交流、探讨与沟通。

当代心理学的一个重要分支——行为心理学的研究表明,正处于趋向成熟期的青少年,一是由于逐渐形成强烈的独立意识,因此往往不愿他人给以现成的生活指南;二是他们的内心又对各种事物有诸多"不确定感",因此迫切需要从别人那里获得认同和了解。而在日常现实生活中,有些父母和教师恰恰无视这两个心理特征。当他们偶尔知道孩子心里有什么隐衷时,或是漠然置之,而更多的则是摆出"一本正经"的面孔,给孩子以"应该怎样做,不应该怎样做"的训词。这种居高临下的架势,又怎能谈得上与孩子相互沟通感情呢?久而久之,孩子感到,爸爸这位尊者可敬而不可亲,也就不肯对你说"悄悄话"了。

造成孩子和家长之间的距离和不信任的原因是多方面的,除了中学生强烈的"心理断乳"外,缺少科学的家庭教育观念和传统的家长专制作风也是另外的一个重要原因。

通过调查分析,在能主动和父母沟通交流的学生中,大部分学生成绩优良,心理发育健康。自杀、离家出走、早恋等事件和现象往往发生在那些不与父母沟通交流的学生身上。孩子上小学时,有些家长还不屑于和孩子沟通交流,而到了中学阶段,他们却一下子感觉到他们和子女之间的距离不断拉大,有的家长甚至一点点地退缩到只能管理孩子的生活起居的狭隘空间里。

还有相当一部分家长属于传统压制型和现代溺爱型的混合体,他们很难与子女建立对等的、朋友式的关系,这样的家长对孩子的教育十有八九是失败的。

那么,爸爸们该怎么办呢?

1. 理解

对孩子由独立意识而导致的闭锁心理,首先得有个科学的态度。爸爸们不妨来个心理换位,回想一下自己孩子时代的生活,并以此来体察孩子们的心。

2. 沟通

不要以为孩子是自己身上的肉,可以任我骂来由我打,不要以为自己年长,就可以居高临下地对待孩子,仿佛真理总在自己手中。对孩子要多来点民主和平等,努力成为孩子们的知心朋友。有关专家指出,民主型的家庭氛围、朋友式的合作关系是消除"代沟",实现两代人交流的前提。这样,爸爸就可以跟孩子有较多的沟通,就会促使孩子对大人敞开心扉。

3. 尊重

尽管我们做了最大的努力,也不该奢望孩子什么都跟我们讲。孩子作为人格独立的人,他们心中应该有一块大人不必涉足的天地,应该有一些属于自己的秘密。对此,爸爸们只有尊重,做孩子的指导者、协商者,而不是命令者,这样一来,爸爸们也就用不着"头疼"了。

教子心得

青少年时期是人生中的"暴风骤雨"时期,在对待孩子的教育问题上,只有了解孩子的内心世界,家长才能有的放矢,对症下药。

培养孩子与他人沟通的能力

程东林从小有个志愿：做一个演说家。在他的心目中，会演讲的人都是他的偶像。奥巴马竞选时，每一场演讲他都会第一时间找来听，有些经典片段，他都能背诵了。程东林还收集了一些光碟，都是成功激励大师的演讲。

在他看来，这些人，能够成功鼓动人、说服人，是因为掌握了一定的技巧。

爸爸知道他的爱好后，也非常支持他。父子俩常去书店，看到好的书，无论是理论的还是实战的，都买回来。程东林不仅看，还积极去实践，也是个小演说家了。班上竞选班委，他一上台，总能博得喝彩。大家都喜欢听他演讲，觉得很有感召力。

常有人向他请教演讲技巧，程东林把自己总结的经验都无私传授给了别人。爸爸常鼓励他，也帮他总结经验，使程东林越来越有信心了。

程东林不仅演讲能力非常棒，而且他在与人交往的过程中，也非常善于讲话，总能将话讲到对方的心里去，让人听了很舒服。他的讲话能力对他处理好人际关系有非常大的帮助，这使得他有个很好的人缘。

在孩子的成长过程中，善于沟通这项技能让其受益最多。孩子要想办成一件事，就不得不去沟通。如何高效简洁地传递信息，如何迅速感染、说服他人，需要各种交际技巧。

如今的社会，是一个信息量多并能快速传播的社会。一个人不善于交际，不能迅速、清楚地传达个人的意愿，就很容易被淹没。一个成功的人，必是一个善于传播信息的人，也就是具备一定交际技能的人。

爸爸都希望有一个优秀的孩子。爸爸也应该明白，善于交流沟通，是整个时代的需求。孩子要想立足于社会，就得尽快培养交际技能，才能充分展示个人价值。再好的金子，不能展示自己，也终将在信息海洋中被埋没。

1. 支持孩子吸取理论知识

人际交往是一门学问，有大量的理论和实践书籍报刊等，孩子要提升人际交往技能，可以向书籍请教。爸爸可以给孩子列一个书目，让他先补足理论课。爸爸先要了解，人为什么要交流，如何交流，这些理论知识有了，才能高效地指导孩子实际的交流活动。

要让孩子学习交际理论知识，就要多读演讲大师的书籍，看大师们的演讲光碟，爸爸应从物质上支持。把人际交往当成一门学问来学，孩子才能成就显著。如果只是出于一时爱好，不注重基础的理论，这样的人际技巧只是皮毛，让孩子难以有长远的进步。

2. 鼓励孩子参与社会交际活动

有了理论做基础，还要让孩子增加实战经验。学校里、社会上，常常会有这种实战机会，如班委选举、学生会选举、义务活动的宣传等，这些活动都是磨炼交际技能的战场。

学校要组织一次"环保一日行"的活动，赵军回家跟爸爸说他想参加，爸爸马上大力支持。爸爸说："要钱要东西，你尽管说。"赵军说除了生活费，还需要爸爸帮忙借自行车。赵军想组织一个小团队，骑自行车、挂旗帜进行跨城宣传。

第二天赵军就忙开了。义务报名的同学，被编成了两个分队，赵军组织大家一起商讨路线，女生负责制作旗帜、写标语等。赵军经常组织各种活动，被推选为此次活动的队长。赵军热衷于这类有意义的社会活动，由于在活动中会有许多与人交流的机会，所以也使他轻松掌握了人际沟通的技巧。

孩子的交际技能，需要在大量交际活动中历练。学校里、社会上，只要有这种活动，父母都要鼓励孩子积极参与。在这些活动中，如何协调人员，如何组织分配，每一个环节都离不开交际。孩子多历练，这种技巧才会越来越熟练。

3. 给孩子制造演示舞台

学校或社会的活动机会，也是有限的，孩子的交际技能，需要大量的活动来磨炼。对此，爸爸也可创设场景，给孩子制造锻炼机会。例如，常举办家庭联谊会，让孩子来安排；家里常请客人来玩，请孩子来接待；常请小朋友来玩，让孩子合作；常组织社区游戏，让孩子参与等。

程小菜有些胆小，遇人不爱说话。爸爸知道，是孩子的生活环境太封闭了，与人交流的机会太少。爸爸开始留心，小区有哪些孩子和他同龄，有机会爸爸就主动和他们联系，帮小菜结交朋友。一段时间以后，小菜家里常有小朋友来拜访。

周末到了，爸爸约上几家人，一起带孩子去广场做游戏。无论是玩球，还是玩车，小孩子在一起玩总是特别高兴。有了同龄人的陪伴，小菜也变得活跃多了。走在路上，见到熟人了，小菜还会高兴地和大家打招呼。

有些孩子不善于交流，不喜欢交流，这种现象，与孩子的居住环境有关系，与爸爸太忙也有关系。爸爸要锻炼孩子的交际能力，就得让他多与同龄人交往。方法总是有的，只要爸爸多费点心，就能创设出许多场景，让孩子得到锻炼。

4. 鼓励孩子向高手请教

年龄较大的孩子，要想提高自己的交际技巧，不妨向高手请教。孩子的朋友中、同学中，有谁人缘好，有谁会演讲，都可以去请教。孩子自己也能观察、总结一下，他人的经验是什么。

生活中，如果孩子对这类高手流露出羡慕之情，爸爸可以及时鼓励他，让孩子大胆去向高手请教。这些高手的交际技巧更通俗，更自然，也更容易学。孩子要提高自己的水平，一定不要忽略这一学习途径，多观察揣摩，就能学到不少技巧。

教子心得

任何一种技能，都是在理念指导下不断实践获取的，交际技能同样如此。理论和实践二者缺一不可。爸爸要认识到这一点，给孩子最好的指引。

教孩子学会与人交谈

晓峰的父母经常召开家庭讨论会，他们平时会搜集一些问题用在讨论会上，让一家人都献计献策，找出解决的方法，而且对于好的方法、建议还会有奖品。因此，晓峰和父母都会积极想问题，找答案，发表意见。

在一次讨论会上，父亲提出对当前流感应该采取什么对策，晓峰积极发言："应该少到人多的地方去，最好周末都在家里活动。要讲卫生，勤洗手，勤换衣服，多呼吸新鲜空气，锻炼身体，吃新鲜营养的饭菜。"他一连串的回答，让爸爸妈妈对他刮目相看，有的问题他们都没想到，他们开玩笑说："现在晓峰成了流感专家了，知道这么多。"

沉默寡言、不善于表达的人很难适应当今的社会，无论是在日常生活中还是工作中都需要大家能够很好地表达自己。生活中一个沉默寡言的人无法使别人了解自己的想法，他也不会很好地把自己的要求、需要表达出来。

孩子学习谈话技巧的最好办法就是像晓峰一样，多与家人对话。而对许多爸爸来说，最大的障碍是没有时间和孩子们交谈。有的爸爸定期在睡觉之前和孩子交谈，有的每周几次在饭桌上和孩子进行宽松有意义的谈话。另外，长时间的散步也是很好的一对一的对话机会。

对那些缺乏社交技巧、拙于与人相处的孩子来说，应该进行更有指导性和针对性的谈话。比如，针对孩子喜欢的玩具、游戏、电视节目等，然后，要求孩子们自己找话题，并使谈话保持几分钟的时间。

如果孩子在与人谈话方面有很大困难，爸爸可以和他一起讨论他所感兴趣的问题，根据表现来打分。最好把游戏过程用摄像机录下来，如果没有摄像机，录音机也可以。作为爸爸，应该注意自己的表率作用，引导孩子畅言自己的思想，和孩子交换意见和看法。

在生活中也有这样的现象：有些学生课下与同学开开玩笑、聊聊天显得挺自然，但在课堂上，或开会学生发言就不行了，不是语无伦次，就是结结巴巴；还有的学生怕见生人，家里来了客人就马上躲到屋里不敢露面……

培养孩子的口头表达能力，适应社会的需要，已被许多爸爸所看重，那么怎样培养呢？

1. 要言之有序，不要语无伦次

"言之有序"就是指说话要有条有理，有一定先后顺序。

说话的目的是让人听清楚、听明白，孩子如果在说话时语无伦次，东扯一句西扯一句，他人怎么能明白呢？

怎样说话才能条理清楚呢？爸爸应教孩子按一件事发展的先后顺序说，譬如说发生了一件事，可以先说发生的时间、地点和事件，再按事件的开始、发展、结局的顺序说。

如果让孩子说自己做的一件事，爸爸应教孩子按先做什么，接着做什么，然后又做什么，最后做成了什么的顺序说。还可以按方位、空间位置转换的顺序说，也可以按先总后分的顺序说。

2. 要言之有物，不要空洞无物

"言之有物"就是指语言表达要具体生动，少说空话、废话。

怎样才能具体生动呢？如："我今天高兴极了！"不如加上原因："我数学得了满分，全班第一，心里有说不出的兴奋。"

3. 要言之有理，不要无凭无据

"言之有理"就是指说话中心突出，有自己的见解和主张。爸爸应教孩子在说话前弄清自己的目的，围绕什么中心思想和重点表述清楚。

譬如：说我爱母亲，就要想好母亲有什么优点，为什么爱母亲，又是怎么去爱的。如果是与他人论辩，就要清楚对方的论点，抓住要领予以驳斥。要在关键之处阐明自己的观点。如果是回答问题，要听清问题是什么，回答时要做到语言简练，答案要清晰明了，不能答非所问，糊里糊涂。

教子心得

父母在平时的生活中，一定要鼓励孩子多说话，学会独立思考，提高语言表达能力，要知道，良好的口才是他们在社会上打拼的锐利武器。

第三章
独立能力：教孩子学会自立自强

让孩子学会自己做事

现在流行一句口号："一切为了孩子，为了孩子的一切！"

比孩子能干的家长，出于爱子之心，恨不得为孩子做一切事情。他们处处照顾孩子，更是时时保护孩子。由于家长太"能干"了，以至于剥夺了孩子锻炼自我的机会。在这些"勤快""能干"的家长身边，大多是依赖性强、娇生惯养、缺乏独立能力、缺乏挑战精神的孩子。他们有着共同的特点，那就是懒惰、怕吃苦、自理能力差。

通过调查显示：低年级学生33%不会洗脸，37%不会穿衣服，71%不会扫地，97%不会整理书包；高年级学生92%不刷碗，95%不整理房间，93%不会做饭。

那么，是这些孩子一开始就不愿意自己做事吗？其实，这些孩子大部分有过尝试的愿望，但家长们往往在这时把这种自立的思想萌芽给扼杀掉了，而且理由种种：

"孩子还小，自己哪能做好，还不如咱大人代劳，反正也不费事。"

"做饭？得，别回头把房子点了，我可不放心。"

"正长身体，累坏咋办，就这一个宝啊，咱有条件犯不着吃苦，有保姆不用还闲着啊。"

"自己小时候就什么都干，怎么忍心让孩子受屈，咱能做的就替他做了吧。"

"他把学习搞好就行了，啥活也不需要他干。"

这些是在和家长沟通中听到的一些对不让孩子动手的解释。让孩子做自己力所能及的事，对他们是有百利而无一害，怎么就不行呢？而我们经常会看到这样的场景：

场景一：

一个平常的日子，一所普通的小学，可是门口站满了拿着扫帚、抹布、铁锹等工具的学生家长。这是干什么呢？一问才知道，今天学校要大扫除，要求学生带工具来打扫卫生。于是乎，家长们请假的请假、旷工的旷工，出马上阵、卷袖子干起来。孩子呢？或站旁边观看，或干脆跑到操场上玩去了。

场景二：

一个普通的家庭，一个普通的孩子和妈妈。妈妈劳累了一天，回家后第一件事是先看孩子是不是在写作业，然后忙着做饭，招呼一家人吃饭。孩子刚一吃完，马上催孩子接着写作业，自己一个人收拾了餐桌，便也坐到孩子身边，看着孩子学习。孩子忙完了，妈妈则麻利地打来洗脚水，看着孩子洗脚，然后帮孩子把脚擦干净，端盆走的时候顺手把孩子脱下的袜子带走，搓洗干净。转身进孩子卧室，铺被、整理床铺，将孩子第二天要穿的衣服找出来放在床头，然后唤孩子睡觉。孩子躺下了，妈妈则为孩子整理书包……

场景三:

　　某文化宫舞蹈教室里乱哄哄的,大人孩子忙成了一团。要上课了,需要换舞蹈服,结果所有的家长都在手忙脚乱,所有的孩子都笔挺挺地站在那里,任由家长扒下自己身上的羽绒服、毛衣、毛裤,然后套上舞蹈服、舞蹈鞋。有的家长手脚慢了,孩子一脸不耐烦地催促:"能不能快点啊? 真慢!"下课的时候,照样又是一通忙活……

　　以上列举的这些场景,普通又普通,常见又常见,相信很多家长看了会莞尔一笑:这不就是说我吗?

　　在培养孩子自理能力的过程中,家长首先要知道,小孩子在一岁半以后就有了自己做事的欲望。他们什么都想试试,有时候要做的事情超过了自己的能力,可还是很有兴致。我们应该抓住这个机会,有意识地培养孩子的自理能力。忽略了这一点,错过了这个时期,孩子就会渐渐形成依赖心理了。

　　任何能力和习惯的培养,幼儿期都只是一个过渡,关键是小学期的巩固。给予孩子必要的信任,让他们坚持"自己的事情自己做"! 通过这样的自我服务,既可以不断提高孩子的动手能力,又可以培养他们的责任意识,同时还能增强他们的自信心,何乐而不为呢?

教子心得

　　没有哪个人天生就什么都会做,作为爸爸不能出于疼爱孩子,就舍不得让孩子动手,一切包办代替;也不能认为孩子小,不用着急,长大了自然就会了,而不给孩子做的机会;更不要怕孩子做事太慢或者做不好,因而剥夺孩子自己动手的机会……

让孩子学会自立

　　有很多的家长把眼睛只盯在孩子的学习上,成绩稍有下滑,他们敏感的神经马上就会绷起来。然而,对于孩子生活上的细节问题却往往视而不见。每个爸爸都很爱护自己的孩子,但是,小鸟总会高飞,孩子总会长大,如果爸爸总是事事代办地宠爱他,就会让孩子失去在社会上生存的能力。自立,是要从小培养的,如果孩子从来没有体会过"自立"的滋味,试想一下,一个泡在蜜罐里的孩子又怎么会跳出来单独地去面对世间的风风雨雨呢? 即使有一天,孩子觉得蜜里的滋味太腻了,想去感受一种全新的生活,却发现自己已经无法胜任重责。现代的孩子"袋鼠一族""啃老族"不就是活生生的例子吗? 这些孩子长大了,他们有知识、有文化,但是却不爱工作或是缺少工作的能力,学成了,却又窝回了父母的身边。因为他们知道,他们的父母是多么的"爱"他们,绝不会让他们冻着、饿着,于是新社会的宅女、宅男便产生了。这一切,难道还不能让爸爸们警醒吗? 妈妈的爱有的时候是糊涂地无法理解的付出,而爸爸作为家庭的导航者,一定要理清自己的思绪,别让同样的糊涂误了孩子的大好前程。

　　女儿回到家,满脸的不高兴。爸爸看到了,马上把女儿抱到自己的腿上问:"我的宝贝女儿怎么了,小嘴噘得都能挂油瓶啦。"

　　"爸爸,今天学校组织'生活小技能'比赛,可我被子叠不好,衣服穿不好,碗也不会刷,鸡蛋都不会剥,同学们都笑话我,说我是娇生惯养的孩子。"女儿不高兴地说。

　　"原来是这样啊。这有什么,我的女儿可是学习第一名。不要把那些孩子的话放在心里。"爸爸说。

"可是,可是,同学们说,光会学习以后无法在社会上生存的。"女儿反驳着爸爸。

"不要放在心上,现在你是学生,第一任务就是学习,他们是嫉妒你,你可千万不要听他们的,把成绩落下来了。只要学习好,还怕长大后找不到好工作吗?听爸爸的没错。"

"哦,我知道了。我会好好学习的。"女儿若有所思地回答。

爸爸"支持的声音"会对孩子起到很大的作用。因为在生活中,爸爸是孩子最亲近、最重视的标杆。所以,作为爸爸要树立起孩子正确的观念,不要让孩子成为只会应对学校的学习,而生活常识却是一片空白的乖宝宝。像上文中的爸爸,错误引导孩子"学习优于一切"的思想,就是不明智的。一个好孩子需要从多方面综合培养,绝对不是仅仅考了"第一"就代表样样优秀了。

女儿考了第一名,兴奋得有点忘乎所以,妈妈让她帮着端菜。女儿嘬着小嘴说:"妈妈,人家考了第一名,你还叫人家做这做那的。"爸爸把这一切看在了眼里。

吃饭的时候,女儿对爸爸说:"爸爸,我的电脑坏了,一会儿你帮我去修修呗。"

"你的成绩那么好,你自己去修吧。"爸爸回答着。

女儿扑哧一声笑了:"爸爸,成绩好不好的和修电脑有什么关系啊?"

"哦,考第一也不会修电脑啊?"爸爸做出一副恍然大悟的样子。

"爸爸,你到底想说什么啊?"聪明的女儿察觉到爸爸另有所指。

"孩子,你考了第一名是值得表扬的。可是,你要清楚地知道,第一名并说明不了什么,不要因此有了优越感,你要学习的东西还很多。爸爸希望我的宝贝女儿,不要做一个光会学习的'笨蛋',懂吗?"爸爸认真地说道。

"爸爸,我明白你的意思了。"女儿懂事地点了点头。

教育孩子要从生活的点滴中加以渗透。当孩子有不好表现露头的时候,爸爸要及时加以疏导,让他们只长"信心",不长"虚荣"。只要爸爸合好孩子成长的节拍,相信你的孩子一定可以成为"优秀"的代名词。

教子心得

爸爸这样教,孩子就会这样做。在对待教育的问题上"投机取巧"是万万不可取的。爸爸的任务并不是简单的告之,而是让孩子试着去理解,真正地学会或体会到知识的魅力。要知道,孩子在求知和理解的过程中所获得的东西远远要比直接给他们的答案要好得多。

让孩子来做选择

这是一位小学一年级老师的感慨:

经过很长时间的观察,我发现小晶总是不跟同学去玩,自己也什么都不玩,于是我问她:"你怎么不跟其他同学去玩呢?"

小晶说:"老师,你没让我跟他们玩呀。"

"那你怎么不自己玩呢?"

"我不知道玩什么。"

"那你想玩什么?告诉老师,老师跟你玩。"

小晶天真地说："我不知道！老师您说，您让我玩什么？"

后来，我跟小晶的父母沟通后，发现了原因：原来小晶的爸爸很溺爱孩子，从来不让她自己做出什么决定，什么事都替她做决定，就连小晶每天吃什么、喝什么，都不会让小晶自己选择。

"存在即选择，选择即自由"，这是存在主义哲学的基本概念。一个生命的意义在于选择。若一个人的人生总是由其他人选择、决定，这个人也就失去了活着的真实意义。

然而，很多爸爸似乎忘却了这一点，他们总是不断地为孩子做出各种选择。如给孩子选择玩具；给孩子选择学校；给孩子选择补习班；为孩子选择日常饮食……于是孩子也就逐渐养成了按爸爸的决定做事的习惯，而一旦离开爸爸，就会变得束手无策，举棋不定，不知道自己要干什么。长久下去，孩子也就失去了主动性，很难在学业和事业上有所成就。

美国著名管理学家彼得·德鲁克说："这个世界最重要的事情不是技术或网络的革新，而是人类生存状况的重大改变。在这个世界里，人将拥有更多的选择，他们必须积极地管理自己。"

由此可见，一个人的自主性对他的人生起着十分重要的作用。所以，爸爸要逐渐培养孩子自我管理和自主做出决定的能力，这样，孩子才能坦然面对人生中的各种选择，进而走在宽广辉煌的人生道路上。

1. 给孩子做决定的机会

每一个孩子都有自己的思维，通过自己的分析、判断、权衡来思考问题，进而做出决定。所以，爸爸要尽量多给孩子自己做决定的机会，鼓励他去多多思考问题。

例如，让孩子自己挑选喜欢的衣服、玩具；自己决定购买一些生活用品；自己决定学习什么专长；当遇到某种困难时，爸爸要让孩子自己决定如何解决……这样孩子就会逐渐成为一个独立、有主见的人。

2. 多听取孩子的意见

小枫学习很好，快升高中了，爸爸想让他去贵族学校学习。于是爸爸把这个想法告诉了小枫，想听听他的意见。

小枫得知后，说："爸爸，我觉得不去贵族学校也是可以的。因为咱们家并不是很富裕，上贵族学校得花费高昂的学费；那里有很多'富二代'，很容易受到他们的歧视，无法安心学习；就算我在普通学校，我也会很认真地学习，我相信，只要我努力、用心，也照样能考上好大学。"

爸爸听了小枫的意见后，觉得不无道理，于是就听取了孩子的意见。事实证明，孩子的意见是正确的，因为三年后，他考上了名牌大学。

对于某些事情，尤其是孩子自己的事情，爸爸要尊重孩子，多多听取孩子的意见，这样孩子独立思考问题的能力和对事物的判断能力就会有所提高，从而更好地做出各种选择。

如果孩子的想法是正确的，爸爸就需要听取和鼓励；即使孩子的意见是错误的，爸爸也不能嘲笑孩子，呵斥孩子，因为这样孩子就不敢再提出自己的看法，很容易成为"听话"的孩子，一切按爸爸的意志做事。

3. 鼓励孩子做出选择

一天，爸爸带九岁的建军来到文具店，说："你可以自己决定买什么样的文具。"

建军看上了两款书包，但是不知道买哪一个好，于是问爸爸："爸爸，您说，我该买哪一个呢？"

爸爸鼓励建军:"孩子,你要根据自己的爱好和需要来挑选书包。比如,你要考虑自己更喜欢什么款式,哪个书包更实用,等等。爸爸相信,你一定会选出自己喜欢的书包的。"

建军仔细琢磨了一会儿,满脸喜悦地说:"爸爸,我就要这款书包了。"

当建军征询爸爸的意见时,爸爸并没有直接做出决定,而是采取点拨的方式,鼓励他自己做出决定。在这个过程中,建军不仅学会了自己独立思考问题,还享受到了由此所带来的乐趣。在以后的生活与学习中,他也会更积极地自己去做各种决定。

教子心得

当孩子征询爸爸的意见时,爸爸要做的不是替他选择,而是要告诉他如何进行自主选择,让孩子在独立解决问题的同时,享受到由此所带来的乐趣,这样他就会更积极地解决问题,勇于做出各种选择。

让孩子从小就独立生活

爸爸们应该明白,能代替孩子一时,却无法代替孩子一世,早日放手,让孩子独立地去走路、去面对生活,才是对孩子最理智的爱。给予孩子的最美好的东西就是教会他们生存和生活的能力,而不是满足、娇惯或溺爱、放纵,这样才能给孩子一个健全的人格和自信的人生。

美国一位名叫詹姆斯的父亲,在孩子很小的时候就有意识地培养孩子的独立生活能力。他和妻子从来不管儿子的作业,也从不陪着儿子学习。在儿子上小学的时候,詹姆斯先生就给儿子灌输这样一种观念——学习是自己的事,将来有没有出息也是自己的事。詹姆斯把学习的任务交给了儿子,也把自由交给了儿子。

每天,儿子基本上在学校就把家庭作业做完了,如果在学校没有把作业做完,他回家第一件事情就是做作业。詹姆斯规定儿子必须晚上9点钟之前睡觉。有一次,儿子因为贪玩忘了写作业,到睡觉的时候才想起来,但是詹姆斯对儿子说:"作业没做完明天你再想办法补上,但是现在是睡觉的时候,你必须睡觉。"第二天,儿子被老师批评了,从那以后儿子再也没有耽误过学习。

除了学习,在其他方面只要是孩子应该做的,詹姆斯从来不越俎代庖,有时候妻子怕孩子吃苦,还会帮着儿子做,但是詹姆斯会制止妻子。比如叠被子、洗袜子、刷鞋子、拖地等家务劳动,詹姆斯都要求儿子自己去做。

教导孩子独立、自理是爸爸不可推卸的责任,而"无为而治"不愧是一种好方法。我国著名教育学家陈鹤琴先生说过:"凡儿童自己能够做到的,应该让他自己做;凡儿童自己能够想的,应该让他自己去想。"这句话道出了培养孩子独立生活能力的重要内容。

在德国,6~10岁的孩子要帮助父母洗碗、扫地和买东西;10~14岁的孩子要参加修剪草坪之类的劳动。在美国,一岁多的孩子基本上都是自己吃饭,几乎看不到父母端着饭碗追着孩子喂饭的情景。

然而,如今我国多数独生子女家庭,孩子从小就生活在父母的精心呵护之下,家长如何做到正确的放手,培养孩子自己动手、独立生活的能力,是一个关系到孩子一辈子幸福的事情。

1. 要有耐心,不厌其烦

这对很多爸爸来说是一个考验。例如:教孩子自己穿鞋、系鞋带,爸爸要先教给孩子正确的方法，然后耐心观察，并及时鼓励孩子。这比爸爸亲自给孩子穿鞋、系鞋带要麻烦很多，又费时间，有些爸爸可能不耐烦了："算了，算了，还是我帮你吧！"但是，孩子的独立生活能力就是通过这样的生活小事慢慢训练出来的。

2. 讲究方法，由简到繁

家长在训练孩子独立生活能力的时候，可以先训练孩子简单的动作技能，再逐渐过渡到复杂的生活技能的训练。比如，在训练孩子独立吃饭时，两岁时教孩子用小勺吃饭，两岁半时可以教孩子左手扶碗，右手拿勺自己独立吃饭，还要教他用双手拿着茶杯喝水，饭后用餐巾擦嘴。到了三岁，孩子就能顺利地、干净利落地吃完一顿饭。

3. 让孩子学会分担家务

爸爸可以晓之以理，让孩子知道为了使家庭生活得更美好，家里很多家务都应该尽自己的一份力；让孩子知道父母是很辛苦的，孩子也应参加力所能及的家务事劳动，比如洗菜、打扫卫生、擦桌子、收拾碗筷等，再给予必要的肯定和赞扬，就能逐渐使孩子养成劳动的习惯。

4. 给孩子提供独立生活的机会，让孩子独自接受生活的锻炼

造成孩子失去独立生活能力的最根本原因是家长对孩子的过分保护。许多生活现象证明，孩子的成长需要锻炼，父亲需要给孩子一点独立生活的空间。如果父亲多给孩子提供独立生活的机会，坦然地放手让孩子接受生活的锻炼，那么孩子就很容易成为生活的强者。

5. 授予孩子一定的家庭权利，让他去承担责任

孩子的独立性往往表现在他个人生活权利的行使上，但由于很多家长担心孩子不具备独立行使权利的能力，所以不敢把一些权利交给孩子。长此以往，孩子也难以真正独立。就拿经济支配权来说，如果父母不给孩子零花钱，就意味着孩子没有机会锻炼这方面的能力，如果父母给孩子零花钱却又干涉孩子的自由消费，还是难以让孩子学会这方面的能力。

所以，父亲应该随着孩子的年龄增长和能力的提高，给孩子安排出一个合理的零花钱数目，并把支配权交给孩子，向孩子说明节余的钱归他自己。这样，不但能发展孩子的自主性，而且能使孩子的经济意识和理财能力得到提高。

教子心得

培养孩子的独立生活能力是一项长期、繁琐、细致的工作，爸爸们要有耐心，要讲究方法，要敢于对孩子放手，只有当孩子有了独立生活的机会，孩子才能在生活中锻炼出独立的能力。

教会孩子自立

自立能力是孩子进军社会的首要能力。孩子要想获得社会的认可，要想取得成就，没有自立能力是不行的。可见，自立是孩子成人、成才的关键，任何人都不能代替孩子成长，孩子要想健康、快乐地成长，将来有所作为，都要靠自己的努力。

乔菲的爸爸和妈妈在她很小的时候就离婚了。爸爸心里对乔菲很歉疚，总想在生活上把她照顾得好一些，什么家务事都不让她做，今年乔菲已经是初中三年级的学生了，可她很懒惰，不但不喜欢做家务，而且连整理自己的房间这种小事都不会做。爸爸开始为乔菲的将来担忧了。

一次在帮乔菲整理房间的时候，爸爸看见了她的作文，上面写着："记得我很小的时候，很喜欢跟在爸爸身后,帮爸爸做家务,可爸爸总嫌我碍手碍脚,每次都叫我到一边去玩。时间长了,我自己也产生了懒惰心理,现在有时爸爸要求我做家务我也不愿意去做。"

爸爸这时候才明白,是自己教育的失误导致孩子现在的状况,他想必须开始有所改变了。这天乔菲放学后,爸爸说晚上有朋友来家里做客,自己忙不过来,需要乔菲的帮助。乔菲先是一愣,然后乐滋滋地答应了。乔菲一边帮助爸爸收拾房间,准备晚上的饭菜,一边和爸爸聊天,感到很愉快。

有了这次快乐的体验,乔菲变得勤快多了,爸爸也时不时找机会寻求乔菲的"帮助"。慢慢地乔菲学会了做很多家务,爸爸省心多了。

孩子应该做自己的主人,谁也不能帮助孩子过日子,孩子最终还是要自立。孩子自立能力的培养,爸爸要全力配合。没有学不会自立的孩子,只有不让孩子自立的父母。爸爸早日放手,不给孩子依赖自己的机会,孩子就能早日学会自立。

爸爸不能总想给孩子最好的照顾,而是要让孩子认识自己的能力,安排好自己的时间,运用自身的力量和智慧,解决自己面临的各种问题。这个过程就是培养孩子的独立性和自律性。

自立的孩子会更具主动性、责任感,他们在生活中独立又自律,能够很好地安排自己的学习和生活,爸爸要培养孩子的正是这种宝贵的能力。而自立能力的培养来自生活,因此在平时的生活中爸爸要舍得让孩子去吃苦、去独立。

许多孩子无法自立,都是因为在生活中爸爸事事都替他们想周到了,"衣来伸手,饭来张口",最后变成了寄生虫。自立对孩子很重要,孩子拥有了自立能力,能够体味到自由、独立的快乐,学会自己管理自己,爸爸也不必再为管教孩子烦心了。

要想培养出自立能力强的孩子,爸爸可参考以下建议:

1. 培养孩子自我服务的能力

自我服务能力是孩子走向自立的第一步。孩子能够管理好自己的吃、穿、住、行,就可以减少对他人的依赖。爸爸要鼓励孩子"自己的事情自己做"让孩子逐步学会吃饭、穿衣等基本的生活能力。帮助孩子培养自我服务能力。

2. 让孩子协助家长做家务劳动

家务劳动是锻炼孩子动手能力的好方法。孩子最容易接触的劳动就是家务劳动,爸爸要多邀请孩子加入到家务劳动中来。

爸爸从小就鼓励陈灵多做家务,刚开始学做事时陈灵也犯过很多错误,但通过锻炼她已熟练掌握了一些基本的劳动技能,比如自己洗衣、做饭。在学校里,陈灵的动手能力比同龄人要强,每次手工课,她的作品都是做得最棒的。可见,劳动自立也从各方面提升了陈灵的能力。

劳动自立要从家务劳动抓起,孩子学会了做家务,也就学会了照顾自己的生活。孩子在做家务的过程中手脑并用,不但会促进大脑发育,激发求知欲,同时,还学会了独立思考,能够独立解决问题,这些都是自立必需的能力。

3. 教会孩子合理掌控时间

人的生命是有限的,学会合理地掌控时间才可以延长生命,活得更有效率。孩子要学会自立,就要学会安排自己的生活作息时间。

王青上小学后每天下午5点半放学回家。他要做家庭作业,还想玩游戏、看动画片,晚上9点必须上床睡觉。如果不合理地安排好时间,是无法顺利完成各项任务的。刚开始上学时,王青没有时间计划,每天都觉得时间不够用,既没学好又没玩好。

爸爸发现王青不会管理时间后,便和他协商制订了一个时间表,把学习、游戏、看电视的时间合理分配、互不冲突。王青按计划实行后节约了大量时间,生活也变得井井有条。

4. 培养孩子独立思考的能力

独立思考能力,是孩子学会自己解决问题的关键。孩子在自立的过程中,问题会层出不穷,爸爸可以故意给孩子不完整的答案,让孩子自己动脑去想另一半答案,逐步锻炼孩子的独立思考能力。

5. 让孩子自己解决问题

自己解决问题,是锻炼孩子自立的好机会。生活中孩子遇到问题时,爸爸不要急于代劳,要给孩子学会自立的机会。

聪聪今年上三年级,在学习上对爸爸的依赖感很强烈,每天做作业的时候都要爸爸守在旁边,一旦有不会的问题就随时向爸爸请教。爸爸意识到总是这样下去,孩子是学不会自己解决问题的。

于是爸爸故意地在聪聪做作业的时候说有事,并且将他可以用到的参考资料和辅导书放在书桌上。没有了爸爸这个"活字典",聪聪只有自己查阅参考书,慢慢学会了自己解决问题。现在,他已经养成了自己独立完成作业的好习惯。

孩子在自己解决问题的过程中,会形成强烈的自我意识。爸爸可以采用间接的方式来帮助孩子,但切忌代劳。

教子心得

孩子只有学会合理分配自己的时间,才能有条理地管理好生活。生活井然有序,才能用有限的时间创造更多的价值。因此,爸爸要教孩子学会合理掌控时间。

锻炼孩子的动手能力

动手实践能力能够激发孩子的创造力、想象力、执行力。如果爸爸过分保护,不让孩子自己动手,会影响孩子的动手操作能力,不利于孩子增长信心和培养兴趣。

今天在课堂上,老师教了自制泡泡水的过程,王萌一回家就想亲自试验。她找来了洗涤剂和水按照书上的比例进行调配,又用一根细金属丝做了一个吹泡泡的圈。她把金属圈放入泡泡水中蘸了一下,轻轻一吹,一个大泡泡就出来了。

王萌能够有较强的动手能力,与爸爸经常鼓励她自己动手实践有很大的关系。王萌家里很多小物品都是她在爸爸的鼓励下做出来的,如简易笔盒、拖把、塑料花、存钱罐……看着这些成果,王萌特别自豪。

动手实践能力是孩子成长的基础,它可以开发孩子的智力。从孩子开始学会走路,爸爸就要多鼓励孩子"自己的事情自己做"。

动手能力的培养来自生活实践,吃、穿、住、行都需要孩子的动手实践能力。动手能力强的孩子能够很快学会生活技能,更好地服务自己和他人。劳动是培养孩子动手能力的好方法,鼓励孩子多劳动也会增强其动手能力。

孩子缺乏动手实践能力，就喜欢在生活、学习上依赖他人。爸爸培养孩子动手实践的能力，首先要激发他们愿意做事的热情。对做自己感兴趣的事，孩子都愿意亲手去做，因此培养孩子动手能力可以从孩子的兴趣点入手。

孩子不愿意动手实践，是因为没有从劳动中获得成就感，从而对动手实践产生厌倦情绪，失去动手实践的兴趣。爸爸需要对孩子的成果给予赞赏和鼓励，让孩子体味到成就感，喜欢上动手实践。

生活中的每件事要成功完成，都离不开动手实践能力。任何的理想和创意，都需要靠实践来最终实现。孩子拥有更强的动手实践能力，才能为自己赢得更好的未来。

爸爸怎样培养孩子的实践能力呢？

1. 给孩子动手实践的机会

爸爸要减少对孩子的溺爱，不要包办孩子的事，给孩子更多动手实践的机会。爸爸不要怕孩子吃苦，要舍得让他们去锻炼。孩子在自己动手的过程中，各种实践能力都会提升。

孩子的好奇心很重，爸爸要给孩子去探索的机会。鼓励孩子在探索过程中自己去解决各种问题、疑惑。爸爸只给予间接指导，让孩子亲自去试验、实施。

2. 让孩子在游戏中提升动手实践能力

游戏体现了孩子的兴趣点，能激发孩子的动手热情。爸爸巧于引导，会让孩子喜欢上动手实践。孩子在动手过程中找到乐趣，也就会喜欢上动手实践。

> 飞飞放学回家后对爸爸说，今天在数学课上学的是"对称"，她知道什么是对称了，还知道了几种对称的类型，可是她对"轴对称""中心对称"概念还是感到很模糊。
>
> 爸爸拿出了家里的剪纸书和剪纸所用的材料，鼓励飞飞通过自己的亲手实践，将这两个概念理解透彻。
>
> 飞飞按照书中所介绍的，剪出了轴对称的图形"蝴蝶"，中心对称的图形"四叶风扇"，中心对称和轴对称的图形"圆"，通过自己的动手实践，她将生活中的图形和书本中的知识结合在一起，加深了对知识的理解和对概念的领悟。

游戏是受孩子欢迎的一种方式，通过玩游戏能让孩子的实践能力得到提升。孩子的动手能力越强，也就越乐于自己动手，在生活中展示自己的技能。娴熟的动手能力为孩子获得了成就感，也提升了孩子自己动手的信心。

3. 教给孩子各种劳动实践技能

孩子动手实践的热情受打击，往往是因为技术不高导致失败而影响到兴趣，因此爸爸要不时地将各种生活、劳动技能传授给孩子。孩子有了娴熟的技术，在实践过程中就会得心应手，屡次获得进步和成功，就会喜欢上亲自动手实践。

4. 欣赏孩子的"破坏"行为

对于孩子的"破坏"行为，爸爸不要责骂，而是要学会欣赏。孩子出于好奇心，对事物进行探索而造成"破坏"，爸爸应该给予鼓励，因为许多喜欢搞"破坏"的孩子，动手实践能力都特别强。

> 陈旭又在拆东西了，这次是闹钟。妈妈看见本想去抢救闹钟，却被爸爸制止了。陈旭先把螺丝都拧下来，观察里面的结构。他被闹钟里的齿轮和发条线迷住了，试着用手去拉它们。他每拉一次，都会听到不同的响声，感到特别高兴。一个下午，他没有离开桌子，一直在摆弄那个闹钟。
>
> 陈旭喜欢拆东西，是家里人都知道的。很多时候，他拆过的东西都报废了，可爸爸从未

责怪过他。现在，他已经成为市里的小发明家了，获得了两项发明专利。他的成就，爸爸也有一份。

孩子喜欢"破坏"并非坏事。孩子动手能力的培养往往从"破坏"中得来，孩子在动手"破坏"的同时，也在思考如何动手维护。因此，爸爸要学会欣赏孩子的探索行为。

教子心得

要培养孩子的动手实践能力，爸爸要有意识地进行引导和指导。

孩子当家才知柴米贵

随着孩子独立意识的增强，爸爸应该给孩子机会，让孩子学做主人翁，这样可以让孩子充分体会到独立、自由同责任、义务的关系。

刘源现在八岁了，他经常埋怨爸爸妈妈对他管得太紧，没有自由。周末快到了，爸爸提出一个建议：让刘源来当一天家。家里的饮食安排、卫生、休息时间、钱，他都有自由支配的权力，他要保证大家的生活正常维持。

刘源接到任务后很兴奋，他想终于自由了。早晨他睡懒觉到十点，大家也效仿他。他肚子饿了才想到授权爸爸去买早点。中午他点了家里要买的菜，妈妈就拿钱出去了。一想到卫生还没有打扫，就赶紧安排爸爸和自己忙活了起来，由于时间没有安排好，刘源手忙脚乱的，还有很多事情没完成，下午两点才吃上午饭。

一天下来，刘源觉得太累了，他说原来过好独立自由的生活并不是件容易的事。

孩子很多时候体味不到幸福，也无法明白责任、义务，是因为每天力所能及的事也被父母代劳，从未站在父母的角度来感受过，没有体验过换位思考而造成的。孩子觉得被父母照顾天经地义，所以也就事事依赖，没有主见也不想独立。

家庭教育需要培养孩子的独立意识、主人翁意识。爸爸想培养孩子的主人翁意识，就大胆地让孩子来当一天家吧。爸爸让孩子学会当家，就是让孩子明白肩负的责任和义务，学会珍惜自己正在享受的幸福。

孩子不能事事依靠爸爸，爸爸也不要成为永久的保护伞。独立自主地面对生活、工作、学习，是孩子迟早要面对的事。早日让孩子明白现实，能够警醒孩子锻炼自理能力，努力学会独自解决问题，这些都是孩子生存必备的技能。

孩子的劳动能力可从家务劳动中得到提升。家庭事务繁杂琐碎，能很好地锻炼孩子的动手能力、思考能力、创造能力和独立解决问题的能力。

爸爸可参考以下几点培养孩子的独立能力：

1. 调整父子关系，拒绝包办

爸爸想让孩子学会独立、自立，就要拒绝替孩子包办。让孩子当家，就是想让孩子更快明白父子关系的正确位置，爸爸没有义务做孩子力所能及的事，孩子却有照顾父母及家庭的义务和责任。

孩子提升自立能力需要多独自动手、独自下决定、独自承担后果。如果孩子学不会自立，爸爸就要考虑是否包办过度。

2. 让孩子学会独自承担任务

让孩子学会当家，就是要让他学会独自承担任务。孩子必须负责下决定，并接受结果，亲自体验事情的操作过程。

刘耘很害怕独自承担任务，他怕做决定，更怕承受不了决定失误的后果。他习惯遇事先问别人的意见。

今天爸爸安排刘耘当家，他拿不定主意买什么东西做晚餐。爸爸保持沉默，让他自己决定。刘耘咬牙选定了食物，回家后，妈妈说："菠菜太老，肉是前尖肉，西红柿没熟透……"刘耘听后发现问题的确属实，便保证道："我下次一定会注意的。"爸爸听后笑了，因为儿子终于能承担任务了。

3. 让孩子摆脱对父亲的过度依赖

孩子过度依赖爸爸，什么事都让爸爸拿主意，就会丧失独立性。爸爸让孩子当家，就是要培养孩子能照顾人、不依赖人的习惯。

刘能今天当家，他早晨起床后就安排爸爸负责取牛奶，妈妈负责做早餐，他负责摆桌子。大家在他的指示下做好了自己的事。吃完饭，妈妈出去办事，他便决定和爸爸去超市采购。

刘能和爸爸进了超市，拿出购物清单和爸爸一起一一选购物品。想到是过周末，刘能决定买一只鸡回去给家人补补营养，爸爸深表赞同。

刘能每个月都能当一次家，他喜欢这天的到来。当了几次家后，刘能的自理能力明显提高了。

孩子在当家过程中独立性得到了培养，也学会照顾别人，长大以后才能与周边的人友好相处，真正融入社会。

4. 让孩子自己管理零用钱

爸爸想让孩子当家，就要教会孩子理财。孩子要想学会独立理财，就要从管好自己的零用钱开始，因此，爸爸要敢于放手让孩子管理零用钱，督促孩子做好收支账，还可以向孩子公布家庭收支状况，让孩子参与到家庭理财中来。

教子心得

孩子学当家就是要学会承担任务。孩子的责任心、主人翁意识在当家的过程中会充分展现。孩子想锻炼独立解决问题的能力，就从学会承担任务开始。

爱劳动的习惯要在童年培养

劳动不但能创造财富，还能锻炼人的思维能力、动手能力、协调组织能力。

王灿很小就学会了自己穿衣、吃饭，六岁时，他负责给家里的盆景浇水，七岁时，每天清晨，他要早早起床到楼下取报纸和牛奶。爸爸看着他一天天地变化，一天天地独立，心里很高兴。

爸爸常跟他讲自己当年勤工俭学的故事，王灿也激发了劳动热情，他选择在暑假打工赚零花钱。王灿热爱劳动，爸爸也一直支持他。现在，王灿只有十三岁，却已经有了一万块的存款，这些都是他通过劳动赚取的。

王灿独立性强，品学兼优，个性坚强乐观。他最大的特点是勤奋，无论是在学习上、生活中，王灿都愿意以勤奋获得最优的成绩。

一项调查显示，小学生每天平均劳动时间为：中国 10 分钟，韩国 0.7 小时，美国 1.2 小时。可想而知，中国儿童的劳动时间非常少。

劳动能够提高孩子的技能，开阔孩子的视野，培养孩子勤俭节约的品质。孩子的许多生存技能都是在劳动中获得的，劳动给了孩子许多书本上学不到的东西。劳动能够让孩子感到充实、幸福，还能有效调节大脑。

童年是培养孩子劳动习惯的最佳时期。这个时期的孩子好奇心强，模仿性强，活泼好动，正是进行劳动教育的好时机。劳动并非和痛苦相连，它也可以是愉悦的体验。爸爸要做的事就是让孩子感觉到劳动的愉悦，让孩子借助童年时对劳动的美好体验，走上热爱劳动的道路。

孩子不能只一心学习不爱劳动，劳逸结合才能发挥潜能。一个热爱劳动的孩子，他的综合能力才会显著提升。

1. 培养孩子"劳动光荣"的意识

孩子要形成勤劳的品质，需要具有"劳动光荣"的观念。爸爸要让孩子在劳动过程中拥有一种充实、幸福、愉悦的感觉。劳动给孩子带来了美好的体验，孩子也就会喜欢上劳动。

"劳动光荣，懒惰可耻"是孩子要从小铭记于心的。孩子要明白劳动是一切财富的来源，人的劳动是创造世界的活动。孩子认识到劳动的光荣、伟大，才会喜欢做个勤劳的人。

2. 让孩子学会"自己的事情自己做"

孩子的自我服务也属于劳动范畴。爸爸鼓励孩子从小学会生活自理，就是在鼓励孩子劳动。在孩子两三岁时爸爸就让孩子开始"自己的事情自己做"，并及时鼓励孩子的每一个进步，让孩子从劳动中获得成就感。

庆振在家里是个"饭来张口衣来伸手"的孩子，爸爸将他视为掌上明珠，从小他就理所当然地接受着爸爸无微不至的照顾。

今年他上幼儿园了，吃饭、穿衣这些事情还是由爸爸代劳。在幼儿园，老师发给每个孩子一个橘子让他们吃，庆振拿着橘子竟然哭了起来。老师询问之后才知道，他在家里根本就没有自己剥过橘子，所以才会哭。

老师将这件事情告诉了庆振的爸爸，爸爸这才知道自己在教育方面所犯的错误。于是他有意识地开始教育庆振自己穿衣服、自己吃饭、自己整理玩具。没过一个月，庆振就学会了很多简单的生活技能。

让孩子"自己的事情自己做"动手能力就会逐步增强，生活技能也会慢慢得到提高，就会摆脱对父母的依赖。

3. 要求孩子分担家务劳动

孩子在幼儿期好奇心和模仿力很强，这个时期的孩子对家务劳动充满了热情，爸爸要抓住时机，让孩子参与到家务活动中来，无论大小，让孩子在参与中体验到劳动的乐趣。

四岁的江帅很爱劳动，看到爸爸在扫地，执意要帮忙。爸爸把扫帚递给他，他很认真地把瓜子壳、纸屑扫进垃圾筐里，看到有"漏网之鱼"，就会马上补救。不到半个小时，江帅把地扫得干干净净。

一次，爸爸要修电风扇，也让江帅来帮忙。他的劳动热情非常高，兴致勃勃地帮爸爸拿东西，还非常专心地看着爸爸修理。从那以后，爸爸只要做家务，都会请江帅来帮忙。

爸爸别怕孩子干家务活慢、质量差,要给孩子劳动的机会。孩子的技能是在反复实践中提升的。爸爸多给予孩子鼓励,才能够激发孩子的劳动热情,让孩子乐于做家务。

4. 带孩子参观自己的工作地点

爸爸可以带孩子参观自己的工作地点,让孩子看到劳动中的爸爸。孩子观察了爸爸的劳动环境、劳动状态,会更深刻地认识社会劳动。孩子最终要参加社会劳动,爸爸是孩子的榜样。孩子会明白爸爸是如何用劳动创造财富的。

教子心得

爸爸要让孩子明白,人人都需要劳动,劳动是光荣而伟大的。爸爸要将劳动的热情传递给孩子,让孩子理解社会劳动。

给孩子自由的生存环境

给孩子一个宽松、自由的生存环境,能够培养出孩子积极、健康的情绪及情感。干涉和束缚不利于孩子身心健康的发展。

刘溪刚上小学,每天要弹两个小时钢琴,每次她都极不情愿。有一次,在一个冬天,外面冷飕飕的,她的脚都冻麻木了,回头可怜地望望爸爸,眼神中似乎在问:我可以休息了吗?爸爸严厉的声音传来:"又想偷懒,时间早着呢,接着练。"

刘溪回过头时,眼泪就落下来了。她心想:真想长大啊,这样我就可以自主选择了。刘溪痛苦地弹了四年琴,技艺却提升得不快,最后还是放弃了。她为此丢掉了动画片、小人书、橡皮筋、魔方……只要她想玩的,都没能如愿以偿。刘溪现在十五岁了,她回想起童年,依旧觉得苦不堪言。

孩子的成长需要一个宽松、开放、积极、民主、自由的环境。孩子拥有自主的时间和空间,身心才能够得到健康发展。

自由的时间给予孩子自主选择的机会,自由的空间激发孩子的创造力、想象力。孩子通过自由支配时间学会自主安排生活,来认知、感知生活和周围的世界。

孩子的健康成长需要父母视线之外的"自然空间"和"心理空间",这些空间里住着孩子的"自我"。这种独立的"空间",能激发孩子对生活的积极主动性,培养出孩子的个性,还能还原孩子童年的快乐、幻想和自由,为幸福的人生奠定根基。

给孩子自由支配的时间,让孩子走进自然,走进生活,有时间体味风花雪月、春暖花开、四季更替……可以陶冶性情,促进身心的和谐健康。孩子需要这种自主的时间和空间,这是心理健康发展的需求。

孩子在自主的时间和空间里,会变成一个发现者、创造者,实现自主成长。爸爸要允许孩子有自主的时间和空间,不去干涉、管制,让孩子通过自主成长,完成意志的转移,智力的发展,心理的发展。

1. 为孩子营造宽松、自由的成长环境

一个宽松、自由的成长环境,能满足孩子的童心,激发孩子的创造力,给孩子一个快乐的童年。自主的时间和空间,能激发孩子的创造欲望、玩乐心态。孩子的个性、兴趣都在自主成长中形成。

爸爸要尊重孩子的意愿，让孩子在一种宽松、民主的氛围中养成积极乐观的人格。一个良好的成长环境，能让孩子做喜欢的事，促进身心的自由发展。

2. 给孩子留出每天的自主支配时间

给孩子自主支配的时间，能激发孩子对生活的积极主动性。孩子在自由支配的时间里，将会提高交往、独处、分析问题和解决问题的能力。

黄治每天做完家庭作业后，爸爸不再对他提出要求，他可以自主支配自己的时间。黄治觉得自己在这段时间里很自由。他有时候随手翻几本书，有时候静思，有时候和伙伴嬉戏，有时候自己画一幅画……

黄治会安排好属于自己的这段时间，用自己的方式来认识、感知周围的生活和世界。黄治的童年是快乐的，他没有受到太多束缚。他喜欢画画，这是他的兴趣，但爸爸说："只要你不喜欢了，随时可以尝试其他的活动。"

爸爸要给孩子自由支配的时间，还原孩子童年的幻想和快乐。童年是人一生快乐的源头，爸爸不要用太多的束缚、限制夺走孩子的快乐。

3. 给孩子自主的游戏、活动空间

自主的游戏、活动空间，能激发孩子的兴趣，激发孩子的创造欲望，让孩子感受到愉悦。爸爸要减少对孩子的指导、关注、强制、管束，让孩子能自由、健康、快乐地成长。

陈蕴有自己单独的房间，他只要关起门后，小天地就任由他主宰了。他玩游戏的时候，爸爸从不干涉。陈蕴每天做完作业，都要到楼下去玩，他随时都能找到一大群的玩伴，大家一起玩弹珠、玩纸牌、玩角斗士……

陈蕴有时因玩游戏时太投入、太激烈而受了伤，爸爸也从不责怪他，只是教他简单的消毒处理方法，然后让他自行处理。

自主的游戏和活动空间能激发孩子的创造力、想象力，让孩子充分施展天性。孩子有自己的意愿、兴趣，他们需要自主的游戏、空间来实践。

4. 培养出孩子的自主选择能力

孩子在餐厅点菜、买衣服、买学习用品时，时常会问："我选哪个呢?"爸爸习惯马上给出建议。孩子就这样失去了选择、发言的机会。爸爸要习惯做一个好听众，多听孩子的意见，让孩子拥有自主选择能力。

―――――― **教子心得** ――――――

孩子有了自主的时间、空间，自主选择能力也会提升。在自主成长的过程中，有许多事情需要孩子做出决断。给孩子自由，就是要提高孩子自我解决问题的能力。

让孩子学会管理自己

孩子学会自我管理，才会懂得自控、忍耐，做事有条理，能够独立自主地生活，可以管理好自己的情绪，成为一个责任心强、有自信的人。

范虹明年就要上初中了，可是不论在生活中，还是在学习上，她都是个让爸爸很担心的孩子。到现在，范虹从没有洗过一次衣服，学习计划、作业检查一般也都是爸爸代劳。爸爸

意识到范虹必须要学会自我管理,才能适应初中的住读生活。

因此,爸爸刻意将生活中的小事交给范虹自己完成,他让范虹自己学洗衣服、叠衣服。在学习上,爸爸也不再插手,目的就是为了使孩子养成自己管理自己学习的好习惯。

最初,范虹无法做到管理好自己,爸爸给她讲清了其中的利害关系以及今后她将面对的生活,范虹意识到了管理自己的重要性。在爸爸的帮助下,上初中之前,范虹就学会了自我管理,对此,爸爸很欣慰。

孩子学会自我管理,才能主动、自觉地打理好自己的生活。孩子要学会管理好自己的时间、物品,把各项任务安排得条理分明,最终实现独立、自主、高效的生活。

孩子具备良好的自我管理能力,无论是在学业上还是在生活中,都能表现得更优秀。这类孩子具有良好的生活习惯及学习计划,会合理地分配自己的时间。这类孩子会近乎顽固地坚持理想,过着高效、自律的生活。

自我管理能力是孩子终身的财富。孩子可以将有限的生命,投入到最有价值的劳动中。生活中许多成功者,外人看来他们无往不利,其实奥秘就在于高效的自我管理。

爸爸要注意从小培养孩子的自我管理能力,让孩子学会生活自理,有效分配时间,做到常组织、常整顿、常清洁、常规范、常自律。孩子时刻这样要求自己,一定能提升自我管理能力。

孩子学会了自我管理,也就学会了对自己的行为负责,不断发掘出自己的才能,朝着自己的理想以最快的速度前进。

1. 教孩子学会选择和抛弃

孩子要学会自我管理,就要先学会"选择"和"抛弃"。无论是对于学习任务,还是生活物品、行动计划及目标等,都要奉行:一就是最好,对处于二线的事物,要果断地抛弃。孩子必须将最佳的精力、时间,投入到最需要付出的事物上,这样才能获取最大的成功。

孩子在自我管理的过程中,要学会组织好自己周围的事物,学会做出最佳的选择,这样才能更快地走向成功。

2. 教孩子合理划分"时间蛋糕"

孩子要学会分配时间,对生活中的每件事情需要投入多少时间要有规划,随时调整自己的不当之处,以便最有效地利用时间。

马上就要过周末了,陈莲列出一张清单:去书店买《皮皮熊》,找刘老师学画,和刘莉去建宁公园……这些就是她在两天里要完成的事。

陈莲的这个习惯是跟爸爸学的。她第一次能够自由支配双休日时,不知道如何分配时间。爸爸教给她列清单的方法,把所有要做的事情列出来,然后划定时间,一件一件完成,就可以清楚有序地安排好周末了。

孩子要学会管理,就要先学会规划。时间就像一块蛋糕,爸爸要教孩子合理地分配每一块蛋糕。会分配时间,孩子才能条理分明地安排好生活。

3. 教会孩子保持"清洁"

孩子在自我管理中,要注重保持"清洁"。首先,要保持个人清洁,孩子有责任及义务每天保持身体及衣服的清洁;其次,孩子要协助维持家庭环境的清洁。这样一来,孩子就要学会自理,学会分担家务。

王森的爸爸要求他从小学会自我检查。他的面部、手部、衣服、鞋袜,都要保持一定的清洁度。王森为了达到标准,养成了勤洗手、洗头、洗澡、洗衣服的习惯。这些事情,使他从三岁至七岁,就逐渐实现了完全自理。

王森的卧室是自己打理的,上小学三年级后,他参加了轮流拖地的家务劳动。每次家庭大扫除,王森都是主力成员。王森的生活自理能力很强,他喜欢劳动,爸爸对他的表现时常给予鼓励。

孩子在保持"清洁"的过程中,学会了自理及承担家务。孩子在自理及承担家务过程中习得的技能,养成的习惯,会让孩子早日摆脱对父母的依赖,学会独立、自主地生活。

4. 教会孩子遵守规范、秩序

规范和秩序是用来保证社会正常、有序运转的。孩子想要成功地融入社会,就要清楚了解这些规范、秩序。孩子要具备优异的自我管理能力,也必须将规范、秩序了然于心。一个遵守规范、秩序的孩子,才能在社会正常运转轨道中,不出现大的差错及失误。

--- 教子心得 ---

爸爸要利用各种日常生活场景,将各种规范、秩序传授给孩子。孩子学会自律地生活,有效地管理时间,也就具备了独立进入社会的能力,能够照顾好自己的生活,追求自己的目标,最终实现理想。

让孩子独立做人

孩子具有独立的性格,才能够更快适应独立的生活。要孩子放弃对父母的依赖,就要注重独立性格的培养。一个自信、独立、勇敢的孩子,能更好地承受挫折走向成功。

刘菲最害怕一个人在家,如果遇到意外情况,她就手足无措不知道怎么办好。每次和爸爸上街,她总喜欢被牵着走。爸爸让她挑玩具,她会说:"你觉得哪个好呢?"爸爸觉察到女儿对自己太依赖,独立性太差。

一天,刘菲要去买存钱罐。她问爸爸:"是买粉色的,还是蓝色的呢?"

爸爸说:"你自己决定吧,以后,只要是买你的东西,都要自己决定。"爸爸还鼓励她自己整理房间、打扫卫生、种花……刘菲现在独立多了,能自己洗衣服,会用电饭煲煮饭了,一个人在家时也能照顾好自己。

独立的性格是孩子学会独立、自主生活的关键。孩子在性格上喜欢依赖人,不能承担责任,不会独立思考,都会影响到孩子今后的发展。

爸爸希望孩子有个美好的未来,就不能事事都满足孩子的愿望。这样,容易让孩子产生依赖,无法自主、独立地做事情。这类孩子害怕遭遇挫折、承受压力,害怕尝试新事物,无法面对突发事件及变故。

培养孩子独立的性格,需要爸爸学会放手。孩子必须学会选择、承担,能够自我服务,不盲目听从他人的意见。孩子要长大,就要学会独立。爸爸要不怕让孩子吃苦,让孩子早日独立、自主地生活。

孩子缺乏独立的个性,主要是由于被过度保护。爸爸是孩子最强大的保护伞,孩子只要遇到困难,就想寻求庇护。孩子在保护下失去了自我判断能力、自我抉择能力、自我思考能力,进入社会后,也会遭遇到重重困难。

最听爸爸话的孩子,并不是最好的孩子。爸爸不要随意插手孩子的事,要把判断和选择的权利交还给孩子。

1. 允许孩子不"听话"、不"讲理"

爸爸要允许孩子不"听话"、不"讲理",这表示孩子具备了独立思考的能力。孩子不愿意服从爸爸的指令时,爸爸要鼓励孩子说出自己的想法。孩子的意愿只要可行,就应按他们的意愿来。爸爸放手、放权才能培养出孩子的独立性。

孩子不"讲理"时,爸爸就要反思:我说的是孩子想要的吗?一个事事都听爸爸话的孩子,多半是在盲从他的意见,并不值得夸赞。

2. 孩子越大爸爸定的规矩要越少

培养孩子的独立性格,就不能规矩森严。孩子想要获得独立性格,需要更多的自由。爸爸总是定规矩,孩子的个性就会被束缚。

陈沃有很多自主权,他上小学时,爸爸只给了他一个规定:做完作业再玩。他很自觉,每天都按规定来做。陈沃在小学时,学会了自主学习。长大后,爸爸给他定的规矩也越来越少。初中时,爸爸对他说:"照顾好自己。"陈沃也做得很好。

爸爸并没有严格管制他,但他却成了别人眼中的优秀孩子。他有自己的特长:画画。他品学兼优,给人最深刻的印象是独立。无论是生活,还是学习,他都能打理得井井有条。

孩子要独立,就得多一些个人空间及时间。爸爸减少规定,就会让孩子拥有更多的自由。自由的氛围最利于孩子"自我"即"独立性"的发展。

3. 创造不需要处罚孩子的环境

孩子每次违背规矩被惩罚,都是对心灵的一种打击。孩子出于对惩罚的恐惧,也就宁愿放弃"个性"及"独立"了。

一年前,陈鲛迷上了网上聊天。有一次,爸爸发现他在和人语音聊天,问他:"认识吗?"他摇摇头。第二天,爸爸定了一个规定:如果再与陌生人聊天,两天不得使用电脑。爸爸其实并不想惩罚陈鲛,为了避免他违规,爸爸想了一个办法:把电脑放在客厅中间。

客厅处于厨房、卧室、书房之间,爸爸和妈妈只要在家,就能清楚地看到儿子在玩什么。爸爸从不走近监视陈鲛,但他却再也不和陌生人网聊了。当时,陈鲛七岁。爸爸常用这种方式,让陈鲛避免被惩罚,又管住了自己。

爸爸面对孩子的坏习惯,不管制不行,管严了也不好。爸爸就要给孩子提供一个远离惩罚的环境,从而让孩子远离被处罚。

4. 让孩子学会自觉、自律

独立的个性能让孩子更积极地管理自己。孩子必须摆脱被动地听话,等着他人来帮自己做决定。不具有独立性的孩子,无法自觉、自律地生活,长大后会被社会淘汰。爸爸要让孩子学会"自己的事情自己负责,自己解决"能够积极地管理自己。

一个具备独立个性的孩子,不需要"他律"就能"自律"。孩子学会"自律",才能更加独立、自主地决定生活方式。

5. 不随意插手孩子的"个人事务"

对孩子的"个人事务",爸爸要鼓励孩子自行解决,别随意插手。孩子的选择会有幼稚、不完善的地方,但爸爸要清楚,再不成熟的决定,也是孩子自己的决定。孩子需要这种自我选择、决断的机会。孩子会在失败中走向成熟,个人独立性也会得到提升。

刘茵今天和毛毛因争玩具打架了。回家后,她向爸爸哭诉。爸爸说:"毛毛是你的朋友,这是你们之间的事,你自己去解决好吗?爸爸帮不了你。"

刘茵说："我不知道怎么办，你给我点建议吧。"爸爸还是摇头拒绝了。第二天，刘茵见到毛毛后主动让出玩具，两个人又和好了。

教子心得

爸爸不随意插手孩子的事，就是给孩子自主抉择的权力。孩子在自我抉择中学会了独立，走向了成熟。

放手让孩子自己解决困难

据一份调查问卷显示：当问到"如果你遇到困难或麻烦，你会怎么做"这个问题时，有70%的学生选择了"找父母或其他人帮忙"，而只有30%的学生选择了"自己解决困难"。

看到这样的调查结果，相信很多爸爸都会很吃惊。

事实上，我国现在很多家庭都只有一个孩子，几代人围着孩子转，对孩子关心备至、呵护有加，集万千宠爱于孩子一身。慢慢地，孩子就养成了"靠父母、靠老师、靠别人"的坏习惯。

而对于孩子来说，爸爸就是"能者"与"权威"。所以，当孩子遇到困难或麻烦时，更多时候是向爸爸"求救"，而大部分爸爸也很积极、努力地帮孩子排忧解难，代替孩子解决问题。

其实，爸爸的这种做法不是在为孩子排忧解难，而是在"添忧加难"。因为你解决得了一时，却解决不了一世。孩子会因此而丧失独立解决问题的能力，将来走向社会就会很被动、吃力。

我国著名教育家孙蒲远说过："关心孩子是必要的，但若把他前进道路上的石块全部清扫干净，把坑坑洼洼全部垫平，他可能暂时平平安安，但同时也失去了走坎坷道路的能力。"

所以，爸爸不要总是对孩子"大包大揽"，代替孩子解决问题，而应该合理引导，使孩子逐步掌握独立解决问题与战胜困难的能力。

1. 培养孩子独立自主的习惯

八岁的小博经常起床很晚，每天闹钟响了好几次，他就是不起床。所以，妈妈每天都得叫小博起床。

久而久之，小博越起越晚，并且经常装病不去上学。爸爸知道事态的严重性，于是对小博说："小博，上学是你自己的事情。我已经跟妈妈说了，她以后不会再叫你起床了。从今天开始，几点起床由你自己决定，自己负责。要是再因为迟到被老师批评，只有怪你自己了。"

第二天，小博还是起晚了，被老师批评了一顿。但是第三天，他比妈妈起得都早。从此以后，他就养成了独立起床的习惯。

我国著名教育家陈鹤琴说："凡是儿童自己能够做到的，就应该让他自己做；凡是儿童自己能够想到的，就应该去想。"

在日常生活中，爸爸要学会适时放手，多给孩子一些独立实践的机会，如起床、吃饭、穿衣服、做作业……并适当地让他承担一些责任与后果，他就会从中获得某种启示与激励，慢慢地，也就养成独立解决问题的习惯了。

2. 授予孩子解决问题的能力

上小学二年级的小振问爸爸："爸爸，1000乘以1000等于多少？"

爸爸没有直接告诉孩子答案,而是说:"孩子,这个也可以这样算,100 乘以 100 乘以 10 乘以 10,这样,我想你就会很轻松地得到结果了。"

结果,小振很快就算出了结果。

爸爸说:"当再遇到这种问题时,你会算了吗?"

小振骄傲地说:"会了,爸爸!"

《老子》上有这样一句话:"授人以鱼,不如授之以渔。授人以鱼只救一时之急,授人以渔则可解一生之需。"这句话用在教育孩子的问题上,就是传授给孩子知识,不如传授给孩子学习知识的方法。

面对小振的问题,爸爸并没有直接给出答案,而是教给了他解决这类问题的方法。这样,在不知不觉中,小振就具备了解决这类问题的能力,以后再遇到这种问题,他就会自己解决。

3. 鼓励孩子直面困难

孩子正处于不断探索、学习、进步的阶段,当然,在不断充实自我的过程中,会遇到各种各样的困难与问题。并且随着孩子的不断成长,他遇到的问题的次数及难度也逐渐增加。此时,就需要爸爸表示出相应的支持与鼓励,帮助孩子更好地解决问题,使他勇于直面困难。

十一岁的小兴问爸爸:"爸爸,这道题怎么做?"

爸爸说:"你再仔细想想! 爸爸相信你一定能做好的。"

小兴做了两遍,说:"还是不行。"

爸爸说:"这样,你把问题仔细读两遍,看看有什么要求忽略了。没事的,别灰心,你一定能找出答案的。"

小兴又读了两遍题,发现忽略了一个重要的细节,结果,这一次,孩子终于找到了答案。

在这个案例中,小兴的爸爸就是通过鼓励孩子的方式,帮助孩子最终找出答案。其实,不仅在学习的问题上,在日常生活中,爸爸也可以鼓励孩子直面问题与困难。比如,孩子摔倒时,爸爸须鼓励孩子爬起;孩子的衣服脏了,爸爸鼓励孩子自己洗……

教子心得

在鼓励孩子直面困难的同时,还需要爸爸适当做出一些提示与引导,让孩子可以通过正确的途径找到答案。比如孩子衣服上的污点洗不掉,爸爸可以告诉他用一些白醋来清洗;当孩子用一般方法算不出数学题时,爸爸可以告诉他用方程式计算结果。这样,不仅可以提高孩子的动手与动脑的能力,还锻炼了孩子独立解决问题的能力。

让孩子学会自力更生

新加坡总理李光耀的长子李显龙从小就非常聪明,十四岁时就会说中文、英语、俄语。后来,李显龙被选为国会议员,人们都认为他能接父亲的班。但是李光耀声明:总理不是私有财产,不能传给儿子。

沃尔玛超市创始人沃尔顿没有让自己的孩子不劳而获,而是让他们为自己打工。

毛泽东只给儿子毛岸英一袋小米,让他和延安的老乡一起生活,并让他参加抗美援朝战争。

由此可见,伟人很都重视对孩子自力更生的培养。爸爸须意识到,爱孩子并不是给他留下巨额财富,而是传授给他自力更生的优良品德,让他懂得靠自己的双手来取得人生中的辉煌,这才是爸爸送给孩子最大的财富。

1. 从小培养孩子自力更生的意识

一天,八岁的晓畴对爸爸说:"爸爸,您为什么没有钱呢?您看看,我们班上周朝的爸爸就很有钱,他经常给周朝买明星演唱会的门票。爸爸,您要是有钱,我要什么就有什么,我就可以呼风唤雨了。唉,我的爸爸为什么就没有钱!老天爷太不公平了。"

爸爸听了,教育晓畴说:"孩子,你要知道这样一个道理:爸爸的成功并不代表孩子的成功。一个人只有靠自己的双手来改变自己的命运才是真正的成功。"

晓畴听了说:"爸爸,我知道了。我要好好学习,用自己的双手取得成功。"

晓畴的爸爸是智慧的,他不仅及时制止了晓畴不劳而获的想法,还给孩子灌输了自力更生的意识:只有靠自己努力取得的成功才是真正的成功。

爸爸要从小培养孩子自力更生的意识。例如,吃饭要自己盛饭;被子要自己叠;学习要靠自己,不能存在侥幸心理,等等。

2. 为孩子制定一个自力更生的行为规范

朱利虽然只有六岁,但是却养成了自力更生的好习惯。原来,这全得益于爸爸每个月给他制定的一个自力更生的行为规范:每天自己独立起床,独立收拾自己的房间,独立完成作业,主动与同学交流……

当爸爸向孩子灌输自力更生的意识后,还需要根据孩子的实际情况,为他制定具体的行为规范,包括:独立生活、独立学习、独立社交、独立解决问题等,以时刻提醒他要自强自立。此外,爸爸要对孩子进行监督,并配合相应的奖罚措施,以逐渐强化他自力更生的性格。

3. 培养孩子吃苦耐劳的精神

一天,爸爸花十块钱买了两本杂志,对九岁的小娇说:"你把这两本杂志卖出去,我看看你能不能吃苦。"

小娇很高兴地接受了,但是过了一会儿,她就回来对爸爸说:"爸爸,没有人买杂志。并且外面太热了,我受不了。"

爸爸鼓励她说:"爸爸相信你能吃这点苦的。外面热,你可以找一个阴凉地。"

四个小时后,小娇高兴地回来了,对爸爸说:"爸爸,我已经把两本杂志都卖出去了。刚才有一个老爷爷还说我懂事,能吃苦呢。"

爸爸说:"孩子,你要记住,吃苦耐劳是一种美德。一个人要是没有吃苦耐劳的精神,是很难在社会上立足的。因为,终归有一天,你将要自己步入社会,不能总是依靠爸爸,明白吗?"

小娇说:"爸爸,我明白了。"

由于现在的孩子受到家庭过多的溺爱和呵护,导致孩子不能吃苦,从小养成了不劳而获的坏习惯,而当他们将来走向社会时,就会感到无助和无所适从。爸爸须重视对孩子吃苦耐劳精神的培养,从小让他吃点苦,以让他更好地立足于社会。例如,爸爸可以适当少给他零花钱,让他体验一下艰苦的生活;可以多让他干一些力所能及的家务活,等等。

此外,爸爸还需要注意一点,就是让孩子吃苦要有度。因为孩子吃的苦太多,时间长了,他就会因为受到打击而失去恒心和信心。所以,爸爸在培养孩子吃苦耐劳的精神时,要根据孩子的自身情况,如年龄、体质、性格等,做到适可而止。

4.多给孩子成功的体验

周末,爸爸给了儿子十块钱,并对他说:"孩子,你不是想吃西红柿炒鸡蛋吗?你可以拿这十块钱去买西红柿和鸡蛋,然后回家自己做,这样你会吃得更香的。"

儿子很高兴地去买西红柿和鸡蛋,回家后饶有兴致地炒起了菜。菜炒好了,爸爸见儿子津津有味地吃着,就对他说:"怎么样?"

儿子说:"爸爸,吃自己炒的菜感觉就是不一样,我觉得特别香。并且,我感到很满足和自豪。"

爸爸语重心长地说:"是的。自己做的菜,吃起来就是香。同样,任何东西,只要是通过自己的努力获得的,你就会感到很满足和自豪。"

儿子明白了爸爸的意思,以后只要是自己能干的事,他都会自己去做。

所以,爸爸要鼓励孩子亲历亲为,让他体会到成功的滋味,如此一来,孩子也就逐渐形成自力更生的品质了。例如,爸爸可以鼓励孩子自己做饭、洗衣服、打扫自己的房间;在学习上,爸爸要鼓励孩子独立做作业、自己攻破难题,等等。

教子心得

通过自己的双手获得的成果和不劳而获的成果是不一样的。当孩子亲自体会到这一点时,也就会更积极地去通过自己的努力和奋斗来取得收获。

让孩子自己飞翔

相信每一个做父母的,都希望自己的孩子成长为"雄鹰",将来能独立于世,勇敢地翱翔于蓝天。可是,很多时候我们所做的,不是在培养"雄鹰",只是在造就"雏燕"。

孩子到学校打扫卫生,爸爸妈妈扛着工具跟在后面,到了学校不让孩子动一下手指头,所有的活都是爸爸妈妈包了,言称:不舍得让孩子做,累着了可怎么得了?

孩子想出去玩,爸爸妈妈一个比一个态度坚决:"我们没有时间陪你,你自己怎么可以出门玩呢?太危险了,还是在家里玩吧。"

周末,父母要加班,要孩子一个人在家,怎么想都不放心,只好东托西找,要么把孩子送奶奶姥姥家,要么托朋友照顾,再要么干脆带到单位去。

一见到孩子受了委屈,爷爷奶奶姥姥姥爷外加爸爸妈妈无不分外焦急,紧着问发生了什么事情,然后争着抢着为孩子解决问题……

为什么就不能让孩子自己打扫卫生,做他该做的事情?为什么就不能放手让孩子自己下楼去玩,何必总要爸爸妈妈陪?为什么就不能把孩子一个人放在家里,让他学会照顾自己?为什么就不能让孩子独立解决遇到的问题?

正是我们过于重视、心疼、照顾孩子,从而剥夺了孩子自己管理自己的机会,失去了自我锻炼的机会。即便孩子要做雄鹰,做父母的不给孩子展翅飞翔的蓝天,孩子也只能窝在父母的羽翼下,做那只飞不过矮墙的小鸡。

小婷上小学五年级了,从来没有独自在家里待过。暑假的一天,父亲出差了,母亲有事要下午回来,不得不让她一个人在家里。因为不放心,临走时母亲对她是千叮咛万嘱咐。可是傍晚回到家一看,孩子昏昏沉沉地睡在沙发上,腮边还挂着泪。叫醒了问她这一天怎么过的,个头都快比母亲高的女孩子哇哇大哭。原来妈妈给她准备的午饭,因为不会放到微波炉里热,就没有吃。饿着肚子什么也干不下去,没办法想起泡方便面吃,结果不小心让开水烫伤了手。想给妈妈打电话,又觉得没面子,就这样蜷缩在沙发上睡着了。她扑到妈妈的怀里,委屈地哭着:"妈妈,我饿!"闹得妈妈像哄三岁孩子一样哄了她很久。

现在很多家长的教育观念是,宁肯自己挨饿,也要让孩子吃饱;宁肯自己累死,也不要孩子吃一点苦;宁肯自己饱受风雨,也不要孩子走出温室……

让我们看看国外那些声名显赫的成功者是如何培养"雄鹰"的:

美国前总统卡特的独生女儿艾米,年仅十四岁时,在暑假中一个人去打工,当服务员,主要任务是跑腿、送公文、干杂活,日薪2.5美元;芬兰总理的女儿在瑞典上学,由于瑞典物价比芬兰高,父亲给她的费用只够她日常所需的三分之二,她便在业余时间到饭馆洗餐具,以补不足。

美国石油大亨老洛克菲勒是这样教育孩子的:

他把孩子抱上一张桌子,鼓励他跳下来,孩子以为有爸爸的保护,就放心地往下跳。谁知往下跳的时候,爸爸却走开了,小洛克菲勒摔得很重,在地上大哭起来。这时,老洛克菲勒语重心长地对儿子说:"孩子,不要哭了,以后要记住,凡事要靠自己,不要指望别人,有时连爸爸也是靠不住的!从现在就开始学会自立吧!"

洛克菲勒家族中的孩子,从小就不准乱花钱,每一个孩子可支配的少量零花钱也要记账。在学校读书时,一律在学校住宿,大学毕业后,都是自己去找工作。直到他们在社会中锻炼到能经得起风浪以后,上一辈人才把家产逐步交给他们。正是因为洛克菲勒家族教育子女特别认真,注重培养孩子的独立生活能力,使孩子养成自立、自强的习惯,所以洛克菲勒家族里没有出败家子,使其家族历经几个世纪而依然繁盛如初。

这就是为什么在中国"纨绔子弟少伟男",而在国外这些富豪、政界要人等显赫家庭里,走出来的却是自立于世的强者。"抱养"的孩子只能是雏燕,放手让他去飞,他才会成长为搏击蓝天的雄鹰。

让孩子学会自己管理自己并学会照顾弱小,独立生活独立面对人生的风雨,这是对孩子理智的爱。道理很简单,我们不可能追随孩子一辈子,照顾孩子一辈子,总有一天孩子要远离我们独自走属于自己的人生道路。

《少年儿童研究》杂志曾经对148名杰出青年的童年教育做过调查,发现杰出青年在童年时期具有六大特征,而在这六大特征中,自主自立的精神被列为首位。可见,自立对于孩子未来的发展有多么重要。

教子心得

随着年龄的增长,孩子不仅在日常的学习和生活中要学会自己的事情自己做,而且在遇到突发情况时,也要沉着、冷静、果断应对;更重要的是,成为一个独立的人,坚定、果敢地面对人生风雨。

逼迫孩子独立

山鹰常常把巢穴筑在悬崖边上,当雏鹰张开双翅,山鹰就停止衔食喂养它们,然后大山鹰衔着雏鹰,狠心把它们扔下山崖,看它们在山崖下挣扎、扑腾。在它们好不容易飞上来之后,再一次扔下去……

山鹰不爱自己的孩子吗?怎会如此"残忍"地"虐待"自己的孩子呢?可是,正是这种"残忍"的"虐待"最终练就雏鹰一副健劲的翅膀。所以说,山鹰这样做是对孩子真正的爱,理智而充满远见的爱。

看看我们人类,似乎比山鹰懂得爱孩子。从孩子出生开始,家长就对他们呵护有加,怕他们冻着饿着,怕他们受委屈,不舍得让他们吃苦让他们受累,更不舍得让他们出去经风雨尝人世。孩子能自己做事情了,父母也是大包大揽,什么事情都替孩子做了。家境富足或者有权势的家庭,甚至利用各种关系,不仅让孩子过着养尊处优的生活,而且为孩子的求学就业大开方便之门,铺就一条撒满鲜花的人生大道。

这样做的结果,只会造成孩子们心安理得地享受着父辈的深恩厚泽,不思进取不求上进,而且一旦遭遇不测,身处逆境,则无所适从、一蹶不振。有的甚至依偎在父母的翅膀底下,即便该担当起赡养父母的职责了,可依旧靠父母养着。

所以,爱孩子,别忘了拿出山鹰的"狠"来,逼孩子独立自主。割断"脐带",把孩子推出去,孩子才能自立于世。

陶行知说:"滴自己的汗,吃自己的饭,自己的事情自己干。"

一个女儿曾这样写道:

为了给我一个锻炼的机会,同时也检测一下我的独立能力,爸爸给我安排了一次特殊的旅游:独自乘车去火车站,让我体验一下独自出"远门"的滋味。

爸爸妈妈说,在行动之前,必须先布置这次"旅行"所要完成的任务:坐6路公共汽车到长春火车站后,下车找个公用电话亭给家里打电话,然后在周围转一转,买点东西,再坐6路返回。我不明白为什么还要买点东西再回来。爸爸说,如果到了终点不下车,坐原车按原路返回,那这次旅行就没有什么意义了。

我听了很兴奋,这可是极好的展示自立的机会,我一定能很好地完成任务,让爸爸妈妈看到长大的我。看着我摩拳擦掌的样子,妈妈给我敲警钟:"不要太高看自己,这一路上不知道会遇到多少不可预料的事情,你都能应付得了吗?"我疑惑地看着他们,等着他们的下文。爸爸问,如果下错了站怎么办?我说继续等6路车,重新坐到火车站;妈妈问,如果坐错了车,找不到6路车了怎么办?我说找公用电话给爸爸妈妈打电话;爸爸又问,如果有陌生人和你说话怎么办?我回答,就装作没听见,然后迅速走开;妈妈接着问,要是陌生人一直缠着你呢?我回答,那就朝人多的地方跑……

终于通过了他们的考试,吃完午饭,我拿着爸爸给的5个一元硬币,带了一本《小学生导刊》出发了。当时天上下着小雨,妈妈有些心疼我,想阻拦我,我不容她说话,打着雨伞就冲下了楼,直奔6路车站点去了。

站牌下一个人都没有,我独自站在那里,过了一会儿,又来了两个人站在我身边等车。这时一辆6路公交车停了下来,我随着那两个人上了车。车上空座位很多,我选择了一个单人座坐下来。

车启动了,想着平时不是爸爸就是妈妈坐在旁边,今天就我一个人要去离家很远的火车站,我心里很激动。很快过了几站,车里的人多了起来,我有些紧张,就拿出那本《小学生导刊》看。过了一会儿,坐在我后面的阿姨对我说话了:"小朋友,在车上看书对眼睛不好。"我刚想说:"谢谢。"想起了妈妈"不要和陌生人说话"的嘱咐,我回头看了她一眼,没言语静静地收起了书本。

不知不觉车就到了终点站——火车站，等所有的人都下了车，我才走下车。在原地站了半天，不知道该往哪里走。摸了摸口袋里的钱，我才想起应该先给家里打电话。我来到一个公用电话亭喊道："我要打电话！"那个阿姨把电话挪过来，我递给她一个一元的硬币，然后就按家里的电话号码。平时没少打电话，可打公用电话还是第一次，感觉很新鲜。拨通了家里的电话，我像个小英雄似的向爸爸妈妈宣布："我已顺利到达目的地！"

打完电话，我在附近转了转，那里可真热闹，有很多人在吆喝着卖东西，我真想在那里多玩一会儿，可又怕走远了找不到路，更怕爸爸妈妈在家担心，所以买了一包口香糖，还有一个香香的煮苞米，就站在刚刚下车的地方等6路车了。因为担心坐错了车，我看了好几遍站牌。直到看到6路车来了，我才松了一口气。

车开了，我掏出刚买的苞米啃起来，味道真香！不一会儿就只剩下光秃秃的玉米棒子了。接着吃口香糖，还看了一会儿书，不知不觉车就到站了。当车里的喇叭传出"终点站二二八厂"时，我往车外一看，一切都是那么熟悉，哦，到家喽！我旅游回来喽！

车门一开，我就看到爸爸站在那里迎接我，我高兴地扑到爸爸怀里……

通过这个例子，可以看出例子中的爸爸妈妈为了培养女儿的独立精神可谓煞费苦心，但最终，他们是成功的。若把孩子当成易碎易丢的珍宝，整天小心翼翼地护在自己的身边，那"万一"的事情就更多了。

教子心得

现在的孩子大多都是独生子女，他们没有兄弟姐妹，凡事依赖父母。所以，爸爸对孩子独立意识的培养尤为重要。作为父亲，爸爸们有责任采取手段"逼迫"孩子学会自立。

第四章
理财能力:对孩子实施金钱教育

培养孩子正确的金钱观

王建军是家里的独生子,父母对他十分娇惯,从小零花钱就比一般孩子的多,爸爸没有指导孩子如何消费,结果导致王建军花钱大手大脚,并且喜欢与别的同学攀比,吃的方面最奢侈,花的方面最大方,而成绩却最糟糕。

后来,王建军因成绩不好辍学,他就天天泡在网吧里打游戏,饿了就在网吧里买东西吃。爸爸所在的企业倒闭后,家里没有了更多的收入,对王建军的零花钱也开始限制,但此时王建军已经养成了花钱大手大脚的恶习,手中没钱了就去偷,最后被警察抓住送进了少年劳改所。

金钱是我们生活中的一个重要组成部分,在如今的商品社会中,孩子不可避免地要与金钱打交道,爸爸帮助孩子树立正确的金钱观宜早不宜迟。从小受到良好金钱教育的孩子长大成人后对金钱会抱有正常的心态,能处理好人与金钱之间的关系。

一些人把金钱看得重于一切,为了追逐金钱丧失道德良知,做一些损人利己的勾当;也有的人把金钱看得很轻,认为它是身外之物,不值一提,结果年纪一大把却身无分文,一辈子过着穷困潦倒的生活。这两种金钱观都不值得提倡;还有的人有了钱就大肆挥霍,没有钱就去偷去抢,结果走向犯罪道路被法律制裁,才后悔莫及。这种金钱观更是要唾弃。

为了避免孩子将来出现以上状况,爸爸需要尽早帮助孩子树立起正确的金钱观,让孩子既认识到金钱的重要作用,同时也要使孩子明白金钱并非万能,更不能因此为非作歹。

正确的金钱观能够引导孩子通过正当的劳动去赚取金钱,让孩子明白金钱来之不易,有利于孩子养成节俭的习惯,从而能够帮助孩子积聚钱财,让钱生钱,为孩子将来拥有更加优质的生活打下基础。

1. 教孩子认识钱币及其用途

孩子小时,爸爸可以通过游戏让孩子认识钱币的面值。当孩子稍大一些后,可以带他去购物,和他讨论所购物品的价格,让孩子了解如何找零钱,学会比较物品的价格。

2. 让孩子认识金钱的真正意义

钱财实质上只是一个解决生活问题的媒介,本身并没有特殊之处。虽然很多物品需要钱财去换取,但它并不是万能的。

飞飞考了双百分,他十分高兴,回到家自豪地告诉了父母。飞飞的妈妈对儿子的成绩很满意,就奖励孩子50元钱,还告诉孩子说下次再考双百分,奖励就加倍。

飞飞的爸爸看到了,把孩子叫到身边说:"你学习考了双百分,说明你掌握了知识,打下了牢固的基础,会对你将来有好处,这本身就是件值得高兴的事情。虽然妈妈因此奖励你金钱,但你不要以此为目的才去好好学习。"飞飞听后点了点头,把妈妈奖励的钱又还了回去,妈妈决定把这50元钱买成飞飞喜欢的图书送给儿子。

如果拿钱作为奖励孩子的手段,很容易导致孩子对钱财盲目崇拜,从而忽略做事的真正目的,这样做会得不偿失。

3.告诉孩子钱财要靠劳动获得

很多孩子没有钱,就会伸手向爸爸要,不知道钱财的来历,不明白挣钱的辛苦,因此会花得十分轻松。

> 孙鼎盛是小学三年级的学生,别看年龄不大,花钱却如流水。孙鼎盛的爸爸是做生意的,平常在孩子身边的时间少,为了弥补心中的亏欠,就尽量满足孩子在金钱方面的需求。孙鼎盛不知道爸爸挣钱的辛苦,花起钱来也没有什么约束。
>
> 孙鼎盛的生日就要到了,他想请所有的同学去吃喝一顿,张口就向爸爸要一千元钱。此时,爸爸才意识到孩子太铺张浪费了,后悔以前没有约束孩子的花费。

爸爸需要尽早让孩子知道自己挣钱的劳累,有机会让孩子也亲身体验一下劳动的辛苦,并且给孩子灌输劳动光荣的道理,教孩子学会自己挣钱花,这些都有利于孩子正确金钱观的形成。

4.帮孩子养成勤俭节约的习惯

任何时期,不论贫富,爸爸都要教育孩子养成勤俭节约的好习惯。让孩子从身边的小事做起,比如节约水电,不铺张浪费,不与别人攀比,把钱花在正当的地方等。孩子有了这样的美德与行为后,钱财就能够积少成多。

5.提高孩子自主理财的能力

孩子正确的理财观念,需要实际操作才能体现。爸爸可以给孩子一些零花钱,让孩子自由支配,教孩子计划花钱,学会储蓄,不受广告诱惑,合理消费,学着投资等。一旦孩子行为出现偏颇,爸爸要及时给予指导。

久而久之,孩子正确的金钱观念就会体现在行为上,理财能力也会得到大幅度提高。

教子心得

正确的金钱观能够帮助孩子走向成功,错误的金钱观将会导致孩子走向歧途。因此,爸爸帮助孩子树立正确的金钱观念,显得尤为重要。

尽早教孩子做理财计划

科学的理财计划不但可以帮助孩子合理分配金钱,避免孩子胡乱花钱,而且还有利于孩子积攒更多的钱财。所以,爸爸要尽早教孩子学会制订科学的理财计划。

> 过春节,朋朋收到550元压岁钱,他十分高兴。爸爸为防止朋朋乱花钱,就教他把这笔钱和平时节约下来的零花钱积攒下来,并确定一个半年后的理财目标:到时候积攒下一千元钱。
>
> 爸爸还教朋朋制订理财计划。首先他与朋朋一起计算半年时间大概得到的零花钱数目,然后预计必须支出的费用,详细地列出日常必需的开销。约定如没有特殊情况,一定严格按照计划执行;如出现意外,超出了计划开支,朋朋可以采用打工的形式挣钱补上。
>
> 朋朋严格按照计划执行,半年后,他的零花钱达到了预定的目标。

孩子缺乏自控能力,容易受到诱惑,所以大多数孩子都是有多少钱花多少,钱没有了就找父母去要,这样孩子没有理财目标,花钱无计划,不会控制,很可能就会养成花钱大手大脚的毛病,对孩子今后的成长不利。

因此,爸爸应该对每月给孩子的零花钱都进行固定限制,并且让孩子把必要的支出项目一条条地详细列出,在充分全面地考虑到所有情况之后,与孩子一起制订一个科学的理财计划。

计划中要规定好最近一段时间内科学的理财目标,所有花费要严格按照理财计划执行,计划外的东西尽量不要买,即便非买不可,也要让孩子想办法把计划外花去的钱贴补上,争取把每分钱都花在刀刃上。

这样,孩子在科学理财计划的指导下能够合理消费,并且还能保证财务的安全,不仅不用担心钱财不够用,到时候还会有一定的积蓄。即便孩子花钱与计划有什么出入,孩子也知道用劳动挣钱补上。

这样不仅避免了孩子盲目消费,教孩子学会理财,并且可以提高孩子对金钱的正确认识,有利于孩子今后积累更多的财富。

1.让孩子清楚什么是理财计划

孩子有钱就花,没有想过为日后考虑,也不知道什么是理财计划,更不明白理财计划的意义和作用。因此,爸爸要帮助孩子制订理财计划,首先就要让孩子弄清楚什么是理财计划。

爸爸告诉孩子理财计划需要综合考虑收支情况,然后定一个科学的理财目标,一切花费严格按照计划执行,这样做不但能够节省钱财,还可以提高孩子的理财能力。孩子清楚了什么是理财计划,并且明白了理财计划的好处,才会愿意跟着爸爸学习制订理财计划。

2.教孩子制订科学的理财计划

爸爸教孩子制订理财计划的时候,需要全面综合考虑所有的因素,这样定下的理财计划才会比较科学、适用。

爸爸给许凤英的零花钱比一般孩子都多,用于购买生活必需用品根本花不完,但每周给的零花钱都被她花个精光。为了避免孩子以后再胡乱花钱,爸爸就教许凤英制订了一个理财计划。

首先许凤英的爸爸把每个星期给孩子的零花钱固定下来,这样有利于理财计划的制订;接着,爸爸让许凤英把必要的支出项目一一列出,然后综合计划了一下花费情况;最后定下一个月的理财目标。有了这个理财计划,许凤英再也不盲目花钱了。

有了理财计划,孩子花费时有了参照的标准,就能够避免盲目消费。

3.监督孩子严格按照计划执行

一个完善科学的理财计划,如果孩子不去按照执行,也不会起到作用。

爸爸帮助燕燕制订了一个理财计划,确定了一学期的理财目标。开始两周,燕燕还能勉强按照计划执行。后来,燕燕禁不住诱惑,每周把爸爸所给的零花钱都花了个精光。爸爸发现了这个情况后,及时给她讲了利害关系,并且让她通过劳动换取报酬补上。

燕燕虽然有些不情愿,但还是按照爸爸所说的去做了。结果一学期下来,燕燕实现了理财目标,积攒下不少的一笔钱。

爸爸帮孩子制订理财计划后,还需要监督孩子严格按照计划执行,如果出现意外情况,通过别的方式让孩子及时把多花的钱财补上,这样订计划才能起到应有的教育效果。

4.让孩子体验理财计划的好处

一个科学的理财计划,只有严格照计划执行,孩子最终才能体验到计划的好处,这样会使孩子积极性提高,以后才会自觉地制订理财计划。

小敏很早就想要一双旱冰鞋,爸爸让她节省一些零花钱,积攒够了就去买。小敏听从了爸爸的建议。为了使这个目标能够实现,爸爸与小敏一起制订了一个理财计划,综合考虑了小敏的收支情况后,将买鞋的时间定为4个月后。

小敏十分想得到旱冰鞋,所以不用爸爸监督,她也能够严格按照计划执行。结果4个月后,小敏节省下来的钱不仅买回了旱冰鞋,还剩下10元钱呢。小敏十分兴奋,心里想着怎样制订下一个时间段的理财计划。

教子心得

任何事情,只要体验到其中的好处,就有坚持下去的可能,理财计划也不例外。爸爸只有让孩子从理财计划中享受到利益,孩子才会把理财计划坚持下去。

让孩子养成储蓄的习惯

教孩子学着储蓄,不但能够让孩子学会节俭、避免浪费,还可以使孩子体验到积少成多的道理。因此,爸爸一定要尽早使孩子养成储蓄的好习惯。

平时丰丰的零花钱不少,再加上刚过完年,又收了不少压岁钱,丰丰的手里差不多有一千元钱。看着这么多钱,丰丰很兴奋,考虑着买一身名牌运动服,要一套高级的学习用具……就是没有想到要储蓄。

丰丰的爸爸见儿子打算把这一千元钱全部花掉,就建议孩子只买必需的用品,剩下的钱以他的名义到银行储蓄起来,并告诉孩子钱存在银行会有利息。丰丰听爸爸说以自己的名字开户,并且什么时间想用都可以支取,还有利息,于是高兴地答应了。

爸爸教孩子储蓄,可以避免孩子铺张浪费,促进孩子节俭习惯的形成,而且还可以提高孩子的理财能力。虽然储蓄有诸多好处,但是孩子毕竟小,自从知道钱财能换取东西后,手中有了钱就控制不住,直到把它花个精光才高兴。

之所以出现这样的结果,是因为孩子自身的年龄特点造成的,比如孩子不知道防患于未然的道理,也没有心思去想着积少成多。即便听爸爸的话想把剩余的钱储蓄起来,也会经不住外界的诱惑,或者受广告的误导,常常不由自主地把钱花了出去。

因此,爸爸要想说服孩子储蓄,并且让孩子心甘情愿地去储蓄,并不是一件容易的事情,但只爸爸的方法得当,让孩子心服口服,孩子自然就会跟着爸爸学会储蓄。

任何一件事情,若想引导别人去做,就需要告诉别人这样做的好处,让孩子学着储蓄也不例外。首先爸爸要让孩子知道储蓄的诸多好处,其次要提高孩子对储蓄的兴趣,再次还要让孩子亲身体验到储蓄带给自己的利益。

从让孩子知道储蓄的好处开始,到孩子受益结束,形成一个良性的循环,能够增加孩子储蓄的积极性,从而帮助孩子自觉地养成储蓄的好习惯。

1. 给孩子讲明储蓄的各种好处

爸爸给孩子讲明储蓄钱财的好处,激发起孩子向往的心理,孩子才有兴趣去储蓄。

耿云霞平时花钱没有节制,有一次随爸爸一起到银行,看见爸爸用卡就能在取款机上取钱,心里既好奇又羡慕。爸爸看出了女儿的心思,告诉她只要节省一些零花钱,把它存入银行后,就可以办一张属于自己的卡,而且可以随时支取卡中的钱财。

耿云霞听后对此十分向往,从此她节省着花钱,憧憬有朝一日自己也拥有一张银行卡。

把花不完的零花钱放进家里的储蓄罐里,既能够避免孩子乱花钱,又可以积少成多。把压岁钱存入银行,不但有以上的好处,而且还能够使孩子体验到拥有银行户头的成就感,并且能够享受到钱生钱的好处。把这些好处给孩子讲明,有利于孩子节省零花钱。

2. 挑选三个孩子喜欢的储蓄罐

爸爸随孩子一起去商场,挑选三个孩子喜欢的储蓄罐,然后与孩子讨论并安排罐中应该如何存放钱,并且标明每个存钱罐中钱的用途。最好安排一个储蓄罐里的钱定期存到银行,一个储蓄罐积攒下来用于买贵重物品,另外一个储蓄罐里的钱用于日常开销。

因为是孩子喜欢的储蓄罐,孩子就会很高兴地把钱往里存,这样孩子储蓄的习惯就可以慢慢养成了。

3. 指导孩子学会合理储蓄

孩子钱财的来源,一般都是父母平时所给的零花钱,也有一部分是过年或者生日时的收入,再加上平时替父母做一些家务劳动所获得的报酬,这些加在一起就是一个不小的数目。

爸爸教孩子平时花销方面学着节省,尽量不要浪费一角一分,每一个硬币都要放入储蓄罐中。爸爸要教孩子把大面值的钱币放在用于买贵重物品和存入银行的那两个储蓄罐里,并与孩子一起确定一个时间段的储蓄目标。

4. 达到了储蓄目标给孩子奖励

孩子一旦达到了预定的储蓄目标,爸爸不管用什么方式,一定要给予孩子奖励,这样能够促进孩子储蓄的积极性。

欣欣听从爸爸的吩咐学着储蓄,并且在半年的时间就达到了储蓄的目标——500元钱。爸爸为了增加孩子的动力,奖励给欣欣一个滑雪板,那是欣欣早就渴望得到的礼物,因此她十分高兴,并且暗自下决心以后还要节省着花钱,把储蓄的行为一直坚持下去,争取得到更多的奖励。

在孩子达到了目标后,爸爸给予一些奖励能够增加孩子的动力,从而帮助孩子把储蓄的好行为继续下去。

5. 让孩子体验储蓄带来的利益

爸爸最初给孩子讲的那些储蓄的好处,在孩子按时储蓄后,就会获得积极的体验。比如想买一件贵重的物品,钱财存到一定的数目后就能买了;或者储蓄罐里的钱达到了一定数目,到银行办一张属于孩子的银行卡,这样孩子就会十分自豪。

教子心得

孩子享受到储蓄给自己带来的利益,储蓄的行为就能够一直坚持,久而久之就会形成储蓄的良好习惯。

让孩子自由支配零花钱

让孩子自由支配零花钱,虽然有可能会导致孩子乱消费,但只要爸爸做好引导工作,孩子的理财能力就能提高。

　　曹勇亮中午在学校吃饭，爸爸每周给他50元钱，这个钱数一般孩子吃饭都花不了，曹勇亮的爸爸也知道，但他想看孩子如何管理自己吃饭剩下的零花钱。开始的时候，曹勇亮把剩下的钱买零食吃，或者买别的小玩意，总之每天把钱花得一分不剩。

　　爸爸就引导孩子说："吃饭剩下的钱由你掌控，把钱积攒在一起买自己喜欢而且有用的东西，剩下的钱就能发挥出最大的作用；每天因为不必要的东西把钱花光，这钱就花得不值。"曹勇亮知道爸爸是对自己好，以后就按照爸爸所说的去做，把钱积攒在一起合理消费。

　　给孩子零花钱多少、是否由孩子自由支配，这是个令很多爸爸都头疼的问题。一种观点认为，给孩子的钱刚好够花，这样可以避免孩子养成花钱大手大脚的毛病；另一种观点认为，应该给孩子多一些零花钱，并且把如何花费的支配权交给孩子，这样有利于提高孩子的理财能力。

　　其实这两种观点各有利弊，但从孩子自身长远发展来着，爸爸还是应该把零花钱的支配权交给孩子。因为财富的多少已经是衡量一个人是否成功的重要因素，爸爸要想使孩子将来赚取更多的钱财，就需要提高孩子的理财能力，而理财能力的提高又是从会管理钱财及使用钱财开始的。

　　爸爸多给孩子一些零花钱，然后爸爸再指导孩子如何正确管理钱财，怎样合理消费，或者教孩子利用假期拿出自己的积蓄做小生意，以赚取更多的钱财，这些都会帮助孩子提高理财能力，从而有助于孩子将来财富的累积。

　　因此，把零花钱的支配权交给孩子，虽然有利有弊，但只要爸爸及时指导，弊端就会消失，而且还提高了孩子的理财能力，从而为孩子的成功打下理财方面的基础。

　　父亲在指导孩子合理支配零花钱方面，可参考以下建议：

1. 给孩子适量的零花钱

　　爸爸给孩子零花钱的数目要做到适量，就需要考虑孩子的实际花销，最好能够富余出来一些零花钱，让孩子自己学着管理。当然，每一个家庭经济情况不同，爸爸可以区别对待，不能一概而论。

　　贫困家庭的爸爸可以酌情少给，但要保障孩子最起码的生活费用开销；富裕家庭的爸爸可以多给，但要做好指导工作，不能让孩子任意消费。

2. 教孩子做好各种预算

　　为了合理支出平时的零花钱和过年得的压岁钱，爸爸要教孩子做好各种预算。比如拿出零花钱的多少用来买必需用品，拿出多少钱积攒在一起买大件的物品，剩下多少钱储蓄起来，以备不时之需。这些最好都做一个大概的预算，能够避免孩子乱花钱。

3. 引导孩子合理地消费

　　虽然有了预算，但是由于外界的诱惑太多，孩子常常经不住商家的忽悠，有可能会出现盲目消费的情况。因此，在具体消费环节上，爸爸还要做好引导工作。

　　哪些东西是必需用品需要买，哪些东西暂时用不着，或者根本没作用，没必要花钱。爸爸要与孩子一起分析，引导孩子合理消费。

4. 教孩子学会花钱记账

　　爸爸教孩子什么时间花费多少钱买哪些东西，都要清清楚楚地记录下来，这样有利于孩子核对账目。

　　李昌世的零花钱用完了，却感觉自己需要的东西还没有买，花去的钱买了些什么东西，后来也对不上账了。为此，爸爸让孩子准备一个记账本，自己买什么东西，花了多少钱，什么时间花的，都一一清晰地记录下来。

一周下来,李昌世打算买个硬皮笔记本,却发现这周的零花钱没有了。在检查账目时他惊讶地发现,自己在一些不应该买的东西上面浪费了很多钱。以后消费的时候,李昌世就谨慎多了。

记账的好处在于,能够查清每一笔钱的花费情况,而且容易找出不该花钱的地方。爸爸教孩子学会花钱记账,有利于纠正孩子不良的消费习惯。

5.让孩子养成储蓄习惯

无论孩子剩下的钱有多少,哪怕只剩下一分一角,爸爸也要让孩子把它储蓄起来。

勤勤买钢笔回来,剩下两角钱,就把它随手扔在了抽屉里。爸爸看见孩子这样,就给她买回一个储蓄罐,要求勤勤每次买完东西,无论剩下多少,都要把它放入储蓄罐里,不能随便丢弃。

勤勤虽然对此不屑,但还是不情愿地按照爸爸的吩咐做了。不久后,勤勤就发现自己储蓄罐里已经积攒了几十元钱,她欣喜若狂,以后买东西哪怕剩下一分钱,都会把它放进储蓄罐里。

教孩子储蓄的目的不只是为了让孩子存钱,主要是要使孩子养成储蓄的好习惯,这样才有利于孩子将来的发展。

6.教孩子学会用钱帮助别人

钱财不仅能够用来换取物品,还可以用来帮助别人。爸爸可以提醒孩子在自己的零花钱里拿出一部分来帮助贫困之人,比如捐献给希望小学,帮助失学的儿童,或者把钱捐给受灾地区等,这样不但教孩子认识到钱财别样的作用,还能够培养孩子的爱心。

教子心得

爸爸给孩子零花钱多一些,让孩子学着管理、积蓄、消费,虽然有可能会导致孩子花钱没有节制,但只要爸爸做好引导工作,给孩子讲明乱花钱的各种弊端,以及将来可能带给自己的伤害,孩子自然就会警觉。

正确指导孩子如何花钱

俊俊过生日,小姨、舅舅、姥姥和奶奶各给他100元钱,又加上爸爸给他的200元钱,共有600元的收入。拿到这笔钱,俊俊很高兴,一心想着怎么花出去。俊俊想起很久前和爸爸一起参加自助旅游团,看见别的团友带着野营工具,当时很羡慕,于是俊俊决定用这些钱去买一套野营工具。

俊俊喜欢到野外去游玩,但因为他还小,从来没有自己出去野营过,并且最近也没有出去的可能,所以野营工具在目前看来根本就不需要。为此,爸爸找到了俊俊,给他讲明了这个道理,让他把钱花在当用的地方。

俊俊听爸爸说得有道理,就采纳了爸爸的建议,不打算买野营所用的工具了,而是把钱存进银行里。

随着人们生活水平的提高,孩子手中的零花钱也越来越多,自由支配钱财的权力也越来越大。但是,由于孩子花钱控制能力低,外界的诱惑又太多,再加上虚荣心理作怪,导致许多孩子盲目消费,大部分的零花钱孩子都没有用在正当地方。

比如拿钱去买垃圾食品、玩游戏,或者与人攀比,有可以用的东西再去买个贵的,导致不必要的浪费,过生日请同学大吃大喝摆阔……这样不但使孩子养成胡乱花钱的毛病,还容易导致孩子走向歧途。因此,做好孩子的消费指导,是爸爸当前紧迫、重要的任务。

孩子之所以不吝惜钱财而大把地消费,主要是因为孩子没有认识到钱财来之不易,不知道父母挣钱的辛苦;同时外界广告的不良影响,商家的大肆忽悠,同学之间的攀比之风等等也是导致孩子花起钱来毫无顾虑的主要原因。再加上孩子不能确定自己真正需要的东西,不能正确衡量自己的购买能力,买东西也不砍价等等,结果导致钱财在不知不觉中流失。因此,爸爸应该让孩子明白每一分钱的来历,引导孩子甄别自己的需要,教孩子学会货比三家等等。

只有这样,才能让孩子学着节省,买到物美价廉的东西,同时避免盲目消费。

1. 让孩子知道钱财来之不易

爸爸给孩子零花钱的时候,要告诉孩子这些钱自己是通过什么样的方式换取的,需要花费多少时间与精力才能得到那么多报酬。

> 虎虎的父母都是农民,家里并不富裕,但是虎虎喜欢与人攀比,花钱大手大脚。虎虎的爸爸看着孩子如此浪费,周日的时候就带着孩子一起去地里。虎虎从来没有到地里干过活,感觉很好玩,但当他顶着烈日弯腰去拔草时,几分钟就忍受不住了,强烈要求回家。
>
> 爸爸看时机成熟,就给孩子讲自己每天这样工作多长时间,然后给孩子计算自己这样拼命干活一年的收入情况,虎虎听着惭愧地低下了头。以后,虎虎再也不胡乱花钱了。

如果有条件的话,爸爸可以带孩子到自己工作的场所参观一下,或者让孩子在假期里勤工俭学亲自挣钱试一试。只有这样,孩子才能深刻地感受到每一分钱都来之不易,才会知道珍惜节约。

2. 引导孩子确认需要的东西

很多孩子之所以花去了很多的钱买却没买到需要的东西,一是因为自己受到外界的诱惑,控制不住自己买下了不必需的用品,二是由于没有确认自己真正需要的物品,所以在购物时常失去方向。

因此,爸爸要引导孩子认清自己当前需要哪些东西,并且确认这些东西是否属于必买之列。如果当前就要用,就买;可要可不要,就尽量不去买。这样孩子盲目消费的行为就会减少很多。

3. 让孩子恰当衡量自己的购买力

每个家庭因为经济条件不同,孩子所拥有的零花钱的数目也不相同,因此孩子购买的实力也不一样。

> 小玲看着邻居小雪有一个滑板,天天在路上滑来滑去,内心十分羡慕,也想拥有一个。当小玲向父母提出这个要求时,因为家里经济条件不好,妈妈又生着病,所以爸爸就没有答应她,为此小玲还偷偷哭了好几天。
>
> 爸爸看着孩子如此伤心,就温和地给孩子讲了家里的开支费用情况,让孩子不要与别人攀比,还告诉孩子想买什么东西前要衡量自己家中的经济情况。小玲明白了爸爸的苦心,以后再没不要求买过贵的东西。

孩子容易受商家的忽悠,也喜欢与别人攀比,因此想要的东西非常多,但却不会衡量自己的购买实力。因此,爸爸要教孩子在想买什么东西之前,先衡量自己的购买能力,这样才能避免产生孩子超出自己能力的购物愿望。

4. 教孩子学会货比三家消费

货比三家能够买到物美价廉的好东西,所以爸爸要告诉孩子买物品时不妨多跑几家。

昌昌想要一辆自行车,他去了一家商店,自己相中的那款车型要价230元,而他手里只有200元零花钱。爸爸让昌昌多跑几家商店砍砍价,结果当昌昌跑到第四个商店时,终于和商店老板谈好价格,以200元的价钱买了下来。为此昌昌十分兴奋,说以后买东西,都要多跑几家。

同类的物品,不同的商家要价不同。多跑几家去比较,就能买到物美价廉的商品。

教子心得

孩子手中有了钱,还需要爸爸正确指导如何花销,否则孩子就会盲目消费,把钱花光了,却没有用在刀刃上,不利于孩子理财能力的提高。

让孩子学习理财知识

小康的爸爸是一家公司的一般职员,妈妈的工资也不高,但小康的爸爸很会理财,所以小康家的日子过得很宽裕。邻居家小华的爸爸,每天起早贪黑,周六、周日还做兼职,家里日子还是过得紧巴巴的。一比较,小康觉得很奇怪。

爸爸说:"小华的爸爸赚的钱只用于储蓄,我则用于投资,结果肯定不一样。"

小康问:"你怎么投资?"

爸爸说:"我每月定投基金,收益比储蓄高得多。我还在短线投资股票,也有收益,还有我买收藏品、邮票都是在投资。"

小康明白了,爸爸是在让钱帮自己赚钱,所以他比小华爸爸轻松。

理财正成为现代人日常生活的一个非常重要的方面,学会理财能更好地规划人生。让孩子越早学习投资理财知识,对他们的人生越有帮助。

爸爸是家庭理财的主力队员,有许多经验,爸爸要当好理财老师,将孩子引入财富之门。家庭理财是孩子理财的练兵场,爸爸应该邀请孩子参加。父母的收入状况,资金流向都可以让孩子知道,财务透明化,是给孩子上的第一节理财课。

理财和投资必然相连,生活中的投资项目,也应该让孩子早日熟悉。例如基金、股票、收藏、储蓄、债券等,都能成为一种投资形式。爸爸可以将这些东西一点一点地讲解给孩子听,让他们学着去实践。理财的经验就在这类活动中积累出来了。

小康的爸爸用钱来赚钱,给自己赢得更多的休息时间。小华的爸爸用劳动赚钱,钱却躺在银行里睡觉,其实并不划算。爸爸要从小启发孩子的理财意识,让孩子明白,钱可以不睡觉,可以一直活动着,增长着,这就是投资的效力。

随着生活水平的提高,孩子的零花钱、压岁钱、生日礼金等收入也逐渐增多,这让孩子有了理财的需求。如何让孩子用理财知识分配好自己的"小金库",爸爸们别疏忽。早日让孩子学会管理财务,学会投资,学会消费,才能给孩子一个财富人生。

1. 让孩子了解家庭投资动向

家庭投资动向是孩子获取投资常识的第一渠道。爸爸可以给孩子展示自家投资理财的情况,并跟孩子讲明每一种投资的优缺点。这些细节知识,正是孩子需掌握的投资理财知识。父母有切身体验,传授时会更具体明了,能够让孩子迅速掌握。

2. 让孩子明白投资风险

投资收益高,风险也大,让孩子认识到投资的风险,才能够慎重选择投资方式。

小米的爸爸喜欢投资,他经常买股票和基金。过完年,小米有了几千块钱的压岁钱。她跟爸爸讲,自己也想投资。爸爸告诉她,投资是可以的,但它不一定赚钱,也可能赔钱。爸爸让小米明白,投资是有风险的。

小米把钱交给爸爸并让爸爸帮她买了一只股票,有时股票涨了,有时又跌了,她为此很担心。爸爸安慰她,这就是投资的风险。爸爸在股票上升时卖出了股票,让她赚了一小笔钱。小米尝到甜头后,对投资更加热衷了。现在,小米还让爸爸帮着买了基金和保险,她还在努力补充相关的金融知识。

每一种投资都有一定的风险,爸爸告诉孩子不同投资方式不一样的风险情况,有利于孩子正确地选择适合自己的投资方式。这种风险意识,也是一种理财品质。

3. 教孩子认识股票投资

爸爸让孩子投资股票,首先要教孩子认识什么是股票。股票是股份有限公司在筹资时,向出资人发行的股份凭证,出资人凭借着股份的多少,拥有大小不同的权利,股份拥有越多,权力越大,收益也越高,同时所担的风险也越大。其次还要告诉孩子股票的以下特点:不可偿还性、参与性、收益性、流通性、价格波动性和风险性,并且详细给孩子解释这些特点,这样能够使孩子对股票有一个全面的认识。

4. 让孩子懂得投资基金

基金现在受到很多人欢迎,对老年人和小孩子比较适用。因为它的风险与股票比较,相对要小很多,虽然收益没有股票多,但比较稳定,适合长线投资。爸爸可以把基金的这些特点对孩子一一说明,这样能够帮助孩子更加清晰地认识到基金的好处与劣势。

而孩子就可以根据自己的实际情况来选择不同的投资方式。

5. 使孩子了解保险内容

保险也是一种投资方式,虽然目前孩子接触保险比较少,但如果爸爸教孩子选择声誉好的保险公司和正确的保险品种,收益虽然没有股票与基金高,但要比把钱存入银行划算得多。

目前因为保险的品种繁多,人们对保险的认识也不是十分清晰,有的人买了不适合的保险,有的受代理人忽悠上了当等等。因此,爸爸在教孩子投保时,需要全面了解情况,确认无误后再买。

6. 教孩子学着收藏物品

收藏是一个发现、得到、珍藏、出售的过程,需要专业的知识,否则容易上当。

小芬的爸爸喜欢收藏,邮票、钱币、旧书籍、瓷器都是他擅长的。小芬从小受爸爸的熏陶,也有点感兴趣了。爸爸很高兴当她的老师,让她先从收集邮票开始。小芬在奥运期间,买了好几套奥运系列纪念版邮票。现在几年过去了,邮票都升值了,小芬卖出邮票,尝到了投资的甜头。

小芬收藏邮票后,努力学习集邮知识和技巧,对邮票选购更具有投资眼光了,每一次出手都能小赚一笔。小芬成了一个集邮迷,如今手中有几百套邮票,这些都是她自己的财富。

收藏与别的东西不同,需要先有这方面的知识才能购买,否则很可能会上当。因此,爸爸教孩子收藏什么东西之前,需要先传授给孩子这方面的知识。

教子心得

对孩子的理财教育要赶早集,不能赶晚集。教给孩子一些简单实用的理财知识,是孩子的宝贵财产,孩子知道得多了,实践得多了,今后才会更科学地管理和创造自己的财富。

教会孩子勤俭节约

爸爸应以身作则,从小就教孩子学习使用金钱的正确观念。爸爸应教孩子花钱要有计划,要购买真正需要的而不是仅仅因为喜欢或价钱便宜而购买。爸爸应示范给孩子看,贪图便宜而购买的东西,最后往往用不上,代价其实是最大的,更不用谈拼命攀比或追求奢华。

爸爸要从小培养孩子正确处理和金钱的关系。

石油大王洛克菲勒就曾和儿子签过一份关于零用钱的管理细则,以培养儿子的理财意识。他约定每周给儿子1.5美元零用钱,每周末核对账目。如果本周账目记录让父亲满意,下周的零用钱就上浮10美分(但最高不超过每周2美元);如果财政记录不合规定,下周的零用钱就下调10美分。这样做有两个好处:监督儿子将钱花在合适的地方;保留清楚的财务账簿。他们还约定,至少20%的零用钱将作为储蓄,另外至少20%的零用钱用于公益事业,以此教育孩子学会理财并回报社会。当孩子需要购买零用钱使用范围以外的商品时,他们约定必须征得父母和家庭教师的同意。然后给予孩子足够的资金,但找回的钱和标明商品价格的收据必须及时上交。对于儿子储蓄的零用钱,其超过规定(20%)的部分,父亲将在其账户上补加同等数额的存款,以鼓励孩子存钱理财。通过这份"协议",洛克菲勒培养了儿子正确的"财商":(1)钱要花得合理;(2)要清楚钱是怎样花出去的,都花在什么地方;(3)养成储蓄的习惯;(4)懂得回报社会;(5)控制并不等于禁止,使用专款要理由充分,严格管理。除了每周给孩子一定的零用钱,洛克菲勒还鼓励孩子通过劳动获得收入。打死一只苍蝇,擦好一双皮鞋,都有明确奖励。

爸爸可以把家里的废旧报刊、饮料瓶、易拉罐等废品"包"给孩子,鼓励孩子连在外面喝饮料的空瓶也不放过,一定要带回家里,攒起来卖废品。总之,从小培养孩子勤俭节约,懂得积蓄,将使其终身受益。

当今时代,很多爸爸在物质享受上溺爱和放纵孩子,给孩子很多零用钱,以为爱孩子就是要让孩子大手大脚地花钱,对孩子的要求有求必应,甚至还没等孩子提出要求就提前满足,也有的鼓励孩子追求名牌,甚至以此显示自己与众不同的身价。很多孩子在物质需求上过度满足,像个皇帝,但在精神需求上完全得不到满足,像个奴隶,造成身心扭曲。因为很多家长没有意识到孩子需要精神陪伴,或者不知怎么陪伴,或者没有时间陪伴,于是拼命用物质作补偿,所谓"精神不够,物质来凑"。

教子心得

爸爸应清楚,提前满足孩子会让孩子丧失追求过程中的快乐,过度溺爱孩子让他过于享乐,其实是在培养"败家子",是在害孩子,因为"生于忧患,死于安乐",不当的家教会导致"富不过三代"。而且,没有勤劳俭朴习惯的孩子,不会懂得父母的钱财来之不易,不会感恩和爱惜自己所拥有的,也就不会爱惜国家和社会的公共财产,长大后,还可能会游手好闲,好逸恶劳,不会努力工作。

第五章
抗挫折能力：丰富孩子的人生经历

坚强的孩子可以承受任何风雨

在困难挫折面前,只有坚强的人才能坚持下来,不断通过努力最终实现自己的人生目标。没有坚强品质的人无法承受任何风雨。

卫风上小学三年级了,是家里的"小皇帝"。由于家庭条件比较好,妈妈没有参加工作,在家里整天围着卫风转,他的任何要求都能得到及时满足。但在学校事情就不是那么容易了,卫风很想当班长,可是这要靠优秀的学习成绩和良好的品质才能得到大家的拥护,才能被选上。

班里开始竞选班长了,卫风投了自己一票,结果他就只得了一票。他非常沮丧,不再和同学说话,总是低着头走路,性格变得很消沉。爸爸看到孩子这样非常着急,知道平时太宠他了,使他没有接受过任何打击,一点耐挫力都没有,坚强的性格更是没有培养出来。

孩子的成长不可能一帆风顺,总会遇到这样那样的困难和挫折。懦弱的孩子在困难和挫折面前会不知所措、自我否定,向困难挫折低头投降;只有坚强的孩子才能正视挫折,勇于挑战,战胜自我,最终战胜一切困难,取得胜利。

坚强的性格是一个人最宝贵的性格,坚强就像人的脊梁,如果没有脊梁作为支撑人就无法站起来。人生没有坚强作为支柱,将永远与失败为伍,做不成任何事情。

培养孩子坚强的性格并非一朝一夕之功。孩子在成长过程中要经历很多打击、挫败,如果爸爸一直陪在孩子身边,鼓励孩子正视现实、勇于挑战,支持孩子增强信心,坚持抗争,坚强的性格就会逐步形成。

现代的孩子生活条件比较优越,没接受过艰苦环境的锻炼,再加上父母祖辈疼爱有加,不忍让孩子去吃点苦,经受的磨难挫折比较少,孩子培养坚强个性的条件受到限制,所以很多孩子都没有养成坚强的个性。

爸爸在磨炼孩子坚强意志方面具有很大责任,无论从行动上还是语言上,爸爸都应该有意识地让孩子认为自己是个男子汉或坚强的女孩,在孩子心里形成一种不怕困难、失败,勇往直前的拼搏精神。

1. 不要把孩子当弱者看待

小时候慧明想要做什么事的时候爸爸总会说:"这个你不行,让我来。"慧明就会悻悻地走开。后来有一次家里的灯泡坏了,爸爸对慧明说:"灯泡坏了,抽屉里有一个,你去换上吧。"慧明拿着灯泡递给爸爸说:"这个我不行,没换过,你来吧。"

爸爸看了他半天说:"你都初中了,连个灯泡都不能换吗?"慧明怯懦地说:"你总是说我不行,我又没换过,电着我怎么办?"爸爸这才幡然醒悟,原来自己无意识的言行已经造成孩子心理上的负面影响。

爸爸在培养孩子的过程中,要有意识地夸赞孩子,让他在心里形成一种认识:我能行,并且适当让孩子去尝试。

2. 让孩子不要惧怕失败

只要有竞争就会有胜败,胜败乃兵家常事。坚强的孩子不会被失败吓倒,而是把失败看成下一次成功的起点,爸爸也要把孩子的每一次失败当成培养其坚强性格的契机。要帮孩子分析失败的原因,为下一次的进攻做好准备。

> 迟晓乐参加学校举办的演讲比赛,可是失败了,只得了第七名,回到家一脸沮丧。晓乐和爸爸说了这件事,认为自己很丢人,说以后再也不参加了。爸爸说:"失败没有什么好丢人的,你也不要有自卑的想法。我们来分析一下失败的原因,这次吸取教训,下次多加注意就能取得成功了。"
>
> 晓乐说:"我上台有点紧张,有一两个字念错了。"
>
> 爸爸说:"有了这次的经验,以后再上台就不会紧张,台下做好充分准备,台上就能发挥自如了。"
>
> 晓乐点点头。

爸爸要告诉孩子,失败并不可怕,可怕的是被失败吓倒,并引导孩子正确看待失败,从失败中吸取教训,促成下一次的进步,让孩子养成锲而不舍的坚韧性格。

3. 多带孩子参加锻炼意志的活动

有耐性的活动能锻炼孩子坚强的意志。让孩子多参加一些锻炼意志的活动,在活动中培养孩子坚强的品格。比如坚持长跑、爬山等,在活动中让孩子坚持到底,不能半途而废。

爸爸应该根据孩子的性格特点,经常陪孩子进行户外运动,如爬爬山、跑跑步,锻炼孩子的耐力,让孩子学会坚持。还可以鼓励孩子参加学校举行的运动会,报一两个项目,并且为夺得名次而坚持锻炼。

教子心得

在孩子自我认知开始萌芽的时候,爸爸对孩子的态度会影响其性格的形成。因此,要培养孩子坚强的性格,爸爸就不要把孩子当弱者看待,要对孩子说:"你能行!"

输得起是一种好风度

周末晚上,丈夫说儿子和他下象棋下到深夜 12 点。

妻子忙问:"这么晚,你让他了吗?"

"没有,我一点也不让呢。"丈夫笑着说。

"那他会不高兴吗?"

当妻子听说儿子没有不高兴,而且输了之后还要战斗到底时,不禁高兴得像孩子似的直拍手。为什么她这么高兴呢?这还得从两年前说起。

那时候,丈夫和儿子下棋,目的是培养孩子对象棋的兴趣,因此总是让着儿子,结果儿子下赢了就高兴,下输了就生气,简直无法接受失败。

记得有一次，儿子输了，脸色大变，大发一通脾气，大哭大闹，爸爸说了他几句，他最后把棋盘都掀掉了，气得爸爸狠狠地教训了他一顿，说了一大串"胜败乃兵家常事，哪有只赢不输的"等道理，但是儿子一点也听不进去，最后两人不欢而散。以后一提到下棋，儿子就回避。

在这之后，爸爸花了很多心思才找到了培养儿子"输得起"的精神。比如，爸爸会跟儿子商量，下三局只要儿子能赢一局，爸爸就给他讲故事；能赢两局，爸爸就送给他一本故事书。通过这种方式来刺激儿子，让孩子每次在三局中都会输掉一局或两局。渐渐地，儿子明白了输赢的道理，也就看淡了输赢。

生活中，爸爸要警惕孩子"输不起"的心理，多和孩子讲一些勇敢接受失败、不断努力求胜的人的故事，让孩子知道输赢是每个人成长过程中都必须经历的。"输"并不是丢人的事情，根本不值得念念不忘。这样才能不断增强孩子的心理成熟度，以适应不断变化的环境，使孩子在输赢面前能坦然面对。

在培养孩子面对挫折不屈不挠的精神时，父亲可采用以下方法：

1. 适度安慰，讲清道理

孩子输了之后，适度的安慰是必要的，此时爸爸应对孩子失落的心情表示理解。等孩子情绪稍稍缓和下来后，再主动邀请孩子玩同样的游戏，并且故意输掉，然后表现出霸道、生气的样子，让孩子体会别人的心情，是孩子明白输了之后的失态会给人留下不好的印象。再告诉孩子遵守游戏规则的重要性，相信孩子会容易接受的。

2. 将心比心，巧妙沟通

幼儿自身能力有限，面对挫折的忍受度低，遇到不如意的事情，常常把责任归罪于别人。因此，父母要帮助孩子疏导情绪。

爸爸应先接纳孩子的情绪，然后告诉孩子："你想赢，别人也和你一样想赢，如果别的小朋友输了，不甘心，吵着说不算，或是阻止你赢，那你会不会生气，还和他玩吗？"用这样的方式与孩子沟通，便于孩子反省自己，发现自己错在哪里了。

爸爸运用将心比心的方法来处理孩子的问题，孩子就比较容易反省自己，继而拓展各方面的能力。其实，每个人都是在和同伴大大小小的冲突中慢慢累积经验，学习与人相处的社会能力的。

3. 模拟游戏，培养能力

玩游戏时，爱玩又不服输的孩子，一般来说是自尊心强且缺乏安全感。他们很害怕输，一输就无法肯定自己。同时，好胜心强的孩子更无法接受输的事实。

爸爸们可以和孩子玩游戏，当孩子输了也给孩子奖励。但是前提是让孩子说出输的原因。孩子年龄小，也许想不清楚，爸爸可以循循善诱，通过这种办法，平衡孩子输不起的心态。

4. 游戏时，不要让着孩子

和孩子下棋、打扑克、拍球时，家长总喜欢让着孩子，让孩子当胜利者，看着孩子欢呼的样子，家长也心里高兴。其实孩子与家长的思维方式是不一样的，我们觉得让孩子只是玩玩而已，而孩子却把游戏当成"工作"一样对待。游戏时总让着孩子，会导致孩子不能接受输的结果，这也滋长了孩子"输不起"的心态。

要知道，在家里有人让着孩子，在今后的竞争中，谁又会让你的孩子赢呢？到那时候，孩子失败了又怎么接受得了呢！所以，为了孩子更好地面对将来的竞争，在平时的游戏中，爸爸尽量不要让着孩子，让孩子尝一尝失败、输的滋味。

5. 让孩子多输几次

对于"输不起"的孩子,爸爸不妨让他多输几次,事后任由他发泄,不要理睬,这样会让孩子感到很没趣,同时也是在磨炼他的受挫心理,有利于培养他"输得起"的心态。

等孩子发泄完了,爸爸应该告诉孩子,无论干什么,总会有输赢,如果总让别人让着自己,即使赢了也不光彩,别人也看不起你,只有输得起才能受到别人的欢迎和尊重。相信孩子经历过这样的教育,会慢慢接受输得起的心态。

教子心得

孩子输不起,是一种渴望成功的表现,也是好胜心强的体现。面对成长过程中遇到的各种各样的小挫折,有输不起的心理的孩子往往会情绪低落,心里痛苦,这严重影响孩子良好性格的形成。因此,培养孩子赢不骄傲、输不气馁的绅士风度真的很有必要。

摔倒后不要扶孩子

当孩子跌倒了,父母惊慌失措,急忙把孩子抱起来,心疼地说:"摔疼没有? 我的乖宝宝,是这地板把你摔倒的,我们打它。"这是在宠孩子。跌倒了,如果孩子有能力爬起来,爸爸应该让孩子学会自己爬起来。爸爸可以在一旁鼓励孩子,这才是真正的爱孩子。

一天上午,在一个大超市门口,这样一幕令人印象深刻:

一个年轻的美国父亲带着一个小孩走在超市门前的广场上,孩子大概只有三四岁的样子,不知道什么原因,孩子不小心摔了一跤。年轻的美国父亲走到孩子身边,并没有弯下身子把儿子扶起,而是大声说了一句:"卢迪,男子汉,自己爬起来。"

然而,孩子显然是摔疼了,他不但没有从地上爬起来,反而开始哭泣。没有想到,那个年轻的美国父亲还是没有把孩子扶起来,而是说了一声:"卢迪,你是个勇敢的孩子,爸爸相信你一定会站起来!"

也许是爸爸的鼓励起了作用,那个孩子真的从摔倒的地方爬了起来。年轻的美国父亲拉着孩子的手走到路边,然后蹲下身子,注视着孩子的眼睛说:"知道吗? 卢迪,你刚才的表现真的很棒,以后再摔倒,你要学会自己站起来,你看你刚才的样子,像不像是个男子汉呢?"小男孩一边抹着眼泪,一边笑着说:"嗯,嗯!"

这位家长的做法的确值得借鉴,因为在现实生活中,很多家长没有做到这点。孩子摔倒了,家长慌忙地把孩子抱起来,然后拼命地安慰孩子,生怕孩子哭泣。

事实上,当父母不在身边的时候,孩子摔倒了,他们会马上爬起来,随便拍拍身上的沙子,继续玩耍。因此,爸爸应该做到坚决不溺爱孩子,从小就要培养孩子坚强的性格,让孩子在摔倒的时候,勇敢地爬起来。

1. 孩子摔倒了,不要"打椅子"

这样一个场景相信大家很熟悉:一个孩子不小心被一把椅子碰倒,家长会很心疼地把孩子扶起来,一边安慰孩子,一边指着椅子说:"坏椅子,打他。"说着就使劲地拍打"那把椅子"。

显然,孩子摔倒并不是椅子的错,家长只是为了安慰孩子,但却给孩子造成了错误的认识。下一次孩子再次摔倒时,会把错归结到别人身上,而不懂得反省自己的行为。这就容易使孩子变得爱推脱责任。当孩子慢慢长大,被人生路上的一些"沟沟坎坎""绊倒"时,他会养成寻找客观理由而不反省自己的坏习惯。

2. 孩子摔倒之后,首先要观察孩子的反应

如果孩子没有觉得疼,没有大哭,爸爸就应该鼓励孩子:"自己爬起来吧,接着走!"如果孩子摔疼了,开始哭泣,爸爸应该给孩子简单的安慰,"哦,摔疼了是吧? 下次注意就是了,没关系的。"

其实,很多时候,孩子摔倒后,并没有感觉怎样的委屈,甚至会觉得挺好玩的。但是当家长流露出惊慌和心疼的表情之后,孩子才会迎合大人的心理期待,放声大哭起来。如果爸爸把摔跤当成孩子成长过程中的必然经历,不大惊小怪,孩子也就懂得坦然面对这些小挫折了。摔倒了,自己爬起来。

3. 如果孩子摔倒后久久无法爬起来,爸爸应及时检查孩子的伤情

当爸爸看见孩子摔倒之后经过数次努力都无法站起来时,应该赶快上前查找孩子的伤情;如果发现这是孩子在耍花样,故意吸引你的注意力,那么你应该做出放手不管的样子以示惩戒;如果孩子真的摔伤了,那么应该及时帮助孩子上药或带孩子去医院就诊。

4. 当孩子摔伤后自行处理了伤口,爸爸应该表扬孩子

当孩子在摔倒后因无人在场而自行处理了一些事情,比如自己站起来,并找到创可贴盖住受损的表皮等,爸爸在知晓情况后,应首先表扬孩子的机智勇敢,然后查找孩子的伤情,看是否需要做进一步处理。

教 子 心 得

爸爸们只需要记住这样一条道理:不摔跟头,孩子就永远学不会独立走路。所以,当孩子摔倒时,你首先要想到鼓励孩子自己爬起来,而不是跑到孩子跟前把孩子抱起来。当孩子爬起来之后,他才能明白摔倒了根本没什么。

从小对孩子进行吃苦教育

吃苦精神是我们国家的一大美德,比如凿壁偷光、囊萤映雪、头悬梁锥刺股等脍炙人口的故事,都在告诉我们但凡有所作为的人,都是吃了苦中苦的。因此,爸爸从小对孩子进行吃苦教育,对孩子的成长与成才起着举足轻重的作用。

曾被评为"全国十佳少先队员",后考入北京大学的黄思路,小时候可吃了不少苦。下面是黄思路在家里受到的待遇:

家里安空调时,父母没有给她的卧室安空调,她委屈地哭了,说是夏天练琴太热,必须有空调,她说班里学钢琴的同学的房间里都有空调。父母觉得她的话也有一定的道理,就把钢琴搬到有空调的房间,解决了练琴的问题。但她的卧室依然非常闷热。父母见她没有想通,就在晚上把一本《安徒生童话》放在她的床头,把书签夹在一页很有教育意义的文章上。第二天,她再也不提房子闷热的事情了。

几年后,他们搬家时,家里已经有了3台空调。黄思路大方地说:"4个房间3个空调,全给你们用吧,我有个电风扇就行了。"之后她还要求爸爸把钢琴搬到她自己的房间。经历了从小的吃苦磨炼,女儿的抗挫折能力和吃苦精神增强很多。

让孩子吃点苦,不是一本正经地对孩子说:"今天,我就要让你尝尝吃苦的味道。"这种吃苦教育是没有意义的。正确的做法是让孩子在玩得高兴的时候,或在孩子不知情的情况下对孩子进行吃苦教育。当然,吃苦教育不能太过分,否则孩子承受不了,就会产生不良情绪。对于父母来说,一方面不能表现出心疼和不高兴,另一方面也不能后悔自己的行为。

每个做爸爸的都知道吃苦耐劳的品质对孩子的重要性,但是吃苦耐劳的品质不是天生形成的,而需要后天培养、自我锻炼。有些父母想当然地认为,孩子长大后自然就会具备吃苦的能力,现在把学习搞好比什么都强。这种想法显然是不对的,想象一下:上了小学甚至初中的孩子不会洗自己的袜子,尚未成年就已想好将来由保姆服侍自己,这样的孩子长大后怎么能够吃苦呢?

父亲可采用以下方法培养孩子的吃苦精神:

1. 让孩子早一点自立

让孩子学会对自己的事情负责,在家里,让孩子独立完成自己的生活起居,打扫自己的房间,清理自己的物品等;学习上,让孩子学会独立思考,独立完成作业。想要孩子做到这些,爸爸就不能替代孩子去考虑问题,而要孩子自己去思考,这样孩子才有机会去经历痛苦的事情。

2. 给孩子设置生活挫折和障碍

在生活中,爸爸有意识地给孩子设置一些挫折和障碍,让孩子去面对,对培养孩子的吃苦精神很有必要。要孩子完成适当的家务,如打扫卫生、洗碗、清理房间等,之后给孩子适当的物质或精神奖励,以调动孩子的积极性。也可以要孩子参加社会实践,如卖报纸,到农村去体验生活,参加夏令营等活动。爸爸可以采取付费的方式引导孩子完成家务、参加劳动,还可以给孩子提供打工机会,让孩子接触社会,锻炼自己,培养吃苦精神。

3. 爸爸应该主动与孩子一起吃苦

由于现在的很多爸爸很忙,与孩子的沟通少,造成爸爸与孩子的代沟越来越大,如何去弥补这个缺陷,那只有靠爸爸多与孩子接触。所以,爸爸可以与孩子一起参加体育锻炼,比如和孩子一起晨跑,一起打球,一起游泳,一起登山,这样既可以增加与孩子沟通的机会,又可以让孩子得到锻炼。

教子心得

孩子不愿吃苦,拒绝吃苦,并非孩子的过错,而是做爸爸的没有重视对孩子吃苦精神的培养。俄国著名作家屠格涅夫说过:"你想成为幸福的人吗?那么首先要学会吃苦。能吃苦的人,一切的不幸都可以忍受,天下没有跳不出的困境。"为了让孩子今后能够坚强,爸爸要舍得让孩子吃苦。

让孩子敢于直面苦难

目前,很多孩子普遍表现出脆弱、娇嫩、意志薄弱的一面,例如:

孩子干什么总是三分热度,半途而废;

孩子很胆小,只要遇到一点困难就哭;

孩子自己不敢睡觉,非得要妈妈陪;

孩子上课不敢回答问题,怕回答错;

……

孩子意志力薄弱、没有耐力、惧怕挫折与困难,等等,这些都是缺乏坚强性格的体现。其实,孩子之所以这样,与家庭教育有很大的关系。如爸爸过于溺爱孩子,什么事都大包大揽;爸爸顺着孩子,什么事都不让孩子受委屈……

每一位爸爸都知道这样的道理:成功需要坚强的性格。任何人在人生中都会遇到各种困难与挫折,一个人不够坚强,就会很容易被困难打败,最终失败;而一个具有坚强性格的人就会勇于战胜困难,从困难中找到突破口,进而取得成功。

所以,要想让孩子在未来的人生道路上走得更加顺畅,爸爸就需要从小塑造孩子坚强的性格,让他不畏艰难,敢于直面困难与逆境。

1. 不要过度保护孩子

在孩子的成长过程中,会遇到各种各样的困难与挫折。但是,每当孩子遇到困难时,大部分爸爸总是第一时间充当"救世主"的角色,来帮孩子解决困难。

> 孩子不会写作业,爸爸就出来帮忙;
>
> 孩子跟同学吵架了,爸爸去学校评理;
>
> 孩子不敢睡觉,爸爸说:"不用怕,爸爸会保护你的。"
>
> 孩子磕碰到了桌子,爸爸就打着桌子说:"都怪你——破桌子,看我不打死你。"
>
> ……

其实,这种做法不是在帮孩子解决困难,反而却在无形之中为孩子增加了困难。这样,孩子一遇到困难,第一意识就是找爸爸解决,躲入爸爸的怀抱,也就不知道什么是坚强了。

要想塑造孩子坚强的性格,爸爸就不能过度保护孩子,而是让他意识到:当遇到困难或挫折时,应该考虑的是如何战胜困难,而不是退缩,或躲入爸爸的怀抱。

在日常生活中,爸爸可以让孩子做一些力所能及的事情,让孩子逐渐学会坚强。比如,孩子穿衣服,爸爸不要帮他穿,而是让他自己穿;孩子不小心摔倒了,如果并不是很严重,爸爸就应该让他自己站起来,而不是把他扶起来。

2. 鼓励孩子积极与困难作斗争

> 假期,爸爸带九岁的程伟去滑旱冰。对于第一次滑旱冰的人来说,穿着旱冰鞋站起来都很费劲,别说是滑行了。程伟也是第一次滑旱冰,所以,少不了摔跤。爸爸虽然很心疼他,但还是鼓励他说:"孩子,别害怕,摔倒了再爬起来,这样,慢慢你就会了。勇敢地站起来吧!"
>
> 在爸爸的鼓励下,程伟虽然摔了不下30次,但每次都成功地站了起来。就在站起来的那一瞬间,程伟的小脸蛋上洋溢着喜悦和自豪。
>
> 等滑完旱冰,爸爸对程伟说:"孩子,滑旱冰是这样,面对人生也是这样的。在人的一生中,会摔倒很多次。但是我们要坚强,要勇于克服困难,摔倒了再站起来,这样,才能成功。如果你因为摔倒了一次就气馁了,最终只会失败。"

如果孩子战胜不了困难,爸爸就需要给孩子一些提示与帮助,来帮助他克服困难。如一道数学题孩子做了很多遍都做不上来,爸爸就可以提醒他:再仔细检查一遍条件和提问,看看是不是忽略了什么关键点? 是不是对某一公式还了解得不太透彻? 等等。

3. 训练孩子的忍耐力

在某种程度上,孩子之所以不坚强,是因为缺乏忍耐力,经常浅尝辄止,半途而废,无法坚持到底。这就需要爸爸有意识地训练孩子的忍耐力。

当孩子表现出没耐力、不耐烦时,爸爸就可以给孩子一些积极的暗示。如爸爸可以说:

"孩子,再坚持一下,就差一点点,你就成功了。""孩子,再多学习半个小时,这样你就能学会了。"

教子心得

在教育孩子的过程中,孩子会遇到很多种困难,如孩子害怕水,不敢游泳;孩子有一道数学题不会做,等等。此时,爸爸要做的不是替孩子解决问题,而是鼓励孩子自己克服困难。当孩子有一次战胜困难的体验时,就会感到原来困难看似强大,但却很渺小,只要自己坚强一点,就能克服它。这样,孩子也就会越来越坚强了。

一定要让孩子经得起挫折

挫折是普遍存在的一种社会现象,任何人的一生都要面对各种各样的挫折。挫折应该是孩子的必修课,因为没有经历过挫折的孩子长大后会因为不适应激烈的竞争和复杂多变的社会而饱受痛苦。美国儿童心理学专家曾说:"经历了十分幸福童年的人常有不幸的成年。"其实,挫折本身不能造就一个人,能够造就人的是他在面对挫折和苦难时的心态和方法。

孩子在成长过程中遭遇挫折是不可避免的。每位父母都不希望自己的孩子遭受挫折,但是孩子必须有经受挫折的心理准备。每一位家长都要从小培养孩子应对挫折的能力,让孩子在遭受挫折时,能够从容镇定、直面困难、不屈不挠。然而,在现代的家庭中,孩子的成长往往在家长的庇护下一帆风顺,根本没有机会对孩子进行挫折教育,致使一些孩子遭到挫折后,消极沉沦,甚至会出现严重的问题。

在报刊、媒体上我们经常会看到一些孩子离家出走,甚至自残、自杀的新闻,这些新闻的主人公很多都是未成年的孩子。有的孩子因为考试成绩不理想就产生轻生的念头,有的只因为家长批评稍重或管得稍严些便会离家出走,有的因为与教师、同学之间有些摩擦就出现不良的情绪,有的一遇到困难或挫折就自暴自弃……

为什么现在的孩子抗挫折能力这么差? 导致这种情况出现的原因究竟是什么呢? 简单地说,有三方面原因:

一是来自家庭的压力。现在的孩子,有的生活在优裕的家庭环境中,他们习惯了事事处处顺心如意,缺乏遭遇困难的心理准备和面对挫折的体验和锤炼;有的孩子由于家庭亲子关系不正常,孩子缺少父母的爱,感情脆弱,胆小怕事,经不起打击。

二是来自社会的压力。由于高度激烈的竞争环境,面对升学与就业的严峻考验,精神过度紧张,使孩子易产生对学习的焦虑情绪和对生活的厌倦情绪,遇到困难和挫折易丧失信心和勇气。

三是来自孩子个人的不良素质。有些孩子性格内向,缺少知心朋友,很少和别人沟通,面对复杂的人际关系时感到苦恼迷茫,心理承受力和耐挫力较差。

那么怎样对孩子进行挫折教育呢?

1. 帮助孩子认识具备抗挫折能力的重要性

孟子说过:"天之将降大任于斯人也,必先苦其心志,劳其筋骨,饿其体肤,空乏其身,增益其所不能……"经受过大的挫折、大磨难的人才会有大的作为。21 世纪的今天,社会的竞争越来越激烈,人们承受的压力越来越大,爸爸们更应该认识到培养孩子抗挫折能力的重要性,让孩子经受磨难、承受压力、承受挫折。

在孩子成长的过程中，爸爸要告诉孩子，一个人能否取得成功，关键要看他如何面对挫折。爸爸可以跟孩子讲讲自己怎样面对挫折取得成功的故事，也可以告诉孩子，很多成功者之所以取得成功，就是因为他们善于克服种种困难，有着惊人的抗挫折能力。

2. 给孩子适当的挫折体验，让孩子在困难和挫折中锻炼成长

给孩子适当的挫折体验，有助于孩子积累抗挫折的经验。比如，夏天领着孩子头顶烈日干活，冬天，让孩子赤足在雪地上跑，或者让孩子到农村接受艰苦的生活训练，或者把孩子送到儿童军营训练些日子，也或者让孩子参加暑期少年儿童军旅夏令营。总之，爸爸要多为孩子提供锻炼的机会，让孩子在挫折体验中成长。

除此之外，爸爸在日常生活中也应该有意识地为孩子创设一些吃苦的情境去锻炼孩子。比如，不要轻易满足孩子的需求；爸爸妈妈可以离开家，让孩子自己照顾自己等。

3. 给孩子多讲一些名人抗挫折的故事

每个成功的人，其抗挫折的能力都特别强。爸爸要多给孩子推荐一些名人抗挫折的故事，这对孩子抗挫折能力的培养很有帮助。有个孩子遇到挫折后愁眉苦脸，可是读了美国盲聋作家海伦·凯勒的《我生活的故事》以后，情不自禁地说："我遇到的挫折与作家比起来真是小巫见大巫。"所以，爸爸可以帮助孩子购买或者借一些名人故事书籍供孩子学习。

4. 爸爸要以坚强乐观的人生态度感染孩子

面对孩子的种种挫折，爸爸千万不要火上加油，一味地指责批评，要从实际出发，让孩子正确对待，分析问题产生的原因，制定措施，帮助孩子走出困境。

在孩子的眼里，父母非常强大，无所不能，父母在困难和挫折面前表现出来的态度，对孩子的影响非常大。父母沉着、冷静、乐观、豁达的处世态度对孩子的健康成长起着积极的示范作用。所以，爸爸一定要给孩子树立榜样。鼓励孩子树立正确的人生目标，增强孩子的进取心，从而战胜挫折。

教子心得

挫折教育不是一朝一夕的事情，也不是靠几件事情就能见效的，所以爸爸们应该在生活的各个方面有意识地进行，坚持不懈地培养孩子的抗挫折能力，从而使孩子拥有强劲的翅膀，让孩子在人生的天空里自由翱翔。

精心为孩子设计挫折

2001 年 8 月末，江苏省徐州市的张先生与正在就读大学二年级的女儿签订了一份借款协议。协议规定，父亲每学期借给女儿学费 4000 元，女儿在大学毕业后的 8 年内还清。

张先生说，签订借款协议的初衷有两个：一是家庭经济条件太差；二是想趁此机会培养女儿的自立意识和能力。

然而，张先生的这种做法并没有得到周围人的理解。女儿不高兴，亲友们也说他不近人情。

这位张先生由于家庭经济条件太差，想通过与女儿签订借款协议的方式培养女儿的自立意识和自立能力，这本来是一件坏事中的好事——经济条件不好，当然是"坏事"，可是由此"穷人的孩子早当家"又是一件好事。

可遗憾的是,这样的好事通常不被人理解,甚至受到冷嘲热讽。分析原因,一方面可能是中国人的家庭伦理观念历来较重,以至于家长把许多超出法律规定义务期限之外的"义务"仍然看作自己的责任;另一方面也由于我国国情的特点以及经济发展水平等因素的制约,孩子在成人之后仍然不能自食其力。这样,家长自愿供养孩子上大学就成为一种普遍现象。

然而,这并不能表明子女就可以理所当然地存在依赖心理,把"啃老"当作天经地义。

目前,大多数的独生子女严重缺乏挫折教育。教育专家指出,现在的孩子需进行科学的挫折教育,以帮助他们克服生活中的种种脆弱。

有这样一位高中女生,学习成绩非常优秀,上初中时还是当地的"知名人物"。由于她从小生活在一个非常优越的环境中,不要说人为的挫折,就是天然的挫折也很少遇到。

正可谓"温室里的花朵经不起暴风雨的洗礼"。这位女生在进入高中阶段后,面对巨大的学习压力,她不是采取和家长、老师、学生心灵交流的方式,而是首选自杀。就在自杀之前,她还问同班同学"从7楼跳下去会不会死"。同学还以为她开玩笑呢,想不到过后她竟真的走上这条路。也许,如果她接受过挫折教育,悲剧可能就不会发生。

对于设计挫折来教育孩子,爸爸可以从以下几点来做起:

1. 有意识地让孩子接受挫折

爸爸应该为孩子创设一些经过努力可以克服的困难,并教给他们克服困难的勇气和方法。另外,爸爸在孩子遇到现实的挫折时,要给予谅解、鼓励和必要的帮助,让孩子从挫折中获得一些教训、启发和知识。

2. 让孩子获得成功的体验

每一次成功都将会使意志力进一步增强。如果孩子用顽强的意志克服了一种不良习惯,战胜了一个困难,攻克了一道难关,那么就能使自信心增加一分,给他在艰难攀登的旅途中提供一个坚实的"立足点"。

3. 帮助孩子制定目标

与孩子一道制定出一个能够达到的目标,然后帮助孩子努力实现这个目标。

教子心得

要注意挫折教育要注意方式方法。有些父亲虽然意识到了对孩子进行挫折教育的重要性,可是方法并不正确,这样的挫折教育就起不到应有的效果。

重视挫折教育

初中生军军平时在家太优越,养成了娇惯懒惰的不良性格。正巧有一个单位要搞挫折教育夏令营,声称参加这个夏令营,可以让孩子在挫折中受到前所未有的锻炼,自此变得坚强独立;还说通过夏令营,将对孩子的一生产生重大影响,让其终生受益。于是军军的父亲花了800元钱给孩子报了名,让他参加挫折教育夏令营。在送他去夏令营时,全家人像欢送亲人远征一样将孩子送上了征程。

没想到的是,12天的夏令营活动,军军就打来几十次电话,声称不堪忍受其苦,家人更是如坐针毡。总算熬到夏令营结束，又像迎接凯旋的战士一样将儿子迎回了家。

可这次回家以后，军军非但没有"不再娇惯、懒惰"，反而变本加厉。他总是以参加过挫折教育夏令营为借口，要挟家长，提这样那样的要求；还动辄发个脾气，像是得了大功回府的将军。

与案例中军军的父母的态度相比，对于让孩子在挫折夏令营里接受挫折教育，一位在教育一线工作了多年的教师对此有不同看法。这位教师从来不相信短期训练能让孩子脱胎换骨的说法。他认为，培养孩子的抗挫折能力，绝非一日之功，而家庭教育最为重要，身边小事最为有效。他自己在教育孩子时有自己的一套办法，还在孩子刚学走步的时候，他就有意培养孩子的吃苦精神和抗挫折能力。比如，孩子在家长面前摔倒了，哭着要家长拉一把，他不去拉，而是鼓励儿子说："你能行！"还在孩子三四岁的时候，一家人去植物园，看到别的小朋友都由家长抱着，小家伙也要让父母抱，但他却对孩子说："你要坚持自己走，你是一个棒小子！"孩子没再让家长抱，而是很带劲地自己走起来。

暑假刚过，当记者采访一些家长关于孩子假期参加吃苦夏令营、挫折教育夏令营的情况时，他们大都怨声连天、困惑不解。孩子虽然吃了一点苦，但吃苦之后的负面影响却在很长时间内挥之不去，这是为什么呢？

因为挫折教育并非一朝一夕的事。

在与一些儿童教育专家座谈时，他们几乎都谈到一个共同的话题，即挫折教育应当重在培养孩子心理上的抗挫折能力。比如，一些孩子在生活或者学习上受了一点点挫折，便离家出走甚至自杀，这不能不引起人们的关注。

现在的孩子大多是独生子女，生活环境和条件非常优越，真正是在蜜水中泡大的，他们很少体验到挫折，缺乏面对挫折的心理准备，也缺乏解决挫折的勇气和能力。爸爸应该明白培养孩子心理的抗挫能力很重要，平时可以有意识地设置一些困难的情形，磨炼孩子的意志，使孩子做好面对困难和挫折的心理准备，养成一定的面对挫折的能力。

挫折教育就在身边。

西方现在有这样一种说法："有十分幸福童年的人常有不幸的成年。"很少遭受挫折的孩子长大后，会因不适应激烈竞争和复杂多变的社会而深感痛苦。现实生活中，并不是每一个人都事事顺心，相反，每个人都会碰到各种各样的挫折，成功者与失败者的区别就在于对待挫折的心态与承受能力。

德国著名作家威茨格指出："世界上最光辉、最宏伟的事业就是使个人站立起来！"倘若我们的家长总不让你的孩子"长大"，总怕他们摔倒而不让他们独立地"站起来"，那又何谈社会与国家的繁荣强盛，自立于世界民族之林呢？

爸爸要重视挫折教育，同时，也要做到以下几点：

1. 帮助孩子认识挫折

爸爸要让孩子知道，生活中荣誉和挫折常常是并生的。生活中会常有不如意的事情，如果连一点小小的挫折都受不了，如何面对以后漫漫人生中会发生的更大的挫折和坎坷？

2. 鼓励孩子跌倒后自己爬起来

爸爸要客观地帮助孩子分析失败的原因所在，帮助孩子找到解决问题、克服困难的办法。爸爸要教育孩子，只有靠实力去竞争才能争取到自己想要的东西，胜利与成功不是别人的恩赐，不是对别人的乞求。

3. 要承认孩子的失败，切忌无理施加压力

遇到孩子失败的事情，爸爸不要包办代替，不要由父母出面去解决，否则，只会使问题

变得更复杂,更难以解决,使孩子凡事都依赖父母,既不能独立解决问题,也没有抗挫折的能力。

教子心得

培养孩子的抗挫折能力,绝非一日之功,而家庭教育最为重要,身边小事最为有效。

培养孩子的耐挫能力

小学四年级的顾凯虽然生性活泼热情,对什么事情都想试试,可他从小就有个毛病,一遇到困难就灰心丧气,失去继续探索的信心。

他四岁时,做了一架飞机模型,可老是飞不上天,他气得把飞机模型扔在地上,用脚踩坏,从此再也不做飞机模型了。

一年级时爸爸教他学游泳,可他到现在还没学会,原来,有一次他呛了几口水,难过了好几天,从此他再也不学游泳了。

在学习上也是这样,一遇到难题就退缩了,不会做的题目从来不动脑筋思考,而是等着第二天去抄别人的。

在生活中,困难和挫折是不可避免的,像案例中的顾凯一样,一些孩子灰心丧气、沮丧气馁是由于他们做不成喜欢做的事,在挫折面前产生了畏惧心理,丧失了克服困难的信心。心理学家认为,丧失信心的理由有千万条,但根本的原因只有一条,那就是学不会、做不好或觉得自己做不好。一旦做不好,信心就会丧失,倦怠、懒惰的情绪也随之产生,造成学不会——没信心——没兴趣——更学不会的恶性循环。

生活中类似于顾凯这样的孩子有很多。有关部门对中小学生和大学生的一次抽样调查发现,中小学生和大学生中分别有40%～50%和20%～30%的孩子有不同程度的心理障碍。

在团中央最近对全国10个省市2万多名学生进行的一项调查中,有17.5%的孩子认为自己"经不起挫折"。

另据中国青少年研究中心、中国青少年发展基金会"中国独生子女人格发展课题组"的研究发现,10%以上的独生子女在自我接纳方面存在一定的障碍,对自己最不满意的方面依次为:学习(38.7%)、健康(15.9%)、性格(15.8%)及自己的相貌形体(15.3%)。11.5%的独生子女不愿意别人比自己强,尤其不愿意熟悉的同学、朋友比自己强。9.2%的独生子女认为别人很不重视自己。

古人云:"人生不如意事十之八九。"就现在的孩子来说,他们可能遇到的挫折包括学习、兴趣爱好的选择、自尊和人际关系等方面。如:在学习上,成绩不理想,没能上理想的学校;在兴趣和爱好的选择上,自己的兴趣和爱好与父母的意见冲突,自己的才华和个性得不到施展;在自尊上,自己常常得不到教师和同学的信任,经常受到轻视和忍受委屈,没有被评上"三好生",没有被选上班干部;在人际关系方面,结交不到与自己讲知心话的朋友等。孩子遇到挫折并非坏事,但陷于挫折而不能自拔,势必对孩子的身心健康造成消极影响,如使孩子丧失自信心、焦虑、自卑等。

那么,爸爸如何培养孩子的耐挫能力呢?

1. 教育孩子正确认识和对待挫折

从心理学角度分析,青少年在成长过程中适当经受一些挫折是有益的。挫折能激励当事者增强韧性和解决问题的能力,产生创造性的变迁。一旦孩子在生活和学习中遇到这样或那样的挫折,爸爸应接纳孩子的倾诉和宣泄,让他们说出心中的委屈和痛苦,通过释放达到心理平衡。

2. 知己知彼,正确抉择

爸爸应当帮助孩子正确地规划自己的人生道路。所谓知己,即帮助孩子正确认识自己,自己希望将来成为什么样的人,未来的人生道路可能会在哪些方面受挫等。所谓知彼,即帮助孩子认识社会,如现实生活中尚存在哪些不尽如人意或不完善的方面等,让孩子懂得做事要向最高目标努力,但须做好承受最坏结果的思想准备。

3. 对孩子的期待要合理

爸爸不能重知轻德,不一定非要强迫孩子达到他力所不能及的目的不可,对孩子的期望要合理,这才是引导孩子走上身心健康的正确之路。

4. 培养孩子优良的意志品质

优良的意志品质是实现目的、事业成功的根本保证,因此,培养孩子良好的意志品质就显得非常重要,这需要从生活的一点一滴做起,如:孩子摔倒了不要立即去扶他,而要让他自己爬起来。

教子心得

在人生道路上,每个人都会遇到各种各样的挫折,即使现在孩子的成长道路一帆风顺,但谁也不能保证他一辈子不遭遇挫折。所以,爸爸们应该放手让孩子独自去面对生活道路上的荆棘、风险、挫折、困难。

带孩子走出"失败综合征"的阴影

张涛现在是小学六年级的学生,马上要小学毕业了。智力测验的结果表明,他的智力属于中上水平。张涛的父亲反映,小学一年级的时候,张涛的成绩还可以,但是到二三年级时,成绩一直不好。到了四年级以后,张涛对学习就完全持无所谓的态度了,父母、老师责备也好,好言相劝也好,就是推不动他。他似乎对学习、对自己的成绩以及对老师、家长的批评都无所谓。

张涛的爸爸很着急。用他爸爸的话说:"现在我们最着急的倒不是他的成绩,而是他的态度。平时成绩不及格或挨老师批评的时候,我们看不出他有任何着急或者不好意思;偶尔,他表现出一点进步,我们也会表扬他,可是,你表扬他时,他也不会表现出任何高兴的样子,整个一副无动于衷的样子。"

这名叫张涛的学生是得了"失败综合征"。即失败不是由于自己缺乏能力,而是由于心理上的原因,由于根本没有努力而遭受失败。

那么,孩子的这种"失败综合征"是如何发展起来的?原因大致有三:

一是重复失败的经历,可能使孩子感到自己永远也走不出失败了。大多数孩子刚上学时,对学校生活是充满热情的。但是,一次又一次,孩子都没有达到目标,他就可能体验到挫折,会感到自己对生活和环境、对自己的学业都是无能为力的,不论他们如何努力,也无法改变自己的命运。久而久之,他们就会体验到无助感并且放弃努力。

二是对成功和失败的不正确归因,也会导致"失败综合征"的形成。有"失败综合征"的孩子与其他孩子有一个明显的差别,那就是他们对自己的成功有一种"宿命"的观点,感到成功与失败不是自己能够决定和改变的,而是由外部的、自己无法控制的因素决定的。

三是来自父母、教师等重要人物的不良评价会加重孩子的"失败综合征"。

> 父母可能会这样对孩子说:
> "连这个都不会,你真笨。"
> "我看你是无可救药了。"
> "你这种成绩,真把我的脸都丢尽了。"
> "你看隔壁家的津津,你为什么就不能像他一样?"

无疑,这些都是令人泄气的评价。孩子的思维是非常简单的、具体的,他们会相信成人说的话。如果父母说他笨,孩子可能就会信以为真,认为自己不聪明。

总之,父母、老师的消极评价会大大打击孩子的自尊心,使孩子对自己丧失信心,使他们怀疑自己的价值。

让孩子获得成功体验是帮助孩子走出"失败怪圈"的重要决策。

1. 帮助孩子处理可能的障碍

孩子在学习成功的路上可能存在许多障碍。比如,知识的学习是积累性的,以前学习的遗漏和问题会影响到以后的学习。因此,要想获得成功,除了要学好现在的知识外,还要对以前的知识缺漏进行弥补。爸爸可以想办法帮助孩子弥补知识的缺漏,帮助孩子排除知识缺漏问题。

2. 将孩子置于他容易取得成功的地方

孩子学习成绩差可能是普遍性的。如果要求孩子在短时期内将各门功课都赶上来,可能会很困难,而且容易导致孩子的畏难情绪。因此,爸爸可以帮助孩子找到一门他比较感兴趣的学科,集中精力学好这一门学科,以此为突破口,让孩子感受到成功的乐趣和自身的能力。

3. 采取小步子前进的策略

一个成绩一直不好的学生是很难"一口吃成一个胖子"的。爸爸可以指导孩子将目标分解成一个个较容易达到的小目标,这样,每次达到一个小目标就是一次胜利,从而让孩子一直带着胜利的喜悦去攻克最终的大目标。

4. 掌握积极的归因模式

成绩水平相同的学生,可以有不同的成功期望。原因之一,可能是他们对过去成功和失败有不同的理解,做出了不同的归因。

一个将成功归因于能力的人,可能希望再成功,在遇到困难时,会表现出对任务的坚持性。

一个将失败归因于能力或任务困难的人,可能只有较低的期望,轻易放弃期望,或者将来选择较低水平的追求。

一个将失败归因于缺乏努力的人,可能下次较为努力。

因此,爸爸应教导孩子将成功归因于自己的能力,将失败归因于缺乏努力等自己能控制的因素,有助于保持孩子积极的学习态度和动机,培养他们的学习自信心,最终有助于他们学习成绩的提高。

5. 让孩子感觉到自己的价值

处于"失败综合征"的孩子往往有一种看法,认为父母、老师把孩子本人同他的行为表现结果等同起来。孩子就会认为自己的价值完全取决于自己的行为表现,他们会认为只有成功的人、学习成绩好的人才是有价值的,而自己的成绩总是不好,因此毫无价值。

6. 称赞孩子的善良人品

这等于向孩子暗示:父母看重他,不仅仅是因为他在学校的成绩;即使他学习成绩下降,他还有其他的优秀品质,有自己的价值。

7. 保持对孩子的高期望

在孩子多次失败后,许多爸爸会对孩子丧失信心,对孩子的期望和要求随之降低。实际上,爸爸对孩子的能力的观念和期望,会直接影响孩子的自信和成功期望。爸爸的低要求和低期望是不相信孩子能力的表现;相反,爸爸的高期望能为孩子提供一种信任感,也能让孩子感到一种胜任感,从而使他今后更加努力。

8. 鼓励孩子的课外兴趣

对于学习成绩不佳的孩子,很多爸爸会心急他将牢牢地"钉"在功课上,完全剥夺孩子开展"课外兴趣"的时间和权利。殊不知,鼓励孩子开展课外兴趣,既可以使孩子多一条"成功之路",多一个发挥才能的领域,同时也是爸爸"爱心"的体现。孩子会觉得尽管自己学习成绩不好,但爸爸还支持他的课外兴趣,表明爸爸并没有对他全面丧失信心,也表明爸爸还是爱他的。

9. 做"善于"评价的爸爸

爸爸对孩子的评价会极大地影响孩子的自尊心和自信心。善于评价孩子的爸爸可以避免孩子进入"习得性无助"状态。对孩子的每一点进步表示赞赏和鼓励。在评价孩子学习的时候,更多地注重对学习过程的评价而不是只看重结果。评价孩子时采用个人标准而不是集体标准。拿孩子的现在跟过去相比,而不是拿孩子与其他孩子相比。

教子心得

爸爸要密切关注孩子的心理变化,不管是对待孩子的学习成绩还是其他方面,都要根据孩子的年龄、个性、心理等因素为孩子应对挫折、提高能力提供相应的引导方案、解决对策。

第六章
自我保护能力：教孩子远离危险

发生火灾怎么办

2002年6月16日凌晨2时40分左右，北京市海淀区的蓝极速网吧发生一起严重的火灾。火灾当场烧死20人，17名伤者被消防人员送医院抢救后，又有4人死亡。在这里上网的人多数是周围的学生，其中有9名遇难者甚至来自北京科技大学预科班的同一班级。

幸存者之一小李在292医院烧伤科病房里向记者讲述了当天深夜的事情经过：他是河南人，在北京科技大学上预科班。夜里他们班十几个同学一起去这个网吧通宵上网，每人花了12元钱。网吧有100多个座位，当时上网的人有30多人。"大概在凌晨3点，我感觉下面有一股汽油味往上直蹿。约一分钟以后，看到了滚滚的浓烟从楼梯口冒了出来，我们赶快叫网管（网络管理员）。他跑下去看了一眼就大呼一声着火了，然后我们就开始逃命。"小李说，他们看楼梯口已经被火堵住了，赶紧想办法从窗户往外跑。没想到打开窗户后还是无法逃脱，因为外面有护栏。他们朝窗户外大声呼救。闻讯赶来的附近的居民和消防队员砸开护栏，他们才得以从窗口逃出。"当时我觉得嗓子被烟堵住了，无法呼吸，也无法说话。由于时间过长，有些人就倒在了网吧里。"小李说他们跑出了7个人，其他人生死不明。这个班的学生小杜也很难过："当时他们去了十三四个人，现在只找到3个人，不知道其他人怎么样，昨天我们还在一起呀。"蓝极速事件发生后，全国都开展了对"黑网吧"的全面清理。可是二十多条年轻的生命无可挽回，父母们伤心欲绝。

孩子们通常在电影和电视中看到大火的场面，并且主人公总有足够的时间逃生。这种误导的信息非常不利。美国NIST机构的火灾燃烧实验室，记录了真实的大火蔓延过程。40秒钟，由圣诞树灯饰短路引起的大火把一切都吞噬了。

根据公安部的统计数据，2000年我国共发生火灾18.9万起，火灾造成直接财产损失15.2亿元。2000年我国死于火灾的有3210人，平均每周61人。一些青少年时常瞒着家长偷偷出入网吧、游戏厅等拥挤的场所，如果没有火灾防护意识是非常危险的。

绝大部分致人死亡的火灾发生在晚上10点到早上6点，大部分（51.6%）受害者当时在睡觉。室内火灾中，初始火源大多数是固体可燃物起火，液体和气体起火较为少见。固体可燃物可由多种外部火源点燃，如掉在沙发或棉被上的烟头。每30秒钟，火灾面积蔓延一倍。平均只有不到5分钟的时间，人们能安全离开火场。火灾中死亡人数，由于烟气熏死的占50%～70%（相当多是先烟气中毒，窒息昏倒后被火烧死）。火灾中由于能见度降低，对安全逃离火场造成严重影响。皮肤若维持在温度66℃以上或受到强烈辐射热，仅需1秒钟即可造成烧伤，火焰温度及其辐射热可能导致立即或事后致命，而氧气耗尽也会造成人员死亡。

火灾是一件十分危险的事情,每个人都应有足够的常识来应对火灾。爸爸应做到以下几点:

1. 教育要注意生动和科学

学校一般都会开设消防课程,许多城市的消防教育馆也会组织一些训练活动,但是爸爸仍然要时常提醒孩子注意避免火灾。爸爸不要拿孩子当几岁孩童,可用最近的事例来引起他们的注意,而且可以讲授一些科学知识,因为孩子已经有足够的理解能力。

爸爸要使孩子有火灾意识,不要因自己的疏忽大意制造火灾。一年之中有许多火灾是由孩子玩火造成,而且青少年心智尚未成熟,看见起火,很容易因害怕而跑掉,铸成大错。爸爸应教育孩子发现火灾应迅速拨打火警电话119。报警时要讲清详细地址、起火部位、着火物质、火势大小、报警人姓名及电话号码。

2. 使孩子离开危险的地方

蓝极速网吧事件之所以造成如此惨剧,是因为网吧只有一个门,着火时网吧的门锁着,窗户也都被铁护栏封住。起火后,网吧里面的人没有通道逃生。2000年圣诞节,洛阳东都商厦娱乐城的一场大火酿成了300多人死亡的惊天惨祸,是因为人多拥挤,逃生无路。

拥挤、出口不多或通道狭窄的公共场所十分危险,要减少孩子前往的机会。爸爸应特别提醒孩子不要瞒着家长偷偷前去。告诉孩子你们的房子和旅行中宾馆有多少逃生的路线,学习日本人每到一个新的环境都会习惯性地检查消防出口的位置。

3. 正确的防火知识将使孩子万一遇到火灾时提高生存机会

爸爸应让孩子了解住宅楼道及教室等场所的灭火器正确的使用方法,学习正确的火场逃生方法。万一遇到火灾,应沉着冷静,首先确保自己尽快逃生,在自身安全的情况下再尽可能地帮助别人。

(1)争取时间:高层建筑,特别是在住户多的大楼及旅馆里一旦发生火灾,一时无法逃生,教育孩子应立刻逃向火势较轻的地方,向窗外呼救,等待消防人员营救。邻室起火,万勿开门。可能的话应把有火房间的门关紧,使火焰、浓烟禁锢在一个房间之内,不致迅速蔓延。采用这一措施能赢得宝贵的时间。

(2)靠近地面:看到烟火停下来,弯腰趴下,爬行,手捂口鼻滚过烟火区。因为空间上方烟气的浓度比下方大,近地处往往残留新鲜空气。经过浓烟地带,最好屏住呼吸,防止吸入有毒气体。

(3)墙外逃生:如从楼道逃生已无希望,可利用墙外排水管,或用绳子固定在阳台,沿绳爬下。不要轻易跳楼。

(4)用湿毛巾掩口鼻:逃离时,尽可能用湿毛巾掩住口鼻。也可用水打湿衣服、布类等掩住口鼻。一时找不到水时,可用饮料来打湿衣服代替。

(5)着火自救:当大火已烧着身上衣服时,最简易的方法是在地上打滚、采用水浇或扑打火苗,不能跑,越跑火越旺,越易烧进身体。用自来水先给灼伤皮肤降温,可以收缩毛细血管,减缓痛楚,平静心绪。如果受伤,不要用手触摸伤处。被烧伤处的衣裤要用剪刀剪开。轻微烫伤可做局部降温处理。大面积烫伤者应先包裹烫伤部位,防止伤口感染。

教子心得

在现实生活中,当爸爸见到类似新闻或在看电视时遇到这样的节目,一定要将相关的应对火灾的逃生知识告诉孩子,要多说几遍,确保孩子能实际操作。

地震来了怎么办

我们生活的地球表面,好像是静止不动的,实际上却远非如此。我国其实是一个多地震的国家,据统计我国大陆地震约占世界大陆地震的1/3。我国处在世界上两大地震带之间,有些地区本身就是这两个地震带的组成部分,并且广大地区都受它的影响。台湾、西藏、新疆、云南和四川等省(自治区)地震较多。特别是人口密集的城市,高楼大厦林立,一旦地震发生后果更是不堪设想。

在震中及其附近地区,从地震发生到房屋倒塌,一般有十几秒钟的时间可以让人们做出挽救生命的选择。房屋整个倒塌更是有几分钟的时间过程,牵动性的破损和倒塌还会更慢。

地震伤亡者最直接的死因是被房屋倒塌砸伤或挤压伤致死。另外还有两大死因,一是因乱喊乱叫、精神崩溃,在极度恐惧中"扼杀"了自己;二是因吸入大量烟尘造成窒息。

研究员的死亡说明了了解地震躲避常识是非常有必要的。

爸爸应教给孩子以下一些常识:

1. 爸爸应对孩子普及一些地震的基本常识,但是不要引起孩子的恐惧心理

地震是人类的灾难,但相较于火灾、交通安全问题等来说,地震并不是常态生活中要时刻防范的内容,让孩子有基本常识和了解就可以了。

可以适当挑选有关宣传手册让孩子阅读。有可能的话和孩子一起参加学校或社区组织的模拟地震演习,让孩子学习知识的同时还可以密切亲子关系。

2. 爸爸应对孩子普及几条清晰、简单的原则,有助于万一遇到地震时孩子逃生

一旦发生灾难性的强烈地震,成年人尚且不知如何是好,何况十几岁的孩子,不可能记住那么多。没有人能在地震发生时保持冷静思维。教给孩子的地震逃生知识最好只有简单几条,使其成为本能的反应。

例如国际上地震自救的通用办法:地震时保持冷静,地震后走到户外;在室外避开高大建筑物、窄小胡同、高压线、变压器、陡山坡、河岸边;在室内躲靠在支撑力大而自身稳固性好的物件旁边,如铁皮柜、立柜、暖气、大器械等。

(1)地震发生时的室内躲藏:关键是迅速找到躲藏地点。大量的室内现场调查说明,地震的致死因素主要是房顶塌落和灰尘呛闷这两项。躲在桌子底下、床底下的伤亡率高达98%!因为床和桌子的面积大,被掉落下来的屋顶砸中的机会近乎50%,而且其承重力不足,会殃及躲藏在下面的人。要针对天花板的塌落位置迅速躲靠,即躲靠在支撑力大而自身稳固性好的物件旁边,如铁皮柜、立柜、暖气、大器械旁边。注意,只能靠近支撑物,不能钻进去。目的是要利用房顶塌落时坠落的水泥板与支撑物间形成的一个三角形自然空间,人在这个空间既容易呼吸,又便于他人救助。对高楼居民而言,躲避时还要避开易燃易爆的炉具、煤气、液化气和电器,所以躲到厨房、卫生间等小开间并不是很好的办法。还应该尽可能地靠近建筑物的外墙,便于震后被救,以免被困住。千万不要外逃或从楼上跳下,也不能使用电梯。须知我国大中城市的建筑越来越多地采用框架结构,一般的强烈地震中大楼也只会墙体开裂或局部倒塌,留在室内比胡乱外逃更安全。

(2)公共场所避难:在群众集聚的公共场所遇到地震,千万不能乱跑、乱挤。否则往往因震时混乱,挤、踩、砸、撞,产生不必要的伤亡。最好就地择物(排椅、柜架、桌凳等)躲藏。

（3）室外防震：在我国目前的条件下，最好的去处是马路旁边或宽大的空场地，救护和联络也都较方便。如有可能，再抓住一棵树，树根会使地基牢靠，树冠可以防范落物，人员能够站立，便于应急行动。

（4）困境求生：一旦被困，就要设法向外联络。盲目地大声喊叫可能引起灰尘闷呛，造成窒息。可以利用声音，如把闹钟搞响，或击打家具和金属、击打暖气管和水管；还可以利用光，如把手电筒打开；也可以利用电，如打手机报告等。

教子心得

地震这样的巨大灾难个人难以预防。但对于孩子来说，了解基本常识是非常必要的；在非常情况下甚至可能帮助他死里逃生。

交通安全很重要

放学了，一群学生高高兴兴地拥出校门，骑上自行车回家。小强那天自行车坏了，吴远就自告奋勇要载他。于是小强坐上了吴远的自行车后座。

一群回家途中的少年比起了车技，争先往前骑。吴远也忍不住加入了比赛的队伍，越骑越快。小强初时还兴致勃勃，跟着吆喝，后来心里开始有点害怕。

他们一群人骑到了车辆拥挤的主路上，小强连连叫吴远减速，可是正在兴头上的吴远连说"没事儿"，也不理会他。眼见经过一个十字路口，一辆大卡车从侧面而来，小强十分害怕，慌张之下跳车，反而被大车撞上了，当场身亡。

骑自行车带人是违反交通法规的，一条年轻生命也因此而葬送了。

车祸，已成为当今社会的公害，为城市人口死亡的四大原因之一。随着经济建设的飞速发展，人、车、路的逐年增多对城市的交通安全造成极大的压力。一些部门和个人由于安全意识淡薄，忽视交通安全生产、管理不严、制度不健全以及缺乏基本的交通安全知识，造成中小学生交通事故屡屡发生。与儿童不一样，幼儿园孩子有老师家长接送，小学生也多有接送，中学生却主要是独自上下学，课余自己外出活动也增多。青少年是祖国的希望和未来，中小学生的交通安全问题涉及社会千家万户的幸福。

家庭的交通安全教育主要目的是保护孩子的安全，一旦发生较严重的交通事故，后果惨不忍睹。同时也要使孩子成为一个文明的人，不违反交通秩序，保证道路畅通。

爸爸应该及早教导孩子注意交通安全：

1. 使孩子有危险意识

交通事故不只发生在公路上，内河航运、海上、铁路交通等都要注意安全。城市里长大的孩子一般对公路交通规则都有认识，需要注意的是防止追逐玩乐，年轻气盛，与车斗气而致使躲避不及造成伤害。骑自行车不要逞能表演车技，坐小汽车要系好安全带。住家或学校附近有铁路通过的，注意不要在铁轨上逗留。火车上要注意的是烟头等引发火灾。我国南方许多城市以船作为比较主要的交通工具，要让孩子注意人太多、明显超载的船只不要上。很多船只发生事故多是因为天气能见度低，船只超载，又没有足够的救生设备等原因。

2. 爸爸要让孩子系统学习交通法规

在美国，十六岁的少年就可以拿驾驶执照了。在中国，年龄要求要高一些。但是爸爸应该让孩子在"红灯停,绿灯行"等简单的常识外了解得更多一些。

关键是爸爸要把这种交通法规的学习变成孩子一种固有的行为准则标准。例如,爸爸要告诉孩子即使晚上街上一辆车也没有,也应该在红灯前停下来,不要抢道。晚上车速都快,万一有车疾驶而来,很可能躲避不及。

3. 运用一些多媒体手段告诉孩子遵守交通法规

如交通规则讲解录像、交通事故的真实录像。甚至有些模拟驾驶汽车、摩托车的电子游戏,爸爸也可以适当让孩子玩,会有身临其境的学习作用。

教子心得

爸爸应及早将有关的交通规则告诉孩子。如乘电梯、上下楼梯时要告诉孩子靠近右边;不在路边打闹、嬉戏,不在铁轨道处逗留等。爸爸要多次反复地向孩子说明不遵守交通规则的危害,以引起孩子的重视。

教孩子防范艾滋病

最近,初一女生刘小如上课时时常走神,也不大乐意跟同学玩了,有时还背着人哭泣。老师问她怎么回事,她也不说。从侧面一打听,小如的家庭也很正常,没有什么问题。后来家长会上班主任老师跟小如的爸爸交流了这个问题。两相追问之下,小如才道出了实情。

原来有一天电视里讲艾滋病的危害,还有几个病人的镜头,弄得小如非常害怕,又觉得没明白。过两天她又听见在中医院当大夫的奶奶跟老姐妹闲聊,说现在社会上很危险,年轻人四处去住旅店,用公用的毛巾、杯子容易传染艾滋病。小如的妈妈是位记者,爸爸也经常出差。小如想起奶奶的话,又想到电视上的画面,越想越是害怕,又听说这个病不是什么好事,不好意思问,憋在心里,所以造成了抑郁。

艾滋病(AIDS)是1981年才被人们认识的一种新的性传播疾病。艾滋病因人类免疫缺陷病毒感染而引起,导致被感染者免疫功能部分或完全丧失,继而发生机会性感染、肿痛等。最终因长期消耗,全身衰竭而死亡。至今还没有治疗艾滋病的特效药,也没有可用于预防的有效疫苗。尽管随着科学技术的发展,人们对艾滋病的认识不断提高,但对艾滋病的恐惧却与日俱增。

艾滋病发源于非洲,1979年在海地青年中也有发生,后由移民带入美国。1985年6月,由上海入境的一名美籍阿根廷青年男性游客因艾滋病住院,医治无效,死于我国境内,这是出现在我国的首例艾滋病。至2002年6月,我国的艾滋病病毒感染者已达到100万例。当前我国艾滋病流行的情况十分严峻,现在感染艾滋病病毒的人增长速度每年都在30%以上。目前我国艾滋病的发生处在高危人群向一般人群转移的阶段,是防治的关键时刻。

艾滋病已证实的传染途径有:

第一为性接触传播。

第二为血液传播,包括输入了经污染的血液、血液成分或血液制品;移植或接受了感染者或高危人群的器官、组织或精液;与静脉药瘾者共用受污染的未经消毒的针头与注射器;共用其他医疗器械或生活用具(如与感染者共用牙刷、剃刀),也可能经破损处传染,但罕见。

第三为母婴传播,即感染了的母亲在产前、分娩过程中因接触血液与体液传经胎儿,以及产后哺乳传给婴儿。

艾滋病不但危害严重,也是社会问题。有了一定理解力的青少年就应该了解它,从而树立坚决的预防观念。同时由于青少年心理的脆弱,要让他了解只要遵守几条正确预防措施就不会感染,不要让他觉得到处充满危险,而产生恐惧心理。刘小如的情况只要家长讲解清楚就行。

面对来势汹汹的艾滋病,爸爸应做到以下几点:

1. 让孩子正确了解有关知识

让孩子了解这种病,它的病因、传播途径、临床表现等,并深切地知道其危害性。目前艾滋病尚无根治方法,因此应注重预防。

爸爸要告诉孩子日常接触不会感染艾滋病病毒,这是大量科学研究事实已经证明的。艾滋病病毒不会通过共同使用的餐具、握手、礼节性接吻、共同使用办公用品、共用马桶、游泳、咳嗽或打喷嚏、蚊虫叮咬等途径传播给其他人,因为这些日常接触中不会有足量艾滋病病毒从感染者体内排出而又有机会进入另外一个人体内。

2. 输血最需谨慎

爸爸应告诉孩子尽量减少血液制品的使用。孩子一旦需要输血,必须用时首选国产血液制品,到运营正规的大医院去,要求医院对供血者进行 HIV 病毒检测,抗体阳性者禁止供血。

3. 注意其他可能的传染途径

孩子生病要去医院时,爸爸应带他去大医院。监督医生使用一次性针头和注射器,不共用针头和注射器。牙刷、剃须刀(男孩子用)等物品可能被血液污染,教育孩子这些物品不要外借,不和别人共用。

4. 教育孩子千万不可偷吃"禁果"

一次冲动会造成各种难以承担的后果,包括可能传染艾滋病。西方的父母会为青春期的子女准备安全套,中国人还没有这么开放,但是爸爸应把这一条预防艾滋病的方法告诉孩子。

教子心得

爸爸应将相关的艾滋病知识告诉孩子,但不要夸大事实、言过其实,以免造成孩子的恐惧心理或者歧视艾滋病毒携带者。

不要被骗子骗了

刘凯因为上的是重点高中,所以住校,每周末才回家一次。一天,一个卖袜子的小贩不知怎么混过门卫,到宿舍里推销来了。小贩吹嘘自己卖的是神奇的不破袜子,是什么特殊的进口材料制成的。刘凯他们几个同学听了半信半疑,但看起来这个小贩一副老实相。然后小贩还拿出一双黑色的丝袜做实验,拿了一支缝衣针,很快地扎进丝袜里一拉,又拔出来,丝袜居然完好无损。这下子同学们全信了。小贩说给学生优惠,每双只卖15元,在商场里可不止这个价儿。刘凯很少自己买过东西,这次买了两双,又给爸爸和爷爷各买了一双,打算回家卖弄一下,博得称赞。

回家他得意洋洋地跟妈妈一说。妈妈亲自一试,果真如此。但是又发现原来所有的丝袜都可以这样,而且同样的袜子市场上一般只卖5块钱。刘凯这才知道自己受骗了。

刘凯的受骗并不是一件小事,虽然这次金额较小,但性质却是严重的,家长应认真、严肃地对待。

现在的骗子,可以说几乎遍及社会生活的各个领域,用欺骗的手段获取不义之财。骗子的数量在与日俱增的同时,骗术的伎俩也在不断升级,有些简直是防不胜防。发生在日常生活中的骗财骗色案,五花八门、千奇百怪,令人眼花缭乱。骗老乡、骗邻居、骗同学、骗朋友,甚至骗亲人。什么乡情、友情、爱情、同学之情、同事之情、邻居之情,已经全然不顾了。

人们的虚荣心和私欲,愚昧无知、麻痹、软弱、单纯,这些人性中的弱点是骗子的通行证。善良、老实这些原本是好的人性特点,却常常为骗子所利用。尤其是青少年涉世不深,比较单纯,容易受骗上当。

归纳起来社会上骗子的目的不外是骗财或者骗人。直接骗取青少年的财物;或者拐卖人口,特别是少女;以及骗青少年帮其干一些违法乱纪的事情。

骗子的欺骗手段一般来说有以下几种:

第一,利用某种地位或比较亲密的人际关系。某些有辱职业的教师利用孩子师长的身份欺骗孩子,还有的骗子假冒孩子父母的同事、朋友、老邻居、远房亲戚等身份套近乎,继而行骗。

第二,利用钱物。用空头许诺,或小利勾引,结果"姜太公钓鱼",愿者上钩者不少。

爸爸应该给孩子上好防止上当受骗的这一课:

1. 爸爸应让孩子学会拒绝"好事儿"

爸爸要告诉孩子世界上没有不劳而获的好事,除了父母会无偿地为他好,其他的人如果突然提出要给他提供什么好吃的、好玩的甚至金钱,一定要想想为什么,以及有没有害处、有没有危险。例如,游戏厅老板表示可以赊账让他玩游戏;远房亲戚背着家长说可以带他出远门去见世面……遇到这种"好事儿",千万不要头脑发热,立刻答应,以免上当受骗。

2. 爸爸要告诉孩子谨记"不要随便答理陌生人"

以下一些情况是骗子常用的伎俩,让孩子千万要有防范意识。例如在校园里突然有陌生人搭讪,说自己丢失了钱物,想借电话卡联络家人、借钱回家等;在马路上兑换票证、物品的;公园前总有一些神秘的魔术表演;陌生人敲门推销东西;陌生人用种种借口,要把自己的东西"寄存、抵押",以换取金钱的。这样的陌生人往往一去不返,他所"寄存、抵押"的所谓"贵重物品"也往往一钱不值。自称是家中某人的同事、同乡、好友等的陌生人。还有的骗子模仿某人的笔迹,不要见到笔迹、信件、留言条就信以为真。到处所见的乞丐、自称到大城市投医而药费欠缺、生活困难等的人也有很多是骗子,或是犯罪分子组织。行善要适可而止,因为中学生本身还没有赚钱的能力和足够的承担力。

3. 最关键的是提高孩子的识别能力

增加孩子知识的广度,提高文化素养、法律意识等,这是防范骗子的关键所在。电视、广播、报纸等天天在播放骗子行骗的故事,爸爸要让孩子多学习。

让孩子养成遇事多与家长商量的习惯。有疑问的事情回家以后要跟家长说清楚。家长要善于倾听孩子说话,不要总是不耐烦或没时间。

让孩子不要过分自信,总以为眼见为实,结果追悔莫及。爸爸告诉孩子不要参加任何赌博、投机取巧性质的活动,不要有占便宜的心理。

对陌生人的求助要学会检查可靠证件并问清有关情况,不要轻易相信别人。发现形迹可疑者,还应及时向父母、学校或公安机关举报。

孩子单独行动时,爸爸要告诫他千万不能跟陌生人到任何地方去,如果是认识的人也不能盲从。

教子心得

现在的骗子可谓形形色色,他们极易利用孩子的心理诱骗孩子,这时,爸爸就要及早向孩子普及防范骗子的知识,让孩子明白这个世界不全是光明,也有其黑暗的一面。

教孩子学会防范偷窃

中学生张兴平时是个大大咧咧的孩子,经常丢三落四,时常丢零钱、文具、书本,事后自己都想不起来放到哪里去了,爸爸说了他好几次也不管用。

中考前一天,老师把准考证发给了班上所有同学,并一再叮嘱千万小心保管。这天张兴乘公共汽车回家,车上人挺多,他也没在意,下车回家还乐呵呵的。妈妈给他准备了可口的饭菜,以便他吃好了第二天好参加考试。吃完饭,爸爸一再要求他再把书包清理一下,带齐第二天考试要用的东西。

张兴翻出书包一看可傻眼了,书包边上被划开了一条五六厘米长的口子,钱包不见了,最可怕的是夹在钱包里的准考证、学生证等也一块儿被偷了。丢钱事小,准考证丢了明天怎么参加考试呀? 一家人顿时急得火烧眉毛,张兴这下子算是得到了教训。

遭遇偷窃,丢钱、丢物会给受害者造成损失及极大的不便,影响学习、生活。特别是丢失重要票证、文件,危害更是严重。像张兴这种情况,就十分麻烦。所以在一些特别重要的又需要证件的时刻,爸爸要告诉孩子特别留意自己的物品,否则损失太大了。

许多孩子平时大大咧咧,不注意细节。丢了东西,只当自己放在什么地方,忘了带而已。很多同学是自己单独上学,又经常独自外出活动,而没有太多人生经验的青少年常常是小偷们的对象,所以对预防偷窃要有准备。

分析被偷窃的原因,第一是受害者本身的疏忽大意造成的,如乱丢乱放贵重物品、书包敞开、柜门不锁,给小偷造成可乘之机,顺手牵羊。第二是小偷蓄意犯罪,例如在火车站、公共汽车上等人群混杂的场所找机会下手,而受害者没有防范经验。

爸爸可通过以下方法教会孩子防范偷窃:

1. 爸爸要告诉孩子"财不可露白"的道理

身上准备零钱,不要在人多的地方把钱包翻出来看。若随身带有贵重物品,最好不要和周围的人攀谈时说起,不要炫耀,以防别人临时起意进行偷窃。

2. 爸爸要告诉孩子不要疏忽大意,给人可乘之机

让孩子学会钱包不要放在最外层口袋;宿舍柜门要上锁;书包、口袋拉链要拉好、纽扣要扣好。出门旅行重要证件要贴身装好,不要乱放。

所谓"害人之心不可有,防人之心不可无",不要把行李托陌生人照管。

3. 爸爸要告诉孩子人多拥挤的地方要特别注意

爸爸要告诉孩子火车站、公共汽车等地方是偷窃容易发生的地方,要特别小心。扒窃分子往往利用乘客上下车拥挤之机,在公共汽车车门附近进行扒窃活动。故此,乘客上下车时要防止因拥挤而疏忽自己的钱物,在车上应尽量往人少的地方站,警惕身旁是否有可疑人无故挤靠自己,小心看护挂包、提包和钱包等物件。乘中巴车或长途汽车时,不要参与赌博,谨防上当受骗。

一线反扒民警在工作中总结出了一套预防扒窃的口诀,形容犯罪分子的可疑举动比较恰当:站台之上来回瞅,汽车进站最后上;上车无事假着急,堵在车门不往里;人群当中故意挤,举止反常露可疑;选准目标跟贴靠,行窃得手即刻离。

4. 爸爸要让孩子有保护家庭的责任感

爸爸要教育孩子不但自己在外面时要预防被偷窃,还要有防止家庭财产被偷窃的意识。回家、离开时锁好门窗,不要随便带人到家里玩,不要把家中财物存放、家人作息时间的细节告诉别人。

5. 事后补救

爸爸要嘱咐孩子下公共汽车时或旅行中快下火车、轮船等时候查看一下书包,看有无财物丢失。发现失窃情况,马上找最近的警察报案,让警察组织搜查,有可能找回失物。

教子心得

爸爸应从孩子小时候起就告诫他们要注意保管好自己的物品,对一些重要的物品要另行存放妥当,不要随便乱放。

有人抢劫怎么办

不久前在东北某中学的女生宿舍发生了一起抢劫未遂案:十七岁的某王姓少年长期在社会上游荡,一天缺钱用了,他把邪恶的目光瞄准了附近的中学女生宿舍。当天晚上,他从水房窗户爬上了女生宿舍三层。一个来洗漱的女生看见窗户边有人,吓得尖声喊叫起来。王某扑上前捂住了她的嘴巴。这时又一女生进来,看见这阵势吓得一边喊救命,一边往外跑。王某放开原先那个女生,拿着刀前去追第二个。这个女生尖叫着跑进宿舍,一下扑在同学的床上。王某跟着追进去。躺在床上的吴姓女生被惊醒了,看见拿刀的王某,极力保持镇静,说:"冷静一点! 你要干什么?"

这一声"冷静一点"惊醒了王某。他本来也是临时起意,本非穷凶极恶之徒。他颓然把刀扔下,说:"我完了,我不干了。"一场恶性抢劫事件被化解了。

我们不得不佩服吴姓女生的冷静和智慧,巧妙地化解了这场灾难。

抢劫是指罪犯以暴力、胁迫或者其他方法抢夺财物,是一种情节非常严重的恶性犯罪。抢劫罪犯以抢夺财物为目的,但是抢劫一般还伴随着对受害人身体的恶性伤害。使用暴力夺取物品时,如抢耳环或者项链,罪犯生拉硬扯,常使受害人造成淤伤;抢包时也常因用力过猛使受害人摔倒跌伤。受害人一旦抗拒,会被毒打、刀刺,甚至因为抢劫而杀人的事件也时有发生。

对于孩子来说可能遇到的抢劫案,一般在两种情况下容易发生。第一种是罪犯利用受害者的疏忽,如有人将书包随便放在自行车前面的车筐中,劫匪往往乘十字路口大家停住等红灯时,一把抓走书包;还有如有人走路时拿着包晃悠,劫匪一般两人乘摩托车从旁边迅速驰过时,坐在后座上的劫匪乘机抢走包,然后迅速逃窜。第二种劫案一般发生在晚上夜色较深的时候,或在过街天桥、地下通道等偏僻的地方,劫犯利用多人或身体上的优势进行抢劫。以前一段时间在北京等地还发生过一系列的恶性案件,劫匪有预谋地等候在偏僻的地方,有行人通过先用棒子或其他硬物将其打晕,再行抢劫,由此造成了多名受害者死亡。

既然社会的现实如此,爸爸就更应该教导孩子怎样应对抢劫。

1. 告诉孩子"钱财乃身外物"的道理,保护自己是最重要的

面对抢劫这种恶性犯罪的可能,爸爸首先要告诉孩子的就是无论如何,自己的身体和生命安全最重要。这是万一遇到抢劫时要牢记的事情。至于钱财是身外物,特别是遇到歹徒和自身力量相差悬殊的情况下,可以主动放弃财物以求自保,然后再想办法。

2. 避开可能出事儿的地方,做足防护措施

黑暗是罪恶的掩护伞。爸爸要告诫孩子不可独自夜深了还在外面游荡,午夜时即使学校的大门口都是危险的。尽量不要去治安不好的区域,人少时不要走过街天桥和地下通道。

女孩子可以买一个一拉就会发出巨大尖叫的"防坏人"娃娃挂在书包上,在遇到抢劫时可以吓走坏人,引来帮助者和警察。

挎包不可单肩挎背,应斜挎并置于身前,以防顺手牵羊或割断包带被抢。

骑自行车时遇到布条、铁丝缠住时有可能是陷阱。应先将车筐中物品抓牢,将包背在身上,观察确定周围无可疑之人,再去解布条、铁丝。

3. 爸爸要告诉孩子即使在相对安全的地方也要提高警惕

爸爸应告诉孩子,独自在家中时要防止入室抢劫。遇到有人上门推销,最好一概拒绝,不要与其纠缠,更不要开门让其进屋。有陌生人称替家人代送物品,不妨打个电话先核实一下,向家人问清情况后再开门,千万不要轻信,马上开门。对有人以抄水表、煤气表或维修之类理由想进家门时,在无法确定真假时,不妨婉言拒绝,待家人回来后再说,千万不要轻易开门。

4. 遇到抢劫灵活应变

万一真的遇到抢劫怎么办? 爸爸要先给孩子打预防针。遇到入室抢劫,由于室内相对封闭,处于孤立无援的状况,在逃脱、抗拒无望的情况下,要保持冷静。观察歹徒的行为举止,如遇蒙面歹徒,要记下其身高、衣着、口音、举止等特征,事后注意保护现场,为公安人员提供破案线索。

万一外出遇到歹徒拦路抢劫,爸爸要告诉孩子一般先不要跑,因为歹徒的目的是为了抢劫钱财,如果急于逃走可能会遭到歹徒的伤害。应与歹徒巧妙周旋,寻找机会求救,可将随身携带的少量钱财、物品交给歹徒,并注意记下歹徒的相貌、衣着、身高、口音和逃离方向、交通工具等,事后及时报案。如果歹徒人数较少,周围又有同伴或其他群众过路,可应付周旋,乘歹徒不备时突然跑开并高声呼救。总之要注意策略,有勇有谋,不能硬拼。

教子心得

孩子们可能会遇到各种各样的意外,这时就需要爸爸能提前预防——教导孩子学会应对各种危机状况。

使孩子不受烟酒的侵扰

在南京发生了一起学生长期结伙盗窃案件。6 名团伙成员在案发时平均年龄不到十八岁,他们在某职业学校同班同宿舍。

十七岁嫌疑人小力供述他们的违法犯罪事实:同宿舍 6 个同龄的同学成为好"哥们

儿",经常一起溜出去"热闹热闹",喝点酒什么的。日久天长老是喝酒抽烟,大家都有点烦,再说家里给的钱老是这样花也不太够。

一天晚上,几个哥们儿在外面喝啤酒,也点不起什么菜,都觉得很无聊。当时有人说,老是这样不好玩,咱们不如顺便去"拿"点东西。借着酒劲大家都很赞成。从那以后,他们时常夜里酒足饭饱后,就一块儿到附近一些中小学校行窃。由于学习的是保安专业,他们对刑法、公安业务、保安管理知识等有很多的了解,先后盗窃的财物达到将近一万元,学校和家长都没能发现。

最后一次大家商量,快毕业了,对仅仅到中小学"拿"点东西不感兴趣了,今后6个人也没机会一起"拿"了,决定干点大的,就去了一家手机店。后来案发了,6名学法不守法的少年,最终得到的不是毕业证书而是法院的判决书。

烟草对于青少年的危害多是个人身心上的,而酒精对于青少年的危害则有可能威胁到社会。就像上述例子中的青少年犯罪团体,在烟草和酒精的麻痹下,也许并不太清楚自己做了什么,会有什么后果。上述例子中的悲剧就是混合了烟酒的恶果。

吸烟、饮酒对于青少年真的危害极大。

1. 吸烟的危害

烟草的烟雾中至少含有三种危险的化学物质:焦油、尼古丁和一氧化碳。焦油由好几种物质混合而成,在肺中会浓缩成一种黏性物质。尼古丁是一种会使人成瘾的药物,由肺部吸收,主要是对神经系统发生作用。一氧化碳能减低红血球将氧输送到全身去的能力。一个每天吸15~20支香烟的人,其易患肺癌、口腔癌或喉癌致死的几率,要比不吸烟的人高出14倍,其易患食道癌致死的几率比不吸烟的人高出41倍,死于膀胱癌的几率要高出两倍,死于心脏病的几率也要高出两倍。吸烟是导致慢性支气管炎和肺气肿的主要原因,而慢性肺部疾病本身,也增加了得肺炎及心脏病的危险,并且吸烟也增加了高血压的危险。

一份最新医学调研报告指出,71%的青少年和中学生尝试过吸烟。这些人中男性是女性的3倍。医生们警告说,青少年吸烟对身体的危害比成年人更大,从十五岁或更小的年龄开始吸烟也许会使他们的寿命减损25年,这些人比正常人死得更早。青少年时期吸烟会导致体内器官功能紊乱,甚至在戒烟以后也难以治愈。

2. 饮酒的危害

酒是一种刺激物质、麻醉剂,过量喝酒会使大脑皮层处于过度兴奋或麻醉状态。喝酒过多的人,不是昏昏沉沉,就是胡言乱语,有的甚至大哭大闹。酒精影响中枢神经系统,导致其他疾病的发生。喝酒过量伤害大脑神经,伤害心血管系统和胃肠道。酒对胃黏膜有刺激作用,大量饮酒,胃黏膜受到刺激,影响胃液的分泌和胃的正常功能,使食欲减退,消化不良,就会引起胃肠病。经常过量饮酒,可使肝脏周围大量脂肪积存,易形成脂肪肝。

中学生正处于成长发育阶段,身体的各部器官尚不完全成熟,饮酒对身体的损伤更加严重,甚至会影响到身体的正常发育。如果长期寻求酒精刺激,人们常说"喝酒误事",会导致注意力无法集中,记忆力、判断力下降。另外中学生自身没有经济收入,有的学生为了喝酒,采取骗、偷、劫等非法手段获取金钱,从而导致违法犯罪。

许多专家认为,青少年成为瘾君子不是天生的,其主要成因还在于生活环境。青少年产生吸烟饮酒心理的原因一般为:第一,从众模仿。随着身心的逐渐发育成熟,青少年处处要求以成人自居,看到许多长辈饮酒,便认为这是"大人样",于是就模仿起来。或者由于朋友喝酒,也就跟着喝。第二,出于好奇。第三,逆反心理。有些青少年对正面宣传产生逆反心理,你越是劝阻，他越是跃跃欲试。第四，尽管知道酗酒有害健康，但有侥幸心理。第五，寻求解脱。受到挫折，就借饮酒来寻求解脱，以此消愁解忧，逃避现实。

为了使孩子不受烟酒的侵扰，爸爸应做到以下几点：

1. 爸爸要起示范作用

爸爸不要让孩子长期处于吸二手烟的环境中，觉得吸烟很正常，进而也染上烟瘾。教育孩子不要吸第一支烟。孩子往往在同学聚会中，或者由于父亲、亲友有时开玩笑时给他第一支烟抽，有了第一支就有第二支，继而不知不觉染上烟瘾。要想孩子避开酒精依赖，家长首先不能酗酒。

2. 帮孩子戒掉烟瘾、酒瘾

如果孩子在不知不觉的情况下已经染上烟瘾，要想办法帮助他戒掉。拿走周围所有的吸烟用具，烟灰缸、打火机和香烟都会对戒烟者产生刺激。放一些无糖口香糖、水果、果汁和矿泉水，使胃里不空着。每天让孩子多做几次短时间的休息，到室外运动运动。做一些技巧游戏，使两只手不闲着，通过刷牙使口腔里产生一种不想吸烟的味道。打赌也是一种办法。让孩子公开戒烟，争取得到朋友和家人的支持和监督。另外，爸爸要告诉孩子戒烟后又吸烟不等于戒烟失败，吸了一口或一支烟后并不是"一切都太晚了"，反复的过程是正常的。要仔细分析重新吸烟的原因，避免以后重犯。

帮助孩子戒酒时，可使用戒酒丸、柠檬酸之类药物；也可采用厌恶疗法，让孩子看看醉卧街头或者恶心呕吐等酗酒者的丑态，强化对酒产生条件反射性反感；还有心理辅导，使孩子认识或明白不喝酒的生活比完全沉溺其中的生活更舒适；通过有意义的社会活动来恢复孩子的社会交往，培养有益兴趣，增强自信心。

3. 预防集体饮酒后的放纵和犯罪行为

青少年参加疯狂派对或几个人集体饮酒后情绪高涨，控制力和辨别力降低，容易酒后乱性，甚至做出违法犯罪的行为。不要为孩子的聚会提供酒精饮料，不让孩子参加彻夜狂欢，孩子如果平时在学校寄宿，更要提醒他注意别喝酒误事。

教子心得

烟草对于青少年的危害多是个人身心上的，而酒精对于青少年的危害则有可能威胁到社会。

让孩子远离毒品

十六岁的少女佩佩家庭条件很好，父亲自己有一家公司，平时给她的零用钱也很多。但是由于父母离婚，父亲又再婚，佩佩比较苦闷。

一个周末，佩佩跟几个校外认识的朋友去迪厅玩。一个朋友神神秘秘地说有好东西要跟大家分享，然后拿出几颗形状可爱的药丸来。佩佩也吃了一颗，然后觉得非常激动，不停地想跳、跳、跳。从晚上十点跳到了凌晨两点，后来她觉得有点累了，但还意犹未尽，就又吃了一颗。迪厅关门了，几个人走到路上还在跳。后来佩佩倒在地上猝死。经法医检查，佩佩吃的是"摇头丸"，死时心肌都呈规则状断裂了。

佩佩的悲剧在于无知和缺乏自我保护意识，当然佩佩的父亲也要负很大的责任，对佩佩的关心不够。

1996年传入我国的新型毒品"摇头丸",其传播速度之快令人始料不及,服用者大多是涉足舞厅的青少年。摇头丸在20世纪90年代初流行于欧美,是一种致幻性苯丙胺类毒品经人工合成的兴奋剂,对中枢神经系统有很强的兴奋作用,服用后表现为活动过度、情感冲动、性欲亢进、嗜舞、偏执、妄想、自我约束力下降以及有幻觉和暴力倾向,具有很大的社会危害性,被认为是20世纪最具危险的毒品。由于各人身体条件的不同,一颗就可能致人死亡。

根据《刑法》第357条的规定:毒品是指鸦片、海洛因、甲基苯丙胺(冰毒)、吗啡、大麻、可卡因以及国家规定管制的其他能够使人形成瘾癖的麻醉药品和精神药品。吸毒最可怕的是会上瘾,而且是死路一条。吸毒还容易引发自伤、自残、自杀等行为。扎针吸毒是艾滋病传染的主要途径。吸毒还会诱发犯罪。吸毒一旦上瘾,是很难彻底戒除的。走出禁毒所的吸毒者,有80%~90%还会复吸。

目前我国吸毒人数呈上升趋势。更为严重的是,青少年在吸毒者中的比例居高不下。据统计,参加戒毒的80%以上是青少年,他们已成为最易受到毒品侵害的"高危人群"。青少年吸毒主要是由于心理上的原因:

第一,强烈的好奇心。青少年正处于青春期,精力充沛,各种需要极其强烈,什么事都想去试一试,有时会不顾后果而出现冒险行为。

第二,盲目的趋同心理。青少年学生有集群倾向,同一层次青少年交互感染,尤其在层次较低(如成绩差或行为不良)的青少年群体中,这种趋同心理更带盲目性。

第三,自我炫耀心理。青少年在家受着种种约束,在群体中往往寻求显示自我的机会。

第四,刻意模仿心理。青少年在其成长过程中,为了获取知识和适应环境,都离不开模仿。可以说,模仿是青少年社会化的重要手段,但这种模仿也可以对不良行为模仿。在实际情况中,成人吸毒常常成为青少年有意或无意模仿的对象。

青少年在对待吸毒问题上的这些心理动因,导致其行为的随意性。

面对吸毒这个问题,爸爸应该十分谨慎。

1. 给孩子构筑拒毒心理防线

爸爸要教育孩子"四知道":一要知道什么是毒品;二要知道吸毒极易成瘾,难以戒除;三要知道毒品的危害;四要知道毒品违法犯罪要受到法律制裁。

2. 从吸毒的几大原因上预防

青少年吸毒的最大原因是好奇心强。爸爸要让孩子懂得"吸毒一口,掉入虎口"的道理,正确把握好奇心,抑制不良诱惑。好奇是青少年的共同特点,但面对毒品,千万不要心存侥幸,千万不要吸食第一口。

3. 让孩子正确对待挫折和困难

爸爸要告诉他在学习、生活中遇到考试成绩不尽如人意、和朋友吵架分手、家庭生活遇到困难等都是正常的,要正确对待。爸爸应及早告诉孩子,当遇到这类情况时,孩子可以试着和父母、老师、同伴沟通,或者听听自己喜欢的音乐,参加自己喜欢的体育活动等,分散自己的注意力,排解烦恼,绝对不要用毒品来麻醉自己,逃避现实,回避困难。

4. 要孩子明白毒品有百害而无一利

对毒品能治病、毒品能解脱烦恼和痛苦、毒品能给人带来快乐等各种花言巧语,让孩子绝对不要相信。如发现亲朋好友中有吸、贩毒行为的人,一定要带着孩子远离,并报告公安机关。

5. 补救措施

爸爸要告诫孩子,即使自己在不知情的情况下,被引诱、欺骗吸毒一次,也要珍惜自己的生命,不再吸第二次,更不要吸第三次。尽量不去环境复杂的歌舞厅、卡拉 OK,要谨慎,决不吸食摇头丸、K 粉等兴奋剂。

教子心得

孩子一旦染上毒瘾,要强制戒毒,送戒毒所。不能心软,更不能给钱助长他去买毒品。心软对孩子就是死路一条。

让孩子拒绝赌博

一个十六岁的中学生张某用斧子将亲生父母活活劈死,然后焚尸灭迹。案发后人们才了解到,酿成这一悲剧的原因是赌博。这名中学生染上赌博恶习后,家长采取了"棍棒政策",试图用痛打的方法戒掉儿子的赌博恶习。但是,对于已经十六岁的中学生来说,棍棒并不能奏效,儿子照赌不误,不但输掉了自己所有的零用钱,而且还输掉了从家中偷的 200 多元钱。在债主的催逼下,他多次从家中偷钱还债,多次受到棍棒痛打。当父母看到家中无法存钱,就将钱存放在各自的单位,儿子在家偷不到钱还赌债,便向父母要钱,又遭父母责骂和殴打,于是,就产生了杀死父母既可免得挨打又可得到赌资的念头,遂将自己的双亲杀死。

张某的行为毁掉了一个家,也毁掉了他自己。可见青少年赌博行为危害极大,它严重影响青少年的学业成绩,诱发生理和心理疾病,败坏人际关系,导致违法犯罪行为。

青少年赌博有复杂的社会心理原因,大体上可以分为青少年自身的心理因素和社会环境因素两类。

1. 个人心理因素

赌博动机是指促使个人进行赌博的内心起因。常见的赌博动机有赢利、娱乐、竞争、寻求刺激、逃避现实等。这是人类赌博行为主要的和普遍的始动原因。

不过,上述动机似乎更加适合于成年赌博者。就青少年而言,似乎下列心理因素起着重要的作用:好奇心、不恰当的娱乐观、追求刺激的欲望、侥幸心理、宣泄挫折引起的消极情绪。

2. 社会环境因素

青少年赌博行为的产生和维持,与周围环境中存在的大量赌博现象有密切的关系。

(1)社会上赌博现象的影响。目前,我国社会中普遍存在着各种形式的赌博现象。这些现象对青少年产生强大的影响力,使青少年不仅耳濡目染,而且有模可仿,染上赌博恶习。

(2)对青少年赌博行为的宽容态度。由于经济发展带来的价值观念的变化,人们对什么是赌博的概念似乎也发生了变化。对青少年、儿童的一些赌博行为采取宽容的态度,纵容了这些行为的发展。现在,人们普遍认为,孩子之间赌"变形金刚""西游记"小牌的活动,小学生摸彩吃糖或赢玩具,青少年打玻璃球、桌球、玩电子游戏机,甚至打扑克、麻将赌少量金钱等都不是赌博,而仅仅是带点刺激的娱乐活动,不加干预,从而使青少年从小参加赌博活动,逐步形成赌博习惯。

(3)家庭环境污染和教育偏差。父母嗜赌,聚众在家赌博,给青少年树立了模仿的"榜样"。许多父母自己赌博,也不反对子女参加赌博,还鼓励子女学习赌博技能,这种家庭环境必然会"培养"出一些青少年赌徒。

(4)满足子女的经济要求,忽视对子女的管教。有些家长在经济条件转好后,尽力满足子女在经济方面的要求,给子女很多零用钱,却很少过问这些钱的用途,以致很容易使青少年把手中的钱变作赌资。

(5)学校管理中的问题。中小学生和大学生中的赌博行为与学校管理中存在的问题,有重要关系。

(6)社区控制薄弱。青少年有很多时间在社区环境中度过,由于社区内的社会控制机构如街道组织、居委会、少年之家、少年宫等力量有限,或者工作不得力,对社区内成人之间的赌博现象缺乏限制,任其泛滥,诱发青少年的赌博行为。

第一,父母首先要以身作则,自己不参加赌博,更不在家中聚众赌博。

第二,严格控制子女的金钱消费,过问子女零钱的用途,正当的支出尽量满足,不正当的开支要求则应坚决拒绝。

第三,对子女进行正面教育,即运用典型事例,向青少年说明赌博的危害性。

第四,开展丰富多彩的业余爱好活动,使青少年在放学之后和节假日有地方可去,有正当、有益和有趣的事可做。

第五,引导子女自我戒赌,即通过转移注意、与赌友断交、消除赌具等方法来达到戒赌的目标。

教子心得

爸爸要及时发现孩子的赌博行为,并将赌博的危害及时告诉孩子,让孩子在明辨是非的情况下,尽量远离赌博。

人格篇

好爸爸要关心孩子的心理与品质

第一章
做孩子心理素质的启蒙

为孩子提供精神支撑

所谓精神支撑，就是自我和外部世界之间的适应程度，其内涵包括理想与信念，也包括个性与品质。作为爸爸，要帮助孩子搭建牢固的心理支撑，在培养孩子的过程中注意对孩子心理个性的培养。

一个人的成长需要三种能力做支撑，即物质支撑能力、精神支撑能力和社会支撑能力。

所谓物质支撑能力，用我们最通俗的话讲，就是他要依靠自己的才能谋取一份职业，也就是一份赖以生存的工作。这个物质支撑能力主要取决于孩子的学习能力，这是爸爸们最重视的一点。

社会支撑能力包括两个方面内容：一方面，接受社会规则，与社会相适应；另一方面，能够获得外部社会的理解、支持和帮助。

所谓自我精神的支撑，就是孩子具有坚定的信仰、良好的个性和较好的心理素质，当他在精神方面遇到危机的时候能够首先获得自我支撑。

在搭建人生的三大支撑能力中，具有物质支撑能力就一定是成功的吗？答案肯定是否定的，不然一个在外人眼中看来很成功的人，为什么会选择自杀呢！物质支撑能力固然重要，但并不是衡量成功的唯一指标，因为精神支撑能力一样很重要。社会支撑能力的搭建需要精神支撑能力做基础，只有具有坚定信仰、良好品质、积极心态的孩子才有可能构建起社会支撑能力，才能在社会上游刃有余。因此，在现代社会，精神支撑能力显得尤为重要。现代的人，也包括孩子经常会陷入一种心理困境之中，如果能找一个出口，让自己释放出来，就能够健康快乐地生活，这也就是获得自我精神支撑的能力，而孩子这种能力的培养需要爸爸从孩子小的时候开始。

近几年，大学生自杀事件频频发生。为什么在别人眼里的那些天之骄子，其中包括很多名牌大学的学生会选择自杀的方式来结束生命呢？从世俗的角度看，这些人算得上是成功者；但作为一个人，他们缺少生活中的另一支柱，那就是自我精神支撑。下面我们先来看一个血淋淋的例子。

中科院有一位三十多岁的著名教授自杀了，死的时候什么也没有留下，连句遗言也没有。在常人眼里，三十多岁就能做中科院研究员的人无疑是一个事业成功者。然而，就是这样一位成功人士，却从他住的研究所家属楼跳下。熟悉他的人们在惋惜悲痛之余，总结出导致他自杀的原因应该有两个：原因之一，可能由于中科院对于学术要求的高标准，使得这位研究员在长时间的压力之下终于不堪重负选择了自杀；原因之二，可能由于妻子的背叛，他想不开，才会走上不归路。

无论他走向死亡的原因是哪个，都不是最终原因，最终的原因是他是一个没有自我精神支撑的人，在面对困难、挫折的时候，没有释放自己精神压力的能力。

作为爸爸，要学会观察孩子的心路。在孩子满不在乎的言行中，可能潜伏着能反应孩子心灵变化的重要信息。如果爸爸没有注意或即使注意到也没有采取相应的对策，结果会使孩子朝着不合理的方向发展。如果过度干涉孩子的世界，则会扭曲孩子的心灵。

所以，爸爸与孩子接触时应该充满理性和爱意，多留意孩子的表情、眼睛，观察孩子四肢的动作，体察孩子有没有流露于外表的心灵动向。在孩子成长的过程中，爸爸应该随时注意到孩子心灵扭曲的兆头，或发现平时没有发现的闪光点。这样就能及时纠正将要扭曲的兆头，发扬那些闪光点。

另外，还有些家长，自己本身就习惯埋怨，对社会、对周围人群充满了不满和敌对的情绪，那么他的孩子将由此受到很大的负面影响。他没有注意到自己的行为已经带给孩子一种不良的应对外部世界的态度和模式。在这样的家庭环境下长大的孩子，对待周围的人、事、物也会有一种消极情绪，他自己的内心其实非常自卑。所以，他会觉得所有人都对不起自己、都跟自己过不去、都在有意打击自己。

教子心得

如果孩子对自己没有一种基本的认知，那么就很难构建起自我的精神支撑力量，摆不对自己的位置，遇到问题就非常容易垮下来。所以，帮助孩子构建自我精神支撑是爸爸急需完成的任务。

帮孩子建立健全的人格

什么是人格？简单地说，每个人的行为、心理都有一些特征，这些特征的总和就是人格。健康的人格是指能比较客观地认识自我和外部世界，对所承担的学习和其他活动有胜任感，充分发挥自身潜能，对父母、朋友有显示爱的能力，有安全感，喜欢创造，有能力管理自己的生活，有自由感。孩子乐观自信，不怕失败，活跃而有创造力，我们就可以说："这个孩子具有健康的人格。"在未来竞争激烈的社会环境中，健全的人格是孩子一生获得成功的重要保障。

如何培养孩子成才是众多家长关心的头等大事，而在培养孩子的过程中，培养健全的人格最重要。

天天已经高职毕业参加工作了。虽然天天并没有考上理想的大学，但是他为人非常正直，社会交往和生活自立能力很强，又不乏上进心，一家三口亲密无间、其乐融融。也许在其他家长的眼里，天天没有考上大学，是失败者，但天天的爸爸从不这么认为。他认为："教育孩子，没有什么比培养他健全的人格更重要的。"现在在子女教育方面，很多家长都遵从"读书为上"，在他们眼里只有分数，这其实是很大的误区。如今是个多样化的社会，条条大道通罗马，只要自己努力，都有成功的机会。

天天的爸爸说，天天高中时和他交谈满嘴都是网络术语和影视明星，滔滔不绝，他听不懂，就买来杂志图书学习，慢慢地与儿子共同话题多了起来。他从来不反对儿子打游戏、聊天，但也时刻提醒要适可而止，不能耽误学业。正是在这样循循诱导下，天天从来不去外面偷着打游戏、上网，有时在家上网还拉着爸爸一起浏览、聊天，把自己的网友、同学都介绍给他。"在别人眼里,我们父子就像是亲密无间的兄弟,我身边很多同事都羡慕不已。"

让天天的爸爸更感动的是,天天现在独自在外工作,吃住都在建筑工地,但他从未流露半句怨言,偶尔回一次家就抢着帮妈妈洗碗,打扫卫生。他现在也意识到学历不够,一边参加专业培训,一边自学大专教材,非常刻苦。

其实孩子从小需要培养独立意识,父母只要管孩子的安全,其他生活上的事、游玩、学习都由孩子自理、自主、自我选择,父母只要做好监督工作,负责偶尔提醒和参谋就可以了。

不同的教育方法产生了不同的结果,这让人想起爱因斯坦的那句名言:"单单教给年轻人一门专业是不够的,这样的教育最多只能培养一名有用的机器,最重要的是培养年轻人的人格。"如果孩子没有了健全的人格,即使成"才"了,也很可能发生各种问题。健全的人格是一个孩子可持续发展的基石。所以,作为爸爸,帮助孩子塑造健全的人格才是培养孩子的重中之重,那么要如何做呢? 主要有以下几个方面:

1. 引导孩子树立正确的人生观、世界观

应试教育最大的弊端就是家庭、学校片面地要求孩子考高分,而忽视了对孩子人生观、世界观的培养。一些孩子只知道学习,但不知道为何而学,有个别孩子虽然学而有成,但为了追求金钱而走上高科技犯罪的道路。作为爸爸,应当引以为戒,帮助孩子树立正确的人生观和世界观,对人生、对社会的正确看法有助于孩子树立远大的理想和崇高的目标,使他们在人生理想奋斗的途中,树立明确、科学、健康的目标。

2. 培养孩子的自信心

自信就是相信自己的潜能,它是成就一切事业的根基。任何父母都不能陪伴孩子一生,孩子总有不得不独立面对生活的一天,生活中难免遇到各种波折,失败后能否站起来,是对一个人信心的挑战。一个人要想有所成就,就必须有战胜困难的勇气。没有乐观自信的生活态度和坚毅的品质,困难就不会成为通向成功的财富。

培养孩子自信心的过程中,爸爸首先要善于发现孩子的优点并及时夸奖。孩子需要夸奖,需要鼓励,父母的夸奖能坚定孩子的信心,夸奖不是恭维孩子而是一种教育方法。其次,爸爸要"扬善于公堂,规过于私室",避免当众打骂孩子,爱护孩子的自尊心。除此之外,爸爸还要重视给予孩子挫折教育。当孩子失败时,要发现他的闪光点,鼓励他重拾信心,战胜困难。当他通过努力做好了原来没有做好的事情时,自信心就会大大增强。

3. 培养孩子的诚信、爱心和责任心

诚信是人的立身之本,是道德的根基。一个言而无信的人,没有人会喜欢和他交往,也没有人愿意与他共事。孩子不是生来就会撒谎,说谎的重要原因之一是受到父母的不良影响,或者是父母对孩子不守信用,或者是孩子害怕说真话受到父母责骂,也或者只是孩子即兴而为。孩子说了谎,父母首先要从自身找原因,看看是不是自己出了问题;孩子说了真话,即使犯了错误,也要给予表扬。

在培养孩子的爱心方面,许多父母可能都有这样的体会,自己为了孩子什么苦都能吃,什么罪也都受了,可孩子到头来却毫不领情。造成这种情况的原因之一就是许多父母光知道给予孩子无私无尽的爱,却忘了教育孩子学会爱别人。因此,爸爸平时不可无原则地满足孩子的各种要求,要孝敬老人,关心他人,帮助需要帮助的人,并让孩子也学着做,在孩子的心灵播下爱心的种子。

一个对自己、对家庭、对社会负责任的人才是一名合格的公民。孩子的责任感要从小培养,如让孩子尽早学会自己照顾自己,养成做完作业检查的习惯,犯了错误要承担责任等。这对孩子自我管理、自我约束的培养十分重要。

4. 塑造孩子健全的人格，爸爸要做好榜样

父母是孩子的第一任老师。作为爸爸，在日常生活中为人处世的态度，做事的方式，耳濡目染，对孩子的影响有先入为主的优势。正如儿童教育家孙敬修先生所说："孩子的眼睛是录像机，孩子的耳朵是收音机，孩子的头脑是电子计算机。"孩子对父母的行为有模仿和放大的作用。作为爸爸，要注意自己的言行举止以率先垂范、让孩子在家长的潜移默化的影响中形成对世界、对人生的正确看法。

另外，书也可以为孩子起到榜样的作用。爸爸每天要抽一些时间陪孩子一同阅读，向孩子推荐优秀的文学作品。当孩子在阅读过程中遇到问题时，爸爸可以和孩子一起讨论，以便及时地引导孩子正确地理解和思考书中的内容。孩子从家庭阅读的过程中不仅可以学习到丰富的自然与社会科学知识，还可以受到作品中人物优秀品质的感染，同时也养成了爱读书的好习惯。

教子心得

孩子健全人格的培养需要营造良好的成长环境。在孩子成长过程中，爸爸对孩子要有合理的期待，尊重孩子的天性，宽容地对待孩子的"幼稚"与"无知"，充分尊重孩子的权利，给孩子一个快乐的童年。只有这样，才能为孩子形成健全的人格奠定基础。

让孩子具有非凡的勇气

有人认为，勇气每个人都有，用不着培养。这通常是把勇气与无理智的冒险、蛮干混为一谈。勇气是培养创新精神和实践能力的前提条件，它作为人的重要素质之一，不仅需要培养，而且需要从小培养。

可以这样说，孩子天生是有勇气的，只不过这天生的"勇气"在父母的小心翼翼和精心呵护下，一点点地消失了。

一天，小特在爬坡时显得很吃力，他一步一回头，不停地看着爸爸，很想让爸爸把他抱上去。爸爸似乎有意要锻炼他一下，并不看他，只是不停地向上爬着。因为爸爸知道，虽然是第一次爬坡，可小特是可以爬上去的，这是锻炼孩子胆量与技巧的一个绝好机会。可妈妈却不这么认为，她非常担心，怕小特摔下来，又怕他磨破细嫩的小手。妈妈一会儿看看孩子，一会儿担心地嘱咐他一声，一会儿又喊前面的爸爸慢些，小特最终胆怯了，不肯再往上爬，后来还是由父亲抱了上去。

事实上，如果不是妈妈提心吊胆地在那里显出可怕的样子，小特是完全可以自己爬上去的，而正是妈妈的不忍心，让孩子失去了一次自己认识自己能力的机会。这样的事情，在生活中是很常见的。

比如，孩子感冒生病，父母急忙带着孩子去医院看医生，这很正常。医生说孩子需要打针，说这话时医生当然很平静，因为他天天都要给无数个病人打针，而孩子的父母却皱紧眉头，他们担心孩子疼，或者是心疼孩子疼，于是，孩子在父母担心的表情中感受到了害怕，因而也就害怕起来。如果父母对打针这一现象很平静，孩子也有可能不以为然，表现出勇敢精神来，父母告诉他这并不可怕，在很短时间就可以结束，而且他的身体从此就可以康复，孩子是能够从容地接受事实的。

然而,大多数孩子都是在这样的过分的呵护下成长的,他们受到了过于小心翼翼的教育和保护,天生的胆识和感于冒险的精神就是在这样的环境下一点一点地萎缩的。

那么爸爸要如何培养孩子的勇气呢?

1. 教育孩子学会维护自己的权利和尊严

我们先来看看美国教育中是如何解决这方面的问题的。

一个小男孩正专心致志地拼装玩具超人。当他把超人拼装好时,一个大个子男孩一把把超人抢去,并把他推倒在地。小男孩从地上爬起来,跑到老师面前哭诉。

在中国,我们的老师一定会调查事情的真相,再严厉地批评大个子男孩一顿,然后安慰受伤的弱者,让抢玩具的孩子把玩具还给他,并且道歉认错。

然而美国老师没有这么做,她了解了事情的真相后,对挨打的男孩说:"不要哭,你去把属于你的东西要回来。"

于是这个小男孩就跑上去夺回自己的玩具,还跟大个子男孩打了一架。虽然过程很辛苦,但他最后胜利了。最后小男孩拿回玩具时自信地笑了。

在生活中,我们往往教育孩子要学会谦让,或者通过成人的干预,为孩子解决难题,但我们却忽略了孩子应该从小懂得维护自己的权利和尊严,并在这一过程中获得勇气和自信。所以,爸爸们不妨放手,像美国教师那样,仅仅是给孩子一句鼓励,而是让他要回属于自己的东西。

2. 别刺伤孩子的自尊心

如果孩子确实遇到困难,不要过分指责,要寻求造成这种结果的原因以及可以解决的办法。很多家长往往只考虑到自己的感受、自己的面子,而没有想到在众人面前训斥孩子,不仅刺伤了孩子的自尊心和自信心,而且还容易使孩子产生反感情绪或叛逆心理。

3. 对孩子存在的能力缺陷要及时加以训练和培养

爸爸不要经常批评孩子,要有耐心。还要善于发现孩子的闪光点,对他的优点要经常加以鼓励,使孩子从中获得尊严。此外,爸爸还要教给孩子适应新环境的能力和面对困难的方法和勇气。

4. 要学会和孩子交流

爸爸要蹲下身子和孩子面对面交流,要学会欣赏孩子。如果每天抽出十分钟倾听孩子的谈话,那就是对孩子自信心的极大鼓励。对孩子的每一点进步及时加以赞扬和欣赏,是使胆小怕事的孩子增加勇气的一种有效的方法,关键是看爸爸是否能够做到。

教子心得

在生活中,培养孩子的勇气,多一些鼓励,多一些理解和尊重,相信你的孩子会越来越勇敢。

尊重自己才能被别人尊重

自尊和尊重他人是成为一个具有健康人格的人的首要条件。而对于孩子来说,只有被人尊重,才可能获得自尊,学会尊重别人。

因此,尊重别人不是一件小事情,孩子从小就应该学会尊重别人。当然,孩子由于年幼无知,也由于他们天生就喜欢恶作剧的特点,并不懂得尊重别人是怎么一回事。孩子不明白是可以理解的,这时,爸爸一定要积极地引导。

有一个残疾的小女孩走在路上,正巧被几个小男孩看到,小男孩们看她走路的样子便给那个小女孩起外号,并抓起地上的土扬向小女孩,小女孩哭了起来。其中一个小男孩的爸爸路过时正好看见了,他叫住那些小男孩让他们向小女孩道歉。直到那一伙小男孩道了歉,他才放走了他们。回家之后,他开始给自己的儿子讲道理,他对儿子说:"我们每一个人都是有尊严的,我们不能以伤害别人的尊严为乐,这是一种不道德的行为。你们这样伤害别人的尊严,尤其还是一位身体有缺陷的小女孩,她有可能连生活的勇气都没有了。你站在那个小女孩的位置上好好想一想是不是这样。"

小男孩听了爸爸的话,才意识到自己错了,于是诚恳地向爸爸道歉。

这位父亲对孩子的教育很到位,可是现实中有一些家长却并不把这当回事儿。甚至有些家长在教育自己孩子的时候,对孩子说:"谁要是欺负你,你也欺负他。"这是一个恶性循环的过程,我们不能在保护自己自尊心的时候,让自己的孩子去伤害他人的自尊心。

很多家长认为孩子什么都不懂,他们没有人格,也没有自尊。其实,无论是大人还是孩子,每个人的感受都是一样的。而且对于孩子来说,那种让别人撕去尊严的痛苦,也许带来的是永远的伤害。

那么作为爸爸,怎样才能在孩子的成长过程中让孩子明白,既保护自己的尊严,更要保护他人的尊严呢?

首先,爸爸要让孩子明白,尊重他人的人格尊严,他人才会尊重自己。不要拿别人的不幸和缺陷开玩笑,更不要拿别人的不幸和缺陷做自己生活的笑料。因为别人的不幸和缺陷并不妨碍他做一个品格高尚的人。

其次,培养孩子的尊严感,还需要爸爸的行为影响。很多家长习惯在背后议论别人,嘲笑别人的短处。被嘲笑的人虽然并不知道,但是你的作为却被孩子看在眼里。比如,有的父母在对待残疾人时有一种鄙视的神情,常把盲人叫作瞎子,把一只眼睛失明的人叫作独眼龙。这些不尊重别人的行为都会给孩子带来不良的影响。

心理学专家说,行为习惯的教育必须从小抓起,如果爸爸让一个孩子生活在鼓励之中,他就学会了自信;如果让一个孩子生活在忍耐之中,他就学会了耐心;如果让一个孩子生活在表扬之中,他就学会了感激;如果让一个孩子生活在接受之中,他就学会了爱;如果让一个孩子生活在认可之中,他就学会了自爱。因此,如果我们想让孩子成为一个受欢迎的人,就必须身体力行,在尊重孩子的过程中让孩子学会尊重他人。

再次,让你的孩子生活在尊重当中。尊重是人高层次的心理需要。一个孩子如果生活在尊重之中,他就学会了自尊和尊重别人。所以,作为爸爸,一定要从小把孩子当作一个独立的人来尊重。

1. 要尊重孩子的人格

把孩子作为一个有思想、有看法、有需求、有情感的独立的"人"来看待,理解他,看到他的努力,赞赏他的"成就"。

2. 要尊重孩子的情感

孩子的情感和大人不同,所以爸爸没有权利强求孩子和自己想的一样。

3. 要尊重孩子的需求

孩子的需求表现在许多方面。应该千方百计创设一种和谐宽松的家庭氛围,让孩子没有顾忌地提出问题。

4.要尊重孩子的创造

爸爸要有意识地培养孩子的求异思维、发散思维和逆向思维,鼓励孩子的标新立异和突发奇想,不要总是对孩子说"别""不要",要欣赏孩子的"淘气",不要把"听话"作为优点来强化。

英国著名教育家赫伯特·斯宾塞说过:"野蛮产生野蛮,仁爱产生仁爱。"如果对孩子没有尊重,他们就不会尊重别人。所以,以应有的尊重对待孩子,孩子才会懂得尊重。对孩子的尊重应充斥于日常生活,让孩子帮助做什么事时应说"请你……"而不要说生硬的命令句。如果孩子做完了某件事,要说"谢谢"。爸爸要用商量的口气和孩子说话而不是命令。

另外,父母之间的尊重会在潜移默化中给孩子以良好的影响。父母之间也应经常说"谢谢""对不起"等用语。如果父母间经常当着孩子的面揭对方的短处,甚至谩骂对方,会给孩子造成很恶劣的影响。中国有句俗话:当面教子背后教妻。这一点爸爸也要引起注意。

最后,尊重意味着要发现他人的独特个性,并去欣赏这种独特个性。让孩子知道,尊重一个人就要努力去发现这个人身上独具魅力的特点,用欣赏的态度关注他人的发展。让孩子从小就意识到不仅自己的人生需要喝彩,他人的成长历程也需要掌声。现在的孩子总是看不到别人的优点,经常拿自己的优点去比较别人的缺点。这种比较的结果容易使孩子形成自高自大、自吹自擂和自我陶醉的不良性格。因此让孩子欣赏他人,正是帮助他们学会尊重别人的开始。

教子心得

自尊与尊重他人是一个人必须具备的品德。对于孩子来说,只有尊重别人,才可能正视别人的意见,才有可能接受别人的教育。不尊重别人,就没有人愿意指点他、教育他。别人对他提出的忠告,他也绝不会听进去。这样的孩子,很难取得进步,也很可能与社会处于一种隔离状态。

善良比成功更重要

一个孩子走在海滩上,并且不时把一些什么东西扔进海里。原来,海浪把一些小鱼冲上了浅滩,这些小鱼被困在浅滩里,无法回到大海。男孩想救这些小鱼,于是就把它们一个一个地扔进海里。

一个人路经此处,问这个孩子:"浅滩上被困的小鱼这么多,你是救不过来的。"

孩子一边继续扔小鱼,一边说:"这个我知道。"

这个人疑惑地问:"既然知道,那你为什么还要扔小鱼呢? 谁会在乎这个呢?"

孩子抓起一个小鱼,郑重其事地回答:"这条鱼在乎! 那一条鱼也在乎! 这里所有的鱼都在乎! 它们都是生命。"

很多人都读过这个故事,也都被这个孩子的善良之心所感动。众所周知,每一个人都需要爱,并且每一个人都有奉献出自己爱心的权利与义务。如果每一个人都拥有一颗爱心,那么我们这个世界就会更加美好。正如一首歌曲《爱的奉献》所唱的:"只要人人都献出一点爱,世界将变成美好的人间。"

但是在现实生活中,又有多少孩子能奉献出自己的爱心呢? 一位家庭教育专家通过对很多孩子的调查探究发现:现在的孩子大多数都是独生子女,受家庭环境等客观因素和父母教育的影响,他们只知道索取,不知道付出;只知道爱自己,不知道爱别人。那么,孩子为什么会如此没有爱心呢?

1. 爸爸要拥有一颗善良之心

儿童心理学专家通过对儿童心理的研究表明:善良与同情是孩子天生的品质。孩子一岁前,当听到别的孩子哭时会跟着哭,这其实是对对方情绪的一种感应;一两岁的孩子会用自己的玩具或食物来安慰悲伤哭泣的孩子,以减轻对方的痛楚;五六岁的孩子会主动去安慰伤心难过的同伴。

正如《三字经》上所述:"人之初,性本善。"那么,为什么现在的孩子却表现出自私、冷漠、无情呢? 之所以会出现这种状况,其主要原因就是家庭教育的不当和社会因素影响,具体包括以下几点:

爸爸自身就是以自我为中心,受爸爸的影响,孩子自然也就只关心自己,而忽视别人的感受。

由于爸爸所受家庭环境影响,导致溺爱孩子,助长孩子的自私心理。这些爸爸会有这样的心理:小时候我的家庭不算富裕,条件也不好,吃了很多苦。所以,我不能让我的孩子受委屈。

受社会环境的不利影响,爸爸有意或无意地给孩子灌输"各人自扫门前雪,莫管他人瓦上霜"的消极思想。

事实上,大部分爸爸在教育孩子的过程中,都会或多或少犯以上的错误。这些错误也许是爸爸有意引导孩子,也许是爸爸在无心之间透露给孩子。然而不管爸爸是有意还是无心,都不利于培养孩子的善良之心。爸爸要为孩子树立良好的榜样,在自己的心灵上永筑一座"善良"的宝塔,让其无限的光芒照亮孩子的一生。

2. 用真诚传递爱心

印度著名诗人泰戈尔有这样一句话:"爱是亘古长明的灯塔,它定睛望着风暴却兀不为动,爱就是充实了的生命,正如盛满了酒的酒杯。"

爸爸是爱心传递的光荣而伟大的使者。在日常生活中,爸爸要用心去感染孩子,尊重身边的每一个人,珍爱动物,爱护花草树木,在细枝末节中让孩子感受到爱心的美好。

在一个炎热的下午,一个小孩手里拿着一根雪糕,高高兴兴地走着。当他发现路边的一位清洁工人满头大汗地扫地时,就把自己的雪糕送给了他。

清洁工人很感动地问:"小朋友,你这么有爱心,是谁教你的呀?"

小朋友回答:"谁也没有教我!"

清洁工人很不解。原来,有一次,这个孩子的爸爸刚买完菜回来,当发现一位清洁工人在辛苦工作时,就送给他一个西红柿解渴。

3. 允许孩子养小宠物

韩宇今天十二岁了,为人很友善,经常帮助学习比较差的同学,每次学校组织爱心捐款活动和学雷锋活动,他都积极踊跃地报名参加。

很多人问爸爸是如何培养孩子善良之心的,爸爸说:"很多爸爸都不让孩子养宠物,怕影响孩子学习,怕小宠物吵了邻居,怕小宠物弄脏了家……但是,我却不这么认为,我从小就允许他养一只小狗,后来,我还送给他一只小乌龟。在喂养小宠物的时候,他就会很自然地学会关心、照顾、珍爱它们,这样,他也就逐渐养成了善良地对待动物与他人的习惯了。"

研究表明,一般小时候喂养过小宠物的孩子比较富有爱心,而小时候没有接触过小宠物的孩子有些会比较冷漠。为了培养孩子的善良之心,爸爸可以在不影响孩子的学习和不影响邻居的情况下,允许孩子喂养一个小宠物。

教子心得

爸爸只有用心去传递爱心,把善良与仁爱传播给身边的每一个人,孩子就会从你的言谈举止中汲取到爱心的"养分",这棵小树苗就能生长得更健康、茂盛。

感恩是一种哲学

感恩是一种交往的哲学。孩子学会感恩,在生活中就能怀着坦然的心态,在顺境中不骄不躁,在逆境中找到希望。

姚婧是个被大人娇惯长大的孩子,爸爸对她非常疼爱,几乎她的所有要求都会答应。但是姚婧没有对爸爸表示感激,相反的,每天还颐指气使,总是觉得爸爸有很多地方做得不好。她只要不顺心就会冲爸爸发脾气。爸爸把全部的爱都给了她,但她还是有那么多的不满意。

姚婧对爸爸的付出,没有一点儿感恩之情。她觉得爸爸理所应当地应该对她好。她从来不会主动去体贴关心爸爸,只要有了需要,就马上要求爸爸全力为她服务。爸爸对不知道感恩的姚婧感到很失望。

感恩是孩子应该拥有的本性,也是孩子拥有健康人格的表现。生活、工作、学习中,孩子都会遇到别人的帮助和关心,也许孩子不能一一回报,但是对他们表示感恩是有必要和有意义的。

孩子感恩于他人,会得到他人的信赖和喜欢;感恩于生活,会得到生活更多的馈赠;感恩于生命,会更加珍惜生命;感恩于自然,会更加热爱身边的环境。

感恩是孩子爱心和善良的表现,是一种重要的美德。一个具有感恩之心的孩子,会受到更多人的尊敬和欢迎。爸爸也希望自己有一个具有感恩之心的孩子。

感恩是孩子的基本道德准则,是做人最起码的修养。不懂得感恩的孩子是不会赢得他人的尊重的。

懂得感恩的孩子在与人交往的过程中,能够更好地表现出温暖和关怀,在社会上也更容易得到别人的帮助,所以感恩也是孩子应该具备的重要的竞争力。

爸爸培养孩子有一颗感恩的心,才能够帮助孩子身心健康成长,顺利地渡过人生的每次难关。

1. 让孩子学会感恩生活

生活有美好的一面,也有痛苦的一面。孩子只有怀着感恩的心态,才会更加珍惜身边美好的事物,才能够坦然看待生活中的苦难,积极地去战胜苦难。

魏东是个很懂得感恩的孩子,他的这个好习惯得益于爸爸的教育。爸爸是一个很懂得感恩的人,爸爸的心态很好,所以生活得很开心。

魏东家总是把垃圾放在门口,等第二天下楼的时候带下去,可是从有天早上起发现垃圾不见了,原来是每天起得很早去晨练的邻居王大爷帮着带下去了。爸爸知道是王大爷干的,于是买菜的时候经常帮王大爷带一点。魏东很奇怪地问爸爸:"王大爷没让你帮着买啊?"爸爸说:"人家整天都咱们扔垃圾,应该很感谢他啊,帮他也是应该的,做人要懂得知恩图报。"

爸爸要教育孩子学会感恩生活,感激自己所得到的一切,以平常心看待生活中的每一件事情,即使在面对生活中的磨难时,也要感恩生活给予自己多体验人生的经历,不自暴自弃,这样生活才会回馈给你更多。

2. 让孩子学会感恩社会

社会为孩子提供了一个美好的时代和自由生活的舞台,让孩子在这个舞台上可以自由地学习和施展自己的才华,取得辉煌的成绩。孩子时常怀着感恩的心,才会为社会做出更大的贡献,生命的价值才会体现得更加明显。

让孩子学会感恩社会,会帮助孩子获得更多的真诚,得到更多的帮助和支持。但是很多孩子觉得社会的给予是应该的,他们对社会的给予是漠然的,缺失感恩之心,这样的孩子将来在社会上的生存能力会很低。

3. 让孩子学会感恩他人

让孩子学会感恩他人,包括感恩父母、感恩老师、感恩所有帮助过他们的人。这看似简单的感恩教育蕴涵着深刻的人情道理和人文关怀。

于莉和张玫是好朋友,彼此给予了对方很大的帮助,不论是生活中还是学习上。但是最近两个人闹了点小别扭。于莉把数学老师布置的作业忘了,要交作业时才记起。情急之下,她拿起张玫的作业就想抄,张玫拒绝了于莉的要求,为此于莉很生气,觉得张玫不够朋友。

回家后,于莉将这件事告诉了爸爸,爸爸教育她,不纵容她犯错的朋友才是真正的朋友,于莉才觉得应该感谢张玫阻止了她的错误行为,两个人的友情更加牢固了。

爸爸要让孩子理解父母的辛苦,学会感激父母;教育孩子尊敬老师,感恩于身边的朋友。只有这样,孩子才会以平常心对待他人,做一个知恩图报的人。

4. 让孩子学会感恩自然

大自然是我们赖以生存的环境,人与自然本来就是一个共同体。我们从大自然中索取我们需要的东西,就应感恩自然,爱惜周围的环境,只有这样才能保证和大自然和谐相处。

让孩子学会感恩自然,就要教会孩子关爱自然,在享受大自然馈赠的同时学会回报自然。孩子应该爱惜身边的花草树木,节约粮食,保护动物,讲究卫生等。这些都是感恩自然、回馈自然的表现。

教子心得

中国一直都有"滴水之恩当涌泉相报"的说法。爸爸要让孩子学会感恩,不仅仅要感恩于父母给予生命,感恩于师长的教育,还应该感恩于曾经给予过帮助的人。

让孩子拥有良好的心理素质

良好的心理素质是指有高尚的情操,较强的独立性、适应性、创造力,良好的心态,良好的行为习惯等。这也是飞速发展的社会对人才的要求,然而,由于计划生育的实施,我国的独生子女数量日益增长,不少孩子过着饭来张口、衣来伸手的"蜜罐"生活。在有求必应、说一不二的环境中长大的孩子既没有受挫折的机会,又没有吃苦的思想准备,稍不顺心便陷入不能自拔的精神危机之中,家长或教师批评几句就哭个没完没了,考试成绩不理想便垂头丧气、委靡不振,甚至为此走上绝路。两种极端的畸形心理在他们身上充分体现,一种是骄横霸道,盛气凌人;另一种是依赖性强,缺乏自信。试想,这样的心理素质怎么能适应社会发展的需要? 又怎么能在激烈的社会竞争中占有一席之地呢?

美国儿童的独立性很强,在美国,不少孩子上学就是靠个人勤工俭学来完成的,甚至于很小的孩子,家长每月给的生活费用也是一定的,让他们独立去分配使用。独立的生活习惯,使他们养成了自信、坚定、乐观的良好心理素质。

有一位到美国探亲的中国学者,遇到了这样一件令人深思的事情:

有一天,他正在家中看报,突然,有人敲门,学者开门一看,原来是一个八九岁的女孩子领着一个五六岁的男孩子。

姐姐非常沉着地对学者说:"你们家需要保姆吗? 我是来求职的。"

学者好奇地问:"年纪这么小,你都会做些什么呢?"

姐姐忙解释说:"我已经九岁了,而且我已经有14个月的工作历史了,请看,这是我的工作记录单。我可以照看你的孩子,帮助他完成作业,和他一起游戏……"

姐姐观察到中国学者没有聘用她的意思,又进一步说:"你可以试用我一个月,不收工钱。只需要你在我的工作记录单上签个字,因为它有助于我将来找工作。"

学者指着那个五六岁的孩子问:"他是谁? 你还要照顾他吗?"结果,学者听到的回答更是令人惊奇:"他是我的弟弟。他也是来找工作的,他可以用小推车推你的孩子去散步,他的工作是免费的。"

多么可爱的孩子啊! 他们的父母敢于放手让孩子们出来闯天下。可是我们就有那么一些家长,不但自己从没想过创造条件让孩子去锻炼,反而把学校为学生创设的锻炼条件破坏掉。如学校组织学生去军训,要求学生把自己的行李背到200米外的汽车上,竟有家长怕把孩子累坏而向学校提出了抗议,最后由父母把孩子的行李背到车上,而他的孩子却心安理得地徒手走在后边……试想,这样的教育方式,怎么可能培养出一个心理健康的孩子呢?

当今世界,良好心理素质被列为成功的重要因素。可见,培养孩子们良好的心理素质是多么重要。其实,只要家长打破孩子生活的"蜜罐",在学习、生活中有意给孩子创造克服困难和承受挫折的机会和环境,孩子们良好的心理素质是不难培养的。

那么,怎样培养孩子良好的心理素质呢?

1. 要培养孩子良好的学习观

作为爸爸,首先要从孩子的心理上去了解他们,设身处地地从孩子的角度去考虑问题,寻找最佳的方法,帮助孩子形成正确的学习动机。

2. 让孩子拥有和谐的人际交往

和身边的人建立良好的关系,以及建立正常的、健康的集体生活,对培养孩子的良好心理素质也是十分重要的。

3. 加强对孩子情绪的指导

孩子在成长中,遇到挫折总是难免的,现在孩子的心理承受力差,缺乏自制力,容易产生悲伤、失望、恐惧、焦虑等不良情绪,此时爸爸要加以指导,让孩子学会稳定自己的情绪,学会自我调节和自我控制。

4. 给孩子自己解决问题的机会

当孩子在学习上遇到困难时,不要急于去帮助,而让他自己动脑思考,动手去查字典、书本、资料,实在解决不了再给予辅导。给孩子提供的生活条件不要过于优越,要让孩子完成一定的力所能及的家务劳动,使之体验一切成果都来之不易。有计划地培养孩子自理、自治能力,他自己能做到的家长就不要代劳。

5. 爸爸还应尊重孩子

孩子的能力和特长是需要家长承认的,即使是最淘气的孩子,他们也有优点,因此,要尊重他们,给他们创造表现自我的环境,以发展他们的创造力和健康的心理品质。

总之,只有持之以恒,循序渐进,才能培养出孩子较好的心理素质,才不至于被现代社会激烈的竞争所淘汰。

教子心得

现代社会是一个市场经济逐步完善、科技飞速发展、经济快速增长的社会。这个社会对人才的要求,不仅仅是渊博的科学文化知识,更需要有良好的心理素质。

让孩子拥有良好心态

在每个人的人生经历中,都不可能"万事如意""心想事成",反而时常会"事与愿违"。因此,要始终保持一颗平常心,就是要有经受成败、得失、宠辱、苦乐的准备,因为这些都是生命中不可或缺的。保持一颗平常心是一种人生态度,是世事泰然处之的品质,是一种自信和成熟。

健康的心理是一个健康人应当具备的基本素质,也是取得成功的前提和保证。其实,也就是要求人们在平时的学习和生活中,要拥有一颗平常心和一种豁达乐观的心态。

现在的孩子长期生活在父母千娇万宠的庇护下,有的好高骛远、爱慕虚荣;有的遇到困难就灰心丧气,易情绪化;有的以自我为中心,自私自利,不为他人着想。因此,家长要及时帮助孩子发现自己的不足,以使他们正确了解自己、纠正不足,从而促进其心理健康成长。

乐观就是以宽容、接纳、愉悦、积极的心态去看待周边的现实世界,它能很好地促进人的身心健康。乐观不仅是一种迷人的性格特征,它实际上更是一种心理免疫力,足以帮助人们抵御生活中的任何困难。

乐观的人极少患忧郁症,在学习和工作中都容易成功,他们的身体比悲观者更健康。乐观的人多数是自爱、自信的,自我控制能力强且性格外向,容易和他人交往。

人与人之间只有很小的差别,但是这种很小的差别却能造成巨大的差异!很小的差别就是所具备的心态是积极的还是消极的,巨大的差异就是成功和失败。一个人如果一直保持积极的心态,那么他一定会得到幸福,也就是说,心态决定成败。

一个孩子能否健康、快乐,心智是一个很重要的因素。对于大多数孩子来说,是否拥有乐观的性格,决定着人生的成败。所以说,爸爸要从小培养孩子乐观的性格。

当孩子学会用乐观积极的心态对待生活时,他的未来就会充满灿烂的阳光。乐观豁达也是孩子应具备的良好品质,作为父亲应当知道:乐观的孩子,一定会比悲观的孩子更容易成功。

被誉为"中国最阳光、最快乐的孩子"的依依，是一个既有颗平常心，又非常乐观的孩子，她的乐观情绪也经常感染她身边的孩子，使得她拥有了一大帮好朋友。

教子心得

爸爸的心态、家庭的氛围，都会对孩子产生潜移默化的影响。所以，爸爸应该为孩子做好榜样，遇事要以积极的心态去面对，而不是灰心、沮丧、抱怨，这样孩子可能以爸爸为榜样，用乐观的态度去对待周围的人和事。

让孩子自己激励自己

对孩子而言，如果他们学会了自我激励，那么意味着他们心中充满了前进的动力。他们可以不断地告诉自己"我今天的表现真不错"，然后慢慢变成"我的表现总是不错"，从而促进自己不断进步。而一旦孩子失去了自我激励，就好像汽车突然没油了一样，很快就会偃旗息鼓、不思进取。

俊楠的学习成绩在班里算是中上游，到了小学五年级，他的成绩开始滑向下游的行列。奇怪的是，俊楠好像一点也不在意自己的成绩，学习起来还是不紧不慢。俊楠的爸爸认为，不应该要求孩子为分数而拼命，所以对孩子的学习态度没有干涉。

眼看俊楠就要升初中了，但是他的学习成绩还是老样子，不好也不坏。这下父母可急坏了，他们知道如果照这样的成绩，进入重点中学的可能性不是太大，而俊楠好像并不在乎自己能够进什么学校学习，照样是写完作业就去玩。

一天，俊楠的爸爸对他说："孩子，你要努把力，争取考入重点中学才行呀。"俊楠冷冷地说："爸，考什么中学对我来说都无所谓。"就这样，俊楠不听爸爸的话，整天混日子，成绩越来越糟糕，小学毕业就再也不肯上学了。

这就是不懂得自我激励的孩子的遭遇，不懂得自我激励，就意味着孩子失去上进心，没有目标，没有方向，没有前进的动力，遇到困难时更不会坚强应对，而是随意敷衍。

自我激励是一种习惯内化的结果。家长要鼓励孩子自我激励，让孩子不止重视父母的赞扬或者物质上的奖励，更注重对自己努力的肯定，并能正确地面对物质上的诱惑。虽然在孩子取得进步和好成绩时，爸爸可以给孩子赏识和奖励，但最重要的还是要靠孩子不断自我激励，从而强化自己的行为。

1. 帮助孩子确立自我激励的目标

当孩子因为不能熟记一篇课文而苦恼时，爸爸你可以告诉他，心理学家认为一个人的记忆潜能全部开发之后，可以轻而易举地记住5亿本书的内容。如果孩子听了你的话而努力背诵，那么他已经迈出了自我激励的第一步。你还可以引导孩子鼓励自己，让孩子说"我能行""我会做得更好"。

2. 改变赏识用语的主语

让孩子不再依赖外部赏识的一个最方便的方法是，爸爸对孩子赞扬时改变主语：只要把"我"改成"你"，把爸爸对孩子的赏识和鼓励改成孩子对自己的赞扬。这种方法去除了赞许声中家长自我强调的色彩，而是更多地让孩子认识到自己的行为是正确的。比如你可以将"你今天这么用功，我真为你感到骄傲"改为"你今天这么用功，你一定为自己感到骄傲"。

3. 鼓励孩子自己赞扬自己

当孩子做了一件正确的事情后,爸爸应该提醒孩子从内心承认自己。比如,孩子在做了一件错事后主动承认错误,这时爸爸可以告诉他:"承认错误是需要很大勇气的,你这样做非常正确,你应该认为自己做了一件了不起的事情。"这样不仅表达了你对孩子的赞扬,也让孩子意识到应该为自己的行为感到高兴,应该赞扬自己。

4. 强化孩子的自我激励

当孩子学会了自我激励,爸爸应该及时把孩子对自己的肯定稳定下来,加以强化。让孩子领会到:自己的努力和良好的行为是一种很好的奖赏。经常鼓励孩子记录自己获得的成功,告诉孩子,成功的定义是:自己对自己所做的任何改进,以及为这种改进付出的努力。还可以鼓励孩子把他认为自己做得好的行为记录下来,经常看看这些,他会有一种自豪感。

教子心得

生活像一场游戏或者比赛,但是当没人为孩子加油喝彩的时候,爸爸应该告诉孩子,最好的观众就是你自己,你应该试着不断激励自己前进,激励自己坚持,激励自己执着地追求。

让孩子用乐观心态去面对问题

世界上没有一帆风顺的人生,孩子也一样,在他们成长的过程中必然会碰到很多困难,遭遇无数的挫折。如果孩子没有能力来对抗这些,也许他一样会长大,但是成功将永远就不会眷顾于他。爸爸要从小培养孩子的心理承受能力,在这个过程中孩子也许会吃上一些苦头,可是也正因为经历过这些苦,孩子才会拥有一个乐观的心态,从而让他有能力去除掉人生路上的各种障碍,最终取得成功。

现在有很多孩子老师说不得,同伴碰不得,手上擦掉一点小皮能哭上一上午。稚嫩的孩子啊,每个人的未来都是无法预测的。如果这些小事都无法去克服,又怎么去面对将来的风风雨雨呢?爸爸们,你的保护不仅仅是防止孩子受到伤害,还要教给孩子抵御伤害的能力。只有这样做,你才能够在孩子长大后,心安理得地让他们去高飞!

何绪今年六岁了,是唇腭裂儿童。虽然动过手术,但是还是存在很明显的痕迹。爸爸妈妈为了保护孩子的心灵不受伤害,在何绪上学之前,他们从来没有提过这件事情。也为了防止邻居说三道四,让孩子无法承受,而很少带何绪出门。但是,一转眼孩子到了上学的年龄。

何绪开始知道自己可以上学的时候,十分高兴。因为由于爸爸妈妈的紧锁教育,他没有朋友。上学就意味着他会有好多的同学和他在一起。上学的前一天晚上,何绪兴奋得睡不着觉。可是,他没有想到,这种高兴事会在一刹那间消失无踪。

放学了,爸爸来学校接何绪,但是却发现儿子泪眼汪汪地站在学校门口。爸爸赶快过去问儿子发生了什么事。

"爸爸,我不想上学了,我再也不想上学了。"何绪伤心地哭了起来。

"好孩子,你不是很高兴上学吗? 到底发生了什么事,能和爸爸讲讲吗?"爸爸问。

"爸爸,我,我,长得好难看,同学们都笑我。"何绪哭得更伤心了。

原来,班里的一个淘气的孩子看见何绪的嘴唇长得奇怪,就说他长得像是兔子,并且给他起了个外号叫"丑兔子"。后来,很多同学都那样叫他,让他抬不起头来。他再也不想到学校去了,再也不想让任何人见到。

爸爸一把将孩子抱在怀里,他意识到由于自己逃避现实而导致孩子不敢面对现实,是一件多么大的错事啊。

生活中,有多少爸爸会像何绪的爸爸一样呢?因为爱,因为怕孩子会被伤害,有意地回避,特意地隐藏,结果,只会让孩子因为心里无法接受而被伤得更深。爸爸,真正的保护是要让你给予他保护自己的能力。

1. 用伟人和英雄的故事教会孩子敢于面对自己的身体缺陷

孩子总有一天会像一只鸟一样飞离家庭,融入社会。孩子的"丑"是不可能被遮挡一辈子的。像事例中的何绪一样,这样一个毛病也许会陪着他一辈子。如果一个优秀的孩子仅仅是因为一个"兔唇"问题,而导致他心理受挫,失去一切向上的动力,爸爸妈妈又是多么的内疚啊。爸爸在面对孩子的时候,首先要保证自己的心理坚强,然后用耐心和爱去引导孩子正确地面对人生。爸爸可以多找一些伟人和英雄身残志不残的故事,激励孩子不要在意别人怎么看,只要关注自己如何做。比如,给他讲海伦的故事,讲完之后,可以问他:"你看,海伦失去眼睛都可以这么乐观,这么成功,而你呢?什么都好好的,只是有一个小小的缺陷,不应自暴自弃。"

2. 爸爸不要把挫折铺成平路

爸爸,请你放开手,让孩子自己去面对挫折。如果你现在帮助孩子把路都铺平了,你能在他的身边帮助他一生吗?如果不能,爸爸倒不如让孩子独自去面对挫折,去体会克服困难的快乐。只有这样,孩子的应对能力和抗挫力才会得以加强。

3. 帮助孩子"善待"挫折

挫折并不是孩子的敌人,而是孩子的一位良师。爸爸帮助孩子树立正确的挫折观。让孩子懂得,被挫折打败了,并不是丢人的事。真正的成功在于从挫折中吸取经验教训,让自己变得坚强起来,这才是真谛的所在。

4. 让孩子学会积极的心理暗示

让孩子在面对任何事情的时候都要保持一颗豁达开阔的心胸。人总会碰到困难,爸爸要让孩子学会欣赏自己。面对别人的夸奖,不骄不躁,因为越在意所得的人,越无法承受失败。当自己遇到困难的时候,要进行自我鼓励,要在心里学会对自己说,"我能行""我可以"。这些心理暗示会在无形中给予孩子敢于面对现实的力量,让他们信心百倍地走下去。

教子心得

失败并不可怕,可怕的是没有胆量去面对失败。爸爸要让孩子知道,挫折是每个人的必经之路,只有经过它的洗礼,孩子才能变得更加的强壮。爸爸要教孩子如何直面人生挫折,让孩子在大风大浪中,学会坚强,磨炼成金。

良好的心理素质对孩子很重要

很多爸爸都很重视对孩子的应试教育,而忽略了对孩子的素质教育。如有些爸爸只关心孩子考了多少分,这样,孩子也就只知道重视分数,而忽略了如何面对生活,遇到不如意的事情就离家出走,甚至轻生……

对此，一位心理学专家表示，因为一点情绪就轻生，深层原因是他们的抗压能力太差。父母应该重视对孩子的心理教育。

爸爸应该重视对孩子的抗压能力教育，帮孩子树立正确的人生观和价值观，让他们明白生命的意义和价值，进而使孩子更好地面对人生中的各种困难。

1. 缓解孩子的心理压力

心理学研究发现，人们在很多情况下产生的紧张情绪是由于他们过分注意那些令人担心的事物或情境所造成的。由于他们的注意力"固定"在这样的事物或情境上，因此注意和紧张就构成了一个互相强化的系统，越注意越紧张，越紧张越注意，恶性循环，使心理压力不断增强。

> 高雪今年刚上初一。由于刚升初中，她还不太适应，所以经常感到心理负担重，压力大，总是无精打采的。
>
> 爸爸为此也感到很头疼。但是通过看电视剧《潜行狙击》，爸爸发现：剧中的主人公梁笑棠——一名"超级卧底"，他是通过玩"俄罗斯方块"的游戏来缓解自己的心理压力的。
>
> 于是在一个周末，爸爸就在电脑上给高雪下了"俄罗斯方块"的游戏。结果，高雪玩了不到一个小时，就感到身心轻松了。

据2010年美国西北大学精神科专家发现：玩"俄罗斯方块"的游戏能缓解人的痛苦，舒缓心理压力。当一个人在玩"俄罗斯方块"时，由于要将方块到处移动，整个大脑都参与进来。此时，大脑中负责储存痛苦的这部分资源被占用，于是使人能够忘却痛苦，防止痛苦记忆的再次出现，只要玩10分钟就能起到减压的神奇效果。

可见，玩一些适当的游戏可以帮孩子缓解压力，对孩子有很多益处。因此，爸爸要鼓励孩子去适当地玩一些游戏，让他劳逸结合。当然，缓解孩子压力的方法并不是只有玩游戏这一种，还有其他很多方式。例如，爸爸可以跟孩子打羽毛球、打乒乓球、跑步、散步、游泳，或者是让孩子帮妈妈做一些简单的家务等。

2. 教给孩子释放情绪的正确方法

> 维维今年上小学五年级了，每当他遇到不如意的事情时，不是欺负同学，就是用拳头砸墙，破坏学校的公共设施……
>
> 爸爸得知后，对他说："维维，你这样释放情绪的方法是不对的，不仅使自己受伤，还伤害了其他同学。这样下去，以后哪个同学会愿意跟你玩呢？你说是不是？下次当你不开心时，你可以大声地唱歌，或是跟同学多沟通，谈谈心。这才是释放情绪的正确途径。"

孩子虽小，但也有不开心的时候。而如果孩子不能通过正当途径来释放情绪，就会造成较强的心理压力，久而久之，孩子就会因为不堪重负而"爆发"。

所以，爸爸要教给孩子释放情绪的正确方法。例如，让孩子在没有人的地方大喊一声；或者是大哭一场，把自己的委屈都发泄出来；还可以鼓励孩子向父母或其他朋友说一说心里话，等等。

3. 让孩子时刻保持平常心态

人生不如意十有八九。爸爸虽然不能把孩子不如意的事变成如意的事，但却能教孩子时刻保持一种平常心态，进而更好地面对人生中的各种问题。

如，孩子害怕考试失败，考试前睡不着，爸爸就可以说："没事，只要你用平常心去对待考试，就一定能发挥出正常水平。"当孩子被老师夸奖，变得骄傲自大时，爸爸可以说："被老师夸奖固然很好，但是你不能因此而骄傲浮躁。因为这样，你就会不思进取，最后失败时，你就会接受不了。"当孩子失败时,爸爸可以说:"孩子,你要知道,失败只是暂时的。你要以平常心对待失败,从中汲取经验和教训,这样,才能赢得最终的胜利。"

教子心得

困难、挫折、逆境、压力等,始终伴随人的一生。爸爸要及早培养孩子的抗压能力,这样,他们才能及早认识人生之路不都是鸟语花香,也有风雨雷电。

让孩子具有高承受力

心理承受能力是一个心理品质问题,反映出一个人对待困难与挫折的理智程度,对抗社会风险的意识,和对思想、情绪、行为的控制能力。

王海的数学成绩很好。一次,他在数学课上吃口香糖,老师对他提出了点名批评,王海马上就气得脸通红,又哭又闹地要回家。他一直觉得数学老师很喜欢他,所以上数学课时很随便。在王海的带动下,班上好几个孩子上课也开小差。

老师没想到情况会这么严重,看到王海伤心、愤怒的表情,就让他回家了。王海从此以后就不喜欢上数学课了。爸爸很着急,只好给他请了一个家教。爸爸觉得孩子的心理承受力太弱了。一件小事,也成了孩子生活中的大问题。

孩子在娇生惯养、过分保护、过度溺爱的情况下,心理承受能力普遍下降。这类孩子在现实要求及愿望得不到满足时,会表现出逃避、抗拒、攻击的反常行为。

孩子心理承受能力差,只要遇到不如意的事,就会做出违反社会常规的举动,借以引起他人的注意。这类孩子内向、孤独、阴沉,适应能力差,人际关系紧张。这些性格特征都不利于孩子今后融入社会。

爸爸要注意,对孩子过分管制或完全放任自流,都容易使孩子物质、精神上的要求受到压抑。这样会使孩子从小形成较强的防御心理,遇到刺激容易进入防御状态,无法与人正常地交流协调。

心理承受能力的强弱,反映了孩子心理健康的程度。生活中不可避免会遭遇挫折、失败、批评、失意,孩子经受不住打击,会更快地退出竞争。

人生路上,孩子必须会做"心理操练",锻炼出过人的心理承受力。如果孩子能做到"得之不喜,失之不忧",这样离成功也就不远了。

1.减少对孩子的"奉承"和"浮夸"

现在的孩子,生活在各种"奉承""浮夸"的包围中,让孩子觉得"天下唯我独尊"。这也是孩子心理承受能力差的原因。

王跃是家里的"小霸王",全家人都愿意围着他转。王跃的小事,成为全家的大事。王跃的小成绩,成为全家的丰功伟绩。王跃在家人的"奉承""浮夸"下,自我感觉越来越好。

一次,王跃被朋友笑话字写得差,他一气之下,把作业本撕了,还追着要撕朋友的作业本,被爸爸拦住了。他作业本上完成了一大半的家庭作业也没了。全家人都哄着他写作业,直到晚上10点,他才把作业写完。

孩子在娇宠呵护下,听不得丝毫反对的言语。只要是碰到不如意的事,就喜欢做出有违常规的防御行为。孩子在这种状态下，难以获得长足的进步。

2. 帮助孩子及时排解心理压力

孩子心理压力过大得不到及时排解，会影响心理健康。爸爸要做好孩子的心理医生，帮孩子解开各种思想疙瘩。

> 刘科是班上的数学科代表。他最近连续两次数学都考砸了，这让他心情很郁闷。爸爸看到儿子愁眉不展，知道孩子遇到问题了，就主动找他分析原因，想出解决办法。爸爸发现，现在开始学微积分了，刘科在这方面比较薄弱，只要碰到这类题准丢分。
>
> 爸爸告诉他别有压力，谁都有薄弱点，补上就好了。刘科每天都和爸爸去打篮球，父子俩球场上玩得很尽兴，刘科终于找回轻松的感觉。

心理压力过大，就要及时化解。孩子拥有健康、轻松的心态，才能办好事情。各种生活变故、批评、打击、不幸，都能造成孩子的心理困扰。孩子只有解除心理障碍，才能轻松上阵。

3. 让孩子独立解决问题，培养心理承受能力

爸爸多让孩子自己处理自己的事，能提升孩子独立解决问题的能力。孩子摆脱依赖，自己的事情自己做，才能不断地提升心理承受力。

> 史诺的爸爸回家后，发现女儿闷闷不乐地在那里看试卷，爸爸知道可能孩子考得不理想。没等她开口，爸爸就对史诺说："史诺，爸爸同事家的孩子这次考试考得不理想，在家里不吃不喝，也不和大人说话，结果全家都小心翼翼的。你觉得同事的孩子做得对吗？"
>
> "不对吧。"史诺小声地说。
>
> "是啊，她做得不对。她这样做，是对困难的逃避，结果只能使自己更消沉，也会让父母难受。"
>
> 史诺说："爸爸，我知道我该怎么做了。我的成绩考得也不理想，但是我不能学你同事的孩子，我会好好分析一下考得差的原因，把错误的地方重新学会。这才是解决问题的办法呢。"爸爸笑了。

教子心得

孩子在独自解决问题时，也学会承担自己抉择的后果，无论成败，孩子都要学会面对。多给孩子一些独立行事的机会，也就让孩子有了更多磨炼的机会。

第二章
优秀品格和个性才能成就好孩子

了解孩子不同的个性

认真对待不同个性特征的孩子,充分发挥孩子积极个性的优良品德,切忌压抑孩子不同于自己愿望的个性发展。

很多家长喜欢把自己的孩子与别人的孩子比较,然后分出优劣;或者借鉴优秀孩子的成功家教来教育孩子,其结果往往并不能让人满意。这就像世界上没有两片完全相同的树叶一样,也没有两个个性完全相同的孩子,即使是孪生兄弟或姐妹也是如此。因此,要教育好孩子,就必须遵循孩子自身的个性特点,因材施教。

了解孩子的气质特征,是爸爸了解孩子的第一步。当然这里的"气质"与我们日常生活中所说的气质不是一个概念。这是心理学上专用的概念,是指一个人与生俱来的典型而稳定的心理活动的动力特征。

比如,有的孩子脾气暴躁,容易激动,喜形于色,好表现,爱张扬;有的孩子生性活泼好动,反应快,机智灵敏;有的孩子生性沉着冷静,喜怒不形于色,等等。一般来说,每个人的气质相对是稳定的、不易改变的。因此,了解孩子,从了解孩子的气质、特质开始是最关键的一步。

下面我们简单说说关于气质的类型和特征:

古希腊的医生希波克利特认为,由于人体内四种体液所占的比例不同,形成了人的四种气质类型:胆汁质、多血质、黏液质和抑郁质。人们对孩子气质类型的划分习惯上有两种:一种是按传统的方法来划分,把儿童的气质分为四种——胆汁质(不可遏制型)、多血质(活泼型)、黏液质(安静型)和抑郁质(抑制型);另外一种分法就是将儿童的气质分成易教养型、难教养型和缓慢活泼型三种。后者比较好理解,也是生活中比较常见的。

易教养型孩子在生活中占的比例比较大,这类孩子生活有规律,活泼好动,容易接受新生事物,较少产生不安的情绪,适应性强,这一类孩子容易教养;难教养型的儿童占儿童总数的少数,他们通常生活无规律,适应性差,对外界刺激的反应过于强烈,这类孩子不容易教养;缓慢活泼型儿童其特征介于前两者之间一,他们反应缓慢,开始可能不适应,但经过一段时间后,会慢慢适应新环境。爸爸可以参考上面的分法,对照孩子的行为特征进行分析。

当然,对儿童的气质类型进行划分,只是给家长能够科学地观察、正确地了解孩子的个性特征提供了一种客观依据,千万不能因此而给自己的孩子乱贴"标签",那将是非常有害的。

人的气质类型有以上不同的几种,我们不能说哪个气质好,哪个不好,气质并无好坏优劣之分,任何一种气质类型的人通过努力都会获得成功。有人曾经研究过俄国的四位著名文学家——普希金、赫尔岑、克雷洛夫和果戈理,他们就分属于四种不同气质类型——胆汁质、多血质、黏液质和抑郁质,但他们经过自己的努力,都取得了伟大的成就,所以说,气质只是人的一种稳定的特性,当然它也不是一成不变的,它也会随着社会生活条件的改变,特别是教育条件的改变而发生变化,通过后天的努力特别是学习训练,人们可以弥补自己气质方面的某些不足,只不过这种变化需要一个艰难而又缓慢的过程而已。

总之,我们让爸爸了解孩子的气质特点,是希望他们能够多多观察孩子,科学分析、客观评价,在充分了解和接纳孩子气质特点的基础上,更好地因势利导。

除了气质之外,孩子的性格也是爸爸能够与孩子更好沟通的首要条件。

性格是一种较为稳定的具有核心意义的个性心理特征,比如正直、诚实、虚伪等,它是个性心理的重要组成部分。性格与气质不同,它不是天生的,而是在社会生活中逐渐形成的,是一个由低级到高级不断完善的过程。所以,人的性格具有很强的可塑性,当然,性格的塑造不是一蹴而就的,同时性格一经形成就具有相对的稳定性。对小学阶段的孩子而言,尽管其性格尚未定型,但是他们彼此之间的个别差异已有相当明显的表现。

一般说来,人们习惯将儿童的性格分成三类:外向易激动型、内向易抑郁型和逆反拒绝型。外向易激动型的孩子活泼好动、反应敏捷,但抑制能力差,没耐性,多动,喜欢变化,爱交往但好胡闹,做事常虎头蛇尾,不能善始善终,好欺负年龄小的孩子,爱和同龄人争吵打架,但不记仇。而内向易抑郁型孩子的表现恰恰与外向易激动型孩子相反,他们不爱说话,不爱交往,容易羞怯,但控制能力强,能长时间将注意力集中于某一事物或活动,情绪反应稳定,做事有条不紊。这样的孩子朋友少,不大愿意参加集体活动或游戏,不愿与别人争吵打闹,但一朝受别人欺负,会长期记仇。典型的逆反拒绝型的孩子并不多见,但属于逆反拒绝型孩子的某些特点在很多孩子身上都会有所表现。比如,有不少孩子想要什么、想干什么,家长就必须满足,否则就会闹起来。这也是叛逆拒绝的一种表现。

爸爸在了解孩子的个性心理特征后,首先不要以个人的喜好来判断孩子的个性是好是坏,而是要注意认真观察、正确了解、仔细分析孩子的个性,最后做到因材施教,才能使孩子的个性发展扬长补短、日臻完美。

爸爸要因材施教,尊重孩子的个性发展,但是如何做到尊重孩子的个性发展,却让很多爸爸苦恼。

作为爸爸,对待孩子务必要以尊重孩子的个性发展为原则。尽可能按照孩子的个性倾向,因势利导,顺势而为,让他自自然然地发育成长起来。这样,孩子才能够长成一个健康、积极向上的人。千万不要逆着孩子的个性特征,按自己的意愿来设计孩子的喜好。

教子心得

孩子的心是非常敏感的,而且会随时根据环境因素调整自己的动机或主动性愿望,如果经常让他感受到挫折,他就会丧失兴趣和主动性,而走到家长愿望的反面。

别让孩子的人格跑偏

"人格"是我们既熟悉又陌生的一个词,说它熟悉是因为它与我们形影不离,说它陌生是因为它很抽象。这个词在生活中有多种含义:有道德上的人格,它指一个人的品德和操守;有法律意义上的人格,它指享有法律地位的人;有文学意义上的人格,它指人物心理的独特性和典型性。在心理学上,由于心理学家各自的研究取向不同,对人格的看法也有很大差异。

人格决定一个人的生活方式,甚至决定一个人的命运,因此它是人生成败的根源之一。当面对挫折与失败时,坚强者能发愤搏击,懦弱者会一蹶不振,这就是人格功能的表现。

能够带来快乐的因素有很多,起决定作用的却是人格。面对同样的问题,不同的人格往往造就不同的结果。人格发展的最佳时期是幼年、少年期,所以爸爸要担负起塑造孩子最佳人格的重任。

健全人格包括以下几个方面:

1. 自我悦纳,接纳他人

人格健全的孩子能够积极地开放自我,正确地认识自己,对生活持乐观向上的态度。

2. 人际关系和谐

人格健全的孩子心胸开阔,善解人意,宽容他人,尊重自己也尊重他人,对不同的人际交往对象表现出恰当的态度,在人际关系中能够吸引人,深受大家的喜欢。

3. 独立自尊

人格健全的孩子生活态度积极热情,有正确的人生观与价值观,人格独立,自信自尊。

良好人格的发展需要良好的环境,更需要对自身的正确认识,个体人格的成长是在经历挫折、失败与成功等诸多方面的经历后,才逐渐成熟起来的。

因此,在培养依依良好人格的过程中,爸爸要注重培养孩子的坚强意志。

分析孩子缺乏坚强意志的原因,第一当属现在的孩子从小生活在蜜罐里,不能吃苦;第二,孩子对事物的兴趣不持久,容易很快转移注意力;第三,做事没有目标和动力。

教子心得

孩子的人格如果"跑偏",他就不可能有良好的品行、坚强的意志,他的人生之路就很难走正。爸爸在孩子心里播下健全人格的种子,就会收获健康快乐、坚强自信的孩子。

规划孩子的性格教育

顾真是个性格内向的孩子,平时很少和同学交流,身边的朋友也很少。每次看到其他同学们在一起嬉闹,她很美慕,也尝试着和同学聊天,可是不是同学的话题她不知道,就是和同学说不到几句话就冷场了。

她将自己的困惑告诉了爸爸,爸爸就有意识地开导她学会和人交往,给她买了很多提升交际能力的书籍,带她去亲戚家玩,周末还会邀请小区的孩子来家里做客玩游戏。不知不觉中顾真变得开朗起来了,也有了不少朋友。

孩子的性格是复杂多样的,所表现出来的程度也深浅不一。这就需要爸爸在生活细节中发现孩子的性格特点,按照性格来培养孩子。

现代医学和心理学证明,性格是心理和大脑功能的表现形式,孩子的性格根据心理素质可分为 A,B,C 三种类型。其主要表现是:A 型性格的孩子争强好胜,说话声音响亮,走路急促,常有时间紧迫感,心胸狭窄,并具有泛化式敌意心理,往往树敌太多,动辄发火;B 型性格者则相反,从容不迫,心胸开朗,与人为善;C 型性格者主要表现为内向、缄默和抑郁。孩子最理想的性格是 B 型性格。

其实孩子属于哪种性格除了受到遗传因素的影响外,环境也是性格发展的一个决定性因素。环境的作用主要是通过家庭、学校、活动圈子来发生效应的。所以，爸爸要尽量为孩子提供一个良好的环境，促使其优良性格品质的形成。

研究发现，在同样的社会、文化、种族、宗教条件下，性格决定了孩子价值观的形成，其实也就决定了孩子生活、学习和工作中的态度，进而决定了孩子取得成就的大小。爸爸要根据孩子性格的特点来教育孩子，力求帮助孩子完善他们的性格，使孩子取得更大的进步。

1. 认识到优良的性格对孩子的重要性

优良的性格是孩子人生理想、信念的基础，是搞好学习、赢得事业的保证，也是孩子幸福一生的重要保证。生活中的失败者大多存在性格品质上的缺陷，比如意志力薄弱、优柔寡断、骄傲自大、不思进取等。

> 耿涛因为在学校门口多次勒索低年级同学而被学校开除，这和他的性格以及爸爸的教育方式不当有很大关系。
>
> 耿涛三岁时妈妈就去世了，他和爸爸相依为命。爸爸忙于在外面工作，很少照顾到他，更别提教育了。耿涛从六岁起就自己照顾自己。他从小性格就孤僻、易怒，爸爸不怎么管他，他结交了一些坏朋友，又沾染了许多坏习惯，后来这些坏习惯成了他性格中的一部分，他打架斗殴，不思进取，一步步变成今天的样子。
>
> 爸爸的疏于教育，才导致耿涛现在面临被退学的境地。

爸爸要意识到优良的性格对孩子的重要性，将更多的时间放在教育孩子上，以自己的人生阅历和社会经验引导孩子形成良好的性格，以便孩子在人生之路上走得更加顺畅。

2. 了解自己的孩子

爸爸只有了解了孩子，才会对孩子提供更好的教育和帮助。所以，爸爸要细心观察孩子的性格，认识到孩子的优点和缺点，然后采取合适的方法来教育孩子，这样才能使教育效果更加显著。

3. 多教 A 型性格的孩子社交技能

A 型性格的孩子，平时遇事容易紧张，情绪不稳定，常常为了小事和他人大动干戈。在肯定孩子的成绩之余，爸爸要教育孩子从多方面、多角度分析问题，培养他们的个人兴趣和幽默感，减少他们的心理压力。

同时，爸爸还要教给 A 型性格的孩子基本的社交技能和与人相处的能力，学会体谅他人，教导他们善待自己的情感，不要太过计较得失。爸爸身上一般都具备心胸开阔、善于交际的优秀品质，要将这些优秀品质传递给孩子。此外，还可以引导孩子借助爱好来帮助自己平衡生活。

4. 适当赞美 B 型性格的孩子

B 型性格的孩子能很好地发挥自己的潜能，做事有计划、有规律，喜欢与别人交朋友，富有人情味，易与周围的人产生正面互动。他们兴趣广泛，善于表达自己，知道如何吸引他人的注意力，使自己成为受欢迎的人，也更容易取得成功。

爸爸适当的赞美对 B 型性格的孩子最为奏效，如果再给他们制订一些目标，孩子就会变得更加积极。"人无完人，金无足赤"，即使性格再优秀的孩子也会有这样那样的缺点，爸爸要善于发现孩子的不足，使孩子的性格品质更加完善。

5. 鼓励 C 型性格的孩子与人交往

C 型性格的孩子社交能力较弱，大都沉默寡言，不喜欢与人交谈，也不喜欢参加群体行动；

感情波动很小;喜欢汲取新知识,花较多时间看书和思考,会将自己的注意力放在自己感兴趣的事物上。

> 周末爸爸带姗姗出去玩,在路上遇到了邻居王阿姨,王阿姨直夸姗姗变漂亮了。爸爸让姗姗和阿姨打招呼,姗姗却躲在了爸爸身后,任凭爸爸再怎么说她也不肯和王阿姨打招呼,王阿姨只好无趣地走了。
>
> 爸爸没有指责姗姗,而是语重心长地告诉她人际交往的重要性,只有变得开朗些,才能良好地与别人沟通,得到别人的理解和尊重。姗姗听懂了爸爸的话。

爸爸要鼓励C型性格的孩子主动与人交往,也要肯定孩子的看法以提升其自信心。爸爸要为孩子做好榜样,使自己的交往行为成为孩子学习的榜样,教会孩子交往的方法和处理问题的能力,提高孩子交往的技巧。

教子心得

性格决定命运。优良的性格品质是孩子成长过程中的积极因素,不良的性格则是孩子前进道路上的绊脚石。爸爸要认真规划孩子的性格教育,"设计"孩子一生的好命运。

怎样让孩子具备坚强的性格

坚强的性格对人的工作与学习有强大的动力性、坚持性和约束性。一个具有坚强性格的孩子才能够在未来激烈的竞争中占有一席之地。

性格是指一个人在生活过程中所形成的对现实稳固的态度,性格有积极的一面,也有消极的一面。反映到孩子身上的个别差异很大。比如,有的孩子热情、活泼、大方;有的孩子娇气、孤僻、拘谨;有的孩子诚实、懂礼貌;有的孩子却耐心细致有余而大胆自信不足。培养孩子优良的性格,就是要帮助孩子消除性格中的消极因素,形成坚强的性格。

那么,什么样的性格是坚强的性格呢?下面我们先来介绍一下坚强性格的表现:

第一,要有明确的行为目标,并使自己的行为受规范的约束。

譬如,明确孩子的学习目的,独立完成作业,遵守组织纪律等。与此相反的是孩子的冲动性、盲目性和散漫性。

第二,能够自觉地控制自己的言行。

比如,有的孩子能够在没有人监督的情况下主动完成规定的学习任务,能够控制自己不做违反规范的事等,而有的孩子却办事拖拉、任性、容易与别人争斗、无法控制自己。

第三,有持之以恒的学习和生活态度。

比如孩子办事有恒心,不做完作业不出去玩;一件小制作没做好不放手等。与此相反的是孩子做事见异思迁,虎头蛇尾,缺乏耐心。

第四,不畏惧困难。

比如,孩子遇到紧急情况,情绪镇定自若,不慌不忙,并能果断地想办法解决问题。在学习中,能够顽强地克服困难,有进取精神,而有些孩子却与此相反,优柔寡断,惊慌鲁莽。

第五,有超强的忍耐力。

比如,孩子遇到挫折,没有自怨自艾,而是积极地去想办法,去行动。而有的孩子却怯懦退缩，经受不了外界刺激，容易自卑。

一个人的性格在少儿时期具有很强的可塑性，这个时期是培养和发展孩子坚强性格的有利时机。我们要发挥教育对孩子性格形成的重大影响力，克服性格的消极因素，培养孩子坚强的性格。那么作为爸爸，如何培养孩子坚强的性格呢？

1. 爸爸要培养孩子的主动性和独立性

给孩子制定可行的学习、活动计划和目标是十分必要的，爸爸要让孩子有规可循，自觉按计划和目标学习、生活。在这个过程中，爸爸对孩子不宜过分地"监督"和"帮助"。譬如，一天问几次作业做了没有；孩子一有困难就去帮助，甚至包办代替。我们先来看看下面这位父亲在这方面是如何培养女儿的。

玛格丽特的父亲罗伯茨有一个小杂货店，用以维持全家的生计。罗伯茨爱好广泛，热衷于政治选举。玛格丽特从小受父亲的影响，博览政治、历史、人物传记等方面的书籍，从小对政治就有相当多的了解。

父亲对玛格丽特的管教很严。他一直很注重培养女儿的独立性，他希望玛格丽特能够有主见，而不是盲从和依赖他人。

玛格丽特十岁的时候就开始在父亲的杂货店里帮忙，父亲总是根据她的能力为她布置一些任务，他绝不允许玛格丽特说自己办不到，因此年幼的玛格丽特从小就显得比同龄的孩子更为独立和能干。

玛格丽特进入学校后曾羡慕自己同伴们的生活，因为他们总是在闲暇时间在街上游玩、游戏、骑自行车，到了星期天，他们还会结伴去郊游野餐，但是罗伯茨却经常教育女儿要有主见，有自己的理想，特立独行、与众不同最能显示一个人的个性。在父亲严格的教育下，玛格丽特明白，玩耍与学习之间，她必须自己做出一个选择，她放弃了和朋友一起玩，而是做对自己而言更重要的事情，那就是阅读。

在爸爸严格的家庭教育下，玛格丽特拥有高度的自信，她常常在学校里听别人演讲，然后总是第一个站起来大胆提问，而其他的女孩子都胆怯得不敢开口。到后来，玛格丽特开始寻找机会自己做演讲，当时演讲水平并不高超的她对别人的议论毫不在意，一直保持着独立自信、我行我素的个性。

罗伯茨在教育女儿的过程中，始终坚持着一个明确的目标，就是要让女儿拥有独立的人格。在他的悉心栽培下，玛格丽特终于从一个普通的女孩成长为在世界政治舞台上叱咤风云的政治家，连任三届英国首相。

2. 培养孩子的自制力

孩子的自制力不是自然而然形成的，是需要爸爸培养的。一个孩子能否控制和支配自己的言行，是自我锻炼坚强性格的重要条件。在培养孩子自制力的过程中，爸爸要督促孩子坚持参加集体活动，自觉遵守规章制度。可以利用社会、家庭、学校发生的典型事例，让孩子做出自己的评价。还可以创设情境或提出问题，让孩子设计解决的办法。

3. 培养孩子做事的坚持性

孩子们做事往往只凭兴趣，常常会犯虎头蛇尾的毛病。孩子凭一时热情，一会儿干这，一会儿干那，缺乏坚持性。爸爸要教育孩子，不仅要学习一些自己感兴趣的东西，而且要学习虽然没有兴趣，但必须要学习的东西。在培养孩子坚持性的过程中，要有意识地安排一些孩子不喜欢做的事情让他去做，而且要按要求做完，锻炼孩子的毅力。

每个孩子身上都会有各种各样的问题,培养孩子坚强的性格同样需要爸爸的坚持不懈来努力培养。

教子心得

独立自主是健康人格的表现之一。从小培养孩子独立生存的技能,对孩子的生活、学习质量以及成年后事业的成功和家庭生活的美满都将产生重要的影响。爸爸要明白,孩子的人生之路最终还是要他们自己走,父母帮得了一时却帮不了一世,只有离开父母的怀抱,才能锻炼出苍鹰的矫健翅膀,翱翔于天空之中。

虚心使人进步

虚心使人进步,骄傲使人落后。这句名言实际上是真理的写照,只有谦虚的人才能在成功的道路上越走越远。

纪明是个谦虚的孩子,从来不会因为自己成绩的优异而骄傲自满,自以为了不起。有一次纪明期中考试成绩在全校年级排名第一,不但获得了学校的奖励,也为班级争得了荣誉,同学们都很羡慕他。

纪明依然一如既往地认真学习,并没有被胜利冲昏头脑。纪明的好朋友对他说:"你的成绩这么好,刚考完试也不放松放松,还这么认真干什么?"

纪明说:"虽然这次考得好,但也不能骄傲啊,不然很快就会滑下来的。"朋友很佩服纪明这种谦虚的精神。

任何成功或成绩的获得都是暂时的、阶段性的,在为获得成功而庆贺的同时,不要忘了成功已经成为过去,现在面临的又是一个新的开始。如果一直停留在胜利的基础上,不知道从已有的成绩上走出来,就可能使自己被胜利冲昏头脑,从而为未来的失败埋下伏笔。

谦虚是一种美德,这种美德让人很容易亲近,能拉近人与人之间的距离。而骄傲则让人反感,会把人拒于千里之外。谦虚会让自己以一种永不满足的心态去学习,不会停留在已取得的成绩上。

孩子拥有了谦虚的心态就不会目中无人、盲目自大、自以为是,在获得一点点成就时也不会就自我满足和止步不前。谦虚能让孩子以一种谦卑的心态去对待学习,能让孩子学会全面地认识自己和他人,虚心地看到别人的长处,正确地看到已经取得的成绩,清醒地面对自己将要走的路。

爸爸在培养孩子良好性格的过程中一定要注意不要让孩子养成骄傲的个性,而要不断引导孩子养成谦虚的品德,不骄傲、不自满,不做井底之蛙,做个视野开阔、心胸宽广、不断进取的人。

1.教孩子全面认识自己

一个人总有一两个长处,不要只看到长处就认为自己很了不起,也不要只看到缺点就全面否定自己。爸爸要让孩子学会正确地评价自己。

张可的数学成绩特别好,每次总是考全班第一,可是语文却很糟糕,连及格都困难。张可总是在别人面前炫耀自己的数学,却对语文非常回避。在家里也是只对爸爸讲数学成绩,不提语文成绩。

爸爸告诉张可,每个人都有自己的强项和弱项,不能总拿自己强的一面去炫耀,而要综合全面地评价自己,不然很容易自己骗自己,不能很好地认识自己,处于盲目自大的境况中,最终结果还是会害了自己。

孩子可能在某方面强一点，但在其他方面不一定有别人好，爸爸要告诫孩子不要因为自己一点的长处就自以为是、骄傲自大。

2.让孩子不要看不起成绩不如自己的同学

骄傲的一个重要表现就是目中无人，觉得自己很了不起，这不仅妨碍自己的进步，还影响人际关系。

方小玉参加了一个舞蹈学习班，舞蹈跳得特别好。在班级准备开元旦晚会的时候，大家都推选她来组织同学排练一个舞蹈节目。小玉就像小老师一样开始教其他同学练习舞蹈。但小玉没有耐心，其中有一个同学总是跳不好，小玉就一脸不耐烦地说："你怎么这么笨，这么简单还老是出错。"

那个同学听了小玉的话很难过，要求退出这个节目。小玉说："都退了算了，省得麻烦，我自己跳。"大家看到她这样，都说不要她领队了，最终大家把小玉一个人排斥在外。

回家后小玉把事情讲给爸爸听。爸爸听后不但没有同情小玉，还批评她不对，爸爸说："每个人都有自己的长处和短处，你不能用你自己的长处来衡量同学的短处，这样不但会伤害他人，还会让你失去学习别人长处的机会。"小玉听了爸爸的话很是惭愧，决定明天向那个同学道歉。

人与人都是平等的，不要因为自己的成绩好就看不起比自己差的同学，这样只会让自己成为孤家寡人。

3.教会孩子正确看待成功

骄傲大多都是由成功引起的，如果不能正确地看待成功，就容易因一时的成功而阻止住自己继续攀登的脚步，最终会毁了自己。自古许多少年时很有才华的人到最后都名不见经传，就是因为成功让他们迷失了自己，停止了继续学习的步伐。

每个人在自己的一生中都可能取得大小不同的成功，有的孩子会因为自己的一点小成功就沾沾自喜，认为到达了成功的终点，爸爸要让孩子知道，这次的成功仅仅是一个开始，教孩子学会把每次的成功看成一个新的起点。

4.开拓孩子的视野

爸爸要不断开拓孩子的视野，孩子的视野打开了，就会以更开阔、更宽广的眼光看待成绩，不会盲目放大自己的成绩，以为自己很了不起。只有把自己放在更广阔的人文和自然时空，孩子才能认识到自己的渺小，从而不敢肆意骄傲。

爸爸可以让孩子多读一些中外名人传记，带孩子多参观一些自然、历史博物馆，经常登高山、看看大海，孩子在陶冶情操的同时开阔了视野，有利于孩子养成了谦虚的性格。

5.让孩子虚心接受别人的批评

能够虚心接受别人的建议和批评才能不断完善、提高自己。爸爸要让孩子勇于接受来自别人的建议和批评，不要一味地自以为是，认为自己什么都是对的。只有广泛听取别人的意见才能归纳出更好的方法，只有能够接受别人的批评才能知错就改，才能在学习中不断进步，在人生的道路上走得更远。

教子心得

爸爸要想孩子在人生的道路上不断从一个胜利走向另一个胜利，就不能助长孩子的骄傲，要让孩子认识到，一时一事的成功容易获得，但是一生一世的成功只有谦虚谨慎的人才能做到。

谦让是美好品德

谦让是中华民族的传统美德,然而,随着经济的飞速发展,这种美德却离我们越来越远了。现在的很多孩子自我、个性,完全不知道谦让是怎么回事。

这种现象的产生和现代家庭教育模式是分不开的。如果家长们总是把孩子当作"小太阳",爸爸妈妈、爷爷奶奶如同行星一样,不停地绕着"小太阳"转,对孩子有求必应、百依百顺,那么,在孩子的潜意识中就会形成一种"众人为我"的心理。在这样的家庭中,孩子不会去体会别人的感受,也不可能拥有谦让的品德,他们表现的往往是孩子独占而不考虑长辈需要。

所以,让孩子学会谦让,也是爸爸应该教给孩子的品德教育。好孩子应该学会谦让,但光喊"谦让是美德"的口号恐怕不会得到孩子的认可。因为,孩子并不知道什么是美德,美德对于他们来说是很抽象的东西,看不见摸不到,他们不能理解其深刻内涵。一味要求孩子谦让,可能在孩子方面形成的只是一种惯性的行为,而不是一种宽容的心态,这种不符合孩子意愿的被迫的行为就会造成孩子的不服气、不甘心。他们会埋怨:"比我小的要让,比我大的又要让,霸道的孩子要让,哭闹的孩子也要让,什么都要我让!而那些东西是我的,是我先拥有的,为什么要我让他们而不是他们让我呢?"

所以,让孩子学会谦让,爸爸不能只喊空口号,具体的做法可以参考如下几条建议:

1. 爸爸要培养孩子的谦让意识

让孩子了解集体与个人的关系,把自己从"我"的概念中摆脱出来。孩子往往都很自我,不懂得考虑别人的感受,所以,爸爸要引导孩子,让孩子从小懂得,大家生活在一起,他需要的别人同样也需要,同样有享受的权利,不能一人独占,要想着别人。要让他懂得自己不是家庭中的"功臣",家庭中的每个人都享有同样的权利。

2. 爸爸要在谦让方面做好榜样

每个孩子都爱模仿,尤其是父母,所以,作为爸爸,应该在日常生活中潜移默化地对孩子施以积极的影响。如:带孩子坐公共汽车时,爸爸在车上看见年迈的老人和抱小孩子的妇女,便主动起身让座。这虽然只是生活中的小事,但却进一步加深了尊老爱幼和谦让的意识在孩子幼小心灵中的认识和印象。

3. 爸爸要有意识地鼓励孩子学会谦让

培养孩子的谦让行为,不是一天两天的事,而应时刻贯穿于日常生活中,如孩子生日时要有意识地让孩子把蛋糕先送给爷爷奶奶吃;家里有小朋友来玩时,提醒孩子把自己的玩具分给小朋友玩等。

另外,当孩子有谦让行为时,爸爸要及时给予鼓励:"你真懂事,学会照顾别人了!"通过言语强化,孩子会逐渐懂得怎样做是对的,怎样做是不受欢迎的。

谦让是一种美德。孟德斯鸠曾说:"美德本身需要限制。没有原则的谦让是一种懦弱,在竞争面前的谦让是一种逃避,在危险面前的谦让是一种退缩,在荣誉面前的谦让是对胜利的不尊重,一味地强调谦让行为而不辨别谦让的原因是一种不明智的行为。"所以,谦让也要有所限制。

谦让需要智慧,谦让并不等同于事事顺着别人,以牺牲自我的利益来满足别人的愿望。作为爸爸要帮助孩子辨别是否应该谦让,是否能够谦让。爸爸要让孩子明白,谦让是有度的、有条件的。比如,因为被抢而不得不让是一种被迫的行为,而不是真让。爸爸要灌输给孩子的应该是:自己的东西要保护好。孩子在不断成长的过程当中慢慢地度过了以"自我为中心"的阶段,应该允许他们根据自己的意愿选择"让"或"不让",而不是违背自己的意愿去迎合别人,这点很重要。

教子心得

谦让是一个人身上的美好品质,在传统教育中,谦让和礼貌、尊老爱幼等内容一起,作为一种美德教育传授给孩子。即使在现今强调竞争的社会中,谦让仍然还是一种美德。重要的是,爸爸应如何教育和引导孩子在谦逊、知礼的同时,依旧保持进取心和竞争力,以适应今后的社会生活。

宽容的父亲才能教出宽容的孩子

紫矜经常愁眉不展,闷闷不乐的样子。爸爸看到女儿这样也很发愁:女儿一点小事都往心里去,以后怎么承担更多、更大的事情呢? 对此爸爸经常开导女儿要学会放下、宽容,不要什么事都斤斤计较。

一次邻居阿姨带孩子来家里玩,小孩不小心把紫矜的玩具弄坏了。阿姨感到很过意不去,说有空到街上再给她买一个。爸爸这时提醒女儿:"不要让阿姨买了,自己玩具还多着哪。"紫矜不情愿地点点头。没想到阿姨晚上送给紫矜一个漂亮的头花,紫矜很喜欢,也觉得有点惭愧,从那以后再也不那么小气了。

生活在这个社会上,孩子难免会遇到有人对自己犯下一些错误,怎么样对待这些人和错误呢? 爸爸要让孩子明白,明智的做法就是宽容,原谅别人,宽恕别人的过错,学会理解他人。别人是无意犯的错,自己没有必要紧揪着不放。孩子学会在对别人宽容的同时,也释放自己的不良情绪。

宽容是一种气度,拥有宽容气度的人,心胸非常开阔,能够以一种怜悯的眼光看待别人,懂得替别人着想,因此能获得良好的人际关系。如果不能宽容别人,就会使误解和积怨越来越深,从而使自己到处树敌。

人非圣贤,孰能无过。自己也会犯错误,如果别人不能宽容自己,自己的处境也不好过。所以要学会从别人的立场考虑一下,当别人犯错误时,自己应该怎样做。这样自己就会以己度人,用宽容的心态对待他人了。

宽容的心态不是天生就有的,是在生活中从别人身上看到并且逐渐形成的。孩子尝到了宽容给自己带来的好处,就会放开自己的心,去理解别人,宽恕别人,让自己成为一个宽宏大量的"宰相"。

爸爸在孩子成长的过程中要注重对孩子宽容心态的培养,让孩子走出自我、自私的狭隘世界,用一颗宽容的心去面对和接受自然、社会和他人给予自己的一切,感谢自然、社会、他人给予自己美好的东西,宽容他们带给自己的一些负面的东西。

1. 做一个宽容的爸爸

爸爸的形象在孩子心目中是高大完美的,爸爸的一言一行直接影响到孩子的成长。爸爸在家时不要经常抱怨这个同事那个领导,不要辱骂中伤别人,给孩子留下心胸狭窄、事事必究的不良印象。

爸爸做事要宽容大度、不斤斤计较,要邻里和睦,同事之间融洽相处,朋友间相互体谅。在这样一个宽容的、光明磊落的好爸爸影响下,孩子自然也能学会宽容大度。

2. 让孩子懂得宽恕别人的错误

宽容最大的特点就是原谅、宽恕别人对自己犯下的错,只有做到这一点才是真正具备了宽容的心态。当然这需要一个长期的修炼过程,不是一朝一夕就能完全做到的。

熠熠和一个朋友约好周末去爬山,他一大早就起来到约定的地点等朋友,结果超过约定时间一小时那个朋友也没来。熠熠非常生气,嘴里骂着朋友不守信用,然后自己回家了,也没有去爬山。

回到家,爸爸看到熠熠气呼呼的模样问他怎么了,他说朋友失约了。爸爸说:"也许朋友突然有事没来得及通知你,等见到他问问不就清楚了? 不要让自己一整天都在生气中度过。"熠熠到学校后问了同学才知道,原来同学的妈妈病了,一晚上都在医院陪她,所以不能赴约并请他原谅。

当别人有错误时,不要一味责怪别人,要先把事情弄清楚,即使别人有错,也要懂得原谅。

3. 让孩子学会替别人着想

让孩子学会替别人着想,也就是让孩子学会换位思考。站在对方的角度看问题,就会对他人的言行释然了。

韩凌是刚从别的学校转来的新同学,学习成绩很好,可就是不怎么和人说话,总是一副冰冷的面孔。云娜想放学后向他讨教几个数学问题,他却说自己没时间,放学必须马上回家。云娜认为他很自私,是不想教自己的借口罢了,所以很讨厌他。

一次云娜从老师那里得知,原来韩凌的爸爸和妈妈离婚了,他跟着妈妈过,妈妈有病,他不得不每天放学就回家照顾妈妈。云娜发现自己误解韩凌了。

爸爸要教会孩子多替别人着想,遇事不要总是想当然,很多事情只要从别人的角度去看问题是能够理解的。

4. 让孩子和他人友好相处

让孩子和他人友好相处,不要把自己封闭在狭小的圈子里,让自己走出去,去接纳各式各样的人,孩子的视野就会被打开,心胸就会变宽广。

要想和别人友好相处首先要学会宽容,如果没有一颗宽容的心,是很难交到朋友的。朋友多了也会相互开导,纯真的友谊会让孩子学会宽容。

5. 教会孩子常说"没关系"

当别人做错了事对自己说"对不起",这是别人认识到了自己的错误,并且请求你原谅的表现。这时你要大度地说声"没关系",一笑泯恩仇嘛。

爸爸要教会孩子凡是别人说"对不起"时,都要诚恳地对别人回敬一句"没关系",这不仅能维持孩子良好的人际关系,久而久之就会形成孩子宽容的心态。

————————— 教子心得 —————————

宽容就像海洋和天空能包容一切,宽容是人际交往的润滑剂,拥有宽容的心就拥有了自然平和的心态和胸怀。

做个有同情心的孩子

同情他人的不幸和痛苦是做人的基本美德。我们都是社会人，虽然我们以个体存在，但是在生活中却时时刻刻离不开与他人的相处。所以体谅与同情他人是能够与他人相处和睦的基本要素。

专家们研究证明：富有同情心的孩子往往心地善良，性情温和，受人喜爱和拥护；而缺乏同情心的孩子则往往性情冷漠，易走极端，不易与人亲近，因而人际关系往往不好。因为，谁都不喜欢一个冷漠无情的人。一个冷漠无情的人无论是在生活中，还是在自己的工作中都会越来越孤独，遇到困难会没有人帮助他，最终带给自己的只有痛苦与寂寞。

然而孩子们并不知道这个道理，所以爸爸要在孩子很小的时候教给他这个道理，让他明白同情心对一个人的生存与发展非常重要。例如，爸爸要教孩子爱护每一只小动物；邻家的小朋友病了，要领孩子去看望；布娃娃掉在地上，要告诉他，布娃娃也会疼。只有这样，才能在孩子幼小的心灵里浇灌同情之花，孩子长大之后才会有一颗关爱他人的心灵。假如孩子总是以自己的感受为中心，那么他就不能设身处地地想到他人的痛苦，同情心就不能产生。

同情心是一种非常珍贵的感情，即便是一种萌芽状态的同情心，家长也要悉心扶植，绝不能取笑，更不能责怪。

有一个五岁的孩子，她的爸爸很注意对孩子同情之心的培养。常告诉孩子，看见有困难的人要帮助他们。孩子很听话，时刻记着爸爸的话。一次，她看到邻居家的小杰没有吃饭，就悄悄从家里拿一个馒头，怕爸爸妈妈看见骂她，因为妈妈对她说，小孩子是不能偷东西的。她就把馒头塞在自己的衣服底下。可是爸爸妈妈还是看见了，妈妈问她是怎么回事。她说："小杰的爸爸妈妈打架，没有给他做饭，小杰没有吃饭，饿得肚子疼。"

爸爸妈妈并没有责怪她，而是鼓励她说："我们的女儿越来越有同情心了，我们去把小杰叫来在咱们家吃饭吧。"

小女孩高兴地跑出去把小杰叫了进来。当小男孩怯怯地坐在桌子边上的时候，小女孩的父母笑了。他们为自己的孩子有同情他人的心而自豪。

当然，我们也会为小女孩的举动而欣慰，但是孩子的同情心不是先天就有的，孩子的行为与父母平时的教育是分不开的，而这种教育往往来自于父母的言传身教。

曾经有一位爸爸，他的邻居有一个脑瘫的孩子，生活十分困难，他对这位邻居家的不幸表示了深深的同情，他还利用业余时间帮助邻居家洗洗涮涮。他的孩子很不解地问："我们为什么要帮助他？他既不是我们的亲人，又不是我们的朋友。"

爸爸听了这话耐心地给孩子讲道理："要对别人的不幸和痛苦表示同情，只有这样，我们才能让自己成为一个好人。对他人的不幸和痛苦置之不理的人是一个自私的人。"孩子在爸爸的教育下，每天放学之后帮助爸爸在邻居家照顾那个身体不好的孩子，不仅如此，孩子还在班里对其他有不幸遭遇的同学表示同情和爱护。

在培养孩子同情心的过程中，爸爸可尝试从以下几个方面做起：

1. 不要扼杀了孩子对花草、小动物的关心和保护

孩子小的时候，往往会认为小猫小狗、小花小草和自己一样，是有生命的小精灵，也是通人情的。他们往往对小生物表示关切，甚至和他们嘀嘀咕咕地说话。这时爸爸不要用成人的眼光来看待孩子的行为,应该肯定、支持孩子对这些小生命的关心和爱护。孩子对动植物的这种仁爱之心,有助于他们同情心的形成。

2. 引导孩子同情、关心小朋友

有的孩子看到小朋友不小心摔倒了,却哈哈大笑,这其实是很正常的现象,孩子是被小朋友突如其来的表情动作惹笑的。爸爸不要急着批评孩子的"幸灾乐祸",而是应当赶紧说:"哎哟,小朋友碰疼了,真可怜啊!上回你不当心碰在桌角上不是也很疼吗?"孩子联想到自己的痛苦经验,同情心便会涌上心头。这时爸爸还可以建议孩子去关心碰疼的小朋友,如果小朋友跌倒了,可以和孩子一起去把他扶起来。经过几次类似的行动体验后,孩子对小朋友的痛苦就会比较同情、关心了。

3. 教育孩子同情、关心家人

一个不会同情、关心家人的孩子,你不要指望他会去关心外人。所以,同情教育应该从家中开始。比如父母或老人生病时,要启发孩子主动表示关心,如问寒问暖、跟老人说说话解解闷,或者递水果、拿药片倒水等。慢慢的还可以让孩子多参与助人为乐的活动,特别是帮助老弱病残的人,这样更容易激发孩子的善良之心,增强孩子的同情心。

4. 让孩子学会宽容

一个宽容的人,必会是一个拥有同情心的人。现在的孩子大多数是独生子女,孩子在学校里受了委屈,父母心疼得不得了。有的父母就教唆孩子说:"别人对不起你,你就对不起他;别人打你,你就打他。"这种教育会影响到孩子将来正确处理人际关系。教孩子学会宽容,不仅是为了孩子今天能处理好同学关系,也是为孩子将来的幸福打基础。

那种发自于内心的同情之心可以让一个人的生命闪烁出奇异的光彩。作为爸爸,我们应该用自己的心灵去熔铸孩子的心灵,让同情心这一美好品格装点孩子未来的人生,也延续自己的人生。

教子心得

同情是爱心的前提,爱心是同情的延伸。培养孩子的同情心也不是一天两天的事,它是家长在长期的潜移默化中对孩子的影响,爸爸千万不可操之过急,更不要把功利性的心态带进对孩子同情之心的培养中去。

一心不可二用

驰梦做事情总是三心二意,做作业的时候不能集中精力,本来半个小时能做完的题目她需要一个小时,还错误百出。爸爸对此很不满,经常批评她也不见效。

一次月考驰梦的数学才考了 67 分,拿回家给爸爸签字的时候,爸爸好好看了她的试卷,然后指着一道应用题问她,这么简单的题怎么也做错了,她吞吞吐吐地说当时思想开小差理解错题目了。爸爸说:"现在你知道不专心的后果了吧?"驰梦点点头说以后考试一定改掉这个毛病。爸爸:"不仅是在考试上,平时就要注意做事情不能三心二意,要专注才行。"

驰梦吸取了这次考试的教训,在平时完成作业时有意训练自己的专注力,作业质量提高了很多。

　　俗话说"一心不可二用",说的就是做事必须一心一意,不能三心二意。无论是学习还是做其他事情,如果不能专注,一会儿想这个事一会儿想那个事,断断续续或者不能坚持把一件事做到底,都可能会半途而废,最后什么事也做不好。

　　人都有这样的时候,对于自己不感兴趣的事情,总不能把心完全投入进去,对于不是很迫切需要做的事情也会拖拖拉拉,对于不是自己负责任的事情也总是马马虎虎,但这种心理不利于做好一件事情。培养专注首先就是学会排除这些不良心理,然后才能投入进去,认真负责地把事情做好。

　　孩子在学习上如果对所学的东西不感兴趣,认为时间充足不必抓紧或者认为学习是为别人学的,往往心思就会转移,就不能够专注完成自己的学习任务。

　　爸爸想使孩子能够自觉专注地学习,首先要改变孩子对学习的态度,然后根据孩子的生理、心理特征改变孩子不负责任的心态,从而达到认真专注的效果。

1. 根据孩子的生理特点安排学习时间

　　由于孩子不同年龄阶段的生理特点不同,孩子注意力时间的长短是有区别的,孩子学习时间的长短要根据孩子年龄的特点来确定。

　　有关研究表明,越小的孩子能够专注的时间越短。4~5岁的孩子注意力能够集中10~15分钟;5~10岁的孩子能够集中20分钟;10~13岁的孩子能够集中25分钟;13岁以上的孩子能够集中半个小时以上。所以爸爸要根据孩子年龄制定合适的学习作息时间。

2. 培养孩子的学习兴趣

　　兴趣就像一块磁铁不断吸引孩子去探寻,想让孩子认真专注地去学习,最根本的方法就是培养孩子的学习兴趣,有了兴趣的吸引孩子就会主动积极地学习。

　　　　陈隆上化学课的时候总是不能专心,成绩自然也不好。爸爸问他喜不喜欢化学,他说不喜欢,感觉很枯燥,不像语文、历史那样有趣。爸爸突然拿出妈妈的一枚银戒指,陈隆惊讶地说:"怎么变黑了? 原来挺亮的啊!"

　　　　爸爸笑着说:"这是因为银和所接触的物质产生了一种化学变化,不过通过一定的方法又能使它重新焕发光彩。我也忘记了,你到化学书中去寻找答案吧。"说着把戒指递给了陈隆。陈隆一下子来了兴趣,从此认真地研究起化学来了。

　　孩子只有在兴趣的推动下才会积极主动地探寻知识,有了兴趣的吸引,自然在学习时会更加专注。

3. 增强孩子的责任心

　　拥有较强责任心的人,做什么事都会认真负责,追求完美。如果孩子把学习作为自己的责任,而不认为是替爸爸妈妈或老师学习,孩子就会担当起这个责任,按时保质地去完成学习任务,取得好的成绩。

　　　　建宁总认为自己学习是为了应付老师,对老师布置的作业总是采取敷衍的态度。上课时他虽然安静地坐在那里,其实脑子已经不知道跑到哪里去了。作业也是随便潦草地做,在他看来能过了老师这一关就行了。

　　　　爸爸看到孩子这种不负责任的心理就告诫他:"你今天的学习是为了以后的成才,不是为任何人学的,如果不认真只会毁了你自己。老师和父母并不会对你的未来负责。"建宁认真思考了一下,再也不敢对自己不负责了。

　　爸爸要让孩子明白:自己的事情只能自己做,并且自己有责任把事情做得很完美。学习是自己目前最大的责任,只有把每门功课、各项作业都认真负责地完成,才能取得优异的成绩。

4. 限定孩子完成任务的时间

孩子不专注的一个重要表现就是拖拉。比如,在做作业的时候,一边做作业一边玩或一边听着歌,结果思维断断续续,作业做得马马虎虎,花了很长时间也没有收到很好的效果。

在这样的情况下,爸爸就要严格限制孩子做作业的时间,可以规定他在一定时间内必须完成任务,让他没有时间去边玩边学,并且对他的作业质量也提出要求,使孩子不得不在规定时间内尽心尽力地去学习。这种方法虽然有点强迫的味道,但在培养孩子专注力的初期会收到很好的效果。

5. 排除孩子学习的干扰因素

良好的环境能让孩子学习时更投入,为孩子创造一个安静整洁的学习环境,能使孩子在学习上分心的因素减少很多。

爸爸要尽量为孩子创造一个良好的学习环境,让孩子在学习时免受外界声音、事物的干扰,才能更加投入地学习。

教子心得

任何事情如果不能一心一意去做,都不可能做好,即使很简单的事情也会出差错。专注是把自己的精力集中在一点上,就像钻头,无论再坚硬的东西都能打通。

让孩子有责任心

家长总爱抱怨现在的孩子做事情很不负责任,缺少责任心。但是却很少有人想过,孩子的责任心是如何消失的呢?孩子蹒跚学步的时候,偶尔跌倒或撞上什么,家长总会装模作样地打上几下地面或其他东西,嘴里不住地念叨:"看它还敢不敢让我宝宝疼,打它,打它了。"从那时起,错误就已经犯下了,这种做法会让孩子以后遇到不顺的事,就很自然把问题抛到外在因素上,他们几乎会忘记"不顺"的根本在于他自身。有的爸爸教育孩子要听话,孩子默然地遵守着,从不生事端,因为他们觉得只要"听话",根本就不需要承担更多的社会责任。责任心,就这样一点一点被孩子丢掉了。

爸爸要想培养孩子的责任心,鼓励孩子做班干部就是一个很好的方法。让孩子身在其职,独立地去应对事情才会让他们摆脱依赖意识,感到责任的存在。

壮壮十三岁了,爸爸拿他很头疼。因为无论在家里还是在外面,他都表现得十分自我,不在乎别人的感受。孩子特别缺乏责任心,房间弄得乱七八糟的,他从来不去收拾;老师布置的任务,他总会忘记;答应了别人要做到的事,总是无法兑现等等。爸爸实在没有办法了,经过和壮壮老师的沟通和协商,爸爸经过老师的应允决定让壮壮去做一个月的试用班干部。

奇怪的事情发生了,早晨从来都赖床的儿子居然一大早自己起来了。爸爸忍着欢喜问儿子:"壮壮,今天怎么起得这么早?"

"爸爸,老师告诉我今天早晨要我负责管理班级的晨读工作,我当然不能迟到啦。"儿子理所当然地答着,然后高高兴兴地上学去了。

放学回来时,儿子一进门就委屈地哭了起来。

"男子汉哭什么! 发生了什么事情了?"爸爸问。

"爸爸,我去那么早,没想到同学们都说我不好。"儿子伤心极了。

"那为什么说你不好呢？"爸爸问。

"同学说我没有责任心。"儿子难过地说。

"哦，原来是这么回事。那你的职责是什么？"爸爸又问。

"老师说是管好晨读的秩序，组织大家一起读书。"儿子认真地回答。

"那你在晨读时做什么呢？"爸爸问。

"我在读书，同学太闹了，我制止不了，就没管他们。"儿子答。

"那爸爸知道原因了，既然你是班干部了，在晨读的时候你要做的不仅仅是自己读书，而是要让那些说话、打闹的同学安静下来，才会让所有同学都有一个良好的读书环境，你要为晨读的纪律负责，只有这样同学们才会信任你、支持你，就不会再批评你没有责任心。儿子，你懂了吗？"爸爸细心地解释着。

"原来是这样啊！"壮壮点点头。

后来，壮壮做得很出色，同学们越来越喜欢他。有时候壮壮也会犯错误，比如说，老师有一次让他管卫生，壮壮布置完任务就自己跑去玩了。老师批评了他，壮壮当时很不服气。放学后爸爸耐心地告诉他，怎样做才能维护集体的荣誉，怎样做老师和同学才会喜欢他。渐渐地壮壮发生了变化，临出门时，他会注意家里的门有没有所锁好；回家的路上会说："爸爸，妈妈让我帮她买块肥皂，我可不能忘了。"

"我的儿子什么时候也学会关心家里的事了呢？"爸爸笑着问。

"那当然，我是小组长，老师说了，无论在学校还是在家里都要有责任心！"壮壮自豪地回答。

"这才是我的好儿子啊！"爸爸高兴地把壮壮抱了起来。

有些爸爸觉得孩子当班干部会影响学习，管这管那的会分散孩子的精力。殊不知这是一个多么锻炼孩子责任心的好机会啊。学校是让孩子成才的沃土。爸爸要引导孩子在做班干部的过程中，学会与他人合作，尊重他人，用"这样很好""你不错"等赞扬与激励的话使孩子在实践中碰触"责任"、感悟"责任"，从而使孩子蜕变成一个有责任心的人。

教子心得

培养孩子的责任感，大人要做好榜样。爸爸不仅要做好孩子家里的老师，对于孩子在学校的表现也不可忽略。如果孩子有可能成为班干部，爸爸不要加以阻止。在孩子成长历程中，在学校可以独担其责，对他们是一件非常有益的事，这不仅可以增强孩子的自信心，也帮助他们去懂得"责任心"的重要性。记住，实践总比理论要来得踏实。

让孩子知道为父母做事

几乎所有的中国家长都会对孩子抱以厚望，希望他们可以成龙成凤，却很少听到家长问孩子你长大后能为父母做些什么。父母的爱是无私的、不图回报的，但是，当他们双鬓斑白、走路蹒跚的时候，没有任何一个家长不渴望孩子能够尽孝膝前。有些事、有些人、有些爱都是具有时限的，如果一旦错过，就会成为永远的遗憾。

作为孩子的爸爸，让孩子适当接触到并不阳光的一面，也是教育的一项责任。孩子小的时候，你的工资数额无论多与少对他来说都是一个天文数字；生命无论长与短，在他们心里都是漫漫长路。孩子的视觉窗口、心灵的门户还是如此地狭小,你要告诉孩子,今天吸取知识、营养是为了明天更好地成长,长大后,你可以为你最爱的爸爸妈妈做许多事。

外婆去世了,妈妈爸爸很伤心。十二岁的小玉把嗓子都哭哑了,因为外婆最疼爱她了。小小孩子已经懂得什么叫死亡。小玉拿着自己动手做的布娃娃站在外婆的坟边,低声地说:"外婆,小玉说过要给外婆做好多好多的布娃娃,可是你为什么要离开我们呢?呜呜。"

爸爸走过来,抱着女儿,轻声地说:"小玉啊,人到老的时候生命往往很脆弱。其实人就像开得很漂亮的花儿,一旦过了季节,它无论多么的娇艳都会渐渐凋零。"

"爸爸,那,那,你和妈妈到老了也会死吗?"女儿心惊地问道。

"任何人都会老的,最终也都会死。但是,有的人儿女很孝顺,很有爱心,所以一辈子虽然过去了,却觉得很幸福。"爸爸说。

"那,那你和妈妈也会觉得幸福吗?"女儿又问。

"那就要看小玉长大后能为父母做些什么。做得好,我和妈妈就会觉得幸福。"爸爸说。

"我?我也能为爸爸妈妈做事?可是小玉不会。"女儿软软地回答。

"现在爸爸和妈妈是小玉的大树,为你遮风挡雨。可是当你这棵树长成的时候,爸爸和妈妈就老了,就像枯树一样,叶子都掉光了。这时候,我们也就需要让你来帮助我们了。"爸爸看了眼认真倾听的女儿接着说:"就像外婆没有去世之前,我和妈妈都很爱她。我们每个月都会给外婆钱,让她买喜欢的东西;我们每周都要来看她,陪她说说话,聊聊天;我们总是带着她一起出去玩或是拜访她的朋友等等,这些都会让外婆感到幸福。如果小玉长大后也能做到爸爸妈妈这样,我们就能感到幸福了。"爸爸说。

"哦,原来我长大可以做这么多事呢?你放心,爸爸,我会让你和妈妈成为最最幸福的人。"女儿坚定地说。

爸爸看着女儿心里觉得有什么东西打动了他,转过身偷偷地擦掉要掉下来的泪花。

告诉你的孩子长大后能为他们的父母做些什么,这并不是与孩子之间的交易,而是让孩子从心里感觉到,他们健康的成长对父母以及他们自身来说是何等的重要。别再惯出一个个小公主、小皇帝了,自私而又自我的孩子即使长大,想到的也只有他们自己,又怎么会顾及他们的爸妈呢?

教子心得

爸爸要让孩子懂得,他们的成长也是负有责任的。每个爸爸都很爱他的孩子,都想帮助他的孩子,特别是孩子处在十分彷徨、迫切想成功的阶段。只知道得到而不懂得付出的孩子长大后,遇到这种情况,他们只会抱怨爸爸没有能力,却从来没意识到,现在他们长大了,不是去向父母"要",而是去为父母做些什么的时候了。为什么这些长大后的孩子不明白?因为,爸爸,你从来没有对他们说过。

让孩子用智慧为自己赢得尊严

机智让我们在幽默中学会反击,让我们用巧妙的言行化解干戈,让我们用智慧为自己赢得尊严和尊重。

琪琪参加市里举行的书画大赛,在比赛中一个参赛者拿着毛笔从她桌边走过。不知是有意还是无意，一滴红色的墨水正好落在她的画纸上。看着自己正在画的山水画，这个红色无疑是个很大的缺憾，可是由于时间关系自己又不能重新画一张了。于是她灵机一动，在山的背后画上一片五彩祥云。

这滴墨水不但没有影响整个画面，还为画面增色不少。那个参赛者也不禁赞叹她的绘画技术很高。结果她的作品得了中学生组绘画第一名，这也是她自己始料未及的。

生活中随时会发生很多意想不到的事情，一个人要想在这个错综纷繁的世界生存，必须具有一定的灵活应变能力。没有这个能力，可能处处碰壁，处理不好来自外界的突发事件，也不能使自己在双方的交锋中处于有利地位。机智与一个人的头脑反应有关，除此之外就是一个人对事对人的态度。机智的人能很好地处理各种意外情况，能妥善地缓和人际纷争。面对一些事情，既要有原则又要灵活应对，不能死板地坚守自己的教条，通过变通灵活处理才会得到最终想要的结果。

1. 让孩子学会用幽默解决问题

幽默有时候是调解人际关系的一种手段，孩子可以利用幽默来缓解人际交往中的尴尬。幽默可以起到缓和局面、活跃气氛的作用。

许浩是个幽默的小男孩，他能经常用幽默为自己解围。一次坐公交车，人很多，天也比较热，早就没位子了，他也站着。这时站在他旁边的一个又高又胖满脸横肉的年轻人踩了他的脚，他痛得直想叫。

许浩看看拥挤的车厢，轻轻拍拍那个年轻人说："不好意思，我的脚不小心放你脚下了，让我拿出来好吗？"那人才意识到自己踩了别人的脚，看他这么幽默，就笑着挪开了。

让孩子学会幽默，不仅自己快乐，也能解决很多尴尬，避免冲突。

2. 教会孩子面对突发情况要冷静

在面临突发情况时让孩子学会冷静，不要被突然来临的事情吓倒，脑子一团乱麻更加无法思考，只有保持冷静的头脑，才能充分发挥大脑的功能，想出解决问题的方法。

蒋方只有六岁，周末爸妈外出，只有他和奶奶两个人在家。突然奶奶晕倒了，蒋方非常害怕，他不知道该怎么办才好。突然想到爸爸平时对自己的交代，遇到什么事情千万不要着急，要想办法，问题总能解决的。

蒋方想到平时爸爸说的遇到小偷要拨打110，发生火灾要打119，生病需要拨打120，想到这里他立马拿起电话拨打了120，救护车很快来了，把奶奶送到医院。原来奶奶是心肌梗塞，幸亏及时送到医院，不然后果不堪设想。

爸爸要让孩子明白，面对突发事件，着急、恐惧或者等待将于事无补，只有静下心来理智地看待所面临的问题，才能想到解决办法。机智的头脑来自冷静的思维，如果遇事不冷静只会给复杂的事情添乱。

3. 让孩子学会发散思维

让孩子学会发散思维，鼓励孩子面对事情大胆设想，多想出几个解决办法，必然能从中选择出最好的。不要固守传统思维模式，要懂得创新与突破。刻板保守的思维只能让孩子的思想僵死，机智就来自于在众多方法中找到一个最优的圆满解决问题的方法。

4. 让孩子学会巧妙说话

同样的事不同的人去说结果可能是不一样的，这其中就有语言的艺术，善于说话就是对不同的人、不同的事在表述的时候采取不同的说话方式和口吻。爸爸要教会孩子做个善于说话的人。

爸爸要教会孩子无论对任何人说话都要谦恭有礼,然后根据不同的人的个性特征采取不同的说话方式和语调,也就是说要做到巧妙灵活地说话。一个人要讲究说话的艺术,这是机智的一个表现。

5.经常和孩子玩脑筋急转弯游戏

爸爸可以经常和孩子玩一些开发智力的游戏,让孩子学会积极思考,调动起大脑各种机能,练就一个灵活的、运转快速的头脑。

例如爸爸可以和孩子玩脑筋急转弯的游戏,在游戏中锻炼孩子灵活的思维,开发孩子变通的思维模式。还可以玩角色游戏,设置场景,让孩子去想办法解决,通过这样的方式锻炼孩子的灵活应变能力。

教子心得

机智的行为和习惯不是天生具有的,而是在生活中逐步培养起来的,特别在孩子小的时候,爸爸要注重对孩子机智反应的锻炼,让孩子从小学会积极思考,学会用一种融通的方法解决问题,达到自己的目的。

让孩子做个懂得感恩的人

如今的孩子们由于过多地承受着别人的爱,往往不懂得接受别人的爱是要给予感谢的。在家里,父母的爱几乎是没有代价的,也是不图回报的,可走向社会就应该明白,接受别人的爱或帮助是要做出回应的,是要感谢的。所以,懂得感恩也是爸爸应该给予孩子的一种良好的品德教育。

小华的爸爸是某商店的经理,小华常去爸爸的商店里,爸爸也经常让他把一些收款单送到邮局去。一天,他写了一张纸条放在了爸爸的床边,晚上,爸爸看到这张纸条,上面写着:"爸爸欠小华如下款项:把信送到邮局5元,在家里浇花5元,我一直很听话10元。共20元。"小华的爸爸把账单仔细看了一遍,什么也没说,只是写了一张小纸条。晚上,小华在自己的床边看到了20元人民币,同时他又发现在床边上还放着一张账单。上面写着:"小华欠爸爸如下款项:小华在家里过的十年幸福生活0元,小华十年的吃喝0元,小华生病时得到照顾0元,我一直是个慈爱的爸爸0元。共0元。"

小华看到这张账单后自然是愧疚得不得了。但我们要说的是,这是一个多么睿智的父亲,他用一种富于幽默感而且让孩子易于了解和接受的方式告诉了孩子父母长期以来的无悔付出。

爱子心切的父母,对孩子常常是"捧在手上怕摔了,含在口里怕化了",总是把所有的辛苦和困难藏在心里,默默地为他们安排好一切,而不知就里的孩子们也就慢慢地习惯成自然,顺理成章地接受着父母付出的一切,认为这是天经地义、理所当然的事。慢慢地孩子就会只知索取,不知付出,在父母深深浓浓的爱中变得麻木不仁,从而丧失了感恩之心。

感谢别人的恩惠是一个人道德品质的具体体现,父母对孩子的爱是需要得到精神和物质的回报的。只有孩子懂得回报了,父母的爱才有积极的意义;对于朋友的帮助,我们不能采取坦然受之的态度,而是要学会感恩。除此之外,还要感谢给予我们各种知识的教师;感谢生活中一切美好的事物。让孩子真正体会到"我们的生活多么快乐、幸福!"让孩子学会关心,学会感恩,这将有利于孩子健全品格的形成,使孩子一生受益无穷。

那么,如何教会孩子感恩呢? 爸爸们可以参考以下做法:

1. 将感恩的习惯渗透在日常生活之中

爸爸应该从小就让孩子浸润在感恩的环境里,环境最容易感染一个人,让孩子真心感受,耳濡目染,最终内化于人格之中。还要利用一切可以利用的机会对孩子进行教育,如:当孩子得到了一件新衣服,告诉他这件衣服是妈妈给你的,你要感谢妈妈;当孩子得到了几本新书,告诉他这几本书是哥哥姐姐送你的,你要谢谢哥哥姐姐。如果爸爸时时言感谢,事事存感恩,那么孩子自然会将感谢种在心中。

2. 把节日作为教育的最好载体

比如:春节时要教孩子热情接受爷爷奶奶及其他亲属送给他的礼物,并表示感谢,礼物无论轻重,回到家里都要让孩子妥善保管,学会珍惜别人的情意;教师节,让孩子亲手制作贺卡送给老师,表达对老师的美好祝愿;母亲节,让孩子亲手给妈妈做一顿饭;父亲节,给爸爸说几句感谢的话语,不一定感谢爸爸给他们帮了多大的忙,而只需表达生活中感觉很幸福的一点一滴。

3. 爸爸还可以通过组织相关活动,让孩子在对比中感知幸福,从而学会感恩

比如:带孩子到孤儿院或伤残医院参观,可以鼓励、组织孩子与贫困地区的孩子结对交友等,让孩子在对比中体会过去不懂、不在意因而也不会珍惜的东西,从而改变孩子的冷漠,引发其慈悲心、惜福心、感恩心。

4. 从身边小事培养感恩之心

对于同学之间的帮助,爸爸要教育孩子真诚地说"谢谢"。通过生活小事的引导,让孩子知道,人与人之间要有温暖,如果自己有能力,要懂得付出,当别人有恩于自己时,要懂得感恩,懂得亲人的爱,感谢亲人给予他的一切,从而懂得感谢在他成长过程中支持和帮助过他的人。

爸爸要从小教育孩子学会感恩,对自己享受的爱和幸福给予感谢。感谢恩惠的方式有很多,对于父母来说,感恩是一种尊敬、孝顺;对于老师来说,感恩是勤学与谦逊;对于同事来说,感恩是信任和热情。一个懂得报答的人必然会得到更多的帮助,因为谁也不会去帮助一个冷漠无情、自私自利的人。这既是一个人的品德,也是一种社会公德,更是中华民族的传统美德。

教子心得

懂得感恩的人,才会更加珍惜眼前美好、幸福的生活,脸上才会永远洋溢着甜蜜和喜悦,才会成为一个充满活力、笑口常开的人,也必将成为一个有着健全人格和不凡作为的人!

教孩子做一个果敢的人

奔奔做事总是犹豫不决,很多时候由于这种性格错过本应该抓住的机会。一次班级要推选一个同学参加学校举办的朗诵比赛,大家都认为奔奔文章写得不错,普通话说得也好,觉得他是班上最合适的人选。

可是他却考虑来考虑去,一直犹豫不决。结果另一个同学立马站起来对老师说,我已经准备好一篇朗诵稿了,我想试试。老师微笑着点点头。这时奔奔更不好意思站起来和同学争了,眼睁睁看着一个普通话不如自己的同学得到这个机会。

为这件事情奔奔一连两三天闷闷不乐,周末跟爸爸到游乐园玩,心里还想着这件事情。爸爸问他有什么心事。他就将事情的来龙去脉告诉了爸爸,并不断地自责自己的优柔寡断。

爸爸和他一起寻找和分析了他优柔寡断的主要原因在于自信心不足,并帮他制订了"自信心提升计划"和"果断决定计划",以从日常小事中帮他提高信心,学会果断决策。在爸爸的监督和奔奔的努力下,半年时间之后,他变得果断了许多。

现代社会成功的机会要靠自己勇敢地去寻找,当看到机会要立即去抓住,而不是等待别人来替你做决定或者把机会拿来送给你。首先要做个勇敢的人,再者要做个果断的人,如果做不到这两点,就只有眼睁睁地看着机会溜走。

为了让孩子更好地适应这个社会,更加充分地发展自己各方面的能力,爸爸应该注重培养孩子果敢的精神,让孩子有思想、有眼光,并且能够有勇气、有魄力去做决定。

果敢的精神是需要不断培养和加强的,孩子小的时候什么事都是父母替他做主。当孩子逐步长大,有了自己的思想意识,爸爸就应该适当放手让孩子自己去选择,并且鼓励孩子对于自己想做的事要积极争取,不要放弃任何机会,当机立断是获得机会的首要条件。

1. 放手让孩子自己选择

随着孩子的成长,当孩子具有了自己的思想意识,有了自己的需要,爸爸这时就要适当放手,让孩子自己去决定自己想做的事情。不要什么事都由父母代替孩子决定,不要培养孩子对父母的依赖心理。

只有孩子能够为自己的行为做主,他才会根据自己的喜欢去选择,在面对机会时才会主动提出要求。这是果敢的前提,如果自己对自己所做的事做不了主,果敢的决断也就无从谈起了。

2. 让孩子认识自己的能力和需要

孩子只有在认识自己的基础上才会知道自己能做什么事不能做什么事。认识自我是选择的基础,如果没有对自己的很好认识,就可能做出一些不符合自己实际的选择,最终会打击自己的信心,做事更加犹豫不决。

学校要组织校庆宣传队,每个班级可以推选一个人参加。涵阳很想加入,可是他又不知道该怎么申请。爸爸就对涵阳说:"你先分析一下你的长处,看看有什么特长符合宣传的需要,这样你就有了一定的资本,容易被接受。"

涵阳仔细地分析了一下自己,认为自己书法不错,做宣传用得到。还有就是自己人缘很好,大家都会支持他的工作。涵阳到学校立刻找老师谈了自己的优势,老师认为可以,他就顺利地进入了宣传队。

爸爸要让孩子清楚地认识自己,这样在做事情前就能很好地把握分寸,也能当机立断去做决定了。

3. 鼓励孩子要勇于挑战、积极参与

当机会来临的时候,每个人都有自己的想法,为什么有的人能够抓住机会,有的人却只能看别人获得机会呢? 这其中就有个勇气的问题,只有勇于挑战的人才能抓住机会。

爸爸要鼓励孩子多多尝试,积极参加一切有益的活动,不断发展自己各方面的能力。让孩子做个积极乐观的人,主动抓住一切可能使自己展示才能、锻炼自己的机会,不要惧怕失败,不要坐看机会消失。

4. 教会孩子做事要当机立断

当孩子思前想后犹豫不决的时候,机会可能已经让别人抢跑了,爸爸要教会孩子,只要自己

看准的事情,就要当机立断去采取行动,不要坐失良机。

飞飞班上最近要进行班干部选举了,飞飞心里很想竞选,但是他害怕自己万一选不上,会很没面子。于是,他很犹豫,他将自己的顾虑告诉了爸爸。

爸爸首先表扬了孩子有上进心,有当班干部的心就已经很棒了。爸爸还告诉孩子,一旦有了想法,就不要想太多,一旦决定了,就要立即付诸实践。想要竞选班干部,就要增加自己的竞争实力,好好学习,热心做好班级工作,还要准备竞选演讲稿。

在爸爸的鼓励下,飞飞当机立断,不再考虑太多问题,好好地做起了准备。最后,终于被选为班长。

爸爸要告诉孩子,有些时候做事不要拖拖拉拉,一旦决定就要马上去执行,该出手时就出手,以免过后后悔。

教子心得

在这个瞬息变化的世界,机遇可能稍纵即逝,如果不能当机立断,没有果敢的魄力,就可能错过很多大好机会。

乐观的孩子在危难中也能看到机会

乐观是一种积极的人生态度。

沙海连天的沙漠中,两个人在艰难的跋涉中,见到剩下的半瓶水,悲观者说:"唉,只剩半瓶水了。"而乐观者则说:"啊,还有半瓶水呢。"最后,悲观者永远留在了沙漠,而乐观者却走出了沙漠。

面对同一种现象,不同的心态,会产生不同的结果悲观者永远只能看到失望,而乐观者则能看到希望。

人与人之间只有很小的差异,但是这种很小的差异却造成了巨大的差异,很小的差异就是所具备的心态是积极的还是消极的,巨大的差异就是成功和失败。

一个人如果一直保持积极的心态,那么他一定会得到幸福。也就是说,心态决定成功。乐观者在每次危难中都看到了机会,而悲观的人在每个机会中都看到了危难。

有一位爸爸欲对一对孪生兄弟做"性格改造",因为其中一个过分乐观,而另一个则过于悲观。一天,他买了许多色泽鲜艳的新玩具给悲观孩子,又把乐观孩子送进了一间堆满马粪的车房里。第二天清晨,爸爸看到悲观孩子正泣不成声,便问:"为什么不玩那些玩具呢?"

"玩了就会坏的。"孩子仍在哭泣。

爸爸叹了口气,走进车房,却发现那乐观孩子正兴高采烈地在马粪里掏着什么。

"告诉你,爸爸。"那孩子得意洋洋地向他宣称,"我想马粪堆里一定还藏着一匹小马呢!"

一个孩子能否健康、快乐,心智是一个很重要的因素。对于大多数孩子来说,乐观的性格决定孩子的人生成败。

1. 要有乐观的思维方式

生活中经常发现,有的孩子年纪虽然只有五六岁,但神情很忧郁,怕生人,怕说话,怕做错事。在学校或幼儿园,热闹的地方找不到他的身影;在家里,很少与父母说话,喜欢缩在自己的小房间里。

有的孩子缺乏自信,总以为自己各方面不够优秀,别的孩子拥有的种种长处是不属于他们的,以为生活中的一切快乐,都是留给那些受老师、家长喜欢的孩子来享受的。

这类孩子,长大之后极有可能成为悲观主义者,甚至引发精神疾病。相反,乐观的孩子活泼可爱,思维活跃,他们将来可成为事业上的成功者,幸福家庭的组织者。

比如说,要下雨了,爸爸就要引导孩子说"下雨了",而不要说"该死的天,又下雨了"。因为这样说并不能改变下雨的事实。当然,就算说"太好了,又下雨了",也不能使雨发生任何改变,可是如果把这种话说给孩子听,情况就大不一样!"瞧,太好了,又下雨了!小鸟在歌唱,小草也在歌唱,它们都得到了雨的滋润。"这样就会把快乐传递给孩子,让他无论面对何种环境,都保持一种愉悦的心情。

乐观是一种性格倾向,使人能看到事情比较有利的一面,期待更有利的结果。也许有些孩子天生就比较乐观,有些孩子则相反。但心理学家发现乐观性格是可以培养的,即使孩子天生不具备乐观品质,也可以通过后天的努力来实现。

要培养孩子乐观的品质,爸爸首先必须有乐观的思维方式。

爸爸在处理自身问题和家庭问题时的乐观态度,对孩子具有重要的示范作用,孩子会通过观察和模仿逐渐养成乐观品质。当孩子遇到不利事情而悲观时,爸爸应带领孩子对问题进行多方面的思考和衡量,并让孩子真正明白其中存在的错误。

爸爸批评孩子的方式正确与否,影响着孩子日后性格是乐观还是悲观。爸爸对孩子的批评应该恰如其分,不应把偶尔几次错误夸大成永久性的过失。父母应该具体指出孩子的错误及犯错误的原因,使孩子明白自己所犯错误是可以改变的,并知道从何处着手改变。

孩子的乐观性格首先来源于家庭和谐,来源于父母,特别是爸爸的乐观自信、幽默豁达。爸爸不仅自身要乐观,而且要能够切实地帮助孩子,正确对待并战胜他们面临的困难,将自己的乐观精神感染给孩子。

这样,即使在他们以后的生活中碰到困难挫折,他也能始终保持健康的心态,具备心理承受力,克服困难并实现既定的目标。因为爸爸的教育已使他相信一切东西的美好。一个对自己的童年有幸福与温馨回忆的人,胸中会永远溢着幸福。

爸爸不要随意向孩子宣泄种种不满和沮丧的情绪,更不要随意流露茫然悲观之态。家庭成员都应注意情趣的陶冶和幽默感的培养。夫妻间应当互敬互爱,遇事商量,不轻易将矛盾暴露在孩子面前。

爸爸应经常给予孩子积极的鼓励与引导,做孩子的大朋友,注意倾听孩子的意见与要求,心平气和地与孩子讲道理、谈问题。

在平等交流的气氛中,让孩子逐渐懂得自己对家庭和社会应承担的责任和义务。绝对不能让孩子幼小的心灵过早地体验到忧伤、惊恐、冷漠、愁苦等否定情绪,而应该有意识地让他经常看到你的笑脸,这样才有利于使孩子形成昂扬乐观的心境。

2. 乐观地看待孩子的成长

乐观和自信就像一对孪生兄弟,形影相随。面对困难,乐观就像一副盔甲,抵挡它的进攻和侵蚀;面对困难,自信就像一把钥匙,打开心锁勇敢前进。

作为爸爸,应持有这样的认识——我的孩子是有巨大潜能的。

对孩子的管理也应比较放手,让他去对各种事情进行尝试,而且要经常对孩子说:"孩子,你行!""你去试试吧!"

儿童有一个特点,他对自己的评价是以别人的评价为准的。如果他经常听到家长说:"你行!"他就自然会产生"我行"的感觉,就会对自己有信心。家长相信孩子,孩子就会相信自己。久而久之,孩子自然就变得乐观开朗。

某个孩子可能因为错过了他喜欢的动画节目,而整个晚上都不高兴;另一个孩子兴趣较广泛,看不成动画节目,他就会改为看书或玩游戏,也同样自得其乐。

乐观是孩子拥有的最大魅力,它远比聪明漂亮更重要。身为爸爸的你要经常讲些快乐而幽默的事情给孩子听,让孩子知道乐观是一种积极的人生态度,慢慢地,他会知道如何去制造和珍惜快乐。

一个乐观的孩子,会有一个快乐的人生。而要孩子做一个乐观的人,首先要有乐观的爸爸,也就是说我们自身要具备乐观的性格品质。

试想,孩子每天面对着整天愁眉苦脸、唉声叹气、悲观失望的爸爸,他又怎么会乐观呢?

而且因为孩子和自己朝夕相处,我们的许多观念、行为会不知不觉地影响孩子,我们的忧郁情绪自然也会传染给孩子。所以,要让孩子快乐、乐观,首先我们要做乐观自信的家长。

3. 有快乐的爸爸才能培养出快乐的孩子

生活中不如意事十之八九,既然不能避免不如意,那就要学会豁达面对不如意。做家长的不能时时给孩子快乐,就要让孩子学会消除不快的情绪,自己制造快乐。

保持乐观的情绪很重要,孩子的情绪状态会影响到各种活动,如某项活动与愉快的情绪体验联系在一起,孩子就感到十分有兴趣、很乐意参加,反之则会引起孩子的厌恶和拒绝。孩子是否快乐还影响到人际交往的方式,快乐的儿童总是喜欢和小朋友一起玩,情绪表现平和易忍让,而忧郁、愤怒的儿童,则经常独处并且具有攻击性。所以,保持愉快的情绪是儿童健康成长的必要条件之一。

孩子能够拥有乐观的性格、快乐地生活是一种能力,而让孩子快乐地生活是家长的义务。否则即便培养出了硕士、博士,也难给孩子一个幸福的人生!

乐观向上,过好每一天,我们的生活才会更幸福;乐观向上,过好每一天,我们的人生才会更美好;乐观向上,对待每一天,我们的生命才会更辉煌。

--- **教子心得** ---

给孩子乐观的性格,就等于为他买了一份终生的精神保险。

文明礼貌对孩子很重要

苏灿阳刚学会说话,爸爸就开始教他文明用语,告诉他要讲礼貌。尽管现在苏灿阳只有三岁,却已经是一个懂礼貌讲文明的孩子。

一天,爸爸带着苏灿阳去动物园,爸爸在排队买票,苏灿阳在一边玩耍,一不小心,苏灿阳撞到了一位正在走路的叔叔身上。苏灿阳站稳后急忙说"对不起"。那位叔叔看到如此小的孩子这样懂礼貌,十分喜爱,就回了声"不客气",同时把手提袋中的橘子送给了苏灿阳一个。"谢谢您。"苏灿阳接过橘子高兴地说。苏灿阳的爸爸看到这一情景,十分欣慰。

一个人有文明的语言与礼貌的行为,不管走到哪里都会受到欢迎,从而能够赢得和谐的人际关系,促进自己将来的成功。同时,良好的人际关系,还能使自己心情愉悦,有利于身心的健康。因此,讲文明懂礼貌在生活中十分重要。

但生活中经常见到很多小孩有骂人、说脏话的现象。最初孩子出现这样的行为,大都是模仿得来,并没有什么特定的意图。因此爸爸看到这种现象后不要大惊小怪,把它只当作孩子学习平常话一样,不去强化,并多用正面的示范加以引导。若是过多关注,反而强化孩子说脏话的行为。

当然,孩子骂人的行为如果一直继续下去,爸爸就要出面制止,并明确指出那是不好的言语和行为,让孩子意识到自己这样不受欢迎,多次之后,就会自觉地改正。

随着孩子慢慢地长大,自我意识增强,对别人的行为也有了自己的判断与思维,经常还会有抵触的情绪,做出一些有失文明礼貌的行为。此时,爸爸应该及时纠正孩子这些不良的言语行为,否则形成习惯之后,再想改正就会很难。

爸爸尽早让孩子认识到文明礼貌的重要性,给孩子创造一个文明礼貌的环境,教孩子一些文明礼貌的常识,并让孩子在生活中运用等等。这些都是培养孩子讲文明懂礼貌的有效办法,爸爸只要坚持不懈,就会收到良好的效果。

1. 提高孩子对文明礼貌的正确认识

一些孩子认为只要有本事就够了,文明礼貌的行为有没有并不重要,因而疏忽了自己的言行。

此时,爸爸就要让孩子提高对文明礼貌的正确认识,让孩子知道文明礼貌在生活中能够增加自己的人气,告诉孩子能力越强越需要良好的修养,否则与人竞争,不是输在能力上,而是栽在不良的人际关系上。孩子明白了利害关系,自然就会主动学习文明礼貌的行为。

2. 给孩子创造一个良好的家庭环境

孩子都喜欢模仿,也容易受环境的影响。爸爸给孩子创造一个讲文明懂礼貌的良好家庭环境,有利于孩子好习惯的形成。

> 爸爸出差回来给妈妈带了一件首饰,妈妈高兴地说了声"谢谢",然后爸爸拿出很多好吃和好玩的东西送给安安,安安十分高兴,也学着妈妈的样子奶声奶气地说:"谢谢爸爸。"爸爸听后乐开了花,没有想到孩子刚会学说话,就会运用文明语言了。他兴奋地抱起安安说:"这是爸爸应该做的,不用谢。"

家庭里的所有成员如果都讲文明礼貌,孩子在这样的环境熏陶下,不自觉中就能学会文明礼貌的行为。

3. 增强孩子自尊和尊重他人的意识

文明礼貌虽然看起来是一种外在的行为,但它却是良好修养的反映,也是自尊与尊重他人意识的表现。爸爸增强孩子自尊与尊重他人的意识,有利于孩子形成文明礼貌的习惯。

因为对别人讲文明礼貌,别人自然就会尊重自己,这样既达到了尊重别人,同时也维护了自尊。如果对别人破口大骂,说一些难听的话,别人也会以同样的态度对待自己,如果自己没有尊重别人,也不会受到别人尊重。

4. 帮助孩子掌握文明礼貌言行常识

文明礼貌包括两个方面,一个是语言,另一个是行为。爸爸常帮助孩子掌握文明礼貌的常识,有利于孩子在生活中灵活运用。比如爸爸教会孩子什么时间应该说"谢谢",何种情境之下应说"对不起",应该如何排队购物等等。孩子知道了各种情况下应该如何做,在碰到此种情形时才能够做到。

5.引导孩子在生活中练习文明礼貌

爸爸告诉了孩子文明礼貌的常识,还要引导孩子在实际生活中练习运用,例如与人分手时,爸爸告诉孩子要说"再见",别人给了孩子东西,爸爸教孩子讲"谢谢"等等。只有时常说,经常做,孩子自己遇到这种场合时,才会自觉地那样去说和做。

6.及对强化孩子文明礼貌的言行

孩子文明礼貌的行为语言,需要爸爸及时表扬、强化才能形成习惯。

过年爷爷给洁洁压岁钱,洁洁高兴地说了声"谢谢",爸爸听到后夸奖孩子说:"洁洁真是一个懂礼貌的孩子。"洁洁听到表扬,急忙去给爷爷搬凳子,并且小心地挽扶着爷爷坐下。爸爸看到后,内心有说不出的高兴,知道孩子文明礼貌的行为将来会一直继续下去。

爸爸多次夸奖孩子文明礼貌的行为,能够起到强化的作用,会使孩子更快速地养成文明礼貌的习惯。

教子心得

文明礼貌虽然是外在的表现,但却反映了一个人的道德修养,并决定一个人受欢迎的程度,进而影响到人际关系,因此,爸爸要把孩子培养成为一个讲文明懂礼貌的人。

培养孩子的孝心

情景一:

在某城市的街头,一个十多岁的男孩子和爸爸外出游玩时等公共汽车,车进站以后,这个男孩子一个箭步窜上车,神情坦然地找了个位子坐下,上来晚的爸爸只能站在儿子的座位旁。然而,这个孩子对站着的爸爸却是一脸漠然,仿佛他是与自己毫不相干的陌生人。车上的一位乘客看不过去,就说:"孩子,应该让你的爸爸坐。"还没等男孩子做出反应,他的爸爸急忙说:"让他坐,我不累。"

情景二:

在一个美国家庭,孩子特别喜欢吃苹果,于是,父母要求孩子每次想吃的时候,都要同时拿3个,最大的给爸爸,第二大的给妈妈,小的留给自己吃。当一箱苹果只剩下最后3个时,孩子舍不得再分了。父母却告诉他:越是东西少的时候越是考验人,这个时候还能想到父母的才是真正的好孩子。最后,孩子一边哭着一边分苹果。发完后,还眼泪汪汪地望着父母,希望父母不要把苹果吃下去。可是,他的爸爸妈妈却不理会,把苹果皮削好,在孩子的注视下,一口一口地把苹果吃掉了。

在当今的中国,很多家庭都只有一个孩子。独生子女往往成为全家人关注的焦点,再加上父母长辈对孩子的溺爱,很容易形成孩子只知获取、不知给予、事事以自我为中心的缺点。中国的一些父母只顾着把所有的爱都给孩子,但是,却忘了很重要的一点:让孩子拥有孝心。

培养孩子的孝心,应该从生活中的点滴开始,如要求孩子听从长辈的教诲,不随便顶撞,有不同想法应讲道理;自己的事情自己做,生活上严格要求自己,体谅长辈的艰辛,尽可能少让长辈为自己操心;懂得为父母分忧解难,在父母生病时,在父母有困难时,尽力去关心照顾父母、协助父母;在离家外出时,自己照顾好自己,注意安全,及时向父母汇报情况等。

培养孩子的孝心,其实不仅仅是为自身年纪老了有人照顾、赡养的问题。今天,赡养内容随着社会经济的发展与进步已退至次要的地位。从根本上说,孝心也是一种做人的良知与道德。试想,一个对父母的大恩大德都不放在心上的人,他能与别人建立起诚信关系吗? 他能遵守社会道德规范吗? 一个缺乏起码的道德良知和不讲诚信的人,他能有什么作为呢? 因此,培养孩子的孝心,必须从小抓起。

1. 要让孩子明理

爸爸要让孩子从小知道"孝心"是一种传统美德,没有孝心的孩子不是好孩子。爸爸还要让孩子知道怎样做才算有孝心。让孩子知道妈妈十月怀胎的艰辛,知道父母的养育之恩。有孝心的孩子,懂礼貌,责己严,为父母分忧解难。为了让孩子明白道理,多给孩子讲些古今有关的故事,通过具体事例让孩子懂得要有孝心。

2. 给孩子分担的机会

这一点非常重要。真正的孝心要通过实践去培养。平时要让孩子分担家里的一些事情,让他负起责任来。遇有为难的事情,爸爸讲给孩子听,让他一起出主意想办法。长辈身体不舒服或生了病,告诉孩子应该做哪些事情,并付诸行动,久而久之,孝心会在孩子身上扎根。

3. 父母要以身作则

父母对孩子的祖辈的孝心如何,直接影响孩子,真孝心、假孝心,是骗不了孩子的。因此,为人父母,要自己有孝心,在自己身上求真,孝心的种子才会播撒到孩子心里去。

教子心得

培养孩子的孝心并非一朝一夕之事。爸爸应利用日常生活中的小事来培养孩子尊重老人、孝顺父母。

培养孩子的正义感

一位家教专家说:

我的朋友和我说了这样一件发生在他和他儿子身上的事情,让人感慨颇多:有一天,他和他儿子在回家的路上发现一个小偷的手正伸向一个女士,于是他儿子赶紧喊:"小偷。"小偷和他儿子的目光相遇了,他儿子却一点都不怕,可那女士连头都没敢回,连话也没敢说,就自顾走了。后来他妻子听说这事后,非常害怕,告诫儿子说:"以后这种闲事千万不要管,会有危险。"朋友的儿子认为不管是不对的,就一直问同学:下次碰到这样的事还该不该管? 同学也不知该如何回答他。

为什么现在见义勇为之举越来越少? 有人讲,道德新体系要从教育下一代身上着手了。现在小学生守则也改了,不再鼓励属于弱势群体的他们去见义勇为,这是实事求是的做法,是好事。但结果呢,见义不勇为成了见义不为。越来越多的孩子慢慢也都学会了大人的袖手旁观,明明看见了这件事,要他出来作证,他却很老到地讲"我忘了",连真话都不讲了。是教育的失败? 经济发展是否就意味着道德沦丧? 但这一点不能怨孩子,大人是面镜子,你怎么教,他怎么长。

见义勇为是每一位公民的义务,见到危险情况,青少年应该"逃之夭夭",还是要"飞蛾扑火"，还是……在上面的例子中，我们可以看到，现实生活中的见义勇为行为已经越来越难以看到了。

爸爸应该向孩子灌输见义勇为是做人必须具备的美德的观念，应该向孩子宣传见义勇为的英雄并号召向英雄们学习，但是在进行教育的同时，也应该教育孩子们珍爱生命，让他们懂得生命的重要，见义勇为不能以牺牲年幼的生命为代价；告诉孩子少年时期的生理和心理状况，让他们懂得正处于发育期的少年是不宜勇敢斗争，冒险见义勇为的；告诉孩子面对危险，如何正确、科学、有效处置的基本知识，让他们面对罪犯、火灾等突发事情时，如何智慧地见义勇为。一句话，就是对孩子们见义勇为的教育最主要的是让孩子们明白，见义勇为是做人必须具备的美德，见义勇为是光荣的，并形成见义勇为的意识，同时必须教育孩子们见义勇为必须以珍爱生命为前提，机智地、智慧地见义勇为。

爸爸要培养孩子的正义感，勇于、乐于助人的精神，要见义勇为，但一定要注意方法，不要鼓励孩子去做无谓的牺牲，学会动脑子，保护自己。只有这样，孩子在长大以后，才能承担起见义勇为的社会责任，我们的周围才能友善、和睦。

教子心得

培养孩子的正义感，不是让孩子什么事都去管，而是要让孩子明白什么是善举，什么是做恶，让他们爱憎分明，懂得分辨是非，做一个正直的人。

第三章
爸爸是孩子最好的心理医生

别让孩子自卑

"爸爸,如果老师问你是做什么的,你能别说自己是清洁工吗?"七岁的儿子可怜巴巴地祈盼着爸爸的答复。爸爸含糊地应了一声,心里却不是滋味。现在的孩子都怎么了,家长承受着生活的困苦,尽自己最大的努力给孩子吃最好的,用最好的,反过来,孩子居然认为爸爸的工作给他丢了脸……

可怜天下父母心,贫与富在这个社会上的定格已经不单单是经济上的享受,它慢慢地开始侵蚀孩子的精神层面。这个做清洁工作的爸爸,答应孩子近于无理的要求也是因为充满了无奈,也许他在想,只要孩子开心就好,只要孩子在学校不被别人看不起就好。但是,事实就是事实,爸爸们,你在帮助孩子回避家长"不体面"工作的同时,也是在对自己自卑的一种躲避。

"爸爸,明天是星期天,我的同学要到咱们家里来玩。"十岁的女儿对爸爸说。

"哦,可以的,你要做好小主人,爸爸会给你们买一些水果的。"爸爸答着。

"爸爸,你真好,唉,你要不是做清洁工的多好,就让你在家里了。"女儿可惜地叹了口气。

"你的意思是不要爸爸在家陪你吗?"爸爸奇怪地问。

"哦,是的,爸爸,我和朋友说你公司有个会议要开,好爸爸,你就帮我这一回,要不然小朋友会看不起我的。"女儿祈求着爸爸。

"唉,好吧,就这一回哦。"爸爸无奈地答应了。

星期天到了,整整一天,爸爸都漫无目的地在这个城市里闲逛,想起了女儿的话,一个大男人居然觉得心酸无比。

总算太阳落山了,回到家,看见女儿高兴的脸,他想:"算了,只要孩子开心就好。"进了卧室,他忽然发现,平时摆在柜子上的照片不见了。那张照片是自己和几个工友在一起的合影,他把女儿叫来:"孩子,你看到爸爸的那张照片了吗?"

"爸爸,我知道在哪儿,你别急。"女儿乖巧地答着,然后蹲下身,从床底下拿出照片。

爸爸十分不解,孩子为什么要把自己的照片藏起来。

只听女儿说:"爸爸,你看我多粗心,差一点就忘了把这个照片放起来,让小朋友看见了,我就惨了。"

"为什么? 这不是爸爸吗?"爸爸奇怪地问。

"是啊,是爸爸没错,可是你看看,你和这几个叔叔都穿着清洁工的衣服呢,要是让小朋友看到,不就一下子发现了啊。"女儿为爸爸解释着。

"……"爸爸愣住了。

这一切，让人想起了电影"长江七号"中周星驰所扮演的民工爸爸，也许这个爸爸的教育方式没有多么的高超，没有多么的科学，但是，他却让孩子感受到只要把好人格关，天下就没有"不体面"的工作。电影中有一段，老师问孩子将来的志愿是做什么，孩子居然说是要做穷人，其他孩子哄堂大笑。但是孩子却认真地接着讲到，因为他爸爸说过，"只要有骨气，不吹牛，不打架，就算是穷，到哪儿都会受到尊敬。"嘲笑声骤停，一向嫌贫爱富的教导主任居然也惊呆了。看来单纯的以"谎言"来掩盖所谓的"不体面"的工作，不如把孩子的心病医好，让他们敢于正视事实，并以事实为荣。

教子心得

爸爸要注意，对孩子的迁就不可以过了头。虽然我们知道，这样也许会让孩子在学校"好过"一些，但是，这种行为在无形中加重了孩子的自卑心理。因为，他们越在意，这个事实就会越能影响他们。今天也许可以把"不体面"掩盖过去了，可是孩子的心却被阴霾遮住了。在思想的面前，孩子已经失去了正确思考的方向。所以，为了孩子内心的健康，也为了你自己的心理健康，请教会孩子正视你"不体面的工作"，爸爸只要正确地引导，孩子自会走出心魔，那时，他们的世界会更美。

教孩子克服自卑

每个孩子都是一张五光十色的纸，有活力的红色、快乐的橘色，同时也有伤心的蓝色、自卑的黑色……当被快乐和自信笼罩的时候，蓝色与黑色就会被照得微乎其微，然而，当有一天这些令人讨厌的颜色让孩子在不经意间发现，并触动了他们心灵的时候，红色与橘色就会渐渐地消退，蓝色与黑色慢慢地变为主导，锁住孩子小小的心，回避了笑容，失去了快乐。无论男孩还是女孩，爸爸无疑都是他们心目中最勇敢的人。所以，作为爸爸从孩子很小的时候就要帮助他们克服自卑感，培养其自信心。爸爸可以告诉孩子，世界上没有什么人是完美的，即使是爸爸也是有缺点的，无论是身体还是心灵，如果有了缺陷就要勇敢地去面对，扬长避短，把自己的优点发挥出来，不足就会被自然地挡住了。

莹莹这几天不再像往常一样出去和朋友玩了，而且还常常自己一个人躲在房间里偷偷地哭，爸爸发现女儿的笑声少了很多，觉得很奇怪。

这天在饭桌上，爸爸开口说话了："莹莹，和爸爸不好了吗？"

"没有，爸爸，莹莹最爱爸爸了。"女儿乖巧地回答着。

爸爸状似不信而且委屈地问："是吗？可是爸爸心里很难过，觉得我的宝贝女儿和我不好了。"

"没有啊？为什么您会那样认为呢？"女儿奇怪地问。

"因为莹莹有心事，都不爱告诉爸爸了。"

没想到爸爸的话一出口，莹莹居然哭了起来，冲到爸爸的怀里说："爸爸，同学们都欺负我……"

原来，莹莹生性活泼好动，性格很像男孩子，班里的女生笑她是"假小子"，建议她上男厕所，于是她便和同学吵了起来，引得女生都不愿意和她玩了。而男生又不愿意带上个小女孩，所以莹莹觉得自己不受大家的欢迎，得不到大家的喜爱，就自卑了起来。

听了女儿的话，爸爸笑着说："我的女儿是最可爱的小公主，谁说她像'假小子'啊，只是她更勇敢,长大以后会更经得住风浪,更有出息!"

"爸爸,你说的是真的吗?"莹莹破涕而笑。

"爸爸什么时候骗过你啊?难道你不信爸爸啦?"爸爸摸着女儿的头,笑着说。

"信,我最信爸爸的话,莹莹最爱爸爸!"

爸爸简单的几句话让莹莹变得无比地自信,第二天又高高兴兴地和同学们玩到一起去了。

一件大人看起来微不足道的小事,在孩子的心里往往也会变成一块大石头挡住他们灿烂的笑脸,孩子也有他们自己的思想和自尊,也有自己的忧愁和痛苦。作为孩子的爸爸,要把自己高大的形象影射到对孩子的肯定上,让赞扬和鼓励之声伴着孩子不断地成长。

那么,孩子为什么会自卑呢?

1. 源于家长过高的期望

有很多家长把自己没有实现的梦想寄托在孩子身上,给予孩子无限爱的同时,又给孩子加了许多的压力。因为这种极度的渴望,家长常会向孩子提出许多超出孩子自身能力所能承受的要求。甚至,对孩子的表现从来没有满足,即使孩子得了第一名,也体会不到成功的喜悦,从而产生自卑。

2. 源于家庭背景

由于家庭贫困,孩子在学校用的、吃的样样比别人差。有时富孩子会对穷孩子加以嘲笑,这些都会使孩子憎恨贫困,羞于贫困,从而产生自卑。或是离了婚的家庭,所造成的创伤让孩子无法释怀。

3. 源于挫折

一路平坦的孩子,一旦受到了挫折易产生自卑。比如说,常考第一,一次考试失误,名落孙山;重要的场合,自己一紧张,表现失误,受到了同学的嘲笑等等。

4. 源于自我封闭

不易与人沟通,交际能力差,表达困难,或是身体有缺陷,极度害怕别人嘲笑,因而自我封闭等等,这样的孩子易自卑。

孩子自卑行为的几种表现:

第一,敏感,往往别人的一句话、一个动作都会引起他内心的波澜。表现行为为小心眼、爱发脾气、不爱团结。

第二,封闭,不爱与人交流。表情不多,不爱笑。表现行为为爱发呆、不爱与人在一起玩。

第三,堕落,不思进取,听不进批评。表现行为为看不起自己、明知错的也要做。

第四,破坏,具有破坏欲。表现行为为破坏公物、偷偷破坏别人的东西。

爸爸的应对措施:

第一,爸爸要善于发现孩子的长处,从闪光点入手,创造机会让孩子正确地认识到自己的"可取"之处,从而从新的角度看自己。

第二,要让孩子相信自己,不要在乎别人的看法,并举一些事例,向孩子证明"别人"也有错的时候。比如说爱因斯坦小时候做"板凳"的故事。

第三,放松对孩子的要求,量力而行,让孩子一点点地从进步中体会到快乐,从而一步步走向自信。

第四,带着孩子多参加活动,多见世面。有规划地锻炼孩子坚强的意志,让他们有能力重新面对未来的失败与挫折。

第五，让孩子认识到家庭的真实情况，体会到家长的良苦用心，引导孩子把"攀比"之风转移到更高一层的学习上去。

教育孩子也是一门学问，有时候甚至比管理一个公司、谈定一个大生意还要难。因为爸爸永远不知道，孩子到底要经历多少才会成功，甚至不知道，在自己付出之后，孩子最后能不能成功。但是，爸爸们还是义无反顾地坚持着，因为没有一个家长会放过让孩子成龙成凤的机会。实际上，孩子永远是家长的宝贝，无论孩子的能力如何，长相如何，都不是最重要的，爸爸要给予孩子一颗自信的心，让他学会用笑容去面对一切，这时，这个爸爸才是真正的成功者。

教子心得

孩子的自卑，有时仅仅来自家长的一句无心之语。说者无心，听者有意。所以，爸爸在孩子面前一定要注意自己的语言，别让一句话埋在孩子心里，为自卑留下一片滋生的土壤。另外，爸爸不要吝于赞扬，要把自己对孩子的骄傲表达出来，从而让你的孩子自信。要知道，爸爸，是孩子心中说话最算话的那个人。

让孩子摆脱冷漠

等到花开了才觉得颜色不够鲜艳，恨自己为什么没在它们成长的时候多补给一些养料；等到树长成了，才发现并不高大，悔于当初为什么没有精心修剪它的枝枝蔓蔓，到那时，一切就都晚了。要知道，这个世界上并没有后悔药可以卖，当某种状态让任何人都能看出它的明显不足时，生米就已经煮成了熟饭，完全回生是不可能的事情了。在中国教育的模式中，有许许多多的爸爸都会在孩子的身上犯错，当爸爸意识到方法不妥时，往往已经很难改过了。现代的中国人，爱是向下倾的，对孩子付出的爱会远远地高于对长辈的爱。照理来讲，中国的孩子应该是最尊敬、最爱护、最孝敬的，而事实呢？

　　文文十岁了，聪明、漂亮、多才多艺，是个人见人爱的姑娘。爸爸妈妈都把她当成心头肉，好东西留给她吃，钱都省下来留给她用。可是文文却有个坏毛病，自己的感受是"金子"，别人的感受"与我无关"。在学校虽然文文是文艺骨干，但是却极不合群。班级里有个没有爸爸、家里很贫困的学生，同学们都把自己的文具拿出一两样来帮助她，只有文文每每见此，绝不会出手，也不会捎上一句关心的话语。老师找她谈话，文文说："不就是没有爸爸吗？有什么大惊小怪的！"十岁的孩子居然说出这么冷漠的话，不由让老师都为之惊讶！老师打了电话，把这件事告诉了文文的父母。

　　"我们的女儿那么小，她只是平时不爱说话，但肯定不会这样的，我不信！"妈妈对爸爸说着。

　　"这个……老师都说了。要不这样吧，我们试试女儿，看看她自己的爸爸生病了，她会是什么态度。"爸爸提议。

　　文文放学回来，看见饭桌上简单的晚饭，十分不高兴。但转身看见妈妈在厨房里面熬鸡汤，于是坐在桌前等着。"妈妈，饭还没好吗？"文文问。

　　"早好了呀，不是摆在桌子上了吗？"妈妈答道。

　　"可是文文要吃鸡肉啊，妈妈不是在炖鸡吗？"文文问。

　　"文文啊，这个不是给你吃的，爸爸病了，在卧室里躺着呢。这是要给爸爸喝的。宝贝，你去看看爸爸好吗?"妈妈问。

文文的小嘴早就噘得老高了,不高兴地说:"我才不去呢,我不管,我要吃鸡肉,我就要吃鸡肉!"

妈妈的心有点凉了,可是仍然劝道:"可是爸爸不吃,病就不会好。难道你不想爸爸快点好起来?"

"那也不关我的事,又不是我让他病的……"女儿的话,让妈妈惊住了,让躲在里屋的爸爸也惊住了。看到女儿一副事不关己、毫不关心的态度,他们不明白,也根本没有想到。自己用尽全部爱去呵护的孩子竟然对病中的爸爸如此冷漠。

实际上,这种冷漠相对于严重的事件来说还算是小事。近些年,孩子对父母痛下杀手的例子屡见不鲜,这种情况让我们深感疑惑:现在的孩子到底是怎么了?

天下没有不好的孩子,只有不会教育的家长。独生子女的一代,孩子万千宠爱集一身,爸爸更应该拿出自己独有的风格,在娇爱的面前止步。别让男性本应有的"严父"的风格,随同妈妈对孩子的"爱"一同下海。别让孩子陷入"冷漠"的漩涡中无法自拔。好爸爸要学会细心观察孩子,发现"冷漠",究其缘由,对症施法。

你的孩子有这些表现吗? 如果答案是肯定的,爸爸就要尽点心力了。

冷漠的表现:

第一,在学校不合群,不爱发言,不爱参加集体活动,不善交际,甚至不喜欢到人多的地方去。

第二,失去了孩子本应该有的好奇心,表情木然、反应迟钝,并且很少有什么东西能引发其兴趣。

第三,表面很"乖",但是小动作却很多,学习过程中经常喜欢摆弄手指,或是手里拿个什么小东西弄来弄去。内心脆弱,易受挫,不敢正眼看人,怕生,喜欢独处。

第四,总是莫名地恐惧,不自信。

孩子为什么会深陷"冷漠"之中?

第一,家长对孩子要求太高,远远超出了他们的承重能力。孩子无法达到家长的标准而屡受怒斥或责打,久而久之,信心被击垮,身心压力难以承受。

第二,溺爱。只要孩子要的无论对错,哪怕是天上的月亮,家长都要拼了老命去摘下来。这种爱,让孩子的心变得"麻木",无论自己提出多么过分的要求,他们本身已经觉得习以为常,算不得大事了。当有一天,他们的愿望家长再也无力满足的时候,孩子不仅不会回报你的这些爱,还会鄙视你的无能。

第三,冷漠是一种传染病。家长要做孩子的好榜样。另外,家庭是孩子内心的一堵阻隔冷漠的墙,离婚往往会让孩子在心理上产生失落和自卑,从而加速冷漠的形成。所以,即使是父母离异了,家长也一定要担起对孩子的责任,给予正确的爱。

爸爸要帮助孩子走出"冷漠"的漩涡。

第一,走进孩子的内心世界。要常和孩子谈心,领着孩子出游。让他们从美丽的山水、鲜艳的花朵、明丽的风景中体会到快乐;常带孩子参加亲子活动,让他们封闭的心一点点地打开。

第二,别再实行"高压"政策。而是要把"你真棒""你能行""爸爸相信你能做好"放在嘴边,这样孩子的心态会一点点地发生变化,"没兴趣"——"能行吗"——"要不然我试试"——"原来我能行"——"我很喜欢"。

第三,找到孩子的优点。爸爸要在此点上下功夫,找到突破口之后,要创造机会积累孩子的成就感,一点点地诱导孩子走向成功。

第四,爸爸不要常对孩子发号施令,硬性地要求孩子要怎样怎样做。那样只会让孩子的厌烦心理加重。好爸爸要减少对孩子的要求,从尊重孩子的角度出发,只要孩子尽力,哪怕只是进步一点点,爸爸都一定要给予鲜花和掌声。

教子心得

爸爸要学会把"严父"从脸上移到心里。外表是和蔼的、易亲近的,内心却是严格的。本着这种态度,孩子既不会与你"无话说",也不会被你泡在溺爱的沼泽中。反而,孩子会在这种柔中带刚的细腻中,体会到幸福、温暖而又深沉的父爱。

指导孩子战胜悲观情绪

即将面临中考了,韩晶却日益变得焦躁不安。他厌倦一切,干什么都提不出精神,觉得前景渺茫,十分悲观,情绪越来越难以控制,不得不休学在家。眼看再有三个月就要中考了,妈妈急得像热锅上的蚂蚁。

原来韩晶是父母的养子,他们家条件很是艰苦,爸爸妈妈省吃俭用供养他上学,为了给他提供更好的物质条件,五十多岁的爸爸还坚持出外打工。而韩晶从小各方面表现得十分优秀,他的理想宏大,希望自己将来能够成才,以报答父母的养育之恩。在这种意念的驱使下,他一直只注重学业,忽略了自己心灵和情感的需求,以至于在成长中积累了大量的心理问题,终于因中考压力这根导火索以"考前焦虑症"的形式爆发了。他变得悲观绝望,患得患失,生怕考不上理想的高中,没法回报父母对自己的养育之恩。

妈妈没办法,只得把在外地打工的爸爸叫回来了。爸爸很清楚造成韩晶悲观的根源,就跟他进行了一场连续两天的深入谈话,帮他化解开了心中的情感死结,让韩晶又返回学校,投入了复习。最终韩晶以优异的成绩考取了一所理想的高中。

乐观和悲观是人类最基本的情绪反应。乐观豁达的心态对孩子的生活有很重要的意义,也是孩子应该具备的优秀素质。培养孩子健康的心理比培养孩子健康的身体更重要,孩子只有具备了健康的心理,才能挑战未来,走向成功。

乐观的孩子遇到困难和挫折时会充满自信地去克服它们,而悲观的孩子则喜欢做最坏的打算,故意夸大事实的严重性。

要想让孩子战胜悲观的情绪,爸爸首先要区分乐观和悲观两种截然不同的情绪。区分两种情绪的主要方法就是看孩子对待事情的态度,从危机中看到曙光的孩子是乐观的孩子,看到艰难的是悲观的孩子。

孩子的悲观情绪和处事态度,与他们的年龄本是不符合的,有些孩子是由于受家庭氛围的影响,有的是因为后天经历了很多不开心的事情,比如成绩不理想,被身边的朋友欺骗等。

重视培养孩子的乐观性格,能促进孩子的身心健康。爸爸要教孩子学会战胜悲观情绪,多采用鼓励、支持的态度,帮助孩子获得成功的体验,无论何时都要站在孩子的一边,让孩子以更好的心态去战胜一切。

1.让孩子感受到爸爸的爱

在帮助孩子战胜悲观情绪的过程中,爸爸的爱对孩子起着重要作用,它能给孩子带来良好的情感体验。在和孩子沟通的过程中,爸爸要用自己的乐观去感染孩子。

陆天虽然才上七年级,但已经是个很有思想的孩子了。他经常会和爸爸说自己觉得人活着很累没意思。最初爸爸认为那是他一时的念头,可是最近发现陆天经常叹气,还经常自言自语。爸爸意识到了问题的严重性。

爸爸增加了和陆天共处的时间,对他的生活和学习都给予关心,周末也会带他出去玩。在和谐的父子关系的影响下,陆天变得乐观多了,再也没有听到他说那些悲观的话了。

爸爸可以常和孩子一起在户外散步,或者一起去看电影。当孩子感受到来自爸爸的爱时,他们会产生安全感,心态会变得乐观开朗起来。

2. 指导孩子重新塑造自己的性格

孩子的性格是可以改变的,爸爸要让孩子意识到自己性格的缺陷,让孩子明白"性格可以重塑"的道理,不必灰心丧气,更不能"破罐子破摔",帮助孩子树立起塑造乐观性格的信心。

爸爸在日常生活中要采用乐观的态度来处理面对的问题,言谈举止间将开朗的情绪传递给孩子;批评孩子时要恰如其分,不要夸大孩子的错误;对孩子的行为以鼓励为主;常给孩子讲一些乐观者和悲观者遇到同样的事情时因不同的心态导致不同结果的故事;还可以将孩子和拥有乐观性格的孩子组织在一起游戏,激发孩子认同乐观性格,达到指导孩子塑造自己性格的目的。

3. 教孩子学会调节悲观情绪

孩子年龄小,自我分析能力弱,有了一点成绩,就会骄傲自满;遇到一点困难,又会垂头丧气。垂头丧气多了,就会形成悲观的性格。

在家庭中,爸爸要随时指导孩子自我排除心理障碍,学会调节自己的情绪,使悲观情绪、不良情感或其他心理障碍及时得到化解,也就不会导致悲观性格的形成。

爸爸对待孩子的态度,是孩子乐观性格形成的重要因素。孩子有了苦恼的时候,爸爸要鼓励孩子说出来,发泄不良情绪,不要批评和责怪孩子;适当地转移孩子的注意力,减轻孩子的心理负担等。

4. 丰富孩子的精神生活

孩子的精神世界丰富了,把注意力转移到有意义的事情上来,就会变得积极起来。孩子接触的事物多了,心胸就会开阔,悲观的思想也就不容易形成了。

李岚是个不自信的孩子,自己学习很努力,可是成绩不理想,为此她觉得自己真不是学习的这块料。

爸爸发现了李岚的问题,语重心长地告诉她:"每个人都有自己的特长和弱项。评价人不能只看学习成绩,你跳舞很出色啊,这也是一种能力,别人还羡慕你呢。"李岚的积极性被爸爸的话激发起来了。周末她努力学习舞蹈,被选入了学校的舞蹈队,渐渐获得了精神上的满足,悲观情绪也消失了。

爸爸要鼓励孩子广泛阅读,让孩子在阅读中增加知识,使自己的心胸宽广;要鼓励孩子多结交乐观的朋友,让孩子在和朋友融洽相处的过程中学会积极乐观;让孩子多参加各种活动,培养积极进取的人生态度。

──── 教子心得 ────

乐观是一种积极的人生态度,孩子学会用乐观积极的态度面对生活,就会更容易取得成功。而悲观是萦绕心头的不散阴云,所以,爸爸要帮助孩子战胜悲观情绪,让孩子的未来充满灿烂的阳光。

自卑的孩子需要爸爸的鼓励

周兰个子比班里其他同学矮很多,为此她很自卑。走路总是低着头,在课堂上也不主动发言,老师提问时也是支支吾吾地说不出来,害怕说错了被同学笑话。如此恶性循环导致周兰的自卑情绪越来越严重。

爸爸觉得这样下去对周兰的生活和学习都会产生影响,于是在一次考试之后,爸爸故意告诉周兰,老师夸奖她最近进步挺大的,让她好好坚持,并且爸爸相信她会取得更大的成绩。

爸爸还让她学着欣赏自己,接纳自己,说个子小的女孩也有优点,看上去小巧玲珑,很可爱等。周兰听了爸爸的话,顿时觉得有了信心。

生活中很多孩子都存在自卑的心理倾向,他们看不到自己的优点和长处,遇到困难和挫折时不能以良好的心态去面对,自然不会体验到成功的喜悦。

孩子的自信不是天生的,而是在后天逐渐培养出来的。自信可以调动孩子的积极情绪,也会激发孩子的潜能,是孩子走向成功的资本。孩子树立起来的自信可以成为一生的良好素质,对未来的发展起着重要的作用。

有的孩子之所以变得越来越自卑,一个非常重要的原因就是爸爸对孩子的要求过高,一旦孩子达不到爸爸的要求,就会受到爸爸的批评和指责。时间一长,孩子做事的时候,潜意识中就会对自己作出否定的结论,从而变得自卑。

爸爸不要奢求孩子将每件事情都做得完美,而应该鼓励孩子大胆去做,留意孩子在做这件事的过程中值得肯定的方面并及时给予鼓励,增强孩子的自信心。

当孩子遭遇挫折时,爸爸必须帮助孩子树立自信,客观分析现实状况,找出失败的真正原因,认识自己的长处和不足,相信自己一定能改变。

爸爸要关注孩子的每一次进步,对于孩子的进步要给予热情的鼓励和肯定,多用欣赏的眼光看待孩子,让孩子在宽松的环境中享受成功带来的乐趣,以此来帮孩子驱散自卑。

1. 用发展的眼光赏识孩子

孩子的自我意识和自信心最初都是从爸爸的评价中获得并逐步发展起来的。因此,爸爸用发展的眼光赏识孩子是帮助孩子战胜自卑的重要方法。

爸爸要尊重孩子、赏识孩子,不用尖刻的语言嘲讽挖苦孩子。当众讽刺贬低或故意揭孩子的短,夸大孩子的缺点,都会伤害到孩子的自尊心、自信心,使孩子变得自卑。

2. 用合理的期望增加孩子的自信

爸爸对孩子过高的期望值会打击孩子的自信心,过低的期望值又不足以激发孩子的潜能,爸爸要用合适的目标来培植孩子的自信心,让孩子摆脱自卑的困扰。

天天今年刚上一年级,虽然学习中会遇到困难,但他对学习充满了兴趣。可是最近爸爸对他的态度让他觉得学习是件很痛苦的事情,自己的学习越来越跟不上,刚开始学习时的自信心也消失殆尽。

爸爸告诉他每次考试成绩都要在班里前三名。一天,老师布置了课下作业,天天有个不会的问题拿着去问爸爸,爸爸却说:"这么简单的问题,都上一年级了还不会,不觉得丢人吗?这样怎么考到前三名啊,别忘了我给你定的目标啊。"天天把眼泪咽到肚子里,从那之后,他的学习成绩就不断下降。

当孩子达不到爸爸过高的期望时,爸爸流露出对孩子的失望情绪,会让孩子不自觉地对自己的能力产生怀疑,从而动摇对自己的信心。爸爸为孩子制订一个通过努力可以达到的目标,并在这个过程中不断给孩子鼓励,孩子就会建立起充分的自信。

3. 让孩子多一些成功的体验

让孩子多一些成功的体验和培养孩子的自信心是相辅相成的,孩子有了自信就容易成功,有了成功的体验会更自信。对孩子来说,更重要的还是先体验到成功,才容易形成自信心。

在日常生活中,爸爸要有意识地让孩子做一些易于完成的事,使孩子有获得成功的机会,成功后再循序渐进地提出新的目标,使孩子经常能体验到成功的喜悦。即使孩子失败了,也要帮助他们分析原因,让他们再试一试,使他们知道通过努力是能够获得成功的。

4. 爸爸要少一些攀比,多一些鼓励

爸爸不要总是对孩子说"你瞧,人家小刚总是考全班第一名,你怎么就这么笨呢"等类似伤害孩子的话。如果爸爸常拿别人的长处和自己孩子的短处比,只能使孩子越比越自卑。

尺有所短,寸有所长。只要孩子有自己的目标,并且一直在不断努力,他就是个值得爸爸骄傲的孩子。当孩子遇到挫折或失败时,爸爸更应该像知心朋友一样鼓励孩子战胜困难,当孩子不自信的时候,就要给孩子多一些鼓励。

教子心得

自卑是一种消极的心态,也是一种性格缺陷,会影响孩子正常的身心发展。孩子需要来自爸爸的鼓励,让爸爸的鼓励驱散孩子心灵自卑的阴霾。

爸爸要减轻孩子的心理压力

王强今年上初三了,学习成绩在班里不是特别好,尤其英语成绩更差,老师经常提醒他如果不努力学习英语,就会考不上重点高中。为此,他感到压力很大。爸爸非但没有理解王强,反而时刻提醒他成绩不好,要好好努力赶上去。

每次考试时,除了王强承受很大的压力外,他的爸爸也承受着很大的心理压力,看到爸爸比自己还紧张,王强的压力更大了。这种压力影响了他的心态,也就难以考出好成绩了。

现在的孩子面临着来自家庭、学校和社会的多重压力。适当的压力是孩子前进的动力,对孩子的生活和学习都有很大帮助,但是如果压力过大,超出了孩子的心理承受能力,就会对孩子的健康成长造成负面影响。

望子成龙、望女成凤是每位爸爸的心愿,为了达成自己的心愿,很多爸爸对孩子施加各种压力。其实每个孩子都有自己的压力。恰当的压力是进步的润滑剂,可以激发孩子的内在动力,但是过大的压力则会抑制孩子潜力的发挥。

压力过大的孩子一般会出现抑郁、自卑、焦虑等不良的心态,还会导致自身免疫力下降,生理机能下降,对孩子的身体健康和对周围环境的适应能力都有一定的阻碍。

爸爸们有了压力会想办法自我排解减轻压力,他们会从朋友那里寻求安慰和帮助,也可以通过自我调节来缓解压力,但是孩子的自我意识并不强,无法掌握很好的调节情绪的方法。这

就需要爸爸给予指导和帮助。

爸爸要关注孩子的心理变化,多与孩子沟通,用爱去减轻孩子的心理压力,不断提高孩子的认知水平和抵抗压力的能力。如果孩子因为压力过大导致某些心理疾病时,就要寻求专业心理医生的指导。

1. 爸爸要先学会为自己减压

爸爸都希望自己的孩子出人头地,这是很正常的心理,他们往往承受着比孩子还要大的压力。但是很多爸爸在孩子面前丝毫不掩饰自己的压力,而是把自己的压力传递给孩子,给孩子不良的心理暗示,这样不但起不到预想的教育效果,而且还会给孩子稚弱的心灵压上沉重的负担。

爸爸要先学会给自己减压,降低对孩子的期望值,不把孩子和其他的孩子盲目比较,给孩子制订能够实现的目标,不要在平时的言行中给孩子施加太多的精神压力,让孩子轻松地成长。

2. 让孩子学会会用倾诉排解心理压力

在现代社会,每个孩子都承受着来自各方面的压力,这些压力得不到有效的排解,就会对孩子的身心造成消极的影响。研究发现,孩子向他人倾诉的过程中能够排除体内不健康的压抑物质,从而维持体内的物质平衡,消除压力。

> 袁芬今年上初三,还有半年就要参加中考了。她的学习成绩不是很理想,觉得自己考不上理想的高中,会让爸爸妈妈和老师失望,所以一直闷闷不乐,一想到爸爸平日里对她的关怀和期望,心理上的负担更是沉重。
>
> 爸爸感觉到了女儿的压力,就为她买了一本日记本,让女儿把自己的压力都写在上面,但是他要求袁芬写完之后就要学会疏导和忘记自己的压力。袁芬按照爸爸说的做了,压力果然得到了释放。

爸爸要重视引导孩子学会用倾诉排解自己的压力,心理上有压力,带来恶劣的情绪,不要自己憋着,而是要想办法去宣泄,写日记、向朋友或父母倾诉,大声高喊,大声唱歌,哭等等。发泄一下,孩子心里就会舒服些,心理压力也会大大降低。

3. 耐心聆听孩子的感受

作为爸爸,看到孩子有压力的时候自己的心情也会很烦闷,但是聪明的爸爸不急于为孩子解决问题,而是耐心地听孩子讲述自己的压力,逐渐培养孩子自我释放压力的能力。

爸爸要对孩子讲述的事情表现出兴趣,用耐心和关爱认真平静地聆听孩子的心声,爸爸和孩子都心平气和,孩子就能完全释放压力了。

4. 让孩子学会转移心理压力

一个容易被压力打败的孩子不是优秀的孩子,能够成功的孩子无不具有勇敢面对压力的心态和巧妙转移压力的能力。有了压力,学会转移是个很好的办法,如学习累了,就放松一下自己的神经,把注意力转移到自己喜欢做的事情上去。

> 吴佳是班里的文艺委员,最近学校要举行歌咏比赛,她负责组织班里的同学参赛。她承受着很大的压力,怕自己表现不好让同学和老师失望。
>
> 回家后吴佳吃不下饭、睡不好觉,爸爸看到她的表现,很担心,为女儿买了她最喜欢的歌手的专辑,让孩子转移一下自己的压力。吴佳觉得这招很管用。

孩子将注意力转移到自己的兴趣、爱好上能帮助自己暂时从压力中解脱出来,重新面对压力时,就不会再畏惧了。琴棋书画、体育活动等都是较好的心理解压良方,可以帮助孩子放松紧张、焦虑的心情。孩子要多进行体育运动,运动之后会感到全身心放松,是一种很好的减压方式。

教子心得

孩子面临着学习上和生活中的很多压力,爸爸需要及时关注孩子的心理变化,减轻孩子的心理压力,帮助孩子顺利成长。

别让孩子脾气暴躁

天宇是个很调皮的孩子,常常为了一点小事和身边的小朋友吵架,有时候还会动手。最初,爸爸教育他是采用非打即骂的方式,在爸爸的影响下,天宇的脾气也越来越大。

这一次,天宇和小朋友为了争一个玩具打得不可开交,爸爸意识到如果自己也发脾气,事情会变得更糟。于是,他试着改变了自己的态度,走过去温和地对天宇说:"孩子,你想想,老师在学校里是怎么教育你们的呀,不是说让你们团结友爱吗?你现在的做法对吗?"

天宇第一次看见如此和气的爸爸,受到了很大的感染,对爸爸说:"嗯,爸爸说得对。"说完就向小朋友道了歉。爸爸也从这件事中得到了启发,以后都不再对孩子乱发脾气了。

孩子脾气暴躁是常见的家教难题。孩子的要求一旦得不到满足,就会用发脾气的方式来达到自己的目的。

现在的孩子多数是独生子女,在爸爸的疼爱中长大。有些爸爸对孩子过度疼爱,唯恐孩子受委屈,所以他们会满足孩子的一切需求,甚至按照孩子的想法做事。这样的教养方式让孩子心理上产生了优越感,认为自己想要什么就能得到什么,想做什么就做什么。

还有的爸爸对孩子的要求过于严格,孩子有做得不好的地方,爸爸就会大发雷霆。久而久之,孩子就在爸爸的影响下学会了发脾气。爸爸要学会控制自己的脾气,和气地对待孩子。

爸爸的虚荣心也会造成孩子的暴躁脾气。虚荣的爸爸会让孩子在任何物质上超过别人,这样使孩子出现了自高自大的心态,总以为高人一等,形成自私的心理,如果不合他的意愿,就会执拗地发脾气。

此外,孩子的表达能力不强,有时候不能完整地说出自己的想法,爸爸不理解孩子,孩子着急就会脾气暴躁。

孩子的社会经验不足,自我调节情绪的能力较差,不懂得恰当表达自己情绪的方法,就会错误地运用乱发脾气的方法。

1. 不要对孩子发脾气

面对发脾气的孩子,爸爸一定要让自己冷静下来,不要大声责怪孩子。孩子一般都存在试探性的心理,爸爸表现得越在乎,孩子就会更加肆无忌惮。

齐齐的爸爸是个急性子,遇到事情就想发脾气,工作上遇到不顺心的事情回家也会朝孩子发泄。这次,爸爸的一份文件不知道放家里什么地方了,他以为是齐齐故意给他收起来了,当时心急,就冲齐齐吼了几句。

齐齐觉得委屈,也朝爸爸发了火,用爸爸对待他的方式来对待爸爸。爸爸看见儿子这样,更是冒火,最后弄得父子俩很对立。爸爸为此十分头疼。

遇到这种情况,爸爸要劝诫自己,先平静自己的情绪,等到情绪稳定下来再和孩子讲道理,这时候孩子也会安静地听爸爸讲道理了。孩子看到父亲如此冷静,就会收敛自己的脾气。

2. 对孩子进行冷处理

孩子发脾气时,爸爸要采取不理睬的态度,必须让孩子意识到哭闹是无济于事的。等孩子停止哭闹,能够心平气和地回答问话时,再去教育他。孩子看到爸爸态度坚决,自然会停止哭闹,听从爸爸的教育。

孩子发脾气时,爸爸可以继续忙自己手头上的事,千万不可因为孩子发脾气就满足孩子的所有要求,爸爸无原则地迁就孩子,会助长孩子的坏脾气。

3. 不要让孩子尝到发脾气的甜头

爸爸不要因为孩子哭闹就束手无策,如果爸爸态度非常坚决,孩子就会逐渐放弃让爸爸顺从自己的念头。相反,如果爸爸对孩子屈服了,孩子乱发脾气的行为就得到了强化。孩子只要尝到一次甜头,就会抓住爸爸的弱点,继续用乱发脾气的方式让爸爸满足自己所有的要求。

爸爸可以和孩子提前订好协议,让孩子知道任何事情一旦决定了就没有反悔的机会,更不能通过发脾气来尝试反悔。爸爸还要告诉孩子没有人会喜欢和脾气暴躁的人做朋友。

孩子乱发脾气的时候,爸爸不要一时心软满足孩子的要求,而要保持头脑清晰,拒绝孩子发脾气的方式,孩子在爸爸那里尝不到甜头就会慢慢改变自己的脾气。

4. 转移孩子的注意力

年龄比较小的孩子比较在乎自己的感受,当他们发脾气的时候,爸爸如果态度强硬地逼他就范,会搞得大人和孩子都非常生气。比较好的办法就是转移他们的注意力,让孩子有新鲜的感觉,又不会违背爸爸的原则。

> 任军是个很任性的孩子,妈妈对他很疼爱,这更助长了任军的小脾气,一旦妈妈不按照他的想法做,他就会哭闹不止。妈妈看到后就会心软,任军的这一招屡试不爽。
>
> 爸爸觉得这样下去,只会培养出蛮横的孩子。于是,有一次任军吵着要妈妈出去给他买冰激凌的时候,爸爸阻止了妈妈。爸爸拿出了任军最喜欢的玩具手枪,说和他一起玩。任军的注意力转移了,也不再要求妈妈给他买冰激凌了。

孩子发脾气时,爸爸应该利用周围的环境,设法转移孩子的注意力,让孩子放弃发脾气的想法。等孩子冷静下来再给孩子讲道理,这时孩子也能听进爸爸的话了。

教子心得

脾气暴躁是孩子意志薄弱、自制力差的表现,不利于他们今后的发展,因此,爸爸要采取措施,给予及时纠正。

帮孩子减轻焦虑

于莉是个初中女孩。学习上,她的各科成绩都较为理想,但就是怕考数学。初一第一次期中考试她的数学只考了62分。从此之后,只要快考数学了,她就吃不下饭,睡不好觉,生怕数学考不好。

小学的时候,于莉的数学成绩一直名列前茅,只因为初一那次期中考试的失误,才变成现在这样,一听要考数学就焦躁不安。爸爸也不知道该怎么办。

焦虑是孩子较为常见的一种心理障碍,这种心理体验总是和精神打击以及将来的、可能出现的威胁或者危险相联系,使孩子在主观上感到恐惧、烦躁、担心、紧张、不愉快甚至痛苦等。

焦虑的孩子对于紧张和压力异常敏感,他们不善于用语言及情感来表达内心的情绪,对外界事物表现出强烈的抵触和逃避心理。

造成孩子焦虑的原因有很多,如先天的遗传因素或者突然而来的打击等都可能使孩子产生焦虑心理。焦虑的孩子容易被某些麻烦所缠绕,头脑里非常乱,他们不知道如何排解自己的这种苦闷。焦虑会影响孩子的食欲和睡眠,影响他们学习和生活的精神状态,使他们失去奋斗的力量和勇气。

多数孩子的焦虑体验是暂时的,具有一定的防御作用,并不会对孩子的身心产生太大的影响,但是当焦虑很严重并已逐渐影响孩子的日常生活时,爸爸就要加以关注了。

过度焦虑往往也会严重影响孩子的智力发育,并且诱发他们抑郁、孤僻和自卑等心理疾病。因此,爸爸在发现孩子出现焦虑情绪时,一定要注意及时疏导他们,对他们进行科学指引,使他们正确地面对自己的困扰,争取早日摆脱焦虑的阴影。

1. 改善家庭环境

爸爸要尽量给孩子提供一个宽松的环境,并有责任和义务提高对孩子的管理、教育能力,及时发现和解决孩子产生的问题。

> 雅舒小时候一直在奶奶身边长大,过得很开心。最近因为上学的缘故被爸爸接到身边。爸爸工作忙,很少有时间陪她。刚入学,有很多问题她自己解决不了,因此产生了焦虑的情绪。
>
> 爸爸发现了孩子的情绪,主动减少了加班的时间,回家陪雅舒做作业、聊天,雅舒的焦虑逐渐消失了,她现在已经完全适应了学校生活。

爸爸要每天抽出时间与孩子交流,这既可以沟通父子之间的感情,又可以及时发现孩子的问题。同时,家庭成员之间要和睦、民主,努力营造一个良好的生活环境和家庭氛围,这是让孩子远离焦虑、健康成长的重要保证。

2. 恰当地疏导孩子的焦虑情绪

任何人都会遇到各种困难和挫折,面对自己一时难以解决的难题时,都会表现出焦虑的情绪,孩子更是如此。当爸爸发现孩子存在焦虑情绪后,要积极地引导孩子说出自己所焦虑的事情,然后表达对孩子的同情和理解,帮助孩子消除他们的顾虑。

孩子焦虑时经常会处在紧张的情绪中,所以爸爸也可以尝试带孩子进行轻松的活动,或者带孩子去气氛活跃的地方,这有益于孩子保持积极乐观的情绪,自觉地远离焦虑的情绪。

3. 不对孩子提过高要求

现在的孩子大多是独生子,爸爸难免会对孩子提出这样那样的要求,一旦要求太高,就会对孩子产生不良影响,所以爸爸一定要顺应孩子的生理和心理特性提出要求。

> 赵宇以全校第一名的成绩升入初中,爸爸为此很骄傲,见人就说自己的孩子成绩好。可是升入初中后,强手如云,再加上赵宇对新环境还不适应,第一次考试只考了班里的第五名。

赵宇的爸爸觉得面子上过不去,对赵宇说:"你把我的面子给丢尽了,下次考试你必须考第一名。"赵宇感到很焦虑,因为他也不确定自己能不能达到爸爸的要求,在这种心理压力之下,他的成绩反而下降了。

爸爸要学会尊重孩子,不能苛求孩子,当孩子未达到要求时,千万不要嘲讽挖苦,或者板着脸不搭理,这样会使孩子感到压抑,从而加重焦虑情绪。

4.增强孩子的适应能力

爸爸过度保护和溺爱孩子,使孩子缺乏独立性发展,也是造成孩子焦虑的原因。爸爸要让孩子适度受挫,锻炼孩子处理挫折的能力,这是帮助孩子克服焦虑情绪的主要方法。

爸爸的过度包办通常会使孩子失去适应社会能力的锻炼机会,当他们独自置身于新环境或与陌生人接触时,会产生不知如何应对的困惑以及焦虑的情绪。

教子心得

焦虑是孩子常见的精神问题。长时间的焦虑会给孩子的身心带来严重影响。所以,爸爸要帮助孩子缓解焦虑的情绪,引导孩子走出焦虑的阴影。

帮助孩子克服恐惧

田振已经是四年级的学生,非常胆小。他已经十岁了,仍然害怕一个人睡觉。虽然爸爸给他安排了一个房间,可他从来不独自睡在自己房间里,总是赖在父母卧室或者要求父母陪自己睡。

一天晚上,爸爸把田振哄睡着了,准备悄悄回自己房间睡觉。哪里知道他刚一起身,儿子就睁开了眼睛。看到爸爸要回房间,他立即哇哇大哭起来,说自己一个人害怕魔鬼来抓他。爸爸只好哄着他,并说陪着他睡,他这才安静了下来。

恐惧心理在孩子身上一般都存在,造成孩子恐惧是一定有原因的,与日常生活中爸爸一些不经意、不恰当的引导、教育方式有关。比如当孩子不听话时,爸爸经常用鬼怪、猛兽等故事来吓唬孩子。

现在的孩子在今后的社会生活中将要承担更多的责任,承受更大的竞争压力,孩子有恐惧心理就会畏首畏尾,难以当机立断地把握住成功的机遇,难以承担家庭的责任,更难以成长为社会的栋梁。

许多爸爸基于保护孩子的目的,不准孩子单独外出,不让孩子接触同龄的小伙伴,只让他们寸步不离地守在自己身边。

一旦孩子的活动范围不被爸爸所控制,孩子便会受到爸爸的责备。爸爸的过分保护导致孩子失去了许多锻炼勇气的机会,使孩子缺乏基本的适应能力,即使是很小的困难和刺激也接受不了。

恐惧是每个孩子都会遇到的心理问题,尤其在遇到重大变故时,如果这种心理能够得到很好的引导,就不会影响今后的生活;一旦不能得到很好的引导,就有可能造成一生的阴影。

爸爸要采取正确的教育方式,了解孩子恐惧的原因,然后有针对性地教育孩子,不要恐吓孩子,鼓励孩子勇敢做事,这样就能缓解孩子的恐惧情绪。

1. 了解孩子恐惧的原因

孩子存在恐惧心理,和对事物的不正确认识有很大的关系。孩子在成长的过程中可能会对各种各样的现象产生恐惧,如对自然事件的恐惧,对社交的恐惧等。

姜兵最近看有关魔鬼的电视看多了,加上白天小伙伴们在一起谈论,说魔鬼喜欢在晚上睡觉的时候把人抓走,心里很害怕。睡觉时,姜兵一直在回忆电视里的情节,越想越觉得恐怖,最后竟然吓得哭出了声。

爸爸过来问他发生什么事了,他把自己的恐惧说给爸爸听。爸爸向他解释道:"那些魔鬼都是人们想象出来的,现实生活中他们是不存在的,更别提来抓你了。"在爸爸的安慰下,姜兵战胜了恐惧。

爸爸要尊重孩子的感情,但不能过分关注,避免加剧孩子的恐惧。要耐心给孩子解释他们感到恐惧的现象,鼓励孩子积极参与一些能消除恐惧的活动。比如带着孩子在黑暗的路上走路,并启发孩子:看,现在这么黑,你并没有害怕啊。

2. 采用正确的教育方式

爸爸要向孩子讲科学、讲道理,不要采用各种恐吓手段吓唬孩子,要从小培养孩子坚强、勇敢的品质,不勉强孩子做不愿意做的事情。

同时,爸爸要丰富孩子的知识面,扩大孩子的视野,有意识地帮助孩子增加和自然、社会接触的机会,让孩子明白其中的道理,慢慢地这些恐惧就会消失了。

3. 不要过于保护孩子

孩子的性格都是在生活中不断磨炼出来的,爸爸要创造锻炼孩子勇气的机会。

爸爸应该时刻提醒自己不要事事管着孩子,不要让孩子生长在爸爸营造的温室里,孩子迟早要迎接外面的风雨,做爸爸的最好训练他们坚硬的翅膀和飞翔的技巧,而不是把他们关在牢笼里保护起来。

4. 给有恐惧心理的孩子适时的关爱

有恐惧心理的孩子更需要来自爸爸的赏识和鼓励。爸爸要留意孩子的行为,当孩子有勇敢的行为时,要及时鼓励孩子,这样会增加孩子的愉悦体验,从而消除恐惧心理。

爸爸要多给孩子爱抚和搂抱,给他们慰藉和安全感,并经常与孩子沟通、聊天,弄清孩子恐惧的对象,帮助孩子摆脱心中的恐惧。同时,要有选择地看电视节目,不要经常让孩子处于紧张、惊恐的环境中。

5. 做勇敢的爸爸

孩子的行为很大程度上源于对爸爸的模仿,爸爸对事物表现出害怕,就会把恐惧的情绪传递给孩子,爸爸要检查一下自己的言行,不要在孩子面前表现出对某种事物的恐惧,给孩子不良的心理暗示,或者将自己的恐惧传达给孩子。

爸爸要有意识地在孩子面前表现出勇敢,让孩子模仿自己的行为,这样可以减轻孩子的恐惧。孩子如果怕狗,爸爸可以和狗一起嬉戏,安排孩子和狗接触,就会淡化孩子的恐惧感。

教子心得

孩子的成长过程中都会有一个心存恐惧的心理阶段,如果长期处于恐惧、焦虑之中,对他们的身心发展都是不利的。爸爸要教育孩子勇敢,把恐惧的魔鬼赶出孩子的心灵。

虚荣心是一把双刃剑

　　林毅自从上初中后,除了学校硬性规定上学期间必须穿校服外,他身上的穿着全是名牌,鞋子非要阿迪达斯不可,平常休闲衣服是耐克,连皮带都要选鳄鱼的。平时父母每星期都固定给他100元的零花钱,但最近他老是说钱不够用,要求每星期再多点零花钱。父母问他那些钱怎么花了,他说有时与同学们互相请吃麦当劳、肯德基等,有时看到精品店有些东西不错就买了。父母没答应他增加零花钱的要求,他居然气得几天不跟他们说话,还摔了一个杯子。

　　爱慕虚荣是很多孩子身上普遍存在的弱点。某种程度上讲,虚荣心代表着儿童在成长过程中自我意识的增强,表明他们期待着展示出自己最美好的一面以赢得别人的称赞与认可。适当的虚荣心会促使孩子积极进取,但是过度的虚荣心则不但会阻碍孩子的进步,还会对孩子的心理健康造成一定的影响。孩子追求的这种真实的满足感,是一种虚假的心理需要,会阻碍真实心灵的成长。

　　虚荣心是孩子身上一个外表光鲜却又沉重的枷锁,使孩子在人生道路上步履维艰。盲目追逐虚荣不会给孩子带来真正的荣誉,只能使孩子沦落成为虚荣心的奴隶。虚荣心不但使孩子骄傲自满,故步自封,而且会影响孩子的人际交往。

　　当爸爸抱怨孩子爱慕虚荣的时候也要反思一下自己的教育方式。孩子的虚荣心常常来自父母对孩子的溺爱,不希望自己的孩子比他人的孩子差;孩子不满足自己现在的生活;爱面子,怕别人看不起自己;追求物质享受;孩子的价值观偏离了正常的方向等。

　　虚荣心强的孩子在成长过程中经常会出现撒谎、情绪不稳定的情况,这无疑对孩子的成长是不利的,爸爸要采取相应的方法来矫正孩子的虚荣心理,帮助孩子走出爱慕虚荣的误区。

　　1. 不要用爸爸的虚荣心影响孩子

　　爸爸不要将自己虚荣的想法强加在孩子身上。很多爸爸本身存在虚荣心理,他们穿名牌,开好车,同时希望自己的孩子考个好成绩,上好学校,给自己争面子。他们的这些言行举止会影响孩子价值观的建立,会助长孩子的虚荣心。

　　金谦的爸爸最近下岗了,他是个很爱慕虚荣的人,为了让别人瞧得起自己,贷款买了车。他怕孩子在学校里受欺负,又为孩子买了很多昂贵的名牌衣服和学习用品。

　　金谦要买比较贵的物品时,爸爸就算是出去借钱,也会满足孩子的要求。结果金谦变得越来越爱慕虚荣。

　　孩子在这种家庭环境下成长,必然会染上虚荣的不良习惯,注意力偏离其学业,走向追求享乐、奢侈的歧途。所以,爸爸要以身作则学着节俭,为孩子做榜样,改变自己以前的错误行为,注意在孩子面前保持良好的形象。

　　2. 指导孩子将虚荣心转化为学习动力

　　孩子喜欢购买名牌多是虚荣心作祟,简言之就是他们想通过品牌来取得他人的赞赏和崇拜。其实孩子的这种虚荣心未必都是坏事,如果爸爸能够及时引导,就会转化为学习的动力。

　　孩子想要获得他人的认同,这是无可厚非的,爸爸可以引导他们以那些因为学习成绩或者其他能力突出而受到他人认同的同学为榜样,鼓励他们在学习和其他方面做出成绩,博得真正的认同。

3. 拒绝孩子的不合理要求

孩子为了在他人面前有面子,会向爸爸提出不合理的要求,如果爸爸轻易地满足孩子的无理要求,会导致孩子任性、攀比、嫉妒等不良心理的出现。

> 林洁上七年级了,班里同学中穿名牌的很多,还有不少人用上了手机,有的还很高档。她连件名牌的衣服都没有,甚至用的书包还是好几年前买的。
>
> 这天她的同桌拿来一部很漂亮的手机,让她很羡慕。回家后她向爸爸说:"班里的同学差不多都有手机了,我也想要一个。"爸爸耐心地和她分析:"你现在的任务是好好学习,有了手机会分散学习精力,再说你现在的心态很不正确,学生阶段要和别人比的是学习能力和知识水平,而不是这些外在的东西。"
>
> 林洁听了爸爸的话,再也不盲目和同学们攀比了。

在孩子提出无理要求时,爸爸要加以拒绝,防止孩子尝到甜头而肆意放纵自己的虚荣心。同时,爸爸和妈妈要保持教育态度的一致性,不能出现一方拒绝、一方妥协的情况,这样反而会激发孩子的虚荣意识。

4. 引导孩子树立正确的消费观念

出于对孩子的溺爱,很多爸爸会给孩子足够的零花钱。孩子手里的零花钱一多,就容易产生乱买东西、互相攀比的虚荣心理。因此爸爸要有效地控制孩子的消费,引导孩子树立正确的消费观。

爸爸要合理引导孩子的消费行为,平时购物的时候可以带着孩子,用实际行为教育孩子该买什么不该买什么,不让孩子为了满足虚荣心购买不切合实际的物品,帮助孩子树立正确的消费观念,这样就能有效制止孩子的虚荣心了。

教子心得

适当的虚荣心是孩子前进的动力,过度的虚荣心则会导致孩子的其他心理疾病,如嫉妒、自卑等,阻碍孩子的发展。

拒绝孩子的虚荣心

一位爸爸诉苦道:

> 我的孩子太不像话了!不让我去参加班级的家长会,说我是卖菜的,太丢人了。非要让当大老板的二叔去,并且说,还必须要二叔开着宝马去参加家长会。才上小学二年级就这么虚荣,这叫我怎么办呀?

据调查表明:独生子女的虚荣心比较强,在被调查的独生子女中,有20%的孩子存在较强的虚荣心。

其实,孩子的虚荣心是很多因素造成的。如父母经常表现出虚荣,经常夸大事实,以满足自己的虚荣心,孩子也会受其影响;父母经常把孩子的缺点说成是绝对的优点,孩子就会骄傲自大,不可一世,虚荣心骤升;受社会不良风气的影响,如腐败、浮夸的风气对孩子的错误引导,等等。

从心理学角度来讲,虚荣心是以不正当的方式保护自尊的一种心理状态,是为了获得别人尊重、关注、崇拜而表现出来的一种不恰当的社会情感,它不仅会伤害到自己,更会伤害到他人。

(1)虚荣心过强,孩子就会错误地认为追求物质上的享受就是幸福,进而贪图物质上的享乐,逐步腐蚀孩子的金钱观、人生观和价值观。

(2)如果孩子的虚荣心过强,而当他的某种需求得不到满足时,就会用撒谎、欺骗、偷窃等不正当的手段来满足自己的虚荣心,这样,就会很容易走上犯罪道路。

(3)虚荣心很容易滋生嫉妒心理,孩子会经受不住社会上的种种诱惑,铤而走险,做一些过激的行为,如伤人、损害他人利益,等等。

所以,爸爸要及时纠正孩子过分的虚荣心,教给他正确的金钱观、人生观与价值观,帮他找到正确的人生方向,避免在虚荣心的侵蚀下迷失自己。

1. 拒绝孩子的虚荣心

在很多时候,孩子的某种要求是虚荣心在作怪。例如,怕丢人,不穿普通的衣服;瞧不起爸爸的职业,不让他参加家长会,不跟爸爸一起逛街;买最昂贵的玩具……如果你满足孩子的这种需求,就代表着你支持了他的虚荣,那么,他的虚荣心就会骤升,进而提出更多过分的要求。

所以,当孩子向爸爸提出某种要求时,你要判断他的这种要求是不是出于虚荣心。如果他的要求是合理的,你就要尽量满足他;如果孩子的某种要求是出于虚荣心,那么就要拒绝这种要求。此外爸爸还需要及时纠正孩子的这种要求,让他通过正当的途径来得到自尊心的满足,如参加公益活动、学雷锋活动等。

2. 给孩子讲出虚荣心的危害

在小品《有事您说话》中,郭冬临所扮演的人物就是为了表现出自己有本事,夸大了自己的能力,说自己有门路买到火车票,甚至可以买到车皮,结果,当别人托他办事时,他只好抱着被子在车站熬夜买票,弄得自己狼狈不堪。这就是典型的虚荣心的表现,由此带来了很多麻烦和痛苦。

像这样的例子还有很多,如有的人为了满足虚荣心,就开始编造谎言,最终不得不编造更多的谎言来维护这个谎言,最终使自己狼狈不堪;有的人为了满足自己的虚荣心,就胡乱花钱,没钱了,就去偷、抢,最终走上犯罪的道路……

爸爸可以通过这些故事,告诉孩子虚荣心所带来的危害,这样,他就会知道事情的严重性,进而克制自己的行为。

3. 培养孩子正确的荣辱观

在周星驰所导演的电影《长江七号》中,有这样一句台词:"我们虽然穷,但是不能说谎,也不能打人;不是我们的东西,我们不能拿;要好好读书,长大要做一个对社会有用的人。"这句台词看似简单,但是却说出了一个人应该拥有的、正确的荣辱观。

其实,每一个孩子都希望获得更多的荣誉,渴望得到他人的尊重与崇拜。爸爸要做的就是培养孩子正确的荣辱观,要让孩子明白:只有凭借自己的实力获得的成功,才是一种荣誉,才能赢得别人真正的尊重与敬仰;而采取一些不正当的手段所取得的某种成功,虽然能获得暂时的荣誉,但是最终会原形毕露,遭人唾弃。

教子心得

英国人文主义者托马斯·莫尔说:"孩子有了虚荣心,就会失去正确的荣辱观,容易把精力和眼光都放在与别人不合理的攀比上,因此会走上歧路。"

孩子攀比怎么办

周末,小敏对爸爸说:"爸爸,明天给我买一双名牌鞋吧。"爸爸放下报纸,问:"前天不是刚给你买了一双鞋吗? 怎么又要买?"

小敏喊道:"你给我买的鞋又不是名牌! 同学小鑫穿得可是阿迪达斯的鞋呀,特别好看,我也想要。"

爸爸生气了:"鞋有的穿就行了。你还要什么呀? 你怎么好的不比,偏偏比花钱呢? 这样,家里有多少钱也不够你折腾的。真是败家子!"

小敏很不高兴,哭着回房间了。

据调查显示:目前学生群体中的攀比现象极为严重,超过一半的孩子都会存在攀比心理,如他们对同学穿名牌衣服和名牌鞋、过豪华生日宴会、奢侈品消费都很羡慕,希望跟同学一样甚至超过同学。之所以会存在这些现象,主要有以下三点原因:

父母的错误引导。一些父母经常跟其他人攀比,如经常谈及哪位朋友买了豪华汽车,哪个同事戴了名牌手表……给孩子造成了错误引导。

父母的溺爱。父母经常满足孩子的要求,不论孩子的要求是否合理。这样就刺激了他追求物质享受的欲望,助长他的攀比心理。

孩子的虚荣心。在虚荣心的影响下,孩子就会通过物质的优势来突出自己的实力,攀比心理也就会愈演愈烈。

对此,很多爸爸会有以下疑问:

如何才能正确引导孩子的攀比心理呢?

我让孩子不要攀比,可他就是不听,怎么办?

……

以下是几种方法,可以有效地解决爸爸的这些困惑。

1. 利用孩子的优势引导孩子的攀比心理

十岁的小帅对爸爸说:"爸爸,我的同桌穿了一双名牌鞋,我也想要。"

爸爸说:"上个星期爸爸不是给你买了一件名牌衣服吗? 他有名牌鞋,你也有名牌衣服呀!"

孩子兴奋地说:"也是,那我明天就穿这件衣服。"

用孩子已经拥有的东西代替他想要的东西,以孩子的优势来比较其他人的不足,这种方法往往会使孩子更愿意接受。其实,类似的方法还有很多。例如,孩子想要一个新的文具盒,你可以说,他有一个新的书包;孩子羡慕别人会跳舞,你可以说他的画画得很好;孩子羡慕同学家庭条件好,你可以说他却拥有一个和谐美满的家庭。

2. 把攀比变为节俭的动力

九岁的小艺对爸爸说:"爸爸,我想跟我的同学一样,买一套名牌衣服。"

爸爸说:"你想买一套名牌衣服是吗? 多少钱呢?"

小艺说:"600 块钱左右。"

爸爸说:"这样,你可以用自己省下来的零花钱买这套衣服。并且,你可以跟同学们说,这套衣服是你用自己攒下来的钱买的。这样,他们一定会很羡慕你的。"

小艺兴高采烈地说:"好的,从现在开始我就把所有的零花钱都攒起来,总有一天我会买到这件衣服的。"

当小艺向爸爸提出要求时,爸爸并没有直接指责,而是让他自己攒钱来购买想要的衣服,把小艺的攀比心理引导成为节俭的动力。所以,当孩子与其他人进行攀比时,爸爸不妨用此种方法。这样,既不会打消孩子积极进取的积极性,又会把他从攀比引向节俭,可谓一举两得,何乐不为?

3. 引导孩子正确地"攀比"

十岁的小飞对爸爸说:"爸爸,我也想要一个精致的手表,我们班里很多同学的手表都是特别好看的。"

爸爸说:"噢! 你想要一款精致的手表是吗?"

"是的。"

"那你觉得,手表和学习哪一个重要呢?"

"学习。"

爸爸说:"是的。就算爸爸给你买了新手表,我想你戴几天也就感觉没意思了。到时候,你还会要名牌衣服、名牌自行车……我觉得,你应该好好学习,这样即使你没有这些东西,你的同学都会羡慕你,向你学习的! 到时候,老师也会更喜欢你,是吗?"

小飞想了想,说:"爸爸,你说的是对的,我会更加好好地学习的!"

当小飞想要一款精致的手表时,爸爸没有满足小飞的要求,而是正确引导他,把他的注意力转移到学习上来,让他明白:手表只是暂时的,只有学习好才能真正赢得同学的羡慕,得到老师喜爱。

所以,爸爸要对孩子进行正确的引导,把他的"攀比"转变为"积极进取",这样他就会对攀比有一个正确而科学的认识。

───── 教子心得 ─────

如果孩子的攀比心理得不到制止,就会形成错误的消费观念,逐渐形成"拜金主义"与"享乐主义",进而扭曲他的人生观与价值观。所以,爸爸要培养孩子正确的金钱观,对孩子的攀比心理进行适当的引导,使他走在正确的人生道路上。

嫉妒是摧残心灵的毒虫

黄英的皮肤有点黑,每次听到别人在夸奖其他女孩说:"呀,这个孩子的皮肤真白。"她的心里就酸溜溜的。班上有个女孩叫小雪,长得肤白如雪。黄英和她没什么过节,可她就是不喜欢小雪。

有一天,小雪忘记带橡皮了,正好黄英有两块。小雪来借橡皮,黄英说:"两块我都要用,不能借人。"大家都觉得很奇怪,因为,黄英平时对其他同学也不是这样的。小雪只好扫兴地回座位了,看到小雪很失落,黄英心里暗暗高兴。大家都不知道,黄英其实是妒忌小雪皮肤白。

嫉妒是一种不健康的心理,是指人们为竞争一定的权益,对幸运者或潜在幸运者怀有的一种冷漠、贬低、排斥,甚至是敌视的心理状态。孩子的嫉妒是指对他人优于自己,或者可能超过自己所产生的一种忧虑、害怕或是怨恨的心理状态。

大多数的孩子争强好胜,都希望自己处处比别人好,由于孩子的认知水平有限,他们的意识里,说谁好就是在说自己不好,他们想的不是如何通过努力去超越他人,而是希望别人不如自己。

孩子的嫉妒心理主要表现在:看到别人的长相、衣着超过自己,他人的学习成绩比自己优秀,便会痛苦;看到别人得到荣誉,受到表扬便会愤愤不平,并会设法阻碍他人的成功。嫉妒心严重的孩子还会使用各种伎俩去诋毁他人的荣誉,散布流言飞语,中伤别人等,对别人会造成伤害,自己也不会开心。

嫉妒心重的孩子往往人际关系紧张,心胸狭窄,对于别人的成绩耿耿于怀,将自己置于痛苦的境地,生活在焦虑的情绪中,影响了自己的身心健康。

爸爸要激励孩子将嫉妒转化为竞争意识,使孩子在赶超他人的过程中增强自身适应社会的能力,逐步淡化自己的嫉妒心。

1. 帮助孩子认识到嫉妒的危害

爸爸要帮助孩子认识到嫉妒的危害,让孩子抛弃嫉妒的心理。嫉妒会造成孩子和他人之间关系的紧张。嫉妒的孩子喜欢在别人背后说三道四,并会导致中伤、诋毁等行为的产生。强烈的嫉妒心还会让孩子产生报复心理,对自己和他人都造成很大的创伤。

此外,嫉妒会造成孩子内心的痛苦。一个嫉妒心强的人,常常陷入痛苦和焦虑之中不能自拔。消极情绪的存在不但会抑制孩子潜能的发挥,还会导致孩子心理的扭曲,对孩子人格的完善也会造成影响。

2. 注意表扬孩子的分寸

对于嫉妒心强的孩子,爸爸在表扬的时候要注意分寸,不可过多。因为过多的表扬会让孩子无法看清自己的水平,自视甚高,一旦发现他人超过自己时会更加嫉妒。

爸爸可以把引导孩子发现别人的优点作为重点表扬的内容,这样不仅保护了孩子的自尊心,还会促使孩子为了得到表扬而继续发现别人的优点,这样就能逐步消除孩子的嫉妒心理。

3. 教育孩子正确评价自己和别人

让孩子正确地评价自己和他人是克服嫉妒心理的基本途径。孩子要正确地评价自己的能力,不对自己提出过高的要求,在身边寻找自己的榜样,看到别人的长处。

王雪是个嫉妒心很重的女孩,她的学习成绩也就是中等,可她老是给自己制订不切合实际的目标,一旦达不到目标就产生自卑的情绪。

她恨周围比她优秀的同学,她不明白为什么其他同学的成绩比她高,她从不和比自己优秀的同学交往,甚至会在背后恶意诋毁那些同学,班里的同学和老师都很讨厌她的行为。

嫉妒非但不会帮助自己进步,还会影响自己的斗志。爸爸要让孩子在评价自己和他人的过程中削弱嫉妒心,让孩子知道每个人都有长处和短处,人和人之间是有差异的。孩子要敢于承认自己的优点和劣势,靠自己的努力发扬长处,规避缺点。

4. 用自信战胜嫉妒

存在嫉妒心理的孩子一般都会有自卑的情绪。缺乏自信的孩子往往会过度关心自己的弱点,而自卑的感觉更容易刺激孩子的嫉妒心理。因此,爸爸要帮助孩子建立自信,让孩子对自己充满信心,这样就能有效避免对别人的嫉妒心理了。

上七年级的关月英语成绩一直是班里最好的,在多次英语竞赛中获得了不错的成绩。但是最近班里转来了一个比她英语更好的学生,关月的光芒全被她遮盖了。为此,她很嫉妒。

爸爸明显看出关月的心理出现了问题,和孩子沟通后,爸爸有意识地把关月曾经的荣誉都拿了出来,告诉关月她是最棒的,相信她能够凭借自己的努力去超越竞争对手。在爸爸的鼓励下,关月充满了自信,更加努力地学习英语了。

孩子自己解决了一个难题或是取得了一点进步,爸爸就要给予积极的鼓励,这样不仅会帮助孩子克服嫉妒心理,还会培养起孩子的自信。

教子心得

嫉妒是摧残孩子心灵的毒虫,不仅会破坏孩子和他人的关系,也会影响到孩子的心理健康。爸爸要留意孩子的行为,纠正孩子的嫉妒心,帮助孩子的心灵健康成长。

带孩子走出脆弱的泥沼

在某省重点中学初二某班自习课上,有不少同学在吵闹,教室里显得很乱,只有张宏仍在学习。突然,班主任老师推门进来,这时坐在张宏前面的郑强正转过头来和后面的肖洋说得激烈,张宏被夹在两个说话人的中间很不舒服。结果老师径直走到张宏面前:"上自习课怎么能说话,你不学习还要影响别人的学习。"张宏刚想向老师申辩自己没有说话,没想到老师立刻说:"你不是学习的料,不会学好的。星期一到政教处报到吧。"张宏以为要开除他,而且认为老师当着全班同学的面这样评价他,感到自尊心受到了莫大的打击,反反复复就是想不通自己为什么要受到这样的不白之冤,又想到被开除后没脸见同学和家里的人,张宏感到无比恐惧。

晚上七点多,他在校外的一家药店买了十片安定片,想吃药自杀,以证明自己的清白。幸亏在课间操时,同宿舍的几名学生发现张宏躺在床上昏迷不醒,拨打了120急救。经抢救,张宏脱离了生命危险,避免了惨剧发生。

张宏自杀事件,显示了其心理素质之脆弱。因为经不起一点挫折,受不得一点压力,烦躁、焦虑、沮丧,心理失衡一下子就发展到难以自控的程度。他们像陆地缺少植被一样,内心深处也是一片荒漠。生活中经常会看到像张宏这样的例子:仅仅为了一点小事,就伤心落泪;因考试分数不理想,或者因为家长、老师批评了几句,就离家出走;因被人误解,还会产生轻生的念头。如此多的现象及后果实在让人痛惜。

爸爸们如何针对孩子脆弱问题,来帮助孩子保证孩子的心理健康呢?

1. 要注意及时发现孩子出现的心理问题

据一位心理咨询工作者说,最令他们感到痛心的是,相当多的问题孩子是在有关问题已经十分严重时,才被送来咨询。这一方面表明我们的心理咨询机构工作展开尚未全面、普及,另一方面也反映了家长只重学习成绩,缺乏对孩子心理健康教育的重视和科学手段。

从表面上看,孩子的问题是学业问题或由学业引起的相关的行为问题,但其中隐藏着的却往往是学校和家庭教育的误区。爸爸没有科学正确的家庭教育观念和方法,不注意孩子心理品质和素养的培养,造成孩子心理承受力差,受不起挫折失败;学习无动机或动机失当,使学习动力缺失或难以持久,即使一时不出现问题,但时间一长,必定漏洞百出。这时,如果小洞不补或小洞乱补,等小洞成为大洞难补时,后悔就来不及了。

2. 重视"情商"教育

现在,国外一些公司招聘员工已开始注重"情商",通过对个体情感商数的评价,考察其个性品质、情绪情感等非智力因素的情况。其实,我国的心理学界早就有关于非智力因素的研究。传统的智力测试,除了有助于早期鉴定高智商或弱智儿以保证他们接受相应的特殊教育外,对一般人意义不大。而依靠有效的方式,优化孩子的非智力因素,改善和提高他们的"情商",反倒是一条更有价值和意义的渠道。

然而,从心理保健和心理发展角度看,我们的学校教育和家庭教育做的是极其不够的。自我探索活动,自我意识的形成,心理承受力的培训,以及人际交往观念和技巧、能力的指导,这些与个体未来发展息息相关的方面,究竟有多少人重视了,又有多少人有的放矢地采取措施了?

现代医学,已经把注意力从单纯的治病、防病转移到了强身健体之上;现代的心理健康学也早已从过去的治疗少数的心理疾患,预防心理障碍,转到了心理发展领域。现代人在利用心理咨询、心理治疗帮助自己保健之外,更应利用心理教育、心理训练等手段,积极地帮助自己改善心理素质,发展自己才干,挖掘自身潜能。

如果家长或教育工作者依然把自己的认识水平停留和局限在孩子出现了心理问题再作对策,无疑是走进了心理健康教育的误区。

3. 父母的关怀十分重要

其实,人的心灵更需要关怀。一个心智健全的人才有可能获得进一步发展,试想,如果心灵残缺了,又怎能有所成就呢? 也许他连成为一个普普通通的正常人都成问题。这一点,是所有教育者和家长需要谨记的!

教子心得

心理脆弱的孩子,往往缺乏开拓、创新的气质,这似乎可以说是一条规律,因此,爸爸在平时要善于培养孩子坚强的个性,及时疏导孩子心理脆弱的问题。

帮孩子克服害羞心理

吕静是个聪明好学的女孩,最大的问题是"害羞"。她上课时几乎从不举手发言,也不喜欢参加学校的集体活动。平时说话的声音小得像蚊子,让人根本听不清她在说些什么;课间休息的时候也很少见她和同学一起"疯",总是静静地坐在那里看课外书,或者干脆坐在那里发呆。有一天,在语文课上,老师点名让她朗读课文,她犹豫半天才站起来,而且满脸涨得通红,半天没有说出一个字来。平常念得很熟的课文,现在怎么也念不出一个字,老师看着面红耳赤的吕静,无奈地摆摆手,让她坐下。坐在位子上的吕静终于松了口气,可是想到刚才的情形,眼泪一下子涌了出来,自己那篇课文在家念得可好啦,为什么刚才却一个字也说不出呢? 吕静的内心充满了苦恼。

像吕静一样,很多孩子都有害羞的特点,多数人"有点害羞"并不妨碍他们的发展和生活。一般说来,随着孩子对人、环境的熟悉,害羞的感觉会有所消退。如果没有其他的问题出现,害羞的孩子也不太会产生危险的心理和行为问题。因此,对于那些程度不特别严重,只在较短一段时间内存在的"害羞"行为,爸爸没有必要过于担忧。如果孩子的"害羞"相当严重,而且既不是只在某些特殊情境,也不是只在一段较短的时期内出现,那么就有一定的危害性。

孩子"害羞"的原因大致有下面几种:

一是父母的影响。有证据表明,那些父母有"害羞"倾向的孩子往往更易害羞。

二是发展因素。在成长的某些特殊的阶段,孩子会特别容易害羞。

婴幼儿阶段,孩子对父母有强烈的依恋,对陌生的成人有种"害怕性"的害羞。这个时期的孩子往往会害怕见到陌生人,不敢跟陌生人交往。

学龄前阶段,孩子自我意识的发展会使得他们容易出现"自我意识性害羞"。因为自我意识的发展提高了他们的社会敏感性,使他们觉得自己总处于别人注意的中心。

青少年阶段,随着自我意识的发展达到顶峰,这种"自我意识性"的害羞也会显得更加明显。这个时期的孩子会出现迫切想表现自我,同时又害怕别人注意的矛盾心理,这种矛盾心理会促使其时刻都感到"害羞"、不知所措。

三是缺乏社交锻炼。害羞的孩子往往缺乏社交技巧。与那些个性孤僻的孩子不同,害羞的孩子内心其实也渴望能和同伴一起嬉耍,只是他们不得其门而入,因为他们缺少社会交往经验。

四是自卑。有些人感到自己在相貌、才能、社交技巧等方面不如别人,因而产生逃避和自我保护心理,并以"害羞"的行为方式表现出来。

同时,一些人也会因为自己的"害羞"而变得更加自卑,这样,就陷入了相互加重的恶性循环之中。

五是不愉快的经历。过去不愉快的经历或重大的交往挫折造成的心理障碍,是导致一些人害羞的原因。

爸爸帮助害羞的孩子建立自信自尊是关键的一步。

第一,有意"忽视"孩子。不要经常提示或挑剔孩子,以免加重孩子的害羞和畏缩情绪,要让孩子在完全自我放松的情境中行事。

第二,帮助孩子显示自己的才干。害羞缘于对失败的害怕,而"拿手戏"容易产生成功的体验,特殊的才能可以增强孩子的自信。爸爸可以根据孩子的兴趣爱好来培养孩子的一些特长,同时给孩子提供一些展示特长的机会。

第三,现身说法。爸爸要让孩子确信,很多人在新的情境下都会对自己的行为没有把握。

害羞的人总是认为:在一些场合,他是唯一心跳加快的人,或者除了自己外,其余所有人都知道如何与陌生人交往。如果害羞的孩子知道每个人都有害羞的时候,就能感到宽慰一些。如果爸爸能够"现身说法",能向孩子示范他是如何消除自己的紧张和羞怯的,孩子的收获就会更多。

第四,培养孩子的社交技能。与受到同伴拒绝的孩子不同,害羞孩子的社交问题不在于"维持友谊",而在于"发起友谊"。他们往往是在面对新人或者新环境时,不能或者不愿意跨出第一步。

因此,可以教给他们一些"开始"交往的技巧。如,训练孩子在见到熟人时,能第一个微笑并问候"你好";教会孩子一些"开场白"("我可以和你们一起玩吗")。

害羞的人在与他人交往时,总是专注于自我,心中不停地考虑自己会给别人留下什么印象,别人会怎么看他,他们会完全沉浸在自己的不舒适的感觉里。这就要训练害羞的孩子在与人交谈时,学会倾听别人的说话,观察别人的表情,体会别人的情感体验,等等。总之,让孩子在交往过程中将注意的焦点从"自我"转移到"他人",或者是"事情"身上。

在人际交往中,消除紧张情绪也是很重要的,通过改变人的身体动作,可以改变人的感受。

第五,爸爸要给孩子提供交往的机会。多开展"家庭社交"活动,让家庭成为孩子的社交场所。可以采用"结对子"的方式,鼓励和发动几个同学组成一个小组,经常邀请害羞的孩子参加活动。在孩子没有准备的情况下,不宜强迫孩子,否则只会加重孩子的害羞与畏缩心理。

教子心得

有害羞心理的孩子,一般性格会比较内向,这时,爸爸不但要想出对策让孩子克服害羞的心理障碍,还要培养孩子开朗、乐观的性格。

为抑郁的孩子找回欢乐

"茜茜,该起床了,要不上学就要迟到了!"

几分钟过去了,女儿的房间里还是没有动静。父亲看看表,已经快7点了,如果再不起床,上学就迟到了,于是赶紧又去敲茜茜的门,叫她起床去上学。

敲了半天的门,里边才传出女儿很不耐烦的声音:"我不想去上学,我今天还是不舒服。"然后任父亲怎么叫也不开门、不说话。

茜茜今年十二岁,上五年级,已经是个亭亭玉立的大女孩了,成绩也还不错。可是前段时间,茜茜突然变得闷闷不乐、少言寡语起来,有时候还精神不振,整天一副睡不醒的样子,学习成绩也逐渐下降。

这几天,茜茜总说自己不舒服,不想去上学,父亲要带她去医院,她也显得很不耐烦,不肯去,父亲没办法,只好帮她跟老师请假。但在家里,茜茜也只是闷在自己的小房间里,只在吃饭的时候出来吃点东西。

昨天,父亲实在没有办法了,便给茜茜的班主任打电话,询问女儿的近况。原来前段时间学校评三好学生,本来每年都会当选的茜茜,这次却落选了。从那以后,她便变得沉默寡言,下课也不爱和同学们一起玩了,上课总是走神,学习成绩也逐渐开始下降。这不,这几天连学都不肯去上了。

父亲真不明白,不就一个三好学生嘛,至于引起女儿这么大的反应吗?这孩子的心理,可真难让人懂。

对于大多数孩子来说,快乐应该是无处不在的。但在我们身边,也有一少部分孩子像茜茜一样,整天感到烦闷、抑郁,甚至还会产生厌学等不良情绪,这不仅会影响其智力的开发和身体健康,还使其做任何事都不能安心,整日愁眉苦脸。在学校里,热闹的地方找不到他的身影,他往往藏在同学的身后,没有笑脸,连同学都不愿意跟他一起玩;在家里,他们也很少与父母说话,喜欢缩在自己的小房间里,如果遇到不满意的事,更是闷闷不乐。这样的孩子,别说同龄的孩子了,就连成年人都不愿意接触他,觉得这孩子不活泼,难以接近。这类孩子如不能及早改变,很可能就会出现抑郁心理,长大之后也可能会发展成为悲观主义者,甚至引发严重的心理疾病。

抑郁情绪对孩子的身心发展十分有害,它是一种消极的复合性负面情绪,包括悲伤、恐惧、焦虑、痛苦、羞愧、自罪感等，它使孩子的心理过度敏感，对外部世界采取回避、退缩的态度。

导致孩子出现抑郁情绪的原因是多方面的，既有孩子自身气质问题，也有家庭教育因素，因此在孩子成长过程中，父母培养孩子的心理健康是非常重要的。缺少了这一环节，将会使孩子走进抑郁的情感世界。

尽管并不是每个孩子都有患抑郁症的可能，但也应该引起爸爸们的特别警惕，如果爸爸对自己的孩子有这方面的担忧，就应该及时带去咨询或看心理医生。

生活告诉我们，要使孩子健康成长，最好的办法就是让他感到快乐。但孩子的这种抑郁情绪肯定是不会令他快乐的，不仅如此，孩子的情绪还会给家庭笼罩上一层阴影。

作为爸爸，如何帮助孩子"拨开乌云见太阳"呢？如何正确引导孩子走出抑郁情绪呢？

1. 营造良好的家庭氛围

有些父母常常因为忙于工作，只把家当作休息和睡觉的地方，还有的父母经常在家中说一些消极的话，比如对社会不满、自己受到不公平的待遇等，这些都会影响孩子心理的发育，孩子在少年时代常常感觉不到快乐，也会出现消极抑郁情绪。

另外，父母之间感情冷淡甚至出现争吵等不良家庭氛围，也会给孩子的情绪带来不良影响。还有些父母把孩子的分数看得过重，也容易导致孩子抑郁情绪的出现。

对于孩子来说，家就是他的全部，所以一个温馨的家可以培养一个快乐的孩子。尽管工作很重要，但孩子的教育也同样是个大问题。因此，爸爸平时最好将那些没意义的应酬推掉，多抽点时间陪孩子，比如和孩子一起看看喜剧、小品、动画片等，或听听激动人心的音乐，让笑声驱散抑郁的情绪，让激动人心的乐曲带来生机。爸爸的关心和爱，以及温馨的家庭氛围都会使孩子的情绪变得快乐起来。

与此同时，父母还要给孩子做好榜样。父母的任何言行都会被孩子看在眼里，同时也是孩子的模仿对象。因此作为父母，你对人生、生活、挫折等要有正确的观念、承受力及应对良策，即使面临极大的困难，也应传达给孩子一种克服困难的勇气。如果一遇到困难，便唉声叹气，或者痛苦不堪，那么这种情绪就会传染给孩子，让孩子也感到压抑，影响孩子的情绪。

2. 让孩子合理宣泄烦恼

如果孩子长期处于一种消极的情绪当中，肯定会影响其健康成长。所以当孩子遇到困难时，爸爸要帮助他淡化压力，让他变得更加达观，告诉他人生不可能万事如意，不必把一时的困难看成永久的障碍，许多困难都可以克服，烦恼也都会烟消云散。有的人之所以一生快乐，并不是因为一帆风顺，而是他们的适应力强，拥有好心态，能很快振作起来，以此来鼓励孩子走出困境。

当孩子被不良情绪缠绕时，爸爸还要主动教给他一些宣泄情绪的合理"小窍门"，比如允许他大哭一场，或做一件自己喜欢的事情，还可以同好友一吐衷肠，等等。总之一句话，爸爸要告诉孩子，不要将烦恼锁在心中，而应经常高唱"快乐属于我"。

此外，记日记也是孩子倾诉内心烦恼的方式。对于这点，爸爸一定要尊重孩子，不要去偷看，留一个空间给孩子，让他尽情地宣泄，这对排解抑郁是很有帮助的。

3. 爸爸要经常检查自己的情绪

有的爸爸自己有抑郁、焦虑的情绪，在和孩子沟通的过程中，无法理解孩子的思想，这就容易导致孩子的抑郁情绪。如果爸爸是一个快乐开朗的人，那么他就能够用更宽容的心去理解孩子。所以，作为孩子的启蒙老师，爸爸也要经常检查自己的情绪。因为你本身固有的某种个性弱点也会带到和孩子沟通的过程中，所以一定要注意自己本身的个性局限，以便能够顺畅地和孩子沟通。

4. 放手让孩子追寻快乐

快乐的体验有助于培养孩子大方和开朗的个性,爸爸不应该因为孩子学业失败等原因,就剥夺孩子跳舞、唱歌、看小说的权利,而应该学会放手,让孩子做他自己喜欢的事,追寻快乐,这样才更有利于他的成长。不仅要支持抑郁的孩子去做,对于正常的孩子,爸爸同样也应该鼓励他们去做。如果他们没有特别的兴趣,爸爸还要加以培养,让他忘情地跳、唱,把抑郁赶跑,换来一个好的心境。

教子心得

爸爸们应当以身作则,将自己阳光、自信、乐观、洒脱的一面展示给孩子,并想方设法教会孩子战胜抑郁的办法。

帮狂躁的孩子安静下来

小朋开始上二年级了,背上新书包,捧回来今天发的一叠新书,高兴得手舞足蹈,爸爸妈妈见他高兴,自然也特别开心。

第二天放学的时候,爸爸站在学校门口等着接小朋,可是等了半天也没见他跟着队伍出来。爸爸很纳闷:这是怎么回事?难道刚开学就被老师留到学校了?爸爸担心地准备到老师的办公室看看。

刚到教师门口,就看见小朋正坐在椅子上噘着嘴巴,满脸怒气,可能被老师批评了。

"小朋,你怎么啦?"爸爸正想问个究竟,冷不丁他大喊一声:"你走,你走,我再也不用你管!"这着实把爸爸吓了一跳。

正在这时,小朋的班主任出来了,爸爸就想让他到老师面前说个清楚。可爸爸刚一拉住他的手,他就使劲一甩,结果正好打在桌子上,他顺势大哭大叫起来,弄得爸爸非常尴尬,训斥也没用,竟然还越哭越凶。

"让他发发脾气吧,我们到外面聊聊。"老师把小朋的爸爸拉到了门外。

原来,同学松松今天带了一个毽子,课间松松就邀请几个小朋友一起玩,结果没有邀请小朋。小朋因此便不高兴了,先是冲上去抢,继而故意把毽子扔到树枝上。松松朝他要,他非但不想办法,反而还捡起一个小石子扔向松松,并幸灾乐祸地说:"咱们丢石子玩吧。"值勤老师见状,让他向松松道歉,谁知他又和值勤老师顶撞起来,并蛮不讲理地喊:"谁叫松松不邀我一块儿玩的。"值勤老师无奈,就准备把他带到班主任老师的办公室,谁知他居然双手紧紧抱着大树干,硬是不肯走,僵持到第二节课上课时,他才怒气冲冲地冲进教室。

"你家这孩子,真是够狂躁的了,一发起脾气来,谁说都不顶用,得想想办法。"

"谢谢老师。"听了老师的话后,爸爸真是气不打一处来,才上学两天,就又犯老毛病了。

其实孩子发火没什么不正常,发脾气也是孩子成长中的一部分,没有或很少有孩子没有发过脾气,而且它和孩子先天的气质也有关系,这就是为什么有的孩子发起脾气来比别的孩子大的缘故,甚至大到狂躁的地步。

发火是正常人的一种基本情感成分。当我们遇到气愤、不满等情况时就会表现出愤怒,这都是正常的。但是,一个人,尤其是孩子,如果经常爆发出怒火,经常表现出狂躁不安的情绪,且缺乏起码的自制自控能力,就成为一种不好的行为了。

孩子之所以发火发怒,必然有其心理原因。有时候孩子发脾气是因为他那小小的心中积聚了不满,因此想借发火发怒来表达出自己这种不满的情绪。比如上面所说的小朋,毽子没有玩到,还遭到值勤老师的批评,他自以为很委屈,因而会表现出不高兴的情绪;而当见到父亲后,他更觉得自己委屈,于是就会表现出狂躁的情绪。

除上述原因外,导致孩子发火、狂躁的原因还有下面几种:

1. 父母过分溺爱

有些孩子发脾气纯粹是为了控制大人,尤其是父母,借此来达到自己的某种目的或要求。有些父母对孩子过于溺爱,对孩子的要求有求必应。久而久之,孩子就会利用父母的爱来实现自己的愿望。比如他想要一个玩具,你不想买给他,他便大哭大闹,狂躁不安,借此让你买玩具给他。而父母呢,既想管教,又怕孩子受委屈,结果可能就屈就于孩子,这反倒让孩子形成一种错觉:我闹到底,他们总会让步的。如此下去,形成恶性循环,孩子狂躁的"权利"便会逐渐养成了。

2. 父母的期望值过高

孩子的心理压力过大也可能导致狂躁,比如父母对孩子的期望过高,当孩子无法达到这个期望值时,他便会表现出一种狂躁不安的心理,对周围的一切都不满意,尤其是对自己,更是表现出不满意的情绪,如果自己稍有不对,狂躁情绪便会表现出来。

3. 父母的"示范"作用

父母是孩子最早的启蒙老师,也是孩子最好的启蒙老师。父母日常所表现出来的好品质,孩子会受到潜移默化的影响。但是,一些父母却没给孩子做好示范。有些父母在自己没有能力承担责任或解决问题的时候,常常大发雷霆,甚至有时候还将怒气撒到孩子身上。这种行为模式往往会被缺乏辨别能力的孩子加以效仿,于是孩子会翻版父母的处事方式,在遇到问题或困难时也会大发雷霆,狂躁不已。

相信很多爸爸一定碰到过孩子发脾气的问题,尤其是在孩子刚刚要独立的时候。实际上,孩子发脾气也是孩子正在成长的独立意识的信号。

一般来讲,孩子发脾气的行为会随着年龄的增长而减弱。所以如果你的孩子爱发脾气,时而出现"狂风暴雨",你也不要轻易就下结论说自己教子无方或孩子有心理问题。每个孩子养成发脾气习惯的原因是不同的。但不管孩子为什么会狂躁、发脾气,都必须对其进行矫正,要让孩子明白这种行为毫无意义,既不能帮助他克服挫折,逃避责任,也不会使爸爸改变主意。

在孩子情绪烦躁的时候,爸爸首先要做的就是弄清楚他为什么会出现这种情绪,其次应该了解孩子是怎样通过发脾气来表达需求的,然后要积极与孩子进行沟通,了解和满足孩子合理的需求,最后再明确地告诉孩子:虽然他的要求得到了满足,但他的这种反应方式是不受欢迎的。

1. 爸爸要表达对孩子的爱

面对狂躁的孩子,爸爸千万要保持冷静,因为狂躁的家长会使孩子更加狂躁。

要让孩子安静下来,爸爸就应该温柔地与孩子讲话;如果孩子在叫嚷,那么你不能和他一起叫嚷,否则只能加剧孩子的狂躁,要注意简化自己的用语,而且平静地和孩子说话。

或者爸爸可以通过靠近孩子、抱抱他等身体上的亲密接触来达到安慰孩子的效果,这样也可以使气氛缓和下来,让孩子感受到你的爱和关怀。

如果孩子是因为生病而发脾气,这时爸爸更应该对他表示同情,比如可以找出平时收藏起来的玩具让他玩玩,因为这时他发脾气并不是无理取闹,你应该理解他的心情。

同时,当孩子表现出一点控制自己的能力时,要及时有针对性地对他进行表扬,比如上次他发脾气时摔东西,而这次虽然他也发了脾气,但却没有摔东西,就应该表扬他一下,这样下次他的态度会更好一些。

2. 培养孩子的宽容心

宽容心是孩子成长过程中所必须拥有的宝贵心理品质,也是孩子走向成熟的标志。孩子只有懂得宽容别人才会获得别人的尊重与信任。在与人相处时,如果每个孩子都能有一颗宽容心,都学着为别人着想,就会避免许多不必要的冲突,一切问题也均会化为乌有。爸爸要教育孩子礼让为先,抱着一种大事化小、小事化了的心态看待一些问题,遇到问题学会退一步想,如松松不带小朋玩毽子,小朋也可以和另外的同学跳绳。假如样样事情斤斤计较,那不仅是在与同学过不去,也是在与自己过不去。

3. 不予理会

有时候孩子会存心想试探你或为引起你的注意而故意发脾气,此时爸爸应该弄清楚孩子的心理,并要站稳"立场",不要因孩子发脾气就对他百依百顺。如果他看到没有指望控制你,就会安静下来,不会再任意哭闹了。

孩子在因得不到某样东西而大发脾气时,爸爸千万不要为了让他安静而把东西给他。如果一发脾气就能得到想要的东西,以后他就会更随心所欲地乱发脾气,甚至一次强于一次。

要是孩子不停地哭闹,你忍受不了他的叫声,而又没有办法停止他的吵闹时,可以到其他地方去做声音更大的活动,例如吸地板、钉东西等。不要理会孩子哭闹时所说的话或所做的事,要让他明白,叫喊没有用,只有好好说话,你才会注意听。

4. 转移孩子的注意力

转移孩子的注意力也是缓解孩子狂躁情绪的一种方法,比如在孩子发脾气的时候,爸爸放点轻音乐,可以起到镇定的功效,同时还能够吸引孩子的注意力,使哭闹停止。

如果爸爸感觉到孩子的情绪越来越紧张,可以带孩子一起玩个有意思的游戏,给孩子讲个故事,或者把孩子带到户外呼吸一下新鲜的空气,都可以让孩子的情绪平静下来。

5. 隔离政策

当孩子脾气很大时,爸爸应先让他自己待一会儿,并告诉他,等他心平气和时再来找你。等孩子平静下来后,再问问他原因,和他谈谈刚才的事。

如果孩子在店铺里或学校门口大哭大闹,爸爸只要平静地把他带出来就行了,不要当时就问他原因。等他哭闹过之后,再询问他原因,并找到解决的办法。

教子心得

爸爸不要在孩子发脾气时和他理论,他一定听不进去,等事情过去了,他有一个好心情时,你再找机会和他谈谈,这样效果会比较好。

让孩子不再多疑

小楼是高中二年级的女生。她经常不高兴,因为她总觉得周围的人都与自己过不去,特别是本班的同学和老师。她在日记中是这样写的:

"小芬也不是个好人,前两天还跟我有说有笑,今天在校园里看见我居然跟没看见似的，不和我打招呼！准是自以为自己怎么的了，有什么了不起！"

"今天我进教室，看见阿春她们一伙人围在一起不知在说些什么，发现我进来都看了我一眼，过了一会儿却哄堂大笑，哼！笑什么笑？以为我不知道她们在背后议论我吗？一群长舌妇！"

"真倒霉！老师昨天安排班长通知全班同学今天下午在会议室集中，班长偏偏把我一个人给漏掉了。要不是小芬路上碰见我喊我一起去，我岂不是要缺席一次？这个班长，再怎么跟我过不去也不用这样吧，小人一个！"

总之，小楼认为自己是世界上最善良、最无辜的人，她对别人没有任何恶意，但不知为什么总是会受到别人的伤害，除了爸爸妈妈，在这个世界上没有别的人真心对她好。以前爸爸妈妈并不知道女儿有这种想法，在一次吃晚饭的时候，小楼无意中说起自己的班集体，她说他们班上的老师和同学都不是好人，都欺负自己。爸爸妈妈大吃一惊，以为女儿受了多大的委屈。但是听小楼细细一说，爸爸妈妈感觉到女儿的想法不对，疑心太重了。

在本案例中，小楼确实表现出比较典型的心理障碍——猜疑心过重。猜疑心过重主要表现为：遇事敏感，有比较严重的神经过敏，而且常常是把事情和当事人往坏处想，往对自己不利的方面想，从而引起痛苦的感受和意志的消沉。因为这种猜疑，也就滋生了对周围人们的不信任和厌恶感，往往导致人际关系不理想，孤独郁闷，常唉声叹气。具有这种心理问题的孩子，会对世界上的各种事物，只要有不完美的地方，哪怕只有百分之一的可能，他们都会当成百分之百的可能去怀疑、担心、害怕。

造成猜疑的原因有以下几种：

1. 作茧自缚的封闭思路

猜疑一般总是从某一假想目标开始，最后又回到假想目标，就像一个圆圈一样，越画越粗，越画越圆。最典型的例子就是"疑人偷斧"的寓言了：

一个人丢失了斧头，怀疑是邻居的儿子偷的。从这个假想目标出发，他观察邻居儿子的言谈举止、神色仪态，无一不是偷斧的样子，思索的结果进一步巩固和强化了原先的假想目标，他断定贼非邻子莫属了。可是，不久他却在山谷里找到了斧头，再看那个邻居儿子，竟然一点也不像偷斧者。

现实生活中猜疑心理的产生和发展，几乎都同这种封闭性思路主宰了正常思维密切相关。

2. 对环境、对他人、对自己缺乏信任

古人说："长相知，不相疑。"反之，不相知，必定长相疑。不过，"他信"的缺乏，往往又同"自信"的不足相联系。疑神疑鬼的孩子，看似疑别人，实际上也是对自己有怀疑，至少是信心不足。有些孩子在某些方面自认为不如别人，因而总以为别人在议论自己，看不起自己，算计自己。一个人自信越足，越容易信任别人，越不易产生猜疑心理。

3. 对交往挫折的自我防卫

有些孩子以前由于轻信别人，在交往中受过骗，蒙受了巨大的精神损失和感情挫折，结果万念俱灰，不再相信任何人。

爱猜疑的孩子通常过于敏感。敏感并不一定是缺点，对事物敏感的人往往很有灵气，有创造力，但如果过于敏感，特别是与人交往时过于敏感，就需要想办法加以控制了。

针对孩子疑心重问题，爸爸们可以采用以下措施来解决：

（1）为孩子找一个知心的朋友，如果暂时没有，就由父母充当。知心朋友的作用是为孩子

提供一个倾诉、发泄心中不满的对象,倾诉本身就是一种有效的缓解,而且,爸爸在听完孩子的倾诉以后,应当耐心地帮助孩子转换思考问题的角度,用一种宽厚的眼光去理解他人的言行。不要过于极端,把任何人都想得太坏。

(2)建议爸爸们平时注重调整孩子的心境,通过关怀孩子生活的各个方面,以及陪同孩子一起远足等各种活动来开阔孩子的心胸和眼界。如果方便的话,甚至可以邀请那些"嫌疑人员"和孩子一起参加活动,增进彼此之间的了解,避免无谓的猜疑和误会。

(3)当孩子对别人有所猜疑的时候,爸爸不妨建议孩子主动去了解别人的真实想法,通过事实来证明自己的一些猜想是没有根据的。

教子心得

猜疑是人性的弱点之一,历来是害人害己的祸根,是卑鄙灵魂的伙伴。一个人一旦掉进猜疑的陷阱,必定处处神经过敏,事事捕风捉影,对他人失去信任,对自己也同样心生疑窦,损害正常的人际关系,影响个人的身心健康。

让孩子释放心中的紧张

听张杨的父亲说,张杨学笛子已经有一年多了,会吹不少曲子,而且吹得还挺不错。班主任张老师想:如果元旦晚会上安排他表演一个节目,活跃现场气氛,效果一定不错。但张老师在决定前,还是要先问问张杨愿不愿意。于是张老师便让同学叫张杨到他办公室里来。

"报告。"一个低低的声音传来,张老师一看,正是张杨。

"进来吧,张杨。"只见张杨涨红了脸,怯生生地走到张老师的办公桌前。

"听说你的笛子吹得很好,能不能在元旦晚会上表演一下?我们都很想听听。"张老师和蔼地对张杨说。

张杨一听,立刻满脸通红。两只手交叉着,不停地动来动去,也不敢抬头看老师一眼,慌里慌张地说:"张老师,我会吹的曲子不多,我不敢当众表演。我不想……"

"不用怕,就吹一首你最拿手的曲子,让同学们也替你高兴高兴,同时为班级争一份荣誉。你看,这多好呀!回去把这个好消息带给你的家人好吗?"张老师拍拍他的头,以示鼓励。

"我还是不表演了,我害怕。"张杨紧张得头上都冒汗了。

"怕什么呀?到时老师和你爸爸妈妈都会帮你的,回去好好练练吧。老师相信你一定会成功!"

元旦越来越近了,张杨的父亲告诉张老师,张杨这几天显然非常紧张,夜里做梦都说不敢上台表演,不过他练得可认真了,一曲《欢乐颂》吹得不下几十遍,已经非常熟悉了,看来元旦庆祝晚会的表演应该不会有问题。

转眼间,元旦晚会开始了。

"下一个节目,请三年级一班的张杨同学表演笛子独奏《欢乐颂》,大家欢迎!"

报幕员的话音刚落,坐在父亲身边的张杨一把就抓住父亲的手,嘴里直嚷嚷:"我不上了,我害怕。"张老师和父亲都赶紧安慰他:"不用怕,一年级小朋友都敢独自一人表演口风琴,你肯定比他们表演得好。"

总算把他劝上了台,只见他晃悠悠地走上台,原来吹得熟练的曲子还是被紧张给吓跑了调,连错了两处。不过台下的小观众还是报以热烈的掌声。可是,下了台的张杨却低声地哭了。

张杨的故事,不由得让我们想起那首歌:"我想唱歌,可是不敢唱,小声哼哼,还得东张西望。"出现这种状态,主要就是由于心理过度紧张所造成的。

心理学认为,如果一个人的情绪过于紧张,就会使本来敏捷的思维变得迟钝起来,甚至会出现严重的混乱,从而大大削弱了对问题的分析、判断、处理的能力。与此同时,还会使注意力的集中和转移发生困难,往往出现不该出现的错误。也就是说,紧张可以影响我们的智慧。

我们经常会见到这样一些孩子,像上述的张杨一样,本来已经很熟悉某件事了,但就是由于过度紧张,结果影响了正常的处理能力和水平发挥。

引起孩子紧张的原因很多,主要由下面几种因素造成:

1. 缺乏自信心

对于成人来说,很多时候都会因为不自信,或过分担心出现不好的结果,结果导致自己做事畏惧、紧张,不敢向前,从而使得心理机能出现混乱,失去许多展示自我的机会。孩子更是如此,尤其是一些自信心不足的孩子,一到考试就紧张得不得了,生怕自己考不好,所以每每真正考试时,总是考不出好成绩,事后却题题会做。

2. 锻炼机会过少

经常锻炼自己绝对是一个消除紧张的好办法,如果经常上台表演,或经常在大庭广众之下发言,紧张情绪自然就被磨没了。而有些性格比较内向的孩子,平时做事都小心翼翼,害怕犯错误,在大庭广众之下,说话的机会更少。即使老师叫他站起来回答问题,他都可能会紧张得满脸通红。由于缺少锻炼机会,一旦需要上台表演或参与其他活动时,肯定会担心表现不好,被人嘲笑等,紧张情绪就更严重了。

3. 缺少一定的关爱

紧张常与胆小相伴,被紧张情绪困扰的孩子,往往遇事不主动,不善于表现自我。而老师在进行班级授课时,因为教学任务比较紧,也常常会遗忘掉这些紧张的孩子,因为他们的发言会语无伦次,很浪费时间,耽误老师的正常授课,所以老师不太注意他们。而在一些集体活动中,他们同样是畏首畏尾,缩在不起眼的角落,同学也不乐于和他们共处,这就更加剧了他们在交往中的紧张心理。

而在家里呢,父母会因为孩子比较胆小,不放心他一个人做事,不给孩子锻炼的机会,即使孩子能做的事也不让他来做;或者当孩子做不好时,父母给予孩子的不是鼓励,而是批评或训斥,这就会让孩子失去主动做事的信心,觉得自己就是不行,做什么都做不好。久而久之,孩子便畏畏缩缩,胆小怕事,一旦遇到必须由他自己来做的事时,孩子就会因害怕做不好而紧张不已。

生活上的紧张是谁也无法避免的。当孩子做错了事,害怕老师或父母批评而忐忑不安时;当考试临近,面对许多功课要复习时;当遇到难题而又迫切想把它解出来时,孩子们都会产生一个共同的感觉:紧张。而当孩子处于紧张状态时,意识活动就会受到干扰,结果导致思维不清、判断失常,本来很容易达到的目的也难以实现。

那么,当孩子总是紧张时,爸爸该怎样帮助他们呢?

1. 别吝惜你关爱的目光

心理紧张的孩子,在学校里大多都惧怕老师,不敢和老师正面接触,当然更怕做错事遭到老师的批评。于是他们常常选择沉默和逃避,不愿意跟老师进行交流,也就更谈不上师生交往融洽了。

爸爸要多鼓励孩子,多给予孩子一些关爱和鼓舞的眼神,从而减轻其自身压抑,从紧张的情绪中解脱出来。

2. 让孩子多参加几个"第一次"

任何人第一次做某件事,都可能会感到紧张和不安,甚至包括那些在电影电视镜头前表演自如的演员们,也会有紧张的时候,这是很自然的事。而孩子的承受能力比较差,在第一次做某件事的时候,更容易感到紧张和焦躁。因此,爸爸应该鼓励孩子,不必为自己在第一次做一件事时紧张而感到羞愧,而应该勇敢地面对它,并设法克服它,教会孩子放松些,勇敢地面对困难,没有什么事是值得那么紧张的。

3. 教孩子一些克服紧张的方法

孩子遇事紧张时,做爸爸的也同样会陪他一起紧张,比如看到孩子在台上演出,紧张得连话都说不清楚时,你在台下也一定很着急。

怎么办呢?除了以上介绍的几种帮助孩子消除紧张的方法外,爸爸们还可以教孩子一些消除紧张情绪的小窍门,让孩子慢慢放松下来:

(1)注意力转移法

当孩子遇到难题解不出来时,爸爸不妨告诉孩子先把它放一放,先不去想,休息一会儿再想或放到第二天再想。又如,孩子准备上台演出时,总是紧张得手足无措。这时,爸爸可以引导孩子谈论或做一些别的不相干的事,使孩子不再将注意力放在演出上,紧张情绪自然就克服掉了。

(2)深呼吸

当孩子遇事感到紧张时,爸爸可以和孩子一起做几次深呼吸,让情绪慢慢放松下来,缓解紧张情绪。

(3)参加体育锻炼和户外活动

体育锻炼或户外运动可以加速血液循环,减轻心理压力,驱散紧张的情绪。不少孩子经常参加踢球、骑车、游泳等活动,这些活动不仅能消除孩子紧张焦躁的情绪,还锻炼了孩子在遇到突发事件时保持镇静的能力。

(4)听音乐

在紧张的时候,听听舒缓轻松的音乐,可以让情绪放松下来。

教子心得

针对孩子容易紧张的心理问题,爸爸们可以通过多种途径帮孩子克服紧张心理,比如情景演示法、户外运动法等。

如何让孩子告别孤僻

开学已经一个星期了,有些同学的家长老师还不认识呢,于是宋老师决定对同学们进行一次家访。

今天该到任冰同学家去了。

"任冰。"宋老师在改作业的同时喊了一声，但没有人回答。

"任冰。"宋老师以为孩子没听见，又亮开嗓门喊了一声，但还是没有人回答。

"任冰同学在吗？"这次宋老师放下手中的红笔，用眼扫视了教室的每个地方，这时候才见任冰慢吞吞地从座位上站起来，不过还是没回答。

"任冰，老师今天准备去你家，高兴不高兴？"

任冰只是点了点头，没有说话，脸上也没有一点儿笑容。

这孩子怎么了？是不舒服吗？按理说，一年级的小朋友，一听说老师要去自己家，都会兴奋得手舞足蹈，可她怎么一点兴奋劲都没有。

晚上放学后，宋老师和任冰一同回她家。路上，任冰也不说话，宋老师问她五句，她连两句都回答不上，只是板着脸孔，让人无法接近，不知道这小丫头心里想些什么。

到她家后，见到了她的父母。任冰也只说了一句："爸爸，我们老师来了。"然后便进了自己的小屋，独自写起作业，爸爸妈妈喊了她几遍也没出来。

任冰的妈妈性子比较急躁，一看女儿这样，非常生气："怎么生这样一个孩子。上幼儿园时就不理睬小朋友，现在上小学了还是这样，平时见到亲戚朋友也像不认识一样，真拿她没办法。"

"任冰比较特别一些，她上课也不太爱吱声，下课也很少跟同学们一起玩，同学们拉着她的手玩，也是一会儿就不见了，她只喜欢一个人在墙角偷偷地看，自己无法融入到集体的欢乐中。"

宋老师试着拉她的手出来一起说说话，可是她还是不肯出来，父亲要不是碍于老师在，差点打了她。

在我们身边，总有像任冰这样的孩子，他们是一群性格内向、胆小谨慎，从小不善言辞，好像天生就不善于交往的孩子。这是一群令家长和老师都头疼的孩子。

难道他们真的天生就是这样孤僻吗？并非如此。实际上，每个孩子都有交往和渴望被人认可的需要，尤其是那些刚入学的新同学，更是渴望老师的认可和同龄伙伴的喜欢，所以看起来孤僻的孩子，并不一定天生如此。

孩子们在相互的交往中，往往会表现出不同的交往能力。有的孩子性格外向，爱说爱闹，不甘寂寞，更不惧怕生人，他们能灵活地找到话题和活动内容，很快就能与陌生孩子打得火热；还有一些孩子，他们常常不愿意在人多热闹的场合出现，尽管他们也希望有很多朋友，但却无法做到，常常被孤独困扰。这样的孩子往往羞怯胆小，缺乏自信，不敢主动接近同伴，也不会运用面部表情、体态语言等与人交往。久而久之，他们的性格就会变得孤僻，沉默寡言，像在大海中漂浮的小舟一样，孤独地学习、生活、自娱自乐。

孤僻的孩子常常会在心理倾向与行为方式上，不自觉地将自己同周围的环境疏远开来，并尽力躲避与外界的联系，尽量减少和避免与他人交往，这是一种性格的缺陷。性格孤僻的孩子，会因长期缺乏友情，思想情感得不到及时的交流与宣泄，最终形成多种精神疾病。

那么，孩子为什么会变得孤僻呢？

这时，爸爸应先问问自己，是不是一忙起来的时候就无暇顾及孩子的需要，甚至包括生活上的一些简单需要？比如，孩子今天很想让你陪他一起做一会儿作业，可你却因忙于应酬而拒绝孩子的要求。久而久之，孩子就会觉得你不重视他的需要，你不关心他，于是便不再愿意把心里话告诉你。时间长了，孩子就容易变得孤僻。

爸爸们每天都在为家庭、为孩子的幸福而忙碌奔波,但是,在创造优厚的物质生活的同时,别忘了关心一下孩子的精神生活。一些家长平日里忙于应酬、工作,对孩子漠不关心,或者在外边受了气后,回来将气发泄在孩子身上,对孩子态度粗暴,缺乏耐心;有些孩子本来只有一点孤僻的倾向,而家长却因他表现不如别的孩子,就对他大肆指责,甚至大施拳脚,结果使倾向演变成真正的孤僻。

过度孤僻对孩子的身心健康是极为不利的,如果你的孩子有类似的倾向,那么你要及时找出原因,并采取有效的方法加以辅导和帮助,尽快拆除孩子心中的高墙,让孩子走出孤僻。

对于有孤僻倾向的孩子,最有效的办法就是父母要对其多一份爱意。不要再用"大棒政策"教育孩子了,试着站在孩子的角度,了解和体谅孩子内心的苦衷,用充满爱意的语言安抚孩子。在日常生活中,不要只顾着给孩子买这买那,而要多关心一下孩子的内心世界,从多方面对孩子的性格和心理进行培养。

1. 爸爸要加强对孩子心理的关注

从为人父亲的第一天起,对孩子的心理关注就应该开始了,甚至包括对幼年时期孩子的心理教育。在平时,爸爸要多抽点儿时间培养孩子对新事物的兴趣,保护孩子的好奇心和求知欲望,不要总是打击孩子,认为他这也不行,那也不对。同时,要不失时机地让孩子掌握探究新知识的方法,鼓励孩子大胆想象,甚至可以异想天开。

在处理家庭关系、友情关系以及同伴关系时,爸爸最好能多与孩子的老师和同伴合作,帮助孩子养成合作意识,掌握合作技巧,并以此获得人际关系支持和相应的人际地位。别忘了给孩子足够的重视,给他表达和宣泄的机会,同时要让他能够体察他人的情绪,控制自己的情绪。在孩子的学习、游戏和生活等活动中,要有意识地培养孩子面对困境时的反应能力。

2. 帮孩子找知心朋友

当你遇到不开心的事时,一定愿意将心中的苦闷、忧虑、悲伤以至愤懑等告诉自己的知心朋友。孩子也一样,他们有不愉快的事,也愿意说给朋友听。因此孩子的朋友恰恰是解决这些令人头痛问题的能手。

但是,一些孩子因为胆子比较小,不善于交往,朋友自然非常少,即使他们很希望倾诉,却找不到人。这时候,爸爸就要鼓励他相信自己,肯定他惹人喜爱的品质,让他多交些朋友。如果他在人多的地方觉得不自在,不愿意与同伴沟通,在小范围内才能够放松,爸爸可以为孩子创造与他人交往的机会,比如邀请与他比较合得来的朋友来家里玩。在自己的家里,主人的地位会给孩子增添交往的自信。同时,你还可以教孩子一些与小伙伴交谈的技巧,如怎样与朋友一同分享,哪些话会伤到朋友等。当孩子逐渐有了朋友之后,你就能发现孩子的性格会有所改善。

3. 尊重孩子的行为

就算你不喜欢孩子孤僻的性格,也要尊重他,不能说孩子不喜欢交往就是缺点,其实大半性格孤僻的孩子是性情使然,他们也能够在清净中自得其乐,这也是他们的一种生活方式。作为爸爸,你要做的就是主动和这类孩子沟通情感,充分满足孩子的亲和欲,比如同他握手、擦背、贴脸拥抱、讲话以及玩各种游戏等,来满足孩子感情的需要,加强与孩子的沟通,逐渐拆除他心中的高墙。

4. 进行适当的心理治疗

很多孩子因为爸爸教育不当,过多地被限制参加正常的集体活动,或被爸爸经常打骂、恐吓等,或父母关系不和,家人远离,遭遇各种意外等,从而会产生严重的精神创伤,这也是造成他们孤僻的重要因素。如果爸爸打算对其进行治疗,恐怕不是一时半会可以见效的,这时最好寻求心理医生的帮助,找出环境中导致孩子致病的要害因素,改善教育方法,引导孩子多参加集体活动,增加生活兴趣,从而改善其孤僻的性格,促进其健康快乐地成长。

教子心得

爸爸不要在外人面前说孩子胆小、害羞、不合群等负面语言,这对孩子来说,不仅不会改变他的孤僻性格,反而还强化了他的行为,使他认定自己原本就是这样的,以致更加远离群体,不善交往。

帮有生理缺陷的孩子拥有平和的心态

琳琳的一条腿因为小儿麻痹而落下了终生残疾,再也不能和别的小朋友一样一起跑跑跳跳、嬉戏打闹了,琳琳也因此失去了正常孩子应有的欢乐。琳琳长大了,上小学了,但她却因自己的残疾而自卑,性情孤僻,郁郁寡欢,总感到自己低人一等,不愿意与他人交往。

有一次,当琳琳放学回家走在路口,一群小男孩转在她的周围,嘴里还不断地喊着:"瘸子! 瘸子!"琳琳气得痛哭起来。幸亏爸爸赶到,才解了琳琳的围。琳琳无精打采地回到家,饭也不吃,作业也没写,就倒在床上大哭起来。琳琳的爸爸想开导她,琳琳却什么也听不进去。

案例中的琳琳是因为自己生理上的缺陷,影响了自己的生活,使自己陷入了懊恼中无法自拔。残疾孩子有与其他孩子不同的心理特点。

第一,残疾孩子的自尊心比其他孩子更强烈。由于身体的原因,他们渴望人们的尊重。只言片语的不尊重,都可能严重刺伤他们的心。正因为如此,残疾孩子的家长往往小心翼翼地保护着孩子那颗容易被伤害的心。

第二,残疾孩子有较强的依赖心理。在家里,他们依赖父母和其他家人;在学校,他们依赖老师和好心的同学。他们希望得到更多的关怀与帮助。

第三,残疾孩子更容易缺乏自信,有的可能产生自卑。他们往往暗叹命运之神太不公平,为什么把不幸留给自己。他们在羡慕其他孩子的同时,会认为自己不幸,许多该做的事情做不来。他们遇到的挫折更多,于是面临更多的自信与自卑的选择。

第四,残疾孩子憧憬美好生活,渴望像所有人一样获得幸福。在每个残疾孩子心里,都有一片光明、美丽的世界。

每当想起海伦·凯勒和张海迪的事迹的时候,人们都会对她们充满敬仰之情。她们以超人的毅力进行艰苦卓绝的奋斗,战胜身体残疾带来的巨大痛苦和不幸,追求人生的价值,追求成功,追求幸福。她们的坎坷经历,她们的辉煌成就,她们的精神风貌,不仅给残疾人,而且给所有健康人树起了榜样。她们以铁的事实向人们宣告:残疾人也有幸福的人生。此时,我们也不禁想到了海伦·凯勒和张海迪的父母,作为家长,他们曾经承受了多么沉重的压力和煎熬,曾经付出了多少心血和代价,孩子的成就,有他们不可磨灭的功劳。他们为残疾孩子的父母,也为所有孩子的父母树立了榜样。残疾的孩子是不幸的,而帮助他们战胜不幸,走向幸福的最关键的人就是他们的父母。

为了孩子,家长应首先调整自身的心态,千万不要被"倒霉""命苦""不幸"这些话占据头脑。中国有句古话:"既来之,则安之。"既成的现实不能再作选择,但是未来之路是可以选择的。如果家长的精神被压倒了,顾影自怜,还怎么去激励孩子奋勇拼搏? 残疾孩子的命运掌握在父母手里。在不断调整心态的同时,爸爸应该做的事情是:

1. 教育孩子正视现实,正确对待自己的残疾

世界上的事情没有绝对的公平,每个人都会经历不同的苦难,爸爸可以给孩子讲述许许多多的人和事证明这个道理,让"命运不公平"的思想见鬼去吧!

在学校里或者社会上,大多数人会关心、帮助残疾的孩子,然而也有少数道德欠佳的人会用"瞎子""聋子""瘸子"这些不恭的语言甚至用动手动脚的欺侮行为对待他们。爸爸要教育孩子在适度忍耐的同时,可以理直气壮地批评那些个别人:"你们这样做讲道德吗?""你们欺侮残疾人算是真本事吗?"

2. 尽可能为孩子提供学习的机会

只要有可能上学的,要克服一切困难让孩子上学。最好上残疾儿童学校,没有残疾儿童学校的地方,可以随班就读。实在上不了学的,也要采用不同的方式让孩子学习文化知识。这对孩子的一生是十分重要的。

每个残疾孩子的情况不同,有的可能有某方面的特长,有的虽无特长,也有相对的优势。家长应该尽早给孩子选择学习一技之长的机会,这是孩子未来生活的依靠。

3. 努力培养孩子的自信心和自立能力

爸爸应收集大量的残疾人走向成功的事例讲给孩子听,或让孩子自己学习。最大限度地减少孩子的依赖心理,帮助孩子树立自强精神。特别是孩子遭受挫折的时候,要以具体分析、耐心指导帮助孩子选择坚强。切不可以过分地怜悯和护卫,降低孩子的斗志。

4. 给孩子成功的机会

对残疾孩子不能要求太高,但如果一点没有要求,顺其自然也是不利的。让孩子在力所能及的事情上获得小小的成功,及时给以鼓励,让孩子觉得"我也能行",日积月累,他们会获得一种精神——不断追求成功。

5. 支持孩子参加各种群体活动

这样做不但可以开阔孩子的视野,丰富生活内容,更重要的是会使他们学会交往、学会参与,增长适应社会的本领。有的爸爸总把残疾孩子放在自己的过度保护之下是不好的。残疾孩子也需要"放飞",需要交往,需要朋友。

6. 教给孩子学会"＋"式思维,保持良好心态

"＋"式思维是当代提倡的一种思维方式,它要求人们凡事往好处想,用"加"的方法而不是用"减"的方法去想问题。这对残疾孩子来说尤为重要。比如,"我这次做的虽然还不十分理想,但比起有的人强了许多,有的不残疾的同学也没我做得好";"某某比我的残疾还严重,我应该帮他做些什么";"今年比去年知道了更多的东西,也长了本领,明年会学得更多更好";"我虽然摔了一跤,但是我自己爬起来了"。有人可能说:"这不是阿Q精神吗?"不! 这是人们需要的"＋"式思维心理调整法。正是这个方法,使许多有生理缺陷的孩子的心态保持了平和,使他们的生活有了阳光。

教子心得

爸爸应该充分了解残疾孩子的心理,尤其要认真体察孩子的种种想法,这会使爸爸对孩子的教育、帮助更加有的放矢,增强效果。

帮孩子摆脱急躁心态

小仓是个急性子,复习功课的时候,总是急急忙忙地翻翻这本书又看看那本书,然后每次都感叹一声"啊呀,什么时候才能看完呀"。有一次,在做数学题的时候,小仓急急忙忙拿来就做,也没有验算,做到中间发现错了,就着急地用橡皮来擦,可是因为太用力了,几下就给本子擦破了,只好撕掉,再重新来,可是越急越出乱,结果那次作业写到晚上十点钟才算写完,仍错误百出。为此,小仓有时自己都着急得哭了起来,爸爸除了劝慰也找不到什么好的办法。

案例中的小仓十分急躁,这给他的生活带来了负面的影响。急躁是一种不良的情绪,急躁会使人心神不宁,经常在惴惴不安中生活,因为急躁是神经系统的一种兴奋和冲动,急躁的人无论学习还是工作,往往不经认真思考、周密安排就很快进入兴奋和冲动的状态,结果是很难达到预期目标的。

急躁的人容易灰心,在急于求成的情绪支配下,一旦事情遭到挫折,他往往不能冷静客观地分析原因,而是带着更加急躁的情绪,赌气般以更大的蛮劲去对待困难,胡乱地甚至是近乎疯狂地向困难猛攻,如果仍然不能奏效,他很快就会像泄了气的皮球,灰心了、退却了,丧失了同困难做斗争的勇气。

急躁的人容易发怒,在现实生活中,我们可以看到,爱发脾气的人通常都是性子很急的人。急躁的人如果碰到令人生气的事,很少能够冷静和克制,往往是大发雷霆,做出一些伤人害己的事情来。

如果一个人长期受急躁情绪的折磨,他内心的和谐和宁静就会被打破,甚至会出现情绪上的紊乱状态。因此,情绪急躁的人,必须采取有效措施来克制和消除这种不良情绪。

急躁换句话来说,就是缺乏耐心。有句俗话说,"心急吃不了热豆腐"。这正说明耐心是成功的关键因素之一。在心理学上,耐心属于意志品质的一个方面,即耐力。它与意志品质的其他方面,如主动性、自制力、心理承受力等有一定的关系。

耐心被认为是一个人心理素质优劣、心理健康与否的衡量标准之一,也是孩子未来成功的关键因素之一。培养孩子的耐心不仅对他在学习上有帮助,而且对他今后的人生道路也有很大的影响。但是,孩子毕竟是孩子,许多孩子都不够有耐心。只要想到了或者听到了,他们便要求立刻兑现,否则便不停地纠缠、吵闹,直到父母满足他们的要求为止。

这其实并不奇怪,因为孩子的耐心并不是与生俱来的,而是需要后天的培养。当孩子不停地用哭闹强迫父母满足他的要求时,父母要沉得住气,一定要注意对孩子进行耐心训练。只有父母付出耐心才会培养出孩子的耐心。

1. 家长要做好榜样

许多孩子没有耐心,是因为家长自己做事也是虎头蛇尾。所以,要想让孩子有耐心,父母首先要有耐心地去做每一件事情。

比如,晚上爸爸可以跟孩子一起学习。当孩子不断地起身、坐下时,做爸爸的要坚持看书,孩子见爸爸能够耐心地看书,也能受到一些感染。

另外,爸爸在要求孩子做一件事情之前,要先跟孩子约好这件事必须耐心地做完;如果没有完成不仅需要补上没做完的,而且还得再增加时间来处理相关的事情。这样,孩子就能够有计划地去做事,也能够在一定的时间内耐心地把事情做完。

2. 让孩子明白耐心的重要性

爸爸一定要让孩子明白,耐心、执着是成功的秘诀。

著名生物学家童第周的爸爸为了让童第周从小就明白耐心的重要性,让他能够执着地学习和做事,特意给他题了"滴水穿石"的条幅,告诫童第周世界上没有穿不透的顽石,只有没有耐心的人。

父亲去世后,大哥安排童第周到宁波师范预科学校读书。只读了一个学期,童第周就提出要考当时全省著名的效实中学。哥哥对他说:"效实中学是用英语讲课的,你的英语根本不行,肯定考不上的。"童第周却认为"滴水能够穿石",只要自己耐心学习,肯定能够考上的。为了准备考试,童第周坚持自学英语,每天除了吃饭外很少离开书房。终于,童第周考上了效实中学。在效实中学,童第周又用滴水穿石的精神,使自己的成绩从刚入学的倒数第一上升到了全班第一。这就是因为童第周对耐心学习有深刻的理解。

3. 家长应该有意识地给孩子设置点障碍

设置这些障碍,可以为孩子提供一些克服困难的机会。因为耐心是坚强意志磨炼出来的,越是在困难的环境中,越能锻炼孩子的耐心。要鼓励他做事不能半途而废,做好一件事要经过努力,才能完成。孩子经过努力完成一件事时,应当及时给予表扬,强化做事有始有终的良好习惯。

4. 帮助孩子控制情绪

孩子发脾气时爸爸可以先冷处理,把他暂时搁置一边,因为这时的孩子是什么也听不进去的。等他略微平静下来,你可以搂他在怀里,慢慢地问他:刚才为什么发这么大的脾气? 发脾气能解决什么问题吗? 能和爸爸说说你的道理吗? 一定要听听孩子的想法,了解孩子发脾气的原因,帮助孩子控制自己的情绪,学会用适当的方法解决问题。

教子心得

爸爸对待孩子的急躁心理时,千万要沉得住气,切不可随意责备、批评孩子。

情感篇

好爸爸懂得怎么爱孩子

第一章
好爸爸会给孩子爱的教育

爸爸对孩子很重要

六岁的张一帆最近经常闹情绪,大哭大闹,反复无常。一天,妈妈问他:"孩子,你告诉妈妈,你为什么这么爱发脾气?为什么总是跟同学闹矛盾?你是不是有什么心事?"

张一帆的小眼睛里噙着泪水说:"妈妈,我是想爸爸了。是不是爸爸不要我了?为什么我总是看不到爸爸?"

原来,张一帆的爸爸在外地上班,一年回家两次,平时只是跟孩子通一通电话。

在家庭教育中,如果爸爸不积极地参与到教育孩子的过程中,孩子主要由妈妈教育培养,孩子就会很容易出现胆小怕事、烦躁、抑郁、消极等症状。长此以往,孩子就会很容易患上"父爱饥渴症"。等孩子到了青春期,就会对爸爸产生强烈的厌恶心理,并且夹杂着由于缺乏父爱而带来的失落与痛楚。

因此,爸爸要扛起家庭教育的责任,让孩子远离"父爱饥渴症",使孩子的身心得到健康、全面的发展。

1. 积极参与到教育孩子的活动中来

爸爸只有积极参与到教育孩子的活动中来,并跟妈妈一起教育孩子,才能有效地防止"父爱饥渴症"在孩子身上发生。

由于爸爸与妈妈的性格与能力的不同,导致两者的教育给孩子的影响也不同。妈妈更重视对孩子进行情感教育,而爸爸更重视对孩子性格与心理的教育。相对于妈妈而言,爸爸培养出的孩子更具有责任心,独立性较强。所以,爸爸要扛起家庭的责任,重视对孩子的教育。

2. 不要把孩子完全托付给老师

一位爸爸工作非常忙,不能经常教育孩子,于是就把孩子完全托付给了班主任和家教老师。孩子上学,自然有班主任去管;而当孩子放学时,也会有家教老师来辅导。爸爸心想:现在我可以高枕无忧了。

谁承想,过了两个月,班主任告诉他:"你孩子的成绩明显下滑了。我说他,他根本不听。你得重视对他的教育了。"

原来,孩子以为爸爸不爱他了,也就更不愿意学习了,经常骗班主任和家教老师。如他抄同学的作业,却跟班主任说是自己写的;家教老师问他听懂没有,他就说听懂了,其实根本就没听……

在教育孩子的过程中,很多爸爸都会把教育孩子的责任推给老师:学校老师、家教老师、补习班老师,等等。其实这既是对孩子的一种不负责任的做法,又是一种极为不正确的做法。因为学校老师要同时教育几十个同学,无暇对某一个同学投入更多细微的关注;而家教老师在孩子心目中的地位也比不上爸爸，这样也就在无形之中削弱了教育的效果。

19世纪德国教育家福贝尔指出："国家的命运与其说是操在掌权者手中，倒不如说是掌握在父母的手中。"

这句话告诉我们：家庭教育的责任是异常重大的。因此，爸爸须意识到家庭教育对孩子起着尤为重要的作用。而爸爸对孩子的教育，任何人都不能替代。所以，爸爸必须承担起教育孩子的重任，而不能把孩子完全托付给老师。

3. 成为孩子心灵的依靠

一个小学四年级的孩子在他的作文中写道：

> 我的爸爸经常出差，很少指导和教育我。每当我看到其他同学的爸爸接他们放学时，就会感到特别难受；每当别的同学的爸爸在教他们做数学题时，我就会感到很无助……不知道是从什么时候开始，我经常感觉到自己缺少一种力量，缺少坚强的后盾。

教子心得

在孩子的心目中，爸爸是自己崇拜的"英雄"，是自己的依靠，是自己坚强的后盾。只要爸爸在身边，孩子就会获得一种无形的动力与力量。所以，爸爸要努力成为孩子成长过程中坚强的依靠，赋予孩子强劲的力量与勇气，并用这种力量和勇气推动孩子前进。

别让孩子麻木

一个很可爱的孩子看见别人摔倒了，甚至受了伤，很痛苦地祈求他帮助的时候，他却心安理得地走开了，为人父母你会不会觉得孩子很冷漠？当一个外表很乖巧的孩子眼睁睁地看见一个阿姨被小偷偷走了身上全部的钱，无钱回家而坐在大街上痛苦的时候，他却哈哈大笑地鄙视那个阿姨是个笨蛋，为人父母你会不会觉得孩子有些可怕？这一切都在说明，孩子的同情心教育怎可忽略。当一个貌似天使的孩子拥有了冷漠之后，心灵又能美到哪里去呢？别再让孩子麻木下去，爸爸现在开始行动吧！

曾经在英国发生了这样一件让所有孩子的家长都为之痛心的事情。

> 一位母亲带儿子詹姆斯·巴尔杰去利物浦的一家购物中心购物，不料年仅两岁的詹姆斯·巴尔杰走失了。这位焦急万分的母亲遍寻不获，连忙向商场的保安寻求救助。保安人员在监控系统里搜索，摄像机显示是两个十岁左右的大孩子把刚会走路的小詹姆斯带走了。

> 这两个大男孩将这个年仅两岁的孩子带到一个火车轨道的附近，向他扔了二十多块砖头，踢他，撕破他的下唇，向他的眼睛里抹油漆，并剥掉他的衣服，最后把他扔到车轨上，被火车活活地分成了两半。完事之后，这两个大孩子走进录像店，好像什么事也没发生一样地欣赏起电视上的卡通片来。

十岁的孩子，怎么会做出如此残忍的事情？他们的这种做法不仅仅是毁掉了一个小生命，也毁掉了别人的家庭以及他们自己的一生。爸爸，请你不要忽略孩子的同情心教育，在充斥着暴力游戏、刺激电影的今天，如果孩子失去了同情心就会很容易堕落为一个残忍的人。相反的，如果爸爸能够给孩子创造一个宽容祥和的生活氛围，引导他去关心别人，理解别人，相信通过努力,你的孩子一定会成为一个品德出众的人。那么做爸爸的怎样去着手培养孩子的同情心呢?

1. 父母是孩子的榜样

不错,作为爸爸,你也是孩子的一面镜子。如果父母都能以身作则,对需要帮助的人给予安慰和关怀,对遇到困难的人伸出援助之手,孩子必然会在潜移默化中受到教育。家庭生活中做爸爸的表情应该是生动、柔和的,不要把爱放在心里,而是要适当地用语言和表情表达出来。比如,爸爸可以多用一些鼓励与赞美的语言,"别急,我来帮助你。""谢谢,多亏有了宝贝的帮助。"等等,不仅让孩子感受到爱,也让他明白帮助别人是一件快乐的事情。

2. 要让孩子爱护动物,珍惜花花草草

生活中,爸爸要注重培养孩子的爱心。在条件允许的情况下,不妨让孩子养一些小动物,比如说,小狗或是小鱼、乌龟等等,并且要告诉他,小动物也是需要爱护的。对于家里养的花草也要教会孩子保护,告诉他,花与草也是有生命的,如果折了它们,它们也是会"疼"的。在这种教育下,孩子必然会以同情弱者的角色自居,从而激发他们的同情心的产生。

3. 故事是孩子生活中不可缺少的作料

爸爸千万不要因为你过多的爱让孩子成为一个只会接受爱而不会给予爱的人。可以这么说,没有一个孩子是不喜欢听故事的。爸爸要常给孩子讲一些有关善良的故事。在潜移默化中让孩子受到教育。

4. 可以让孩子适当地了解社会的阴暗面

父母总是喜欢把事物最阳光的一面呈现给孩子。实际上,一些生活中的阴暗面更能激发起孩子的同情心。比如,去孤儿院看望那些没有父母的孩子,并问孩子,"他们没有爸爸妈妈的爱护,没有爸爸妈妈的疼爱,你可以帮助他们,使他们和你一样快乐吗?"在对比中让孩子学会去关爱他人。爸爸,你要知道的事,让孩子"活生生"地看到,远比书本、说教来得更有效果。

让你的孩子多一份同情心,让这个世界多一份爱。

教子心得

在生活中,爸爸就要从身边的小事抓起,从自身做起,有意识地培养孩子的同情心。孩子未来的路很长,他只有拥有了这种优秀的品格才可能与人建立良好的人际关系。缺少同情心的孩子,只能看到自己,只要求别人满足自己,却看不到别人遇到的困难,这样的孩子不仅别人不会喜欢,对于他今后的发展也十分不利。

做个让孩子信赖的父亲

先看下面这个故事:

一次,小超的几个同学踢球把教室的玻璃打碎了。老师追查此事无果。老师把目标对准了小超,让他承认或检举他人。小超诚恳地对老师说他在教室写作业没看见,老师根本不相信,认为小超在撒谎。小超被惹火了,骂了老师一句"混蛋",这下可闯了大祸:老师不依不饶要求学校开除小超,不然就罢课。老师的理由是:平常小超就调皮捣蛋,这回肯定跑不了是他。不但不承认错误还辱骂老师,结果小超被开除了。

小超被开除,爸爸很丢面子,不问青红皂白,把小超一顿狠打。小超辩解,爸爸气急了眼,哪还听得进去,雨点式的棍子落在小超身上。小超最后说了一句:"你打吧,打死我也不承认!"任爸爸怎样打小超也不吭声,也不躲闪。爸爸的火气更大了,要不是妈妈拉开,真会出人命。小超被打得起不了床,仍不吭一声,绝食了三天。还是妈妈哭着劝说,小超才不再坚持对抗,后来爸爸给他转了学。

这事过去了一年多。在一次搬家中爸爸偶然翻看了儿子的日记本:"我憎恨老师冤枉好人,憎恨父亲不相信我,老师和家长都拿老眼光看人。好像我就是天生的坏人,有坏事就是我干的,没有讲理的地方,我也无法洗清自己,真不如一死了之。"看到这里,爸爸的心颤抖了,难道真是冤枉了孩子?当时怎么没想到去调查一下,澄清事实真相呢?爸爸再也坐不住了,马上走访了儿子的同学。结果证实这真是一桩"冤假错案":儿子的好多同学作证,那天儿子确实在教室写作业,打碎玻璃是某同学无意所为。该同学本来想去承认错误,见老师不依不饶就胆怯了,结果儿子当了替罪羊。爸爸听后心里非常不好受,为那次痛打儿子后悔不迭。

爸爸终于放下了当父亲的架子,向儿子承认了过错。在妈妈的帮助下,爸爸与儿子进行了面对面、心交心的谈话,小超最终原谅了爸爸。爸爸为弥补过失,重树做父亲的新形象,从那以后挤出了更多的时间和儿子在一起交流感情,改善关系:利用双休日、节假日,全家出外游玩,打羽毛球、乒乓球、下象棋,一家三口轮流当运动员、演员、评委、裁判,有时还邀请亲朋好友参加。全家人玩得很开心。

父子之间的关系解冻了,缓和了,感情逐渐加深了。小超在学习上也开始用功了,而且进步很大,还被评为三好学生……

终于有一天,小超在作文《我心目中的爸爸》中这样写道:"爸爸的脸阴转晴了,笑容多了。爸爸变了,变成了一个和蔼可亲的好爸爸。我和爸爸之间距离拉近了,感情加深了,我们成了知心朋友……"看到这些,爸爸感动得热泪盈眶,感到好幸福。爸爸在心里默默地说:"儿子,爸爸一定不会让你失望,我将永远做你最信赖的好朋友!"

听完这个故事后很让人感动,虽然这位爸爸仍然在为他从前的行为深深地后悔,但能从他的言语当中体会出,他为能有这样一个好孩子而骄傲自豪着。

要成为好爸爸,应学会信赖别人,包括看起来最弱小、最需要保护的孩子。但是要做到这一点并不容易,甚至在孩子已经长大成人以后,父母还是没有办法摆脱这种不信赖感。更严重的是,父母对孩子已经形成了偏见,很难再改变。他们习惯用同样的话语抱怨孩子,从同样的角度去看孩子,这是孩子的不幸,也是家长的不幸。因为爸爸并没有学会摆脱偏见,不断地给予孩子信赖——孩子前进和改进的动力和加油器。于是孩子也以为自己真的是他人所认为的那种类型,也不求改变,思维就完全定型了。久而久之,当孩子为自己无所成就而悲叹的时候,他也缺乏了改善的动力。

有很多家长说,他们非常想和孩子做朋友,想和孩子心与心交流,但孩子总是有话不和家长说,家长想了解孩子都很费劲。孩子有了隐私,许多做父母的总是千方百计地去侦察,如翻抽屉看日记、拆信件,甚至打骂训斥。殊不知这种做法会伤害孩子的自尊心,造成孩子沉重的精神压力,甚至产生敌意和反抗,采取全方位的信息封锁和防备措施,导致父母与孩子关系的恶化。

理智的做法是尊重孩子的隐私,也就是尊重孩子的人格,给他们一个自由的空间,但并非放任自流。对孩子的隐私要给予充分的关注,积极的引导。

首先,主动以平等的态度与孩子多交谈,谈父母在与孩子同龄时的一些所思所想、成功和挫折,甚至谈一些当初的隐私,谈自己对事物的看法和想法,倾听和征求孩子的意见和建议,使自己成为孩子可以信赖的朋友。一段时间后,孩子会愿意把自己心中的秘密告诉父母,这样才能了解和掌握孩子的隐私,给予必要的指点和教育。

其次,要培养孩子的自我教育能力。获取有关孩子隐私的信息,即使有些越轨和不良因素,也不必大惊失色、殴打辱骂,可以与孩子一起讨论理想、事业、道德、人生观、价值观等问题,引导孩子自己悟出为人处世的真理,提高孩子按规范要求调整自己行为的能力。有了这种自我教育能力,一些隐私中的危险倾向,都有可能自我解决。

在家庭教育中,不少家长有这样的困惑:自己比较注意教育方法,与孩子的关系也算亲密,但常常弄不懂,为什么孩子对老师的话,句句都奉为"圣旨",而对父母的要求却往往大打折扣,甚至背道而驰。父母是孩子的第一位老师,保持父母在孩子心中的尊严和威信是很重要的,但是许多父母对这一点存在错误认识。

1. 信守承诺

对孩子做出承诺后,最好要及时兑现;因为某种原因对孩子失信,应该及时向孩子说明,不能敷衍了事,要和孩子一起商量弥补的办法。

2. 有责任感

要告诉孩子你工作的重要性。不管你从事怎样的职业,你都应该为之自豪。有些爸爸没有职业,那么,你也应该努力参与社会,一个与世隔绝的爸爸很难持久获得孩子的尊敬。

3. 有宽容心

宽容孩子的错误,并不是指对孩子的错误放任不管,而是指孩子犯了错误,应允许他有一个认识、反省自身的时间和机会。

4. 重视生活细节

孩子对父母的信服还源于日常生活的细节,源于一些你自己可能没意识到的习惯。如主见,做决定的果断性;勇气,敢于出来说话;冷静,控制自己的情绪;乐观,避免唠叨和抱怨。

5. 善于妥协

向孩子妥协并不会降低爸爸的威信,相反,如果在一定的条件下向孩子妥协,孩子会感觉到爸爸可亲可敬。但是在妥协前,要求孩子清楚地说出自己的要求以及理由;和孩子讨论要求的合理性;向孩子做出一定让步,但孩子必须承担某种责任;当孩子把理由说得很清楚并做出承诺,爸爸可以满足孩子的愿望,但一定要让孩子承担相应的责任。

其实孩子是喜欢沟通也需要沟通的,关键是爸爸应当努力成为孩子最可信赖的朋友,如果孩子把心里话告诉你之后,得到的不是真诚理解和有效指点,而是"授人以柄"的那种尴尬与被动,下次他怎么还会信任你呢?与孩子无法进行"亲子互动"式的沟通,父母的"主动"得不到孩子的积极响应,多半是家长方面的原因,比如时机不对、场合不宜、态度不好、方法不当等等。

亲子互动的前提是深厚的感情基础;亲子关系的最佳状态是"心有灵犀"。为人父母者要取得亲子互动的最佳效果,并终身保持良好的亲子关系,一定要在这些根本问题上下功夫。

亲子互动的基本条件,是要有"亲子共享时间",也就是大人和孩子都要"挤"出一定的时间来"共同享用"。为什么要用"挤"这个词呢?因为如今的大人和孩子,尤其是大人们,常常是各忙各的,不懂得家人在一起共享时间的重要。

做家长的总是喜欢在孩子面前端着架子,一脸严肃,一本正经,动不动就呵斥一番,教训一顿,令孩子敬而远之。原以为这样才有威信,其实这大错特错。放下架子,平等交流,给予孩子必要的尊重和理解,才能赢得孩子的信赖。

教子心得

要成为好爸爸,应先完成作为人的成熟过程,学会信赖别人,包括看起来最弱小、最需要保护的孩子。

顾事业不要忘了陪孩子

一位爸爸经常加班,常常深更半夜才回家。一天深夜,他满脸疲惫地回到家,发现孩子居然还在等他。

孩子问:"爸爸,您一小时能挣多少钱?"

爸爸不无高兴地说:"20美元。"

孩子向爸爸借了10美元,爸爸以为孩子要拿这些钱去买玩具。

谁知孩子又从床底下取出自己存起来的10美元,对爸爸说:"我这有10美元,加上您的10美元,正好是20美元。爸爸,我要用这20美元买下您一个小时的时间来陪我。"

如今,很多孩子的爸爸妈妈都是"上班族"。他们每天辛苦工作,努力赚钱,为的是给孩子创造更好的生活环境。实际上,妈妈由于其细腻、感性的心理特征,会在工作之余,尽量多地抽出时间来陪孩子。与之形成鲜明对比的是,大部分爸爸肩负养家糊口的重任,需要更加拼命地工作,事业成为他们追逐的主要目标,因而他们通常会把大量的时间和精力放在事业上,无暇顾及孩子的心理感受。但是,事业固然重要,而孩子的感受也很重要。

1. 在孩子成长过程中,爸爸的陪伴不容忽视

英国教育专家夏洛特·梅森认为:"很多父母总是终日忙碌,无暇顾及孩子。当他们终于有一天想好好关心孩子的时候,发现竟然无法与孩子进行沟通了,父母对孩子来说已经变得无足轻重了。"

心理学研究表明,对于孩子来说,精神财富远远比物质财富更重要。他们不在乎父母给他买了多少好玩的玩具,给他买什么好吃的东西,他们更需要父母的陪伴与呵护。

北京一所打工子弟小学的学生刘明在接受记者采访时说:"在北京,像我们打工子弟读公立的小学很困难,妈妈曾经让我回家读书,我说绝不,就算是不能读书,我也要跟他们在一起。以前他们在北京打工,我和奶奶在老家,天天盼呀盼呀,好不容易盼到和爸爸妈妈团聚了,再也不想和他们分开了。"

2010年春节联欢晚会上一首儿童歌曲《爱我你就抱抱我》唱出了所有孩子内心深处的真实感受:

爸爸妈妈,如果你们爱我,就多多地陪陪我

如果你们爱我,就多多地亲亲我

如果你们爱我,就多多地夸夸我

如果你们爱我,就多多地抱抱我

无论父母有多忙,都要多抽出时间来陪伴孩子,给予他们足够的爱。很多爸爸认为,孩子有妈妈陪伴就行了，我们只要把工作或事业做好，才是对孩子最大的关爱。爸爸之所以有这种想法，主要是受我国传统思想"男主外，女主内"的影响。其实，在孩子成长的过程中，爸爸的陪伴有着不容忽视的作用。

据专家研究表明：相对于由妈妈单独照顾的孩子来说，有爸爸陪伴的孩子智商更高，并且他们的学习成绩往往更优秀，将来步入社会成功几率也会更高。由此可见，爸爸是否陪伴孩子，对孩子起着至关重要的作用。因此，爸爸不仅要扛起养家糊口的责任，更要担负起陪伴与教育孩子的重任。当爸爸经常陪伴在孩子的身边时，他所具有的独特的男性气质和理性思维，就会在不知不觉中感染孩子，让他逐渐成长为一个优秀的孩子。

2. 陪伴孩子没有借口

对于多抽时间陪伴孩子的问题，很多爸爸会找很多借口来搪塞，这些借口主要分为温和型和粗暴型。温柔型的爸爸会说，"爸爸工作忙""爸爸事业要紧，等爸爸有空了，再陪你啊""乖孩子，去找你妈妈玩吧，爸爸没时间"；粗暴型的爸爸会说，"滚一边去，没看见我正忙吗？""你怎么这么烦？少来烦我！""还不走，我看你身上又痒痒了！"其实，不论是温柔型的推脱，还是粗暴型的斥责，都会伤害孩子幼小的心灵。当然，粗暴型比温柔型对孩子的伤害程度更为严重。

> 有一位爸爸是位富翁。一天，他的孩子因为打架斗殴被警察抓了。这位爸爸得知了这一消息后，气得鼻孔直冒烟。他怒斥孩子："你怎么这么不争气？我在外面辛辛苦苦赚钱，你却打架斗殴！你对得起我吗？"
>
> 孩子盯着爸爸反驳道："钱钱钱，你的眼里就只剩下钱了！你知道我的感受吗？你有没有真正为我着想？别人的爸爸都会带孩子去游乐场玩，看电影，你什么时候陪伴过我？我每次要求你带我去游乐场玩，你总是有千万个借口！我要的是一个陪伴我、疼爱我、重视我的爸爸，不是一个眼里只有钱的爸爸！"

身为爸爸，肯定不希望和孩子的关系闹僵，平时就要多多陪伴孩子，要知道，陪伴孩子是没有借口的。因为你的借口无论是多么合情合理，都只是敷衍孩子的一种方式。其实，陪伴孩子并不难，只要从孩子的角度出发，真诚地向孩子表达出你对他的关爱和重视就行了。

你可以陪孩子一起看书、学习；带孩子玩一些益智类的游戏；带孩子外出做运动，例如跑步、打羽毛球、爬山、游泳等。这样，你就能倾听到孩子真正的心声和思想，就会和他更加亲近。

3. 用心关爱孩子的成长

其实，爸爸与孩子相处的问题，不是接触次数问题，也不是时间长短问题，而是接触的质量问题，也就是说，关键在于你是否真正用心来陪伴孩子。只要你用心与孩子接触，即使陪伴孩子的时间只有几分钟，他也会感受到你浓重、馥郁的父爱。

> 有一位爸爸，每天工作很忙，但是他每天回到家都会腾出几分钟时间与孩子玩捉迷藏、猜谜语、老鹰捉小鸡的游戏。等孩子长大后，每当回忆起那段时光，孩子都会感慨地说："虽然爸爸每天与我相处的时间不多，但是我却从中感受到了深深的父爱。就是这几分钟，拉近了我与爸爸的距离。"

所以，只要爸爸用心陪伴孩子成长，让他感到你时刻都在默默地关注他、爱护他，他天真幼小的心灵就会获得极大的满足感和幸福感，前进的动力也就更足。

但是爸爸要注意一点，就是不能敷衍、欺骗孩子。因为孩子的心灵是十分敏感的，你的任何心不在焉的举动都逃不出他的"火眼金睛"，一旦被孩子察觉你只是在"表演"，势必会适得其反。

4.在关爱中教育孩子

在与孩子的接触过程中，爸爸会接触到各种新鲜事物。如果能充分利用这些客观因素，有针对性地对孩子进行教育，引导与启发孩子的求知欲，就会让孩子在轻松愉快的气氛中学习到很多有用的知识。

例如，当你带孩子郊游时，正赶上下雨。此时，你可以引导孩子思考：为什么天会下雨？下雨有哪些利与弊？闪电和打雷又是怎么产生的？光和声音的传播速度各是多少？……这样，孩子就会养成独立思考的能力和对知识的探索欲。

教子心得

爸爸对孩子的影响是不容忽视的，所以，不论多忙，爸爸都要抽出时间耐心地陪伴孩子。

重视对孩子的教育

现在的大部分孩子都是独生子女，所以，爸爸就会对孩子异常娇惯，总是尽自己最大的努力来宠爱孩子，满足孩子的各种物质要求，却忽视了对孩子的教育。以下是爸爸溺爱孩子的几种表现：

爸爸早晨不吃饭，或是吃昨天晚上的剩饭，就是为了把省下的钱给孩子买汉堡包和高钙牛奶；

爸爸好几年都不买一件衣服，把省下来的钱给孩子买名牌服装；

爸爸的工资属于中低水平，但为了满足孩子的物质享受，依然狠下心来买汽车送孩子上学；

……

对此，一位爸爸道出了自己的心声："现在家里就一个孩子，只要能给孩子的，不论付出多大代价，我都会尽量满足他。"

1.重视家庭教育对孩子的作用

目前，很多爸爸非常重视学校教育对孩子的培养作用，而忽略了家庭教育的重要性。他们一方面花费巨额资金让孩子上"贵族学校"，希望孩子可以在良好的学习环境中学到更多的知识；另一方面却在破坏家庭的和谐，动辄就跟妻子吵架、闹离婚。

据不完全统计：在中国，从孩子出生到三岁前，是父母离婚的高峰期。殊不知，这种做法是十分不负责任的，因为家庭教育是孩子所受到的最早的也是最重要的教育。

一位爸爸在孩子两岁时，因为跟妻子性格不合，就跟她离婚了。他经常这样教导孩子："孩子，你要记住，女人都是靠不住的，她们都是坏人。"

孩子八岁了，就问爸爸："爸爸，其他的同学都有妈妈，我怎么没有？难道同学的妈妈都是坏女人吗？"

爸爸把自己婚姻的不幸从负面倾诉给孩子，是一种不正确的教育观念，很容易扭曲孩子的人生观和道德观。所以，爸爸不仅要重视家庭教育，更要肩负起教育的使命感和责任感，给孩子提供一个良好、健康的环境，让孩子得到正确的教育。

2. 重视对孩子的情感教育

情感教育是教育的一部分，它关注教育过程中孩子的态度、情绪、情感和信念，以促进孩子的性格发展，推动社会的进步。

很多爸爸都很重视孩子的成绩，却忽略了对孩子的情感教育，导致了很多悲剧的发生。以下是一件真实的事情：

> 早晨七点，一位爸爸正打算去上班，突然感到胃疼无比，瘫倒在沙发上。妈妈出差了，没在家。九岁的儿子发现后，非但没有照顾爸爸，反而说："爸爸，我要早点去学校打篮球，去晚了就没有场地了。你自己倒水喝吧，要是饿了，就泡方便面吃，我走了啊。"说着，就跑出了家门。

爸爸病了，孩子无动于衷，这就是因为爸爸平时没有重视对孩子进行情感教育的恶果。试问，一个根本没有同情心的孩子，如何能在社会上立足？一个没有孝心的孩子，如何成就一番伟业？因此，爸爸不仅要重视孩子的学习，更应该重视对孩子进行情感教育。让孩子学会关心家人，关心他人，逐渐培养他的同情心，使他认识到人生的价值与意义，进而实现自己的人生价值。

3. 重视对孩子的品格教育

近些年来，社会上发生了很多大学生和研究生的恶性事件：马加爵事件、刘海洋硫酸泼熊事件、研究生虐猫事件、留日学生刺母事件，等等。为什么这些受过高等教育的大学生做出如此残忍的事情呢？究其原因，就是家庭不重视对孩子进行品格教育的恶果。

在孩子的成长历程中，品德教育起着至关重要的作用，它影响与制约着孩子一生的成长。一个没有良好品格的人，是很难在学业和事业上取得成功的。所以，爸爸要让孩子的智力与品德得到共同的发展，以培养出高素质、高情商的孩子。

教子心得

爸爸爱孩子无可厚非，但是珍爱不能变成溺爱，更不能一味地娇惯孩子，完全忽视对他的教育。只有重视对孩子的教育，才是对他最好的爱。因为孩子并不能依靠爸爸一辈子，总有一天，他将独立地面对人生。如果爸爸只是一味地溺爱孩子，忽视了对他的教育，就会扭曲他的人生观与价值取向，他也就无法应对未来的生活。

让孩子感受到爸爸的爱

一名记者问长沙的一个小学生："你觉得爸爸和妈妈谁更爱你？"这个学生说："妈妈。"事实上，每一位爸爸都是十分爱孩子的，并愿意为孩子付出自己的一切。但是为什么却有这么大的反差呢？

这主要是因为爸爸深受"严父慈母"等传统观念的影响，认为只有维护自己的"威严"，才能更好地教育孩子，所以也就会掩饰对孩子浓浓的爱意，刻意对孩子表现出冷漠。结果，孩子却不这么认为，他觉得爸爸不爱自己了。长此以往，就会严重破坏亲子关系。

知心姐姐卢勤说："爱是一个口袋，往里装产生的是满足感，而往外掏产生的是成就感。"

1. 让父爱陪伴孩子成长

河北某所小学四年级的一名学生，在他的作文《我最感激的人》中写道：

每当我遇到困难的时候,爸爸都会鼓励我战胜困难;每当我失落时,爸爸都会站在我的身边支持我;每当我得到老师的夸奖时,是爸爸告诉我"满招损,谦受益"的道理;每当我犯错时,爸爸也会及时地引导我、教育我……我深深地感到了爸爸赋予给我的厚重的爱。即使有千言万语也说不出我对爸爸的感激,在这里,我只想对我的爸爸说一句话:"爸爸,我爱你!"

可见,爸爸的爱对孩子具有十分重要的意义。所以,当孩子想念爸爸的时候,爸爸要及时出现在孩子的面前;当孩子情绪低落时,爸爸要及时激励他;当孩子快乐时,爸爸要与他一起分享……如此一来,孩子就会获得极大的满足感和幸福感,进而更健康地成长。

2. 用语言表达出你的爱

杨振涛今年上小学三年级了,学习成绩很优秀,就是字写得很潦草,像蜘蛛爬一样。爸爸为了纠正他这个坏习惯,每当他写作业时,就激励他:"孩子,你知道吗? 你的字写得比爸爸小时候好多了,爸爸小时候写字很难看,但是我后来经常练习钢笔字,慢慢地,爸爸的字就写得很好了。希望你也要好好练字。"

杨振涛听后,写字比以前认真了,并且经常主动练习钢笔字。每次看到他的进步,爸爸都会对他说:"孩子,爸爸看到你的进步感到很高兴。爸爸真是越来越爱你了。"

杨振涛也总是用稚嫩的声音回答:"爸爸,我也爱你。我会写得更好的。"

其实,爸爸与孩子对爱的理解是不同的。爸爸们认为,对孩子好就行了,表达不表达出来无关紧要,只要做到就可以;相反,孩子们却有这样一个心理:他们更需要爸爸把对自己的爱表达出来,让自己切实地感受到父爱。

所以,爸爸要满足孩子的这种心理需求,用语言表达出对孩子的爱意。例如,"孩子,爸爸爱你。""孩子,看到你进步,爸爸很高兴,很自豪。"

3. 通过礼物表达出你的爱意

七岁的康宝跟爸爸的关系很融洽,不论是开心的事,还是不开心的事,康宝都愿意和爸爸说说。爸爸经常送给康宝一些小礼物,来表达对他的重视和关爱。比如,爸爸去外地出差,会给他带一些富有特色的小纪念品;逢年过节,爸爸都会送给他一些精致的小礼品;当他过生日时,爸爸也会送给他一份别有新意的生日礼物……

爸爸给孩子送礼物是一种很好的表达爱意的方式。它并不单纯是一件礼物,更象征着爸爸对孩子的爱,是爸爸爱意的一种传达。

每一个孩子都喜欢获得惊喜。爸爸可以通过一些小礼物来表达自己对孩子的爱:孩子的书包破了,爸爸送给他一个新书包;孩子字写得很潦草,爸爸可以赠送给他一支钢笔;当孩子过生日时,爸爸送给他一个玩具车,等等。

当然,爸爸赠送给孩子的礼物并不一定是非常昂贵的,要根据自己的家庭经济情况选取对孩子有益的礼物。

4. 满足孩子不同年龄的需求

随着孩子年龄的不断增长,他的心理需求也会发生相应的变化。当孩子年龄小时会认为,只要爸爸每天陪伴着自己,跟自己玩游戏,或是带自己看电影、逛街、买零食,就表示爸爸爱自己;而当孩子的年龄稍大时,尤其是当孩子处于青春期时,就会觉得只有理解自己、尊重自己、支持自己才是爸爸对自己真正的爱。

所以,爸爸要根据孩子年龄的变化,及时调整对孩子表达爱意的方式,以利于孩子更好地成长。

5.给予孩子理性的父爱

曾经有一名大学生通过自己的努力,考上了国外的大学,但是没去多久,他就因焦虑、烦躁而精神失常。

原来,在他很小的时候,爸爸就把他当成家里的"宝",生怕他受到一点点的伤害,使他从小过着衣来伸手、饭来张口的生活。而当他长大出国深造时,因为不会打理生活,不知道该如何面对人生,致使他焦虑、孤独、抑郁。

在很多家庭中,我们都可以看到这种情况:爸爸像"仆人"一样,无微不至地照顾着家里的"小少爷""小公主"。其实,这种溺爱是对孩子的一种无形的伤害。

爸爸过于溺爱与娇惯孩子,孩子很容易就会养成一些坏习惯,慢慢地,他的独立能力就会逐渐被削弱,而等他长大后面对人生时,就会感到无所适从。

爸爸爱孩子固然没有错,但是爸爸给予孩子不正确的爱,就是爸爸的错。所以,爸爸要给孩子理性、正确的爱,把孩子逐渐培养成为一个自强、自立的优秀孩子。

教子心得

爸爸不但不应该掩饰自己对孩子的爱,反而应该主动表示出对孩子的浓厚爱意,让孩子在父爱中健康地成长。

忽视是对孩子最深的伤害

陈程现在最亲近的人是妈妈,爸爸工作很忙,平时每天晚上都要加班,还经常去外地出差,几乎无暇顾及他。

有一天,陈程很伤心地跟妈妈说:"爸爸是不是不爱我呀,我觉得自己在他眼里就像空气一样。我都快半年没和他一起去公园了。"妈妈很理解孩子,爸爸最近确实太忽略儿子了。妈妈告诉陈程爸爸并不是不爱他,只是工作太忙了。可陈程对妈妈的解释并不满意。

上个星期陈程期中考试得了100分,拿到成绩单那天晚上,他等了好久爸爸才回来。当时都晚上10点多了,他把试卷递给爸爸看,谁知爸爸只是象征性地夸了他几句,就做自己的事情去了。陈程很难过,一个人趴在书桌上伤心地哭了。他原本以为爸爸看到他的好成绩,就会很重视他。可爸爸还是老样子,这让陈程更加心寒。他为了考上100分,可是辛辛苦苦认真复习了一个月啊。

父亲在孩子的成长过程中扮演着重要的角色。父亲由于忙于事业,容易造成对孩子的忽视,导致父亲角色的弱化和缺失,这会给孩子的心理成长带来很多隐患。

孩子长期被爸爸忽视,会觉得爸爸不爱自己,有一种被遗弃感,从而缺乏安全感。这样的孩子会比一般人显得更加焦虑,时常感到孤独。

有研究显示,得不到爸爸重视的孩子,在言行中会更具攻击性。爸爸的形象有一种威慑的作用,能够对孩子的言行进行早期监督,对孩子的纪律进行约束;能培养出孩子对法律和权威的认可,能让孩子的言行中展现出果敢、坚强的特征。爸爸因为工作繁忙,就忽视对孩子的教育,不利于孩子形成健全的人格,容易造成孩子的一些心理疾患。

因此,爸爸再忙也不能够忽略孩子,不要让自己在孩子的教育过程中缺位。工作很重要,孩子的未来同样重要。爸爸与妈妈任何一方，在孩子的教育中都占有各自的责任和义务，如果爸爸忽略了亲子关系的培养，就会把孩子推向母亲，严重的会造成孩子的恋母情结，爸爸的忽视会给孩子造成一生都无法弥补的遗憾。

1. 成为孩子心灵上的依靠

爸爸一定要成为孩子心中最坚强的依靠，让孩子能够感受到爸爸的强大，产生安全感。爸爸要让孩子认为自己是"英雄"，不要让孩子在父亲印象这一栏里是空白。孩子缺乏安全感，就不容易对人、对事情产生信赖，这样不利于孩子健康成长。

2. 多关怀孩子的心理需求

爸爸要用做朋友的心态来对待孩子，关注孩子的各种心理需求，履行好爸爸的职责。

> 黄莺看到她的好朋友都和爸爸一起去攀岩，也想让爸爸陪她去，可是最近爸爸很忙。她每次只能眼巴巴地看别人去玩，心里很失落。
>
> 一个周末，爸爸看到女儿一直在叹气，就仔细询问了孩子，得知原因后说道："你怎么不早说，爸爸明天就陪你一起去。"黄莺高兴坏了，赶快去约朋友结伴同去。其实爸爸第二天有事，他不想让女儿失望，就悄悄推掉了安排。

孩子都有渴求父爱的需求，爸爸要注重孩子的心理需求，用爱心来培育孩子。努力做孩子的朋友，随时关注孩子的各种心理变化，按照孩子身心发展情况来进行教育引导。爸爸忽视了孩子的心理需求，就无法及时给予孩子需要的温暖和关怀，也就无法将教育落到实处。

爸爸还要多花心思陪孩子，才能够让孩子不感受到伤害。如果爸爸是敷衍塞责地对待孩子，即使是有时间陪孩子，也不会让孩子感觉到被爱、被重视。因此，爸爸在陪孩子时要花心思，这样才能充分履行爸爸的教育职责。

教子心得

忽视是对孩子最深的伤害，父亲角色的弱化和缺失，会给孩子带来不安全感，使孩子产生焦虑、孤独等心理疾患。这类孩子容易形成性格缺陷，攻击性强，容易走上犯罪的道路。

对孩子要放下架子

中国自古就重视家长权威，认为在家中一定要树立父亲的权威。因此要父母平等对待孩子，我们还有很长的路要走。

> 陈冰生活在一个典型的严父慈母家庭。他从小就怕爸爸，每次做错了事，他都像躲猫的老鼠一样躲着爸爸。爸爸在他的印象中是凶巴巴的，一想起爸爸拿着尺子，大声训斥他的样子，他就感到害怕。陈冰做作业很认真，生怕出错，因为每次做错题，爸爸都会拿尺子打他的手心。
>
> 陈冰从来都不敢跟爸爸顶嘴。爸爸是家里的权威，陈冰和妈妈都要尊重他、顺从他。陈冰和爸爸之间没有亲昵的举动，爸爸从不摸陈冰的头，顶多就是拍拍他的肩膀。陈冰知道爸爸对他这么严，就是想让他成才，可是这种父子关系让他感到很压抑。

平等对待孩子，是新时期亲子教育中备受提倡的。爸爸不能平等地对待孩子，会导致孩子太顺从或太叛逆，二者都会影响孩子身心的健康发育。爸爸要摆脱板着面孔说教的"严父"

形象。

总是高高在上，总想把想法强加给孩子的爸爸，是不受欢迎的。随着年龄的增长，孩子的自尊心也会增长，他们更渴望被平等尊重地对待。爸爸若能放下架子，会让孩子感到亲切、自然，乐意听从爸爸的教诲。

爸爸要想使孩子自然成长，就要给孩子创造一个民主、平等的家庭氛围。平等才能使孩子的天性不被压抑，自然、健康地成长；平等才能够让孩子体会被爱，学会自尊、自重。

孩子是察觉父母情绪的高手，父母的喜怒变化，他们都能敏锐、迅速地觉察到。爸爸若用不平等、高高在上、统治者的心态来对待孩子，孩子也会在第一时间内察觉到自己的角色和地位。他们会感到屈辱但又无力反抗，这只能伤害孩子的自尊心，压抑他们的天性。

爸爸原本是孩子心目中的"英雄"，他不能平等、尊重地对待孩子，更容易让孩子陷入自卑、自弃的状态。孩子会加倍觉得自己是弱小的、无能的、不能够反抗的，这些心理会不利于孩子形成健全的人格。

在平等、民主的家庭氛围中成长的孩子，会更自信、有魄力、勇敢，能够有主见地决定自己的问题，不依赖于人，也不轻易屈服于人。这就是健全的人格，它让孩子在社会中站稳脚跟、不走弯路，更快地走向成功。

1. 父亲切忌"一言堂"

爸爸切忌在孩子面前搞"一言堂"，孩子丝毫没有发言权，只能遵从父亲的旨意。言论的自由是平等的第一要素，交流双方没有平等的发言权，也就谈不上其他的平等了。爸爸要给孩子言论的自由，孩子对任何事情都有发表个人见解的权力。

2. 要勇于向孩子承认错误

面对自己的错误，很多爸爸喜欢摆架子、不认错。如果爸爸明明错了，还要坚持错误，不听孩子解释，就是一种不平等的压制。爸爸勇敢地承认错误，才是在平等地对待孩子。

> 刘洋的自行车坏了，他晚上回家告诉了爸爸。爸爸说："没问题，我待会儿帮你看看。"刘洋就去做作业了，正好邻居让爸爸过去玩麻将，爸爸就过去了。等到他晚上回来时，已经11点了，刘洋已经睡着了，爸爸也忘记了修自行车的事。
>
> 第二天一大早，刘洋就问爸爸车修好了吗，爸爸才记起来，但他又觉得面子过不去，便说："忘记了就算了，你坐公交车不也一样吗?"刘洋看到爸爸的态度，独自闷闷不乐地去上学了。

爸爸在孩子面前犯了错，要勇于承认、道歉。如果爸爸觉得自己道歉太伤面子，就还是没有形成平等来对待孩子的心态。答应孩子的事情就要做到，失信了也要给一个解释。做到这一点，孩子才会更尊重爸爸。

3. 赞赏孩子的好提议

爸爸在与孩子相处时，会常碰到孩子有发表自己"意见"的时候。孩子的这些"意见"也许很幼稚，但爸爸不要不假思索地驳回，爸爸应该仔细思考，如果发现这些提议中有可取的地方，就要对孩子大加赞赏、支持。孩子的好提议得到爸爸的赞赏，会更乐于参与到"家庭事务"中来。

教子心得

爸爸给孩子一个平等进言的机会，就是对孩子最好的尊重，爸爸赞赏孩子的提议，是对孩子最好的奖励。孩子在爸爸的赏识、尊重中，能够真正体会到民主、平等的感觉。

让父爱的阳光洒在孩子身上

陈瑞三岁多,是个感情丰富的小男孩,他最亲近的人是妈妈。每天只要见到妈妈,他就连蹦带跳地扑上去,欣喜若狂。他会主动给妈妈讲述自己今天干了些什么,而见到爸爸回来,他却连招呼都不愿意打。

爸爸是银行的中层干部,每天加班、应酬,回来很晚。他本身言语不多,工作压力也很大,很少和孩子交流。而且爸爸从来不和孩子疯闹,显得很正统,不苟言笑。爸爸中年得子,其实很疼爱儿子,但就是不会表达对孩子的爱。

每天爸爸只要看一眼儿子就知足了,但是儿子看到冷冰冰的爸爸,却丝毫喜欢不起来。妈妈看着这对父子的关系,也从心里着急。

也许每一位爸爸都会说,自己是非常爱孩子的。可是也会有许多孩子说,爸爸一点也不爱自己。原因就在于,爸爸没有主动把自己对孩子的爱表达出来。

对爱的理解上,孩子和爸爸会有差异。爸爸觉得管教是爱的体现,方式、方法并不重要,只要孩子能够按照自己的预想来做事,就心满意足了。而孩子年纪小,无法体味爸爸管教的苦心,他们更在乎言语表达出来的爱。

爸爸不会表达对孩子的爱,容易让孩子产生误解,觉得爸爸高高在上不能亲近,认为自己难以得到爸爸的爱。孩子对爸爸产生误解后,容易对爸爸的管教产生逆反心理。这样会使亲子关系恶化,也会导致孩子听不进忠言。

最忌讳爸爸用沉默来表达自己对孩子的爱。父亲想成为孩子心目中的好爸爸,语言沟通是必不可少的,爸爸如能像妈妈一样和孩子絮絮叨叨,反倒会博得孩子的青睐。

爸爸主动表达出对孩子的爱,能够让孩子体会到父爱的温暖。父爱的温暖能让孩子变得更勇敢、聪明、自信,个人能力也会比只由母亲带养的孩子高出很多。父爱是孩子健康成长的最佳营养品。但父亲不主动表达,孩子就体会不到父爱,也无法受益。

1. 留出时间,每天陪孩子 15 分钟

爸爸想要传达自己的爱,不能缺少和孩子相处的时间,爸爸每天要留出至少 15 分钟的时间单独陪孩子。在这段时间里,要和孩子多说说话,陪他们玩游戏。

爸爸在陪伴孩子的过程中,要会表达自己的期望和爱,主动、有效地传递爱的信息。如果无法准确传递出对孩子的爱,就无法起到良好的教育效果。

2. 告诉孩子"我爱你"

语言表达比行动更感性,能让孩子更清楚爸爸的意思。若爸爸用沉默来诉说自己的爱,年幼的孩子就无法体会到。用语言传达爱意,能更好地收获到孩子爱的回馈。孩子更喜欢直接、清楚表达出的爱意。

陈因的爸爸对她很严肃,她常感到父亲离自己太远。有一次上街,她看到一个孩子和爸爸手拉手,高兴得又跳又蹦。她就想到了自己的爸爸,她很希望爸爸也能和自己这样亲近。

一次,她病了,妈妈不在家。爸爸怕她一个人闷,就主动过来陪她聊天。那天,她可高兴了。她第一次发现,其实爸爸也很亲切,很好玩。从那以后,陈因也会主动和爸爸谈自己的事,父女的关系也越来越好了。

爸爸的情感更含蓄,会不好意思把"爱"说出来。其实,爸爸说出对孩子的"爱",不仅不会被人笑话,更不会丧失尊严,相反会赢得孩子更多的爱。

3.不要总是拒绝孩子

爸爸对孩子的要求一次次地拒绝,容易给孩子留下冷漠、残酷、不可理喻的印象。

> 黄鲛的爸爸脾气很暴躁,他对待儿子也一样。每次黄鲛有些小要求,都不敢去跟爸爸提,只会和妈妈说。黄鲛上一年级时,想买个阿童木玩具,爸爸一口就回绝了。他为了此事,记恨了爸爸一个星期。

爸爸无法用正确的方式、方法传递对孩子的关爱,只会引起孩子的反感和逆反。很多时候,爸爸即使是对的,可在孩子眼里也是错的。爸爸要学会直接、主动地表达关爱,不能隐藏或是拐弯抹角,这样只能带来更多误会。

4.关心孩子的行踪

关心孩子的行踪,让孩子知道爸爸随时惦记着他,传递的就是爸爸深切的关爱。

> 陈东每次出门,爸爸都会关切地问一句:"你要到哪里去啊?"他告知爸爸后,爸爸还会嘱咐上一句:"路上要小心啊。"
>
> 陈东回家后,爸爸也总会问他事情办得怎么样。爸爸这样问了十年,现在陈东十二岁了,他很爱爸爸,觉得爸爸非常在乎他。陈东父子能够友好相处的秘诀就在于,爸爸关心孩子的行踪。

小细节能够体现大感情,爸爸对孩子的关爱,在这些小细节上能够有效地传递。爸爸想关心孩子,可以多关心他们的行踪,这会让孩子感觉到爸爸是时刻记挂着自己的。这份温暖,就能够很好地维系父子间的感情。

教子心得

父爱是深沉的,但是深沉的爱却难以被年幼的孩子察觉。爸爸爱孩子一定要主动地表达出来,这样父爱的阳光才会洒在孩子身上。

爸爸要做自己孩子的偶像

说起偶像,人们很快会想到屏幕前那神采奕奕的影视明星、歌星。其实对于孩子而言,家长就是他的偶像,他们人生的第一偶像都是自己的爸爸妈妈。

所以,无论你豪放得粗枝大叶,还是细致得绵里藏针,作为爸爸,你都是孩子心目中的第一任偶像。而偶像的作用向来是与带领、引导有关的,当孩子已经开始像模像样地模仿你的一些举动的时候,作为偶像你该怎么做?

> 从前,有一个宰相夫人非常重视儿子的教育,她每天不辞劳苦地劝告儿子要努力读书,要有礼貌,要讲信用,要忠于君王等。而宰相却是早上离开家去上朝,晚上回来就看书。爱儿心切的夫人终于忍不住说:"你别只管你的公事和看书本,也该好好地管教你的儿子啊。"宰相眼不离书地说:"我时时刻刻都在教育儿子啊。"这位宰相父亲说的是身教,他是要给孩子做出榜样,成为孩子的偶像。

爸爸是孩子最亲近最敬重的人,爸爸对孩子的影响是巨大的,所以当你成为父亲,就要用行动、用心做孩子一生的领路人……

这个故事告诉我们,潜移默化的家庭教育及影响,将会直接关系到子女的道德品质、法纪观念、人生观等的形成。

这样的场景,或许你也见过:

公共汽车上,中年男人一边悠闲地抽着烟,一边饶有兴趣地给孩子讲故事。同座的女士不停地用手驱散弥漫过来的青烟,中年男人视若无睹。女士忍不住了,很有礼貌地劝同座把烟灭掉,中年男人却说:"我抽自己的烟,与你何干?"

他的儿子也附和:"与你何干?"打了胜仗的中年男人,得意地摸摸儿子的小脑袋,却不料招来众人纷纷指责:"你就这样给自己的孩子做榜样吗?"

"榜样"一词,自然是褒义词,既然家长想成就这个词,那就要以身作则,不要让别人投以"贬义"的目光,尤其是在孩子面前。天下没有哪个父母不想成为孩子的偶像和榜样的,那到底应该怎么做呢?

1. 注意"耳濡目染"

总有一些这样的家长:一方面告诉孩子要好好读书,而自己却在麻将桌上酣战;一方面教育子女要孝敬长辈,而自己却对父母不闻不问,如此等等,比比皆是。现在连那些幼儿园的孩子,都学会编造谎话来讨大人们的欢心了。世故与城府延伸到了几岁的娃娃,是不是让人感到悲凉。其实,孩子所学的这一套,正是从家长们那儿耳濡目染来的。

也许家长们从不会公开、正面地对孩子进行这样的教育,但是,他们的言行举止却在潜移默化地教育着孩子们学会这一套。家长自己的行为其实在告诉子女应该成为怎样的人,家长就是孩子成长的活教材。

爸爸与孩子朝夕相处,是孩子的抚养者和监护者。很显然,爸爸的言谈举止对孩子有着权威性的影响。爸爸行为不良,举止不雅,言传身教差,行为粗鲁,常讲脏话,不务正业,违法乱纪,耳濡目染的家庭熏陶,就给孩子直接树起了坏榜样。

如当你的朋友想投资某项领域,而由于资金不足,找到你求助时,他说:"我一定可以的,能做好的,你帮帮我吧!"你一句:"我相信你。"给了他莫大的信任和支持。在一旁的孩子会意,于是他的朋友有困难时,他会陪在身边,对其朋友说:"我相信你,你会攻克难关的。"这是你教给他的信任。

孩子最早的学习是从模仿开始的。他们从小就会将看到、听到、感觉到的东西融化在正在发育的大脑里,并在以后的生活中不知不觉地加以效仿,爸爸的每句话,每个举动,每个眼神,甚至看不见的精神世界,都会给孩子潜移默化的影响。

在孩子面前,爸爸要以身作则,比如见面打招呼、分手道再见等。平时在家里,家人之间也要注意使用文明语言,如"谢谢""对不起""没关系"等等。

在他人面前,要把孩子当作一名与成年人平等的人,介绍给对方,比如:"这位是某某阿姨,她是爸爸的同事;这位是我的儿子某某。"这样既能让他人尊重孩子、平等地对待孩子,也能帮助孩子熟悉、接纳对方,有助于孩子放松下来,自然地流露礼貌。

这就是从小对孩子耳濡目染的重要性,如果你想要自己的孩子成龙,也请从自己做起,与孩子一起成长。

2. 教会孩子明辨是非

《成长的烦恼》里面有一个片段:

三岁的本不小心撞在桌角上跌倒了,他痛得大哭起来,用脚去踹桌子。他的爸爸杰森只是在一边默默地注视着本,既没有上去抱他抚摸他,也没有言语的安慰。本哭了一会儿厌倦了,不再哭泣,杰森这才把他搂在怀里问:"还疼吗?"

本说:"不疼了。"

"那你走几步给我看看。"本走了几步又跳了几下。

"你再动动胳膊看。"杰森又说。

本转转胳膊,看上去一切都还好,这下杰森发话了:"本,你来看,你是个人,你有手有脚,你能走能跑,而桌子根本不会动,明明是你撞到了它,它有什么错,你要踹它呢?你说是吗?"

本说:"是。"

于是杰森责令本向桌子道歉,为他刚才发脾气踹桌子的行为道歉,本接受了爸爸的批评向桌子道了歉。

如果这件事发生在中国,我们的家长定然是先一把把孩子拉到怀里嘘寒问暖又揉又哄,一边为逗孩子破涕为笑而拍打桌子责问它:"为什么要欺负我们宝宝?!"但愿我们的父亲们能在此刻摆出正确而公允的态度,加入适当的冷峻,让孩子明白自己做错的事不能推给别人。

举这个例子是为了说明,孩子还没到足以分辨是非、对错的阶段,爸爸起着关键作用。如何做人自然也是父母的重责大任,尤其对爸爸而言,肩膀的担子更要沉一些。做人是生命之本,教育好了,孩子才懂得孝敬父母,懂得好好学习,回报社会。

还有这样一个故事:

杰杰是个幼儿园中班的孩子,每天下午爸爸在接他放学的路上,孩子都会讲许多幼儿园里发生的故事。这天,他告诉爸爸,"元元今天滑梯时不肯排队,一次次插在我前面!"

爸爸问:"那么你怎么做了呢?"

杰杰很委屈地说:"我能怎么办啊,元元长得比我高多了,我又打不过他。"

爸爸笑了,摸摸儿子的头说:"嗯,我们杰杰知道好汉不吃眼前亏了!"

孩子之间的纠纷有很多确实不需要大人的参与,比如你推我搡这于成人而言是打架斗殴,于孩子而言却是游戏,孩子很难控制自己的行为尺度,他们要在类似的游戏中学习,这的确不需要大人在一边指指点点。

爸爸是孩子的第一偶像,要做好这个偶像首要的条件是富有正义感,要教育孩子不是用暴力解决一切,不能蛮不讲理也不要屈从于强力,始终坚持自己的是非观与道义感,这才是为父之道。如果杰杰的父亲能在一笑之后,告诉儿子:"以后再碰到这样的事,不管他是插在你前面还是别人前面,你都应该把插队的小朋友拉到后面去,让他排队,告诉他滑梯是大家玩的,要遵守秩序。"那么,这样的爸爸就做得到位了。

偶像和榜样是靠行为做出来的,而不是靠言语说出来的。家庭是孩子成长的摇篮,而爸爸就是孩子的偶像和榜样。

教子心得

有句话说:"一日为师,终身为父。"我们更要说:"一日为父,终身为师。"

好爸爸不能言行不一

子曰:"古者言之不出,耻躬之不逮也。"这句话的意思是说:"古代人不轻易把话说出口,因为他们以自己做不到为可耻啊。"在现实生活中,我们也应该像古代人一样说话要经过头脑思考,不能想什么就说什么,而且说出的话也应该做到。如果不能做到的话,就别轻易地乱说话。

在日常生活中,经常看到有一些人对自己的承诺总是能履行,而另一些人却相反,对别人说的话就像儿戏一样,一下子就忘记了。其实,这些人说的话都是假的,这些人是不能做到的。当然,我们应该像第一种人学习,学习他们如何说到做到,做一个尽自己本分的人。对亲人或朋友都应该说到做到,尤其是自己未成年的孩子。

"爸爸,我还想吃,你再给我拿一个。"孩子开始缠着爸爸。

"不行,说好了只吃一个的。"爸爸皱着眉头说。

"我还要,我还要!"孩子干脆一屁股坐在地上,耍起赖来。如果爸爸不能说到做到,又给了孩子一个冰激凌,打破了和孩子约定的协议,屈服了孩子不合理的要求,孩子会想:只要我哭闹,坚持我的要求,爸爸就会满足我。

以后,孩子就会抓住爸爸说到做不到的弱点,变得更加任性、执拗。也有的爸爸可能会说:"要不,爸爸明天带你去买那个你一直想要的小汽车。"用其他好吃的东西、玩具替代了冰激凌。

上面的例子事实上也是说到做不到的行为,是爸爸软弱、没有原则的表现。孩子会发现:哭闹是让爸爸满足自己的好办法。今后,孩子还将用耍赖的办法,要挟爸爸满足自己的各种要求。爸爸最明智的做法是:讲明道理,按事先约定的办。

这样的爸爸才是真正做到了"说到做到"。我们平时为人也是这样,一般不承诺,但是承诺了,一定要兑现,如果对方有过高的要求,还要恰到好处地拒绝。

可调查发现,这种说到做到的现象,在家庭教育中却不常见,家长的承诺往往变成了"空头支票"。究其原因大致有三点:一是,有些家长只是顺嘴说着玩,完全没当回事。二是,有些家长觉得小孩子记不住那些事,早就忘了自己的承诺。三是,有些家长确实很忙,抽不出时间陪孩子,或者因为钱的缘故没有能力实现自己的诺言。但家长可想到,这种随意开"空头支票"的做法非常不利于孩子的成长。

1. 要尊重孩子

"只要你考个全班前10名,爸爸给你买辆新车!"

"等你考上全市重点,妈妈带你去韩国旅行!"

"你考100分,爸爸奖励你100元钱。"

……

孩子虽小,但他却是一个独立的、完整的个体,他有自己的思想,能明辨一些是非,他们对父母承诺过自己的事情,常是个有心的"收藏家",家长要把孩子当成自己的朋友一样尊重孩子,答应孩子的事就要做到,如果兑现不了,应及时给孩子解释,向孩子道歉,让孩子有一种被人尊重的感觉,使他幼小的心灵不受伤害。

2. 要做孩子的表率

爸爸作为孩子的第一任老师,也是孩子效仿的主要对象,家长言行一致、表里如一是确立家长在孩子心目中主导地位和权威的重要因素。若父母总是欺骗孩子,久而久之会让孩子对家长失去信任,双方没有了信任,还谈得上什么教育的有效性呢?

现如今这样的承诺在孩子和家长中间屡见不鲜。然后当孩子实现了父母的期望,父母却因为种种原因无法兑现之前的承诺的时候,孩子又会如何看待"诚信"呢!很多家长望子成龙心切,只要孩子成绩好,就无限制地满足其要求,甚至主动用物质奖励做"饵",刺激孩子好好学习。过分的物质刺激虽然在短期内有作用，但对孩子的长远发展会有很大弊端。除了给家庭增加额外的负担外，长期的物质刺激还会歪曲孩子的学习态度，无形中给孩子一种心理暗示：好好学习只是为了家长、为了得到奖励，这样容易让孩子过早地"拜金"，使孩子形成喜欢攀比、铺张奢侈的坏习惯。

家长如果工作很忙，没有时间陪孩子玩或资金不足，满足不了孩子的物质需求，那么就不要轻易许诺，况且这种把学习与某种物质利益画等号的做法，会造成一种学习是为了父母、学习有利可图的思想，长此以往不利于孩子的品格形成及发展。

有一个孩子在他的一篇作文中写道：

期中考试我的数学考了 100 分，爸爸答应送给我一辆自行车，结果因资金紧张而"流产"。还有一次期末考试，我的语文考了 95 分，妈妈答应我去吃肯德基，结果又没有兑现。"爸爸、妈妈，你们总教育我别说谎，可你们为什么总不兑现自己的诺言呢？"这是孩子的心声。

仔细想想孩子的话是有一定的道理的。现在很多家长为了让孩子好好学习，经常给孩子一些承诺。这在一定程度上确实奏效，但家长往往在达到目的的时候，把自己的承诺忘得一干二净。家长也许只是顺嘴说说，但孩子是认真的，不兑现诺言的结果是教会了孩子不诚信，使孩子学会了答应别人的事情可以不去做。

3. 要言行一致

如果爸爸言行一致，说得好，做得也好，那么就会得到孩子的尊敬，教育的效果也会好；如果言行不一，说一套，做一套，那么不但没有好的教育效果，还可能有更坏的影响。其实，孩子接受教育，上学、考试，是孩子成长道路上的人生经历。作为家长，应当给予精神上的鼓励，而不是用物质来诱导！现在孩子攀比心理很严重，这和家长总是拿这些物质上的奖励来许诺孩子有关。当然，适当的物质激励不是不可以，但一定要适度。

然而，既然许诺了物质的东西，那么家长就一定要履行诺言，不能言而无信，打击孩子的积极性，让孩子认为父母不可信任。如果实在是无法履行，那么一定要给孩子说明情况，讲明道理，而不是让孩子觉得，父母只是说说而已，是欺骗。这样的后遗症恐怕会很多！

所以，家长在给孩子承诺的时候，必须要做到言而有信，说了便要做到，如果做不到，实现不了的，便不应该向孩子轻易许诺。父母言行一致的品质，不但能取信于孩子，而且会潜移默化地影响孩子。当许诺由于某种原因未能做到，如果是家长忘记了，或者其他原因，必要时须向孩子道歉，取得孩子的谅解，并尽可能择日兑现。

但父母对孩子的许诺要把握分寸，不该答应的事，一定要坚持原则。比如，孩子吃饭、穿衣等自我服务性的劳动，或帮家里做些力所能及的家务活，这是孩子应该承担的义务，不要对他许诺奖励什么。家长做不了的事也不要瞎吹牛，否则会不好收场。

家庭生活的各个方面都包含着教育的因素，为人父母者，其言行举止、待人接物乃至于饮食服装等生活方面，对孩子都有潜移默化的影响。这就要求家长言行一致、表里如一，在各个方面为孩子做出榜样，发挥示范作用，从而使孩子们在幼小的心灵中逐步建立起高尚的道德伦理规范，逐步提高他们辨别是非、美丑、善恶的能力。

有的家长教育孩子时言行不一，比如有些家长在帮孩子清理东西时发牢骚："这么大了，书包还要我整理，以后自己做！"但到了下次，仍然帮孩子清理书包。说到却不能做到，如何让孩子听从教导？

对孩子要说到做到，言行一致，以身作则。面对孩子，父母不要轻易承诺，但一旦说了，就要说到做到。否则,你的话以后孩子不会再听了。《狼来了》的故事能讲给孩子听,而不能做给孩子看。

教子心得

在高素质的孩子后边,必定站着高素质的父母。没有高素质的父母,要想培养高素质的孩子是困难和曲折的。因此,我们要提高为人父母的素质,因为父母的素质,决定孩子的未来。

正确引导孩子做一个有爱心的人

爱心是做人的基本素养。一个没有爱心的人,不会真正地关心和体谅他人。因此,爸爸应该从小开始培养孩子博爱的胸怀。

乐乐今年五岁,周末爸爸带他去动物园玩。那天动物园里正好有一个募捐活动,广播里面正在号召人们为灾区的大熊猫捐款,爸爸不假思索地掏出自己所有的零钱放进了捐款箱。

乐乐看着爸爸的行为,不理解爸爸在干什么。爸爸觉得这是培养孩子爱心的好机会,就把乐乐叫到一边,对他说:"孩子,你不是很喜欢大熊猫吗? 大熊猫的主要食物是竹子,可是今年熊猫生活的地区竹子开了花,它们现在都没吃的了,捐钱是为了给这些可爱的熊猫买食物。我们捐的钱虽然不多,可是人多力量大啊,每个人的爱心聚集在一起,大熊猫就有救了。"

乐乐听了爸爸的话,很受启发,他将自己身上的零花钱也全部拿出来放在了捐款箱里。爸爸看见乐乐这样做,会心地笑了。

爱心的产生,是基于个体的社会性情感需要,它不是与生俱来的品质,而是在后天环境和教育的熏陶下逐渐形成的习惯性心理倾向。

一个没有爱心的孩子,必然对他人冷漠,无视别人的痛苦,并经常把自己的快乐建立在别人的痛苦之上。这样的孩子又如何能在社会上立足呢? 无视社会公众的苦难,必然被社会所抛弃。可以这样说,孩子爱心教育的缺失是家庭教育最大的失败。

孩子在早期能表现出来关心和爱护他人的行为,这是孩子天性中爱心的自然表达,但是如果这种行为不能得到爸爸以及周围亲人的及时鼓励和强化,孩子的这种爱心行为就会逐渐消失。因此,孩子后天能不能成长为一个具有爱心的人完全在于爸爸能否给予正确的引导和教育。

1. 爸爸应该接受孩子的爱

爱是一个互动的过程,不能单方面地给予。当爸爸在爱护、关心孩子的同时,也应该坦然接受来自孩子的爱。

四岁的小童是家中的独子,从小受着父母的百般宠爱。一天吃晚饭时,小童开心地夹起一块排骨送到爸爸碗里,爸爸当时心里就乐开了花,孩子这么小就知道心疼爸爸了,没白疼他啊! 爸爸知道小童是最爱吃排骨的,本来想要拒绝,但考虑到孩子一片孝心,就很高兴地吃起来,然后夸奖小童是个孝顺的好孩子。

孩子早期都会对爸爸的关心表示回报,爸爸应该坦然接受,这样孩子会觉得自己的行为爸爸是认可的。如果爸爸不坦然接受孩子的爱,孩子会误以为爸爸不喜欢自己这种行为,这样将不利于孩子爱心的培养。

2. 表扬、肯定孩子的爱心行为

孩子需要不断的表扬和肯定,只有这样他们才会把爱心行为继续下去。当孩子主动为爸爸帮忙的时候,爸爸不要嫌他们越帮越乱,而是要及时给予表扬和肯定。这样孩子的爱心行为才会固定下来,成为一生的良好习惯。

3. 给孩子树立正确的爱心意识

除了教会孩子去关爱他人之外,爸爸还应该教育孩子树立正确的爱心意识。

陈婷婷今年刚上五年级,她平时是个特别热心的孩子。可有一次她生病住在医院,却没有一个同学来看望她。婷婷偷偷地在被窝里哭了,中午吃饭的时候眼圈还红红的。

细心的爸爸看出了婷婷的心事,他耐心地告诉婷婷,一个人付出爱心不应该计较别人的回报,我们不是为了得到回报而去付出的,付出是为了让这个社会更美好、和谐,如果周围的人因你的付出而觉得生活美好,就已经是一种回报了。婷婷听了以后,懂事地点了点头,过了一会儿又开心地和爸爸聊起天来了。

--- **教子心得** ---

当孩子的付出得不到回报时,爸爸应该及时加以劝导,帮助孩子树立正确的爱心意识,告诉他们付出爱不是为了要得到回报,让孩子明白放弃功利去付出爱,这种行为本身才能使自己真正快乐。

重视孩子的成长环境

邱真今年上五年级,爸爸妈妈的关系不好,在家里她见的最多的场景就是爸爸妈妈吵架,每次吵架的原因都是因为爸爸酗酒。爸爸没有固定的工作,只能靠妈妈做清洁工养着这个家。但爸爸有一大群朋友,没事就喜欢喝酒。

妈妈想和爸爸离婚,但爸爸不同意,有时候还会向妈妈动手,甚至用打邱真的方式来解气。邱真整天生活在提心吊胆之中,学习成绩也不断下降。

每位爸爸都希望自己的孩子可以出类拔萃。研究表明,孩子的才智除了遗传因素外,后天家庭环境有着重大影响,什么样的家庭氛围培养出什么样的孩子。

有些爸爸不惜重金为孩子购买益智类的补品,为孩子请家教,上各种辅导班,但往往收效甚微。与其这样,不如为孩子营造一个理想的成长环境。爸爸一般是家里的"领导者",营造家庭氛围的责任更加重大。

家庭是孩子的第一成长环境,孩子小时大部分时间都是在家里度过的。家庭环境对孩子有着耳濡目染的影响。只有温馨、愉快的家庭才是孩子健康成长的最佳环境。营造孩子的最佳成长环境是爸爸的责任。

爸爸要为孩子提供整洁的房间,合适的光线,安静的环境,保证孩子正常地生活和学习。

爸爸还要积极营造和睦的家庭氛围,让孩子在和谐、温暖和相亲相爱的家庭人际环境中健康成长。

此外,爸爸要发挥自身的榜样作用,注意全面提升个人素养,为培养孩子的全面发展做出示范,发挥最佳的教育效能。

1. 为孩子提供一个良好的"硬环境"

爸爸要保证孩子生活和学习的地方是清洁、安静、明亮的,同时周边的环境应该是有秩序的,而不是混乱的。

> 徐倩的家靠着市场,每天早晨徐倩都会被嘈杂声惊醒,晚上回家做作业时市场还在营业,她根本没法安心学习。徐倩还有一年就要考高中了,她担心自己考不上。
>
> 徐倩将自己的苦恼告诉了爸爸,爸爸理解孩子的苦衷,决定搬家。最近她家搬到了学校附近,周边环境安静整洁,徐倩学习时能静下心来,学习成绩也不断提高。

如果条件许可,爸爸可以专门为孩子设立一间书房和卧室,准备好实用的生活和学习用品,当孩子提出恰当的物质要求时可以尽量满足,但是对于孩子的无理要求,爸爸要坚决拒绝,不要认为无限制地满足孩子的要求就是爱孩子。

2. 保持家庭生活的美满和谐

家庭气氛和家庭成员之间的关系会影响到孩子性格的形成。一个充满敌意甚至暴力的家庭,不会培养出积极乐观的孩子。夫妻之间关系和谐,家人欢乐融融,成长在这样家庭环境中的孩子更容易拥有完善的人格。

爸爸要处理好夫妻关系,还要处理好和孩子之间的关系,尊重妻子,爱护孩子,不随意呵斥、打骂孩子,以平等的态度与孩子相处,保持家庭生活的美满和谐。

3. 树立良好的家庭风气

好父母,好家风,会促进孩子的健康成长。良好的家庭氛围,是孩子最佳成长环境的重要组成部分,对孩子的身心发展有重要的影响作用。

> 魏强家每年都被评为"文明家庭",这是因为他家里有着敬老爱老的良好家风。魏强的外公外婆年纪大了,爸爸就把他们接到自己家里照顾。前段时间,外婆得了场大病,几乎丧失了劳动能力。遇到妈妈出差,爸爸就请假在家照顾外公、外婆。
>
> 魏强看到孝顺的爸爸很辛苦,便主动帮助爸爸做家务,让爸爸感到非常欣慰。

爸爸要致力于树立尊老爱幼、以礼待人、乐观积极、努力上进、热爱劳动、勤俭持家的良好家风,使孩子在良好家庭风气的影响下,逐步提高自身素质。

4. 为孩子提供个性化的成长空间

爸爸要营造家庭个性化的氛围,家庭成员之间和睦相处,但都有自己的独立空间。孩子的生活和学习的内容、时间安排等都应按照孩子个人的实际情况来调整,爸爸不能像监督犯人一样来管自己的孩子。

家庭应当是缓解孩子疲惫身心的场所。爸爸要尊重孩子的自由,让孩子在家庭中体会到理解和信任,不能一味地要求孩子顺从自己的意愿。另外,爸爸要为孩子提供一个能激发他潜能和创造力的生活、学习环境,多给孩子买一些书籍和学习用具,这对促进孩子的智力发展有很大的帮助。

教子心得

良好的成长环境,对孩子的健康成长是十分重要的。爸爸要重视孩子的成长环境,并且尽自己的最大努力来给孩子营造最佳的成长环境。

别做"隐形"爸爸

你是一个"隐形爸爸"吗？孩子见到你出现的时候会不会只是怯生生地喊上一句"爸爸"，然后就像受惊的小兔子一样逃之夭夭了呢？作文课上，老师要求一年级的小朋友写他们的家长，几乎所有的孩子都是以妈妈为书写对象，并给予了极高的评价。而爸爸呢，却恰恰相反，也只能是在孩子们抓耳挠腮的情形下挤出几个词汇，如"辛苦""工作累""没时间"……最可笑的是，这些词汇基本上与孩子们的生活毫不搭边，他们对爸爸的爱已经渐渐从渴望转到了习惯与适应。

唐唐三岁了，有时会像小百灵一样说出许多可爱的话语。虽然爸爸和妈妈都把他当成心头的宝贝，但是唐唐基本上每天只能看到妈妈，唐唐常问："妈妈，爸爸呢？"

"爸爸在工作啊，会给唐唐买好多漂亮的书、衣服，还有唐唐最爱吃的巧克力！"每当妈妈说完这些话，唐唐总会高兴地说："唐唐喜欢吃巧克力。"

唐唐的爸爸是一家大公司的经理，工作很忙，每次回到家，唐唐早已睡下了，而到了早晨当唐唐醒来的时候，爸爸又早已上班去了，所以，父子俩真正见面的时间少之又少。唐唐的妈妈想，这样下去，孩子不是要连爸爸都不认识了吗？得想个办法啊，眼睛看到挂在床头自己和丈夫的结婚照，她突然灵机一动，抱过唐唐，柔声对他说："唐唐你看，你不是要找爸爸吗？那个人就是爸爸。"妈妈把手指向照片。从那以后，每当唐唐要爸爸，妈妈总会带着他来看照片。这一切似乎没有什么不妥。不久，唐唐的爸爸终于放假了，一大早，家里人在一起吃饭，长久不见儿子的爸爸总想抱抱唐唐，可是孩子却是一副害怕的样子。妈妈一看，小声地对儿子说："唐唐，你不是想见爸爸吗？这就是爸爸，你怎么不理爸爸呀？"唐唐看看爸爸，头摇得像拨浪鼓一样，小心地拉着妈妈，绕过爸爸，走进卧室，指着那张结婚照上的爸爸认真地说："妈妈，这才是爸爸！"妈妈一惊，转过身，笑得直不起腰，对着唐唐的爸爸说："看你这爸爸当的，还不如墙上挂着的照片呢？"爸爸无奈地摇摇头，一脸苦笑。

隐形爸爸，不仅"隐"在孩子的生活中，还"隐"在了孩子的心里。受传统观念的影响，男人就应该在外面打拼，而带孩子就是女人专属的事。工作忙渐渐成为了爸爸们堂而皇之的借口，即使他们有空，这些爸爸们也更愿意在家中看看书、玩玩电脑或是和朋友们出去玩，而不是陪着孩子逛公园或是做游戏。他们觉得，自己还不是"出手"的时候，孩子大一些之后，自己再尽爸爸的责任也不迟。如果你这样想，那就大错特错了。我们都知道孩子两岁之前是学习语言的最佳时期，实际上，性格也是如此，等孩子长大了，爸爸再接过教育的担子，就已经是太迟了，因为和语言一样，这时孩子的许多性格已经定型了。所以，爸爸要趁早施教，不要让错误的观念阻挡了孩子的前程。

别再以为孩子小什么都不懂，现在的孩子个个人小鬼大。知道"隐形"爸爸在他们的心里是什么样子吗？

(1)爸爸就知道上网，有时候想和我抢电视看，就凶我，还借口说："小孩子要早点去睡觉！"

(2)爸爸不爱笑，一见面就批评我，我这不行，那不好的，不想见到他。

(3)爸爸除了工作什么都不会，也不会陪我玩。

(4)爸爸从来不干活，从来不帮妈妈，太懒了。

孩子心中的好爸爸:

(1)会陪我玩,会在周末带我去公园。

(2)不会一见面就因为学习不好批评我,而是应该多帮帮我。

(3)不抽烟,那很呛。

(4)多帮妈妈做家务。

"隐形"爸爸们,孩子的话你听到了吗? 虽然,话语还很幼稚,但是却是他们心底的东西。在孩子们对爸爸印象的流水账里,优点真是少之又少,如何改进才能扭转孩子心里的那杆秤呢? 不妨给自己定一个"爸爸时间",无论你是大老板还是小员工,无论你的工作是堆积如山还是清闲自在,你都应该抽出一些时间和孩子互动一下,别再以为孩子处于低年龄时期爸爸的教育不重要,而要想当一个成功的好爸爸,要想得到孩子真正的亲近与爱,那么你就要学会对孩子用心,学会付出。

教子心得

端正态度,家长是孩子学习的榜样,爸爸不能一味地责备孩子和自己不亲,而要从自身找到毛病,了解其根源。不要认为小孩子什么都不懂,孩子的眼睛是最明亮的。所以,时刻都让自己做个好爸爸吧。

父爱要理性

爸爸、妈妈与孩子,这也许是一个完整家庭最基本的构成模式了。面对孩子的教育问题,作为爸爸有着不可推卸的责任。可是,令人惊讶的是,几乎所有关于儿童成长的著作都充斥着妈妈的影子,而爸爸在孩子的成长阶段被提及的次数却是少之又少的! 虽然家庭中爸爸是存在的,但是孩子的成长阶段是处在创业期的爸爸们工作最辛苦的时候,他们把大部分的精力都放在了事业上,而妈妈则责无旁贷地担负起了孩子童年的教育工作。但是,对于这种早已成型的社会习惯来说,爸爸对孩子的成长真是可有可无、无关紧要吗?

实际上,爸爸的作用妈妈是无法代替的,甚至可以说来得比妈妈还要关键。因为妈妈往往出自于对孩子生活上的关心,知冷知热,而爸爸,却是孩子心理上的引导者,是孩子在弱小的时候心里那棵可以支撑住天的大树,那份让泪水退缩的坚强。

小芝在一岁的时候发高烧,带到医院治疗后,烧是退了,但听力却丧失了。这个打击让小芝的一家陷入了无尽的痛苦当中。爸爸看在眼里,急在心里,他找来拨浪鼓、音乐盒、小铃铛……一次次弄出声音,试图帮助小芝恢复听力,然而却是一次次地失望。

一转眼,小芝已经三岁了,别的同龄孩子早已开始会喊"爸爸,妈妈"了,可是小芝却一言不发。十聋九哑,每当爸爸看到幼儿园里其他的孩子们在欢声笑语中又玩又闹的时候,总会看到小芝落寞的身影。她渴望地看着那些孩子们,双眼噙着泪水孤零零地蜷缩在角落里。不仅如此,小芝因为不能说话,心里很自卑,她从来不敢出门,每次爸爸把她送到幼儿园,她都拼了命地拒绝。知女莫过父,爸爸很明白,女儿并不是讨厌幼儿园,而是因为她不能向老师"说",渴了、饿了,连要上厕所都没有勇气向老师表达。爸爸认真学习哑语,再教给小芝,父女俩终于能通过手势来交流了。爸爸比画着手势,告诉小芝:要坚强,爸爸永远在她身边,是她坚实的后盾。小芝欢喜地回应,小手比画着,爸爸明白,小芝是说爸爸是天下最好的爸爸。

　　为了治好小芝的病,爸爸四处求医,终于在一次偶然的机会,从报纸上看到这样一个消息"针灸可以治聋"。这对于小芝的爸爸无疑是一件天大的好事。听过专家的讲解,孩子恢复一些听力的希望是有了,可是却也必须遭遇一些成人都无法忍受的疼痛。三岁的小芝,每次扎针就像是在人间炼狱一样,哭声震天,爸爸在旁边看着,真恨不得针扎在自己的身上。爸爸擦干女儿的泪水,连比画带说,鼓励小芝要坚强。小芝好像感觉到了爸爸的心,哭声渐渐地小了起来,伏在爸爸的肩上,小手紧紧地抓着衣服。

　　皇天不负苦心人,经过长时间的治疗,小芝终于可以凭着助听器重新听到这个世界上最美妙的声音了。看见小芝重新展开的笑脸,爸爸笑了。

　　后来,孩子上了学,在爸爸的细心引导教育下,渐渐地适应了生活,并且在学习上取得了优异的成绩。

　　理性的父爱,才会给孩子带去一个不后悔的童年,先苦后甜才是人间最美好的味道。在孩子幼小的时候,他们更习惯于争宠和依赖,爸爸往往在这个时期比妈妈更具有理智,不会一味地"要之"便"给之"。每个孩子都有自己的"神奇"成分,虽然他们渴望家长的满足,但是内心却又抱有另一种期盼,一个高大威严的爸爸会让孩子从心里产生崇敬、自豪之感。当孩子上学时,他们就开始面对现实的社会,也许种种的不足会让他们产生自卑的心理,这时,爸爸就是让孩子走出阴影的最好的老师。

教子心得

　　坚强,也是成长的一种技能。一个软弱的爸爸很难带出一个坚强的孩子,榜样的力量是无法忽视的。在我们关心孩子吃饱、穿暖的同时,重心应该向孩子的内心稍做移动。孩子的想法与大人是永远不同的,但是,相同的是,他们的心灵也需要别人的呵护。给孩子的心一个栖息的港湾,让爸爸成为他们坚定的船锚!

爸爸不要缺席对孩子的爱

　　家庭中爸爸的缺席存在着这样那样的原因,有的是"真的不在",孩子出生之前就已经离开或是另结新欢,远离了那个尚未真正成型的家,也就是只有妈妈的"单亲家庭";有的是家庭完整,可是处在事业期的爸爸因为工作忙,无法与孩子进行高频率的交流,所以,孩子与爸爸见面的次数少之又少;还有的则是家庭完整,工作作息正常,但是在休息的时间,这类爸爸只愿意看球赛,搞社交,鲜少把自己的注意力放到孩子的身上。除了以上这些情况,还有一种爸爸则是口头授予,但是却很少付诸行动。

　　恶意缺席的爸爸常常会给孩子带来许多恶性的影响。

　　强强七岁时:

　　"爸爸,你带我去爬山好不好?"强强缠着在看电视的爸爸。"改天吧,爸爸今天有些累了。"强强噘着嘴走开了。

　　"爸爸,你不是说今天要带我去公园玩吗?"强强拦住要出去聚会的爸爸。"改天吧,爸爸今天有点事儿。"强强满脸不高兴地走开了。

　　"爸爸,你什么时候让强强尝尝爸爸做的菜呢?"强强挡在正在上网的爸爸前面。"改天吧,爸爸现在正在忙。"强强失望地走开了。

就在一次次的"改天吧"之中,儿子强强长大了。

强强二十五岁时:

强强大学毕业工作了,很少回家看望爸爸妈妈,于是爸爸给儿子打了个电话:"强强,如果你有空,就常回来陪陪我,我们可以好好地说说话。"儿子说:"最近工作很忙,虽然我也很想回去,还是改天吧。"放下电话,爸爸长久地品味着儿子的这句"改天吧"。

恶意缺席的爸爸们,别以为自己无坚不摧,男人过了四十岁以后,对家庭生活的渴望就会越来越重,也许是因为他们年轻的时候只是忙于事业而忽略了亲情,所以,总会觉得在心里有所缺失。可是,遗憾的是这时候孩子已经长大了,他们已经有了自己的思想,由于成长时期爸爸的缺席而使他们不自觉地在自己的态度上多了一份漠然,而这份漠然又是爸爸们最为伤感的。天下没有后悔药,爸爸们应该让自己多融入到孩子的成长中,别让自己老有所失。

另外,从孩子的角度来讲,爸爸的缺席会对孩子造成一定的影响。

1. 对女儿的影响

女儿的教育是最容易受到家庭忽视的,有些爸爸认为女儿总是和她妈妈是一伙的,可是却从来没有想过自己对女儿的教育参与了多少?爸爸们甚至认为女儿根本不需要他的教育,也无从下手。实际上,父爱同母爱一样,对孩子的身心健康有着极大的影响。女儿从她们自身来说更渴望得到爸爸的疼爱,相对于妈妈来说,爸爸会给她们带来安全感。当她们受到挫折时,爸爸的引导和爱护会让她们觉得更有震慑力。爸爸可以给女儿的东西,是妈妈的力量所无法达到的。所以,爸爸们从错误的观念里面跳出来吧,不要轻易放弃自己应尽的责任和义务,多给孩子一些父爱。

在女儿的生命中,爸爸是第一个男性,女儿对于男性的认知和理解都来自于爸爸。如果,在女儿的成长阶段爸爸恶意缺席的话,孩子长大后,往往会对男性产生不信任的态度,并且对爱情很难理解,由于对爸爸的理想化想象,常常会导致对另一半的苛求,以至于影响她选择对象的年纪。

2. 对儿子的影响

爸爸是儿子的老师。儿子很小的时候就会有意识地和爸爸站在同一边,学着爸爸以保护者的姿态"保护"着妈妈。他们刻意模仿爸爸的行为及男性特有的风格。在爸爸的光环下,儿子很快就会以"小男子汉"自居。

然而,爸爸的恶意缺席,会让儿子变得长不大或"大男人"。在孩子成长的阶段由于与妈妈走得过于密切,长大后即使羽翼丰满了,也很难飞出妈妈的阴影。这样的孩子可能会走上两种极端,一种是感觉永远长不大,永远离不开别人的照顾,甚至是呵护;另一种是过度成熟,不会自我调控,只好保持强硬的态度从而变成了"大男人"。而这两种特性会给他们在今后的人际关系上以及事业成就上带来致命的局限性。

看来,孩子的成长真的少不了爸爸。爸爸们,你们又应该如何做呢?

教子心得

孩子的教育是夫妻两个人共同的事情,缺一不可。爸爸们要有所认知,不能觉得自己是可有可无的,爸爸所给予孩子的东西是妈妈无法代替的。认真地思考自己的行为,让你的孩子快乐、健康地成长。

激励助孩子进步

刘晓不是一个聪明的孩子,学习成绩在班里只能算是中等。这次考试他竟然考到了班里的前五名,放学后他拿着成绩单兴高采烈地跑回家,进门就冲爸爸说:"我考了班里第五名。"

当时爸爸正在专心地收拾他的花草,就随口说了一句:"你没看见我在忙吗?再说,你的成绩单有什么好看的,又不是第一名。"刘晓本来是想让爸爸夸奖自己一番的,可没想到爸爸会这么说,爸爸的话让他一点兴致都没有了。

很多爸爸对孩子严格要求,抓住孩子的错误和缺点不放,对孩子的进步却视而不见,这样的教育方式往往效果并不理想,甚至会打击孩子的自信心,造成孩子的逆反心理。

赏识不仅是教育的思想观念和方法,更应该是爸爸的思维方式及心态。观念的力量是有限的,而一旦把赏识上升为思维方式,就会呈现出不可思议的教育成果。

孩子都渴望得到爸爸的尊重和理解,也希望得到爸爸的肯定和赏识。当他们从爸爸那里得到赏识和鼓励时,就会在情感上得到满足,精神上得到激励,从而丰富和加深积极的内心体验,增强自信心,督促自己争取更大的进步。

给予孩子真诚的赏识,比任何其他方式更能激励孩子的上进心,比任何教育秘诀都有效。懂得赏识孩子的爸爸是最有智慧的爸爸。孩子具有无限的潜能,头脑中充满创造性的火花,只要爸爸给予赏识,孩子就会发挥自己的最大潜能,踏上成功之路。

孩子在成长过程中会出现各种各样的错误,这都是正常的,关键是爸爸应该多发现孩子的优点,不要揪着孩子的缺点不放,这样孩子才会感受到爸爸的赏识和爱,并能自觉地改正错误。

1. 从内心接纳自己的孩子

赏识教育的实质是尊重和理解孩子。如果爸爸站在孩子的角度上考虑问题,学会换位思考,许多问题就会迎刃而解。

半个多世纪之前,一个工厂里,有一个仅仅十岁的男孩,他渴望成为一名歌唱家,但是他的老师对他说:"你不会成为歌唱家的,你没有好的嗓子。"孩子听后很失望。

但是爸爸理解他,爸爸并没有和老师一样挖苦他,而是肯定地指出他的歌喉有与众不同之处,某个音域的声音也比较美,他相信孩子一定会成功的。在以后的日子里,爸爸为了付孩子上音乐课的学费,走路连鞋都舍不得穿。正是爸爸的赏识改变了孩子的命运,后来他终于成了著名的歌唱演员。

孩子刚出生时,爸爸会因孩子的到来而快乐,但是随着孩子年龄的增长,爸爸的心态发生了变化,他不再感激孩子带来的快乐,而是把眼光盯在了孩子的表现上,于是种种不满的情绪就产生了。爸爸要改变自己的心态,理解自己的孩子,欣喜于孩子的每一次进步,赏识的教育效果才会更加明显。

2. 学会积极地比较

积极地比较是赏识教育的主要方法,只有赏识孩子的爸爸才会将孩子作积极的比较。很多爸爸喜欢拿自己孩子的缺点和其他孩子的优点比较,又不能对比较的结果进行一分为二的分析,只看到别的孩子的长处,看不到自己孩子的优点,动辄批评、指责孩子。这对孩子的自尊心是一种伤害。

爸爸要从内心接受自己的孩子,将孩子现在的表现和以前的表现作比较,看到孩子的进步,适时地鼓励孩子,孩子会在爸爸的鼓励中不断进步。

3. 珍视孩子的每一次小进步

每个孩子要达到所期望的目标,都需要一个很长的过程,不可能一蹴而就,因此对于孩子的每一次进步,爸爸都应该细心地发现,及时给予鼓励。只有这样,才能让孩子获得愉悦的情感体验,促使孩子发扬优点和改正缺点。

孩子希望自己的每一点进步都得到爸爸的肯定,可是有的爸爸不会站在孩子的角度看问题,总是用大人的标准要求孩子,而孩子很多时候都难达到爸爸的要求。这样一来,孩子就很难看见自己的进步,就会产生自卑的想法,从而丧失前进的动力,对生活和学习产生不利影响。

4. 掌握赏识孩子的艺术

有的爸爸赏识、赞美孩子的方式千篇一律,以至于习惯成自然,起不到赏识教育的目的了。爸爸要学会赏识孩子的艺术,对孩子进行建设性赏识,这样才会帮助孩子取得更大的进步。

当孩子出现了所期望的行为时,爸爸要赏识其行为,而不应该以偏概全地赏识孩子整个人;对孩子的赏识还应该是客观的、真诚的;爸爸赏识孩子的方式不仅仅是通过语言上的表达,也可以包括非语言的表达;对待不同年龄的孩子要采取不同的赏识方式。

教子心得

没有赏识,就没有孩子的成功,没有激励,就没有孩子的进步。爸爸要学会激励和赏识孩子,这是一种有效的素质教育方法。

不要强迫孩子做他不喜欢做的

人们都知道一个道理,"投其所好,事事成。"大人也抵不住对兴趣的着迷。兴趣是无法勉强的,这个道理人人都知道,可是不知道为什么,爸爸只要碰到孩子的问题头脑就会发晕,忘记了这个简单的道理,不自觉地顺着自己的心意为孩子做出"兴趣"的投向。这种事情,爸爸真的可以代替吗?

按着父母的意志刻意雕琢出来的孩子都不可能成为精品。孩子虽然小,但是也有他们自己的想法或喜好。若要求孩子走自己为他安排好的路,让孩子做一些他并不喜欢的事情,即使他顺从了,大多也不会取得什么成就的。孩子的注意力本来就不如大人专注,如果面对的事情是他所喜爱的,他会尽全力去做好,但是如果他并不感兴趣,即使强迫他做下去,也多半不会做好。

爸爸给孩子转到了一个特别注重培养孩子兴趣的学校。看到儿子在学校很适应的样子,爸爸从心底觉得高兴。

这天晚饭的时候,爸爸问儿子:"听说你们学校又搞新花样了,让每个学生都报兴趣班呢,你怎么没有动静,为自己考虑好了吗?"

"我还没太想好,我有点想报摄影,反正还没考虑好。"儿子不确定地说。

"那你们都有什么班啊?"爸爸问。

"有摄影、美术、音乐、足球等等,好多,都在这上面写着。"儿子从口袋里拿出一张纸推给爸爸。

"既然你还没有想好,明天你就和老师说你报美术吧!"爸爸替儿子做了决定。

"可是,可是,我并不喜欢画画啊,我想报摄影呢。"儿子害怕爸爸就这样为他做决定了。

"兴趣都是可以培养的,我和你妈妈都是搞艺术的,难道我儿子还没点基因吗?就这样吧。"爸爸一副这件事到此为止的样子。

"可是爸爸,我真的不喜欢美术啊。"儿子委屈地嘀咕着。

"那你喜欢什么?摄影,别开玩笑了,家里没有人懂那东西,到时怎么辅导你啊,好了,听爸爸的没有错。"爸爸说。

儿子不再作声了,眼泪却在眼圈里打着转。

爸爸心里总是有一个如意算盘,他会觉得自己比孩子想得深、想得远,到了将来孩子有所成就的时候一定会感激自己。就是这种自大,让他可以毫无顾忌地去替孩子做决定。在爸爸的眼里,孩子的兴趣就是不懂事的一时冲动,无需放在心上,因此,强行剥夺了孩子选择兴趣的权利。这种做法,很可能以孩子对什么都再提不起兴趣作为结果告终,扼杀了孩子之前兴趣兴起的幼苗。当然,也有一些爸爸想去尊重孩子的想法,但是却害怕真是孩子的冲动所为,所以甚是苦恼。如果是这样的话,你不妨按照下面的方法做做看。

1. 让孩子对兴趣的选择有自主权

让孩子可以在自由的天地里,画自己喜欢的涂鸦,听自己热爱的音乐,甚至可以讲究一些个性。只要不过分,爸爸不仅不要管教,还可以参与其中,对孩子的行为做一些指导。

2. 家长别给予太多的干涉

让孩子自己选择喜欢学、想去学的东西。另外切记,贪多嚼不烂。不要一下子琴棋书画一起来,让孩子未开始就先在心理上觉得疲惫不堪。

3. 让孩子自主起来

爸爸不妨当一当孩子的"学生"。他学过什么,爸爸都要常"请教",让孩子以小老师自居,那么他在课堂上就会多一份专心,少一份不认真。当孩子讲完后,爸爸要适当地鼓励,并给予正确的评价,增强孩子的自信心。

教子心得

孩子有自己的想法,爸爸不应该生气,相反,应该感到高兴才对。现在的孩子讲究个性培养,万事都要问父母的孩子反而成了"老大难"。所以,爸爸要尊重孩子的想法,多问一问他"为什么"不要以自己的想法轻易地代替孩子的。也许,你的孩子还有更棒的地方等待着你去开发。

允许孩子有偶像

孩子慢慢地长大了,他们开始变得叛逆,不服管教。孩子在很小的时候,总是在心里把爸爸妈妈当成他们的偶像,但是当他们悄悄成长起来的时候,偶像的位置早已经在不知不觉中从爸爸妈妈的身上移开了。在信息充斥着生活的方方面面的今天,天王、巨星、歌星、影星充斥着整个媒体空间,这一切再配上青少年身上那种想展示独立特有的个性,偶像的易位已成为绝对之事。孩子的作文中,最崇拜的人已经是"当今"谁最红的一个评选台。不仅如此,不知有多少的孩子为他们的偶像买礼物、送蛋糕、作画甚至是出走、自杀……爸爸大惑不解,难道爸爸妈妈生他、养他、教育他却连个实质上的陌生人都赶不上吗?爸爸最好不要去质问孩子这种问题,因为就算是他答了，多半也是会叫你寒心的。偶像的力量为什么会这么大？孩子的羽翼还未丰满，可是叛逆的因子却开始露头。孩子长到十三四岁的时候，便开始有胆子挑战爸爸的权威，但是这需要有一个精神支柱，于是"偶像"的力量就此诞生。

实际上，孩子去追星是一件很正常的事情，只要爸爸能以正确的方式去对待，问题不仅可以迎刃而解，还可以利用这种精神支柱让孩子向好的方向进行发展。明星虽然避免不了炒作、浮华之嫌，可是每个人的成功都会有他的不易之处，都需要自己付出巨大的努力。爸爸要尊重孩子的追星思想，不可用老一套管、压、卡的方法，如果爸爸非要这样为之，顶多起到"表面平淡"的作用，孩子不仅不会放下对偶像的迷恋，反而会把他们藏得更深，从而导致逆反心理日趋严重。聪明的爸爸一定要学会"借力打力"，让"偶像"来帮助你的孩子变得更优秀。

苗苗十四岁，很喜欢唱歌，特别喜欢唱蔡依林的歌。对于她的偶像资料，苗苗总会如数家珍。蔡依林多大？生日哪天？发了几张专辑？甚至是喜欢吃什么，喜欢什么动物，喜欢什么颜色等等，她都了如指掌。这让爸爸大感头疼。因为要想这么了解明星，知道明星的动态，苗苗必须常看娱乐新闻、买碟、上网搜集偶像信息等等，但是这一切都是十分花费时间的。苗苗的学习成绩，一次不如一次。爸爸训她，但是她却越迷越深。

蔡依林要开演唱会了。爸爸十分不解，自己的家里经济条件还不错，平时怕女儿亏了身体，也常给她零用钱。但是，苗苗却为了她的偶像把她最爱吃的冰激凌都戒了，攒下钱去买演唱会的票。看着苗苗这样，爸爸又心疼又无奈。

这天，学校的老师把电话打到家里来，说孩子没有去上课，问一下是不是病了。爸爸顿时急了，孩子到底去哪了呢？忽然想起了女儿的"偶像"，再上网查一查，果不其然，今天是蔡依林开演唱会的日子。

晚上，女儿回到家，一进门爸爸就问："苗苗，今天老师说你没去上课，你去哪了？"女儿支吾了半天也没有说出个所以然。

"是不是去看演唱会了？"爸爸严肃地问。

苗苗一看事情也掩不住了，低下头算是默认了。

爸爸火上心头，可是转念一想，孩子喜欢明星这也不一定是坏事，于是稳下声音说："苗苗，爸爸不是不让你追星，爸爸年轻的时候也喜欢明星。"

"真的啊，爸爸也有喜欢的明星？"苗苗的眼睛里闪着光。

"当然了，可是你呀根本不会追星。"爸爸说。

"我？还不会？她喜欢什么我都知道！"苗苗不服气地反驳着。

"真的什么都知道？"爸爸又问。

"那当然了，不信你考考我？"苗苗满脸自豪地说。

"我看你不行，真正会追星的人，要会学明星，如果你只是会唱她的歌那太肤浅了，你这种歌迷并不会打动你的偶像。"爸爸说。

"学她？可是她那么棒，唱歌跳舞那么好，我是学不来的。"苗苗丧气地说。

"这你就不懂了，主要是学她的精神，唱歌跳舞不好，可以在学习和工作中成为明星啊。然后，可以把你的进步写成小卡片寄给她啊。我相信，这样的歌迷才是她最喜欢的。"爸爸说。

这句话就像推动剂一样，苗苗把偶像的画贴在墙上，每天都对着画说："向你学习。"奇怪的事情发生了，苗苗无论做什么事情，都会争取做到最好。爸爸看到这一切开心得不得了，对着女儿喜爱的偶像画，笑语道："你的力量可真强啊！"

看来把孩子对偶像的着迷转化成动力真的是一件非常好的方法。爸爸可以借孩子对偶像的执着创造一种"明星激将法",让孩子借助"偶像"的力量去体会成功的快乐,创造更加优秀的自我。

教子心得

孩子崇拜偶像,是个体成长中的必然现象,所以爸爸强制地要求孩子拒绝偶像是不现实的。爸爸倒不如陪孩子一起去"追星",从而和孩子产生共同话题。这种做法绝不是荒谬之谈,因为爸爸也追了星就会和孩子产生很多的共同话题,不仅可以拉近亲子之间的距离,还可以通过明星的一些励志事件引导孩子去效仿,并且在生活中帮助孩子形成正确的人生观和价值观。

父亲更应该学会道歉

教育孩子无小事,哪怕一个不起眼的道歉。作为一名父亲,你应该学会向孩子诚心诚意地说出"对不起"三个字。父亲是家庭的权威,当你做错了事情时,只有主动承认错误,并向孩子表示道歉,才不至于降低你在孩子面前的威信,不至于破坏你在孩子心目中的形象,而且孩子会因此更加尊重你,更加亲近你,更加信服你。

一个周日,唐先生骑着自行车带女儿去逛公园,过一个红绿灯时,恰巧是红灯,但是唐先生看看路行人和车都很稀少,就直接骑了过去。

"爸爸,红灯亮了,要停下来等绿灯才可以走。"坐在后面的女儿纠正道。唐先生有点尴尬,就随口答道:"对面没有车,没事的。"

"不对,看见红灯就要停下来的,绿灯时才能过去,这是我们老师早就告诉我们的。"女儿坚持着……

唐先生没有理会女儿,继续往前骑,可是女儿的话还在耳边不停地回荡。作为父亲,作为孩子的第一任老师,唐先生感到有些惭愧。

到了下一个十字路口时,红灯亮了,唐先生下了车,转过身对女儿说:"在幼儿园里,不管老师在不在,你都很听话是不是?"女儿点点头。

唐先生摸摸女儿的头说:"你是听话的好孩子,刚才爸爸没有遵守交通规则,闯了红灯,是爸爸错了,今后爸爸一定改。"

当孩子指出你的错误,而你积极承认错误时,实际上是赏识和尊重孩子,这样不仅可以让孩子学会做人的原则,而且能让孩子对父母产生由衷的崇敬,家长的威信才会真正树立起来,亲子关系也会进一步融洽。当你发现自己错怪了孩子时,唯有真诚的道歉能够减轻对孩子心灵的伤害。让孩子感受到你的歉意吧,从而坚持正确的行为和方向。

就道歉而言,有以下几种方法:

1. 走出误区,认识到向孩子道歉的重要性

身为爸爸,没有人敢保证自己永远是对的,不过,很多爸爸错怪了孩子之后,没有勇气向孩子道歉,因为他们认为爸爸给孩子道歉有损家长的威信。其实,这是一种认识上的误区。爸爸向孩子道歉可以对孩子起到言传身教的作用,也有益于提高父亲的权威。如果爸爸们以一种谦卑、平等、平和的态度来对待自己的孩子,孩子在以后的生活中也会学到这种好的品质。

2. 孩子的年龄不同,父母向其道歉的方法不同

如果孩子年龄较小,爸爸给孩子道歉的时候没有必要讲太多深奥的道理,只要用一些行动,例如手势、表情、做法等,能让孩子很自然地知道爸爸是在向他道歉,并不需要说太多的话。如果孩子年龄较大,爸爸向他们道歉的时候,应该讲明犯错的原因,以及犯错后的心理感受,让孩子知道爸爸因为错怪了孩子而难过,这样便于孩子原谅爸爸。

3. 道歉的时候态度很重要

向孩子道歉不是一个生硬的形式,爸爸的态度是孩子非常在意的。如果爸爸轻描淡写地给孩子道歉,显得诚意不够,孩子会认为爸爸并不是非常愿意向自己道歉,这样他们就可能不会轻易原谅爸爸。那么道歉就没有起到作用,反而会加深误解。因此,爸爸应用真诚的态度来道歉,不必考虑面子或身份,因为每个人都有犯错的时候,用于道歉才是最有面子的事情。

给孩子道歉时,要做到主旨明确,不要闪烁其词;态度要真诚,不要嬉皮笑脸;否则会让孩子感觉你的道歉不是出于真心,让孩子怀疑你的诚意。比如,爸爸不小心把女儿撞倒了,这时候,爸爸与其说"我不是故意的",倒不如真诚地对她说"对不起,女儿,我撞伤了你"。这种大大方方的道歉比辩解更能够得到女儿的尊重。

4. 就事论事,不要借题发挥

有的父亲做错了事情之后,向孩子道歉时往往自我批评很少,借题发挥居多,甚至还是以批评孩子告终。这给孩子的感觉是爸爸不是在道歉,而是在变相批评、教育他。那么,这种道歉是无效的,结果可能因为一件小事,给孩子的心理留下阴影,给孩子造成消极影响。孩子可能会想:爸爸明明做错了却不承认错误,那以后我也不承认错误。于是,孩子可能变得爱撒谎、不守规则、不听父亲的教导。所以,爸爸向孩子道歉的时候应该就事论事,不要借题发挥。

教子心得

为了孩子能够健康成长,爸爸犯错时,应该放下做家长的架子,主动向孩子承认错误,请求孩子的惊解。身为父亲,没有人规定你不能犯错误,但是你应该做到实事求是,犯了错误就要主动承认,而不要去遮掩、狡辩。

好爸爸要会认错

在孩子面前,爸爸是高大的,可是并不需要做得十全十美。世界上毕竟没有完人,爸爸也并不是做每件事都是对的。所以,如果犯了错,坦然一点,反而会让你的形象在孩子的心里产生更多的亲近感。一个会犯错误的人并不可怕,一个看起来一点没有缺点的人才会让孩子感到无法走近。人非圣贤,孰能无过。为人之父难免在生活中会犯一些错怪孩子、冤枉孩子的小错误,爸爸面对这样的事情时,往往是为了自己的"面子"可以下台,故意摆出架子,不肯向孩子认错,找个借口草草了事。专家认为,适时地向孩子道歉有利于改善家庭关系,有利于孩子的健康成长,也有益于提高父母的威信。打个比方,如果爸爸不向孩子承认自己的错误,孩子就会在潜意识里产生"爸爸虽然看起来总是正确,但实际上却老犯错误"的观点,时间长了,对于爸爸的要求或是提出的理论就会产生置疑,从而不再重视;相反,如果爸爸能够正确认识自己的错误郑重地向孩子道歉、认错,孩子的心里就会明白,承认错误并不是一件难堪的事情,而且还会感觉到爸

爸对自己十分尊重,爸爸的威信不会折损,反而会倍增。

儿子的数学成绩考了80分,孩子高兴极了,兴冲冲地拿回家报喜。

"爸爸,我数学考了80分呢,你快看!"儿子一进门就兴高采烈地把成绩单拿给正在看电视的爸爸。

"你的数学考了80分? 我没听错吧?"爸爸怀疑地问。

"是真的,我听老师读成绩的时候也吓了一跳呢。"儿子高兴地说。

"可是你平时也就50来分,这次考试前虽然进行了复习,但分数也不可能上升这么快啊? 你老实说,你这分有没有问题?"爸爸板着脸问。

"爸爸,你这话是什么意思?"儿子不解地问。

"你的数学什么水平,我还不知道? 老实说,我不会批评你的。"爸爸说。

"这次考试我进行了很认真的复习,上课也认真听了,而且这次题也不怎么难,绝对是我自己的真实成绩。"儿子着急地为自己申辩。

"你别让我查到,那你可就惨了。"爸爸虽然觉得儿子说得有理,可是仍然不相信。

儿子委屈地回自己的房间了,起初的高兴劲儿一下子全都消失了。

第二天,爸爸到学校去问儿子的老师,把自己的怀疑向老师说明了。老师经过对卷的核对和了解认定,孩子并没有作弊的行为。当儿子知道爸爸怀疑自己居然去了学校,儿子气坏了,决定不再和爸爸讲话。妈妈了解了情况,对爸爸说:"我觉得你应该对孩子说句对不起,儿子心里觉得太委屈了。"

"有什么可委屈的,我有什么好说的? 不是作弊不是更好吗? 什么冤枉不冤枉的,年纪不大,事儿倒不少。"爸爸满不在意地说。

躲在门后的儿子听了,心里更加难过了。

向孩子道歉,并不是什么丢脸的事。在孩子眼里,勇于说"对不起"的爸爸是亲近的,孩子只会更加信任和尊重他,而不会看轻他。反而是那些有了错还拼命掩饰的爸爸,会令孩子觉得反感。不要把孩子当傻瓜,是非对错,孩子心里明白得很。如果你想在孩子面前保持"威信",那么最好不要这样不讲道理。当你误解或错怪了自己的孩子,应该诚恳地向孩子道歉。

爸爸可以想一下,当孩子犯了错误,父母通常不是训斥就是打骂,但是当父母错怪了孩子时,却连句道歉都不跟孩子说。孩子心里会觉得十分不公平,虽然孩子没有责备他们的意思,可是这种事却会给孩子的生活带来很严重的影响。自我、事非不分、爱狡辩、无法包容别人的错误,所以,爸爸要敢于承认自己的错误。一定要实事求是,态度中肯,应该明确无误地告诉孩子你为何道歉,而不要含糊其辞,避免使孩子困惑不解或误解。既不夸大错误以取悦孩子,也不减小错误以原谅自己,因为不中肯的话是难以取信于孩子的。不要让孩子觉得父母很虚伪。这些都是十分重要的,好爸爸一定要牢记。

教子心得

爸爸会犯错误并不是什么稀奇的事情。虽然、有的时候自己不认错,表面很坚持,心里却十分不好受,尤其是在面对孩子的时候。与其是这样,不如让孩子看到一个豁然大度的好爸爸形象,放下那并不存在的面子问题,像孩子第一次勇于站出来承担自己的错误一样,向孩子坦白自己。孩子会还你以微笑和拥抱的。

好爸爸要有远见

家长教育眼光的短视,很可能让孩子成为父母望子成龙的"牺牲品"。

多变的世界,高速的发展,使得任何人都无法想象两年后的社会会成为什么样子。但即使如此,想要成就人生,成就事业就不能不去谋划明天、预见未来,这就需要有远见。

现在的父母在应该把孩子培养成什么样的人的问题上,都没有足够的远见。家长们每天都在想"我的孩子应该上哪个小学、哪个中学、哪个大学,将来要找一个什么样的工作"。

但家长没有想过,等到八十岁的时候,希望孩子是什么样,把焦距拉远看,其实家长只希望孩子身心健康,有一技之长,孝敬父母、家庭和谐,其他全是其次的。

由于家长没有远见,又受到市场经济大潮的影响,特别是急功近利的想法,让家长现在的心灵无法安静,只看到眼前,跟别人攀比,很多时候是为了自己的面子。

要想让孩子成才、成人,父母不能没有远见,要把目光盯在远处,也就是要为孩子确定人生的方向,用远大志向激发孩子,并要求孩子咬紧牙关、握紧拳头,顽强地朝着自己的人生目标走下去。没有这种品性的人,是绝对不可能成大事的,甚至连小事都做不成。

鲁迅说:生了孩子,还要想怎样教育,才能使这生下来的孩子,将来成为一个完全的人。家长高瞻远瞩,孩子才会有更大的成就。

作为爸爸要有远见、有目的、有计划地为教育孩子设计蓝图,这是孩子成功的第一步。但设计的关键是尊重孩子的理想,父亲把自己宝贵的人生经验传授给他们,引导他们向理想的方向发展。为孩子的教育设计了蓝图,但不要让孩子生搬硬套、按部就班、规规矩矩地去做,要根据社会动向和孩子的实际,做出恰当的调整。

成大事者都是具有远见的人,因为只有把目光盯在远处,才能有大志向、大决心和大行动。

美国作家乔治·巴纳说:"远见是心中浮现的将来的事物,可能或者应该是什么样子的图画。"

沃尔特·迪斯尼就是一个极具远见的成功人士。他想象出一个这样的地方:那里想象力比一切都重要,孩子们欢天喜地,全家人可以一起在新世界探险,小说中的人物和故事在生活中出现,并触摸得到。这个远见后来成为事实,首先在美国加州有了迪斯尼乐园,后来又扩展到美国的另一个迪斯尼乐园,还有一个在日本、一个在法国、一个在香港。

没有远见的人只看到眼前的、摸得着的、手边的东西。相反,有远见的人心中装着整个世界。远见跟一个人的职业无关,他可以是个货车司机、商人、军人、职员、农民。

世界上最穷的人并非是身无分文者,而是没有远见的人。

父亲怎样拓宽自己的眼界,长远地为孩子打算呢?

1. 摒弃短视行为

当前,受传统思想与观念的影响,受家长对社会、人生认识水平不高的制约,很多家长在孩子教育问题上,都或多或少存在着一些短视行为。

现在,好多的父母有一个通习:喜欢在别人面前,拿自己的孩子和别人的孩子比来比去。或许家长这样做的目的,只是单纯地想让自己的孩子,向别人学习来取长补短,但是在家长的不知不觉中,已经伤了孩子的自尊心。

曾经有一个女孩,自尊心非常强。在"盼女成凤"的心理驱使下,她的爸爸抓住了她自尊心强这一特点,频频拿她与别人相比较,希望自己的女儿努力学习别人,超越所有人。

然而,在与别人作一番比较后,女儿却认为不如别人而意志消沉。她的爸爸没有理会女儿的伤心,反而变本加厉地说:"看到了吧,人家比你强百倍,将来该怎么样,你自己看着办吧。"

他的女儿更加伤心了,每天琢磨着爸爸下一次会拿谁来和她作比较。这个女孩经过一次次的自尊心受创,从此心灰意冷,最终一事无成。

别把孩子比来比去。孩子有自己的思想,有自己的认识,最重要的是孩子也应得到别人的理解和尊重。

每一个人都有他自己的成长过程,孩子的心理成熟显现出很大的个体差异。如果孩子经常处于被轻视、被当众贬低或受指责的地位,会使孩子产生自卑、对自己缺乏信心、胆小、畏缩的毛病。而且,时间长了,被贬的次数多了,孩子就不在乎了,也就不知羞耻了。孩子的不知羞耻,也会助长孩子不诚实和任性的毛病。

爸爸应该认识到,孩子的成长是一个"长跑"的过程,而不是"短跑"的过程,是全面的成长,而不只是某个方面的成长。

美籍政治经济学家龙安志,最近在媒体撰文指出,中国学生的思想和见解是"世界上最短视的"。也许,我们还没有意识或还没有完全意识到教育短视的危害,但等到我们完全意识到的时候,那就"悔之晚矣"!

正是由于家长在其观念与行为上的短视,才直接导致了很多孩子缺乏理想,缺乏信念,缺乏约束,不知感恩,不仅养成了很多不良的习惯,更为严重的是养成了自私自利的性格。

家长的短视必然带来孩子的短视。

2. 远见赢得成功

假使你拥有一切,但无远见,明天就会一无所有。

生活中不是到处都有这样的人吗?

幸运之神不会偏袒任何人。一个缺乏远见,不能洞察未来的人,常常会眼睁睁地看着机会溜走,到头来一无所获。

有这样一个故事:

小王和小李两人同时受雇于一家超市。起初大家都是一样的,从最底层干起。可是后来小王很快就受到了总经理的青睐,一再被提升,很快就升到了部门经理的职位,而小李还是在原地踏步。终于有一天,小李忍不住提出了辞职的要求,并且说总经理不提拔那些勤快的人,却提升那些不做事爱拍马屁的人。

总经理很耐心地听着小李的话,他知道这个小伙子是个很勤快的人,工作也很吃苦,但是总是觉得他少了点什么东西。突然,他有了个好的想法:他让小李去看看集市上今天有什么卖的。不久后小李回来报告说:刚刚集市上只有一个农民,拖了一车土豆在卖。

总经理又问:那一车土豆大概多少斤? 小李又跑出去,然后回来报告说:十袋。

价格是多少?

于是,小李又再次跑到了集市上……

总经理望着气喘吁吁的小李说:你先休息一会儿,看看小王是如何做的。

于是总经理对着叫过来的小王,说了最开始要小李去干的事情。

过了不久,小王从集市上回来了,汇报说到目前为止只有一个农民在卖土豆,有十袋,价格适中,质量很不错,他带回来了几个让经理看看。这个农民过一会儿,还会有几袋西红柿出售。据他看，价格也合适，公司可以考虑进一些货。这种价格的西红柿总经理也许会要，所以同样带回来一些样品。而且农民我也带过来了，正在外面等着回话。

总经理望了脸红的小李一眼，说：让那个农民进来。

同样的一件事情，不同的人却有不同的行为，导致不同的结局。小王由于比小李多想了几步，于是在工作上取得了更大的成功。

未来是向着有准备的人敞开大门的，只有预测到未来出现的机会，并马上着手行动的人，前景才会越来越好。

只要预先想得到，实际做得到，这个世界上永远都会有伟大的事业等待你去开创。

成功的人之所以成功，原因其实只有一个：他们把世人眼中普通的事情，变成了一种机会，他们从眼前的变化中，预见到了未来，并且抓住了它。

比尔·盖茨向我们提出的忠告是：其实未来的成功之路向所有的人都是敞开的，关键是要有备而来，谋划长远，并知道如何把握机会。

微软之所以能够取得今天的成就，最大的成功之处就是预见了个人电脑在今后的世界将会大行其道。那时候的计算机都是些笨重的"大家伙"，一般都是用于工业、军事等，而微软却在那个时候，开发出了用于个人计算机的操作系统。

微软的成功说明了什么？

远见！一定要有远见！

3. 远见赢得未来

很早以前，人们就知道了远见对于做人、对于成功的重要性。

据《圣经·箴言》第四章第十八节记载，大约三千年前就有人说过：没有远见，人们就会放肆。从中我们不难看出来远见的意义和价值。

可是，我们又能够想到多远，想到第几步呢？

如果我们有远见，我们做事就会有目标，因为我们知道做这件事有什么意义，我们为什么要做，我们做了之后会有什么样的后果。这样的话，我们就能够从努力奋斗之中获得成就感，获得乐趣！

如果我们有远见，即使我们是在完成一件枯燥的事情，也不会觉得辛苦和累，而是对此充满激情和动力；即使是最单调的事情也能够给予我们满足感。

曾经有人问三个砌砖工人相同的问题：你在干什么？

第一个工人回答的是：我在为了拿工资而工作；

第二个人答道：我在砌砖；

而第三个工人则热情洋溢地回答说：我在建一座教堂！

同样的事情，只有第三个人的作为受到了远见的指引，从而干得有活力和动力。他看到了他为之工作的那个宏图——一座教堂！从而赋予了他工作的价值，也赋予了他自己的价值，他也才能够活出自己的意义！

如今的年轻人大多生存能力比较弱，这都与他们的父辈缺少远见教育有关。

20世纪80年代的中国尚处于改革开放初期，那时的家长和学校很难想到，20多年后，年轻人的生存竞争将异常激烈，这个时候，谁多一些智慧，谁就能多一些赢得美好生活的机会。但是，除了极少数有远见的家长，大多数家长都没有在孩子的能力培养上付出过心血。

其结果是，如今很多大学毕业的孩子不能适应社会，在这儿干几天不行，到另一家干几天又被炒，最后只好在家"啃老"。

就说填报高考志愿吧,在选择专业时,家长一味地看重目前的就业率,所以都往热门专业扎堆。其实,这就是没有远见的表现,因为所谓的"冷"和"热"均是顺应经济社会的发展,因此任何相对冷门的专业都有可能成为下一个热门专业;今年就业率高的专业不一定四年后仍然高。

没有远见的父母是可悲的,因为他们的孩子毫无未来可言。要培养有远见的孩子,家长一定要有一双善于观察、善于发现的眼睛,要具有高瞻远瞩的战略目光。

如果爸爸能根据孩子的特长谋划孩子的未来,教会孩子善于思考,多方位、多角度看问题,帮助孩子发展特长,发掘潜力,你的孩子定会在芸芸众生中脱颖而出,成为未来社会的佼佼者。

教子心得

如果想让孩子成才,就必须教孩子有远见卓识,同时家长也要具备远见。对于父母来说,没有什么比孩子成才更令人向往的了。但是,让孩子成才父母必须要有远见。

让孩子学会爱别人

热爱亲人是热爱一切的基本前提,如果一个人连自己的亲人都不热爱,那么在这个世界上还有什么值得他爱的呢? 热爱亲人是检验一个人品行的尺子,爸爸一定要用好这把尺子。

孩子是上苍送给父母最好的礼物,因而孩子是父母的骄傲,是父母的太阳。家庭因为有了这个孩子而有了希望、爱和欢乐。因此,全家人都爱这个孩子便是自然的事情。但是,给孩子爱的同时不要忘了把爱的能力一并传授给孩子,因为一个懂得爱的人,才有可能成为一个幸福的人。

在培养孩子爱的能力的过程中,培养孩子爱家,爱家里的每一个人,是爸爸首先要做的事情。

先来看看来自身边的故事:

有一个孩子生下来的时候身体很不好,妈妈为了使他的身体长得壮一些,就辞了工作专门在家里照顾他。后来他长大了,身体也好了起来,而且还长成了一个很帅的小伙子,可是为了他,妈妈却逐渐地衰弱下去,身体变得越来越差。在他考上大学那年爸爸去世了,妈妈仅靠她微薄的工资供他上大学。儿子省吃俭用,业余时间还在找活干。妈妈流着泪对他说:"都是妈妈把你拖累了。"

儿子却说:"妈妈,你一定要坚强地活着,因为我爱你,还因为你是我的妈妈。"

还有一个故事:

有一个老太太,她有六个女儿,个个都很孝顺,老太太躺在床上十几年了,身上竟然没有起褥疮,医生说,这是个奇迹。过了几年,老太太的老伴,也就是孩子们的父亲也病了,动了手术,肚子上开了个瘘管,每天带着个塑料袋,三天就要换一次药。老人在六个女儿的照顾下幸福地生活着,更可贵的是,他们的孙子孙女们也在父母的感染下对爷爷奶奶的生活与病情非常地关心。孙子孙女们有的时候给老人买来好吃的,有的时候逗老人开心。在孩子们的脸上没有因老人病了而流露出来的厌烦,孙女们还常用轮椅推老人出来上街转转。

两个老人幸福地享受着快乐的晚年生活,虽然疾病让他们受尽了折磨,可是亲人的关怀却让他们享受着温暖。他们并不像有的老年人那样悲观厌世,他们感到这个世界非常美好,这就是爱给他们的生活带来的力量。

故事中浓重的亲情,着实让人感动。而孩子们之所以那么爱他们的姥姥、姥爷,正是因为孩子们的父母用自身的行为教育了孩子,使孩子们明白了爱的意义。

爱的力量是无穷的。谁都希望得到亲人的关怀,在亲人的关怀中,我们长大,并学有所长;在亲人的关怀中,我们成就自己的事业;在亲人的关怀中,我们实现理想。在人生中,最经得起时间考验的感情就是血浓于水的亲情。

然而现在的很多孩子,只是心安理得地接受来自亲人的爱,认为这是理所当然的,却从没有怀着一颗感激的心去对待他的父母,从没有对他的父母、亲人奉献自己的爱。当别人需要他帮助的时候,哪怕是最亲近的亲人也会表现出漠不关心的样子。这种人是极端自私的,他们心中只有自己。

爸爸在教育孩子的过程中,要教育孩子在生活中千万不能做冷漠的人。当然,说教的力量是没有震撼力的,就像前面所讲的那个故事一样,自己的行为是最好的教科书。爸爸做到善待老人,孩子自然会善待你。

善待老人要从顺从和关怀开始。尊重他们的意见,不要与他们争论。老人走过了半个多世纪的人生道路,已经形成了对世间各种事物的看法,要想改变他们的思维是很难的。我们不必试图改变他们,从某种意义上讲,顺从就是善待。

善待老人,还要学会洗耳恭听他们的教诲——少说"不",多说"是"。老人多年积累的人生经验和感悟是十分难得的,用金钱也买不来。多听一听老年人的话,吸收其中对自己有益处的东西。而那些跟不上时代的想法,儿女应该给予充分的理解。毕竟,多数老人已经没有精力大量接触并筛选新的信息,更新观念不那么容易。

如果爸爸们学会善待老人,将来你的孩子也会善待你。慢慢长大的孩子有自己的心灵,有了自己的眼睛,更有了自己的思考,如果爸爸说一套做一套,会给孩子的心灵留下什么样的影响呢?所以,做好孩子的榜样,爱你身边的人,尊重家里的老人,孩子自然会受到好的熏陶,朝着好的方向发展。

教子心得

一个孩子只有首先爱自己的亲人,才有可能去爱别人。所以,爸爸给孩子爱的教育,首先要让孩子学会爱和感激父母与家人。

指导孩子保持对生命的热爱

人的生命只有一次,它的不可重复性,它的来之不易让我们更加珍惜自己的生命。可是现在有很多孩子对自己的生命不加珍爱,今朝有酒今朝醉,管他明日是与非。他们享乐主义至上,从不考虑未来的生活,活一天算一天。还有的孩子,无法承受生命中的一点挫折,动不动就用放弃生命来逃避问题。这一切不禁让家长忧心忡忡。

人的生命多么的可贵啊!当一位残疾女作家重病躺在医院里与死神抗争的时候,她流下了眼泪。她不是怕死,因为在生命的临界线上,她已经死过许多次了,可是她依然不想走向死亡,因为她热爱生命。尽管她在不到四十年的生命历程里受尽了人生苦难的折磨,可是她依然热爱生活,她想活着,只有活着才能实现她人生的价值;只有活着,她才能写出她想写的文章。当她躺在手术台上,她感受到,如果能活下去那是一件多么美好的事情!当她手术成功走下手术台的时候,她真的是幸福极了。当亲人推着她的轮椅走进夏季的街道,看着那绿绿的树,看着那花枝招展的妇女们,她感到自己是那么幸福,生活是那样美好。

很多时候我们都忽视了对生命本身的思考,直到痛苦来临了,才想到和不幸抗争,才知道生命的美好。很多人面对痛苦会感到无所适从,其实在我们每个人的心里,都有一种对痛苦的感觉。只是有的人把痛苦化解成一种对人生追求的动力,而有的人却把痛苦当成了消沉颓废的理由。

随着孩子一天天的长大,各种不顺心的事也会随之而来,如学业上的失败、初恋的失败、朋友的离去等都会使孩子脆弱的心灵一再受挫。有的孩子因为这些挫折消沉、堕落甚至自杀。

面对挫折,一些孩子觉得活着没有意思,整天沉湎于对不幸的自怜自艾中,对自己的未来采取了自暴自弃的做法。

有一位母亲带着她还未成年的女儿,到心理咨询中心,焦急地对心理咨询师说她女儿才十五岁,成天就想自杀。

女孩叫王阳,才上初一。半个月前,王阳的母亲陈芳在打扫房间时,发现女儿的梳妆台上有一封信,打开一看吓了一跳。

信中,王阳对父母说:"……你们把我管得太死了,不准我单独外出,不准我交异性朋友。除了学习,我没一点自由。生活太没意思了,还不如早早解脱算了。如有来世,我再也不会选择你们这样的父母……"

母亲立刻跑到学校,见女儿仍在班上上课,松了口气。但此后,为防女儿出意外,夫妻俩不分昼夜地轮流对女儿进行监控、开导。可王阳仍时不时流露出要死的念头。据统计,拥有自杀倾向的未成年人仍在逐年增多。

是什么让如花的生命枯萎? 下面来做一个简单的分析。

1. 遗传因素

研究发现,自杀的未成年人中,有三成的家族里,曾有过自杀者。

2. 家庭因素

家庭因素比较复杂,如父母离异、父母过世、父母溺爱、父母管教太严等,往往都会给未成年人造成多重心理压力,影响其人格发展。

3. 疾病

如癫痫、抑郁症等都是导致自杀的危险因子。

4. 学习压力

面对竞争、父母的期望,一些成绩不好的学生感到无所适从,于是选择了轻生。

此外,各种"自杀文学",也在一定程度上起到了诱导作用。

所以,爸爸们一定要让孩子懂得"生与死"的意义。

孩子在成长过程中,生老病死都是他们必须面对的重大人生问题。爸爸要让孩子懂得"生与死",告诉他们生命的可贵与死亡的归宿。让孩子懂得生与死的意义。但长期以来,父母对孩子的教育一直在回避"死亡",总是用"睡着了""去了一个很远的地方"等来代替死亡,导致部分未成年人甚至认为死是可逆的、暂时的。除此之外,爸爸要及早地加强对孩子的挫折教育。在家庭教育中,如果过度娇惯、保护,容易导致孩子情感脆弱、承受能力差,一旦遇到打击,往往会以自杀、自残等过激行为来自我否定。正是由于缺乏必要的挫折教育和心理素质教育,导致生活中不少孩子容易因为一时苦闷或瞬间冲动产生自杀念头。

前苏联小说家奥斯特洛夫斯基写的《钢铁是怎样炼成的》非常值得孩子们读一读。保尔所面临的一切都是年轻人经历的一切。他失去了初恋,失去了自己最爱的人,在生存的挣扎与实现理想的奋斗中熬尽了自己的心血。到后来,保尔因疾病而瘫痪在床,眼睛又看不见了。在这个世界上还能有谁比他更不幸呢?不要以为这是一个虚构的艺术形象,他是作者本人的真实写照。虽然他受尽了苦难,但他依然热爱生命,乐观地活着,他把对生命价值的创造看得比生命本身还要珍贵。不要以为保尔的精神过时了,他的精神对我们的生命有着永恒的启迪作用。保尔有着永恒的魅力,因为热爱生命是我们永恒的追求!

对于苦难和不幸,我们要鼓励孩子,鼓起生命的勇气,去战胜它们。

教子心得

让我们的孩子永远保持着对生命的热爱,并让自己的生命有意义、有所创造,在自己有限的生命历程里,做一些自己喜欢做的事。

教孩子怎么去热爱别人

我们每一个人活在世上都要和他人发生各种各样的联系,不和他人发生联系的人是不存在的。既然和他人发生联系,就要学会和他人相处。

每个人都不会永远生活在父母的庇护下,终有一天会离开父母走向社会。因此,每个人都必须学会与他人相处。在与人相处的过程中,没有人会喜欢那些自私的人,可是现在家庭中大多是独生子女,娇气、懒惰、称王称霸的孩子不在少数。试想这样的孩子如何立足于社会,友好地与他人相处呢?

作为爸爸,要让你的孩子学会热爱他人。热爱他人是我们做人的基本品德。没有这种品德的人就没有与他人相处的能力。

一位母亲领着小女儿到公园玩。不一会儿小女孩跑到了跳跳床上,这时跳跳床上有很多的小朋友,小女孩很不高兴地大声对小朋友们说:"你们都给我下去,我要自己玩。"孩子的举动让站在一旁的其他家长都非常惊异。小女孩的妈妈很不好意思,她对自己的女儿说:"你不要这样,跳跳床是大家玩的地方,不是一个人玩的地方。"可是小女孩却说:"不要,我就要一个人玩。"妈妈有些不高兴地说:"你不能一个人玩,你要和大家一起玩。"妈妈的话显然没有起到作用,小女孩见大家都没有听自己的话,哇地哭了起来。

这显然是一个被娇惯坏的孩子,在她的心里只有自己,没有别人,没有朋友的概念,也不会去考虑别人的感受,这样的孩子很难得到别人的喜爱。

那么孩子怎样才能和他人处好呢?其实,与人相处的能力也是孩子在成长的过程中不断摸索的过程。在孩子成长的过程中,爸爸要有目的地培养孩子与人相处的能力。

1. 告诉孩子,人和人之间是一种平等的关系

无论是男人还是女人,无论是大人还是小孩子,无论是健康人还是残疾人,都应该是一种平等的关系。以平等为前提,相互之间才能有一种平视对话的机会,才能有平等的机会。只有这种平等,人与人之间才不会有屈辱,才不会有歧视。有了平视的基础才能热爱他人,并接受他人的热爱。在别人遇到困难的时候,要伸出手给别人一点帮助。

2. 让孩子明白接受了别人的帮助,要学会感激

在与人交往的过程中要学会感激,适时地表达感谢。有这样一个小故事:有一个小孩子在河里玩水,不小心溺水了,一个过路的小伙子跳下水救那个孩子。孩子被救上来了,那个救人的小伙子却死了。那个孩子的父母为了不报恩情而悄悄地逃跑了。凡是知道这件事的人们无不为小伙子的高尚情操所感动,而对那知恩不报的父母咒骂不已,大家纷纷谴责他们不讲道德。可见,对他人的恩惠表示漠然的人是没有道德的人,他也不会再得到别人的帮助。

3. 让孩子拥有一颗热心,对于有困难的人要及时地伸出援手

对同学、同事、朋友的困难要表现出极大的关心。因为我们漠视他们的困难就等于漠视他们自身,他们会觉着自己在人格上没有得到尊重。

4. 让孩子学会欣赏他人

人的能力是各种各样的,其实这跟我们的十个手指头不可能一样齐是一个道理。当一个明显弱于自己的人通过努力在做一件事情时,要用自己由衷的言语赞美一下;当一个强于自己的人,轻易完成一件事情后,我们给他赞美的同时,也要要求自己朝着他成功的方向去努力,这要比嫉妒、不服气好得多;当遇到一个做错事情的人,特别是那种做错事情又伤害我们的人,如果我们宽恕他,给他改过的机会,我们一定能得到来自他内心的感激。

当然,对陌生人不要太热情,更不要把自己的情况随便地透露出来,如姓名、家庭住址、工作单位等。对待陌生人必要的警惕还是要有的,俗话说得好:"害人之心不可有,防人之心不可无。"这句话在孩子与陌生人相处中可以起到很好的警示作用。

教子心得

人生最大的悲哀就是孤独,一个会与人相处的孩子,自然少不了朋友。孩子学会了与人相处,走上社会之后才会收获成功,才会在自己的事业与生活中收获快乐。这将改变孩子人生的色彩,使孩子无论在何时何地都不会孤独。

第二章
好爸爸能做孩子的好哥们儿

与孩子一起看世界

当了父亲之后,很多人都想知道:孩子眼中的世界是什么样的? 想获得这个问题的答案,父亲就必须有所改变。比如,看待同一事物的时候,要蹲下来和孩子的视线保持相同的高度,这样就很容易理解孩子的看法了;换位思考,把自己想象成一个孩子,也就不觉得孩子的想法荒诞无聊了。

美国有一个名叫乔治的爸爸,他是一位棒球爱好者,当他的儿子年满六岁时,他满怀希望地带儿子去棒球俱乐部看比赛,他原以为孩子会非常兴奋,没想到球员们刚刚打了几个击球练习,比赛还没有正式开始呢,儿子就吵着要回家:"我不想看了,打棒球真没劲!"乔治诧异极了,便对孩子说:"几乎所有的男孩子都喜欢棒球,你怎么会不喜欢呢?"

儿子没有搭话,而是转身走出了棒球场。爸爸气急败坏地牵着他回家,途中经过一片街心公园时,孩子就像发现了新大陆似的顿在草丛里看蚂蚁、看蚯蚓,还兴奋地告诉爸爸,他终于看到了搬运东西的工蚁!

这件事情给了乔治很大的触动,回家后他跟妻子商量,取消了刚刚给孩子报的棒球兴趣班,并且联系了老师,拜托老师推荐儿子参加学校的自然科学探索小组。在之后的日子里,乔治会有意引导孩子,经常和儿子一起趴在地上观察小动物。

乔治的转变让儿子非常兴奋,有爸爸的支持和陪伴,他的童年将会增添更多乐趣。乔治转变,是因为他懂得了孩子的心,看到了孩子的童真,理解了要用孩子的眼光看世界。

孩子虽然年纪小,但是他们已经在用自己的眼光来审视、理解、分析身边的一切事物,如果父亲忽略了这一点,就会经常和孩子出现不协调、不一致。当爸爸真正做到用孩子的眼光看世界时,他就会开始明白,为什么那么多在他的眼里平淡无奇的东西,在孩子看来却是那么有趣、那么珍贵、那么神秘。

1. 蹲下来和孩子一起看世界

用孩子的眼光看世界,需要和孩子有同一视角,这就需要和孩子保持同一高度。为什么有的孩子不喜欢和爸爸去逛超市呢? 因为孩子在超市里可能看到的都是一双双腿。

所以,当孩子因为这类事情表现出不听话时,你不要急着批评孩子,而应该蹲下来和孩子保持同一视角高度,这样才能看清楚孩子眼中的世界。

2. 换位思考,学会理解孩子的心情

如果你懂得换位思考,经常站在孩子的角度看问题,就不会和孩子产生认识上的冲突。孩子不想吃药,你站在孩子的角度想一想就明白了,因为药是苦的,那么你就不会强硬地逼迫孩子听话;孩子不想睡觉,想多玩一会儿,你站在孩子的角度想一想就会明白,因为孩子贪玩,这是他

们的天性,这样你就会允许孩子多玩一会儿。只有当你学会换位思考,才能理解孩子的心情,理解孩子是怎样看世界的。

3. 尊重孩子的意愿,给孩子自主选择权

很多爸爸为了让孩子变得更优秀,不惜违背孩子的意愿,给孩子报特长班、兴趣班,孩子知道父母是为自己好,所以他们即使不愿意学,也会强迫自己学。但是他们学得并不快乐。如果你懂得尊重孩子的意愿,在关于孩子的事情上给孩子一些选择的权力,和孩子商量着做决定,会让孩子感到自己受到了爸爸的尊重。

教子心得

学会用孩子的眼光看世界,爸爸就会和孩子产生许多默契和同感,你们之间也会因此有更多的共同语言,这样的父子关系就会变得更加融洽。

做孩子的哥们儿

很多爸爸总是喜欢以一种严肃的形象出现,他们经常板着面孔对孩子进行说教,希望孩子怕自己,认为只有这样自己才有权威。其实这种想法是不对的,有调查显示,孩子们心目中好爸爸的标准是爸爸不管多忙都陪自己,最关键的是爸爸和自己成为无话不谈的好朋友,成为有福同享有难同当的铁哥们儿。

郭贤是一位父亲,也是某公司总裁,他的儿子十岁,他的家教观念就是不牵引更不牵绊孩子,让他自己看世界,和孩子做哥们儿。

如果在慈善派对上,你看见一个小绅士落落大方地同人们交流,那你可以上去招呼他父亲一声:郭总。如果你在北京某个胡同,看见一个男士和一个男孩子兴高采烈地蹬自行车,那么很有可能就是郭贤和他儿子。

这一对父子就像哥们儿,比如拍照时郭贤随意搭在儿子的肩上,在游泳池里和儿子一起嘻嘻哈哈地打水仗。在另外一些时候,他默默地做个父亲。作为一个总裁,每天的忙碌自不必说,可即使这样,他也不会牺牲晚饭时间——那是他的家庭时间,和儿子一起吃过晚饭后,父子俩一起做做手工,组装玩具、拼好车模,直到十点,他把儿子哄睡着之后,再悄悄出门,留下儿子在香甜梦乡,自己继续出去工作。

和大多数爸爸想象的不一样,有的爸爸和孩子相处时,仿佛回归了童真,在他们身上,我们看不到像财务报表、时间管理这一系列生涩的名词,他们常常冒出孩子们喜欢的幼稚言语和嘻哈表情。

想和孩子成为铁哥们儿,就要获得孩子的认同感,年龄不是问题,关键的是心态,如果你能保持一颗年轻的心、童真的心,尊重孩子,和孩子平等相处,就会受到孩子的欢迎。当然,必要的时候,给孩子指导而不是批评,建议而不是教训,让孩子看到你慈爱的一面,这也是非常重要的。

1. 不断学习,了解孩子

爸爸们也经历过童年,但是时代不同,孩子们所思所想、所说的和所玩的都与以前不一样了。所以,爸爸们要不断学习,充实自己,提高自身素质,与时代接轨,找到孩子经常谈论的话题,了解孩子爱玩的游戏,这样才能提升与孩子沟通的基础,有条件与孩子在某些问题上达成共识或者说有共同语言。

2. 和孩子一起"疯"

爸爸和孩子整天嘻嘻哈哈、打打闹闹、没上没下、没大没小地玩。他们之间没有一点距离感,孩子会觉得爸爸很有亲近感。在没有玩伴的时候,孩子就会找爸爸玩……

享受过童年快乐时光的你应该明白,哥们儿就是交情很深的伙伴,经常在一起玩,在一起疯,在一起享受快乐的时光。这样会使孩子觉得你和他没有距离感,会觉得你很有亲和力,同时你也会活得更年轻,活得无忧无虑。

3. 向孩子倾诉烦恼,和孩子分享快乐

想要和孩子成为哥们儿,就要和孩子无话不谈,高兴的事情,或者令人烦恼的事情,都可以成为你们交谈的内容。如果你能和孩子做到顺畅地交流,那么孩子也会主动把他遇到的开心或不开心的事情告诉你,这样就方便了你了解孩子的心理,便于你及时针对孩子的问题给予适当的引导。

4. 帮助孩子释疑解惑

父亲要学会帮助孩子化解不良情绪,使孩子有事想对您诉说,寻求帮助或精神支持。在学习和生活上,如果孩子遇到了一些困惑,父亲一定要给孩子提出一些切实可行的处理意见,尽量帮助孩子释疑解惑,取得孩子的信任。

教子心得

对待孩子要像对待知心朋友一样,认真倾听,平等交流。这会使你和孩子彼此互相理解互相信任、互相支持,使你们之间的感情超出父子之情,成为无话不谈的好朋友。

抽出 10 分钟陪孩子玩

郑先生是儿子的玩伴,经常在下班之后和儿子玩数学游戏。那天上楼之后,郑先生问儿子:"我们从一楼走到四楼,李叔叔从一楼走到二楼,我们走过的路程是李叔叔的几倍?"

"两倍。"儿子想都不想便回答。

郑先生笑着摇摇头,儿子恍然大悟,说:"哦,我知道了! 一楼不用爬楼梯,我们走了三层,李叔叔只走了一层,我们走过的路程是他的 3 倍!"儿子为自己的"发现"感到十分满意,那一天他做起数学作业都显得特别用功。

每天郑先生都会抽时间和孩子玩数学游戏,有时孩子也会出题考他,甚至常常把他难倒:

"8 根火柴怎样拼出 14 个正方形?"

"从 1 到 100 的所有偶数比所有奇数大多少?"

郑先生思索,再思索,然后是欢声笑语充满房间。

类似的游戏每个爸爸都可以和孩子一起玩,游戏是孩子表达情绪、想法和行动的工具,而爸爸的陪伴和参与能够增加孩子的灵感,使孩子玩得更尽兴、更快乐,而且游戏可以对孩子的视觉、听觉、触觉、动作等进行训练,使孩子各方面的素质在游戏中得到提升。

生活中,很多爸爸都很忙,他们每天早早出门,迟迟归来,匆忙吃完饭后就洗漱,但是这时孩子早已睡了。爸爸不能陪孩子玩游戏,就意味着失去了一个和孩子交流的宝贵时间,失去了培养自己和孩子之间的感情的机会。有些爸爸经常给孩子买礼物,给孩子零花钱,但这也只能安慰孩子一时。这是因为爸爸和孩子的感情交流是物质和金钱难以替代的。只有每天和孩子一起玩10分钟,孩子才会深刻体会到父爱的味道。

1.和孩子建立平等的玩伴关系

游戏是孩子学习的最佳方式,也是培养孩子良好性格与行为方式的最佳训练方法。如果爸爸每天能抽空和孩子一起玩耍,那么在玩耍的过程中就能针对孩子的具体情况给予引导和帮助,更好地调动孩子游戏的积极性。但是有些爸爸在和孩子游戏的时候,总喜欢以自己的价值取向来衡量孩子的游戏行为,人为地限制游戏方式,或为了让孩子"学"到"知识"而强迫孩子玩不喜欢的游戏。这样会严重打击孩子游戏的积极性,对孩子的成长是不利的。其实爸爸应该和孩子建立平等的玩伴关系,孩子玩什么你就跟着玩,这样你会成为孩子最受欢迎的人。

2.开展游戏不要违背孩子的年龄特征

不同年龄段的孩子,对不同的游戏有着不同的热情。比如,一岁左右的孩子喜欢故意让手中的物品掉落在地面,让它发出响声,这看起来是毫无意义的,但是孩子却乐此不疲。因此,爸爸应该引导不同年龄段的孩子尽可能玩出适合他们的游戏,这样才能使孩子感兴趣,有助于开发孩子的智力。

3.充当孩子的游戏助手

当孩子游戏的时候,他们可能提出一些比较特殊的要求。这时,爸爸不要不理不睬,应该尽量帮助孩子。比如,为孩子提供各种各样的游戏材料,如小纸片、种子、泥土、小剪刀、积木、水、沙、颜料、空纸盒等,让孩子开动脑筋去游戏。当然,给孩子提供帮助需要掌握好度。比如,孩子在游戏中遇到了困难,爸爸要给孩子自己想办法解决问题的机会。当孩子确实无能为力时,再给孩子一些帮助。这样可让孩子在各种活动中体验生活,学会思考。

4.帮助孩子养成良好的游戏习惯

良好的游戏习惯,会对孩子的成长产生至关重要的影响。让孩子学会遵守游戏规则,合理安排游戏时间等等,这些良好游戏习惯的建立有助于孩子理解社会行为规则。比如,孩子玩完了,应该引导他收拾玩具,并物归原处;让孩子控制好游戏时间,不能没完没了地让孩子玩,更不能因为玩而影响吃饭、睡觉等。

教子心得

玩耍是孩子的天性,爸爸每天和孩子玩10分钟,能够使孩子最大限度地利用这一天性,在玩中学习,在玩中获得快乐,在玩中不断成长。同时,爸爸也能在和孩子一起玩时获得快乐的体验。

在玩耍中进步

玩儿是孩子的天性,对孩子来说,玩耍是生活的重要组成部分,没有玩耍的幼年是失去光彩的幼年,没有玩耍的童年是没有快乐的童年。作为父亲,应该懂得让孩子在玩耍中快乐成长对孩子是多么重要,这样才能让孩子在玩耍中观察生活、体验生活,成长进步。

19世纪,德国有一位普通的烧砖工,他的儿子非常调皮,喜欢玩耍,但是烧砖工从来不会严厉地管着儿子,或不让他玩,而是鼓励儿子玩。当儿子发现父亲的工地上很好玩时,父亲还夸赞儿子很有玩的头脑。于是父亲带着儿子到砖窑厂去玩。在那里,孩子在泥土中玩耍、嬉戏,在观察父亲堆砌砖瓦的劳动中,很自然地发现了形的概念与数的概念的关系,并由此对数学产生浓厚的兴趣。

从此,这个孩子痴迷数学,整日整夜在数学世界里畅游。十九岁那年,这个孩子发明了"十七等分圆周法";二十岁那年,他创作了《数形奥秘》《排列组合》等论文;三十岁那年他独创了"解析几何"的理论体系,并在德国格丁根大学担任数学教授。这位烧砖工的儿子名叫高斯,他是19世纪伟大的数学家。

当《莱茵报》记者采访高斯的时候,高斯说:"数学并不是神秘的东西,它来源于实际生活,又服务于实际生活。如果我的父亲不鼓励我玩,不带我到砖窑厂玩耍,那我不可能与数学结缘,也就没有今天的成就。"

高斯的成长过程给了家长们许多启迪,非常重要的一点就是赏识孩子的玩耍能力,鼓励孩子玩耍,让孩子经常到外面去玩,让孩子在多玩多看中扩大眼界,增长阅历,吸收广泛信息。孩子在玩中很可能对某些事物产生兴趣,再由广泛的兴趣转化为专一的兴趣。这种转化便给孩子的成长和成功带来了契机,明智的父亲应该懂得这种契机对孩子的重要性。

常言说得好:"兴趣是最好的老师。"但假若孩子没有自由玩耍的机会,孩子又怎样发现自己的兴趣呢? 其实兴趣也源于生活,只有让孩子尽情地玩耍,孩子才能在玩耍中观察生活,感受生活,并在生活中发现自己的真正兴趣,进而在兴趣的引导下走向成功。玩耍不是浪费生命,而恰恰是在创造生命的价值,因为孩子是从游戏中学习和发展的,也即从玩耍中学习的。

1. 赞扬孩子新奇的玩法

当你发现孩子发明了新奇的玩法时,应该给孩子赞赏。这会让孩子因自己的创新而自豪,在这种心理的作用下,孩子会玩得更有创造性。这是孩子玩耍能力的一种体现。

2. 爸爸要有意识地引导孩子玩耍

孩子的玩耍是身心发展过程中的一种"本能",爸爸们应有意识地引导他们进行无意识的玩耍,多让孩子们听音乐、学习画画、听讲故事、模仿动物叫、学唱歌等。通过这些活动,孩子的大脑活动量得到增加,思维能力、想象力得到提高,大脑功能也会得到进一步开发。

3. 对孩子玩耍过程中的"不轨"行为要理解

在玩耍中,孩子必定会出现某些"不轨"行为,在这种情况下,爸爸们千万不要严厉训斥孩子,更不要对孩子动武、体罚。而应该理解孩子,对孩子进行和颜悦色、耐心地开导,并以表扬为主。

4. 陪孩子一起发明新的玩法

当你有空陪孩子玩耍的时候,不要局限于以往的玩法,要和孩子一起创新玩法。最主要的是你要引导孩子,激励孩子积极思考,敢于打破常规的玩法。比如,把椅子当船,把扫把当桨,和孩子一起感受划船的欢快。

―――――― 教子心得 ――――――

爸爸要对孩子的玩耍能力表示肯定和赏识,让孩子知道你为他独特的玩法而高兴,这样,他才会不断创新玩法,自由自在地玩,从玩中学习知识,增长见识,不断进步。

做孩子的游戏伙伴

在很多人的观念中,爸爸爱孩子就是为孩子多赚钱,给孩子买好东西。一个大男人如果整天婆婆妈妈地陪孩子玩,参与孩子的生活和活动就是娘娘腔。因此,学校里的家长会、各种活动,大多见到的是母亲的身影。由于大男子主义思想作祟,爸爸们下了班就是在外打麻将,也不愿关心孩子的事。

于是，领着孩子逛公园或在休闲广场做运动的是妈妈，接送孩子去参加各种培训班的，也多为妈妈。爸爸只顾忙自己的事情，仿佛教育孩子、陪伴孩子理应就是母亲的责任。

就连一些教育著述也不自觉地忽视"父亲"在陪伴孩子中的作用。在谈到父母责任的时候，大多是笼而统之，不加分析地把"父""母"捆在一起来谈。仿佛孩子的生活中，爸爸除了提供经济基础外，就别无他用了。

其实，孩子的生活和活动中是不能缺少父亲的，父亲应该积极参与孩子的活动，无论是家庭活动还是社会活动。

爸爸做孩子的游戏伙伴，不仅可以满足孩子情感上的需求，而且在和孩子玩耍的过程中能够更好地促进孩子的心理发展。同时，能够及时发现孩子的兴趣和潜能，从而在共同玩耍中有针对性地加以引导。爸爸参与孩子的活动，可以了解孩子的兴趣和特长。如果你希望孩子学会持之以恒的品质，掌握其他相关的技能，你就要用自己的兴趣及独特的指导，为孩子树立榜样。比如，如果你正帮助年幼的孩子学习一项魔术戏法，你自己首先应该掌握，然后才能教会孩子，进而鼓励他练习戏法和表演。如果孩子年龄稍大一些，那么你就应该带他去图书馆，找本关于魔术的书籍。

爸爸在参与孩子的活动过程中，要不断地赞扬和鼓励孩子，以增强他的耐心和耐力。在他厌烦或灰心丧气时（这是肯定要发生的），你可以建议他休息几分钟，但其后要立即投入活动。不要因为自己不感兴趣或疲劳就泄孩子的气，要他们"今天就这样吧"，或者让他们干些别的有兴趣的事。要做到这一点很难，但请记住，孩子天性顽强，有弹性，在他们沮丧泄气之时，你纵容他们，就等于损害了这些天生的优点。你要调整策略，在参与程度上要有所变化，尤其在孩子注意力不持久，缺乏动力的时候。

在美国，父亲常常参与孩子的活动。"如果你答应当孩子球队的教练，你就必须花时间跟孩子在一起。"这是住在美国加州的一位父亲杰佛瑞陪4个孩子（从3岁到15岁）的方法，他已经当棒球教练8年了。

"如果你不能当教练，那么就加入拉拉队吧。"麦斯是一位律师，他说他希望在小麦斯的成长过程中陪着他，可是麦斯实在对运动一窍不通。"我没办法当教练，但是我出席了每一场孩子的比赛，替他加油打气。"麦斯说他和他的太太从很早就决定，参加孩子学校的每一项活动。

科学研究和社会实践都表明，父亲参与了孩子的活动，和孩子一起玩耍，非常有利于孩子成长。

1. 多与孩子接触

人是一种情感丰富的高级动物，尤其对于孩子来说，更需要来自父母的情感呵护和温暖。作为独生子女，现在的孩子本就孤独，光有母亲的陪伴是不够的，他们也希望父亲参与到他们的活动中。如果父亲以各种借口不陪孩子玩，不参与孩子的活动，那孩子就更孤独了。

爸爸可以影响孩子的体格发育。因为孩子在婴儿期，爸爸大多喜欢用身体运动的方式来逗孩子玩，比如骑大马、顶牛等等，给孩子以强烈的大幅度身体活动刺激，从而促进孩子身体发育；而进入学龄段，爸爸更多地带孩子进行户外活动，比如打球、爬山、去游乐园游玩、到自然中游览等等，这些当然使孩子的身体得到很好的锻炼。

2. 父爱是孩子个性品质形成的重要源泉

男人的独立、自信、宽容、坚强、果敢等等个性特征，在和孩子接触的过程中，有声无声地影响着孩子,从而使孩子也具备这些品质。而这些个性特征是通过具体事情来体现的,参加孩子的活动就是最好的展现机会。

这里顺便提一下,让孩子做体育运动时,一定要注意安全,保护好孩子,安全永远是第一位的。

3. 和爸爸相处时间多的孩子社会交往能力比较强

因为爸爸的豁达让孩子学会了宽以待人;爸爸的自信让孩子充满热情,懂得悦纳自己。

4. 多和爸爸相处能够促进孩子智力的发展

科学研究证实:爸爸较多地与孩子交往,能日益提高孩子的认知技能、成就动机和对自己能力、操作的自信心。常与爸爸相处的孩子,可以从爸爸那里获取更多的知识、经验、想象力和创造意识,有利于激发孩子的求知欲、好奇心、自信心。而且,爸爸还是孩子闲暇时间的游戏伙伴、心里烦闷的调节者,这也有利于孩子智力的发展。

5. 爸爸参与孩子的活动,有利于孩子性别角色的发展和完善

家庭是孩子自幼学习角色观念、形成角色意识、模仿角色行为的重要场所,子女最初是在家里模仿父母,进而模仿其他男人和女人的行为,从而形成自己的性别意识。如果"父亲"角色缺失,那么男孩子会缺乏角色认同感和男性特征,变得软弱、缺乏独立性和自主性及目标的持久性,形成男孩女性化倾向,适应环境的应变能力差,不能适应男性的独立生活;女孩子也会过于柔弱,并因为对男性的陌生感,而在成年后在与男性交往时,出现焦虑、羞怯和无所适从等表现。

爸爸的存在和父爱,是孩子心理发展、个性发展的源泉,对子女的性别角色规范、生活方式、价值观和态度具有重要影响。所以说,"爸爸"是孩子成长中不可替代的角色。

多参加孩子的活动,就像农民播种一样,春撒一粒种,秋获多粒果。

教子心得

通过参与孩子的活动,给孩子做出榜样并予以鼓励,来教会孩子某种本领与合作精神。而且,通过参与孩子的活动,爸爸可以了解孩子的兴趣和特长。

陪孩子去冒险

孩子天生就爱冒险,他们对这个世界充满未知,充满好奇,于是很自然地有了探索、冒险的行动。既然是冒险,那么可能存在危险性,所以,如果爸爸有时间,尽量和孩子一起去冒险,一方面可以起到保护孩子的作用,另一方面孩子有了你的陪伴会玩得更尽兴,更欢快。

魏韬和几个同学约好了星期天去儿童游乐园。正好爸爸那天有空,于是充当了一回孩子王。

来到游乐园,里面人山人海,工作人员拿着小喇叭,维持秩序。最受孩子们欢迎的是冒险的游戏。爸爸准备带着孩子们玩一个名叫"天地双雄"的游戏,通过急速上升和下降,来体验天堑路途的惊险刺激。

游戏开始了,孩子们跃跃欲试,爸爸却有点害怕,工作人员告诉他:玩这类惊险的游戏时,大声尖叫可以缓解紧张及害怕的情绪。当系好安全带的一刹那,平时连说话都不大声的爸爸,尖叫声几乎压过了其他人,安全着陆之后,一旁的孩子们对魏韬的爸爸竖起了大拇指:"叔叔,你真棒。"

和孩子一起去冒险,对爸爸们来说也是一种心情调节,因为平日里爸爸们都早出晚归,忙着工作,根本没有时间玩这种惊险刺激的游戏,没有机会全身心地投入到游戏中。更重要的是,有爸爸的陪同,孩子的勇气和胆量都会增加。孩子会觉得非常快乐和幸福。

但是很多家长没有认识到冒险活动对孩子成长的重要性,当孩子在探索一些陌生的事物时,特别是接触一些看上去有些危险的事情,家长常常面带恐惧地告诉孩子:那里不能去,太危险了;这个地方不能待,不安全……这样下去,只会使孩子没有勇气去尝试新事物,孩子的冒险精神也被吓跑了。

如果因为有危险,就阻止孩子去冒险,这和开车有危险就放弃开车有什么不同呢?孩子不能没有冒险精神,否则他们就容易墨守成规,缺乏创造精神,很难有创造性的发明。所以,爸爸要鼓励孩子去冒险,陪孩子去冒险。

1. 对孩子进行安全意识教育

生活中,有些孩子缺乏安全常识,经常做出让家长害怕的事情。比如用铁丝触动插座,用棍子敲玻璃,这些都是很危险的行为。因此,爸爸们平时要多教给孩子一些安全常识,防止孩子胡乱地玩,不考虑后果地去冒险。

2. 尽可能为孩子提供安全保障

假如你和孩子去海边玩,就要为孩子准备泳衣和救生圈,因为在海边玩冒险的游戏是有危险的;如果你和孩子去爬山,就要跟随在孩子的身后,随时为孩子提供帮助;冒险不是莽撞,不是冒失,而需要考虑孩子的安全。所以,和孩子一起去冒险的时候,要为孩子提供安全保障。

3. 让孩子学会适可而止

当爸爸和孩子一起参加冒险活动后,孩子可能会兴奋地不肯收手。比如,你和孩子去爬树,孩子可能会尽力往高处爬,这时候你应该提醒孩子:"小心一点,慢慢爬,今天就爬这么高吧,下次再往上爬吧。"相信孩子听了你这样说会适可而止的。

教子心得

和孩子一起去冒险,既可以满足孩子的好奇心和探索的欲望,也能让爸爸们体验惊险刺激的感觉。让孩子按照天性自由地成长,那么他的世界里就会充满欢笑,你的生活里也会充满阳光。

与孩子一起锻炼身体

儿童时期也是人体形态发育的重要时期这一时期生长发育的好坏,对人一生的体质和体型有很大的影响。

说起锻炼身体,我们脑子里首先会想到的是,各种大大小小的竞技比赛、运动会、健身房等场面,以及夏日里的清晨街道旁、休闲广场,大爷大妈们跳的健身舞、傍晚扭的大秧歌,冬天公园里冒着刺骨寒风冬泳的勇士……如果换作要家长领着孩子在院子里跑跑跳跳、玩玩滑梯、假日领孩子去游园、去远足,在人们眼里这似乎跟锻炼不搭边。

可是,体育锻炼无时无刻不存在于我们的日常生活中。比如玩皮球、滑滑梯、踢毽子、跳绳、跑步、游泳、做操、远足等等,就是随意的散散步,也不失为一种锻炼。这些锻炼,爸爸要尽可能地陪孩子一起进行。

作为父母都希望孩子成龙成凤,都希望孩子身体健康,也都明白只有健康的身体,孩子才能有好的前程。但很多父母往往倾向于孩子的营养,倾向于孩子的智力开发,却忽视了孩子的体育锻炼,忽视.了增强孩子的体质。因此,幼儿园及小学校里才出现了小胖墩、豆芽菜、小眼镜等等,经常生病的、体质很差的小朋友也屡见不鲜。

这一点,家长应该深刻反省。家长觉着什么有营养就给孩子吃什么,营养虽然跟上了,但是孩子为什么还是经常生病呢？究其原因,就是缺乏锻炼。

儿童时期正是养成自觉锻炼身体习惯的好机会。如果错过了,随着人的年龄的增长,由于受旧习惯的干扰,新习惯就难以形成。因此,爸爸带孩子进行合理的体育锻炼,有着特殊的意义。

1. 要提高对孩子体育锻炼的认识

如今的家庭只有一个宝贝,因此比较娇惯。有个别家长别说户外体育活动,平时连走路都不太舍得,生怕累坏孩子。如果在户外活动中摔一跤,那更是心疼得不得了。有些家长认为自己的孩子体质弱,累坏了要生病。甚至有个别家长认为,有些爬、翻、滚的动作危险,还会把一身干净的衣服弄脏。还有的家长认为户外体育活动就是玩玩而已,还不如写写字、看看书有用。家长对体育活动意识的淡薄,使现在的孩子缺少锻炼的机会。

春暖花开的季节,家长应该多带孩子去户外游戏,4～5岁的孩子可以去郊外远足,运动中快走与慢走、快跑与慢跑以及跳跃交替进行,既训练了幼儿的基本动作,又训练了幼儿的速度、耐力等基本身体素质,还培养了幼儿的吃苦耐劳的精神,锻炼了幼儿坚忍不拔的毅力,更使幼儿欣赏了大自然的美好景物、增长了知识,进一步调动了幼儿进行身体锻炼的积极性。

体育锻炼是父母对孩子进行素质教育的良好载体。事实上,孩子天性好动,真正不爱运动的孩子只是很少一部分。体育锻炼是一项父母子女可以共同参与、亲历亲为的活动,体育锻炼的过程,既是培养孩子吃苦耐劳精神、磨炼意志品质的过程,也是孩子体会公平竞争、团队精神、人际交往的过程,是孩子宣泄不良情绪、克服焦虑、享受体育带来的欢乐和愉悦的过程,更是父母们了解孩子、引导孩子、加深亲情、加强沟通的一个互动的过程。

2. 要重视日常游戏对孩子锻炼的重要性

游戏是孩子体育启蒙的第一课,游戏可使孩子聪明伶俐、身体健康。游戏的目的不仅在于增强体力,更是使孩子们的四肢得以均衡使用,从而有效地弥补孩子们在日常生活中,因为单一的活动对大脑的不均衡刺激,促使大脑发育。尤其是在婴幼儿快速生长时期就更为有利,将使孩子终身受益。

1～5岁是幼儿感觉运动发展的最佳时期,此时有目的、有计划地发展幼儿的感觉和运动,不仅对大脑是良好的刺激,能提高大脑对全身各器官系统的支配能力,还能促进运动神经的发展。

其中,1～3岁可选择的游戏有：手指体操、捏橡皮泥、踢定点球、踢滚动球、侧滚、驮物爬、两腿两足夹物走、拍球等;3～5岁可选择的游戏有：各种曲线跑、各种躲闪游戏、跳皮筋、伸展性体操、单足站立、学骑自行车、跳房子、跳绳等。幼儿玩耍各种套叠玩具、穿绳玩具、积木、积塑等,有助于锻炼小儿肌肉动作和手指的灵活性。

球类游戏是比较古老的儿童游戏,在球类游戏中,不但可以训练孩子的手腕力量,还可以训练孩子手控制方向的能力,提高手眼协调性,增强孩子的快速反应能力。而球的反弹特性,使孩子对事物运动方向的改变产生思考和认识,提高了孩子预测运动方向的能力。

孩子在完成独立行走以后,随之就是高级的运动技巧的发育和形成,比如跳跃、模仿肢体动作、接球、跳绳等。孩子运动能力的提高和培养,也可通过游戏来完成。这需要我们家长结合孩子的生理特征来制定一套符合孩子发育特点的、科学的游戏计划。

3. 要根据孩子的年龄特点合理安排运动量

幼儿正处于生长发育阶段,不要一味追求运动的强度,而要根据孩子的年龄特点、兴趣和需要,选择适合他们年龄段的,他们自己喜欢的、有条件的,并能坚持下去的游戏或运动。关键是要使孩子能坚持锻炼,风雨无阻。如果三天打鱼,两天晒网,就不会有大的效果。家长在与孩子共同的体育锻炼中,对孩子要少批评,多指导,多肯定,多鼓励,营造一种宽松和谐的气氛。

儿童要想锻炼好身体,必须掌握科学的方法和正确的原则。根据孩子生理的基本规律和年龄、性别、体质的状况等具体情况和客观条件,选择合适的项目,并在一定原则指导下,合理安排运动量,有计划地进行体育锻炼。幼儿年龄较小,自觉性较差,家长必须予以正确的指导。一般情况下,家长应该每天陪孩子至少一个小时的时间专门进行户外游戏或锻炼身体,并长期坚持。

4. 体育锻炼是孩子长身体的必需

体育锻炼也是有助孩子长高的重要因素之一。经常在阳光下进行体育锻炼,不仅可获得充足的阳光照射,而且通过跑、跳、蹦等动作对骨骼进行机械刺激可以加强骨骼的增殖能力,从而使骨骼的生长发育加快,但要注意不可过于疲劳。

据世界卫生组织对儿童发育统计资料表明:春季是儿童身体发育生长最快的时期。这是因为继寒冬的休眠和春的复苏之后,自然界的万物在春暖花开、艳阳高照中进入生长发育的高峰。人类,尤其是儿童也有同样的效应,因为骨骼的生长与光照时间有密切的关系。

我们知道,太阳给地球带来了光和热,没有阳光就不会有生命。阳光中的红外线具有深透物体和加热的作用,温热可以深达身体内部,使深度组织的血管扩张,尤其能促进骨膜血管的扩张和加快血液循环,骨细胞得到更多营养物质供应,骨骼生长发育会更快更好。

阳光中的紫外线能刺激身体的造血机能,使血液中的红细胞数增多,更重要的是它还能促进皮肤内维生素 D 合成,有助于骨骼的生长。

教子心得

爸爸应经常带孩子到户外进行活动及体育锻炼,享受充足的阳光照射,让孩子跑一跑、跳一跳,这对骨骼中的骺软骨能起到机械挤压的刺激作用,使骺软骨周围的血流量加快,能量供应更多,这样一来骺软骨的增殖能力得到增强,骨骼的生长发育会更快、更结实。经常带孩子锻炼身体,会使你的孩子身体长得更高、更壮、更健康。

做个把自己当成孩子的爸爸

美国人李文斯登·劳奈德,写过一篇题为《不体贴的爸爸》的短文,曾感动了成千上万的美国人。全美国几乎各大杂志和报纸都转载过这篇文章。人们纷纷在学校、在教堂、在演讲台上朗读这篇文章。它还在无数的广播、电视节目中被引用和传诵。

这篇文章写道:

听着,我儿,在你睡着的时候我要说一些话。你躺在床上,小手掌枕在你面颊之下,金黄色的鬈发湿湿地贴在你微汗的前额上。我刚刚悄悄地一个人走进你的房间。几分钟之前我在书房里看报纸的时候,一阵懊悔的浪潮淹没了我,使我喘不过气来。带着愧疚的心,我来到你的床边。我想到了太多的事情了,我儿,我对你太凶了。在你穿衣服上学的时候我责骂你,因为你只用毛巾在脸上抹了一下。你没有擦干净你的鞋子,我又对你大发脾气。你把你的东西丢在地板上,我又对你大声怒吼。在吃早饭的时候,我又找到了你的错处:你把东西泼在桌上,你吃东西狼吞虎咽,你把手肘放在桌子上,你在面包上涂的牛油太厚。晚上,一切又重新开始。我在路上就看到你跪在地上玩弹珠。你的长袜子上破了好几个洞,我在你朋友面前押着你回家,使你受到羞辱……

　　我儿,此刻一阵强烈的恐惧涌上了我的心头,习惯真是害我不浅。吹毛求疵成了我的坏习惯,这不是我不爱你,而是对你期望太高了,我以我自己年龄的尺度来衡量你,而你的本性中却有着那么多真善美。你的小小的心犹如包含并照亮群山的晨曦——你跑进来亲吻我,并向我道晚安的自发性冲动显示了今天晚上其他一切都显得不重要了。我儿,我在黑暗中来到你的床边,跪在这儿,心里充满着愧疚。

　　这只是个没有太大效用的赎罪。我知道如果在你醒着的时候告诉你这一切,你也不会明白,但是从明天起,我要做一名好爸爸,我要把自己当成孩子,做你的好朋友,你受苦难的时候我也受苦难,你欢笑的时候我也欢笑,我会把不耐烦的话忍住,我会像在一个典礼中一样不停地庄严地说:"他只是一个男孩,一个小男孩!"

　　我想我以前是把你当作一名大人来看,但是我儿,我现在看你,蜷缩着疲倦地睡在小床上,我看到你仍然是一名婴孩,你在你母亲怀里,头靠在双肩上,还只是昨天的事……

　　看了这篇文章,同样作为爸爸的你感想如何呢?你不觉得站在大人的角度想问题太多,而从孩子的角度想得太少了吗?实际上,设身处地想一想,如果你是孩子,面对那么多成人的要求、成人的标准,同时做那么多的事情,你会做得到吗?

　　家具损了,可以重新修理好;东西坏了,可以花钱再置办,唯独孩子的内心受到伤害是难以补救的。一个人在儿时心灵上所受的影响,关乎其一辈子性格的形成与成长,乃至命运的走向。因为孩子一点小小的不是,就没完没了地责问谩骂甚至大打出手,实在是一件愚不可及的事情;过多的挫折感有可能把孩子蓬蓬勃勃正在生长着的想象力、创造力扼杀在萌芽里、摇篮中。

　　爸爸与子女怎样心灵相通、情感交融,怎样形成良好的家庭氛围而有利于子女成长?它有赖于爸爸教育思想的端正,教育方法的得当,教育条件的适合。这中间,有一点是少不了的,那就是爸爸要把自己也当成孩子。

1. 要有一颗不泯的童心

　　有一位画家说:"我为孩子们画画,画故事连环画,画童话插图,就得像孩子那么想,那么看,于是嘛,也就有一颗童心啦!"如果爸爸们也能像孩子那么想,那么看,那么做,把自己当成孩子,站在孩子的角度去看世界,我们不是也会拥有一颗不泯的童心吗?

　　正如鲁迅先生所说:"孩子的世界与成人截然不同,倘不先行理解,一味蛮作,便大碍于孩子的发达。"为了"先行理解"孩子,爸爸就要走进孩子的世界,把自己也当作孩子,同他们一起游戏,同他们一起编织生活的花环,同他们一起描绘斑斓的未来,用童心这把钥匙,打开孩子心灵的那扇门。

2. 没有理解就没有有效的教育

　　不理解孩子,爸爸的教育就会脱离了孩子的实际,强人所难,甚至把孩子当成执行自己意志的工具。相反,站到孩子的立场上以孩子的目光看待自己的要求,支持孩子的正当要求,与孩子同喜、同忧、同乐,心灵相通,情感交融,这样才能爱得准,爱得深,爱得正当。当然,理解不是目的,而是教育的起点。理解代替不了教育,但没有理解往往也很难教育。有些孩子和爸爸情绪对立,往往是爸爸不理解孩子,简单粗暴地教育孩子造成的。理解就是为了避免这样的现象,变简单粗暴为耐心诱导,变单纯禁堵为积极疏导。

　　不理解孩子,就不会取得好的教育效果。比如,下雪天孩子想和小朋友去打雪仗,可是爸爸怕孩子着凉,把他关在屋子里。孩子苦苦哀求:"爸爸,让我玩一会儿吧,玩一会儿就回来。"爸爸却说:"外面天气冷,当心着凉。他们比你大,会欺负你的。你有这么多玩具,在家自己玩!"

孩子哭了,这小天地怎么能与和小伙伴打雪仗相比呢?有的孩子非要用自己的电动玩具去换小朋友手中的泥人,有的孩子养个小蝌蚪会倾注全部心血……这些在大人看来简直是不可思议的事情,可对孩子来说却很重要。

虽然孩子还小,但他也有自己的思想,也是一个独立的个体。我们大人不能为完成自己的愿望而要求孩子,让他干自己不愿干的事,我们应学会平等地对待孩子。每个人都有自己美妙的童年,可人们一旦做了父母,往往就把自己的童年给忘了,一味以成人的标准要求孩子。如果家长能经常回忆自己的童年,将心比心,遇到问题替孩子设身处地想想,就容易理解孩子的心情,对孩子的教育方法自然也会改变。

比如孩子正跳皮筋跳得来劲,爸爸非得让孩子马上回家,孩子的嘴就会噘得老高老高。为什么?因为她刚跳完,应该给别人抻皮筋了,这时候走开,小朋友就会对她不满。假如好不容易等到该她跳了,而家长把她叫回家,她心里也会不满。如果做爸爸的理解孩子的这种心情,说再玩几分钟就回家,孩子有了思想准备,"告一段落"后自觉不玩,心里的不平衡也就得到了解决。做家长的不要忘了自己的童年。童年的一切游戏也曾使我们激动过,如果这些我们能回忆一下,对于理解孩子,正确引导孩子都是大有好处的。

有些爸爸在对孩子的教育中,常常感到效果不理想,甚至与孩子的关系闹得很紧张,其中一个重要原因就是自己缺乏对孩子的了解、没有做孩子的朋友及自身缺乏童心。爸爸常用成人的眼光去看孩子,用成人的想法去要求孩子,用自己的标准去衡量孩子,总想让孩子"规规矩矩",把孩子变成"小大人",这种脱离年龄特点的教育很容易造成两代人的隔阂,难免导致教育的失败。因此,爸爸要有一颗童心,把自己也当成孩子。

3. 要了解孩子的心理

不了解孩子的心理就不会成为孩子的朋友,爸爸们应当明白,每一个孩子在感情、感受、快乐、忧愁等方面都是一个独立的世界,如果爸爸不了解他们的这个独立的世界,就很难理解他们,也就会实施"错位"的教育,结果是事与愿违。比如:孩子想和小朋友去玩一会儿,可是爸爸却把他关在屋子里学习,孩子难免会对爸爸有意见,造成感情上的隔阂,产生抵触情绪,为今后的教育设置了障碍。所以,爸爸要从儿童的位置上去体察孩子的需要,怀着一颗童心去满足孩子的心理需要。

对孩子感兴趣的话题,要主动参与讨论;对孩子感兴趣的活动,也要热心地参与和支持,这样孩子才能和你真正交流,成为知心朋友。事实证明,谁了解孩子的心理,谁就会赢得孩子的心,取得教育的主动权;反之,则会产生顶牛现象,甚至遭到孩子的怨恨,费力而不讨好。

有些家长教育孩子失败,往往就是因为缺乏对孩子的理解。家长脑海中常常有一个想象中的"模范孩子",并以此督促自己的孩子也要那样去做。但孩子毕竟是活生生的人,他们不可能什么都按照家长的意愿行事,就是主观上想让家长满意,客观上有时也会力不从心。有的家长会因此焦虑不安,甚至大动肝火。这样一来,反而使得孩子无所适从,不知如何是好。

所以,爸爸们要从孩子的实际出发,多考虑他们的难处,以朋友的角度,设身处地为孩子想一想。一点一滴地引导他们朝着理想的目标努力,孩子们一定能变得越来越优秀,父子的感情也会越来越融洽。

教子心得

家具损了,可以重新修理好;东西坏了,可以花钱再置办,唯独孩子的内心受到伤害是难以补救的。

第三章　不要让爸爸的坏脾气影响孩子一生

爸爸不要把坏脾气带到家里

下班了,一位爸爸心情沮丧地回到家。因为他主管的业务进展速度比预期慢,老板狠狠地批评了他。刚一进家门,九岁的孩子就抱着他的腿说:"爸爸,我有一道数学题不会做,你教教我吧。"

爸爸一肚子的怒火,正愁没地方发,于是对孩子怒斥道:"你怎么上的学？连一道数学题都不会做？你是干什么吃的？要你有什么用？真是个笨蛋！"

孩子委屈地大哭起来。妈妈听到孩子的哭声,不高兴地说:"又在工作上遇到不开心的事了吧？你总是这样,把坏脾气带回家！说了你多少次……"

现实生活中,大部分爸爸都有这样的一个通病:他们总是不自觉地把坏脾气带回家,不是跟妻子吵架,就是对孩子发火。而孩子的年龄还不大,心理承受能力还不强,若爸爸经常把坏脾气带回家,就会对孩子造成难以估量的身心上的创伤,严重妨碍孩子的正常成长。

以下是几种方法,可以帮助爸爸们改掉坏脾气。

1. 别把坏脾气带回家

一项发表在美国《组织行为学期刊》上的研究显示,如果一个人的脾气差,行为粗鲁,其负面效应可能影响到这个人的家庭和婚姻,甚至影响到配偶的工作状态。

此外,美国贝勒大学的专家认为,当一个人带着坏脾气回到家时,配偶不得不忍受着对方的懒散表现,进而承担更多的家庭责任。专家们把这种现象称为"连锁现象"。

诚然,若爸爸经常把坏脾气带回家,就会破坏家庭的和谐关系,进而对孩子造成伤害。所以,爸爸须重视这一点,当与上司或同事发生矛盾时,应及时化解矛盾,排除危机,避免家庭冲突的发生,进而有效地减少不良情绪对孩子的影响。

2. 给自己一个积极的暗示

九岁的常青学习成绩名列前茅,性格活泼开朗,并且经常帮助学习差的同学。当老师问他为什么这么乐观时,他说:"这主要是得益于爸爸榜样的作用。我经常听同桌说,他的爸爸回到家就发脾气。而我的爸爸却不这样,不管他在工作上怎么不顺心,他也会很乐观地面对妈妈和我,从来不对我们发脾气。"

对此,常青的爸爸说出了自己的心得:"我很重视家庭的和谐气氛。其实,我有时候也会在工作期间遇到一些不开心的事情,但是我总是给自己一些积极的暗示。比如,进家门前,我会对自己说,工作是工作,家是家,既然回到家,我就不能把工作上的糟糕情绪带回家。此外,在我的汽车上挂着一张我们全家的照片,每天开车回家,我都会看一看这张照片。我就是通过这些方式,提醒自己别把坏脾气带回家。"

其实,给自己一些积极的暗示并不难,只要爸爸肯用心,就一定能找到很多有效的办法。例如,在回家前,要暗示自己以平静的心情回到家,让家人感受到爱与温馨;爸爸可以在钱包里或是办公桌上放上家人的照片,下班时看看这张照片,这样,即使再有什么不开心的事情,也都会烟消云散了。

3. 掌握一些排除疲劳和烦躁的技巧

一位爸爸经常把坏脾气带回家,久而久之,不仅影响了他与妻子的关系,孩子也不愿意跟他交流了。他发现了事态的严重性,经过苦思冥想,终于想出了一个办法。

原来,这位爸爸很喜欢看周星驰的电影,每次一回到家,他就会先看10分钟周星驰的电影。这样一来,爸爸的烦躁情绪减少了很多,浑身都感到轻松舒畅了。

爸爸在外工作了一天,即使是没有发生什么不开心的事,也会感到很疲劳、烦躁。所以,爸爸需要掌握一些排除疲劳和烦躁的技巧,以尽量避免自己的坏脾气对孩子造成伤害。例如,爸爸可以通过信笔涂鸦的方式来缓解自己的不良情绪,或者做一个简单的倒立,转移自己的注意力,以排除自身的烦躁情绪等。

教子心得

爸爸应该彻底改掉坏脾气,多给孩子一点阳光,让孩子在健康、积极的家庭环境中茁壮地成长。

威胁会让孩子胆小

"再不听话,就让狼把你叼走!"

"再不吃饭,就饿死你!"

"你不刷牙,就不准睡觉!"

"再哭,我就把你扔到大街上!"

"再拿同学东西,我就让警察把你抓走!"

……

以上这些话对一些爸爸来说并不陌生。虽然从表面上看,这些话似乎是对孩子的必要教育,但实际上,这些话却实实在在是对孩子的一种威胁。若爸爸经常对孩子说这些含有威胁性的话,孩子就会丧失对事物的判断能力,进而懦弱地服从命令。在这种情况下长大的孩子将会畏首畏尾,对未来的生活和学习充满恐惧。

值得一提的是,随着时间的推移,爸爸经常对孩子说带有威胁性的话语,还会对孩子造成以下恶劣影响:

(1)孩子会越来越叛逆。随着孩子的年龄增长,爸爸带威胁的话语就会激发孩子的逆反心理,导致孩子与爸爸吵架,针锋相对,甚至离家出走。

(2)爸爸被孩子威胁。爸爸经常说带有威胁性的话语,孩子就会耳濡目染,也就学会了用威胁的话语来应对爸爸,如:"你不给我买玩具,我就不写作业","你不给我买汉堡包,我就不吃饭了",等等。

然而不论对孩子造成的恶劣影响是否严重,爸爸都需要改掉这个坏脾气,让孩子的身心健康得到良好的发展。

1. 任何时候都不要威胁孩子

爸爸对孩子说威胁的话语,主要是两种:偶然性和习惯性。偶然性是指在不经意间说的;习惯性是指经常用威胁性的话语教导孩子,并已养成了一种习惯。不论是哪种情况,都会给孩子造成不利的影响。

一个九岁的孩子经常偷东西。爸爸对他一顿暴打后,说:"再偷,就打断你的腿。"

孩子很害怕,有一段时间不再偷东西了。

但是过了没多久,孩子的手又痒痒了,又开始偷东西。爸爸再次说:"再偷,就打断你的腿。"孩子觉得无所谓了,反正爸爸只是说一说,并不会打断我的腿。

后来,孩子又偷东西了。爸爸第三次说:"再偷,就打断你的腿。"结果孩子抄起一根棍子,说:"不用你说,我自己打断自己的腿。"爸爸制止住了孩子,孩子却高兴地扬长而去。

当爸爸第一次威胁孩子时,大部分孩子会因为恐惧而不敢再犯错,这样,孩子就变得畏首畏尾;而有的孩子还是不改,继续犯错,而爸爸并没有兑现对他的惩罚,渐渐地也就对爸爸的教诲无动于衷,甚至是针锋相对,反过来威胁爸爸。所以,要摒弃这种威胁孩子的教子方法,在任何时候都不能对孩子进行威胁。

2. 用积极的心态对待孩子

孩子就是在犯错误和纠正错误的过程中不断成长的。所以,当孩子犯错时,爸爸应改变以往消极的态度,认为孩子做的就是错的,自己就是正确的。此时,爸爸不妨用积极、包容的心态来对待与谅解孩子,这样,往往能达到更好的效果。

比如,如果孩子不洗脚,爸爸不能说:"如果你不洗脚,今天就别睡了!"而是说:"孩子,去洗洗脚吧,爸爸想看看你长大没有,是不是能独立洗脚了。可以吗?"这样,孩子往往更能接受,进而按爸爸的意愿做事。

3. 用激励代替威胁

九岁的小霞跟爸爸妈妈去逛街。小霞要买一个布娃娃,妈妈说:"家里已经有很多布娃娃了,你还买? 不买,不能惯着你。"

小霞委屈地大哭起来。

妈妈威胁她:"再哭,再哭我就不要你了。"

小霞非但不听,反而哭得更厉害了。

这时,爸爸说:"我的孩子最懂事了。我的同事跟我说,他家的孩子很懂事,从来不在街上哭的。我想,你一定比他更坚强吧?"

结果,小霞立刻不哭了。

相对于威胁的话语,孩子更喜欢听善意的、带有激励的话语。因为没有一个孩子愿意被父母威胁。爸爸要学会用善意、激励的语言代替威胁,这样往往更能贴近孩子的心理,孩子就更乐意接受。爸爸可以说:"你看,别人的孩子都很懂事,每天睡觉前都刷牙、洗脚,我想你也一定能做到的。""我的孩子最听话了,从来都不会比别人差的,我想,你下次再也不会拿同学的玩具了。"

教子心得

医学研究表明:恐惧会严重危害人体的健康。强烈的恐惧气氛和突发的恐惧事件,会使人的神经中枢受到强烈的恶性刺激。由于孩子的成长发育阶段还不成熟,各组织器官较为脆弱,即使是受到惊吓时没有出现危机症状,但因为其抗拒恐惧的能力较弱,经常有恐惧情绪滞留的现象,使内分泌功能受损,导致很多不良情况的发生,如发育缓慢、语言障碍和消化系统等毛病。

一定不能骗孩子

"别哭,等爸爸下班回来给你买薯片。"

"乖儿子,亲爸爸一口,爸爸就给你买一个遥控飞机。"

"孩子,只要你吃饭,爸爸就带你去游乐场玩。"

"孩子,你只要考了满分,爸爸就带你去爬长城。"

……

很多爸爸都会用这种"哄骗"的方式来教育孩子。不可否认,这种教育方式确实有其一定的效果,孩子会因为一时诱惑而乖乖听话,但是从长远的角度来看,这种方式是弊大于利的。如果爸爸的这些承诺不能兑现,就会对孩子产生很多不良影响。

(1)丧失爸爸的威信。孩子会认为:我就算做到了,爸爸也不会履行诺言,我再也不相信爸爸的话了。

(2)打消孩子的积极性。孩子会认为:我考了满分,爸爸却不带我去爬长城,下次,我再也不学习了。

(3)扭曲孩子的人生观。孩子会认为:既然爸爸可以哄骗我,那么我也可以去哄骗其他人了。

所以,爸爸必须改变教育的观念,在任何时候都不能刻意哄骗孩子,而应该采取一些更积极、有效的方式来教育孩子。

1.哄骗不等于欺骗

八岁的小囡不喜欢吃饭,经常挑食厌食。爸爸对她说:"孩子,你知道吗? 圣诞老人正在看着你呢,只要你能好好吃饭,好好表现,他就会在圣诞节送给你一个精美的礼物。"

小囡听后,以后再也不挑食厌食了。并且,每年的冬天,她都会收到一份意外的礼物。

等小囡长大后,每当回忆起此事,她都会满怀感激地说:"我到现在才知道爸爸当时在哄骗我。不过,我不但不会怪爸爸,还会感激爸爸。因为爸爸并没有欺骗我,他不仅纠正了我挑食厌食的坏习惯,还让我从中学到了诚信。"

众所周知,谎言分为善意的谎言和恶意的谎言。殊不知,哄骗也分为善意的哄骗和善意的欺骗。两者虽然看似相似,但却有着本质的区别。

善意的哄骗是一个美丽、虚构的故事,它就像童话故事一样,让孩子更容易接受,进而达到教育的目的;而善意的欺骗就是失信于孩子,这样,孩子就会受其影响,渐渐地,诚信也就离他远去了。

因此,爸爸应对哄骗有一个正确的认识,不能把哄骗变成欺骗,否则就是对孩子的一种错误引导,扭曲了他的人生观。

2.转移孩子的注意力

也许很多爸爸会问:"孩子有时候确实太不听话了,既然不能哄骗孩子,又能怎么办呢?"其实,转移孩子的注意力就是一种很有效的方法。

六岁的胡爽经常看电视看得很晚。妈妈对他说:"孩子,只要你关了电视,妈妈明天就给你买一个鸡腿汉堡。"

胡爽马上就关了电视,第二天果然就吃到了汉堡。结果,每当胡爽要关电视时,都会问妈妈:"妈妈,我关了电视,有没有汉堡?"

爸爸发现要是再这样下去,胡爽就会越来越贪婪,长此以往,事态就会越来越严重。于是爸爸想出了一个办法。这天,爸爸对胡爽说:"孩子,你想不想听故事? 爸爸今天买了一本《一千零一夜》,只要你躺到床上,爸爸就给你讲故事听。"

胡爽很乐意地躺到了床上听爸爸讲故事。渐渐地,他也就不再喜欢看电视了。

胡爽看电视看得很晚,爸爸没有去哄骗他,而是把他的注意力从"看电视"转移到"听故事"上。这样,胡爽不仅逐渐改正了看电视看得很晚的坏习惯,还养成了提早睡觉的好习惯。

教子心得

孩子很容易就会喜欢、专注于某一种事物。当孩子专注的某种事物是不好的事物,或会对孩子产生不利的影响时,爸爸若能把孩子的注意力转移到好的事物上,孩子自然就会朝着正确的方向发展。

爸爸说脏话孩子也会学会的

一个孩子经常用脏话骂同学,老师感觉很奇怪:他这么小,怎么就知道说脏话呢? 于是,老师决定对这个孩子进行家访。

老师来到了同学的家里,家里就爸爸一个人在家。爸爸有很礼貌地说:"您好,老师! 您来了怎么也不打声招呼呢? 我好去接您呀。"

老师问:"先生,孩子的妈妈在吗?"

爸爸随口说道:"那个死婆子买菜去了。买个菜都磨磨蹭蹭的。"

老师终于知道孩子骂人的原因了。

很多爸爸在与孩子沟通时,尤其是批评孩子的过程中,总是有意或无意地说一些脏话。他们认为,偶尔说一些脏话没什么大不了的,孩子也不会太在意。其实这种想法是大错特错了。爸爸用脏话骂孩子,不仅会伤害孩子的心灵,而且潜移默化间,孩子也就会出口成"脏"了。

1.别让孩子沉浸在"伪侮辱"的快感中

儿童教育专家指出:当父母经常用脏话骂孩子时,孩子就会被父母所说的脏话所吸引,而忽略了父母生气的原因。当孩子知道父母所说的脏话带有侮辱性时,会沉浸于它所带来的"伪侮辱"的快感中,而想让孩子意识到脏话的危害,就很困难了。

法国浪漫主义作家雨果的《悲惨世界》中有一篇"黑话"的笔记。在笔记中,雨果坦言:"有些孩子,他们满口黑话,但却对其意义仅略知一二。等他们长大后,自然而然就会明白其含义,并如鱼得水地成为黑帮中的一员。"

可见,爸爸说脏话会对孩子产生多么恶劣的影响。因此,爸爸必须改掉这个坏毛病,不能用脏话骂孩子。

2.不断提高自身的素养

现实中,我们不难发现,那些素养比较高的人很少说脏话,而那些缺乏素养的人却经常脏话连篇。要想不说脏话,爸爸就须不断提升自己的文化水平和个人修养。例如,爸爸可以多阅读一些相关的书籍,多听一听家庭教育专家的讲座等。

3.尽量用友善的语言表达自己的情感

在平时的生活中,爸爸须不断克制自己,要用正确的态度处理与他人和孩子之间所发生的矛盾,并尽量用友善的语言来表达自己的情感与思想。这样,爸爸就可以有效减少说脏话的次数,而孩子也就逐渐学会了用文明礼貌语言来表达自己的内心感受。

例如,当爸爸跟孩子发生摩擦时,爸爸可以说:"孩子,爸爸很生气,你让爸爸单独待一会儿吧。"而不是:"小兔崽子,滚一边去。"

4.对孩子进行文明礼貌的教育

除了家庭因素的影响外,不良的学校环境、社会环境都会让孩子养成说脏话的坏毛病。例如,同学经常说脏话,一些打架斗殴的人所说的脏话等。这就需要爸爸对孩子进行文明礼貌的教育,使孩子认识到说脏话的危害,进而改掉这个坏毛病。

九岁的小洛经常说脏话,动不动就骂人。这天,爸爸给他讲了一个故事:一天,一个小孩找不到回家的路了,于是就向一位老爷爷问路:"老头,胜利街怎么走?"老爷爷理都没理他。后来,天快黑了,这个孩子仍没找到路,很害怕,就问:"老爷爷,胜利街怎么走呢? 我找不到回家的路了,请您告诉我吧。"老爷爷笑了笑,说:"你从这走……"

爸爸继续说:"这个故事告诉我们,如果你不懂文明礼貌,就算是问路这么一点小事都办不到的。那又如何做其他的事情呢?"

小洛低下了头。

除了给孩子讲故事外,还有很多方式可以对他进行文明礼貌的教育。例如,当孩子看到老人时,爸爸就应该让孩子叫"爷爷"或"奶奶";当孩子上公交车时,爸爸就应该让孩子给老人和孕妇让座等。

教子心得

在对孩子教育的过程中,爸爸的作用是潜移默化的,因此,爸爸的一些行为,孩子会在不知不觉中学会。所以,爸爸要注意自己的言行,不能给孩子起到坏榜样的作用。

让孩子做个不消极的人

"孩子,做人不能太善良,因为人善被人欺。你太善良了,就会被人欺负。"

"孩子,别人怎么对待你,你就怎么对待别人,以牙还牙,这样才不吃亏。"

"孩子,别傻了,你对别人太好,别人可不这么想,到时候吃亏的还是你自己。"

"孩子,多一事不如少一事。以后,你要少说话,少管别人的事。"

……

在很多家庭中,我们都会听到这些话语。其实,爸爸说这些话的初衷是好的,向孩子灌输一些"处世之道",以避免孩子吃亏。但是这种消极的情绪会很容易让孩子走上弯路,逐渐使他成为自私自利、冷漠、多疑的人。这样,孩子的天空就总是飘着一团乌云,遮盖住了世间很多美好的事物,对孩子的成长造成极为不利的影响。

所以,爸爸要向孩子灌输一些积极的思想,例如诚信、正直、关心他人等,使他走到充满光明与美好的人生大道上。

1.向孩子灌输积极的思想

十岁的小蕊今天过生日,她想把一些要好的朋友都叫到家里来。然而,当她请朋友冯云时,冯云根本不领情:"你过生日,叫我去干吗? 我对你的生日不感兴趣,请你不要再烦我了。"

小蕊感到受到了侮辱,打算要好好教训教训她。爸爸得知了这件事后,就对她说:"孩子,你教训了她,就能解决问题吗?就能挽回你的尊严吗?我觉得,你应该先了解一下,她为什么会那么对你,是不是有什么别的原因?"

小蕊觉得爸爸说得很有道理,于是就向冯云了解情况。原来冯云的爸爸和妈妈离婚了,这使她大受打击,所以才变得尖酸刻薄。小蕊知道整个事情后,不仅原谅了她,还对她更照顾了。后来,她们的关系越来越亲密,就像亲姐妹一样,无话不谈。

面对小蕊的报复心理,爸爸并没有纵容她,而是向她灌输正确、积极的思想,鼓励她去了解事情的真实情况。当小蕊知道了事情的原委后,不仅没有报复心理,反而引发了她对冯云的同情。这样,一场矛盾也就烟消云散了。

2. 不向孩子灌输消极思想

现实中,很多爸爸秉承着"人善被人欺,马善被人骑"的教育观念来教育孩子。他们认为:孩子不吃亏,就是保护自己的最好方法。在这种错误观念的引导下,利益原则就会取代道德原则,从而扭曲了他的人生观和价值观。

八岁的宋明哭着跑回家。爸爸问:"怎么了?"

宋明说:"我被同学欺负了。"

爸爸喊道:"你怎么这么懦弱?别人欺负你,你不会欺负他?打不过他,你就挠他、咬他!"说着就带着宋明,气冲冲地奔向学校找老师评理。

这位爸爸的做法不仅不能帮助孩子解决问题,还会给他灌输这样一种意识:以暴制暴,你暴力,我比你还暴力!你狠,我比你还狠!在这种错误观念的引导下,孩子的性格就会越来越暴躁,暴力倾向也就会越来越严重。

另外,还有很多爸爸认为:社会中本来就充斥着争权夺利、钩心斗角。所以,要从小培养孩子"防人之心不可无"的意识,以免以后吃亏。

一位爸爸经常这样教导六岁的孩子:"你要小心跟你经常玩的周刚,我听别人说,这个孩子行为不检点,经常偷别人的东西。还有,那个老来咱们家的李强,你也要小心,我看他也不是一个省油的灯,经常鬼鬼祟祟的。爸爸知道你为人善良,但是你要知道:防人之心不可无!只有时刻保持警惕,才能更好地保护自己!"

这个孩子听取了爸爸的意见,从此以后他对身边的每一位朋友都疑神疑鬼,不相信任何人,最终没有任何一个同学愿意接近他,他的性格也就变得越来越孤僻。

其实,这种做法的初衷是好的,但若引导不当,或者是孩子的心理年龄还不够成熟,就会使他内心善良的成分日渐减少,怀疑与孤僻的成分与日俱增,阻碍了孩子的正常成长。

3. 引导孩子换位思考

回到家,九岁的刘琴曼生气地对爸爸说:"周志阳太过分了,今天我大扫除,他故意绊倒我。不行,我一定也要找个机会,让他也摔一跤……"

爸爸打断她说:"同学绊倒你是他的不对,我想他已经有些后悔了,如果你再这么对付他,你想,他会不会也很难受呢?"

刘琴曼低头想了一会儿,说:"也是。那我明天跟他和好吧。"

爸爸不仅要做到不向孩子表现出消极情绪,还要学会纠正孩子所表现出来的消极思想。因为有时候,孩子会表现出一些负面的情绪,如报复同学、不帮助别人、故意为难同学等。此时,爸爸最有效的办法,就是让孩子学会换位思考,激发他的宽容心与同情心,进而化解孩子之间的矛盾与冲突。如,"如果你有困难,其他同学都不帮助你,你难道不会伤心吗?""如果你故意为难同学,他也会这样对付你的,你会高兴吗?"

教子心得

所以,当孩子存在消极情绪时,爸爸要做的不是置之不理,任孩子胡作非为,而是应该及时向孩子灌输积极的思想,把他的人生取向引导到正确的方向上来,让他逐渐养成通过正确的途径和方式达到自己目的的好习惯。

有火不要对孩子发

这天,爸爸跟妈妈吵完架,妈妈一气之下,回娘家去了。小特放学回到家,发现妈妈没在家,就问爸爸:"爸爸,妈妈去哪儿了?"

爸爸生气地说:"妈妈回你姥姥家了。你就知道妈妈,不知道爸爸是不是?怎么着,我给你做饭,你不吃咋的?"

吃饭时,爸爸余怒未消,看着小特大口吃饭的样子,就发火了:"看你那吃饭的德行!跟饿死鬼投胎似的!你跟你妈都是这副德行,一点也不让我省心。看什么看,说你不对吗?吃你的饭吧……"

在很多家庭中,这种把孩子当出气筒的现象屡见不鲜。由于家庭的不和谐或工作的不顺心,爸爸就会有意无意地拿孩子撒气。而孩子的第一反应是莫名其妙,这与爸爸平时对孩子关心有加的情况形成强烈的反差,使孩子感到异常委屈和痛苦,长此以往,就会给孩子造成以下不良后果:

给孩子造成心理问题,如思想偏激、孤僻、自卑;

孩子也不会控制自己的情绪,把同学、老师、父母当出气筒;

孩子认为爸爸蛮横不讲理,进而激化孩子的逆反情绪;

……

爸爸的这种做法不仅不利于孩子良好性格的形成,还会助长孩子的逆反心理,严重破坏亲子关系。因此,爸爸必须彻底改掉这个坏脾气,不要让孩子受到你恶劣情绪的影响,为孩子营造一个和谐、美满的家庭氛围,让孩子的身心得到健康的发展。

1.不要把坏情绪转嫁到孩子身上

一个女孩写了这样一篇日记:

我今年上初一了,我的爸爸和妈妈经常在家里吵架,并且经常吵着闹离婚。在我小的时候,家里总是充满了"火药味",尤其是爸爸的脾气特别暴躁,动不动就拿我撒气。虽然家里能遮风挡雨,但是我感受到的却是异常的寒冷。我真是越来越讨厌他们了!等我考上大学,我就离他们远远的,越远越好,只要不回到家就行!

对此,爸爸就要尽力避免夫妻之间的争斗,更不能把夫妻之间的怒气发泄到孩子身上。当然,夫妻之间的争吵并不是爸爸一个人的责任,还需要妈妈积极参与进来,以避免孩子受到不良家庭环境的影响。

2. 找一个合理的发泄渠道

随着社会竞争日益激烈,爸爸所承受的家庭压力和工作压力越来越大,导致爸爸的情绪越来越差,脾气越来越暴躁,需要释放掉这些坏情绪。否则,就会影响其生理和心理健康。但是,爸爸释放自己的坏情绪要找到一个合理的渠道,而孩子却不应成为爸爸宣泄坏情绪的渠道。

对此,爸爸可以借鉴以下一些发泄坏情绪的渠道:

古罗马人手里总是拿着一个特制的樽(古代饮器),生气时就把它打碎;

在日本人工作的地方会放一个泥塑人,供生气的人敲打;

俄国女皇叶卡捷琳娜·韦利卡娅愤怒时,就会喝一大口水,然后在房间里走来走去,直到怒气消散。

此外,还有很多方法可以发泄自己的坏情绪。例如:爸爸可以多做一些体育运动,如游泳、跑步、打羽毛球.还可以玩游戏,或者出去逛逛街.等等。

3. 及时求得孩子的谅解

小可的爸爸今天受到了领导批评,回家就对小可发泄。事后等爸爸平静下来,觉得自己刚才做得很不对,就向小可道歉:"对不起,是爸爸错了,爸爸不应该拿你出气。你不知道,今天我写错了一个工作报告,上级把我狠批了一顿。你说,爸爸都这么大的人了,被人批评肯定是不好受的。所以爸爸刚才对你态度不好,希望你理解爸爸。"

小可用小手摸着爸爸的脸说:"爸爸,我理解你。我也知道爸爸压力大。这样吧,爸爸以后如果有什么不开心的事,可以跟我说说,这样你就会好受一些了,也就不会再拿我出气了。"

教子心得

如果把夫妻之间的怒气转嫁到孩子身上,不仅会给孩子造成严重的伤害,还会破坏亲子之间的和谐关系。所以,爸爸要用真正的爱去体贴、爱护孩子,而不是把孩子当出气筒。

第四章
好爸爸注意教育孩子的方式

不要培养"乖"孩子

在中国家族教育里,孩子按着家长的意思做好事情后,父母总会轻摸着孩子的脑袋说"你真乖",或是在孩子犯错误的时候跟上一句"你不乖"。于是"乖"成了教育标杆,每个"好孩子"都会被强戴上这样一个"乖"的面具。培养一个顺从、听话的孩子很容易,可是爸爸要想清楚,百依百顺、言听计从的孩子真的是你想要的吗?也许,这样的孩子在小的时候很好管教,爸爸妈妈不需要操心。可是,与此同时,孩子的思维模式停在了"乖""听话"的上面,从而遇事不用想,日子久了,自然失去了创造力。得此失彼,爸爸们,这笔账合算吗?

冬冬马上要考中学了,可是爸爸怎么也没有想到,自己的"乖"孩子在关键的时候居然不听话了。无论鼓励还是打骂,他都一反常态地坚持与家人对抗。冬冬是爸爸妈妈心中的乖孩子,一向是爸爸怎么说,他就怎么做,从来都很听话。爸爸希望冬冬能考一个好学校,所以对他的学习要求十分严格,冬冬倒也是不反抗,默默地接受着。可是,后来有一天,冬冬却说什么也不去上学了,把自己锁在房间里,不吃也不喝,怎么说、怎么骂、怎么劝都不管用。没有办法,爸爸只好找来一个学心理学的朋友假装到家里做客,想从孩子的嘴里得出点什么。

后来才知道,原来冬冬是在班级里打架了。据冬冬说,自己很乖,但是却乖得很痛苦。

"爸爸总是让我做我不喜欢的事情,我做了,可是每做一件我就会讨厌一件。我觉得自己已经不是自己了。"冬冬这样说。

经过交流,爸爸的朋友诊断说冬冬已经出现了焦虑症,希望孩子的爸爸妈妈不要只要求孩子"乖",而是要留给他一份自己的空间。得知了孩子的情况,爸爸的态度软了下来。但是冬冬卸下乖的面具就像是变成了另外一个人,他变得跋扈起来,情绪一不好就对着爸爸妈妈大声呵斥。面对这些事情,爸爸简直不敢相信自己所看到的还是那个曾经听话的孩子。

孩子生下来就是一个独立体,爸爸不要让他们自小就失去了选择自己成长的权利。一只困在牢笼里的鸟儿,要么就会一辈子规规矩矩、毫无想法地生活在笼子里;要么,有一天飞上蓝天想去体会自由的时候,却发现自己已经无法单独生存。乖孩子就像这只可怜的小鸟,他生活在一个父母为他建立的"要乖""要听话"的笼子里,不知不觉中养成了顺从和听话的习惯,等长大了,失去了父母的庇护就很难独立,缺少自信。更可怕的是,本应该属于他们的财富之———"创造力",在他们很小的时候就被父母剥夺了,想一想,他们拿什么本领去面对这个竞争如此激烈的社会,难道是可笑的"乖"吗?

爸爸,你要克制在家里对孩子说"真是乖孩子!"的做法,因为"听话"从来就不是孩子的一个优点,当孩子有不同的意见或是逆于父母的行为时,请不要习惯式地以高压政策来达到自己的理想目的。而是要让孩子表达出来,爸爸要耐下性子听听孩子的想法。如果孩子错了,你要以平和的方法让他能够理解;如果孩子对了,你也不妨虚下心来看一看孩子怎样做。爸爸不能跟随孩子一辈子,既然如此,倒不如把"养乖"的精力投入到孩子独立人格的形成上去,让孩子感到他是自己的主人。

教子心得

孩子不是玩具,并不是你想要哪种就到商店去挑哪种。他们生下来的时候都是在一条起跑线上,孩子成长得如何,就要看父母如何去教了。爸爸不要觉得孩子"乖"、省心就是一件好事情。如果孩子无止境地"乖"下去,他能做的就只剩下去等待社会的淘汰了。当然,这也是爸爸最不想见到的结果。

让孩子参与进来

爸爸的角色对于孩子来说,保护的意味总会强一些。当然做父母的都想呵护孩子一辈子,但是,我们都明白这是不可能的。孩子总有一天会自己飞上高空,所以爸爸要学着去放手。这种放手并不是等待他长大了,一下子就放了,而是在孩子很小的时候,就要培养他独立的精神。在生活中,有很多爸爸觉得孩子总是给自己帮倒忙,所以,当他们不想让孩子参与其中的时候,总会严肃地说上一句:"不关你的事,一边玩去。"一次又一次,日子久了,孩子想去"帮助"的这种积极性就会自动的隐身。你做事或是遇到麻烦的时候,他再不会像从前一样积极地想去帮忙。也许爸爸会想,这样也好,省得帮了倒忙。可是,重要的是,当孩子的这种积极性被打消之后,在他们大一点的时候,可以帮助你的时候,却早已经习惯了爸爸的那句"不关你的事,一边玩去"。爸爸遇到麻烦的时候,孩子很可能早已经被你塑造成只是看而不帮忙的旁观者。

天天在阳台上看见爸爸和妈妈拎了菜回来,兴冲冲地跑了出去,抢着帮爸爸妈妈拎东西。当天天像小男子汉一样挑了一个最重的要帮爸爸拿时,爸爸却说:"去去去去,别捣乱,你太小了,拎不动!"

"爸爸,我能拎动,我有劲儿!"天天自信地说。

"都说你抬不动了,别在这里捣蛋,这里不关你的事了,一边玩去!"爸爸说道。

天天噘着小嘴走开了。

在爸爸这句话中,又过了三年。这三年里,每次爸爸做些什么,天天只要一过来提出帮忙,爸爸总会不耐烦地说:"不关你的事,一边玩去!"

渐渐地,孩子失去了原有的积极性。

快过年了,爸爸买了好多年货,快走到家的时候,东西撒了一地。爸爸手忙脚乱的,顾上这顾不上那。正在他着急的时候,抬头发现儿子居然趴在阳台上看着这一切,却丝毫没有要帮忙的意思。爸爸很生气,把东西拿到屋里后,把儿子叫了过来:"天天,你没看见刚才爸爸在楼下把东西撒了吗?"

"我看见了呀!"儿子不以为然地回答。

"那你为什么不去帮忙?"爸爸有些气恼地问。

"帮忙?我以为爸爸不用我呢。"天天回答。

"什么叫不用你,没看爸爸拎不动了吗?"爸爸又问。

"我去了有什么用,我又拎不了什么。"天天毫不上心地说。

"你这孩子怎么这样!"爸爸很生气。

"爸爸,我不想去,去了,你也会说:'不关你的事,一边玩去!'那我为什么还要白跑一趟呢?"儿子问。

爸爸……

事实就是如此。孩子就是大人怎么教,他就怎么长。爸爸不要肆意地打消孩子的积极性,而是要鼓励他、挑战他不能做的事。也许,这一次会失败会给你造成困扰,可是孩子的积极性却在其中得到了培养。在学习、生活中也是一样,孩子只要有了积极性,那么他的其他特质比如说快乐、自信都会随之而来。这样的孩子在面对困难时,往往不会退缩,而是尽力为之。那么,你的孩子有"积极"的这种潜质,爸爸为什么不去挖掘而是要打压呢,那岂不是太不明智了吗?

教子心得

孩子想来帮你的时候,绝不是成心捣乱。所以,爸爸最好让孩子多试试,这样不仅可以在无形中培养孩子的积极性,也可以让他成为一个懂得帮助他人的好孩子。爸爸请把"不关你事,一边玩去!"这样打压孩子积极性的话去掉吧,让你的孩子像阳光雨露中的花朵一样,积极向上地健康成长吧!

杜绝家庭暴力

在我国,自古就有"不打不成才"的古训。但事实上,家庭暴力给孩子带来的不仅仅是皮肉之苦,更多的是心灵的创伤和行为的扭曲。而家庭暴力不仅指打骂孩子,其实恐吓孩子也是不容忽视的暴力之一。

一天晚饭后,屋里太闷了,苏先生一家在阳台上纳凉。忽然,听到楼下一位爸爸在大声地打骂孩子,而孩子也一直在大声地哭泣。循声望去,只见楼下草地上一位爸爸在打一个六岁左右的小男孩,嘴里还不停地骂道:"我让你不听话,都跟你说过几次了还是不听。"估计小男孩做错了什么事情或不听话惹恼了爸爸。

爸爸一边打一边骂,可不管爸爸怎么打小男孩,小男孩始终紧紧拽住爸爸的衣服哭喊着:"爸爸不要打了!"但是爸爸没有住手的意思,说:"我现在不要你了,你自己看着办吧!"扔下小男孩后爸爸转身想回家。只见小男孩不顾身上的伤痛爬起来就追爸爸,追到后扯住爸爸的衣服哭着求饶:"爸爸,我也要回家。"可是爸爸并没有理会,再次把小男孩推向草地,如此动作重复了四次,最后孩子跟着爸爸回了家。

恐吓和打骂实际上是一种精神暴力,是以镇压为手段,达到控制孩子的目的。没有人喜欢被镇压。因为如果被恐吓、被威胁,内心会充满愤怒,会有一种反抗的欲望,即使暂时慑服于恐吓者的威压,也只会被动地服从,不会主动、愉快地完成指令,更不可能创造性地把事情做好。己所不欲,勿施于人,做爸爸的都讨厌被控制、被恐吓,何况孩子呢?

经常恐吓孩子、打孩子的后果是可怕的,调查显示经常挨打的孩子可能染上这些毛病:

(1)说谎:有的家长一旦发现孩子做错事就"打",孩子为了避免遭受"皮肉之苦",能瞒得过就瞒,能骗得过就骗。这样孩子就慢慢养成了说谎的恶习。

（2）懦弱：如果孩子经常挨打，时间一长，见到家长就会感到害怕、不敢接近。因此，不管爸爸要他做什么，不管爸爸所说的是对是错，他都会乖乖服从。在这种"绝对服从"的环境下成长的孩子，常常容易自卑、懦弱。

（3）孤独：经常挨打的孩子，会感到孤独无援，尤其是爸爸当众打孩子，会使孩子的自尊心受到伤害，从而使孩子怀疑自己的能力，会感觉低人一等，于是变得比较压抑、沉默。

（4）固执：爸爸动不动就打孩子，会损害孩子的自尊心，使他们产生对立情绪、逆反心理。于是，有的孩子故意捣乱，以示反抗。你要东他偏要西，有错不承认，甚至用逃学、离家出走来与爸爸对抗，变得越来越固执。

不用暴力就能解决问题，爸爸们可以参考以下方法：

1.直接讲出孩子某些行为的危害

生活中，有些孩子调皮好动，喜欢冒险，总让爸爸非常担心。有些爸爸希望孩子听话一点，乖一点，喜欢用恐吓孩子的办法来吓唬孩子："你再这样我就叫大灰狼来把你吃掉。""你再不听话我就叫警察叔叔把你抓起来。""你要是再这样，我就不要你了。"这些话给孩子造成了极大的不安全感，孩子会变得焦虑，很容易导致孩子产生心理问题。

明智的爸爸不会无缘无故地恐吓孩子，而是跟孩子讲明道理，比如孩子调皮，正准备攀爬围墙，爸爸就告诉他："小家伙，爬围墙是很危险的，如果不小心掉下来，会把胳膊或腿摔伤的，你要考虑后果呀！"让孩子认识到后果，孩子可能就会收敛自己的行为。

2.让孩子为自己的行为负责

如果爸爸给孩子讲明道理后，孩子依然我行我素，结果真的不慎摔下了围墙，爸爸不要发脾气，而应该对孩子说："怎么样，以后听爸爸的话吗？"如果孩子调皮，把别人的玻璃砸坏了，爸爸不要对孩子发火，而应该让孩子为自己的行为负责，让孩子用零花钱来赔偿别人的损失。有了一两次这样的经历，孩子做事的时候就会沉稳许多，他会去考虑后果，而不再那么鲁莽、轻率。

3.试着去理解孩子的感受

当孩子做错事，当你准备恐吓、打骂孩子的时候，试着想想孩子的感受。比如，假如你是孩子，你被爸爸威胁、恐吓时，心里会有什么感受？有了这种换位思考，你就可能做出理智的行为，而不是通过恐吓、打骂孩子来出气。

教子心得

孩子是不能被恐吓、打骂的，否则会给孩子生理上和心理上带来双重伤害。教育孩子需要爱心和耐心，当孩子犯错的时候，爸爸要对孩子表现出关爱，和孩子心平气和地沟通。

民主地对待孩子

家庭气氛就像我们赖以生存的阳光、空气，无时无刻不在影响着孩子的身心健康和智力发展。有的家庭一切都是父亲说了算，孩子没有和父亲讨论的余地，生长在这类专制家庭里的孩子，往往不能友好地和他人相处，情绪不稳定，胆小，没主见，缺乏独立性。而生活在民主家庭里的孩子则善于和同伴友好相处，他们天真，关心别人，情绪稳定，独立思考能力比较强，智力发展好。所以，爸爸们要努力创造民主的家庭环境。

一天早上，准备吃早饭了，乐乐忽然拿出一瓶可乐对父亲说："爸爸请你帮我把盖子打开好吗?"面对儿子这么有礼貌的请求,爸爸摸摸他的头说:"哦,可以的,儿子。你只是让我打开对吗? 但你会等到吃完饭再喝的,是不是?"乐乐看着爸爸,用力地点点头。当爸爸帮他打开后,乐乐只是闻了闻,然后又盖好了,轻轻地放到桌子上。

乐乐胃口一直不是很好,有时候父母总想让他多吃点,可是他看到饭就皱起眉头,对母亲说:"妈妈,我吃不了这么多。我真的吃不下的。"妈妈就同意把他碗里的饭去掉一点,当着乐乐的面把饭往自己的碗里拨一点,其实只倒出来一点,然后妈妈会问他:"你看,去掉了这么多了,行吗?"乐乐就高兴地回答:"行,我现在就能吃完了。"果然,乐乐把碗里的饭全吃完了。

有时候乐乐在画画,或者搭积木时,爸爸叫他吃饭,或者做别的事,乐乐就会很不情愿。这时爸爸会和孩子商量:"儿子,再过 5 分钟你就要停下来了,我们要出去了。"

儿子也会说出自己的要求:"等我把这个小兔子画好,行吗?"

"当然,但你要抓紧时间。"

爸爸通过协商的办法,使儿子很听话。"我想,只要我跟儿子讲民主,给孩子一个民主的氛围,他也会是个讲民主、懂道理的人。"爸爸说。

民主的家庭氛围是畅所欲言的最好环境,身为父亲,应当关注孩子的精神世界,给孩子宽松的成长环境。在家里,如果有什么事情你能和妻子、孩子一起商量,允许孩子发表意见;在请求妻子、孩子做事的时候,把"你做"换成"我想请你做";在与妻子、孩子说话的时候,认真地看着对方的眼睛,倾听他们的说话。拥有这种气氛的家庭,孩子及父母可以学会如何巧妙地将自己的主张传达给对方。

民主气氛对孩子是很重要的,研究表明,民主的家庭气氛会让孩子天然好奇心得到延续,影响其探究精神。民主氛围还能使家庭生活愉快,可增进全家人的身心健康,促进孩子健康成长。但是,创造民主的氛围并不是一件容易的事情,这需要全体家庭成员的一致努力,特别是离不开父母的努力。

1. 不要滥施家长权威

很多父亲认为自己是一家之主,喜欢用命令的口气叫孩子做这做那,要求孩子无条件服从;决定一件事情的时候,不考虑家人的意见,当家人提出建议和想法时,他们会用"不行""你不懂"等词来回击。总而言之,就是滥用家长权威,不尊重别人发表意见的权力。

要知道,这样做会使孩子从小习惯于服从,没有积极思考、发表意见的意识。当孩子需要做决定的时候,他会表现的没有主见、没有自信;当孩子离开父母后,他会没有安全感,没有独立生活的能力。所以说,若想让孩子自信、独立、有主见,父亲就不能滥用权威,而要给孩子发表意见和想法的机会。

2. 爸爸要信任自己的孩子

有些爸爸对孩子缺乏信任,喜欢无端地下结论。如果听说自己的孩子打人了,或是拿别人的东西了,他们就会信以为真,并批评孩子,而不给孩子讲述事情的前因后果的机会。这就使孩子感觉非常委屈,慢慢地和爸爸疏远,变得不信任别人,不愿说真话。所以,爸爸要充分信任孩子,当孩子做错事了,要给孩子表达的机会;当家里做决定的时候,要给孩子发表意见的机会,相信孩子能够提出有用的建议,这样孩子就会更积极地思考、发表意见。

3. 学会和孩子商量

有事要和家人商量,生活上相互关心、体谅,而不是相互责怪或挑剔。特别是父亲,不要以为自己是一家之长,什么事情都自己说了算,对妻儿子女挑剔,这种霸道的做法,很容易使家庭气氛紧张、压抑,孩子也愉快不起来。

4. 父亲要对孩子表示尊重、以礼相待

没有尊重，就无法谈论民主，想要营造一个民主的家庭氛围，爸爸要学会对孩子以礼相待，特别是讲话时要对孩子表示尊重和礼貌，这样孩子才愿意和你沟通。

5. 对孩子要求严格，但不能随意体罚孩子

民主家庭里的父亲是不会轻易体罚孩子的，因为那种做法是根本体现不出民主，父亲可以对孩子要求严格，但是在有些事情还应尊重孩子的意愿和想法，当孩子不同意你的决定时，你应该想办法说服孩子，而不是强迫孩子接受你的决定。

6. 定期召开家庭民主生活会，开展批评与自我批评

保持定期召开家庭会议的习惯，为大家互相交流提供了一个良好的平台。在会议上，爸爸要鼓励孩子说实话，比如指出家里哪个人的不良习惯，"举报"某个人干的"坏事"，然后大家对他进行批评和教育，同时爸爸还要和孩子开展自我批评，这样便于不断进步。

教子心得

家庭有了民主，孩子才能畅所欲言，才会不懂就问，不满就说。这对培养孩子的好奇心和公正的品质很有帮助，这样才能为孩子创造一个温馨、快乐的学习和成长环境。

教孩子去赞扬别人

赞美和欣赏都是一种积极的情绪。它不仅会为别人带来一份好心情，也是提高孩子情商水平的一种方法。然而，现在的孩子大多都不会欣赏，但他们却对别人的缺点很感兴趣，当某同学的一个缺点被孩子发现的时候，他总喜欢在这个同学的背后指指点点，甚至公然给该同学起外号。有的爸爸认为这是孩子行为，不足为怪。但是，爸爸要意识到，孩子的这个缺点，很有可能成为他完善自身人格的一大绊脚石。为什么现在大多的孩子都不会赞美呢？古人曾经说过，"见贤思齐"，如果孩子缺乏发现别人优点的能力，他怎么会进步呢？每个人都有优点，无论是朋友还是竞争对手，爸爸要引导孩子看到别人的闪光点，学会反省自己，从而取得更大的进步。孩子是否懂得去欣赏和赞美别人，只要爸爸在生活中留心，就会发现端倪。孩子总是抱怨哪个朋友不好，老师讲得太差劲或是谁爱打小报告，谁总是上课说话等。在孩子的嘴里说出的都是别人的缺点，那么你的孩子多半不会去欣赏和赞扬别人的优点。那么孩子为什么只会看到别人的缺点呢？

1. 孩子心里的"小算盘"

在家得宠的小皇帝、小公主们，在学校如果受到了忽略，自然就会感到心理不平衡。所以，当老师对哪个学习成绩优秀的孩子偏爱的时候，这种不平衡就会在孩子的心里加剧，因此，老师再好，孩子也是看不到的，他自私的想法已经在无形中左右了他的观点。所以，这样的孩子一般就不会去欣赏和赞扬别人。

2. 欣赏对象不被信服

在孩子的心里也是有好坏之分的。他们思考问题不像成人想得那么复杂，大人们一般辨别是非的能力比较强，如果一个人是坏人，他却做过善良的事，大人可以发自内心地欣赏和赞扬他阳光的一面。可是孩子却不一样，如果被观察的对象有一方面是坏的，那么即使你其他地方做得再好也无济于事。

怎样让孩子学会欣赏别人呢？

1. 注重培养孩子优良的品格

要让孩子懂得尊重。只有这样,他们才会从关心他人的角度出发,从而看到别人的优点。不仅如此,爸爸还要让孩子知道,他正确地给予别人欣赏和赞扬会让他人感到阳光般的温暖。这种做法会让许多人感到快乐。但是,爸爸也要强调欣赏与赞扬并不是阿谀奉承。前者是一种让人赞美的品格,后者则是使人作呕的不良行为。

2. 赞美的具体方法

肯定别人的做法或是长处,告诉他,这很值得他人去欣赏和赞扬。而后,为表自己的真心,可以有意地重复一次赞扬的内容。这样不仅会让听者觉得舒心,也能起到激励的作用。

让孩子学会欣赏和赞扬别人,将成为他一生中拥有的最重要的能力之一。会欣赏和赞美他人的人,在学习时容易得到老师和同学的喜爱,在长大后工作时容易获得领导和同事的尊重。

教子心得

欣赏和赞扬别人,是对别人价值的一种肯定,也是尊重他人的一种形式。孩子生活在爱的世界,欣赏与赞扬就像是给予他人的鲜花,虽然鲜花移置他人之手,但是孩子的手中也会留有淡淡的香气。欣赏和赞扬不是目的,学习别人的优点才是孩子最应该做的事情。

尊重孩子的隐私

有些父亲理直气壮地认为:我是孩子的爸爸,我就有权知道孩子的一切,孩子就不该对我隐瞒什么。因此,偷看孩子日记、私拆信件、监听电话、查上网记录、盘问孩子与同伴(特别是异性同伴)的交往情况等等,此类现象每天都在发生。

宋巧在爸爸妈妈眼里一直都是个乖孩子,但一个偶然的机会,爸爸惊讶地发现,宋巧竟然藏着许多秘密。

一个周末下午,宋巧出去玩忘记关自己卧室的门,爸爸路过宋巧的卧室门口发现屋内的墙上新贴了很多时尚的明星照片,于是进去看了看。接着,爸爸发现了宋巧遗忘在床上的抽屉钥匙,平时女儿总是把这个钥匙随身带着。爸爸犹豫了几秒钟,终于忍不住好奇,打开了抽屉。抽屉里的东西把爸爸吓了一跳——全是歌星、影星的大头像,同学们送的生日卡片、崭新的 CD……爸爸越看越惊讶。在他看来,一个十来岁的女孩应该将学习放在首要位置。晚上女儿回来后,爸爸生气地责怪宋巧。没想到宋巧得知爸爸偷看了自己的隐私后非常气愤,和爸爸大吵起来。

事后,宋巧给爸爸写了一封信,她说:"如果说孩子没有隐私,那绝对是错误的!每个孩子都有一片属于自己的天空,请大人尊重孩子的隐私,请爸爸还我一片自己的天空。"爸爸看了女儿的信后,知道自己做错了,于是进行了自我检讨。

许多爸爸都认为孩子并没有秘密可言,更没有什么不能让父母知道的。教育专家指出,拥有秘密对于孩子的成长具有极其重要的作用。对个人来说,秘密往往与责任紧密相连,并且要独立承担责任。从这个意义上说,没有秘密的孩子是长不大的,有远见的爸爸应当允许孩子拥有自己的秘密。

爸爸应该明白,当孩子不想让你知道某些事情时,没有必要刻意追问,更不能想方设法偷偷打听、窥视。爸爸应该对孩子表示信任,当孩子感觉到爸爸的坦荡之后,自然会受到感染,也会坦荡起来,从而以一个真实的自己出现在爸爸面前。因为他们相信爸爸会尊重自己,他们就会把自己的想法告诉爸爸。

1. 要尊重孩子的隐私

孩子也有隐私权,作为父亲,没有权利剥夺孩子的隐私权。孩子也有秘密,不想说出来的秘密,作为父亲,没有理由去偷听、窥视、监视,否则就会伤害孩子。了解了这些之后,父亲就应该明白,尊重孩子的隐私有多么重要。在家庭教育中,父亲应该以民主、协商的方式对待孩子,而不是强制和命令。

2. 如果孩子固执保守,父亲要一如往昔

如果孩子有秘密又不告诉家长,而家长已经察觉孩子有所隐瞒,这就表明孩子希望把秘密藏在心底,希望凭借自己的力量去处理,不想让父母插手;也可能这个秘密与孩子的自尊有着莫大的关系,他不愿被其他任何人发现或洞悉。这时候,你没必要缠着孩子穷追猛打,也不该一个劲给孩子脸色,不妨收起好奇心,一如往昔陪伴在孩子身边。孩子拒绝和你分享自己的秘密,并不是背叛的表现,而是自我成长的表现。

3. 如果孩子主动与你分享秘密,请守护珍惜

当孩子大方地把自己内心的苦恼、困惑告诉爸爸,并期待有所回应时,你应该感到无比的幸福与感动。应该说这是孩子送给你的一份珍贵的礼物,寄托了孩子最强烈的热爱、信任和依赖。所以,你应该站在孩子的立场上体谅孩子的心情,并做出认真、积极的反应,让孩子深深感受到你对他的理解、认同与肯定。千万不要嘲笑或不屑一顾地对待孩子,甚至把孩子的秘密当作谈话的笑料宣扬出去,这样做会毁掉你和孩子深厚的感情,还会给孩子造成难以言喻的创伤。

4. 如果孩子欲言又止,爸爸应该启发引导他

有时候孩子想把心事告诉家长,但又有所顾虑,缺乏吐露的勇气,这说明那个秘密对孩子来说过于沉重。这时候爸爸应该表明自己的态度,让孩子卸下沉重的思想包袱,大胆地说出他的秘密。在这种情况下,爸爸耐心的态度、呵护的动作、温柔的话语、坚定的目光、期待的眼神都能给孩子讲出秘密的勇气。如果孩子还没有勇气说出自己的秘密,爸爸可以试着把自己的秘密拿出来和孩子分享,这样就很容易拉近你与孩子的距离。

教子心得

孩子有秘密是正常的,家长不要疑神疑鬼、做漫无边际的猜测,更不要"窃取"孩子的秘密。只要你平时多和孩子沟通,保持心与心的交流,相信孩子是不会藏着具有危害性的秘密的。

别让孩子恨你

一位中学生的宣言:

> 为了生命至高无上的尊严,我特别希望在父母申请生育之前,要接受相关部门进行的家庭教育,掌握一些科学的教子观念。如果你不爱孩子或者你不会爱孩子请不要给予他们生的权利。以免,自己费尽辛苦地把孩子养大,却只得到一个恨你入骨的人。

这是一个上中学的孩子留下的话。作为一个孩子,在成长的历程中究竟厌恶过多少人,憎恨过多少人,也许连他自己都不知道。因为与这些人无论有多大的瓜葛最终都只会成为他们生命中的一个过客。唯有父母,爱他们胜过爱自己的父母,如果最终换来的不是孩子的感恩,而是

最大程度的"恨",想来是一件多么可笑而又可悲的事情啊。

被孩子极度地憎恨,是身为父母最大的困惑。自己把所有的爱都给予了孩子,但是结果换来的只是心碎。在现代家庭中,这样的事情绝不占少数。而作为家庭中绝对的权威者"爸爸"一定要学会拿捏好自己的权杖,让孩子在严肃中感觉到爸爸那份沉甸甸的爱。切莫让自己男性威严给孩子造成恐惧,从而害怕堆积成反抗,反抗变质为仇恨。

乐乐是个漂亮的女孩,活泼开朗,小时候和爸爸的关系特别好。可是,这一切从乐乐上初中后开始发生了改变。女孩子上了初中,随着身体的发育,和异性的关系也变得微妙了。这时,爸爸也对她的管教也严厉起来。特别是乐乐的交往问题,爸爸更是管东管西。一旦家里的电话有男同学找乐乐的,爸爸一定都会亲自过问,并且把男同学的名字、学习情况都问得一清二楚。开始的时候,乐乐只觉得爸爸很烦,反对无效后便也接受了。可是这种做法一传十、十传百,不久,班上的同学都知道乐乐有个"阎王爸"。男生也经常在她面前取笑她:"阎王爸,阎王爸,乐乐,谁敢往你家打电话啊? 那简直是三堂会审,你爸比阎王还阎王呢! 哈哈!"乐乐的脸憋得通红。

回到家,乐乐再也不和爸爸主动说话了。一次,爸爸又问起学校的事儿,乐乐突然把筷子摔在地上大声地喊:"我的事,你以后少问!"

爸爸愣了一下,随后大怒,上来就给了乐乐一巴掌:"你还翅膀硬了呢,现在就管不了你了!"乐乐捂着脸,恨恨地瞪着爸爸一言不发。妈妈忙把乐乐拉进屋里,战火才算平息。

从此以后,乐乐在家里总是一言不发。越看到女儿这样,爸爸越生气,甚至变本加厉起来。为了不影响乐乐的学习,爸爸无论多忙都准时接女儿放学,一是怕女儿和同学在路上玩耍耽误学习的时间;二是可以防止女儿交上不好的朋友。可是女儿却毫不领情,甚至很厌恶和爸爸走在一起。后来,乐乐常把自己关在屋子里,出来倒水看见爸爸也像是没看见一样。如果乐乐要出去玩,爸爸反对之词刚一出,乐乐就像是早就准备好要打架的小母鸡一样,暴跳如雷,甚至说:"再打我啊,打死我就好了,打死我就让你怎么说怎么是了! 反正我早就受够了!"面对女儿的这种态度,爸爸十分不解,难道打了一次就打出仇了吗? 女儿为什么对自己那么厌恶、那么恨?

爸爸们站在"施教者"的位置上,总觉得孩子小,自制力弱,路是不会自己走直的,所以要认真管教。特别是孩子大了,更要正其根本。实际上,爸爸的想法并没有错。可是随着孩子的长大,他们的思想、人际关系都会随之发生改变。在学校他们更注重于老师和同学对自己的看法,以及对待自己的目光。特别是爸爸在这方面对女孩子格外注意。女孩子天生好面子,较男孩子而言更期待得到尊重。她们心思细腻,爸爸最好不要使用武力,因为这是在她们心里很难被消化的事实。而且,不要过多地参与孩子的交友情况,男孩与女孩参加集体活动是一件十分正常的事,千万不可小题大做,男孩有男孩的圈子,女孩有女孩的圈子,彼此互相独立,毫无交集,对于现代教育是不现实的。爸爸们对于正常的交往不应给予干涉,而对于那种建立了更亲近的友谊,甚至愿意脱离群体活动,而成双成对的交往,才应该引起家长的重视。

教子心得

爸爸不要以为自己是大人就什么都是对的,"棍棒底下出孝子""骂你、打你是因为爱你"等老一套不能再用在孩子身上了。虽然"严"也是一种爱,可是这并不意味着以爱的名义就可以对孩子施以强制性的控制。爱与恨有时只在一瞬间,别等孩子对你厌恶,对你恨之入骨的时候,你才去觉醒,那时一切就已经晚了。

不要轻易打孩子

每一个孩子都渴望鲜花和奖章，每一个孩子都希望父母成为自己最知心的朋友。代沟，并不是家长和孩子之间的深涧，心灵的距离才是对彼此最大的伤害。孩子的心生得脆弱，未经过风雨，还不懂得如何将难于消融的事实淡化。由于无法承受，他们只好把这些转化成怒气甚至是暴戾。当孩子在爸爸的面前破口大骂让你震惊时，当孩子高举着家里的电器狠狠地摔碎时，当孩子指着你的鼻子说要恨你一辈子时，为人之父，你会怎么做呢？抽出皮带狠狠地打他一顿，让他对你恨上加恨吗？打他两个耳光，大骂一句"逆子"而后对他再也不闻不问吗？还是把他赶出家门让他自生自灭呢……别再骗自己了，这些都不是爸爸最想做的，他们此时只想让老天还他们一个好孩子……

王威的个子在近几年里飞快地增长，差不多要和爸爸一样高了，嘴边上还长了许多浅浅的胡子。随着孩子的长大，问题也来了。邻居经常向爸爸报告谁家谁家的孩子又被王威打了；老师的电话也总会在放学后尾随而来，大意也是儿子的打架问题。爸爸很奇怪，外人是不是搞错了，儿子平时一向在家很听话。然而，令爸爸想不到的事，一件接一件地来了。

这天早上，一家三口在一起吃饭，出门的时候，王威只穿了校服。妈妈随意地说："把棉服穿上，今天有雪！"王威含糊地说着不冷之类的词。

爸爸看见儿子的态度，怒气顿生："不穿就哪儿也别去了，惯得你！"

"凭什么听你的，你长得特别啊！"王威小声地嘀咕着。

"因为，我是你爸！"

王威啪地把书包一扔，转身回房并愤愤地扔下一句话："不去就不去，这学反正我也早上够了！"

爸爸面对儿子的突然反抗竟不知如何反应。儿子屋子里传来了咒骂声，爸爸像一只喷火的狮子，闯进儿子的房间，入眼的是满地的被褥。

"啪"，爸爸上去狠狠地打了儿子一个耳光，厉声呵斥："你再骂一句，真反了你了！"王威被突如其来的耳光打得愣了，随后就像是发了疯一样，把屋里可摔的，台灯、电话都狠狠地摔在了地上，然后看着爸爸，冷冷的，牙齿咬得咯咯作响……爸爸第一次因为儿子的眼神而打了一个冷战！

从那以后，一向温顺的王威每次对什么事情稍有不满就会用摔东西泄愤。后来爸爸咨询了心理专家，专家的建议是："不要刺激孩子，孩子的心理压力太大了。"儿子成了家里的雷区，妈妈关心他的学习问上几句，他就会阴着脸，一个不高兴就会摔东西，小到一本书，大到家电，什么都敢砸。有一次，在这种情况下，爸爸又没有忍住，把儿子打了一顿。儿子居然跳起来，开始还手，一个十八岁的小伙子，也是很有劲儿的了，险些把爸爸推倒！教训非但没有收到成效，王威反而变本加厉了。

期末考试成绩下来了，王威的数学考了倒数第一。爸爸气得把成绩单摔在他的脸上，大声地说："我辛辛苦苦供你上学，你就拿这个回报我，再这样下去，干脆别读了。"

儿子听后，气愤地把眼前的饭桌一下掀翻了："我不上学了，反正我也不想上学了！"妈妈的眼睛红了，爸爸也惊呆了，"这还是我们的儿子吗？"第二天，爸爸只当前天晚上是孩子的气话，敲他的门让他去上学。只听王威在里面说："我才不去学校呢！"孩子辍学了，爸爸反思自己的教育过程，难道自己爱儿子，教育他也有错吗？

爱,本身没有错的。天下也没有坏孩子,当孩子表现出一些与平时迥然不同的行为时,爸爸一定要压住自己的火气,如果大人都失去了冷静,又怎么能指望孩子的心平气和呢?要做成功的父母,只有爱是不够的。爸爸要做到粗中有细,不要轻易出"手"打掉孩子想把心事告诉你的意念,看到孩子流泪时,要设身处地地为他想一想,深入到他的情绪去理解他的悲伤;当孩子生气、表示不满时,同样要试着去感受他的挫折感以及他的愤怒,甚至是不安。只有家长的接受与分享,孩子才会感到自己的心原来有一个可以靠岸的地方,从而更有信心地去面对学习和生活。

粗心的爸爸,你们一定犯难了,孩子情绪不好,怎样才能看出来呢?别急,请看下面孩子常见的几种情况:

(1)无精打采,对平时最喜欢做的事也打不起精神。

(2)本应该值得高兴的事情,却高兴不起来。

(3)忽然变得不爱打扮,不思进取。

(4)经常发呆,反应迟钝。

(5)记忆力下降,爱丢三落四。

(6)脾气暴涨,易怒。

(7)总是谈到与死亡有关的话题。

(8)莫名的恐慌,忐忑不安。

(9)经常觉得累,精力不足。

(10)不爱与人沟通,社交活动明显减少,突然不爱出门。

面对这些情况,理解与鼓励是最有效的方法。爸爸们千万不要不明所以地劈头盖脸一顿骂,那样只会让孩子缩回到自己的内心世界,渐渐地失去了说出来的勇气。教育孩子的过程是劳神费力的,却又是幸福快乐的。当你看到一棵小树苗最终长成大树的时候,会自然地感到无比的愉悦。孩子成长的阶段,也是家长不断学习的过程,古人说:"子不教,父之过。"教育之中渗透的是爸爸的责任,让自己成为孩子成材的修剪者与浇灌者吧,只有约束和给予同时进行,才会赢得孩子的成功与爱!

教子心得

扔下"暴力"与"严肃"并不会失去爸爸的权威。爱的力量永远胜于打骂,多给孩子一份理解,也就多给孩子留下了一个感知到父爱的空间。相信,在爱意融融的家庭中,孩子一定会茁壮成长,家长也一定会在未来的若干年后,看到一棵长得很高大、很笔直、很壮实的参天大树!

宏伟的目标可以激励孩子

"没有目标就没有成功",人生目标是孩子奋进的灯塔,它能指引孩子走向自己的梦想。一个宏伟的人生目标,能够激励孩子积极进取、追求成功。

陈欣怡小时候兴趣很广泛,一会儿想学唱歌,说长大要当歌唱家,一会儿又想去学跳舞,说以后当舞蹈家;看见画画好,又想去学画画,让爸爸很是操心。几年下来,欣怡在几个兴趣班上的表现都只是平平。爸爸意识到这样毫无目标地东学西学,只会浪费时间,觉得该让孩子树立自己的人生目标,这样孩子学习的目的性和积极性都会增强。

爸爸首先让陈欣怡自己分析自己最喜欢做什么,最想在哪方面做出点成绩。这时的陈欣怡才发现，自己原来并不想把唱歌、跳舞和画画作为人生目标，而更喜欢当一名救死扶伤的好医生。

为了让陈欣怡不再随便更改自己的理想，爸爸将她的理想写下来贴在了她的卧室里。从那之后，当医生成了陈欣怡的理想，她减少了去兴趣班的时间，把更多的时间投入到学习上，学习成绩也不断提高。爸爸相信在人生目标的指引下，陈欣怡会更加优秀。

人生目标决定了孩子一生的成长方向，要根据孩子的兴趣、特长来慎重选择。人生目标一定要宏伟、长远，一旦树立就不要轻易变更。孩子越早明确人生目标，就越早收获成功。

孩子总会把特定的兴趣投入到特定的事情上，爸爸一旦发现孩子的兴趣，就要加强投入，力争把兴趣发展为特长，把特长发展为人生理想。孩子能够把自己最喜欢的事作为人生理想，肯定会获得更大的进取动力，收获更多的快乐。

人生长期目标的实现离不开中、短期目标的支持。爸爸一旦帮孩子树立长期的人生目标，就要加紧规划中长期目标和近期目标。规划好每个阶段的目标，孩子的理想才不是空想。任何梦想要最终实现，都离不开每一个阶段的具体实施。将目标细化，才能更利于孩子走向成功。

孩子在实践的过程中，需要获得爸爸的鼓励和支持。爸爸也要做好监督工作，时刻督促孩子完成好近期目标，强化孩子的目标兴趣，陪孩子一步步走向自己的理想。孩子的进取受到了关注，取得了成绩，能够增加孩子的成就感，让孩子体味到为理想而努力的愉悦。

宏伟的人生目标，能够召唤孩子在逆境中前进，有效地规划人生，不把有限的时间浪费在迷茫和虚度中。

在帮助孩子树立长远的人生目标时，爸爸可参考以下建议：

1. 把孩子的兴趣、特长转化为理想

孩子的人生目标必须建立在兴趣之上，这样孩子才愿意终身为之奋斗、付出。爸爸在帮孩子设立人生目标时，先要发掘出孩子的兴趣及特长。孩子在自己感兴趣的领域中前进，才能享受到快乐和成就感。

孩子的人生目标一定要符合孩子的愿望，而不是符合爸爸的愿望，这关系到孩子能否坚定地走下去。爸爸在帮孩子设立目标时，除了观察孩子的潜质，发掘孩子的特长，还应征询孩子的意见。

2. 保护孩子对人生理想的热情

持续的兴趣，是孩子选择坚持下去的理由。维护好孩子对实现人生目标的热情，才能让孩子愉快地走下去。

陈忆从小对色彩很敏感，他喜欢各种绚丽的色彩。画册是他最喜欢的读物，用彩笔涂涂画画是他最大的乐趣。爸爸在他四岁时，就带他去看画展。回来后，他很受启发，坚持要学国画，爸爸让他参加了基础培训。

十岁那年，陈忆拜一位国画大师为师。此后，只要有名家画展，他都会去观摩，老师还常常带他去拜访自己的画家朋友。陈忆在浓郁的书画氛围中，对书画的兴趣只增不减。久而久之，成为一名国画大师也就成了陈忆的人生理想。

孩子对人生目标抱有持久的热情，才会义无反顾地坚持走下去。爸爸要维护孩子实现理想的热情，手段和方法是多种多样的，只要对增进孩子的兴趣有利，都可以去实践。

3. 将人生目标阶段化、细节化

任何长远目标的实现，都离不开近期、中长期目标的支撑。爸爸要帮孩子把目标阶段化、细节化,使孩子的整个人生目标更具有实际操作性。

刚上初中的刘濂的理想是当外交官,他给自己定下的人生目标是精通英语、法语、德语。要实现这个目标是一个艰难的过程,他要一步一步地攻克语言难关。爸爸让他先攻英语,计划在初、高中六年学完所有常用词汇,能够正常阅读报刊、杂志。大学阶段再开始选修法语、德语。刘濂将每天需要学习的词汇和句型都量化下来,订好每天的学习计划,他只要坚持就行。

三年来,他每天都坚持完成学习计划,英语水平一天天提高。初中毕业时,他就能读懂外文书报、听懂英文广播了。他对实现梦想很有信心,已经详细规划好了高中三年的学习计划。

孩子要想实现长远人生目标,就要同时规划好中长期及近期目标。目标越详细,可操作性越强,实现的概率也就越大。

4. 督促孩子朝目标前进

孩子毕竟是孩子,自我管理能力、约束能力都弱于成人。孩子在追求人生目标的途中,离不开爸爸的监督、促进。爸爸要时刻关注孩子实现目标的情况,督促孩子认真执行每一个近期目标,只有不断地前进,才能让孩子最终实现大目标。

5. 给孩子的成果给予关注和奖励

孩子在追求目标的过程中有了成果,爸爸要给予关注和奖励。爸爸的关注和奖励,是对孩子的一种激励,孩子从中可以不断汲取前进的动力。

陈鹏从小就对钢琴很感兴趣。他四岁开始练琴,到如今已经有八年了。这八年来,他的每一个获奖证书、奖杯爸爸都小心收藏着;每一场表演,爸爸都用 DV 记录了下来,刻成了一张光盘。以前很多和陈鹏一起学琴的孩子都放弃了,只有陈鹏坚持了下来。如今,他已经弹得非常出色。爸爸的关注和奖励,是他努力进取的动力。

教子心得

爸爸对孩子追求理想给予支持、关注,陪孩子一起走过成功和失败,一起战胜途中的困难,能够给予孩子最强大的精神动力。

笑到最后才重要

大人们常讲"职场仿佛残酷的竞技场"让自己苦不堪言。那么请你以这种心态来想想孩子们的"学场"又何尝不是充满了竞争与淘汰呢?"落后就要挨打"这句曾经激励亿万国民的话语,变了一种姿态,正活生生地出现在孩子们的生活中。"要考第一""要优秀"种种压力在孩子尚未弄清原委的时候就以迅雷不及掩耳之势深深地扎进了孩子们的生活中。"不让孩子输在起跑线上"像是一句咒语,数学班、英语班、钢琴班、书法班等等,各种辅导班争芳斗艳,家长们更是"奔"此不倦。

在孩子最初的教育阶段,妈妈总会显得小心翼翼,即使她们觉得"不拿第一""输在起跑线上"是有道理的,往往也不会付诸到实际中。因为她们害怕自己的一个松懈,孩子掉了队,失去学习的信心,就得不偿失了。所以,在教育中,显得畏首畏尾,害怕顾此失彼。由此看来,这种教育由爸爸来引导才会起到更好的作用。爸爸出于男性本能,总会在教育孩子的事情上,比妈妈更放得开手。一般很少有爸爸总是贪恋孩子的第一名,他们认为只要孩子尽了力就是好样的。也恰恰是这种思想,对孩子施展"输"教育才会得心应手。

明明和芳芳是表兄妹,从芳芳懂事开始就十分羡慕明明,因为每天放学后,妈妈送她去学钢琴的时候,总会看到明明和他爸爸兴高采烈地讨论他最喜欢的军事节目的某个细节。芳芳心想,我什么时候也能和妈妈、爸爸说说我喜欢画画。

因为两家离得很近,所以两个人总是在一起做作业,每次做完后,明明就高高兴兴地回家去看喜欢的动画片了,可是芳芳却仍要坐在椅子上做妈妈给她留的"辅导题"。

周末到了,明明又和爸爸去军事博物馆、动物园,去学习自己很喜欢的电吉他……芳芳却和妈妈奔波于一个又一个的补习班,数学、语文、英语、钢琴……

期末考试到了,芳芳如妈妈所愿得了第一名。明明只考了个中等。芳芳高兴不起来,而明明却像平时一样快乐。

芳芳的妈妈正和明明的爸爸在院子里谈话。

"明明爸爸呀,你不能这样教育孩子,什么都由着他的性子来哪能行?他们还小,可别让他们输在起跑线上。看你家明明考得多不好,再看看芳芳,孩子就得管着他学!"芳芳妈妈传授着教育经。

"我看你的教育方法并不科学,孩子还小,人生那么长,这样太累了。倒不如往他们的兴趣上着手,快乐与学问双收不是很好?"明明爸爸道。

"你呀,就惯着孩子吧……"芳芳妈妈不住地摇头。

"样样好,样样优,太难为孩子了,倒不如让他们过得轻松一些,再说学习好也不能代表能力就强。输在起跑线上,反而让孩子没有压力,如果今后有了进步,才会更有信心,更有动力啊。没有品尝过失败的滋味,又怎么知道胜利是甜得呢?"明明爸爸笑着说。

芳芳妈妈……

小学过去了,芳芳仍是第一名,明明还是中等。但是明明却在市里的小学生军事知识竞赛中取得了第一名。

中学过去了,芳芳仍是第一名,明明也还是老样子。但是明明已经成了学校乐队的电吉他手。

高中开始了,芳芳觉得自己没有了后劲儿,学习成绩开始下滑,而明明却如同充满了动力的火箭,成绩直线上升。并且,已经决定要冲着自己的目标——某某名牌军校使劲。因为明明的爸爸告诉他,只有考上那里,才能知道更多他喜欢的军事知识。高考过后,芳芳只考上了一所普通的大学。明明却如愿以偿!芳芳的妈妈不解,明明的爸爸却笑了……

西方有一句谚语:"谁笑到最后,谁笑得最好。"在面对孩子的教育问题时,家长不应该只追求"不让孩子输在起跑线上",而是应该着眼于前方,鼓励孩子"赢在未来的终点线上!"

1. 爸爸要培养孩子做"长跑冠军"

保存孩子的后劲儿,不仅仅是智力的潜在力量,更指向上的精神力量。别为了一时的"胜利",而忘记了漫长的跑道,只赢得最先百米的鲜花和掌声的教育是可悲的。孩子不是实验品,他的一生只有一次,家长要认识到"跑道"的长度,从而为孩子的教育规划重新起草。

2. 兴趣才是孩子最好的老师

对于孩子不喜欢的东西,爸爸最好不要花无谓的钱。知识不像是有营养的食物,吃进肚子里了身体自然就会受益。知识是"塞"不进脑袋里的。除非孩子喜欢,否则即使他学会了,也是表面上的,根本不会深化成他的"成就"。

3. 爸爸要保护好孩子智力的"沃土"

八岁前,负责分析功能的脑细胞还未长出,所以这个阶段尽量不要发展孩子的思维能力。这时,脑细胞长得最快,家长可以把信息点通过轻松快乐的方式传递给他。比如说歌谣、故事等,重复地说给他听。千万不要逼着他背这背那,理解出个所以然。这样反倒不利于孩子今后智力的发展。

4. 成功路上的"1+1"

"1+1"就是"想象力+知识"。成功人获得知识的过程也是想象力消失的过程。所以在孩子小的时候,晚接受知识看来并不是一件坏事,所以,爸爸一定要记得给孩子的想象力留下一份小小的空间。

教子心得

"输在起跑线上"未必就是"真输"。这种教育模式只是更科学一些,让孩子后起而勃发,而不是让孩子在尚未懂事之前就"十分辛苦"地生活,导致他们起跑过猛,开始跑得过快,有可能在距成功很远之处,就失去前进的动力。爸爸们,请让你的孩子"输"在起跑线上吧,欲将取之,必先予之,这才是大智慧。

告诉孩子要相信自己

自信往往伴随着成功。随着成功的积累,自信心也会逐渐增强。孩子在一次次小小的成功中逐渐积累起来的自信会使他们感觉到:我行,我不比别人差。这些多表现在对学习和生活充满了活力和勇气。只要发扬他们的优点和长处,并伴随着一分分积累起来的自信,他们会相信自己能有更大的成功,这就是自信心。可以这样说,自信是人心理健康的重要标志之一。

爱迪生说过:自信是成功的第一秘诀!正是他的自信使他成为世界发明大王。同样,孩子拥有了自信,也会凭着他的自信,以一种"我行,我能行"的高涨热情和强烈愿望,以及勇往直前的精神迎接挑战,实现成功。

曾有一个著名的学者小学时在500名学生中排名470位。他很沮丧,认为自己脑子笨,非常自卑。后来他的爸爸教育他说:你无论上山捉鸟还是下河捉鱼,都比别人干得出色。我教你下象棋或下围棋的规则,你也是一学就会,这说明你并不比别人笨。他听了父亲的话,觉得很有道理,于是他有了自信,立志学习,一个暑假就把落下的课程全补上了,跃居前十名。

所以,很多时候,并不是孩子笨,而是父母缺乏正确的教育和引导。自信心是一种动态过程,是一个不断树立的过程,一个人不能一劳永逸地永远有自信心,他必须每时每刻培养自己的自信心。

那么作为爸爸,要如何培养孩子的自信心呢?下面这些方法也许会对爸爸们有所帮助。

1. 不要对孩子求全责备

我们先听一听孩子的心声:"我的手很小,无论在什么时候,请不要要求我十全十美;我的腿很短,请慢些走路,以便我能跟得上您;我的眼睛不像您那样见过世面,请让我自己慢慢地观察一切事物,希望您不要对我加以过分的限制……"爸爸要认真地思考一下,应该怎样对待孩子给我们的告诫。是否还要对孩子求全责备?每个孩子都有缺点,不要因为孩子有一点小毛病,就抓住不放,大吼大叫,不要把孩子看成神童,也不要以一个成年人的思想去让孩子做成年人认为完美的事儿,我们要善于发现孩子的优点和长处,放下家长的架子,做孩子的朋友,和孩子平等相处,将来孩子或许比你强,人生或许更精彩。

2. 降低对孩子的标准

适当地降低对孩子的标准,给孩子更多的成功的机会,让他体验到成功所带来的欢乐和自信,这无疑有利于孩子自信心的培养;反之,如果给孩子标准定得过高,孩子始终达不到,他就无法体验到成功所带来的欢乐和自信。久而久之,孩子就会感到这个标准太难实现了,自信心必然也就减弱了。如果此时家长再加以责备,孩子就会更加自卑,这无疑不利于孩子自信心的培养。

3. 适时地给孩子点良性暗示

每个人都是在语言中长大的,人的语言的力量非常大。比如给孩子良性暗示的语言:"他这么小就会写诗,将来一定可以成为大诗人""你看这个孩子从小就知道关心爸爸妈妈,将来肯定是个孝子"等。我们每个人都在良性或不良暗示中长大,爸爸要相信:孩子现在不行,说不定明天、以后能行。要相信,孩子的潜力一旦开发出来,他一定会成功,这对孩子是一种很好的良性暗示。

4. 永远要看得起你的孩子

每个人的内心深处都希望得到认可,对一个孩子来说,父母的这种认可分量最大,如果连最亲的父母都看不起自己,孩子就会没有自信,感觉自己很失败。

例如,"我看你这辈子完了。""你怎么这样笨!"恨铁不成钢的父母出口就深深地伤了孩子的自尊,孩子接收到这样的信息会认为父母看不起自己,这就给孩子的心灵蒙上一层无法抹掉的阴影。

在这样的家教长大的孩子,会形成两个极端:一种是顶嘴、不听话、叛逆,甚至对父母充满敌视;一种是自己也看不起自己,从此活得消极,不求上进。因此,作为爸爸,当发现孩子哪方面不如意时,不要一味地指责孩子,要在自己的教育方式和方法上反思,然后改进,不要拿自己孩子的短处去和人家孩子的长处比,要善于发现孩子的优点和长处,并给予肯定和赞扬,让他们找到好孩子的感觉。

5. 永远尊重你的孩子

尊重就是接纳和认同。尊重和信任,是现代教育的第一原则。尊重、信任孩子,意味着爱护他们善良美好的心灵;意味着应该在任何可能的时候,都尊重孩子的决定;意味着放弃权力和优越感;也意味着一种涵养和宽容待人的高尚品格。由于年龄的原因,孩子往往是带着讨教的心态来询问我们家长和教师的,他们害怕被指责、被批评、被挑剔。家长的接纳和认同态度将一扫孩子的紧张和担心,让他觉得安全和自由,从而使孩子更愿意积极地表达自己的想法,更主动地投身到一些活动中去。

6. 永远信任你的孩子

只有爸爸首先信任孩子,孩子才会信任你。爸爸要放手让孩子去实践,孩子自己的事让孩子自己去干,无论结果成与败。切忌包办代替、横加干涉,不应求全责备,更不可打击、讽刺。爸爸应该做的是调动孩子做事的积极性,并给予积极关注,做好了要及时给予表扬;做错了,要帮助孩子分析原因,寻求克服困难的方法,提出良好的建议和进行积极的评价。这样既培养了孩子的责任感,又增强了孩子的自信心。

7. 多多鼓励孩子

好孩子是夸出来的。当孩子试着做一件事而没有成功时,父母应避免用语言和行动来告之他们的失败。一件事情的失败并不意味着孩子无能,只不过他还没有掌握技巧而已。爸爸要多说鼓励性的语言。如:"我相信你能行。""没关系,再试一次。"当孩子遇到困难、受到挫折时,爸爸的鼓励能使孩子增强战胜困难和挫折的勇气,鼓励就是一种力量。能力之花在批评中枯萎,在激励中怒放!

自信不是我们大家理解的挺胸抬头那么简单。如果一个孩子缺少了自信就会产生自卑,而自卑就像潮湿的火柴,无论你怎样用力,也擦不出闪亮的火花。一旦孩子产生了自卑心理,往往会表现得忧郁悲观、性格内向、不敢大声讲话、不敢在人前抬头、不爱与别人交往与沟通,认为事事不如别人,在学习上也丧失了上进心,做事唯唯诺诺、缩手缩脚、怕这怕那,遇到挫折就退缩、逃避,没有勇气、不敢尝试。这无疑会影响孩子的学习、生活和健康成长,所以,要想让孩子快乐成长,必须教育孩子远离自卑,让他们自信起来。

教子心得

所谓自信就是信任自己,是对自己能力的自我肯定,是一个人相信自己的愿望或预测自己愿望一定能实现的心理状态。对于孩子来说,充满自信地面对困难是努力完成自己愿望的动力。

让孩子学会不断挑战自我

世间有许多看似不可能完成的事情,但是人们在不断的挑战下出色地完成了。看看那些吉尼斯纪录以及体育竞赛中的世界纪录,我们就知道:是不断挑战自我使人们变得更快、更高、更强。如果爸爸教会了孩子不断挑战自我,孩子也会变得更快、更高、更强,无论是意志力还是身体素质抑或是所取得的成就。

"哈佛女孩"刘亦婷写过一篇日记,讲的是自己和爸爸打赌的事情。事情是这样的,一天晚上,爸爸从冰箱里取出一块冰,这块冰比一个一号电池还大。爸爸说:"婷婷,你能把这块冰捏15分钟吗?你办到了,我就给你一本书。"

刘亦婷说:"怎么不行?我们来打个赌吧!如果我捏到了15分钟,那你就得给我买书哦。"爸爸满口答应了。

接着,爸爸拿着秒表,高喊一声:"预备,起!"刘亦婷就把冰往手里一放,开始捏冰了。第一分钟,刘亦婷感觉还可以。第二分钟,就感觉到了刺骨的疼痛,她急忙拿起一个药瓶看上面的说明,转移自己的注意力。到了第三分钟,刺骨的疼痛更加厉害,像有千万根冰针在上面跳舞似的,刘亦婷就大声读药瓶的说明来转移注意力。到了第四分钟,她感觉骨头都要被冰冻僵、冻裂了,这时她使劲咬住嘴唇,让痛感转移到嘴上去,心里想着:忍住,忍住。第五分钟,她的手变青了,也不那么痛了。到第六分钟,已经不疼了,而且稍微有点儿麻。第七分钟,手不痛了,只觉得冰冰的,有些麻木。第八分钟,她感觉手已经完全麻木了⋯⋯

当爸爸跟刘亦婷说"15分钟了"的时候,刘亦婷高兴地跳着欢呼起来:"万岁,万岁,我赢了,我赢了!"可刘亦婷的手,已经变成了紫红色,摸什么都觉得很烫。爸爸急忙打开自来水管给她冲手。

刘亦婷一边冲手,一边对爸爸说:"爸爸你真倒霉啊!"

爸爸却说:"我一点儿也不倒霉,你有这么强的意志力,我们只有高兴的份儿。"

如果爸爸能教会孩子挑战自我,无疑等于给了孩子智慧与胆量,给了孩子能力。孩子懂得挑战自我,就能够不断提高自己,使他们赢得一种内在的力量,从而推动人生走向成功。正如美国哲学家爱默生所说:"我们最强的对手不一定是别人,而可能是自己。"要让孩子的人生更有价值,就应该让他们学会不断挑战自我。

父亲可以参考以下方法有意识地培养孩子挑战自我的能力:

1. 让孩子学会和自己竞赛

让孩子不断挑战自我,就要求孩子把自己当作超越的目标,把自己当作竞争的对象,随时和自己较量。爸爸要教育孩子,每天都问自己一个问题:"今天的我比起昨天的我,是否进步了?"比如昨天孩子起床、整理被子、洗漱总共花了30分钟,今天是否缩短了时间;昨天孩子练了100个字,今天是否多练了一些字;昨天考了95分,今天是否考得更多一点。

当然,这里的今天和昨天只是一个相对的时间,其实这就是要求孩子每天进步一点点,虽然进步的不明显,但是只要孩子每天都进步了,那么总会有所飞跃。

2. 让孩子坚定决心,努力兑现誓言

让孩子自信地对自己说:"我就不相信我不能改正缺点,别人能做到的,我也能做到;别人做不到的,我要争取做到。"让孩子在心里对自己发誓,决定了一定要做到什么之后,就要努力去实现这个目标,而不是轻易改变决定,放弃目标。

3. 通过"劳其筋骨"的方法来磨炼孩子的意志

现在很多爸爸和孩子的交流并不多,有空的时候爸爸们应该和孩子一起参加体育锻炼,比如长跑、游泳、爬山,等等,都是锻炼孩子意志力的好办法。在锻炼的过程中,当孩子想放弃时,可供选择的内容很多,爸爸要鼓励孩子坚持到底。当孩子做到了这点,爸爸要充分肯定孩子的表现。长期如此,孩子就能养成不轻易放弃,而是勇于挑战自己极限的习惯。

4. 别让孩子满足于现有的成绩、安于现状

对孩子来说最可怕的是安于现状,因为安于现状是没有进取心的表现,这样孩子就不可能努力寻求进步的空间,也就慢慢丧失了自我挑战的愿望。所以,爸爸要经常鼓励孩子在学习中、生活中争取更好的表现,不断超越更高的目标。这样才能保证孩子始终处于不断进步的过程中。

教子心得

高尔基说:"人只有在不断地挑战中才能进步,而人最大的敌人就是自己。"每个孩子都有无穷的潜能,让孩子不断挑战自己,就是为了让孩子不断进步。在这个过程中,爸爸要让孩子坚强面对考验。

保护孩子的自尊心

如果孩子缺乏自信心,那么他便同时缺乏了在各种能力发展上的主动性和积极性,而这些又恰恰是对人的能力起决定作用的因素。爸爸要让孩子做一个迎着阳光走路的人,让孩子懂得期盼未来,并对未来充满美好的憧憬。孩子的自尊心是一块神圣的领域,爸爸如果不把它放在心上,随意践踏,渐渐地就会把孩子锁在一个死角。如果他的自尊受到伤害,他就会害怕去做任何事情,无限地自卑,让他失去了所有的自信心,也就是说孩子潜在的才华会被爸爸的无心之举深深地埋没。

在一个孩子成长的过程中,接受鼓励是一件非常重要的事,这个时期的孩子就像是土壤里

的嫩苗,需要阳光雨露的恩泽才可茁壮成长。

路路的父母都是高干子弟,家庭很富裕,对路路的管教十分严格。路路从来没敢告诉过任何人,她非常讨厌爸爸。爸爸从来不笑,无论是路路在学校表现的如何优秀,爸爸也是面无表情。但是,一旦路路的成绩下降,或是不听他的话,必会挨打。路路曾经说过:"挨打也就算了,我受不了的是羞辱!"

对于考试,爸爸格外关注,只要成绩稍差一点,罚跪是必然的节目。有一次,路路的同学来家里向路路借书,正巧碰到路路在罚跪。孩子已经上了初中,自尊心正是处在格外强的阶段。路路看到来者是同学,马上站了起来,满脸通红地给同学找书。爸爸看见路路没有按照要求罚跪,怒气顿生,根本不管孩子的同学在没在场,拉着路路的衣领,把她带到墙角,责令跪下。路路碍于同学在场就是拗着不跪,没想到,爸爸居然当着外人的面抽了路路一个嘴巴子,路路的眼泪一下子流了下来,抵不过爸爸的怒气,跪了下去。路路的同学看到这种情况,吓得书都没拿就跑掉了。

"怎么考那么几分?我怎么生了你这个丢人的孩子!"爸爸不解气地骂道。

路路什么也不说,只是哭。

一年又一年,这一年,路路终于高中毕业,迈入了大学的校门。可是当她面对自由的时候,却发现自己除了学习什么都不敢做了。学校的活动从来不参加,做什么事都觉得自己不行。她的心情一天比一天差,忽然她生出了报复爸爸的想法。"你不是觉得我最差劲吗?我就差劲到底了,反正我什么都不是。"抽烟、喝酒、泡吧,最后居然被不良的朋友带着吸起了毒,最终走上了一条离经叛道的路。

别再让这样悲剧重演,孩子也是活生生的人,他们有人格的尊严。爸爸要给予他们爱的力量,而不是去为断送孩子的前程做准备,让你的孩子充满自信地走向前方吧。

1. 孩子不是你的私有物品

作为一个好爸爸最起码要懂得尊重孩子,这样才会让孩子学会自尊自爱。对孩子说话一定要注意言语的分寸,像是"你真没出息!""小孩子懂什么!""大人的事,小孩子知道什么?""你没出息!""你不可救药!"这类让孩子丧气的话都要从爸爸的字典里消失。另外,打孩子和任意惩罚孩子也是不可取的。这些方式都只会使孩子越变越弱,自尊心被打散了,自信心被罚没了,那你的孩子还会留下什么呢?孩子不是你的私有物品,他是一个独立的人。爸爸要给孩子留有成长的健康空间,别把条条路全部堵死,好吗?

2. 引导孩子去体味自己的生活

孩子的能力有限,爸爸不要渴望孩子获得了天大的本领时才去赞扬他。鼓励与赞扬之声应该是随处可见的。孩子第一次可以自己吃饭了,爸爸马上要给予表扬;孩子第一次洗了自己的袜子,爸爸要对他说:"你真能干!"孩子第一次在运动会上取得了名次,爸爸要对他说"你真棒!"孩子的自信心就是在这一声声看起来微不足道的鼓励声中,渐渐地形成了。

3. 发现孩子的闪光点

有些爸爸似乎只能看到孩子的不足,却无法看到孩子优秀的地方。一叶障目,如果爸爸以这种方式来看待和教育孩子,孩子不仅无法达到你的优秀标准,还会使自己潜在的闪光点慢慢消失。所以,爸爸要积极地去寻找孩子的优点,给予重点培养,相信孩子一定不会辜负了你的希望。

4. 教会孩子相信自己的方法

自卑的孩子总会潜意识里认为自己不行。爸爸要引导孩子发掘自己与众不同的地方,并且可以传授给孩子一种自我暗示的照镜法,就是让孩子对着镜子里的自己说:"我能行!""只要再努力一点,一定会成功!"等等。

教子心得

任何人都有自尊和被人尊重的需要,孩子也不例外,而自尊、被人尊重是产生自信心的第一心理动力,所以爸爸要呵护孩子的自尊心,让他们感觉到家人对自己的尊重和深深的爱。有了这种精神的依托,孩子在做事情的时候,会更有动力,更敢为之,因为他们知道自己不用回头,爸爸妈妈也一定会在身后。

教育自身是教育孩子的最好办法

我们经常听到很多爸爸抱怨:"我真是没少教孩子! 道理说了一箩筐,什么好话坏话都说了,骂过了也打过了,可是孩子就是不听,我实在是没办法呀!"其实,对于教育孩子而言,特别是年龄较小的孩子,身教往往比言传更有效。

前苏联著名教育家马卡连柯说:"不要以为只有同儿童谈话,或教导儿童、吩咐儿童的时候,才是在教育儿童。在家长生活的每一瞬间,甚至当你们不在家的时候,都是在教育着儿童。你们怎样穿衣服,怎样跟别人谈话,怎样谈论其他人,怎样表示欢欣和不快,怎样对待朋友和仇敌,怎样笑,怎样读报,所有这些对孩子都有很大的意义。"

可见,身教虽然是无声的教育,却对孩子具有异常重要的意义。而在现实生活中,大部分爸爸都是具有两面性的。也就是说,在家里,他们时刻注意自己的言谈举止,不断反省自身,极力表现出正面的形象;而只要一出家门,就表现得很随意,忘记了自己是孩子学习的榜样,往往表现得不尽如人意。以下是很多爸爸所经常犯的错误:

不注意公共卫生,经常随意扔烟头和垃圾,随意吐痰;

在公交车上不给老人或孕妇让座;

在公众场合公然插队;

……

1. 教育孩子的最好办法就是教育自身

每一位爸爸都知道,良好的品质是一个人成功的前提。即使一个人的事业再辉煌,再有钱,如果没有良好的品质也不能算是真正的成功。而一个孩子的品质是否良好,其家庭因素起着关键作用。

家庭是孩子的第一所学校,父母是孩子的第一任老师。因为孩子从胎儿开始,爸妈就开始与他对话了。孩子自身所具有的品质,往往受爸爸的影响多一点,因为通常孩子最崇拜的是爸爸。

对此爸爸要记住:教育孩子最好的办法就是教育自身。只有懂得在家庭和生活中不断规范和反思自己的行为举止,才称得上是好爸爸。这样,你就会在无形中把良好的品质传递给孩子,使这些品质成为他一生受用的财富。

2. 爸爸要严于律己

如果爸爸的自律能力不强,抗拒不了社会上形形色色的诱惑,放任自己的行为,是不能培养出优秀孩子的。

一位爸爸带着孩子去逛街。在路边,爸爸捡到了10元钱。孩子说:"爸爸,这个应该交给警察叔叔。"爸爸却顺口说道:"交给警察干什么? 还不如揣在自己的口袋里,留着自己花呢!"

这位爸爸的行为已经被孩子看在眼里,印入他幼小的心灵。那么,如果他某一天也捡到钱,也就会像爸爸一样,占为己有。因为爸爸已经把这种意识传递给他:捡来的钱就是自己的,自己可以随意支配这些钱。如此下去,不利于塑造孩子正确的价值观。所以,爸爸要坚定意志,不论是在家庭,还是在社会中,都要时刻严格要求自己。

3. 爸爸需要拥有乐观豁达的心态

乐观豁达的心态是一种品质,是一个人胸襟宽广的表现。一个人如果具有了乐观积极的心态,就能对任何事都充满自信,坦然面对现实,直面挫折与逆境。而且,爸爸要把这种品质传递给孩子,让孩子耳濡目染,这会使孩子一生受益。当然,要做到这一点并不是很容易,这需要爸爸不断磨炼自己,反思自己,注意自己的言行。

十岁的小明跟爸爸去购物。公交车上,一个年轻小伙子不小心踩到了小明爸爸的脚。小伙子马上说:"先生,对不起。是我太着急了,您别见怪。"

小明的爸爸生气地说:"对不起就行啦? 你知道我这双皮鞋值多少钱吗? 我上星期刚买的。"

小伙子问:"那您想怎么办呢?"

小明的爸爸坚定地说:"我也不要你赔,你给我擦干净就行!"

在这个案例中,爸爸在小明心中的形象会是什么样的呢? 答案不言而喻。试想一下,当这位爸爸教孩子要有乐观豁达的心态,对待别人要宽容时,小明会听吗? 肯定不会! 原因很简单,因为爸爸就没有做到。而如果这位爸爸当时说"没关系",效果肯定会截然不同。

教子心得

不管是在家庭生活中,还是公共场合,爸爸都是孩子的榜样,是孩子学习和模仿的对象,所以爸爸一定要起到榜样的作用,用自身的素养来带动孩子、引导孩子。

认识到孩子的天性,因材施教

雷双是个聪明的孩子,成绩很好,尤其是英语,几乎都是一听就懂,在班里英语成绩一直是第一名,还曾经获得市里英语单科竞赛冠军。当然,雷双也有不理想的地方,就是无论她多么努力,数学也总是学不好。

雷双的爸爸没有适时地帮助孩子寻找合适的学习方法,反而总拿她的数学成绩和班里数学成绩最好的孩子相比,经常批评雷双逻辑思维能力差等等。雷双本来还想多做些数学题弥补一下自己的不足,提高数学成绩,但听到爸爸多次批评自己之后,她也开始承认自己笨,并对数学彻底丧失了兴趣。

孩子之间存在很大的差异,每个孩子的个性都是不同的,教育的目的就是要开发每个孩子的差异性、独立性和创造性。爸爸只有了解孩子的特点,才会更好地教育孩子,减少孩子成长路上的挫折。

"孔子教人,各因其材",这是宋代理学家朱熹总结的孔子教育学生的方法。"因材施教"就是针对孩子的具体情况以及个性差异进行不同的教育,从而使孩子获得更好的发展。古人都知道根据不同的人来施以不同的教育,以此获得理想的教育效果,具备先进教子理念的爸爸更应该懂得这个道理。

但是现在有些爸爸对因材施教缺少深刻的理解。他们想让孩子出人头地,希望孩子在今后的激烈竞争中取胜,但很多时候会如雷双的爸爸那样,结果事与愿违。这其中的原因是爸爸没有注重孩子的自然天性,不了解孩子的个性特点,没有对孩子进行因材施教。

传统的教育很大程度上是一种单一、机械的模式化教育,面对兴趣爱好、知识基础、认知结构、能力水平千差万别的孩子,往往采取的是同样的教育方式,实践证明,这种教育方式是失败的。爸爸要考虑到孩子的实际情况,根据孩子的身心发展特点以及接受水平来选择适合孩子的教育方法,帮助孩子提高学习成绩。

1. 深入了解孩子的优缺点

爸爸应当了解自己孩子德智体发展的特点,各学科的学习情况与成绩,兴趣、爱好所在,擅长及不足之处,然后才能有目的地因材施教。

爸爸首先要深入了解孩子的心理,根据孩子的个性特点,找准切入点来引导孩子。如孩子喜欢追星,就可以给他们讲明星们是如何成功的,以此激发孩子的进取心;孩子个性强,自制力也强,则可以让孩子自己制订规则,孩子受到尊重,就会自觉遵守规定;而对于自制力较差的孩子,爸爸可以采取表扬与惩罚相结合的方式,给予适度的监督,督促孩子养成良好的习惯。

2. 不生搬硬套别人的教子模式

孩子和孩子之间是有差距的,每个孩子都有自己的长处和短处,孩子的接受能力也有差异,爸爸要摸索出适合自己孩子的教育方式,不能照搬别人的教子模式。

王敏成绩一般,她的爸爸最初比较注意监督孩子的学习,后来听了很多父母的教子经验,说不用管孩子,孩子的成绩也会很好,还说孩子如果天生是学习的料,大人根本不用费心管教等。于是,王敏的爸爸对她的学习开始抓得松了,不久,王敏的成绩下降不少。

王敏的爸爸这才认识到这种教育方法在自己孩子身上不合适。为了提高孩子的成绩,他一有空就陪着王敏学习,随时帮助她解决学习中遇到的问题,一段时间后,王敏的成绩又提升上来了。

爸爸只有根据孩子自身的特点和实际情况,采取恰当的教育方式,才会使孩子不断进步。如果盲目听信别人对孩子的教育经验,生搬硬套别人的教育方式,往往不会达到同样的教育效果。

3. 对孩子进行个性化教育

爸爸要从孩子的实际情况、个性差异出发,有的放矢地对孩子进行教育,使孩子能够扬长避短、获得最佳的发展。孩子的个性不同,爸爸的教育方法也应有所不同。别人的教子秘诀对自己的孩子或许并不适用,爸爸要注意活学活用,对孩子进行个性化教育。

兴超是个调皮的孩子,学习成绩一直不错。可是在老师眼里,他是个让人头疼的孩子,他总是不做家庭作业。老师将情况反映给了他爸爸。

爸爸和蔼地问兴超为什么不做作业,兴超说:"老师让做的题目我都会做,可是一遍遍的重复让我对它们一点兴趣都没有了。"爸爸了解了孩子的实际情况后,向老师征求意见:是不是可以不让兴超做作业,因为重复会让他失去兴趣,自己在家里给他找一些具有挑战性的习题让他做,让他提升解题的能力。老师接受了爸爸的建议。

对数学感兴趣的孩子,爸爸要鼓励他挑战高难度的题目;对舞蹈感兴趣的孩子,爸爸要支持他参加舞蹈培训班;对于知识掌握很牢固的孩子,爸爸就没有必要强迫孩子做多少课下习题。总之,孩子的成长方式应该是符合自身的,与众不同的,这样孩子的成长过程才会更快乐。

4.因势利导,使孩子扬长避短

每个孩子都是一个独立的个体,性格各有差异,学习风格也会不同,这就要求爸爸有灵活的教育头脑,因势利导。这样,孩子才会处于一种愉悦的心理状态之中,把学习作为一种享受,从而提高学习效率。

爸爸要用平常心对待孩子的成长,每个孩子都有自己的闪光点和不足之处,爸爸要仔细观察孩子的兴趣和优势,鼓励孩子积极发展优势,并用孩子的优势增强孩子克服缺点的信心,帮助孩子全面发展。

———— 教子心得 ————

爸爸要认识到孩子的天性,了解孩子独特的个性,因材施教,才会少一些困惑,孩子也会少走弯路,多一些成功。

打骂孩子不会起好作用

很多的爸爸都信奉"棍棒底下出孝子",仿佛孩子就是不打不成器,不打不成材。非要经过一番的皮肉之苦才可以得到质的变化,可是,爸爸的这种意识真的会让孩子有所进步吗? 事实上,孩子挨了打,不仅仅无法体会到爸爸的良苦用心,还会让他们产生怨恨、逆反、畏惧等心理。于是,孩子与爸爸的话越来越少,互动几乎为零,在打骂中唯一加深的就是父子间的隔阂。特别是对那些自尊心很强的孩子,打骂的方式往往会让他们觉得惭愧无比,恨意产生。甚至这些棍棒下的孩子会觉得,自己做的错事都是对不公正的反抗而造成的,自己做得越差劲,越是对父母的一种报复。

> 儿子把期末考试的成绩单递给了爸爸。爸爸阴着脸说:"怎么回事,说说吧!"
> "我,我没考好。"儿子怯怯地说。
> "没考好,你是干什么吃的,数学就考了50分,还有脸回来啊!"爸爸怒骂着。
> "爸爸,对不起,这次题有点难,再加上我也没复习好……就……"
> "啪!"儿子的话没说完,爸爸的耳光就扇了上来。
> "你还有理了,对不起要是有用,你就不用上学,天天在家里说就行了! 数学还能考不及格,你是缺筋还是少弦啊,还敢考不及格! 这个巴掌是让你永远给我记住!"
> 儿子委屈的泪水流了下来,再也不说半个字。
> "我打你也是为你好,不打不成器,你一定要牢牢记住今天的教训! 这种成绩不要再出现!"

对于爸爸的出手,只会伤害到孩子的自尊心。他们可能在受过皮肉之痛后却仍然无法意识到自己真正的错误,相反,却在心理上留下了阴影。如果真是这样,爸爸打孩子的目的又何在呢? 难道只是为了过过手瘾吗? 所以,打骂教育过时了,爸爸要学会从孩子的认知出发,开味心灵的妙药。也许你学学这样做会更好:

> "对于这次考试数学没有及格,你有什么想法?"爸爸问。

"对不起爸爸,我真不是故意的。"孩子回答。

"爸爸知道没有人不想把试考好,可是你为什么没考好呢?"爸爸仍然平和地问道。

"是我没有复习好,前一阵,学校的足球队总是训练,我太累了,上课就总打瞌睡,所以,老师讲的新题我没有听,这次却出了。对不起。"儿子放开胆子说出实情。

"孩子,你不用和爸爸说对不起,因为你要道歉的对象是你自己,而不是我。"看到儿子诚恳的态度,爸爸又说,"爸爸知道我的儿子很聪明,爸爸不会阻止你去足球队,但是,你一定要调整好自己的作息时间,如果让兴趣影响到学习的话,就别怪爸爸不让你去踢足球了。知道吗?"

"爸爸,我知道了,我喜欢足球,我也会把成绩搞上去,你放心,我知道要怎么做了。"儿子自信满满地说。

"嗯,这才是我的好儿子,爸爸就看你下次的表现喽!"爸爸笑着说。

多一分了解,就少一分误解。在教育中把孩子的感情拉得和自己更近,这样不是更好吗?无论孩子多小,爸爸都要把他看成是一个独立的人,而不是幼稚的傀偏,在孩子自律个性成长的过程中,爸爸要学会一直把孩子当成大人。作为一个好爸爸,你要知道,犯错的孩子既是一个孩子,也是一个人,他们也需要尊重。如果爸爸不顾及孩子的感受,任意打骂,甚至是凌辱,让他们丧失了最起码的尊严,久而久之,他们会连最后的廉耻也弃之不顾,将错误进行到底。真到那个时候,爸爸们就后悔莫及了。

教子心得

没有一个孩子在真正意义上想去放弃自己,他们渴望得到鼓励与爱。所以,爸爸在管教孩子的时候,最好不要采用打骂、惩罚的方式。即使真是没有办法而为之,也要控制在孩子所能承受的范围之内,在爱惜和尊重的前提下,这种不得已的方法才能收到预期的效果。

要看孩子的优点

每个爸爸都很爱自己的孩子,都希望他们更聪明、更优秀,但是这其中总会有一些爸爸爱揪住孩子的缺点不放,并以它为工具不断地挫伤和打击孩子。实际上,这些爸爸的出发点也许只是为了提醒孩子,希望让他们心里有个数,在学习、生活中多加注意,尽快地改正缺点。可是,由于爸爸们对孩子要求过高、过严,再加上这种方法的打压,不仅不利于孩子的成长,反而会让孩子在你不断地述说中,逐渐对自己的缺点有了认同感,产生自卑的情绪,甚至激起孩子的反感,对爸爸产生敌意,从而硬要逆着大人的心思来,你不让做什么,我就偏偏去做什么。让爸爸又气又急,却无招可用。

儿童文学家郑渊洁说:"父母生育的孩子只有两种:一种是天才,另一种是普通人。父母对孩子实施教育,实质上是转基因教育。要么将天才转变为普通人,要么将普通人转变为天才。"由此看来,爸爸不可随意揪着孩子的缺点不放,每个人都有他的长处和短处。孩子成长的过程就是他不断完善自我的过程。如果孩子胆小,爸爸常就胆小怕事,孩子必然无法跳出"胆小"的范围;如果孩子英语不好,爸爸总拿这点来进行碎碎念,孩子英语肯定很难提高。爸爸为什么不把视角转一下,看看孩子的优点,多夸夸他的优点,从优点下手来弥补不足之处呢? 再普通的孩子也有优点可寻,爸爸不妨试一下,肯定要比你的打压教育强上百倍。

听过爱因斯坦的故事吗？这个家喻户晓的大名人，小时候也并不是聪明绝顶，不仅如此，自身还存在着许多缺点，可是他为什么最终可以走向成功呢？因为他没有一个只会看到孩子身上缺点的爸爸。

从爱因斯坦的卓越的成就来看，我们很难想象他小时候的事情是这样的：

> 爱因斯坦并不是个活泼聪明的孩子，三岁的孩子早已经像小百灵鸟一样说这讲那了，他却连话都讲不顺溜。邻居都认为他是白痴，不让自己的孩子和他在一起玩。终于到了七岁，这是上学的年龄。可能是教条的学习气氛无法引起孩子的兴趣，爱因斯坦表现得很驽钝，老师留下的作业也常常无法完成，所以老师们都认定他是个智力有问题的孩子。一晃到了九岁，爱因斯坦终于可以正常地说话了，学业平平，不受人喜爱。可是不喜爱他的人中却不包括他的爸爸，爸爸不仅从来不会说他笨，说他白痴，还会常常鼓励他，爸爸常对他说："我的儿子，你并不笨，别人会的，你也会，虽然做得不够好，可是也没有差多少。在我看来，我的儿子更优秀，因为你会做的事情，别的孩子却不会。所以，我相信其他人只是没有看到你做得很好的那一面，那是因为你想的总是那么与众不同，我相信我的儿子总会有一个方面比任何人做得都要出色。"后来，果然不出爸爸所料，爱因斯坦在爸爸的肯定中找到了自己的位置，终于成就了伟大的事业。

现在我们来想一想，如果当初他的爸爸也像那些邻居、老师们一样，对爱因斯坦的缺点耿耿于怀，怎么成就这个举世无双的伟人呢？

教育孩子最可怕的方式之一就是眼睛的一半被蒙住了，只看得到孩子的缺点，只看得见眼前的一点点距离。爸爸要把眼光放得远一些，只要孩子今天比昨天进步了，这一分钟比前一分钟懂事了，都应该赢得你的鲜花和掌声。教育孩子没有什么秘诀，它的奥妙之处就在于相信和理解。孩子如果没有缺点，他的成长就失去了该有的意义。当然，每个爸爸都希望自己的孩子什么都好，什么都比别人强，所以，理所当然地认为孩子有优点是正常的是，缺点才是不可姑息的大事。如果你那样想就大错特错了。优秀的孩子绝对不是逼出来的，而是运用赏识的力量，让他们懂得自己，肯定自己，相信自己，最终创下不凡的成就。

教子心得

实际上，别人能看到孩子的缺点和不足，孩子自己也知道。正因为别人的议论，才让这种缺点成为孩子心里默默的痛，他们想改掉它，甚至有的时候想忘掉它。这时，爸爸就没有必要死揪着孩子的缺点不放手，让他们痛上加痛。孩子在此时，需要的不是伤口撒盐，而是赏识与爱。

爸爸与妈妈要统一意见

在教育孩子的时候，由于爸爸妈妈的观点有所不同，常常会引发分歧，而这一点是家庭教育中最易犯的错误。因为教育孩子无"法"可依，也就是说具有很强的随意性。这种无原则、无规矩的方法，与父母的喜怒有着很大的关联。因此，常让孩子摸不到头绪，不知道自己这样做到底对不对。比如说，孩子做了同一件事，在爸爸这里受到表扬，到妈妈那里却不知怎的却变成了处罚或是不闻不问。爸爸认为孩子要这样做，妈妈却认为孩子要那样管。孩子倒是没有管成，两个人先吵了起来。爸爸与孩子的沟通固然重要，可是爸爸理应先与妈妈沟通好，达成一致，否则家教就只会衍变成越管越乱了。

小林的爸爸妈妈又吵架了,小林很有表演天分,妈妈总想把孩子培养成大明星,带着孩子学这学那,有时候一出门就是一个多月,小林呢,也很争气,家里的奖杯多得堆积如山。可是爸爸却希望女儿不要浮在表面上,学好知识才是关键,所以家里为了孩子的教育路线问题争执不断。爸爸让小林这样,妈妈却让小林那样。最终孩子受不了爸爸妈妈的左扯右拉,十一岁的孩子居然离家出走了。找了一天多,爸爸妈妈才把孩子找到。孩子却不要回去,大喊着:"爸爸妈妈,你们放过我吧,我太累了。"女儿的一句话让爸爸妈妈突然觉到自己的做法是多么的愚蠢,而孩子的心又是多么的疲惫。

在生活中,又何止是小林的爸爸妈妈。有的家庭,妈妈爱子心切,不忍让孩子受到半点委屈。孩子做错了事情,爸爸刚要举起手吓唬他一下,妈妈马上冲过去替孩子解围。久而久之,妈妈成了孩子的护身符,而爸爸的这一套成了"做戏",震慑力锐减。看来,爸爸妈妈对孩子的教育观念不一致还真是一个不得不解决的大难题。不仅仅是这一方面,爸爸妈妈对待事物看法的不同也会对孩子产生很大的影响。比如说,孩子做了一幅撕画,爸爸大为欣赏地说:"真是太棒了,我的儿子真是不得了。"妈妈却说:"不得了,什么啊,看这一屋子撕得都是纸,真不知道天天弄这些东西有什么用,有那时间不如去练练琴。"爸爸去肯定,妈妈却去否定,这让孩子何去何从?

有了这种认知之后,爸爸就要与妈妈在某些方面先进行沟通,达成一致后再来教育孩子。比如说,把孩子教育成什么样子才算理想? 孩子犯错误时,要持什么态度,要怎样进行合作? 等等,这些都应该是事先做好准备的事情。在教育孩子的过程中,爸爸妈妈存在分歧也很正常,可是不能让你的孩子看出来,如没有事先商议,一定要保持表面上的一致,过后两人再私下做好沟通。只要爸爸和妈妈在一条"战线"上,相信孩子一定会从中获益,得以健康成长。

教子心得

爸爸要理解妈妈的为"母"之心,她们爱孩子,怕孩子受到伤害都是很自然的事情。所以,爸爸在与妈妈沟通时态度要保持平和,说明教育孩子的利害关系,相信妈妈定能体会到这是对孩子"好"。另外,爸爸不可操之过急,妈妈偶尔一次的"没忍住",你不能撒手不管。孩子是两个人的,实际上孩子的妈妈也希望孩子能好,能有出息。所以,爸爸大可以大度一些原谅妈妈的"违规"现象,并叮嘱她,下次一定不要了。相信,只要夫妻同心,一定可以教育出好孩子。

别对孩子翻旧账

大人总有一个不好的习惯,就是吵架的时候,就会把一些陈芝麻烂谷子的事情全都翻出来。旧事重提,从一个问题牵连到另外一个问题,然后扯出一大堆的问题。明知道很伤感情,却偏偏要这样做。这个坏习惯也总会被爸爸带到对孩子的教育里。在批评孩子时最忌讳的是这一点,明明只是在批评指正孩子的一个小毛病,却总是喜欢把过去的"旧账"全都翻出来。这样不仅让眼前的问题不能得以好的解决,还让简单的事变得没有头绪。而结果呢? 孩子要么被伤了自尊,对爸爸记恨更强烈;要么到最后不知爸爸到底在说些什么,搞得一头雾水。

生活中,我们总会看到这样的一幕。孩子不小心做错了事情,父母总会借题发挥,翻出以前的旧账。比如,孩子粗心把笔丢了,大人的话就会跟上来:"你这孩子就是这么粗心,怎么搞的又把东西弄丢了,说过你多少回了,上次把橡皮丢了,还丢过书、本子,你怎么没把自己丢了呢?"大人的这些话,并不会让孩子"长记性",反而会加强孩子与大人之间的矛盾冲突,使孩子的情绪激烈化,错失教育的时机。

　　　　小昭的语文期末成绩考了95分,最后失的5分也是因为粗心把几个常用的字写错了。爸爸看着卷子可惜地说:"你看看你,那是你不会吗?再认真点不就是100分了。"

　　　　"95分也不低啊!"小昭反驳道。

　　　　"还顶嘴,这么不认真。我就猜到了,你肯定考不好,平时做点作业那个磨蹭。给你请个家教就像害你似的,你什么时候才能体会到爸爸的良苦用心啊。"爸爸说。

　　　　"不是说语文分的事吗?这又扯哪里去了!"小昭低低地抱怨。

　　　　"你嘟囔什么呢?你看看你多不像话,爸爸在这说话,你不认真听。平时就是这个样子。让你去学习,你就总有理由,一会这儿疼,一会那儿难受的。让你平时多看看书,你就说作业多!让你把作业认真看看,你就说会了。还开家长会呢,让你妈去吧,我可不去。你这么不听话,别想叫我去给你开!"爸爸数落着小昭的不是。

　　　　小昭一头雾水,不知道爸爸到底在说什么,她只是记得好像家长会是让妈妈去了。

　　孩子是一个成长中的人,他每时每刻都可能遇到困难,随时都可能遇到迷茫费解的问题,并且他们的情绪非常容易受到干扰,他们在内心里极其渴望有人能理解他们的感受。所以这时候,孩子需要的不是一个评论家、指导者,而是一个耐心的倾听者。教育的目的是帮助孩子去改正错误,而不是一次对孩子进行"打压"的讨伐会。爸爸讲了半天,轻者是孩子不知讲的是什么,爸爸没有达到起初的教育目的;重者则是重揭了孩子的伤疤,伤了孩子的自尊,让他们心里觉得,"无论我怎样努力地去做,去改正,你们却仍然记得我不堪的地方。"从而让孩子失去了向上的动力,产生自卑的情愫。所以,爸爸在教育孩子时要记住。无论孩子以前是什么样子,他总是要变好的,要让孩子明白,过去并不重要,将来才是真正的目标。爸爸要做到对事不对人,就事论事,有了错误只要改正了就还是好孩子,不要总是挂在嘴上一有机会就借题发挥,旧事重提,那样会让孩子觉得自己在家里永远翻不了身。爸爸要让孩子沐浴在被信任的阳光中,充满自信地去面对学习和生活。

教子心得

　　孩子犯了错,爸爸只要就事论事,单纯地给予教育就好,没有必要把老账、新账一起算。目的并不是把孩子的"罪行"告诉他一遍,而是要让孩子明白这次自己错在了哪里,如果以后再遇到类似的事情还会不会再犯,要怎样解决。爸爸要转换视觉角度,看孩子进步的一面,多鼓励孩子,让孩子信心十足地去学习。

信任才能教出好孩子

　　　　小伟的爸爸很爱他,把他视为"小皇帝",生怕他受到一点点的伤害。虽然小伟已经十一岁了,但是爸爸却从来不让他独立做任何事,什么事都包揽在自己身上,就连买酱油和醋,他也不让小伟自己去。

　　　　一天,小伟对爸爸说:"爸爸,我想自己去书店买参考书,可以吗?"

　　　　爸爸回答:"你别去了,我不放心!想要什么书,跟爸爸说,我去给你买。"

　　　　小伟诚恳地请求爸爸:"爸爸,你就相信我吧!我自己能搞定的。给我一次机会好吗?就这一次,好不好?"

爸爸沉思了一会儿，答应了小伟的请求。

一个小时过后，孩子高高兴兴地从书店回来了，自信和满足洋溢在他那娇小幼稚的脸蛋上。

通过这一次，爸爸知道，原来自己的做法错了。从此以后，只要是小伟能独立解决的问题，爸爸都会让他自己去做。有时候，还会把一些比较重要的事情交给小伟，结果，小伟完成得也很出色。久而久之，小伟就感受到了爸爸对自己的信任，内心获得了极大的自豪感和满足感，也变得听话了，并且经常与爸爸谈心。

在教育孩子的过程中，很多爸爸都会犯与小伟爸爸一样的错误，很少让孩子去做一些力所能及的事情。他们认为：孩子还小，要是磕到碰到或者被车撞到就麻烦了；如果遇到一些突发事件，怕孩子不会处理。

1. 信任是教育孩子的首要保障

对于陌生人，你会信任他吗？当然不会；而对于你很熟悉的朋友，你必然会信任他，向对方敞开心扉。可以说，信任是你与对方亲密度的一种重要的表现形式。朋友之间、亲人之间、同事之间贵在信任。在家庭之中，父母与孩子之间，信任也必不可少。

教育专家明确指出："教育的奥秘在于坚信孩子'行'。"

心理研究表明：追求他人的信任是一种积极的心态，是每个正常人的普遍心理，也是一个人奋发向上、积极进取，以实现自我价值的内在动力。

其实，每一个孩子和大人们都会有这样的心理需求，渴望得到认可与肯定。父母要学会信任孩子，让孩子不断获取更多前进的信心和力量。哪怕只是一次小小的信任，一次小小的认同，都能改变孩子的整个面貌。

调查表明：爸爸独特的心理特征和行为方式，往往在家庭中占据着重要的地位。孩子对爸爸具有特殊的信任，他们经常把爸爸视为自己学习的启蒙老师，模仿的榜样，生活中的"智多星"。

所以，爸爸要以信任孩子为基本点，不断激发孩子的潜在动力，让他们获得被信任与认可的快感，使他们在信任中不断激励自己，进而走向无限光辉的成功大门。

2. 在细节中信任孩子

其实，要做到信任孩子并不难。爸爸只要在日常生活中体现出对孩子的信任，虽然只是一些不起眼的小事，但是孩子也能获得极大的满足感。

例如，你可以让孩子去买一些油盐酱醋，叫他去买一些报纸杂志，或者让他去买一些参考图书和体育用品等。这些虽然在爸爸的眼里是小事，但是在孩子的眼里却不只是一种小事，更是一种依靠和信任。

3. 信任孩子能够自行改正错误

爸爸叫佳佳去买一斤水果糖。佳佳嘴馋了，一边吃糖，一边回家。爸爸发现分量不对，也猜出很有可能是佳佳偷吃了，于是对佳佳说："你是不是偷吃糖了？"

佳佳低着头一言不发。

爸爸继续说："佳佳，爸爸知道你喜欢吃糖，今天叫你去买的糖都是给你吃的。爸爸信任你，才叫你去买糖。所以，你以后尽量不要再偷吃糖了。不要辜负爸爸的信任，好吗？"

佳佳点点头。

一个月后，爸爸再叫佳佳去买糖。结果，佳佳果然没有再偷吃糖。

正所谓"人非圣贤，孰能无过。知错能改，善莫大焉"。当孩子犯错时，爸爸尽量不要用打骂的方式来教育他，要动之以情，晓之以理，给予孩子充分的理解和信任，帮助孩子改正错误，引导他步入正轨。

4. 让信任成为孩子的一种力量

周末，爸爸带五岁的秦枫去看电影。在公交车上，有一个小伙子看见了秦枫，就给他让座。而爸爸却说："不用了，小伙子，谢谢您！他已经五岁了，我相信他自己可以站稳的。"秦枫听后，也使劲地点头，并且用小手紧紧地攥着栏杆，竭力站稳。

爸爸相信秦枫自己能站稳，秦枫从爸爸的信任中获得了一种力量，进而尽自己最大的努力站稳。其实，每一个孩子都希望在别人面前表现出自己坚强的一面。爸爸可以迎合孩子的这种心理，在适当的时候给予孩子足够的信任，相信孩子可以做好。如此一来，孩子就会从你的信任中获得某种力量，进而朝着爸爸预期的目标发展。

此外，爸爸要根据孩子的自身具体情况来信任孩子，否则，不但不会使孩子变得强大，反而让孩子产生自卑心理。如，孩子受身高的限制，是够不着篮球筐的，爸爸就不能说："孩子，爸爸相信，只要你努力跳，就能够到篮球筐的。"

教子心得

随着孩子不断成长与成熟，他们会有自己的思维与思想。就像大人一样，他们也希望被理解、重视、信任、尊重。但是在现实生活中，很多爸爸都忽略了这一点。

尊重孩子的观点

最近电视上经常播出低碳生活的公益广告。一天，九岁的宝艺对爸爸说："爸爸，我觉得，我们应该把车卖了，一起加入低碳生活吧！你看，电视上就经常说要多骑自行车，少开车。"

爸爸一听就火了："什么？把车卖了？我前年花了十几万买的汽车，你一句话，说卖就卖了？真是个败家子！你还低碳？你知道什么是低碳吗？低碳就必须要卖车吗？不懂你就不要再瞎说了！"

如果爸爸当时没有直接否定宝艺的观点，而是说："孩子，你觉得我们应该低碳生活，这很好，表明你是一个富有责任感和使命感的人，懂得珍爱世界，爱护地球。爸爸很高兴！不过，爸爸与你有一点不太相同的看法。因为低碳并不是说必须要卖车。其实，低碳生活包括很多方面，例如我们可以把洗衣服的水留下来冲马桶，尽量用节能灯泡，等等。这样，我们不也一样参与低碳生活了吗？"

这样，不仅维护了孩子的自尊，还让他对低碳生活有了一个正确而全面的认识，孩子也会更积极地去思考问题，敢于说出自己的观点。

所以，爸爸不能轻易否定孩子的观点，应该尊重孩子，并鼓励他勇于说出自己的观点，逐渐培养孩子的独立意识。

1. 尊重孩子的想法与意见

周末，爸爸带九岁的儿子去参观书法展览。在回家的路上，儿子说："爸爸，今天我看了很多书法。我觉得，有一些书法写得非常好，但是有一些书法却很潦草。老师经常教我们，要认真、工整、一笔一画地写字。真搞不明白，为什么字写得那么难看，却能拿出来展览！"

爸爸说："孩子，老师说得没错，写字就要认真、工整。不过，那些书法并不是潦草，它也是书法的一种形态，称为'草书'，它们也是具有很高的书法造诣的，并不是信笔涂鸦。这个，爸爸不怪你，你以后就会明白了。"

每一个孩子都有其独特的思想与思维方式，在孩子面前，世界是纯洁、美好的。孩子懂事后，就会学会思考生活中的很多事情，并逐渐形成自己的想法和观点，会向爸爸说出自己对某些事情的看法和意见。实际上，这是孩子的一种很正常的表现，说明他已经具有独立意识了。

所以，爸爸应该尊重孩子的生长规律，尊重孩子对事物的某种看法和观点。如果孩子的看法是正确的，你就需要及时对他提出表扬和鼓励；如果孩子的看法是片面的、不正确的，你也要尊重他的这种想法，并在倾听中发现孩子观点中的不足之处，进而加以正确引导，让他对事物有更加全面、科学的认识。

2. 不随意否定孩子的个人观点

八岁的小宗跟爸爸逛街，走进了一家儿童服装专卖店，小宗说："爸爸，这款衣服真好看，我特别喜欢。"

爸爸瞥了一眼衣服，说："真难看！你看这颜色，还是土黄色！我实在觉得没有比这更难看的颜色了，多庸俗呀！"

小宗喜欢土黄色的衣服，就说明他具有了自己的鉴赏能力，而爸爸却直接否定了他的观点，这无疑是一种错误的做法，不仅不利于亲子关系的和谐发展，还会挫伤孩子的积极性，孩子会认为自己很笨，根本没有鉴赏能力，进而产生自卑心理。

所以，爸爸不能轻视孩子的个人观点，更不能表示否定或攻击，而应在尊重的基础上，选择性地支持与鼓励孩子的个人观点。当然，若孩子的个人观点确实是偏激和错误的，爸爸需要及时加以纠正。如孩子喜欢某一款玩具汽车，爸爸就应该支持他；而孩子认为玩玩具汽车比学习还重要，爸爸就需要加以纠正。

3. 鼓励孩子说出自己的观点

在孩子说出自己观点的过程中，就会体现出孩子对事物的理解能力和思考能力。所以，爸爸应鼓励孩子多表达自己的观点，有意识地锻炼他的理解和思考能力。

例如，当发生了一件新闻时，爸爸可以说："孩子，你对这件事有什么看法？"当爸爸在和朋友探讨问题时，爸爸可以问孩子："孩子，你是怎么认为的？"当家里准备外出旅游时，爸爸可以说："你想去哪里玩儿？说说你的想法。"

教子心得

当孩子说出自己的观点时，即使是错误的观点，爸爸也不应直接加以否定。否则，不仅伤害了孩子的自尊，还会打消他的上进心，使他不敢再说出自己的观点，时间长了，孩子就会逐渐失去独立意识，严重阻碍他的成长。

让孩子认清性别

每个人都知道，从很小开始男孩和女孩所喜欢的玩具就大不相同，游戏的方式也具有天壤之别。男孩一般喜欢手枪、汽车，喜欢玩"打仗"游戏；而女孩则喜欢娃娃，模拟生活用品的玩具，喜欢扮妈妈，喜欢过家家。正因为有了这种行为的不同，很多父母都认为这是天性，树大自然直，长大后，女孩自然有温婉样，男孩自然有阳刚气。可是事实真的会是这样吗？

一般来说,孩子在三周岁以前其性别意识都是模糊的,再大一些就已经知道性别的差异了。所以,在三周岁之前是孩子性别意识养成的一个关键时期。而爸爸和妈妈就是孩子最重要的老师,孩子可以从妈妈身上认知到女性,从爸爸身上认知到男性。而这种教育是夫妻双方应该共担的义务,是缺一不可的。性别教育要越早越好,而爸爸恰恰是对孩子性别教育的关键人物。

程程的爸爸工作很忙,所以妈妈自然就成为程程生活中最重要的角色。但是,妈妈在程程出生之前一直希望自己生个女儿,当一个男孩在这种盼女心切中降生时,妈妈毫不犹豫地给儿子起了一个稍带女性化的名字"程程"。妈妈给程程梳小辫子,穿裙子等等,妈妈觉得要趁着程程还小的时候,自己多体会一下养"女儿"的感觉。爸爸只是忙着他的事业,无暇顾及程程,爸爸的缺席,妈妈的"特意"培养,不知不觉中,程程养成了很多女孩的习气,比如说,爱哭、说话声音细、举止像女孩等等。

后来,程程上了学,由于自己的这些"女孩"形态,使他在班级里经常遭到男生的嘲笑,以及女生的排挤。最终导致程程无心学习,成绩越来越差。

爸爸,不要只是家庭的一个陪衬,总是让自己处在那种可有可无的角色中,在孩子小的时候如果家长不注重孩子对性别的区分,很可能使男孩变成"娘娘腔"。当然,在程程的故事中,妈妈是要负绝大部分责任的,但是爸爸的错误更大,面对孩子的教育,特别是男孩子,阳刚之气是爸爸们教导男孩子的基础之道,一定要给予性别教育高度的重视。

如果爸爸们觉得事情没有那么可怕,那么让我们从以下例证中见证。

在妈妈的教导下:妈妈总是喜欢做孩子的老师,告诉孩子什么该做,什么不该做;什么是对的,什么是错的。"要听话,别淘气",是妈妈们常挂在嘴边的话。男孩在这种氛围下,会渐渐地受妈妈思想的左右,从而变得顺从、听话、乖巧。什么事都要妈妈让做才去做,自己从来不主动去思考要如何做,从而失去了独立性和探索的精神。

在爸爸参与的教育中:爸爸会时刻告诉男孩子要有男子气概,要保护妈妈。不仅如此,爸爸常会让孩子们自己克服遇到的困难;对于孩子所犯的错误,也会少一分迁就多一分教育,让孩子们勇于认错,而不像妈妈一样感情用事,常被孩子的泪水打败;另外,爸爸很少会端起老师的架子,而是以朋友的方式和孩子一起无拘无束地玩耍。由此可见,爸爸是教育中的重量级人物。值得一提的是,特别是对待男孩,与爸爸接触的机会越多,在一起的时间越长,他们就越勇敢、坚强、豁达、乐观。这些都更有利于培养孩子的人格魅力和自主能力,使孩子在未来的生活中能够更好地适应社会。

教子心得

对于男孩的性别教育,单靠妈妈凭空地嘴上说,很难让孩子理解性别的不同点。这时,爸爸才是活生生的例子,在日常的生活中,从爸爸的特征、语言方式、行动以及与孩子的互动方式,会让孩子真真正正地体会到妈妈与爸爸的不同,女人与男人的不同。

成长篇

好爸爸要帮孩子面对成长的烦恼

第一章
坚决改掉孩子身上的坏习惯

如何"治""人来疯"的孩子

有的孩子平时在家里表现还算不错,可是不知道为什么家里来得人越多,他的花招儿就越多,不是要这要那,就是上蹿下跳,没个老实样。有的甚至发出各种怪声,导致大人们无法正常交谈。爸爸遇到此种情况总会很头疼,不理他吧,他就没完没了地胡闹;管他吧,又有外人在场,怒火不好发出来。这样容易造成别人的误会。到底要怎样办才好呢?

京京是典型的"人来疯"。家里越有外人,他就会越来劲儿。一次,爸爸的一个同事到家做客。爸爸正在和同事交谈,孩子的坏毛病就犯了。一会儿让爸爸给倒果汁,一会儿又让爸爸削苹果。爸爸碍于外人在都一一照做了。可是没想到,京京反而得寸进尺,身前身后地缠着爸爸讲故事。爸爸说:"京京,你太不懂事了,没看到爸爸正和叔叔在说话吗?"

"我不嘛,我就要听你讲故事。"京京噘着嘴不满意地说。

爸爸不再理他继续和同事谈话。京京一看没达到目的,就在爸爸的身边发出各种怪声。爸爸觉得很尴尬,忙和同事道歉。同事可能也觉得挺别扭,于是谈完了事就告辞了。奇怪的事情发生了,在同事走后,京京就不再缠着爸爸了,自己看起了电视,也没有再找爸爸要求他讲故事。爸爸无奈地摇了摇头。

当家里有客人来访的时候,你是否也像是这位爸爸一样充满了无奈? 首先让我们一起来分析一下,孩子为什么会变成"人来疯"。有的孩子表现欲过强,并对家里的人具有占有性,总想引起别人注意的同时,也要让家里的人多关注他。还有的孩子没有什么朋友,生活很无趣,交际的圈子除了爸爸就是妈妈,所以借"人来疯"来发泄精力;当然也有一些孩子的"人来疯"现象是有一些目的性的,想要得到什么平时父母不给的东西的,仗着家里有人,父母不好发作,而实现他的小目的。

那么,采取什么样的措施才能"治"住孩子"人来疯"的现象呢?

1. 采用以不理治无理的方法,让"人来疯"自动失灵

无论孩子如何缠人,有何种要求,爸爸都可当成没有听到,而关注于与来人所谈的话题。孩子怎么捣蛋,爸爸都不要看一眼,只要挺上一会儿,孩子自会觉得无趣,就会走开做别的事情去了。这是给"人来疯"降温很好的方法。

2. 对于"人来疯"的孩子,要提前施以警告

如果爸爸知道孩子一到人多就会这样,就要给孩子打好"预防针",防患于未然。比如说,家里要来客人之前,爸爸要严肃地对孩子提出要求,告诉他,如果毛病再犯,客人走后孩子会得到什么样的惩罚,让孩子心里有个谱,会让他的行为有所收敛。当然也可把惩罚变成小奖励,比如,周末带他到动物园去玩等。对于此种方法,奏不奏效的关键在于爸爸一定要做到说话算数,要不然，几次过后，你的这招就会自动失灵。

3. 给孩子一个受到关注的机会

既然孩子的"人来疯"现象是要引起别人对他的关注。那么，与其让孩子胡闹下去，不如给他创造一个表现的机会。比如说，爸爸让孩子表演一个他最拿手的节目。让孩子的表现欲得到发挥，"人来疯"自然会自愈。特别注意的是，孩子在表演过后，无论好坏都应给予表扬和鼓励。

4. 不要忽略了孩子的交友问题

现在的孩子大多是独生子女，都很寂寞，旺盛的精力无处消磨自然会使在家里。如果孩子能有很多朋友，情况就会大为改观。不仅可以去掉孩子"人来疯"的坏毛病，还可以从中培养孩子的交际能力。

教子心得

孩子如果"人来疯"的情况不是很严重的话，最简单的方法就是等待孩子的长大。虽然这一点是切实可行的，但是，爸爸还是应该趁孩子还小的时候改掉他这个坏毛病，以免继续发展，影响到孩子的健康成长。

改正孩子沉迷网络的坏习惯

网络犹如一块神奇的土地，深深吸引着青少年的眼球。网络又是一把双刃剑，在给孩子带来种种便利和好处的同时，也给孩子带来了许多负面影响。所以，需要爸爸正确引导孩子上网。

李祥上五年级那年，有时候放学不及时回家，而是和同学去网吧玩游戏，爸爸非常反对李祥上网玩游戏，每次发现李祥回家晚了，就斥责他。有一次，李祥告诉爸爸："像我这么大的孩子，都玩电脑游戏，其实玩电脑游戏并不是那么可怕的，玩玩游戏可以放松心情，你为什么把网络看的跟魔鬼一样呢？"

爸爸说："媒体上都说了，那么多孩子沉迷网络，彻夜不归，不仅耽误了学业，还毁了孩子呢。"

李祥回答道："其实沉迷网络游戏的孩子并不是很多，有些孩子天天把学习挂在嘴边，但却是在骗父母，而我该玩的时候玩，该学的时候学，绝对不会欺骗你和妈妈。"

听了儿子的话，爸爸说："好，我相信你。以后在家里玩电脑游戏吧，不要去网吧了，哪里太乱了。"儿子听了点点头，然后回到了房间。爸爸悄悄过去一看，发现李祥正在写英语单词。

从那以后，爸爸都会给李祥一定的上网时间，但是爸爸要求李祥要诚实、自觉、有度，并适时鼓励李祥说："我相信你是一个有自制力的好孩子！"李祥也很配合，有时候时间到了，他就主动跟爸爸商量："爸爸，我还需要几分钟，可以延迟吗？"

爸爸就说："你自己决定吧。"后来，爸爸不再限制李祥的上网时间了，完全由他自己掌握。

每天放学回家，李祥总是先去写完作业，然后再上网、看书，上网的时间也不会很长，也不再玩游戏，而是改为踢场足球，或看看动画片之类的放松放松心情，看着孩子看动画片笑得前仰后合的样子，爸爸妈妈也经常被感染。

教育孩子正确对待网络,不能靠训斥,而要给孩子适度的自由和充分的信任。如果把想通过打骂和恐吓等方式使孩子放弃上网,那显然是行不通的。那样的话,孩子会更加叛逆,更加沉迷网络。

之所以要引导孩子正确上网,一方面是害怕孩子玩网络游戏上瘾,另一方面是为了防止孩子受到网络色情、暴力等内容的毒害,防止网络骗子坑害。作为父亲,想要帮助孩子度过网络人生的危险期,关键是教育孩子正确认识网络,有节制地上网,为孩子上网构建"心灵防火墙"。

1. 了解孩子心理特征,建立顺畅的沟通渠道

孩子处于成长、发育阶段,自控能力差,心理不够成熟,社会经验不足,网络热情又高,他们很容易被神秘而富于刺激的网络世界所吸引,沉迷于网络。尤其是网络色情,对孩子具有极大的诱惑力,一旦孩子受到毒害,将严重影响其幼稚而纯洁的心灵。

总之,当代孩子面临着复杂的成长环境。这就要求家长多和孩子平等交流、民主沟通,做孩子的知心朋友,使孩子明白爸爸妈妈是他最好的交流对象,这样孩子就不会迷恋网络聊天。

2. 注重教育方法,提高孩子的心理素质

孩子迷恋网络的心理不尽相同,有的是生活受挫,逃避现实;有的是兴趣爱好单一,户外活动缺乏;有的是人际关系糟糕……采取简单、粗暴的办法并非明智之举,让其为所欲为也非明智之策。因此,爸爸要注重教育方法,搞清楚孩子内心的想法,找到问题的症结,及时消除孩子的烦恼,提高孩子的心理素质就显得颇为重要。

3. 引导孩子形成良好的上网习惯

很多孩子在无人看管的情况下容易沉迷网络游戏、聊天,既耽误学习又影响视力,这就要求爸爸对孩子的网络生活进行合理安排和规划,应该做到:时间要适度,要严格控制上机时间,一般每次安排不超过一小时;浏览健康的网站内容;关爱要到位,爸爸要拿出一定时间与孩子进行交流沟通;还要指导孩子注意安全,提高自我保护意识,网络交友要谨慎;还可通过与孩子签订上机协议、将电脑放在客厅等方式,对孩子网络生活进行适度监控和合理安排,引导其养成良好的上网习惯。

4. 注意给孩子传授信息鉴别方法

为避免孩子在盲目的搜索链接中遇到不良诱惑,爸爸应该传授给孩子基本的信息鉴别方法。如:链接前要先看其网址,尽量点击大家熟悉的规范网站。至于交友类网站,更不可轻易进入。

5. 安装专业反黄软件,做好黄毒防范

家庭网络开通后,要及时安装专业的反黄软件,为孩子创造一个洁净的网络环境。

6. 充分开展休闲娱乐活动

如果家长在孩子的心灵中播下美好的种子,邪恶就难以侵入。因此,爸爸应该多举办一些丰富多彩的家庭休闲活动。如:集体远足、歌曲比赛、书画展览、家庭聚会等,指导孩子学会健康地娱乐、休闲。同时,爸爸可以充分利用一些能够增进家庭成员间感情的游戏,充实孩子的双休日生活,消除孩子对网络的依赖心理。

教子心得

网络是一个扶梯,也可能是一个陷阱。如果爸爸有意识地教育孩子,引导孩子正确上网,网络就会成为孩子进步的扶梯。如果你让孩子毫无顾忌地上网,那么网络就有可能成为孩子堕落的陷阱。

改正孩子太娇气的坏习惯

娇气像是一个标示,成为现在的孩子身上的代名词。家长觉得孩子还小,就像是温室里的花朵,只有给予爱才可能得以健康的成长。可是,花儿再美,肥施得多了也会败落,水浇多了也会涝死,爱又怎可过多呢?娇气之所以产生,就是因为家长对孩子过于疼爱和娇宠。孩子一个不顺心就闹上一顿,一个不高兴就谁的话都不听,连吃口饭家长都要跟在孩子后面满屋子转。渐渐地,孩子娇过了头,家长却无力制止。时间一晃,孩子长大了,当家长无力再去保护他们、纵容他们的时候,孩子又该何去何从。

作为爸爸,即使全家人都反对你,你也要坚持改正孩子身上太娇气的毛病。也许家人一时对你无法理解,可是相信日后,谁都能知道你的一片苦心,包括此时最不愿意接受你管束的孩子。

安安的爸爸发现,女儿越来越娇气了,一块橡皮找不到了,也要流眼泪;在外面没走上几步就吵着脚疼要打车,所以爸爸决定要找点"苦"治治女儿安安的"娇"。

安安放暑假了。爸爸决定这次要违背一下妈妈的想法,不把女儿安排到各种的辅导班上,而是带着女儿去较远的农村"找苦吃"。那地方是爸爸的一个远房亲戚家里,条件很差。爸爸和安安必须坐六个小时的汽车,然后徒步走上半个小时才能到。起初,安安很兴奋,因为她长了这么大,从来没有到过农村去看一看。下了车,安安看到绿油油的田地高兴坏了,拉着爸爸向村子走。可是,由于刚下过雨,路上很泥泞,安安白色的小皮鞋眼看就要变成黑色的。于是,她伸手想让爸爸抱她走一段,爸爸却像没看到一样继续向前走。安安后悔了,她真恨不得马上回家,再也不走这样的路了。

终于到了亲戚家,这里没有好喝的果汁,只有井水解渴。晚上,吃饭的时候,虽然亲戚已经用心准备,但是还是很不合安安的口味。看着粗粮做的馒头,简单的炒青菜,安安没有动筷,上自己的包里拿出最后一袋饼干充饥。爸爸没有作声,看了安安一眼,津津有味地吃起饭来。亲戚家的大伯看到安安在吃饼干,明白是城里的孩子吃不习惯,所以要去给安安买点吃的却被爸爸制止。到晚上了,安安饿着肚子心想,终于可以休息了。可是,她没有想到,这里没有厚厚的席梦思,只是几个褥子铺在大炕上,女的都挤在一起睡。安安哭了起来,吵着要回家。可是爸爸理也不理她,不知过了多久,安安的哭声消失了,睡着了。

过了几天,安安实在受不了了,天天缠着爸爸要回家。因为这里,没有电脑,没有玩具,就连电视能收到的台都少得可怜。可是爸爸却每天帮大伯他们忙这忙那的,对于安安要回家的建议采取"不理会"政策,并且告诉安安,至少要在这里生活一个月。渐渐地,安安开始适应这里的生活了,饭也不觉得难咽了,也不那么爱哭了,还常常帮爸爸做些力所能及的事情。一转眼,暑假快要结束了,爸爸和安安谢过了亲戚一家人,踏上了回家的路程。

奇怪的事情发生了,安安真的变了。她不仅知道要珍惜粮食,还学会了如何与人相处,最重要的是,安安不像以前那样爱哭,爱撒娇。妈妈问爸爸:"你到底用了什么招儿?让安安这个娇气十足的大小姐变成了人见人爱的好孩子啦。"

没苦就去找苦,现在的孩子欠缺的就是吃苦的精神。爱孩子就更要引导孩子丢掉坏毛病,从而完成一个闪光的蜕变。

孩子有了这些表现,爸爸就要注意,孩子已经成为"娇气大军"中的一员了。

第一,挑食。顺口的吃个没够,不顺口的任你怎么劝,怎么喂也不为所动。

第二,耍小性子。有点小毛病,就什么都不能做了,学也不能上了;在商店看上的东西不给买就哭闹个不停;顺心的东西才会用,不顺心的东西就算浪费也不碰一下。

第三,学习时我最大。只要一学习自己地位就提升了,一会儿要喝水,一会儿要吃水果,一会儿铅笔尖粗了没法写了,一会又文具乱了没心情了等等,反正,如果家长没做好"服务",作业忘了,作业做错了或是考试没考好,那准是你的责任。

第四,不爱干活。如果家长说"来,给你买了好东西。"他马上会乐颠颠地奔过去。可是只要家长说"把碗帮忙摆上"等等支使他干活的事情,他总会有这样那样的借口。比如说"我正在做作业""我正累着呢",偶尔推脱不掉了,也会对付一下就完事,或是抱怨连连。

第五,爱听表扬,受不了批评。一表扬,尾巴就翘起来。一批评,心情就大打折扣,眼泪总会相伴而来,甚至并不接受批评,明知自己不对也要无理搅三分。

遇到这些情况,爸爸要想办法来改正孩子这种不好的习惯。比如说,可以和孩子一起参加一些"吃苦"的活动,像坚持跑步、爬山、跳绳等都是很好的方法。另外,爸爸还可以和孩子一起做家务,像洗衣服、擦地板、小面积粉刷墙面等等。爸爸在孩子娇气的问题上不要心软,如果做到一半就向孩子妥协的话是无法达到理想效果的。所以,好爸爸们,你们要加油。

教子心得

有时候,孩子的娇气,责任在于父母。妈妈在一旁紧紧地护着,爸爸在一边纵容着,孩子怎么可能不染上"娇"呢?所以,爸爸一定要和妈妈商量好让孩子"吃苦治娇"的方案,两人站在同一边,从自身做起,用共同的力量把孩子的娇气戒掉。

别理会孩子的无理取闹

跟孩子相处本身就是一门艺术,孩子会说话了,会走路了,在家长期盼的目光里孩子会的东西越来越多。但是,他们的小毛病,随着长大也渐渐地露出了头角。经常听到一些家长抱怨:"孩子大了,怎么却变得越来越无理取闹了?"面对孩子的哭闹,不听话,不讲道理,家长常常感到头痛不已。那么,怎么来纠正孩子的这种坏毛病呢?

五岁的丽丽患了感冒,已经咳嗽好多天了,一直在打针吃药。也是因为孩子生了病,爸爸比平时对丽丽还要娇宠。这天,爸爸到幼儿园去接她,丽丽非要吃棉花糖,爸爸觉得棉花糖太甜了,如果吃了会更咳的,所以拒绝给她购买。爸爸告诉她如果吃了棉花糖嗓子会更疼的,可是丽丽根本不听,站在卖棉花糖的地方大哭大闹。任凭爸爸说什么,她都听不进去。爸爸听着女儿的哭声,虽然心疼可是仍然坚持着。然后,爸爸把丽丽放在自行车上,推着她往家走,女儿的哭声引来了很多人的侧目。爸爸觉得脸上像是发烧了一样,几次都想折回去给她买。但是心里一想,如果这次妥协了,女儿知道这招好使,以后总是用它来做要挟就糟糕了。再者说,女儿的嗓子现在确实不能吃糖。所以,爸爸硬下心来。

到了家,丽丽仍在哭,但是声音远远比刚刚开始的时候小多了。回到家,妈妈一看孩子哭成这样就问爸爸是怎么回事,爸爸就将前因后果讲了一遍。妈妈抱怨着:"你也真是的,就让孩子哭成这样? 你就给她买了呗。"说也奇怪,妈妈的话刚说完,女儿本来都要消下去的哭声又重新扬起了高调。爸爸给妈妈使了一个眼色,妈妈立即明白自己说错了话。于是,爸爸妈妈开始谈起别的话题,不再理会丽丽,果不其然,不一会儿丽丽见没人理她就不哭了,自己一个人玩玩具去了。爸爸妈妈偷偷地松了一口气。

听起来,像是与孩子斗智斗勇一样,事实上也真是如此。当孩子无理取闹爆发的时候,大哭、跺脚甚至在地上打滚都是他们惯用的方法。这个时候,任何的道理孩子都会在脑海里让它们自动消失,所以,爸爸如果要采用说教的方法对孩子的无理取闹是没有任何作用的。当孩子捂着耳朵大喊"不听,不听"的时候,爸爸也不要动怒,打骂是无法根治孩子的坏习惯的。妥协当然更不可取,如果爸爸为了换取孩子一时的"安静",而满足了他的要求,孩子绝不会把这种好使的招数只用一次,他们今天尝到了甜头,以后遇到类似的情况一定还会依法炮制的。所以,爸爸不可不防。最好的方法就是"不理"。让孩子尽情地哭闹吧,爸爸不去理他,不一会儿孩子就会感到自己的方法失灵了,自然就会停止,如果爸爸遇到孩子无理取闹的时候都这样做,那么孩子的这种坏毛病逐渐就会改掉了。

改正坏习惯不能像是削烂苹果,只要见到不好的地方削掉坏的就没了。一次两次是无法把坏习惯根治的,所以爸爸在纠正孩子错误的整个过程中,必须有所注意。

第一,坚持。要有心理准备,做好至少为期三个月的中长期"抗战"准备,因为坏习惯不是一夜养成的,要想改掉当然需要付出一定的时间。

第二,耐性。孩子哭多久,你就要"稳"多久,如果爸爸先"躁"起来,被孩子看出来,他就会更加劲地哭,因为这些小鬼头知道,你要是先烦,他们就胜利在望了。

第三,温和。让孩子见到的"脸色"都是温和的。再怒也不要写在脸上。不温不火才是"抗战"的最佳方法。

第四,一致。家长要心往一块拧,劲儿往一起使。如果态度不一致,孩子就会有机可乘,爸爸的目的也就无法达到预期的效果了。

教子心得

孩子养成了坏习惯并不可怕,最可怕的是家长不能用有效的方法给予及时的纠正。对待喜欢无理取闹的孩子,爸爸可以以不理来治无理,如果孩子没有闹得过分时还可以用转变话题、改变气氛等方式使孩子在坏习惯没犯之前提前熄火。这也不乏是个好方法。总之一句话,改掉孩子的不良习惯才是爸爸的最终目的。

加强孩子的自控能力

很多爸爸都会觉得,孩子不遵守纪律并不是什么大不了的事情,只要他们大一点就自然会改掉这个坏习惯了。可是,事实是这样吗? 心理学家研究发现,30%的孩子到学龄时仍然不会自觉地去学习。他们在学校,上课注意力不集中,爱说话,坐不住,爱做小动作等等。不遵守纪律实际上是从一个侧面表现孩子自控力的不足。爸爸如果想让孩子将来成为一个优秀的人才就必须对"不遵守纪律"问题加以重视。纠正这个问题的关键当然就是加强孩子的自控能力。

　　大海虽然聪明,但是却十分不受老师的喜欢,因为他太爱动了。上课的时候不是扯女同学的头发,就是趁着老师不注意,前后左右地说话。唱班歌的时候故意走音,把别人的本子拿去乱画,坐姿不端,抢别人的橡皮用等等,当老师一一把这些"恶行"都告之大海爸爸的时候,爸爸吓了一跳,没想到儿子原来这么捣蛋。看来,再也不能把这些问题当小事了。可是孩子为什么会不遵守纪律呢?

　　"大海,你们老师打电话来了,说你在学校特别不遵守纪律,有没有这事?"爸爸问。

　　"他就爱打报告,真讨厌!"儿子愤愤地说。

　　爸爸对孩子的态度感到很奇怪,接着问:"你好像不太喜欢你的班主任啊? 为什么? 老师还能哪里得罪你了? 老师管你都是为你好。"

　　"才不是呢,爸爸,你千万别让他给骗了。我上课说话他批评我,可是军军说话老师却说他在给别的同学讲题!"儿子不满地说。

　　"那是为什么呢?"爸爸又问。

　　"那还用问,不公平呗,军军考第一呗。反正我很讨厌老师。所以,我就是要表现不好,气他。"儿子夸张地说着。

　　爸爸了解真实的情况,一面告诉儿子有这种想法是不正确,另一边也私下里委婉地跟孩子的老师进行沟通。

　　几天后的一个下午,孩子放学回来高兴地对爸爸说:"爸爸,你知道吗? 老师今天居然表扬我了。"

　　"表扬你什么了?"爸爸笑着问。

　　"表扬我上数学课没有说话,可是以前我不说话的时候他都看不见,只要我说一小句,他就会罚我,批评我。你说我们老师今天是不是吃错药啦?"儿子睁着大眼睛问。

　　"你那是什么话,好孩子不能那样说话,可能老师发现你的优点了呗。以后你要怎样做呢?"爸爸借题发挥。

　　"他要是对我好,我还真有一点喜欢他,那我上课就好好听讲,不搞小动作。没准也能当个优秀学生什么的呢。"儿子满怀信心地说。

　　"那好,今后就要看你的表现喽。"

爸爸知道儿子的"不遵守纪律",老师的影响只是一方面,其主要原因还是自控能力较差,要想真正改掉孩子的坏习惯必须根表同治。下面给爸爸们介绍几种易于实施的提高孩子自控能力的方法。

第一,立榜样。爸爸可以从老师或孩子的嘴里取得一些信息,把孩子比较羡慕的方面作为进取的点,给他立一个榜样,可以是他的同学、玩伴或者老师等都可以。

第二,想后果。孩子做什么事情之前往往不假思索。爸爸可引导孩子养成做事之前想一想的好习惯。经常提醒他,如果在课堂要搞小动作不听讲时,要先想想自己的行为所能导致的后果,这样孩子就会下意识地控制自己的不良行为。

第三,养习惯。自我控制能力可以在多次重复中形成。爸爸要让孩子的学习生活变得有头有尾,富于节奏。比如说,学习时要集中,可以从10分钟开始,一点一点训练孩子的自控力。劳动时要讲究规律,可以安排孩子做一些力所能及的家务。读书时,要有头有尾,一页一页地看,切莫草草一翻,看完之后内容是什么都不知道。做好这些对提高孩子的自我控制能力有很大的帮助。

教子心得

爸爸要想让孩子做到遵守纪律,不仅仅要注重对孩子的自我控制能力的培养,还要了解孩子内心的真正想法。有的时候,如果孩子在学校不受老师的喜爱也会对他们的行为产生很大的影响。一方面爸爸要和老师建立好关系,另一方面也要对孩子采用讲道理的方式。双管齐下,孩子自然会朝着好的方向发展。

重视孩子的"两面派"问题

孩子如果出现"两面派"的现象,一定要引起家长的注意。爸爸千万不要认为那是因为孩子心眼多、聪明,而不把它当回事。没有人喜欢表里不一的孩子,他们说一样,做一样;人前一个样,背后又一个样;在家一个样,在学校却是另一个样。对于孩子的这种行为,家长真是又生气又着急,或打或骂或惩罚却仍不见孩子有任何好转。不仅如此,孩子的这种行为反而变本加厉,实施得更为"高级"了。

冒冒八岁了,年纪虽小但是在家里可真是"霸气"十足,爸爸妈妈什么都得听他的,稍微有点不顺心意,脾气就会耍起来,不达目的不罢休。爸爸想,算了,这样的孩子在外面不吃亏也就不是什么坏事。可是让爸爸没有想到的是,就是这样一个小霸王,在学校却是判若两人。

这天,爸爸发现儿子的脸上有一小块淤青,忙问是怎么回事,冒冒支吾了半天,一会儿说是桌子撞的,一会儿又说是摔倒的。爸爸觉得有些不对劲便问了冒冒的老师。这一问竟然让爸爸大吃一惊。原来,冒冒在班里经常受到同学的欺负。有些男孩子知道冒冒受了欺负也不敢吱声就更加放肆起来。抢他的东西,冒冒也不抗争;受到欺负,冒冒也不还手,也不告诉老师。就连今天发生的这些事都是老师无意中发现的。了解了这些情况,爸爸十分不解,孩子在家里无法无天,在学校却甘于人下,为什么冒冒会在家里和学校有着如此的不同呢?

下午爸爸去接冒冒放学,与老师道别之际,爸爸忽然想起来,冒冒早上出门时要三十元钱说是学校要捐款。当时爸爸没有零钱就说稍后再给,于是爸爸把钱给了老师,老师先是一愣,而后笑着对冒冒的爸爸说:"学校并没有什么捐款活动啊,看来冒冒真的要好好地管管了。"爸爸一下子明白了,原来孩子是在说谎。爸爸怎么也没有想到儿子都已经成为标准的小两面派了,自己却浑然不知。到底自己要怎样做呢?

孩子的"两面派"行为主要表现在哪些方面呢?下面列举一些生活中较为常见的:

第一,学校和家里"两重天"。这种现象一般有两种。一种是孩子在家里的时候无法无天,不听管教,脾气暴躁,稍有不顺心就是一顿大吵大闹。在学校却是唯唯诺诺,不仅失去了"小霸王"的强势,而且有的对于小同伴的欺负都不敢声张。另一种,与第一种也比较相近,孩子在家里也是任性妄为。但是在学校却是乖巧听话,人见人爱,是老师眼里的好孩子,同学眼中的好榜样。

第二,学习上的有无主义。明明老师留了作业,孩子为了达到某种目的,在家长面前硬说是没有留;明明作业没有写完,却说是写完了;明明考试的成绩下来了,却谎称分数没有出来;明明

· 393 ·

自己得了60分,却把它改成了80分等等。

第三,在钱的用途上有谎言。学校没有让交钱,孩子却借着学校的名义要钱;孩子要买的东西只有十几元,但是他却要几十元;孩子买了他喜欢的东西,却谎称钱被弄丢了。

第四,为了骗得玩的时间。在家装着学习,家长前脚刚踏出家门他后脚就把电视打开看;孩子和小朋友出去玩,却说学校有活动要去参加;看了很长时间的电视或玩了很长时间,却说刚玩了10分钟等等。

从孩子的这些做法可以看出来,两面的产生多半是因为孩子合理的精神需求以及物质需求没有得到满足,孩子通过自己寻求方式来进行满足,从而导致形成的。那么,为了防止孩子的两面行为继续发展下去,爸爸要如何去做呢?

第一,对于家里和学校表现行为不一致的孩子,要停止溺爱。不要因为孩子一哭闹家长就"投降",而是要做到该批评的时候就要批评,并且在家里也要按照学校的标准去规范孩子,这样孩子就不会觉得在学校事事不会,样样不行从而产生自卑的心理,加重在家里耍脾气的可能性。

第二,对于孩子的说谎、造假行为,爸爸要听听孩子的心里话,不要以自己的想法给孩子定罪。应该和孩子一起分析哪些可行,哪些是不正确的。教导孩子要诚实。

第三,在生活中,爸爸不能扔下对孩子诚实品质的塑造教育。要教导孩子做一个诚实的人,可以给他讲一些关于诚实的故事,告诉他诚实的人才是受人尊敬和喜爱的,不诚实的人是没有人与他做朋友的。当然,爸爸也一定要给孩子做出榜样。

第四,像上文中提到的冒冒的说谎行为,爸爸一定要回家耐心地问清缘由。爸爸可以采取适当的惩罚让孩子有所教训。比如说,周末不能和小朋友出去玩,一周不许他吃最喜欢的糖果等等。

教子心得

爸爸在对孩子进行诚实教育的过程中,要学会实事求是地给予批评或表扬,这样不仅可以帮助孩子识别什么是对的,什么是错的,还可以让孩子从中学到如何对自己的行为做出正确的评价。这样一来,如果孩子再想做出"两面"的行为,他自己就会明白,这种做法是十分不正确的,从而对自己的行为有一定的自控作用。而且,孩子有了这种认知,既不易产生骄傲自满,也不会妄自菲薄,这对爸爸无疑是一件喜于见到的事。

了解孩子为什么想偷东西

孩子做起了"内贼"是家长最为头痛的一件事,孩子既不缺吃又不少穿,为什么会拿家里的钱呢? 爸爸们要注意,这里用的词是"拿"而并非是"偷"。爸爸不要轻易用"偷"来定义孩子的这种行为。因为孩子的年龄小,对是与非的界限并不能完全认清。他们并不会认为拿了家里的钱是十分严重的行为,往往孩子只会觉得没有通过爸爸妈妈的同意罢了。另外,孩子也会有自己是家里成员之一的认知,既然如此,爸爸妈妈都可以自主地花钱,自己有了用钱的地方拿一拿又何妨呢? 所以,爸爸不要用成人的思想去替孩子看问题,也许,你的孩子和你的想法并不一致,要耐心地弄清原委,方可帮助孩子改正缺点。

妙妙十三岁了,在学校成绩优秀,表现良好,还担任小组长工作。只是妙妙有个坏毛病,总是偷拿家里的钱。妙妙的爸爸和妈妈都在电视台工作,家里的经济条件很好。但是,无论爸爸想什么方法女儿妙妙总是改不掉这个毛病,有时拿一百元,有时拿二百元,还多次把妈妈的首饰拿出去炫耀。爸爸为了让孩子改掉这个坏毛病,狠下心来打了她一顿,可是只过了一小段时间,妙妙又"旧病"复发了。前几天,妙妙又拿了一百元花掉了,爸爸生气地问是不是她拿了钱,妙妙倒是不否认,承认这钱是她拿的。爸爸问她把钱做什么用了。她说,请客了。原来,妙妙把钱全都用来买了零食,请同学们花掉了。爸爸很奇怪,妙妙冒着被打的"危险"就是为了请客吗?

爸爸到学校去了解情况,据老师介绍,妙妙是个自尊心很强的孩子,样样不爱落后。平时花钱很阔气,有一次居然被老师发现戴了金手链。爸爸想,那一定是妙妙把妈妈的东西拿出去炫耀了。不仅如此,妙妙为了显示自己在同学中有威望,于是隔三差五就会给同学们买零食,以同学们的羡慕来满足她自己的虚荣心。了解了这些情况,爸爸对女儿拿家里钱的情况就不感到奇怪了。可是要如何改掉女儿的这种嗜好呢?

第一,弄清原委。爸爸发现孩子的问题后,不要以打骂的方式粗鲁地解决问题,而是要尽量控制自己的脾气,耐心地和孩子谈一谈或是到孩子所在的学校向老师了解其情况看看能不能找出一些端倪。

第二,虚荣心的调节。像上文中的妙妙,偷拿家里的钱实际上是虚荣心在作怪。这样爸爸就要帮助孩子树立正确的名誉观。让她知道,只有通过自己的努力所取得的成就才是值得骄傲的,自己不付出,不劳动,依靠父母,这些都是不值得炫耀的。

第三,适度的零花钱。如果家长认为孩子什么都不少,怕孩子学坏,从而不给任何零花钱这样做是不正确的。孩子偶尔也会有自己的需求,当他们合理的物质需要无法被满足时,他们就会不自觉地选择拿家里的钱。所以,爸爸可以根据家里的经济条件适当地给予,但是,给钱的同时,一定要指导孩子怎样去花,什么该花,什么不该花,让孩子做到心里有数。这种方法对孩子乱花钱现象的抑制可以起到很大的作用。

第四,教导孩子对钱的合理运用。爸爸可以在银行帮助孩子办一张卡,让他们可以清楚地看到自己的收支情况。不妨把他们的压岁钱和零花钱给孩子存起来。用的时候自己可以取,这样不仅可以从小培养孩子的理财能力,也给孩子养成一个量入为出的好习惯。另外,爸爸不要紧锁家里的钱,可以告诉孩子家里的一个地方有钱,如果有急用的话才可以使用。爸爸可以把零钱放在这个地方,然后留下一个记录本,孩子如果用钱,拿的同时要把数量用途记在小本子上。这样,爸爸既可以清楚地了解孩子花钱的方向,也可以有效地避免孩子做"内贼"的可能性。

教子心得

爸爸要想根治孩子做"内贼"的毛病,就一定要从孩子的心理活动下手,首先要一如既往地尊重他、相信他。爸爸切莫"急",习惯的养成都不是朝夕之事,想要改正它,爸爸就要拿出十足的耐心,抱着孩子的毛病会反复出现的心理准备,一次次地认真教育,直到孩子的恶习彻底改正。

别让孩子成为"电视迷"

"电视"成了孩子和家长矛盾的导火线之一。很多孩子都是电视的忠实守候者,人没到家就惦记着已经开演的动画片;书包一放下,其他的事情就不再理睬,一个心思奔到电视上。家长急得直跺脚,爸爸更是如此。有的时候怒不可挡,经常强制性地把电视关闭,让孩子去学习。而孩子呢,在不得已下回到自己的房间,可是真的是学习吗? 不,他们对爸爸就会产生怨恨。所以这样做只会让孩子和爸爸的距离拉远。先让我们一起来了解一下,孩子为什么多半都逃不了"电视迷"的称号?

第一,电视是孩子的玩伴。现在的孩子独生子女居多,爸爸妈妈工作忙往往没有时间与他们互动。因此电视就在不知不觉中成为陪伴孩子最多的好伙伴。实际上,电视并不都是不好的一面,很多节目都具有教育意义。只要家长从孩子的兴趣,让孩子在电视中视野得以拓宽也是乐事一件。

第二,电视是放松的好帮手。家长一味地要求孩子学这学那,会使孩子紧绷的弦无法得以休息。电视,正好是让孩子的神经松下来,心情愉悦起来。

第三,电视演绎孩子心目中的角色。每个孩子都有理想,都想成为英雄,成为公主,成为勇敢的战士,唯有电视能让孩子的梦想在虚假中现实化。他们希望在电视中寻找自己理想的影子。

由此可见,电视并非全无益处。关键是爸爸要如何用好这把"双刃剑"。爸爸可以把孩子的"电视迷"的情况反过来想一下。孩子那么爱看电视,那么能不让电视成为孩子听话的砝码呢?

娜娜是个不折不扣的电视迷。又放暑假了,爸爸心想,这回可不能再纵容孩子天天泡在电视前,整天与电视为伍了。可是要怎样做才能达到自己的目的呢? 爸爸买了一份电视报把娜娜叫到身旁。

"娜娜,爸爸不是不让你看电视,可是看电视要有个度。你看你喜欢看的动画片都在晚上六点钟开始,所以,爸爸要和娜娜讲一讲条件,省得你再说我不讲理。"爸爸认真地对女儿说。

"什么条件? 现在在播的动画片是我最喜欢看的,我是一定要看的。"女儿哀求着。

"要看也可以,可是你要保证每天七点钟起床,不能睡懒觉,而且上午一定要把作业做完,并且要做好。中午可以看半个小时的电视。爸爸知道,中午电视上会播你喜欢看的综艺节目,所以爸爸尊重你。但是前提是,下午一定要专心地上好钢琴课,如果老师再反映你不专心,那么就别怪爸爸要禁止你中午看电视的时间了。"爸爸说道。

"那晚上的那个电视呢? 还要叫我做什么事吗? 多了我会记不住的。"女儿撒娇地说。

"没有了,放假本来就是要放松一下的日子,爸爸不会对你强作要求,晚上可以看一个半小时。但是前提是作业一定要做好,钢琴一定要练好,如果你要是不听话,那么看电视的时间可就要取消了啊。"爸爸严肃地说。

"那空下的时间,我不能看吗?"女儿试探性地问道。

"不行,爸爸也是为你好,电视看久了会对你的身体有害的。如果你要是偷看了,爸爸就会酌情减掉你看电视的时间,知道了吗?"爸爸问。

"知道了,爸爸。"女儿乖巧地回答。

爸爸的方法见效了,娜娜果然不再像以前那样天天粘在电视上了。虽然有的时候会出一点轨,爸爸依照约定取消了当天晚上娜娜看电视的时间。无论娜娜如何哭闹,如何恳求,爸爸都坚决实施。有了几次教训,娜娜渐渐地不再犯规了。

娜娜的爸爸很聪明,孩子爱看电视,爸爸就从电视下手,孩子无法割舍看喜爱的电视节目,当然会变得比平时听话。娜娜的爸爸就是从此点下手,使娜娜的暑假生活合理化。爸爸们,不妨也来试上一试。相信必可取得奇效。

教子心得

孩子的心思很简单,只因喜欢就去会做。但是因为缺少自控能力,所以常常会出现"失控"的现象,看起电视没完没了。在这一点上,爸爸一定要做好榜样,不要一面教育着孩子,一面自己对足球赛贪恋得没够,半夜三更还在看,这样必会让孩子心生不服,使自己说话的分量大打折扣。所以,爸爸要知道,在纠正孩子的同时实际上也是在检讨自己的不足。希望爸爸们带着孩子共同进步吧。

不能让孩子养成说谎的习惯

说谎绝不是偶然性的行为,必定是一种说谎的习惯,而这种说谎的习惯大多数又是从小养成了的。因此爸爸要让孩子从小远离谎言。要使小孩子不说谎,必须先了解孩子说谎的原因。

那么,小孩子为什么要说谎呢?关于孩子说谎的问题可能有以下几个方面的原因:

1. 怕父母的责骂

有些父母,只要孩子做错了一件事,便要骂小孩子或打小孩子。孩子怕骂怕打,便用说谎来掩饰自己的过错,这种掩饰得到了父母的宽恕,于是就会出现第二次、第三次……做错事时,便用说谎来求得宽恕了。

2. 为逃避现实找借口

有的孩子不愿意做或不能做某事时,便叫头疼、肚子疼,用各种谎言去欺骗父母,这种谎言又往往得到父母的同情,因此以后便也常说谎去推诿了。

3. 孩子也爱面子

有时候一件事本来不是他做好的,但他为了得到奖赏,面子光彩,便撒谎说这件事是他做的;事本来是他做的,但做得不好,怕丢脸,于是他便撒谎说那件事不是他做的。

4. 孩子也贪利

很多小孩子为了口谗而说谎,还有些小孩子为了要得到很高的分数,在考试时作弊还硬说自己的本领高人一等。这都是为了贪利的缘故。

为了不让孩子说谎,家长们煞费苦心。先来看看一位聪明的爸爸是如何做的:

一天,爸爸正在里屋看书,三岁的儿子去厨房找吃的,一不小心把碗弄到地上打碎了。爸爸连忙跑到厨房里看出了什么事,儿子吓得连连说:"爸爸,不是我干的,是一只猫把碗打碎了。"

此时这位爸爸并没有生气,而是笑着说:"儿子,你要说实话,如果你不说实话,那只猫晚上会来钻你的被窝的,因为你委屈了它。小猫会来对你说,'不是我,你为什么要冤枉我呀?'"

儿子低下了头:"爸爸,是我不小心把碗打碎了,我知道错了,你还会打我吗?"

爸爸说:"儿子,你说了实话,爸爸就不打你。做人要诚实,不说实话就不是好孩子。"

很多时候,孩子说谎常常是无意识的,或者是因为害怕造成的。爸爸不要把孩子的谎言上升到道德的层面,那会让孩子的自尊心受挫,甚至产生负罪感。爸爸要让孩子在父母的爱护下成长为一个诚实的好孩子。

了解了小孩子说谎的原因,那么怎样科学而有效地教育他,培养孩子诚实的习惯呢?

1. 爸爸要了解孩子

孩子愿做什么,希望得到什么,爸爸一定要了解。了解了孩子的心理与能力,然后让他去做。在做的过程中,要帮助他去发现问题,克服困难将事情做成功。要消除他说谎的动机,鼓励他诚实地去做。

2. 给予孩子正面的暗示

暗示有两种,一种是正面的暗示,比如有两个孩子在一起,一个是诚实的,另一个是喜欢说谎的,聪明的爸爸会表扬那个诚实的孩子,奖励他,使那个说谎的孩子受到感染,从而走上诚实之道;还有一种是反面的暗示,比如孩子跑来报告你一件事,这时,你要信任他,不要说:"真的吗,你不要骗我呀!"如果你这样说,就会在小孩子的心灵上种下一粒说谎的种子。我们必须用正面的暗示去感动小孩子,不要用反面的暗示去刺激小孩子说谎的动机。

3. 给孩子做好诚实的榜样

教育孩子诚实,爸爸首先要做到诚实,不要在孩子面前说谎。孩子的模仿性很强,耳濡目染,好的坏的他们都会效仿。爸爸也可以多给孩子讲些诚实小孩子的故事,比如华盛顿小时候砍樱桃树的故事。

一天,小华盛顿在园里砍了一株樱桃树,这件事被他的父亲知道了,父亲非常生气,小华盛顿急忙跑去承认,说是他砍的。这时他的父亲不但不责备他,反而嘉许他,鼓励他处处要像这样诚实。以后华盛顿事事做得诚实,绝不说谎,最终成就了伟大的事业。

用故事中的人物给孩子做榜样也是培养孩子诚实品质的好办法。但有一种榜样是不好的,比如,一个父亲要打牌,不想招待客人,嘱咐他的孩子说:"如果有客人来,你就说爸爸不在家。"等客人来了,孩子便照着父亲的话说谎了:"爸爸不在家。"这是一种不好的榜样,很容易使孩子养成说谎的习惯。既然他可以照父亲的话去欺骗客人,自然就可以照自己的意思去欺骗别人,甚至是自己的父亲。因此爸爸要做好孩子的榜样,在生活中给予孩子健康的影响。

诚信从古到今一直是我们中华民族追求的做人的准则,一个人未来的生活与事业都要靠诚信来保证。如果一个人失去了别人的信任,那么他将陷于无助的孤独境地,因此诚实是做人的基本要求。因此,作为爸爸应该时刻注意,务必让孩子养成诚实的好习惯。

教子心得

诚信从古到今一直是我们中华民族追求的做人的准则,一个人未来的生活与事业都要靠诚信来保证。如果一个人失去了别人的信任那么他将陷于无助的孤独境地,因此诚实是做人的基本要求。

好习惯要培养

习惯的养成是行为积累的结果,孩子从某种行为中获得了成功感,自然就会重复这种行为,从而变成他的习惯。习惯决定人的性格,良好的行为习惯的培养要从小开始,而且要从家庭开始。

父母常常要求自己的孩子学好,做一个好孩子,可怎样才能做一个好孩子呢?由于孩子的思维和大人的不同，他们对父母模糊的要求是不明白的，所以，示范性的行为和具体的规定才能够让孩子理解。因此，爸爸在要求孩子有好的行为的时候，一定要具体地说给孩子。比如，明确地告诉孩子，吃饭要等长辈一起吃，说话要文雅，不要说脏话，来了客人要问好，客人走的时候要送客，对人说话要客气，不要在家里对父母摔盘子、摔碗，在学校里对老师和同学要笑脸相迎等。

在培养孩子养成良好的行为习惯的时候，爸爸要多想一想自己的做法是否适合孩子。现在的孩子由于生活在不同于父母童年时代的环境中，在品德上有许多不同于父母的地方。由于生活条件的优越，很多孩子都会有以自我为中心的思维。好吃的要先吃，漂亮的衣服也要先穿，在学习用品上，绝对是超前消费，这种思维方式，让他们无法理解他人的感受，更多的时候不会为他人着想。而事实上，造成孩子这一思维的并不是孩子自己，而是父母。父母的爱让孩子产生了错觉，使他们认为，这个世界本来就是这样。所以，培养孩子良好的行为习惯是家长的责任。爸爸要让孩子明白，做人也是有一定规范的。

1. 爸爸可以给孩子讲一些基本的道德规范，并制定一套家规让孩子照着去做

在制定孩子的行为规范时，越具体越好，这样，孩子做起来就不会太费劲。例如，吃饭要先给长辈拿筷子，来了客人要倒茶等。当孩子有一些不良行为时，例如：翻看客人的包，在大街上哭着闹着要东西，悄悄地拿了父母的钱等。爸爸一定要冷静，首先一定要严肃地向孩子讲明白，这是十分不对的。然后再对孩子实行惩罚，惩罚孩子要把握好分寸，因为惩罚不是目的，教育好孩子才是目的。另外，在惩罚孩子的时候，最好不要有外人在场，尽量保护好孩子的自尊心。

2. 爸爸要耐心地引导孩子

望子成龙的心情人人都有，但操之过急往往达不到预期的效果。我们不能指望孩子马上就养成许多好习惯，必须有耐心，慢慢地引导孩子。

亮亮每天放学都会翻学校后面的栅栏，因为，栅栏后面就是公交站点，这样可以节省不少时间和力气。后来这件事被爸爸知道了，爸爸非常生气，一次撞见亮亮翻栅栏，走过去粗暴地把孩子赶回了学校。这样不但不能帮助孩子养成遵守秩序的好习惯，还会造成孩子的逆反心理。遇到这种情况，爸爸应耐心地给孩子说清道理，给孩子讲清楚事情的轻重缓急，孩子自然会改掉这个坏习惯。

3. 培养孩子良好的行为习惯需要爸爸的言行一致

有一位爸爸平常喜欢在孩子面前吹牛。一次，在孩子的面前，他向朋友吹牛，说可以帮朋友的孩子找到好的工作，并诈骗了一笔钱财。他的儿子才十多岁，他见爸爸这样可以骗来很多的钱，就问爸爸这样是不是不对，可他的爸爸却说："有什么不对，这是你老子的本事，别人想骗还骗不来呢。"不明是非的孩子一想也对，妈妈辛苦地干活才赚那点钱，可是爸爸吹几句牛就能搞来那么多的钱。所以他也开始向其他小同学吹牛骗小玩具。可是后来他的爸爸因为诈骗进了监狱，孩子才恍然大悟：原来，骗人是违法的行为。由于他也曾骗过人，所以同学们都不和他玩了，这让他的心里很难过。他想来想去，是他的爸爸让他变成这样的，因此，十分恨他的爸爸。如果不是他的爸爸，他是不会去骗人的。这时他的妈妈安慰他说："以后只要你好好地做人，不要像你的爸爸那样，大家还会喜欢你的，你还会是一个好孩子的。"

这是一个令人深思的故事。每个孩子的身上都直接体现着家长的行为。家长的行为对孩子的行为起着极其重要的作用。因为幼小的孩子是一张白纸，他们的心灵一片空白，他们的一切都需要家长来塑造。由于小孩子对事物的辨别能力很差，所以他们认为，父母所做的一切都

是对的,父母的行为便成了他们模仿的对象。

─────────── **教子心得** ───────────

所以,为了孩子能够健康地成长,爸爸一定要检点自己的行为,不要让孩子在无形中受到伤害,要用自己良好的行为去影响孩子,从举止行为到为人处世都要做到彬彬有礼,不做伤害别人的事,更不做有违道德规范、法律规范的事,只有这样,我们的孩子才能成长为一个有良好行为习惯的人。

别放任孩子的不懂事

生活中,我们经常听到很多爸爸说:

"我的孩子太不懂事了。经常不吃饭,就喜欢吃一些垃圾食品,好不容易哄他吃饭,他不是挑这个,就是挑那个。"

"我的孩子很不懂事,脾气很差,动不动就乱发他的小脾气。"

"我的孩子太不懂事了,很任性,我说了他多少次了,可他就是不听。"

"我的孩子总是以自我为中心,什么都只想着自己,根本不会考虑别人的感受。"

……

从爸爸的这些抱怨中,不难看到现在孩子普遍存在的一些坏毛病。很多爸爸总是说"我的孩子太不懂事了",但是却很少想过孩子为什么不懂事。其实,这主要是因为爸爸给予孩子太多的溺爱,什么事都娇惯孩子,孩子生活在这种过于幸福的家庭中,时间长了,也就会变得越来越不懂事了。

我们很体谅爸爸这种焦急的心情,但是要想让孩子懂事,爸爸不能对孩子听之任之,更不能对孩子大发脾气,而是应该掌握一些有效的方法。

1. 不能迁就孩子的挑食、厌食

七岁的郝亮很喜欢吃肉,但就是不爱吃蔬菜。只要没有肉菜,他就不吃饭。爸爸心想:这样下去会影响孩子的身体发育的,不能再迁就他了。

一天,郝亮看见爸爸从外面拿回来一盆已经枯萎的菊花,就问:"爸爸,这盆花怎么枯萎了?"

爸爸说:"我忘了给它浇水了,他吸收不到营养,所以就枯萎了。"

郝亮为这盆花感到十分惋惜。爸爸继续说:"小亮,你要是再不吃蔬菜,就会像这盆花一样,因为得不到营养而枯萎凋零。"

郝亮点了点头:"爸爸,我以后不挑食了,要多吃蔬菜。"

许多爸爸认为要纠正孩子挑食、厌食的坏习惯是一件十分困难的事。其实,孩子不吃饭是有一定原因的,只要爸爸找到原因,然后再对症下药,就能有效地纠正孩子的坏习惯。

如果孩子不吃饭是因为不知道这会影响自己的身体,爸爸就要让他明白合理饮食对身体健康的重要性;如果孩子不吃饭是因为减肥,爸爸就要向他灌输正确的审美观,教给他正确的减肥方法,如多参加体育运动、多劳动,等等。

2. 理解孩子的坏脾气

任何人都会有坏脾气,即使是性格再柔弱的人,也会偶尔发发脾气,孩子也不例外。对此,教育专家指出,当孩子乱发脾气时,父母首先应该从理解的角度出发,采取正确的方法来帮助孩子控制自己的情绪。

晚上,爸爸叫六岁的陈道文洗澡,但他就是不洗,不仅如此,他还故意给爸爸脸色看,故意破坏玩具。

爸爸说:"爸爸理解你,既然你不想现在洗澡,就先玩一会儿吧!不过等你玩完了,就要洗澡的。不然你的身上就会长虫子了。"

结果,过了一会儿,陈道文玩累了,也就主动去洗澡了。

爸爸的做法是十分明智的。因为他没有对陈道文大发脾气,采取强硬的措施让他洗澡,而是给予他充分的理解,允许他可以先玩一会儿再洗澡。最后,陈道文也就自愿地去洗澡了。

所以,当孩子发小脾气时,爸爸要首先压住心中的怒火,多给孩子一些理解和关爱,多给孩子一些自由的空间,这样,孩子往往更容易接受。

此外,爸爸要明白,理解并不是说对孩子一味地骄纵。爸爸可以多给孩子一些宽容和理解,但是一定要坚定自己的立场。如孩子不洗澡,爸爸可以让他玩一会儿,但是玩完了还是要洗澡;孩子不想睡觉,爸爸可以让他再看 20 分钟电视,但是看完就得睡觉,等等。否则,孩子就会很容易养成用自己的坏脾气来"威胁"爸爸的恶习。

3. 不要让孩子以自我为中心

黄炳文今年六岁了,他最近总是表现得很不讲道理。有一次,爸爸不小心弄坏了他的玩具,他就要让爸爸道歉,并买一个新的;而当他弄坏了伙伴的玩具时,却从不道歉。

上周,班主任奖励了班长一朵小红花,却没有奖励他,他就感到很不平衡,要求班主任也必须奖励自己一朵小红花……

在这个例子中,黄炳文就是典型的以自我为中心。其实,以自我为中心是孩子成长的必经阶段,很多孩子在 3～6 岁之间都会处于"自我中心期"。这个时期的孩子往往经常混淆你、我、他之间的概念,不自主地把自己的意愿和想法通过最直接、简单的方式表达出来。如孩子喜欢别人的玩具,就会说"我的",而不是说"我很喜欢它"。对于孩子的这种表现,就是爸爸经常所说的"孩子不懂事"。

爸爸要对孩子的这种表现有一种科学的认识。若孩子在 3～5 岁时表现出不太严重的以自我为中心,爸爸就需要给予宽容和引导;若孩子的这种表现过于严重,或是在 6～7 岁时还存在这种倾向,爸爸就需要高度重视,及时对孩子进行正确的教育。

教子心得

爸爸可以让孩子多认识与结交一些朋友,多参加集体活动,从而让孩子体会到分享的乐趣,来帮助他克服这种坏习惯。

不能迁就孩子挑食的习惯

很多爸爸都会觉得让孩子不挑食、不偏食地吃饭是一件很难的事情,要比管理公司、挣钱养家还要难。眼睁睁地看着自家的宝贝瘦小的样子,却没有办法让孩子改变不良的饮食偏好,这真让他们大伤脑筋。

家长常说，是现在的生活太好了，养成了孩子这不爱吃、那也不爱吃的坏习惯。有的孩子看到饭菜不好，转身就走，一口也不吃；有的孩子见有自己喜欢吃的，也只是随便吃上几口；还有的孩子是不爱吃的尽量不碰，爱吃的就无节制地吃。对于这些不正确的饮食习惯，任凭家长如何劝说都无济于事。

小雪四岁了，自己吃饭按说应该很轻松了，可是饮食问题成了爸爸和妈妈最头疼的事情，因为小雪根本不吃肉。可是孩子的身体是不能缺少肉类食品营养的，所以爸爸特地让妈妈在女儿的菜里加了餐。可是小雪每每看到，总会生气地嘟起小嘴，根本就不动筷子。

爸爸看着，生气极了，硬是逼着女儿把肉吃下去。可没想到的是，女儿哭着吃下肉之后，居然吐了，还吵着说"恶心"。爸爸一下子慌了，难道女儿的体质真的不适合吃肉吗？还是心理抵制的原因呢？连续几日，爸爸仍是硬下心，让女儿至少每餐吃下几块肉，女儿在后来的几天里，虽然"恶心"减少了，可还是一副很嫌恶的样子。偶然有一天，吃过饭后，爸爸在卫生间的垃圾桶里看到了一些肉，原来，女儿在每次吃过之后都会偷偷地吐掉。爸爸泄了气，这么小的孩子怎么会如此倔强呢？

爸爸们，你们是否也遇到过类似的难题呢？孩子偏食现象真是让人头疼不已，打也不是，骂也不是。硬的不管用，软的孩子还不吃这套，到底要如何杜绝孩子的偏食现象呢？

1. 零食的比重过多

这个牛奶，那个饼干、糖果的，等孩子真正上桌吃饭的时候，他们基本已经吃饱了，又怎么还会觉得饭菜可口呢？

2. 家长的习惯

家长不要在孩子面前说自己不爱吃这个，不爱吃那个，这个不好吃，那个太油腻。你无心的一句话都会让孩子记在心里，从而产生抵触情绪。特别是那些崇尚素食的家长，更要在饮食上对孩子多用心，不要让孩子学你。

3. 家长的烹饪技巧

做菜要抓住孩子的胃，尽量让饭菜好吃些。家长做饭不好吃，孩子百分之八九十都只喜欢吃零食，偏食的习惯就自然生成了。

4. 家长不要总"顺"孩子的意

做菜不要只做孩子爱吃的。不要总是随着孩子的一句"我不爱吃这个"就让这道菜永远从饭桌上消失。一味地迁就只会让孩子的偏食情况更严重。

5. 家长不可强迫

不要强迫孩子去吃他们不喜欢的，这样容易让孩子今后对这种食物产生恐慌，一见到就害怕，从而偏食之症更加严重。家长要把孩子不爱吃的，尽量变样地做，自己表现出吃得很香的样子，诱导孩子下筷子，从而解决孩子不爱吃的状态。

教子心得

对于孩子的挑食、偏食现象，爸爸和妈妈首先要以身作则，要时刻记住自己是孩子最重要的老师。因为在孩子的心里，他们永远觉得爸爸、妈妈认为不好吃的东西一定不好吃，所以日子久了他们自然会对某些食物产生排斥心理。所以，要治孩子挑食、偏食现象，家长要先把自己的毛病改掉。

早起是好习惯

有的孩子总是像一棵嗜睡的植物,特别是早晨,爸爸妈妈每次叫孩子起床看着他们睡得香甜的样子,真是于心不忍。这个时候,爸爸妈妈一定不要把这个想法付诸行动,而是要"硬"下心肠,因为你叫孩子起床的同时是在为他们负责。爸爸妈妈的这种强迫行为会帮助孩子养成良好的习惯,特别是爸爸,在这点上一定要做出榜样。专家认为,父亲的生活习惯不仅关系到自己的健康,对子女的影响更是胜于妈妈。比如说,爸爸如果也爱睡懒觉的话,妈妈叫孩子起床时,孩子就会自动地向爸爸看齐:"爸爸都没起来呢。"以此拒绝妈妈对他的召唤。如果这时对孩子的行为加以批评的话,他的心里是十分不服气的,因此根本无法达到教育的效果。所以,爸爸的好习惯会让孩子终身受益,反之亦然。

> 路路已经上大学了,可是睡懒觉的毛病还是根深蒂固。有时候,早上为了多睡一会儿,常常会以放弃几节课做代价,而早餐对她来讲已经是一个很遥远的词了。
>
> 放假回到家,爸爸看到自己的女儿瘦了一圈,心疼地说:"女儿,怎么瘦成这样了,在学校吃得不好吗?"
>
> "唉,还不都怨你啊。"女儿半开玩笑地说。
>
> "怨我? 是我给你饿着了,这是哪儿跟哪儿啊?"爸爸不解地问。
>
> "不就是在家的时候,不听妈妈的,总跟着你睡懒觉,现在想改都改不过来了。"女儿说。
>
> "……"

虽然,这个故事里面包含着一些开玩笑的成分,可是我们也不难从中看出,孩子的习惯一旦养成,基本上是要伴随一生的。如果,当时路路的爸爸不是睡懒觉,而是每天准时叫孩子起床,让孩子慢慢地有了自己正确的生物钟,又怎么会出现上大学了却仍然改不掉睡懒觉的毛病呢?没有哪个爸爸不希望自己的子女身体健康,希望每一分、每一秒都能好好地照顾他,可是孩子终有一天会长大而飞出去,所以给予孩子最好的礼物并不是一切包办,而是一个好的习惯,甚至小到一个不睡懒觉的习惯。

另外,从孩子的健康角度来讲,睡懒觉也是有百害而无一利的。

第一,人体生物钟遭到破坏。人体有着自己的一套法则,遵循着昼夜规律。孩子晚上得到良好的睡眠,白天才有充沛的精力学习和生活。但是如果睡懒觉,甚至仅仅是假期时间都会使孩子的内分激素出现异常,导致孩子在白天爱打瞌睡、精神不振。

第二,睡懒觉就得忍受饥饿。一般在早上七点钟左右,就会感到饿,但是孩子贪于"觉"而宁愿选择挨饿也不愿起床,久而久之容易引发胃病。

第三,睡懒觉会更累。觉,并不是睡得越多越好。早上如果不起床,会使身体的酸性代谢物无法及时排出体外,因而在起床后孩子会感到全身无力,腿部酸软且无力,从而影响孩子的学习与生活。

解决孩子"睡懒觉",爸爸要做的事情:

第一,爸爸要对孩子按时起床的行动不做丝毫的放松,无论是假期还是家有访客或是什么特殊的小原因,都不要把计划打乱,从而养成孩子良好的睡眠习惯。

第二，不是以"骂"或是呵斥作为每天早上的开场白。这样会让孩子产生逆反心理，从而让孩子醒后心情极度不好，进而影响一天的学习与生活。爸爸要做的是鼓励与夸奖并施，让孩子高兴地完成"起床"这件事。

第三，处罚也是一种方法。爸爸要和孩子约法三章，让他清楚地知道如果没有按时起床就要付出代价。比如说，周日取消带他去公园，或是今天本应该得到的糖果被没收等等。一点一点地让孩子的起床习惯走上正轨。

教子心得

别看孩子小，他们是最会见机行事的。所以，爸爸在早上孩子起床时不要和他在被子里闹，从而拖延了孩子的起床时间。另外，爸爸一定要给孩子做好榜样，自己要做到"不睡懒觉"，这样，你再去说孩子他才会听。最后，就是爸爸一定要保证孩子能按时睡觉，只有睡眠充足才会让孩子按时起床的计划有所保障。加油，爸爸们，相信你们一定可以做得很好的！

帮孩子克服吮手指的坏习惯

青青是小学三年级学生，他有一个不好的习惯，就是咬指甲。从半岁左右开始，青青就喜欢吸吮自己的手指，爸爸认为很多孩子都有这个习惯，因此没在意。后来，爸爸发现青青不仅吸吮手指，而且喜欢咬指甲。无论是做作业时，一个人玩耍时，还是睡觉时，青青都要不停地吸吮手指或咬指甲，结果他的左手手指的指甲被咬得参差不齐。为此，爸爸很恼火，用了很多办法想改变青青的这一不良习惯，但效果并不理想。

吸吮是人类个体最初的进食方式，也是人类与生俱来的本能。90%的婴儿都有吸吮手指的行为，这是正常的现象。但是，随着年龄的增长，这种行为习惯应该慢慢消失。多数孩子在4～5岁就不会再有吸吮手指的习惯。像青青一样，如果孩子在进入小学以后还有吸吮手指或咬指甲的习惯，就属于不正常现象，需要引起家长的注意。

一般说来，孩子每次吸吮或者咬的总是同一个手指。天长日久，会导致这个手指浮肿、脱皮、出血，甚至引起感染。另外，手指长时间顶压在上牙床骨骼上面，会严重影响孩子上牙床骨骼的向前、向下的生长，造成牙齿排列的不整齐、畸形。手指上经常是有细菌的，因此，吸吮手指和咬指甲容易引起胃肠道感染或者肠道寄生虫。

一个孩子如果有吸吮手指或咬指甲的习惯，肯定会受到他人的指责或嘲笑，这样可能导致孩子的焦虑不安，容易使孩子形成自卑、羞怯等个性。对大部分孩子来说，吸吮手指或咬指甲的行为习惯是心理存在问题的表现。如果这些问题得不到关注和解决，会影响孩子的心理健康。

对于常常吸吮手指的孩子，爸爸可以从以下几方面入手来解决问题：

1. 转移注意

如孩子专心致志于吮指、咬指甲，递给他发声的新玩具，则其注意便可以从吮指转移到新玩具上来。

2. 特殊措施

对比较顽固的吮指，可在其手指上涂苦味剂，让其吮吮受到苦味恶性刺激，多次重复可能停止吮吸;还可以强行固定手的活动范围,特别是让手指无法碰触额部,从而消除其吮指的一个重要强化因素,进而停止吮吸。

教子心得

由于孩子饥饿时,吮吸自己的手指等,能得到吮吸母亲乳头样的满足;也由于孩子寂寞无聊、焦虑不安、身体有疼痛或其他不舒服时,吮吸指头可以聊以自慰、减轻焦虑,转移对身体疼痛和不舒服的注意力。所以,孩子饥饿、疾病、孤独无伴和缺乏玩具时,吮吸手指等行为会持续出现,终成习惯,顽固难除。

坚决制止孩子赖床

东东今年已经上小学一年级了,可是,他却每天总在早晨赖床,无论大人怎么对他说"该起床了""时间已经到了,要起床了""起床上学""再不起床就要迟到了""真的要迟到了"都不听。于是东东每天起床成了最让爸爸头疼的一件事,每次总是喊他半天,而且要连斥责带吓唬,才使他爬起床来。对此,爸爸十分无奈,要怎么样才能让他按时起床呢?

像案例中的东东一样,太阳已经晒到屁股了,孩子却仍"赖"在床上,任由爸爸"火冒三丈",这是每天早晨常可见到的情景。面对家中宝宝的赖床现象,爸爸应该了解是什么原因造成的这种现象。

每位爸爸都希望自己的孩子有一个正常规律的作息时间,但是,人的惰性可能会体现在方方面面,有的孩子偏偏喜欢晚睡晚起,生活秩序大乱,着实令爸爸伤脑筋。由于工作或娱乐的原因,现代的爸爸"夜猫子"不少,常常在深夜入睡,这种晨昏不定的作息相对地也打乱了孩子正常的睡眠时间,睡得晚,早晨自然就起不来。

此外,倘若爸爸习惯在睡前与孩子玩耍,使其处于精神亢奋状态,孩子会非常不容易入睡,因而导致第二天早晨赖床的情况。因此,赖床往往都是因为睡眠时间不正常所造成的。

造成赖床的另一个原因是孩子抗拒上学,两三岁的孩子最容易有赖床的习惯,主要是因为"不想去幼儿园"。遇到这种情况,爸爸就要详细了解是什么原因所致,是孩子不适应幼儿园的生活,还是前一天在园里与其他小朋友有冲突,等等。在了解了原因之后,爸爸可以协助孩子适应学校生活,让他喜欢去幼儿园,这样也可以改善他的"赖床"行为。

孩子在各个阶段究竟睡多长时间合适呢? 一般来讲,1~12月的宝宝一天的平均睡眠时间应为15小时左右;12~18个月的宝宝一天的睡眠时间应在13.5小时左右;而18个月~3岁孩子的睡眠时间最好在12小时左右。

切记,年纪越大的孩子越需要正常的生活作息,越需要养成良好的睡眠习惯。

首先,爸爸必须先确定孩子的充足睡眠时间是多少。可以找一个晚上让他早点睡,一直到他精神饱满地醒过来为止,由此推算他应当在几点睡觉才足够。

了解孩子所需的睡眠时间后,就要训练孩子养成按时起床的习惯——让他自己起床。爸爸可以对他说:"以前都是爸爸叫你起床,现在你上一年级了,要学会自己起床,爸爸以后就不再叫你了。"

可以给孩子准备一个闹钟或放音乐来帮助他,并鼓励孩子再接再厉。

当然,要小孩在短期内自己控制作息时间是不太可能的。如果能利用寒暑假这段较充裕又无须顾虑迟到的时间,成效应该会更好。如有可能,与学校合作效果自然更显著。因为老师的一言一行对低年级的孩子有特别强烈的影响力。偶尔可利用机会对孩子说明早睡早起的重要性,让孩子更能体会爸爸的爱心与关怀。

教子心得

一个习惯的养成是需要时间与耐心的;父母要耐心地配合与鼓励,才能帮助孩子养成早睡早起的好习惯。

培养孩子良好的吃饭习惯

小宝很可爱,就是有一点例外——不好好吃饭。小家伙一到吃饭的时候就坐不住,到处乱跑,大人只能端着碗跟在他后面跑,趁着小宝高兴的时候哄着他吃一口,每顿饭都像打仗一样紧张。可以说,小宝没有哪顿饭吃饱过。等过了吃饭的时间,还没到下一顿呢,小宝就喊:"我饿了!"没法子,爷爷奶奶、爸爸妈妈只能拿零食给小宝充饥,总不能饿着宝贝了吧?所以呀,家里的冰箱从来没有缺过零食。一晃好几年过去了,小宝长成了一副营养不良的样子,大人也觉得受不了,这样吃饭太累了。爸爸妈妈商量了一下,决定纠正小宝的"恶习"。他们要求小宝必须坐在饭桌边吃饭,不许到处乱跑了。小宝当然不干啦,就哭,他还真是挺能哭的,哭得狠了,爸爸妈妈只能退步,总不能让宝贝哭坏了身子吧?就这么着,到现在小宝也没改掉这个毛病。

相信不少家庭都有和这篇案例中小宝类似的问题吧。孩子不好好吃饭不是突然出现的,这是一种不良习惯,它的形成与家长有很大的关系。如果家长从一开始就注意培养孩子良好的就餐习惯,比如少给孩子吃零食,尤其是在饭前。再比如吃饭时关掉电视,减少干扰。

总之,从孩子断奶以后正式吃饭开始,家长就要注重规范的养成。如果孩子已经形成了不好好吃饭的习惯,像小宝的爸爸妈妈这样纠正也是没有用的。

有的时候,家长对孩子进行教育的过程就好比是家长与孩子之间的斗争,在这场没有硝烟的斗争中,家长常常因为对孩子的爱而有所顾忌,最终败下阵来。而孩子却非常清楚家长的弱点是什么,他们极其善于利用家长对自己的爱,正所谓"恃宠而骄"。

在这里,告诉各位家长一个让孩子好好吃饭的黄金规则——你决定什么时间吃什么;孩子决定吃或者不吃。

这两句话很简单,爸爸们可能会怀疑它到底有多大威力,居然可以称为"黄金规则"?它真的是黄金规则,内容也确实很简单,关键是爸爸们执行得是否到位。第一句话的意思是,爸爸要明确、清楚地告诉孩子,你希望他在什么时候吃什么,这是你的权利。爸爸可以进一步告诉孩子,你每顿饭安排的菜肴和主食是搭配好营养的,对他的健康成长有好处,他别无选择。爸爸还要告诉孩子,你希望他在一日三餐的时候吃饱饭,因为除此之外,他没有其他东西可以吃。为了保证这句话的有效性,家长一定要做到"坚壁清野",不让孩子有任何机会获得零食充饥。否则,黄金规则也会无效的!第二句话的意思是,当饭菜端上桌子以后,家长大可以自己吃自己的,至于孩子吃还是不吃,吃得多还是吃得少,都不必理会,更不要生气。总之,不要对他的进食表现出一丝一毫的关注。如果爸爸们真的能够按照黄金规则的精神坚持下去,孩子一定能够乖乖地好好吃饭。

教子心得

孩子不好好吃饭不是突然出现的,这是一种不良习惯,它的形成与家长有很大的关系。如果家长从一开始就注意培养孩子良好的就餐习惯,比如少给孩子吃零食,尤其是在饭前。再比如吃饭时关掉电视,减少干扰。

纠正孩子莽撞的习惯

亚平是个高中生,外表高高大大,看起来已经像是一个大人了,但做起事情来却很莽撞,这让他的爸爸感到头疼。

有一次,爸爸吩咐亚平去办一件事,其实很简单,就是把两封请柬分别送到两户人家。为了避免出差错,爸爸一再叮嘱亚平要细心,亚平答应得倒是很干脆,结果还是把两家人的请柬弄反了。

还有一次,家里乔迁新居,爸爸妈妈手里都拿着东西,当时只能让亚平去开新家的门。亚平立刻就去开门,谁知用力过猛,半截钥匙卡在了锁眼里!

除了做事情容易出错以外,亚平还很冲动。有一次,妈妈告诉亚平一件事,事情才说了一半,亚平就急不可待地要去做,根本不能静下心来听妈妈把话讲完。为了亚平的莽撞,爸爸妈妈没少说他,可是亚平怎么也改不了。眼看着儿子就要高中毕业,将来可能要远离父母独自在外求学,爸爸觉得必须把亚平的毛病给纠正过来,否则太让人不放心了。

研究性格的心理学家指出,做事莽撞的人,虽然很有热情和朝气,也有敢作敢为的勇气,但是他们过于急躁,考虑问题过于简单,而且经常不计后果,所以往往是好心办坏事。本案例中的亚平就具有这些特点。他对父母交代自己要做的事情总是很乐意去完成,但是行动过于迅速,不是眼睛还没有看准,就是头脑还没有想清楚,所以事情很少有办得好的。而且,亚平的脾气比较急,他的高级神经活动属于特别容易兴奋和冲动的类型,所以自制能力比较差。

但是,必须说明的是,亚平做事莽撞既有他自己的原因,也有父亲的责任。亚平虽然鲁莽,不过他并非从来没有把事情办好的经历,可惜爸爸没有对这些好的表现给予足够的重视。相反地,爸爸更多地看到了亚平所犯的错误,总是一再强调亚平办事莽撞,这种强调的本意是想提醒亚平要冷静细心,但在心理学上却称之为强化。根据教育心理学的理论,强化的对象本来应该是值得保持的行为,亚平父亲强化的却是儿子莽撞的行为,所以才会批评了很多次却毫无效果。其实,亚平就是因为挨的批评太多,所以更加急切地想改变自己在父亲心目中的形象,但是他找不到方法,反而不断地出错。

面对孩子的莽撞,爸爸应该注意以下几个方面:

1. 以表率作用来潜移默化

当着孩子的面,爸爸不要不加考虑就决定干某事。因为爸爸的仓促决定比晚做那件事的影响更不好。如果孩子要求爸爸立即去做某件事,爸爸可以说:"让我想想怎么做。"想一会儿再告诉孩子:"这件事我还没想好怎样去做,不要马上去做。下次遇到事情要提前告诉我。"这样既强调了事先要考虑,又使孩子比较容易地克制要爸爸立即为他做某事的欲望。爸爸在家里做事情不仅要有计划,而且要经常和孩子谈谈这些计划。如果需要孩子完成一些计划时,事先要向孩子交代清楚,应该做什么,什么时候做,做多久,什么事情可能发生,应该遵循什么规则等,使孩子懂得,做事是需要有计划的,并能逐渐养成这种好习惯,这样也就会减少莽撞行为。

2. 正确地运用奖励来强化孩子的自我控制能力

当孩子能够自觉克制自己的某一冲动,完成家长交给的任务时,爸爸就要立即予以奖励,不要放过机会。这样可以强化孩子所获得的控制冲动的能力。但是要正确地运用奖励,要让孩子通过他自己的努力去获得。奖励分物质的和精神的两种。语言的奖励往往是很有效的。例如对孩子说:"你这样做,爸爸会更喜欢你。"这对孩子是珍贵的奖赏。语言是"价廉物美"、作用巨大的奖品。

3. 适当地运用批评来克服孩子的冲动

当孩子冲动"发作"时,爸爸既不能撒手不管,也不能"妥协"而随便答应一些不适当的要求来姑息迁就孩子,而是要运用正确的批评,有礼貌地予以制止。如果常用谩骂和体罚的方法,孩子在爸爸的威胁之下冲动也能抑制一会儿,但当逃脱爸爸的权威之后,就会变本加厉地发泄被压抑的不满心理,行为变得更加粗暴、鲁莽。这种方法培养的孩子,成年之后常常不能离开别人的指导和管理,遇事很难自己做出正确的决定。

教子心得

抑制冲动、克服莽撞,增强孩子的自我控制能力,必须经过长期的训练。爸爸要主动与教师合作,对孩子形成统一要求,不断增强他们的自我控制能力。这样,孩子的一些莽撞行为就会比较容易克服了。

纠正孩子任性的坏习惯

军军是个非常任性的孩子,这在他父母的朋友圈子里是个公开的秘密。军军的任性是出了名的,因此,也是军军父母最大的一块心病。

有一天,爸爸带军军去市百货商场里买东西,军军看中一辆遥控汽车,因为军军刚过完生日,收到了好几辆作为礼物的汽车模型,所以爸爸决定不给军军买。结果这可了不得啦,军军开始耍脾气,又哭又闹,躺在地上不起来,还不停地打着滚,爸爸假装不理他,结果军军就更来劲,甚至动起嘴来啃地板。爸爸无奈之下,只好买了那辆玩具车。其实,这种情况不是第一次发生,有时,军军的爸爸让军军做什么事,他如果不想做就不做,"就不……""偏不……"成了他的口头禅,无论别人怎么劝说都无效,尤其是在公共场所常使大人十分尴尬,叫军军的父母好不烦恼。

任性,也就是通常所说的固执己见、一意孤行。案例中的军军就是这样一个十分任性的孩子。

有这种习惯的孩子做事情时总是由着自己的性子来,想干什么就干什么,听不进他人善意的劝告。如果事不遂愿,就大吵大闹、乱发脾气,或者闷闷不乐、伺机报复。任性的孩子以自我为中心,以为自己是一切的主宰,周围所有的人和事都是为满足自己的需要而存在,都要听任自己的支配。想获得什么东西，不管客观条件是否允许，非得到不可；想做什么事情，不管是否合理正确、有益可行，而非做不行，越是劝阻，他们就越坚持。这样的坏习惯当然要及早纠正，否则孩子到社会上必然碰壁，也无法立足。

常常听到许多家长说，"我的孩子很任性，气死我了"；还有的家长说，"现在的孩子一个比一个任性，真拿他们没办法"。其实，多数孩子只是有点任性，真正很任性、养成了任性习惯的孩子还是少数。

那么，爸爸应该如何纠正孩子的任性呢？

1. 对孩子的要求，要有一定的准则

从孩子出生起，爸爸对孩子的行为，要用"要"与"不要"、"好"与"不好"、"可以"与"不可以"加以肯定或否定，不能含糊，更不能随意变动。这样，孩子就养成了服从一定行为准则的好习惯。

2. 保持父母的主导作用

父母应该是孩子的朋友，彼此互相信任，但这并不等于双方处于同样的地位。心理学家认为，做父母的人应该是家庭这艘航船的船长，他们应该经常倾听"船员"的呼声，这是为了引导航向。

专家指出，要正确地运用家长的权威。大量的调查表明，孩子出现任性同家长不能正确运用自身的权威作用有很大关系。家长平时如果能够真诚地关心孩子，平等地和他谈心，严肃地批评他的过错，就能在孩子心目中树立权威，取得孩子的敬佩和信任，家长的劝说就容易被孩子接受，孩子任性的可能性就大大减少。如果家长以为自己是老子，自己供养了孩子，就一定要孩子无条件地服从自己，根本不考虑孩子的需要和愿望，就会使孩子产生逆反心理，出现任性的情况。当然，有的家长总是像保姆一样对待孩子，什么都顺着孩子的意愿办，对孩子的无理行为也不能严肃批评，这必然助长孩子的有恃无恐心理，强化孩子的任性。因此，家长一定要正确地运用权威，过于严厉和过于慈悲都不可取。

3. 不要进行个人攻击

有的孩子任性并非有意对抗大人，而是事出有因，孩子有他自己的"道理"。对此，爸爸要仔细地了解孩子固执己见的原因，心平气和地告诉他不能任性的道理。比如，有的孩子三番五次地要求爸爸给他买名牌球鞋，爸爸不答应他就以不去上学相威胁。经过了解，爸爸知道孩子班里的几个要好同学都买了这种名牌球鞋，孩子觉得自己不穿这种鞋太没面子。于是，爸爸告诉孩子小学生并不需要都穿这种鞋子，自己家里经济条件不适合买昂贵的鞋子，讲清同学之间攀比没意思之类的道理，以此来说服孩子。

4. 父母对孩子的要求要一致

虽然父母们不必对每一个问题都抱有一致的看法，但在教育孩子时，确实需要保持一种"灵活的配合"。因此，父母们在处理一个有关教育孩子的问题时，应该先私下里商量好，决定对什么可以让步，对什么应当坚持，然后一起开始行动。

5. 要预防孩子任性的发作

孩子的任性发作一般是有规律的，他总是在某种情况下才出现固执行为的，对此爸爸一定要心中有数。当可能诱发孩子任性的条件将要出现时，爸爸要预先做好"防范"工作，不让孩子的任性发作起来。比如，有的孩子"客来欢，人来疯"，总是缠住到家来的客人不放，对此爸爸可以在客人来到之前告诉孩子要有礼貌，不要妨碍大人和客人之间的交谈，否则大人和客人就不会喜欢他，也不愿带他到客人家去玩。当客人来家时，要根据孩子的表现，或表扬他表现好，或暗示他该走了，或批评他不该缠客人。这样，不给孩子任性发作的机会，也会使他的任性逐渐淡化。

6. 避免孩子任性，不要激化矛盾

如果孩子不听话，爸爸不要与之僵持，可转移孩子的注意力。孩子的兴趣和注意力极不稳定,原来的想法或意图常因一时冲动而被遗忘。所以,当孩子任性时,爸爸可用其他事岔过去,再积极引导,这比消极制止效果要好得多。

7.对任性的孩子,不能迁就

孩子会用他们的办法与大人作斗争,比如哭闹、打滚、不吃饭,等等。遇到这种情况,爸爸不要心疼孩子,要横下心来,坚持自己的原则,不要理睬他。孩子本是闹给大人看的,没人理他就不会再继续了。闹过之后,爸爸要把道理向孩子讲清楚,使孩子认清道理,服从道理。

8.家长不要发脾气,打骂孩子

孩子任性耍混,常使家长生气,特别是当着亲戚朋友的面,或是在大庭广众之下,觉得很丢面子,不由得也发起火来,想强迫孩子听话,孩子往往也不示弱,结果打骂起来。这样一来,家长不仅没挽回面子,反而让大家看到其教子无方。

教子心得

孩子任性时,爸爸与之发脾气,企图用暴力强制其服从等方法,不仅纠正不了孩子的任性,反而会造成孩子更暴躁或更怯懦。

帮孩子克服多动的坏习惯

小名是个活泼好动的男孩子,很小的时候就喜欢翻弄家里的东西,玩具到处扔,喜欢跑跳,不肯安静地待上一会儿。爸爸没在意,只认为这是男孩子的特点。到小名七岁的时候,他的好动不但没有减轻,反而加剧了,上课不能静坐听讲,小动作特别多,完全不能自制,学习成绩一直不好。小名的爸爸带他找心理医生咨询,医生诊断小名患有多动症。

儿童多动症,是儿童一种常见的心理功能障碍,据国外有关研究,发病率为3%～10%,男多于女。患病的高峰期在7～14岁,至青春期症状多消失缓解。像案例中的小名一样,一旦孩子有了这方面的症状,父母要加以重视。

儿童多动症的诊断,包括两个方面:

一是注意力项的诊断。包括易受外界影响而激动;无监督时难以有始有终完成任务;难以持久性集中注意力;听不进别人说什么;经常丢失东西;上课注意力分散及成绩不佳;一事未了又做另一事等。

二是多动项的诊断。包括在教室里经常离开座位;常常未加思考就开始行动;集体活动中常不按次序;常在问题尚未说完时就立即抢答;难以安静地玩耍;做出爬高、乱跑、危险的活动等过分行动;坐立不安、动手动脚,常干扰别人说话;说话过多等。

按照美国DSM - IV(1991)标准,诊断儿童多动症,必须具备上述两项中的4种表现,或上述一项中8种表现,且病程长于6个月,年龄大于6岁,并排除听力障碍、智力低下及正常孩子发育中的表现等情况,才可诊断为"儿童多动症"。

儿童多动症的病因大致有以下五种:

一是气质性因素。主要指产前、产时和产后婴儿受到轻度脑损害,与脑外伤、难产、早产、颅内出血、窒息等均有一定关系。

二是遗传因素。父母亲在童年时就有多动症状,某些精神疾病(如酒精依赖、病态性格、癫病等)对儿童多动症形成有一定关系。

三是生化代谢异常。多动症和注意力不集中,与脑内儿茶酚胺系统功能不足有关,因神经细胞突触间隙神经递质缺陷影响功能调节,妨碍信息传递,削弱自制能力而导致活动过多、注意障碍和学习困难等。

四是食品及中毒因素。食品中的调味剂和人工色素等附加物质,食品中铁质缺乏,孩子轻度贫血可导致其注意力减弱、脾气急躁易怒。环境污染和轻度中毒现象亦与本病有关。

五是环境与教育因素。不良的生长学习环境和教育方式方法,可促使儿童多动症形成或加剧症状。

儿童多动症与儿童活泼好动性质不同,可从下述三方面进行鉴别:

一是年龄。对一个 1~3 岁的儿童,好翻坛倒罐,把家中的东西到处乱扔,或出于好奇而拆坏玩具,纠缠好问,不守纪律,不能完全控制自己的行为,不听父母劝阻,不怕危险,乱爬栏杆等。

这是孩子的"好动"还是病态的"多动"?取决于年龄。如果随着年龄的增长,好动现象递减,到 7 岁入学后能安心静坐听课,又无其他异常发现,便是正常的好动;反之,如果随着年龄的增长其好动反而递增,入学后不能静坐听课,不能自制,影响学习,则为病态"多动"。

二是环境。一个孩子在操场上活蹦乱跳,与同伴玩在一起又吵又闹不得安宁。

这是孩子的正常"好动"还是病态的"多动"?取决于环境。如果在控制他们活动的教室里,能遵守纪律,注意集中,静坐听课,学习成绩不错,便是好动;如果明显表现不能自控,好像身体内有个发动机在驱使他们不停地活动似的,则是病态的"多动"。

三是性质。正常的"好动"与病态的"多动"不是量上的不同,而是质上的差异。如果一个孩子活动量大,但其行为是可以理解的,便是活泼好动,属于正常;反之,行为唐突,容易冲动,破坏性大,令人不可理解,则是病态的"多动"。

据国外研究,儿童多动症是隐性的占 90% 左右,诊断后不要贸然用药,除了症状严重且年龄偏大,可在医生指导下适当用药外,应以行为矫正为主,爸爸应力求做到"五要":

一要关心爱护孩子,多鼓励多表扬,哪怕是极微小或点滴的进步;不要歧视他们,以免给孩子的心理造成不良影响。

二要合理饮食,保证孩子摄取足够的营养,主副食的成分要搭配均衡,特别要注意每日早餐的营养;不要让孩子养成偏食的不良习惯。

三要加强孩子的注意力培养,帮助他们学会细心观察周围事物,克服分心的弱点;不要让孩子做事有头无尾、三心二意、丢三落四。

四要按时作息,保证每天有足够的睡眠时间;不要无节制地看电视或过多地贪玩。

五要开展适度的体育活动;不要以为"多动症"的孩子好动而过分限制他们的锻炼。

教子心得

爸爸平时要多关心、关注孩子。如果孩子有多动症,一定要加以正确的引导。

帮孩子克服盲从的习惯

不问清楚事情的真相,就盲目地去学去做,跟着别人起哄,常常会跟着别人一齐上当受骗,给自己带来不良的后果。

在不少孩子当中,盲从心理普遍存在着,严重时转化成盲目崇拜,"追星族"就是其中最突出的例子。由于盲目崇拜港台明星,对青少年的损害是极大的。这种现象怎不令人担忧?而这一切主要是由于小朋友幼稚,有盲从心理引起的。

孩子缺乏主见原因主要有三:

第一,孩子喜欢模仿,容易盲从。

第二,家长、教师本来就是孩子心目中的权威,再加上有些家长习惯于替孩子设想一切,所以容易造成孩子唯命是从,不敢干甚至不敢想违背家长或教师意愿的事情。

第三,有些家长因为工作忙,和孩子之间缺乏沟通,不理解孩子,往往造成孩子的畏惧心理,不敢说、不敢做想做的事情。

盲从是没有主见、随大流,或轻信别人而忘记自己的目标。这种意志不良倾向,主要表现为无独立自主意识、无自己目标,凡事自己不愿多动脑,别人怎样我也怎样,这样做的结果是造就了平庸。21世纪,无论是在学校还是在社会,平庸就意味着被淘汰。人生可以平凡,但不能平庸。

克服盲从首先要培养孩子独立思考的能力,让孩子有自己独立的意志。只有凡事都经过孩子的独立思考,能根据自己的实际制定自己的目标,坚持自己的原则,才能逐渐克服盲从。

其次要提高孩子的认识能力。孩子认识事物的能力提高了才能遇事胸有成竹,防止盲从。那么,怎样才能增强孩子的独立分析能力呢?最主要的是爸爸要经常为孩子提供独立思考的机会。如果老是由家长、老师代替孩子思考,而孩子懒得去思考,那么,独立思考能力的养成是十分困难的。只有这样让孩子自己去独立思考,才能有效地培养孩子的独立思考能力。还有,在思考时要提醒孩子注意灵活性,不能被老的框框所束缚。加强头脑的灵活性是进行独立思考的重要条件。

最后要提高孩子的自信和勇气。盲从有时是因为孩子对自己不自信或没有勇气坚持自己的观点和目标,如果孩子的胆子大了,自信了,就不屈从或不盲从别人了。

教子心得

孩子听话、乖巧可以省却父母许多力气,而且不用操心他在外面和小朋友闹矛盾。但如果孩子表现得过于顺从,凡事没有主见,总是模仿别人,就不是一种好现象了,这对孩子今后个性的健康发展是不利的。

帮孩子克服说脏话的坏习惯

湖北省武汉市的一个七岁男孩小凤,眉清目秀,性格活泼,长得十分讨人喜欢。孩子什么都好,就是嘴不干净,总喜欢骂人、说脏话。如果说他什么都不懂,不知道不该说脏话,那还情有可原。可是,他什么都懂,是非观念很清楚。若有人问他:"骂人、说脏话好不好?"他会不假思索地告诉你"不好"!即使如此,他仍骂人、说脏话不绝。爸爸对此很担忧,要怎么办才能让小凤改正呢?

像小凤这样小的孩子为什么骂人、说脏话?世上没有无因的果。孩子的骂人、说脏话是学来的,周围成人,包括同龄伙伴的骂人、说脏话,是他们学习的对象;影视中的骂人、说脏话,也是他们的学习对象。他们觉得好玩就学,并不以为是丑才学,所以大多属于无意识的学习。

孩子开始骂人、说脏话时,如果成人及时地予以教育和阻止,一般还是比较容易奏效的;如果孩子开始骂人、说脏话,成人觉得好玩,听之任之,甚至加以欣赏,那就不好了。

有人访问了一大批家庭,调查家庭气氛对孩子骂人、说脏话的影响,发现这样三种情况:家庭成员和睦相处,长幼有序,孩子都很讲礼貌,没有骂人、说脏话的行为;家庭成员思想活跃,充满朝气,孩子多活泼,亦讲礼貌,一般亦无骂人、说脏话行为;只有动不动就吵架闹事,一片乌烟瘴气的家庭,孩子或倔犟或胆怯,不讲礼貌,并骂人、说脏话。

孩子既然什么都懂,是非观念也清楚,为什么还骂人、说脏话?道理很简单,像小凤这样的七岁孩子,自我意识尚未分化出主体与客体。你问他骂人、说脏话好不好,他答称"不好",因为在他的自我意识中,那骂人、说脏话的是指别人,不包括他自己。这是问题的一面。问题的另一面,尽管孩子自我意识不完善,但是是非观念还是有的,对骂人、说脏话的人(别人)还是持否定态度的,这就说明有教育的可能。

当自己的孩子说脏话时,爸爸应该从以下几方面入手帮孩子克服说脏话的坏习惯:

第一,细心了解,分析孩子骂人、说脏话的由来及其心理动态,然后对症下药,采取不同措施。

第二,不加理睬,使孩子因没有引起别人对自己的注意而自动减少骂人、说脏话行为。千万不可重复孩子的骂人、说脏话,以免反而强化其不良行为。

第三,一旦孩子学会了骂人、说脏话,不要简单地训斥或恐吓,更不能打骂,应对他们进行教育,讲明道理。如果孩子对教育无动于衷,可进行适当的惩罚,防止形成不良习惯。

教子心得

每个孩子在成长的过程中,都会出现这样或那样的坏习惯,这时,爸爸们需要找出孩子形成这些坏习惯的原因,然后对症下药。

怎样教育爱好奇装异服的孩子

初中时的张伦还是一个乖孩子,一切循规蹈矩,非常听话,但是到了高中以后就发生了很大的变化,有时候简直跟换了个人似的。那天爸爸说给他出去买件衣服,张伦不干,说自己去买,然后带回一件衣服,很多补丁、口袋,穿在身上松松垮垮,还东穿一个链子,西穿一个链子的,看上去就像街上的小阿飞,爸爸无论如何都看不惯。

前一段时间,张伦不经父母的同意和同学一起去将耳朵穿洞,一边穿了几只,然后戴了几只闪闪亮的耳钉。这几天又吵着要去染头发,说这样才能和身上的衣服、耳钉相配,不然很土气。爸爸一生气,就说:"你要是染了头发就别回家!"父子两人就这样开始了冷战,爸爸怎么都不明白,现在的孩子花样怎么这么多?

与张伦的情况一样,中学生关注自己的着装实际上是青春期的一种正常表现。发展心理学的研究表明,初中生思维具有自我中心性,所以他们十分关心自己的内心和外表,因而认为别人也同样关注他们的一切。因此,他们就制造出了假想观众,感觉每天就像生活在舞台上一样受到别人的欣赏或批评。他们希望通过服饰上的特殊来吸引别人的注意,得到别人的好评。

另外,青春期的孩子具有非常强烈的自我意识,强调自我,表达自己与众不同的特性,而标新立异的服饰正好提供了他们展示自我的舞台。而且这时候的中学生具有非常强烈的逆反意识,父母老师越是不让他们做的事情,他们越是要做,不如此就证明不了自己的存在。

对于张伦的这种现象,重要的不是改变他穿奇装异服的现象,而是调整他的内心心理:

1. 父母应该多些宽容和理解

实际上,家长的唠叨和啰唆有可能成为激发他们穿奇装异服的新动力:你责怪我了,表明你心里很关注这个问题,你越是不让我做,我非要做。不妨以冷静的态度对待他们的奇装异服,让他们希望获得关注的打算先在父母这儿落空。

2. 和他一起分析什么样的着装和打扮最适合他

不妨结合一些审美着装书籍,和孩子一起讨论他的体形如何,适合什么样的服装,穿什么样的服装最能体现自己的气质,符合自己的身份,而不是盲目地追求新奇时髦。

3. 引导他发展多种爱好

根据孩子的特点,发展适合他的爱好和特长,让他把注意力从着装打扮转移到发展自己的爱好上去。比如,孩子喜欢军事,不妨在家中给他订一份军事杂志,平常带他去参观军事博物馆,让他结交志同道合的朋友,从而忽略对奇装异服的关注。

教子心得

在对待孩子喜欢穿奇装异服的问题上,爸爸要对其做出正确的引导,比如,女孩的穿着在宽松、舒适、透气性能好的前提下,要讲究优雅、时尚,但不能盲目跟风;男孩的服装在舒适、色调搭配恰当的前提下,要讲究稳重、刚毅,能表现男子汉的特点,而不是跟电视、明星学习,而失去了自己的个性。

第二章　好爸爸跟孩子一起面对难堪的情况

教孩子学会说"不"

男人是好面子的,成年的爸爸们常有这种体会,有时候明明应该说"不"的事情,但是因为怕别人下不了台,或者怕别人心里不舒服,硬着头皮答应下来,结果搞得自己心里不舒服。其实,孩子也有"面子心理",也需要学会拒绝别人的技巧。

家里来客人了,爸爸总是希望儿子齐齐能表现得很绅士,很有礼貌。于是,当朋友带孩子来家里时,爸爸总是要求齐齐把玩具拿出来和小客人一起玩。有的玩具是齐齐最喜爱的,他不愿意拿出来,怕弄坏了,但是爸爸的要求他又不敢不听,就这样齐齐学会了委曲求全,不懂拒绝。

后来齐齐上学了,在和同学相处的时候,别人让他做什么,他基本上都会乖乖地去做。当齐齐在同学们的指使下做了几件坏事后,爸爸意识到了问题的严重性,于是对齐齐说:"以后别人叫你做坏事,你就坚决地说'不',让你做你不想做的事,你就果断地拒绝。"

齐齐很听话,他按照爸爸教的做,但总是"得罪"人,他的人际关系也很糟糕。这是为什么呢?因为他不会拒绝,他说"不"的时候让人听了很不舒服。

如果孩子不懂得拒绝的技巧,很可能会语出伤人,别人还会觉得你的孩子小气,这样孩子的人际关系可能出现问题。如果孩子学会了轻松地拒绝,不仅可以保护自己的利益,还会使孩子为人处世的能力得到锻炼。

1. 让孩子在积极倾听之后再拒绝别人

拒绝的话最忌脱口而出。在他人刚开口还未说完的时候就断然拒绝是很失礼的,也最易引起对方的反感,应该耐心地听完对方的话,并认真弄懂对方的理由和要求。让对方了解到自己的拒绝不是草率做出的,是在认真考虑之后才不得已而为之的。

2. 让孩子以和蔼的态度拒绝别人

让孩子学会这样说:"感谢你在需要帮助的时候首先想到我,我很高兴,但是我要不得不说对不起,因为我也有难处。"注意,不要做出过分歉意的样子,否则会给人不诚实的印象。

拒绝别人的时候要让孩子表现出低姿态,即使非常对别人的要求很反感,也不要流露出不快的神色,更不要蔑视或忽略对方,这些失误都是没有修养的具体表现,会让对方觉得你的孩子的拒绝是有意的,或是对他抱有成见,从而对他的拒绝产生逆反心理。从听对方陈述要求和理由,到拒绝对方并陈述理由,都要始终保持一种和蔼的态度和面貌,表示出对对方的好感和真诚之心。

3. 让孩子要求对方给予一些考虑的时间

生活中,经常有人说:"让我考虑考虑。"他们想通过拖延时间的办法是对方知难而退,其实这种做法是不明智的。爸爸应告诉孩子:"如果你不想立刻当面拒绝别人,应该明确告诉对方你需要多长的考虑时间,并在这个期限内给对方答复。这样可以表示自己的诚信。"

教子心得

在人生的道路上,拒绝是一种生活的艺术,爸爸们要告诉孩子,面对别人的要求,你有做的权力,也有拒绝的权力。因为帮助应该送给那些真正需要帮助的人,爱心应该送给那些也有爱心的人,最重要的是要送的心甘情愿。

适当对孩子进行性教育

不少父亲对性教育存在误解,他们认为性教育就是性行为,跟孩子谈性是难以启齿的。于是,直到今天,有的爸爸发现孩子偷偷翻阅色情刊物时,还会严加责骂;有的爸爸发现孩子言语粗鲁淫秽时,会动怒不已;当孩子问爸爸有关性的问题时,爸爸仍然会编个故事或找个借口欺瞒自己的孩子。

春节长假,吴先生和妻子带着上小学五年级的儿子和四位老人一起去南方旅游。夜宿宾馆时,宾馆不仅提供了一些洗漱用具,还提供了一些需要自己付费的东西,并提醒顾客外包装一经拆封,即算使用。

晚饭之后,儿子就被动画片迷住了。四位老人一路劳顿,也早早休息了。吴先生和妻子到外面逛了逛夜市。之后回到宾馆,儿子不好意思地对吴先生说:"爸爸,可能你要帮我付十块钱了。"这时爸爸意识到儿子闲不住手脚把那包东西拆开了,果然儿子老实交代了事情的真相,他说:"爸爸妈妈,这到底是什么东西?我以为是薄荷糖,还是进口的呢,所以就拆开了,可那好像不是糖。"儿子手里拿着一个包装盒问道。

吴先生一看,不禁脸一热,原来儿子真的把一包安全套拆开了。再仔细看包装盒上的文字,的确有"薄荷味"的说明,怪不得儿子会把它当成薄荷糖。

"爸爸,这东西黏黏的,还很有弹性,我以为是QQ糖之类的东西,可是说明书上却写着只能外用,它到底是干什么用的?"

看来,儿子已经把这个玩意儿研究过了,该怎么对他解释呢?吴先生故作镇定,指着盒子上的字说:"这的确不是糖,盒子上不是写了'安全套'三个字吗?"

"这个又小又软的东西能保护谁的安全呀?"儿子不解地问。

"……"吴先生一时语塞。

见爸爸没说话,儿子就问妈妈:"妈妈,这个图上画的好像是套在'小鸡鸡'上的,是保护'小鸡鸡'的吗?就像你的罩罩一样?"

妈妈以前为儿子解释过自己要戴文胸的道理,没想到儿子的联想那么快。"你说的也有点道理,但也不全对。"妈妈给儿子解释,"妈妈的胸部需要一直地保护,爸爸不需要,仅仅在需要的时候才使用。"

儿子急切地问:"那什么时候爸爸才需要用安全套呢?"

看来,儿子对这个问题产生强烈的兴趣了,没有满意的答案是不会罢休的。于是妈妈略微调整了一下思路,对儿子说:"你已经知道了你的生命是由爸爸的精子和妈妈的卵子相结合的产物，对吗？可是，爸爸有好多好多精子，妈妈也有好多好多卵子，如果它们都结合起来，那你就有很多弟弟妹妹了，为了防止它们结合，爸爸就穿了一件小外套，避免精子和卵子相遇了。"

"哦，原来是派这个用处啊。"儿子恍然大悟，终于不再追问了。

妻子看了一眼满脸不自在的丈夫，长长地松了一口气。

也许是深受几千年传统意识影响的原因，不少爸爸觉得和孩子谈性实在开不了口。所以，他们对孩子提出的关于"性"的问题，不是守口如瓶，就是胡编乱造，以致误导了孩子。这也难怪，有的家长说他的孩子跑到药房买"卫生巾"，为的是要治疗脚伤；有的孩子无意中发现了避孕套，却将其当作气球来吹。孩子对性知识的缺乏可见一斑。

其实性教育不只是性行为，它还包括认识两性的差异、生育、男女恋情、性爱关系、与异性相处之道以及身体的发育等方面的问题，亦即性教育是一种生活教育及人格教育。身为爸爸，适时与你的孩子谈性，关系到孩子对性观念和性知识的学习，以及对自己身体器官的了解，这对孩子是一项重要的教育课。

1. 不要回避，而要直接回答

回避、搪塞只会让孩子觉得这种事情见不得人，会觉得自己的好奇心让爸爸妈妈蒙羞了，甚至导致孩子对生育、性爱的恐惧。如果爸爸编造神话故事，只能一时蒙混过关，将来当孩子发现事实时，就会对父母失去信任。如果你想成为孩子的好爸爸，就必须从一开始老老实实地回答孩子提出的关于的性的问题。

2. 父亲和母亲对孩子的回答应保持大体一致

父亲和母亲对孩子的回答应该基本一致，不要给孩子大相径庭的回答。否则，会严重误导孩子，使孩子对性产生错误的认识。

3. 给孩子符合他年龄段的回答

回答问题的时候，爸爸应该简洁地给孩子解释，而不是给他上一堂复杂的科学或者道德课程。如果爸爸回答不了，就找一本简单的书，和孩子一起阅读。再次重申：小孩子对"性"不感兴趣，只想知道自己是怎样出生的。

4. 教孩子正确地称呼所有的器官

性器官与身体任何一个部位的器官都是一样的，并没有神秘性，如果爸爸总是将性器官视为特殊的东西，在称呼它的时候很随意，或是用带有猥亵粗鄙的意思称呼性器官，很容易给孩子造成误解。正确的称呼让孩子对自己的身体肃然起敬，给他们一种科学的、自然的、正常的感觉。

教子心得

无论爸爸采取何种方式与孩子沟通，切记让孩子时刻感到温暖，感到自己是爸爸妈妈爱情的结晶。让孩子对自己的性别感到满足和自豪，对将来自己也会做父母充满期待，感到快乐。

帮孩子走出早恋

早恋就像一颗青涩的果实，尝过后也许带来的滋味并不美，可是在没有品到之前，有许多孩子都会忍不住伸手摘取枝头上那颗看起来青嫩可人的果实。爱，本来是一个厚重而又纯洁的话题，可是未成年男女，他们还不具备谈恋爱的条件，虽然他们觉得自己很懂爱情，但是实际上孩子谈恋爱的目的往往是渴望与异性单独接触。对于如何处理好恋爱关系以及学业关系，如何区分爱情与友谊都是缺乏认识的。如果孩子过早地建立恋爱关系，那么势必会给学习生活造成影响，会给彼此带来伤害。

　　小雅是一个很懂事的孩子。虽然好动、贪玩，但是很贴心，爸爸妈妈一直以孩子为荣。由于爸爸妈妈工作繁忙没有时间照顾小雅，只好把她送到外婆家里。这年暑假，爸爸把小雅从外婆家接回来，想让她过一个快乐的假期。孩子回来了，妈妈忙里忙外的。毕竟是自己的亲骨肉，一段时间不见，小雅仍然和爸爸妈妈十分亲近。但是妈妈却发现女儿总是喜欢一个人待在房间里，有的时候甚至会上锁。女儿到底在做什么呢？这天晚上，妈妈无意发现孩子的博客没有关，妈妈想，这似乎有些不尊重女儿，可是最终好奇心打败了这些想法。妈妈把网页放到最大化，居然看到女儿和一个男孩的亲密合影。妈妈一下子明白了，女儿是恋爱了。可是孩子只有十五岁啊，妈妈把这件烦心的事告诉了爸爸。爸爸反倒是很开通，她对妈妈说："女儿长大了，谈恋爱也是很正常的事情了。可是关键是不能让这种不确定的感觉打扰了孩子的学业和进取的心。"爸爸觉得最好的方法就是要和女儿好好谈一谈。

　　这天晚饭后，爸爸邀女儿去散步。走到后园的时候，爸爸和女儿坐在凉亭的石凳上。爸爸先开口了，"小雅，你想听听爸爸和妈妈过去的故事吗？"

　　爸爸明显地感觉到孩子的眼睛亮了一下。

　　"想知道！爸爸，你能说给我听吗？"女儿问。

　　"我和你妈妈是大学同学，当时两个人都在创业期。因为我们都有人生目标，都有向上的动力，都有想同的志趣。我们作为成年人，觉得两个人都能相互依靠、相互信任的时候，我们想要相伴到老，想要过一生一世，于是我们结婚了，然后我们有了家，一年之后又有了一个可爱的你。我们都感到很幸福。小雅，爸爸妈妈都十分爱你，你现在还小，想得不够全面，作为父母没有一个希望自己的孩子为将来而后悔。现在你这个年龄思想还不成熟，爱情看起来挺美，但是它的背后是很沉重的责任。爸爸妈妈知道你是个懂事的孩子，所以我们都不希望你过早地在肩上压上这个担子，希望你多过上几年无忧无虑的日子，好吗？"爸爸语气坚定地说。

　　女儿的泪水在眼眶中打着圈，她什么话都没有说，乖巧地靠在爸爸的肩上，但是爸爸知道女儿是在为自己下决定，他放心了。

在生活中，许多爸爸都会遇到这样的事情。在这个早恋成"风"的社会里，爸爸往往会觉得束手无策。到底应该怎样去面对和教育早恋的孩子呢？爸爸不妨学一学上文中的父亲，再与下面的教子方法融会贯通一下，相信你一定会让孩子走出早恋的误区。

1. 管得越多错越多

爸爸首先要反省一下，是不是平时对孩子与异性交往干涉得太多，管得太严。比如，查看孩子日记、监控孩子电话、控制孩子自由，如果发现一点蛛丝马迹就要出言讽刺或是大动干戈。实际上，孩子处在叛逆期的时候，父母越是这样要求他，他越是要反着做，爸爸的这些做法不仅不能使孩子向好的方面发展，相反，会让他的叛逆行为愈演愈烈。

2. 发现孩子早恋，爸爸不可乱了手脚

实际上孩子起初的"爱"，并不像父母想得那样严重。这种爱情是朦胧的、单纯的，是顺势

发展的。孩子长大了,身体发育日趋成熟,对异性开始有了憧憬。但是,早恋也不过是孩子人生的一个小插曲,随着孩子各方面的不断成熟,包括志趣、理想、能力、性格,爱情就会发生变化,早恋就会悄然退场。

3. 性教育不可忽视

为了孩子可以成长得更健康,也为了给父母少一份担心,给孩子多一份保护,作为爸爸,男女相处的性教育一定要给孩子传授。告诉男孩子一定要懂得理性对待感情;告诉女孩子,要学会保护自己。

4. 早恋,实际并不是什么大事

据说,美国根本不存在早恋这个词。早恋是中国创造的专有名词。爸爸没有必要夸大早恋的危害。实际上,初恋是一件很美好的事情,爸爸只要向孩子做出正确的引导,让他们明白不是不让他们去恋爱,只是他们还没有担负起爱的能力。爸爸不要误导孩子,甚至把初恋说得狼狈不堪,为什么要那样呢? 爸爸完全可以让这段感情成为孩子的一个最美好的回忆。

教子心得

孩子总会长大,而爱是上帝赋予人的一种美好的情怀。爸爸要给孩子创造一个温馨的、充满爱的家庭氛围,让孩子从小体会爱,让他学会懂得真正的爱,从而在爱中成长为一个道德高尚、情感丰富并且具有爱心的人。

不要"闻性色变"

中国人大多都是闻性色变的,所以孩子很少能从父母那里得到正确的性教育。但是,随着孩子的长大,性器官日趋成熟,他们就会对身体的变化产生强烈的好奇心,而当这一切无法得以解决的时候,孩子当然就会自己进行"探索",顺势而下,孩子也就很容易迷上黄色网站。这是一个让爸爸很难启齿的问题。有的爸爸硬性阻止,连打带骂一起上,可是有效吗? 打骂教育只会让孩子把"色"隐藏得更深;有的爸爸就当是不知道,觉得可能孩子看过了就不会再有兴趣了,可是有可能吗? 孩子没人去教育只会越陷越深。

曾看过这样一则消息:

一个十四岁的孩子对爸爸说是要在网站上买书看,爸爸一听,马上表示支持。因为家里面有很多东西都是在网上买的,孩子要在网上定购书籍也不失是一件好事。可是,事情并没有爸爸想得那么简单。

孩子一般都会学习到很晚,偶尔会上上网,不过一直都很有节制,所以爸爸妈妈从来没有干预过。这一天晚上,爸爸起夜上洗手间,发现孩子屋里的灯还亮着,不自觉地感到一丝欣慰,于是倒了一杯牛奶给孩子拿去。

为了不影响到孩子,爸爸轻手轻脚地推开了房门。可是,进入房间的那一刻爸爸完全愣住了——儿子在看成人网站。

孩子显然被吓了一跳,惊慌失措地站了起来。

爸爸很快冷静了下来,把妈妈一起叫过来。爸爸上网查看了孩子所上的网站,是一个付费的网站。儿子已经向这个网站付了一百元。儿子钱的来源,当然就是谎称要买书的那笔钱。看到了这些,爸爸退下去的火气又重新上来,上去打了儿子一巴掌,而且还说了一些很严厉的话。最后警告他不许再看,再被发现就打断他的腿。

孩子的性格十分倔强,被爸爸一打一骂,就再也不和爸爸妈妈说一句话,也不正常吃饭,坚决不和家里人同桌。孩子的这些行为,爸爸真是又气又急,如果不打不骂,那么到底要怎样来教育孩子呢?

1. 沟通是至关重要的

针对孩子偷看黄色网站的问题,爸爸要组织一次家庭内部的会议,让孩子感觉到事情的严重性。作为会议的主持人,爸爸一定要保持语调的平和,让孩子把自己的想法说出来。爸爸可以让孩子谈一谈对黄色网站的看法,然后,爸爸也要讲一下自己对黄色网站的看法。另外,值得注意的是爸爸不要把话题扯远,只要简单明了即可。关键的几个问题为"为什么想看成人网站?""在成人网站上你看到了什么?""你看过之后作何感想?""你是如何知道有黄色网站的?""你觉得自己应该看什么类型的网站才是正确的!"

2. 性教育不能再忽视

如果爸爸发现孩子看黄色网站,就要着手加强孩子的思想教育,让他们认识到黄色网站隐藏的巨大危害,从而加强孩子的自控能力。另外,爸爸还要给电脑做一次大扫除,对那些黄色非法的内容进行清理和整顿,为孩子营造一个安全的上网环境。

3. 要制定家庭的"网规"

既然发现了孩子的这些行为,爸爸就必须制定一套规矩。当然,它不能只是针对于孩子而是家里的每个人都要认真遵守。比如,什么样的网站是被禁止的? 什么样的网站是被允许的? 上网一次可以上多久? 上网时要保持公开,可以把电脑放在客厅等家人公共的地方或者是孩子上网的时候不能关门等。

4. 满足孩子的好奇心

虽然,爸爸禁止了孩子浏览黄色网站,但是这方面的教育还是要提供的。网上的性图片往往十分夸张,从而会影响孩子的身心健康,虽然爸爸禁止他去浏览,但是孩子的好奇心并没有因此而被打消,他一定还会另想他法的。所以,爸爸不如买一些正规的有关性的书籍来给孩子一个正确的引导才是治根之法。

教子心得

孩子如果通过爸爸的性教育可以知道性、了解性,好奇心自然会自动消失。而当孩子对性有了正确的认识,自然也就对"黄色"有了防御能力。有些爸爸认为这些都是学校的事情,实际上,父母才是孩子生活中最好的老师,去尽好一个做爸爸的责任吧,相信你的孩子一定会在你爱的教育下长得更为茁壮。

孩子为什么不爱上学

有些父母会说"不怕孩子笨,就怕孩子不学"。是啊,有多少聪明的孩子就是因为"不爱学"最后变得一无是处呢? 当孩子郑重其事地告诉你"我已经决定不再上学了,打死我也不去"的时候,作为爸爸你是不是像泄了气的皮球,觉得浑身无力呢? 这时应该让你的大脑抖擞一下精神,来分析一下,"孩子为什么不爱去上学?"

孩子学习跟不上的时候,你打骂过孩子吗?

孩子出现旷课、逃学这些严重行为时,你用正确的方法教导孩子了吗?

孩子遭到老师的批评的时候,你是否回来又不分青红皂白地把孩子打骂一顿呢?

孩子这不会那不会的时候,你有想办法帮助孩子解决问题吗?

孩子抄袭别人作业的时候,你有认真对待吗? 你用心称赞过你的孩子吗? 你关心孩子的学习生活吗? 等等。

这些问题可能早已经把爸爸问得哑口无言了。孩子如果说不想去上学了,就已经说明厌学的情绪已经不是一天两天的事情了。爸爸要尽快地投入到教育者的角色中去,帮助孩子从坏情绪中走出来。

卡卡一直都住校,因为爸爸妈妈在他很小的时候就分开了,爸爸工作很忙没有时间照顾他。所以每周末的亲子时间,卡卡和爸爸都十分珍惜。但是这一天,以往很快乐的气氛被一种紧张代替了。原来,卡卡向爸爸提出了不再去上学的要求。

爸爸想了想,对卡卡说:"你为什么不想去上学,能和爸爸说说吗?"

"反正我是不去了,我学习成绩不好,老师不喜欢我,我也讨厌读书。"卡卡说。

"可是爸爸认为卡卡是个聪明的孩子,做什么事情都很棒,为什么会书读不好呢?"爸爸问。

"我也不知道,我就是不喜欢听这个老师讲课,再说,我根本不爱学习。"卡卡倔强地说。

爸爸思考了一会儿,对卡卡说:"孩子,爸爸想了想,这件事我是有责任的。可能爸爸从来没有和老师沟通过,让老师误以为我并不关心孩子。还有,从下周开始,你开始住家里,不再住校了,爸爸会帮助你把不会的补回来。没有细心地关照你是爸爸的错,你能原谅爸爸吗?"

"爸爸,你别这么说,是我笨,是我没学好,不怨你。"卡卡的声音哽咽了起来。

"那你愿意回学校了吗?"爸爸又问。

"可是……"卡卡仍然犹豫着。

"这样吧,爸爸可以答应你不上学的要求。"爸爸说。

"真的呀!"卡卡的眼睛亮了起来。

"但是,你可以不上学,爸爸也可以不用上班了。"爸爸看似无意地说。

"可是,那我们以后怎么生活呀?"孩子奇怪地问。

"孩子,原来你也知道这个道理呀,爸爸上班养家,是作为爸爸的责任。而你背着书包去上学,是你作为学生的责任。爸爸尊重你。可是你要明白,一个人如果不完成他的责任就算不上是一个优秀的人,无论是大人还是孩子在这一点上我们都是平等的,懂吗?"爸爸说完了这些话,便走出了孩子的房间。

第二天早晨,爸爸听见了孩子出门上学的声音,爸爸欣慰地笑了。

孩子如果厌学或是不爱学习肯定是有原因的。爸爸不可盲目地强逼孩子重返学校,而是先要了解情况,看一看问题到底出在了哪里,再想出对策来解决问题。

1. 爸爸要敢于承认自己的过错

人无完人,爸爸犯错也很正常。当孩子出现厌学情况时,爸爸不要把错误都推到孩子身上。

一定要认真反省,找出自己在教育上的不足。爸爸自己思考过后,要郑重其事地与孩子好好地谈一谈,放下爸爸的架子,对孩子像是对朋友一样倾心交谈。首先,要检讨自己的缺点与过失,并且提出希望孩子能够原谅的意愿。其次,要想办法引导孩子打开心扉,听一听孩子心里最真实的想法。最后,爸爸要学着给孩子打气,并且向孩子保证要帮助他取得进步。相信只要爸爸用心做到这几点,定会走好让孩子返校的第一步。

2. 与老师进行沟通

爸爸,你是否因为自己的工作繁忙而从来没有到过孩子的学校呢?孩子的厌学情绪的产生与老师有着很大的关联。爸爸应该多向老师请教,了解自己的孩子在学校表现如何,分析孩子到底是在哪里出现了问题,是学习成绩上,还是人际关系上等等,只有知道了这些爸爸才知道下一步该如何去做。

3. 给孩子一份好心情

有的孩子小小年龄总是觉得烦躁无比。父母给他们带来的压力让他们透不过气来,当这种压力到了一定的程度,厌学不爱上学的行为态度必然会产生。所以,这就要求爸爸要做到以下几点:不要给孩子定过高的目标,而是要从实际出发,从近一点的目标起步,让孩子觉得有实现的可能;要从孩子的学习能力起步,不可操之过急,欲速则不达;爸爸不要总是绷着脸,让你的好心情去感染孩子,使孩子的心情尽快地拨开云雾见青天。

教育孩子并不难,难的是扳正自己,所以说教育孩子的过程也是自我完善的过程。

教子心得

爸爸教育孩子从表面上来看,好像学习的仅仅是孩子,实际上并不然。孩子如果出现厌学,这与爸爸不爱求知是有密切关系的。所以,爸爸也要学着把自己看成是学生,最好和孩子一起学习,两人互相监督,共同进步。这种教育方法,既不会让孩子产生反感,自己也会受益无穷。鱼和熊掌兼得,为什么不去做呢?

引导孩子不沉迷于网络

高中学生小聪沉迷网络,爸爸长年在外打工,妈妈虽然在家,但是对于十五岁的孩子也是束手无策。而爸爸面对孩子的上网行为,则是非打即骂。最严重的一次,爸爸居然把孩子绑在梯子上,用细竹条把他打得遍体鳞伤。虽然如此,打骂并没有让小聪脱离网络,而是使他更加沉迷于此。

这一年,要过年了,爸爸从外地归来,却四五天不见孩子的踪影,只好和妈妈四处找寻,最终在一家网吧找到了小聪。这位爸爸不顾其他人在场,上去就对孩子拳脚相加。十五岁的儿子,当然不服,与爸爸进行对抗。爸爸叫妈妈去买绳子要把孩子绑回家。可是当妈妈回来的时候,爸爸已经倒在了血泊里。而用刀子捅了爸爸数刀的儿子居然像没事一样到了另一家网吧继续上网。犯了罪的孩子后来在监狱里接受记者采访的时候说,他非常恨他的爸爸,爸爸不仅常常打他,还打他的妈妈,而且还管着他上网却自己沉在赌博中无法自拔……

在这个真实的故事里,我们不仅看到孩子沉迷网络的问题,还看见了父母本身存在的重大的缺陷。这一切的责任难道都应该由孩子来背负吗？有的父母觉得是网络吸引了孩子，实际上网络并没有像人们所说的具有那么大的吸引力，而是因为孩子在心理上存在巨大的问题，他们自己无法排解，在父母那不仅得不到帮助，也许还会招致毒打，网络世界恰恰成了他们情绪最好的发泄口。这时，孩子们把自己封闭起来，在网络上经营着他们的一方天地。爸爸，在从网络中唤醒孩子之前，你一定要做一番自省，以孩子的角度来想一想，只有这样，孩子那颗被网络世界迷住的心，才可能被你的爱拉出来。

1. 别做孩子"瞧不起"的爸爸

像上文中的爸爸，对自己的赌博行为不当回事，却对孩子的上网行为寸步不让。作为爸爸，自己都没有给孩子树立一个好榜样，你对孩子教训又有什么说服力可言。孩子不仅不会听你的，而且会从心里瞧不起你。所以，爸爸要体会"正人先正己"的道理，才可能让孩子对你信服。

2. 网络就像泥淖得一点一点地拉

对于沉迷于网络的孩子，爸爸要做好打"持久战"的准备，如果想取得"立竿见影"的效果，那简直是天方夜谭。所以，爸爸不要强迫孩子立刻从网络世界中跳出来，而是应该慢慢地感化孩子，让他们一点一点地脱离网络。

3. 鼓励孩子多交友，多做体育锻炼

沉迷网络的孩子不外乎是缺少朋友，缺乏自信心，没有自制力。所以，爸爸要多抽出时间来陪孩子，比如说，打打球、跑跑步都是很好的互动方式。另外，爸爸要鼓励孩子多参加学校的活动，让孩子多交一些朋友，从而来弥补他们的世界里缺失的东西。

4. 让赞扬之声伴随孩子进步

爸爸要常用"你真棒！""你做得很好！"来不断地给孩子打气。因为当孩子觉得全世界人都否定他的时候，他就会有一种破罐子破摔的心态。实际上，每个孩子都有一颗向上的心，只要爸爸把好家里这一关，孩子还是有"药"可救的。当那些为了上网而不上学的孩子突然有一天对爸爸说"我要回学校上课"的时候，爸爸一定不要表现得欣喜若狂，而是要尽量使语气淡定，比如说"行啊，有什么需要爸爸的地方吗？"让孩子觉得即使是去上学，也是按着自己的想法走的，没有受到逼迫。而爸爸这种淡淡的语气在某种程度上也减轻孩子的心理压力。

最后，希望每位爸爸都会成功。

教子心得

在这里要呼吁所有的爸爸，你们要知道，孩子面临的学习压力并不亚于成人。但是，孩子的自我调解能力又很差，对于压力的日益加重，他们便会感到极度不适。所以，有的孩子把网络世界作为宣泄口。爸爸要想真正地从网络中把孩子"救"出来，就一定要从孩子的心理渴求出发，用爱的力量唤回孩子正在迷失的心。

让孩子坚强面对生老病死

对于充满活力的孩子来说，有一个话题是沉重而悲恸的——死亡、去世。当孩子的亲友逝去时，那种强烈的精神打击对每个孩子来说都是一个巨大的考验。作为父亲，这个时候你应该让孩子感受到你的坚强和理智,让孩子正确地宣泄内心的情感。

  有一天,田丽接到了爸爸打来的电话,爸爸在那边用低沉的语言告诉田丽:"女儿,爷爷去世了。"刹那间,田丽脑袋就蒙了,眼泪止不住地往下流。宿舍里的同学们连忙安慰田丽,然后田丽向班主任请假,一到家看到爷爷静静地躺在那里,她又忍不住痛哭起来。

  这时爸爸走了过来,双手扶在田丽的肩膀上,轻声地说:"我理解你的心情,大声地哭出来吧,这样你会好受点。"听了爸爸的话,田丽哭得更加伤心了。

  两天后,安葬事宜结束,但田丽的心情依然沉痛,爸爸对她说:"失去亲人是痛苦的,但是一切都过去了,我们要坚强地面对。"在爸爸的话里,田丽读懂了坚强和勇敢、读懂了不舍与留恋。

孩子也需要表达自己的真实情感,也有为失去深爱的人恸哭的权利,因为只有直面死亡,体验悲伤,才有可能使孩子在慢慢懂得死亡的真正含义的基础上,珍爱生命。

跟孩子谈论死亡时,尽量直截了当。如果爸爸害怕孩子接受不了事实,而是用委婉的话语,很可能会使孩子对死亡产生误解。要让孩子明白任何人都不愿意发生意外,但是又无可奈何。当孩子很难过时,爸爸应该鼓励孩子大声地哭出来,或让孩子把当时的感觉说出来。同时给孩子充满爱意的拥抱和关切的眼神,让孩子有安全感。

1. 父母要处理好自己的感情

很多父母要等到面对亲友死亡时才考虑帮助孩子理解死亡。这不是最好的做法。正确的做法是,从现在就开始,时不时跟孩子谈论你对死亡的看法。然后,你可以问孩子:"当你的宠物死去的时候,你有什么感觉?你的祖父死亡的时候,你有什么想法?"这会给孩子这样的感觉:死亡是一种普遍的现象。

2. 告诉孩子生命的周期

其实爸爸有很多机会告诉孩子,生命是有限的,死亡是无法避免的。但是大多数爸爸不愿意跟孩子讲这些。专家们建议家长应该抓住这样的机会,例如当你看到玫瑰的盛开与凋谢时,可以让孩子知道生命与死亡的意义;当你带孩子拜访年老的亲戚和朋友时,可以向孩子讲述什么是衰老,当然这不会总是愉快的。如果你让孩子明白:死亡话题是可以谈论的,那么他们就会主动地发问,将来在面对亲友死亡时,孩子会表现地更坚强。

3. 不要把孩子排除在痛苦之外

某个亲密的人,例如外公、外婆去世了,父母会本能地把孩子排除在痛苦之外。请不要这样,否则孩子今后还是要面对这个问题。比如,一个孩子五岁的时候失去了妈妈,爸爸将这个事实隐瞒了起来,他只是对孩子说:"你妈妈走了,到很远的地方去了。"可是孩子并不理解,后来孩子长大了,当他知道这件事后,会非常难过,而且会影响孩子的生活。虽然孩子的爸爸这样做事为了避免孩子过分悲伤,但是对孩子的成长并没有好处。

这种隐瞒使孩子认为,某个人死亡时,哭泣或感到悲伤是不好的。这实际上与孩子应该知道的东西刚刚相反。爸爸要做的是,给孩子希望:痛苦总会过去。爸爸的责任是让孩子指导,痛苦是生命的一部分,它会随着时间而消失。

4. 诚实地回答孩子关于死亡的问题

当孩子提出有关死亡的问题时,父母会觉得难以回答。其实没什么,你应该实事求是地告诉孩子;当孩子担心爸爸妈妈会离开自己时,你应该告诉孩子:那可是很久以后的事情,不要担心,爸爸妈妈会很长时间在你身边,不管发生什么事情,爸爸妈妈都会照顾你。

在这里,爸爸应该尽量避免一些陈词滥调,如:祖母走了或祖父睡觉去了等,这些话只会使孩子产生更多的问题和更多的恐惧。

5. 给孩子精神上的教导

当亲人离去时,爸爸可以直接对孩子说:"虽然我们所爱的人去世了,但是我们可以继承他优秀的品质。我们身上的优秀品质也会存在于他们的记忆中。"你可以告诉孩子,任何事物都是有原因的,包括死亡。让孩子知道,他们自己是整个世界极小、但重要的一部分,这有助于他们保持希望。这种精神上的教导使孩子认识到,亲人去世是一个必须面对的问题,亲人离去并不意味着生活无望。

6. 让孩子对逝去亲人保持回忆

亲人逝去后,你可以时常和孩子一起翻看曾经在一起时照的相片;在餐厅用餐时,提起逝去亲人最喜欢的食品或他们会点什么菜。总之,常谈起那些已去世的亲友,回忆他们的点点滴滴,让孩子觉得他们还活在大家的心中。

教子心得

身为父亲,当亲人逝去时,也是教育孩子正视死亡的机会,告诉孩子:"有一种再见叫永远,因为别离之后再也没有机会相见。"虽然这是一个悲伤的话题,但是父亲没必要对孩子隐瞒什么,要平和地教会孩子正确看待死亡。